Die 84 Mahasiddhas

Meister der spirituellen Verwirklichung im tantrischen Buddhismus

Thomas Froitzheim

Inhaltsverzeichnis

1 Der Ursprung der 84 Mahasiddas

1.1 Einleitung

Die 84 Mahasiddhas repräsentieren eine faszinierende und bedeutende Gruppe spiritueller Meister im indischen und tibetischen Buddhismus. Diese außergewöhnlichen Persönlichkeiten, die zwischen dem 8. und 12. Jahrhundert lebten, verkörpern einen einzigartigen Aspekt des buddhistischen Weges – die Verwirklichung höchster spiritueller Errungenschaften durch unkonventionelle Methoden und inmitten des alltäglichen Lebens. Sie waren keine Mönche, die in Klöstern meditierten, sondern gewöhnliche Menschen unterschiedlichster Herkunft: Handwerker, Künstler, Könige, Bettler, Fischer und sogar Prostituierte. Was sie vereinte, war ihre Fähigkeit, tiefgreifende spirituelle Erkenntnisse zu erlangen und dabei die konventionellen Grenzen religiöser Praxis zu überschreiten.

Der Begriff "Mahasiddha" selbst gibt Aufschluss über ihre Bedeutung: "Maha" bedeutet "groß" oder "erhaben", während "Siddha" sich auf jemanden bezieht, der "Siddhis" – übernatürliche Kräfte oder spirituelle Vollkommenheit – erlangt hat. Diese Meister werden nicht nur für ihre spirituellen Errungenschaften verehrt, sondern auch für ihre revolutionäre Herangehensweise an die buddhistische Praxis. Ihre Lebensgeschichten und Lehren haben die Entwicklung des tantrischen Buddhismus maßgeblich geprägt und bieten bis heute Inspiration für Praktizierende weltweit.

1.2 Historischer Kontext

Zeitliche und geografische Einordnung

Die Mahasiddhas traten in einer Zeit tiefgreifender religiöser und kultureller Entwicklung im indischen Subkontinent auf. Ihr Wirken fällt hauptsächlich in die Periode zwischen dem 8. und 12. Jahrhundert n. Chr., eine Zeit, die mit der

Blütezeit des tantrischen Buddhismus (Vajrayana) zusammenfällt. Diese Epoche war geprägt von einer Synthese verschiedener buddhistischer Traditionen mit einheimischen indischen Praktiken und Philosophien.

Geografisch erstreckte sich ihr Einflussbereich über das gesamte nördliche Indien, besonders in den Regionen des heutigen Bihar, Bengalen und Odisha, sowie in Teilen Nepals und Tibets. Wichtige Zentren ihres Wirkens waren die großen buddhistischen Universitäten wie Nalanda und Vikramashila sowie weniger formelle Versammlungsorte wie Cremationsplätze und Waldgebiete.

Sozio-religiöser Hintergrund

Die Zeit der Mahasiddhas war durch komplexe sozio-religiöse Dynamiken gekennzeichnet. Der Buddhismus hatte sich seit seiner Entstehung vor etwa 1500 Jahren erheblich entwickelt und differenziert. Die formellen monastischen Institutionen hatten an politischem Einfluss gewonnen, waren aber gleichzeitig in manchen Regionen durch Ritualismus und hierarchische Strukturen geprägt, die einige als erstarrte Formen der ursprünglichen buddhistischen Lehre betrachteten.

In diesem Umfeld entstanden neue Interpretationen und Praktiken, die darauf abzielten, den buddhistischen Pfad zu revitalisieren und zu demokratisieren. Die tantrischen Bewegungen, zu denen die Mahasiddhas gehörten, erweiterten das Spektrum spiritueller Techniken und stellten traditionelle soziale Hierarchien in Frage. Sie lehnten die Vorstellung ab, dass spirituelle Erleuchtung nur durch formelle monastische Praxis oder durch privilegierte Kasten erreicht werden könne.

Gleichzeitig fand ein reger Austausch zwischen verschiedenen religiösen Traditionen statt. Tantrische Praktiken wurden sowohl im Buddhismus als auch im Hinduismus entwickelt, und viele Mahasiddhas bewegten sich in einem Grenzbereich zwischen diesen Traditionen. Einige von ihnen wurden in beiden religiösen Kontexten verehrt, was die fließenden Grenzen zwischen den Religionen in dieser Zeit verdeutlicht.

Entstehung des Vajrayana

Die Mahasiddhas sind untrennbar mit der Entwicklung des Vajrayana verbunden, der "Diamantenen Fahrzeug" genannten Form des Buddhismus. Der Vajrayana entwickelte sich als eine Erweiterung des Mahayana-Buddhismus und zeichnet sich durch seine tantrischen Praktiken aus, die darauf abzielen, die Erleuchtung in einem einzigen Leben zu erreichen.

Zentral für diese Tradition ist die Vorstellung, dass alle Phänomene, einschließlich der sogenannten "weltlichen" Aspekte des Lebens, als Manifestationen der grundlegenden Buddha-Natur betrachtet werden können. Anstatt weltliche Erfahrungen zu unterdrücken oder zu vermeiden, werden sie im Vajrayana als Werkzeuge auf dem spirituellen Pfad genutzt. Diese radikale Neuinterpretation der buddhistischen Praxis ermöglichte es den Mahasiddhas, unkonventionelle Methoden zu entwickeln und in alltäglichen Kontexten zu praktizieren.

Die Mahasiddhas waren nicht nur Praktizierende, sondern auch Innovatoren dieser Tradition. Viele von ihnen werden als Überlieferer wichtiger tantrischer Texte und Praktiken angesehen, die sie entweder direkt von buddhistischen Gottheiten empfangen oder durch ihre eigene spirituelle Verwirklichung entwickelt haben sollen. Diese Lehren wurden zunächst mündlich weitergegeben und später in Texten wie den Tantras kodifiziert.

1.3 Charakteristika der Mahasiddhas

Soziale Diversität

Ein bemerkenswertes Merkmal der Mahasiddhas ist ihre außergewöhnliche soziale Diversität. Im Gegensatz zu den institutionalisierten buddhistischen Traditionen, die oft von Mönchen aus höheren Kasten dominiert wurden, kamen die Mahasiddhas aus allen Gesellschaftsschichten. Unter ihnen finden sich:

- Könige und Adlige wie König Indrabhuti

- Handwerker und Arbeiter wie der Weber Tantipa und der Seilmacher Dhahulipa

- Künstler wie der Musiker Vinapa

- Menschen aus niedrigen Kasten wie der Schuster Camaripa

- Frauen verschiedener sozialer Hintergründe wie die Prinzessin Laksminkara und die Yogini Mekhala

- Personen aus stigmatisierten Berufen wie der Wäscher Dhobipa

Diese Vielfalt unterstreicht eine zentrale Botschaft der Mahasiddha-Tradition: spirituelle Verwirklichung ist nicht an soziale Stellung, formelle Bildung oder institutionelle Zugehörigkeit gebunden, sondern kann von jedem erreicht werden, der die richtigen Methoden mit Hingabe praktiziert.

Unkonventionelle Methoden

Die Mahasiddhas sind bekannt für ihre unkonventionellen, oft provokanten Methoden der spirituellen Praxis. Sie brachen bewusst mit etablierten religiösen Normen und gesellschaftlichen Konventionen, um tiefere Einsichten zu erlangen und zu vermitteln. Zu ihren charakteristischen Ansätzen gehören:

1. Antinomianismus: Die bewusste Überschreitung religiöser und sozialer Regeln, um die Anhaftung an konzeptuelle Konstrukte zu überwinden.

2. Verwendung von Grenzüberschreitungen: Das Praktizieren an "unreinen" Orten wie Kremationsplätzen oder das Einbeziehen von tabuisierten Substanzen und Verhaltensweisen in die spirituelle Praxis.

3. Direkter Erfahrungsansatz: Betonung der unmittelbaren spirituellen Erfahrung gegenüber intellektuellem Studium oder ritualistischer Routine.

4. Nutzung des Alltäglichen: Integration spiritueller Praxis in gewöhnliche Tätigkeiten und Berufe, wie das Weben, Schmieden oder Jagen.

5. Paradoxe Lehrmethoden: Verwendung von Paradoxa, Rätseln und scheinbar widersprüchlichen Anweisungen, um die Grenzen des rationalen Denkens zu überwinden.

Diese Methoden dienten dazu, die Praktizierenden von konzeptuellen Anhaftungen zu befreien und direkte Einsicht in die Natur der Realität zu ermöglichen.

Siddhis und spirituelle Errungenschaften

Die Mahasiddhas werden mit der Erlangung verschiedener übernatürlicher Fähigkeiten (Siddhis) in Verbindung gebracht, die als Nebenprodukte ihrer spirituellen Verwirklichung betrachtet werden. Zu diesen Fähigkeiten gehören:

- Levitation und Fliegen

- Überwindung physischer Grenzen wie Durchdringen von Wänden

- Unbegrenzte Lebensdauer

- Kontrolle über Naturelemente

- Fähigkeit, den Körper zu transformieren oder in verschiedene Formen zu verwandeln

- Hellsehen und Telepathie - Heilungskräfte

Es ist wichtig zu verstehen, dass diese Siddhis in der buddhistischen Tradition nicht als Ziel der spirituellen Praxis betrachtet werden, sondern als Manifestationen der tieferen Verwirklichung. Die höchste Errungenschaft bleibt die vollständige Befreiung (Mahamudra oder Dzogchen), die als Erkenntnis der wahren Natur des Geistes und der Realität verstanden wird.

Künstlerische Darstellungen

Die ikonographische Darstellung der Mahasiddhas ist ein wichtiges Element ihrer kulturellen Bedeutung. In der tibetischen und nepalesischen Kunst werden sie typischerweise mit individuellen Attributen dargestellt, die ihre Lebensgeschichten und spirituellen Errungenschaften symbolisieren. Gemeinsame Elemente ihrer Darstellung umfassen:

- Minimale Kleidung oder nur ein Lendentuch, was ihre Überwindung weltlicher Anhaftungen symbolisiert

- Lange, ungepflegte Haare als Zeichen ihrer Nichtkonformität

- Symbole ihrer früheren Berufe oder des Kontexts ihrer Erleuchtung

- Oft in Meditationshaltung oder in einer für ihre Geschichte charakteristischen Pose

Diese künstlerischen Darstellungen dienen nicht nur der Verehrung, sondern auch als Meditationshilfen und Erinnerungen an die vielfältigen Wege zur Erleuchtung.

1.4 Woher stammt die Zahl 84?

Symbolische Bedeutung der Zahl

Die Zahl 84 hat in der indischen religiösen Tradition eine tiefe symbolische Bedeutung. Sie ergibt sich aus der Multiplikation von 7 (symbolisch für Vollständigkeit und Perfektion) mit 12 (repräsentativ für kosmische Ordnung und Zeitzyklen). In verschiedenen indischen Traditionen wird die Zahl 84 mit Vollkommenheit und dem Abschluss eines spirituellen Zyklus assoziiert.

Im tantrischen Kontext wird die Zahl 84 oft mit den 84.000 Dharma-Toren in Verbindung gebracht – einer symbolischen Zahl, die die Gesamtheit aller buddhistischen Lehren repräsentiert. Die 84 Mahasiddhas können als Verkörperungen dieser verschiedenen Zugänge zur spirituellen Verwirklichung verstanden werden.

Darüber hinaus findet sich die Zahl 84 auch in anderen indischen Traditionen: So werden im Hinduismus 84 Asanas (Yoga-Stellungen) als grundlegend betrachtet, und im Jainismus gibt es 84 Lakh (8,4 Millionen) Wiedergeburtsformen, die eine Seele durchlaufen kann.

Historische Entwicklung der Liste

Die Kodifizierung der 84 Mahasiddhas als definitive Gruppe erfolgte nicht unmittelbar, sondern entwickelte sich über mehrere Jahrhunderte. Die frühesten Erwähnungen von Mahasiddhas als Gruppe finden sich in indischen Texten des 10. und 11. Jahrhunderts, wobei die genaue Anzahl und Zusammensetzung variierte.

Die bekannteste und einflussreichste Zusammenstellung stammt von dem tibetischen Gelehrten Abhayadatta, der im 11. oder 12. Jahrhundert das Werk "Caturaśītisiddhapravṛtti" (Geschichten der 84 Siddhas) verfasste. Dieses Werk wurde später ins Tibetische übersetzt und als "Grub thob brgyad cu tsa bzhi'i lo rgyus" bekannt.

Es ist wichtig zu bemerken, dass verschiedene Traditionen unterschiedliche Listen der 84 Mahasiddhas führen. Einige Namen tauchen in fast allen Listen auf, während andere variieren. Diese Variation zeigt, dass die Zahl 84 eher ein symbolisches Konzept ist als eine historisch präzise Aufzählung.

Variationen in verschiedenen Traditionen

Die Zusammensetzung der 84 Mahasiddhas variiert je nach buddhistischer Tradition und Region:

1. Tibetische Tradition: Die bekannteste Liste basiert auf Abhayadattas Text und wurde in Tibet weithin akzeptiert. Sie umfasst bekannte Figuren wie Saraha, Nagarjuna, Tilopa und Naropa.

2. Nepalesische Tradition: In Nepal werden teilweise andere Mahasiddhas verehrt, mit stärkerer Betonung lokaler Figuren.

3. Östliche indische Tradition: In Bengalen und Odisha gibt es regionale Variationen, die lokale Heilige und Yogis einschließen.

4. Nath-Tradition: Diese hinduistische Yogitradition überschneidet sich mit der buddhistischen Mahasiddha-Tradition und teilt einige der gleichen Figuren, interpretiert sie jedoch im Kontext des Shaivismus.

Diese Variationen verdeutlichen die fließenden Grenzen zwischen buddhistischen und hinduistischen tantrischen Traditionen in Südasien und die regionale Anpassung spiritueller Überlieferungen.

1.5 Die Legenden der Mahasiddhas

Struktur der Mahasiddha-Legenden

Die Lebensgeschichten der Mahasiddhas folgen oft einem bestimmten narrativen Muster, das ihre spirituelle Transformation verdeutlicht:

1. Ausgangssituation: Beschreibung des weltlichen Lebens und der sozialen Rolle des zukünftigen Mahasiddha, oft mit Betonung ihrer Verstrickung in weltliche Angelegenheiten oder spirituelle Irrtümer.

2. Begegnung mit einem Guru: Ein entscheidender Wendepunkt, bei dem der Protagonist auf einen spirituellen Meister trifft, der oft in unauffälliger oder täuschender Gestalt erscheint.

3. Erhalt von Einweihungen und Anweisungen: Der Guru überträgt spezifische tantrische Praktiken, oft in Form von direkten, prägnanten Anweisungen.

4. Periode der Praxis: Eine Zeit intensiver spiritueller Übung, oft unter schwierigen Umständen oder begleitet von Herausforderungen.

5. Durchbruch zur Erleuchtung: Ein dramatischer Moment der Verwirklichung, oft verbunden mit der Manifestation übernatürlicher Fähigkeiten.

6. Wirken als Lehrer: Die Weitergabe der erlangten Weisheit an andere durch unkonventionelle Methoden und Verhaltensweisen.

Diese Struktur betont die Transformation des Gewöhnlichen ins Außergewöhnliche und die Möglichkeit der Erleuchtung inmitten des alltäglichen Lebens.

Gemeinsame Themen und Motive

Trotz ihrer Vielfalt teilen die Mahasiddha-Legenden mehrere wiederkehrende Themen und Motive:

1. Überschreitung sozialer Grenzen: Die Geschichten betonen oft die Begegnung zwischen verschiedenen sozialen Schichten und die Überwindung von Kastenschranken.

2. Paradoxe Weisheit: Die Lehren der Mahasiddhas werden oft in Form von Paradoxa oder scheinbar widersprüchlichen Handlungen vermittelt.

3. Transformation des Alltäglichen: Gewöhnliche Tätigkeiten und Objekte werden zu Mitteln der spirituellen Praxis und Erleuchtung.

4. Kritik an institutionalisierter Religion: Viele Geschichten enthalten eine implizite oder explizite Kritik an religiösem Formalismus und leeren Ritualen.

5. Rolle weiblicher Figuren: Frauen erscheinen oft als Quellen spiritueller Weisheit und als Katalysatoren für die Transformation männlicher Protagonisten.

6. Vereinigung von Gegensätzen: Die Integration scheinbar widersprüchlicher Elemente – wie Weisheit und Leidenschaft, Weltlichkeit und Transzendenz – ist ein zentrales Thema.

Diese Themen spiegeln die grundlegenden Prinzipien des tantrischen Buddhismus wider und verdeutlichen dessen transformative Herangehensweise an spirituelle Praxis.

1.6 Bedeutung für den Buddhismus

Beitrag zur buddhistischen Praxis

Die Mahasiddhas haben die buddhistische Praxis in mehrfacher Hinsicht bereichert und transformiert:

1. Demokratisierung der spirituellen Praxis: Sie demonstrierten, dass Erleuchtung für Menschen aller sozialen Schichten und Lebensumstände erreichbar ist, nicht nur für Mönche oder Gelehrte.

2. Integration von Körper und Geist: Im Gegensatz zu asketischen Traditionen, die den Körper als Hindernis betrachteten, entwickelten die Mahasiddhas Methoden, die körperliche Erfahrungen als Werkzeuge der Transformation nutzen.

3. Entwicklung neuer Meditationstechniken: Viele der von den Mahasiddhas gelehrten Praktiken, wie die "Sechs Yogas von Naropa" oder die Mahamudra-Meditation, wurden zu zentralen Elementen des tibetischen Buddhismus.

4. Verbindung von Weisheit und Mitgefühl: Die Mahasiddhas betonten die Untrennbarkeit von Weisheit (Prajña) und Mitgefühl (Karuna) als komplementäre Aspekte der Erleuchtung.

5. Einführung direkter Übertragungsmethoden: Sie etablierten Formen der direkten Übertragung spiritueller Erfahrung von Lehrer zu Schüler, die neben schriftlichen Texten und intellektuellem Studium stehen.

Diese Beiträge haben die buddhistische Praxis vielfältiger, zugänglicher und anpassungsfähiger gemacht.

Einfluss auf verschiedene buddhistische Schulen

Der Einfluss der Mahasiddha-Tradition erstreckt sich auf verschiedene buddhistische Schulen und Regionen:

1. Tibetischer Buddhismus: Alle vier Hauptschulen des tibetischen Buddhismus (Nyingma, Kagyu, Sakya und Gelug) führen wichtige Übertragungslinien auf bestimmte Mahasiddhas zurück. Besonders die Kagyu-Schule betont ihre direkte Abstammung von Tilopa und Naropa.

2. Nepalesischer und Himalaya-Buddhismus: In Nepal und den angrenzenden Himalaya-Regionen bleiben die Mahasiddhas wichtige Kultfiguren und Inspirationsquellen.

3. Ostasiatischer Buddhismus: Obwohl weniger ausgeprägt, haben einige Aspekte der Mahasiddha-Tradition auch den Chan/Zen-Buddhismus beeinflusst, besonders in Bezug auf die Wertschätzung paradoxer Lehrmethoden und die Integration spiritueller Praxis in alltägliche Aktivitäten.

4. Moderner westlicher Buddhismus: In der zeitgenössischen westlichen Rezeption des Buddhismus werden die Mahasiddhas oft als Vorbilder für eine nicht-dualistische, lebensnahe spirituelle Praxis geschätzt.

Dieser weitreichende Einfluss zeigt die Anpassungsfähigkeit und Relevanz der Mahasiddha-Tradition über kulturelle und zeitliche Grenzen hinweg.

Fortleben in der zeitgenössischen buddhistischen Kultur

Die Mahasiddha-Tradition bleibt in der zeitgenössischen buddhistischen Kultur auf verschiedene Weise lebendig:

1. Rituelle Praxis: In Tibet, Nepal und der tibetischen Diaspora werden die Mahasiddhas in Ritualen und Visualisierungspraktiken angerufen.

2. Künstlerische Darstellungen: Traditionelle und moderne Künstler schaffen weiterhin Bilder der Mahasiddhas, die in Tempeln, Klöstern und privaten Schreinen verwendet werden.

3. Literarische Inspiration: Die Geschichten der Mahasiddhas werden in zeitgenössischen buddhistischen Texten und Lehren als Beispiele für die Überwindung konzeptueller Grenzen und die Integration spiritueller Praxis in das tägliche Leben zitiert.

4. Akademisches Interesse: Ein wachsendes akademisches Interesse an den Mahasiddhas hat zu neuen Übersetzungen, historischen Untersuchungen und vergleichenden Studien geführt.

5. Spirituelle Praxis: Die von den Mahasiddhas entwickelten Meditationstechniken und Ansätze werden weiterhin von Praktizierenden in traditionellen und modernen Kontexten angewendet.

Diese fortgesetzte Präsenz verdeutlicht die zeitlose Relevanz der Mahasiddha-Tradition als Quelle spiritueller Inspiration und praktischer Weisheit.

1.7 Schlussfolgerung

Die 84 Mahasiddhas repräsentieren eine faszinierende Facette des buddhistischen Erbes, die konventionelle Vorstellungen von Heiligkeit und spiritueller Praxis herausfordert. Ihre Geschichten erinnern uns daran, dass spirituelle Verwirklichung nicht von äußeren Umständen oder sozialen Konventionen abhängt, sondern von der inneren Transformation des Bewusstseins.

Die Vielfalt der Mahasiddhas – von königlicher bis zu niedrigster sozialer Herkunft, Männer und Frauen, Gebildete und Ungebildete – unterstreicht die universelle Zugänglichkeit des spirituellen Pfades. Ihre unkonventionellen Methoden und paradoxen Lehren fordern uns heraus, über dualistisches Denken hinauszugehen und die Einheit von Alltagsleben und spiritueller Praxis zu erkennen.

In einer Zeit, die von religiösem Dogmatismus und sozialer Fragmentierung geprägt war, verkörperten die Mahasiddhas einen integrativen, transformativen Ansatz, der die Grenzen zwischen verschiedenen religiösen Traditionen, sozialen Schichten und konventionellen Kategorien überschritt. Ihr Erbe lebt nicht nur in spezifischen buddhistischen Schulen und Praktiken weiter, sondern auch in der grundlegenden Idee, dass spirituelle Transformation inmitten des gewöhnlichen Lebens möglich ist.

Die Legenden der 84 Mahasiddhas laden uns ein, unsere eigenen Vorurteile und Begrenzungen zu überdenken und die Möglichkeit zu erkennen, dass jeder Aspekt des Lebens – selbst das scheinbar Weltliche oder Tabuisierte – zum Pfad der Erleuchtung werden kann. In diesem Sinne bleibt ihre Botschaft auch in der heutigen Zeit relevant und inspirierend.

2 Liste der Mahasiddas

2.1 Acinta - Der habgierige Einsiedler

Herkunft

Acinta wurde vermutlich im 8. Jahrhundert in Nordindien geboren, wobei die genauen Daten seines Lebens, wie bei vielen Mahasiddhas, in mystischem Nebel verborgen bleiben. Überlieferungen zufolge stammte er aus einer wohlhabenden Brahmanenfamilie in der Region des heutigen Bihar. Als Sohn privilegierter Eltern genoss er eine umfassende Ausbildung in den vedischen Schriften und wurde früh mit den religiösen Ritualen und philosophischen Konzepten des Brahmanismus vertraut gemacht.

Trotz seiner privilegierten Herkunft entwickelte der junge Acinta eine tiefe Unzufriedenheit mit dem weltlichen Leben und den religiösen Konventionen seiner Zeit. Diese innere Ruhelosigkeit führte ihn schließlich dazu, seinen Familienbesitz aufzugeben und sich in die Einsamkeit der Wälder zurückzuziehen, wo er ein Leben als Einsiedler begann.

Besondere Eigenschaften

Was Acinta unter den Mahasiddhas besonders auszeichnete, war der scheinbare Widerspruch zwischen seinem spirituellen Streben und seiner anhaltenden Habgier. Während die meisten, die den spirituellen Pfad wählen, versuchen, ihre Anhaftungen zu überwinden, behielt Acinta seine Neigung zur Habsucht bei — jedoch auf eine höchst ungewöhnliche Weise.

In den Wäldern lebend entwickelte er eine obsessive Sammelleidenschaft für Holz. Tag für Tag durchstreifte er den Wald und sammelte Brennholz, türmte es in seiner bescheidenen Hütte auf und hütete es eifersüchtig. Diese Eigenart brachte ihm den Beinamen "der habgierige Einsiedler" ein. Während andere Asketen an materiellen Besitztümern oder sinnlichen Vergnügungen hingen, hatte Acinta seine Begierde auf das scheinbar wertlose Brennholz verlagert.

Trotz dieses ungewöhnlichen Verhaltens besaß Acinta ein scharfes analytisches Denkvermögen und eine außergewöhnliche Fähigkeit zur Konzentration. Wenn er nicht gerade Holz sammelte, verbrachte er Stunden in tiefer Meditation, wobei er eine bemerkenswerte Fähigkeit entwickelte, seinen ruhelosen Geist zum Stillstand zu bringen.

Geschichte der Erleuchtung

Acintas Weg zur Erleuchtung ist eine der faszinierendsten Geschichten in der Tradition der Mahasiddhas. Der Wendepunkt in seinem Leben kam, als ein wandernder Yogi seinen Waldaufenthalt besuchte. Der Besucher, den einige Quellen als den Mahasiddha Vajraghanta identifizieren, war verwundert über die riesigen Holzstapel in und um Acintas Hütte.

Als der Yogi nach dem Grund für das viele Holz fragte, antwortete Acinta, dass er es für die kalten Nächte sammle, um sich zu wärmen. Der Yogi entgegnete mit einem rätselhaften Lächeln: "Was nützt dir all dieses Holz, wenn du das innere Feuer nicht entfachen kannst?"

Diese einfache Frage traf Acinta wie ein Donnerschlag. In diesem Moment erkannte er die Absurdität seines Verhaltens. Er hatte seine weltliche Habgier nicht überwunden, sondern lediglich auf einen anderen Gegenstand übertragen. Diese plötzliche Einsicht führte zu einer tiefgreifenden Transformation.

Der Yogi, der Acintas Bereitschaft für spirituelle Unterweisung erkannte, lehrte ihn die Grundlagen des Vajrayana-Buddhismus und die Praxis des inneren Feuers (Tummo). Er initiierte Acinta in die Geheimnisse der Chakren und Energiekanäle und lehrte ihn, wie er sein inneres Feuer entfachen könne – nicht durch äußere Mittel wie Brennholz, sondern durch die Kraft der Meditation.

Nach der Abreise des Yogis widmete sich Acinta mit derselben Intensität, mit der er zuvor Holz gesammelt hatte, nun der spirituellen Praxis. Er meditierte unermüdlich und richtete seine gesamte Energie auf die Erweckung des inneren Feuers. Nach zwölf Jahren intensiver Praxis gelang es ihm schließlich, das innere Feuer vollständig zu entfachen, was zur vollkommenen Erleuchtung führte.

Symbolisch verbrannte er seinen enormen Holzvorrat in einem einzigen großen Feuer, das der Überlieferung nach sieben Tage und Nächte loderte – ein äußeres Zeichen seiner inneren Transformation.

Leben und Tod

Nach seiner Erleuchtung kehrte Acinta nicht in die Gesellschaft zurück, wie es viele andere Mahasiddhas taten. Stattdessen blieb er in seiner Waldeinsiedlerei, nun aber völlig frei von Habgier und Anhaftung. Er lebte in vollkommener Harmonie mit der Natur, bedurfte keiner äußeren Wärmequelle mehr und strahlte selbst in den kältesten Winternächten eine innere Hitze aus, die selbst Schnee in seiner Umgebung zum Schmelzen brachte.

Die Kunde von dem erleuchteten Einsiedler, der ohne Feuer in eisiger Kälte leben konnte, verbreitete sich, und bald pilgerten Schüler aus nah und fern zu seiner bescheidenen Hütte. Acinta lehrte sie die Praxis des inneren Feuers und half ihnen, ihre eigenen Anhaftungen zu erkennen und zu überwinden.

Über Acintas Tod existieren verschiedene Überlieferungen. Die bekannteste besagt, dass er im Alter von etwa hundert Jahren, während einer tiefen Meditationssitzung, seinen Körper in reines Licht auflöste – ein Phänomen, das im tibetischen Buddhismus als "Regenbogenkörper" bekannt ist. Andere Quellen berichten, dass er seinen Körper willentlich in Feuer verwandelte und in einem spektakulären Flammenmeer verschwand, ohne Asche zu hinterlassen.

Lehren und Übertragungen

Acintas Hauptlehre konzentrierte sich auf die Transformation von Begierde und Anhaftung in spirituelle Energie. Seine eigene Geschichte diente als lebendiges Beispiel dafür, wie selbst die stärksten Leidenschaften in Werkzeuge der Befreiung umgewandelt werden können.

Seine wichtigsten Unterweisungen umfassten:

1. Die Praxis des inneren Feuers (Tummo): Eine fortgeschrittene Meditationstechnik, bei der die subtile Körperenergie genutzt wird, um innere Hitze zu erzeugen, die nicht nur physische Wärme spendet, sondern auch als Katalysator für spirituelle Transformation dient.

2. Die Umwandlung von Begierde: Acinta lehrte, dass es nicht darum geht, Begierde zu unterdrücken oder zu eliminieren, sondern sie zu erkennen und in spirituelle Kraft umzuwandeln.

3. Die Lehre der inneren Alchemie: Er vermittelte Techniken, durch die gewöhnliche Emotionen und Erfahrungen in Weisheit transformiert werden können, ähnlich wie ein Alchemist Blei in Gold verwandelt.

4. Das Prinzip der Nicht-Dualität: Acinta betonte, dass Erleuchtung nicht durch das Ablehnen der Welt, sondern durch das Erkennen ihrer wahren Natur erreicht wird.

Seine Lehren wurden zunächst mündlich überliefert und fanden später Eingang in die Traditionen des Vajrayana-Buddhismus, insbesondere in die Praxis der Sechs Yogas von Naropa. Die Tummo-Praxis, für die Acinta bekannt war, wurde zu einem zentralen Element mehrerer tibetischer Traditionen, darunter Kagyu und Gelug.

Bedeutung und Nachwirkung

Acintas Vermächtnis lebt in verschiedenen Aspekten des tibetischen Buddhismus fort. Seine Geschichte wird oft als Beispiel dafür angeführt, dass der Weg zur Erleuchtung nicht von der Ausgangsposition abhängt, sondern von der Tiefe der Transformation.

Besonders im modernen Kontext gewinnt Acintas Geschichte an Bedeutung, da sie aufzeigt, wie selbst negative Eigenschaften wie Habgier in positive spirituelle Qualitäten umgewandelt werden können. Dies resoniert mit zeitgenössischen psychologischen Ansätzen, die auf Transformation statt auf Unterdrückung setzen.

In der modernen Praxis des tibetischen Buddhismus wird Acinta häufig als Inspirationsquelle für diejenigen angeführt, die mit starken Anhaftungen kämpfen. Seine Lehren bieten einen praktischen Ansatz für Menschen, die im weltlichen Leben stehen und dennoch nach spiritueller Entwicklung streben.

Darstellung in der Kunst

In der tibetischen ikonografischen Tradition wird Acinta typischerweise als hagerer Einsiedler dargestellt, oft mit einem Stapel Holz zu seinen Füßen oder in seiner Nähe. Seine Körperhaltung ist meist meditativ, wobei er in der klassischen Vajra-Position sitzt. Ein charakteristisches Merkmal seiner Darstellungen ist der rötliche Schimmer, der seinen Körper umgibt – eine Anspielung auf das innere Feuer, das er entfacht hat.

In Thangka-Malereien erscheint er häufig mit nacktem Oberkörper, um seine Fähigkeit zu symbolisieren, auch in extremer Kälte ohne Kleidung zu überleben. Seine Haut wird oft in einem tiefen Rotton dargestellt, der seine innere Hitze widerspiegelt. In einigen Darstellungen sind subtile Flammen zu sehen, die aus seinen Chakren-Punkten emporsteigen.

Bemerkenswert ist auch, dass Acinta in der Kunst oft in einer Waldumgebung gezeigt wird, umgeben von Tieren, die keine Furcht vor ihm zeigen – ein Symbol für seine Harmonie mit der Natur und seine Überwindung aller Dualitäten.

In späteren Darstellungen, besonders in den Yidam-Visualisierungen der Vajrayana-Praxis, erscheint Acinta manchmal in einer verherrlichten Form, mit mehreren Armen, die verschiedene symbolische Gegenstände halten: einen Stapel Holz (symbolisch für die überwundene Anhaftung), eine Flamme (das innere Feuer) und eine Schädelschale (die Leerheit aller Phänomene).

Im modernen künstlerischen Ausdruck wird Acintas Geschichte gelegentlich in zeitgenössischen Adaptionen aufgegriffen, wobei sein Holzsammeln oft als Metapher für materialistische Anhaftungen in der heutigen Konsumgesellschaft interpretiert wird.

Schlussbetrachtung

Die Geschichte des Mahasiddha Acinta, des habgierigen Einsiedlers, bleibt eine zeitlose Lehre über die Möglichkeit der Transformation und die universelle Fähigkeit zur Erleuchtung. In seiner Entwicklung vom besessenen Holzsammler zum erleuchteten Meister des inneren Feuers spiegelt sich die grundlegende buddhistische Erkenntnis wider, dass nicht die Abwesenheit von Leidenschaften, sondern deren Umwandlung den Weg zur Befreiung ebnet.

Acintas Vermächtnis erinnert uns daran, dass der spirituelle Pfad nicht durch Flucht vor unseren Schwächen, sondern durch deren tiefes Verständnis und Transformation beschritten wird. In einer Zeit, in der materielle Anhaftungen allgegenwärtig sind, bietet seine Geschichte eine inspirierende Perspektive auf die Möglichkeit, selbst die stärksten Begierden in Werkzeuge der spirituellen Entwicklung zu verwandeln.

2.2 Ajogi - Der verstoßene Verschwender

Herkunft

Ajogi wurde im 9. Jahrhundert in einer wohlhabenden Kaufmannsfamilie in Nordindien geboren. Als Sohn eines reichen Händlers genoss er alle Privilegien und materiellen Annehmlichkeiten, die ein Leben in Wohlstand mit sich bringen konnte. Sein bürgerlicher Name war Ratnakirti (Juwel des Ruhms), was auf die hohen Erwartungen hindeutet, die seine Familie an ihn stellte. Von Kindheit an zeigte er jedoch wenig Interesse an den Familiengeschäften und noch weniger an der Anhäufung von Reichtum. Stattdessen war er fasziniert von wandernden Yogis und Asketen, die gelegentlich durch seine Heimatstadt zogen und von spirituellen Erfahrungen berichteten, die jenseits materieller Werte lagen.

Besondere Eigenschaften

Ajogi besaß eine Reihe bemerkenswerter Eigenschaften, die ihn von seinen Zeitgenossen unterschieden. Zunächst fiel seine außergewöhnliche Großzügigkeit auf – eine Eigenschaft, die später zu seinem Beinamen "der Verschwender" führen sollte. Er zeigte ein tiefes Mitgefühl für die Armen und Benachteiligten, was sich in seiner Bereitschaft äußerte, alles zu teilen, was er besaß. Diese Großzügigkeit wurde anfangs von seiner Familie als jugendliche Naivität abgetan, entwickelte sich jedoch zu einem zentralen Aspekt seines späteren spirituellen Weges.

Darüber hinaus besaß Ajogi eine natürliche Fähigkeit zur Meditation und konnte selbst inmitten von Lärm und Chaos einen Zustand tiefer Konzentration erreichen. Zeitgenossen beschrieben ihn als jemanden mit einem "durchdringenden Blick", der die wahre Natur der Dinge zu erkennen schien. Diese intuitive Einsicht, gepaart mit seiner Unbekümmertheit gegenüber gesellschaftlichen Konventionen, machte ihn zu einem idealen Kandidaten für den tantrischen Pfad.

Eine weitere bemerkenswerte Eigenschaft war seine Fähigkeit, komplexe philosophische Konzepte in einfache, alltagsbezogene Analogien zu übersetzen. Dies würde später zu seinem charakteristischen Lehrstil werden, der auch einfache Menschen erreichen konnte.

Geschichte der Erleuchtung

Die Geschichte von Ajogis Erleuchtung ist eng mit seinem Ruf als "Verschwender" verbunden. Nach dem Tod seines Vaters erbte er ein beträchtliches Vermögen, das er innerhalb kurzer Zeit vollständig verschenkte. Er verteilte Juwelen, Gold und kostbare Waren an Arme, Bettler und jeden, der ihn darum bat. Seine Familie war entsetzt über dieses Verhalten und versuchte vergeblich, ihn davon abzuhalten. Als sein Vermögen aufgebraucht war, wurde er von seinen Verwandten verstoßen und als Schande für die Familientradition betrachtet.

Mittellos und obdachlos wanderte Ajogi durch das Land, bis er einem tantrischen Meister namens Kambala begegnete. Dieser erkannte sofort Ajogis spirituelles Potenzial und nahm ihn als Schüler an. Unter Kambalas Anleitung praktizierte Ajogi intensive Meditationen und tantrische Rituale, die darauf abzielten, die Dualität von Reichtum und Armut, Besitz und Besitzlosigkeit zu transzendieren.

Der entscheidende Moment seiner Transformation kam, als er während einer Meditation die Leere (Shunyata) aller Phänomene erkannte. In diesem Moment verstand er, dass sowohl Reichtum als auch Armut, sowohl Verschwendung als auch Sparsamkeit letztendlich leer an inhärenter Existenz waren. Diese Erkenntnis führte zu einer tiefen Erfahrung der Nicht-Dualität, die ihm die vollständige Befreiung vom Kreislauf des Leidens brachte. Von diesem Zeitpunkt an war er als Mahasiddha Ajogi bekannt – der Yogi, der alle Gegensätze transzendiert hatte.

Leben und Tod

Nach seiner Erleuchtung führte Ajogi ein Leben als wandernder Lehrer und Heiler. Er reiste durch ganz Nordindien und erreichte schließlich auch Teile Nepals und Tibets. Befreit von gesellschaftlichen Zwängen und materiellen Sorgen, lebte er ein einfaches Leben, oft nur mit dem Nötigsten ausgestattet. Seine Lehren zogen Menschen aus allen Gesellschaftsschichten an, von einfachen Bauern bis zu Königen und Gelehrten.

Ajogi verkörperte die Essenz des tantrischen Buddhismus durch seine unkonventionelle Lebensweise. Er lehnte es ab, in Klöstern oder Tempeln zu leben, und bevorzugte stattdessen den direkten Kontakt mit gewöhnlichen Menschen. Oft fand man ihn auf Marktplätzen oder an Straßenkreuzungen, wo er spontane Lehrreden hielt oder den Bedürftigen half.

Bemerkenswert ist, dass Ajogi trotz seiner Erleuchtung nie versuchte, seinen früheren Status wiederherzustellen oder seine Familie zu beeindrucken. Als seine Reisen ihn einmal in seine Heimatstadt zurückführten, erkannten ihn seine Verwandten nicht wieder – nicht wegen seines veränderten Äußeren, sondern wegen der tiefgreifenden spirituellen Transformation, die er durchlaufen hatte.

Der Tod des Mahasiddha Ajogi ist von Legenden umrankt. Einigen Überlieferungen zufolge verließ er seinen Körper während einer tiefen Meditation und ging direkt in das Dakini-Reich ein. Andere Berichte sprechen davon, dass er seinen Körper in einem Lichtblitz auflöste und in den Himmel aufstieg. Unabhängig von der genauen Art seines Todes wird angenommen, dass Ajogi etwa im Alter von 80 Jahren starb, nachdem er mehrere Jahrzehnte als verwirklichter Meister gelebt hatte.

Lehren und Übertragungen

Die Lehren des Mahasiddha Ajogi waren tief in der tantrischen Tradition verwurzelt, zeichneten sich jedoch durch ihre besondere Zugänglichkeit und Alltagsnähe aus. Im Zentrum seiner Philosophie stand die Idee, dass Erleuchtung nicht durch Entsagung oder Askese, sondern durch die völlige Transformation des alltäglichen Bewusstseins erreicht werden kann.

Ajogi entwickelte eine einzigartige Meditationstechnik, die als "Dāna Yoga" (Yoga des Gebens) bekannt wurde. Diese Praxis kombinierte Freigebigkeit mit Achtsamkeit, indem der Praktizierende beim Geben die Einheit von Geber, Gabe und Empfänger kontemplierte. Auf diese Weise wurde jeder Akt des Gebens zu einer Meditation über die Leerheit und Nicht-Dualität.

Eine weitere bedeutende Lehre Ajogis war die "Meditation der offenen Hände" (Muktahasta Dhyana), bei der der Meditierende sich vorstellt, alles loszulassen – nicht nur materielle Besitztümer, sondern auch geistige Konzepte und emotionale Anhaftungen. Diese Praxis sollte helfen, die tiefe Verbundenheit aller Wesen zu erkennen und die Illusion der Trennung zu überwinden.

Ajogi übertrug seine Lehren auf direkte und oft unkonventionelle Weise. Er verfasste keine schriftlichen Texte, sondern lehrte durch persönliche Anweisungen, Geschichten und praktische Demonstrationen. Seine Unterweisungen wurden von seinen Schülern mündlich weitergegeben und erst später niedergeschrieben. Die wichtigste Sammlung seiner Lehren findet sich in dem Text "Ajogi Doha"

(Die Gesänge des Ajogi), der 108 kurze Verse enthält, die seine wesentlichen Einsichten zusammenfassen.

Bedeutung und Nachwirkung

Die Bedeutung des Mahasiddha Ajogi für die Entwicklung des tantrischen Buddhismus kann kaum überschätzt werden. Seine Lehren beeinflussten maßgeblich die späteren tantrischen Traditionen in Indien, Nepal und Tibet. Besonders sein Konzept des "Dāna Yoga" wurde zu einem wichtigen Element der buddhistischen Praxis und fand Eingang in verschiedene Schulen der Mahamudra- und Dzogchen-Tradition.

In Tibet wurde Ajogi als einer der bedeutenden indischen Mahasiddhas verehrt, deren Lehren durch die Übersetzer und Gelehrten während der zweiten Verbreitungsperiode des Buddhismus (10.-12. Jahrhundert) nach Tibet gelangten.

Ajogis Einfluss reicht bis in die Gegenwart. Seine Betonung der Großzügigkeit als spirituelle Praxis hat viele moderne buddhistische Lehrer inspiriert, und seine Lehren über die Nicht-Dualität von Reichtum und Armut bieten wertvolle Perspektiven für den Umgang mit materiellen Gütern in der heutigen Konsumgesellschaft. Darüber hinaus haben seine unkonventionellen Methoden und sein Fokus auf die Zugänglichkeit spiritueller Praxis zur Popularisierung des tantrischen Buddhismus beigetragen.

Darstellung in der Kunst

In der traditionellen buddhistischen Kunst wird Ajogi mit charakteristischen Attributen dargestellt, die seine Lebensgeschichte und spirituellen Errungenschaften symbolisieren. Typischerweise wird er als schlanker Mann mittleren Alters mit einem langen Bart und wilden, ungepflegten Haaren gezeigt. Seine Kleidung ist einfach und oft zerrissen, was seinen Verzicht auf weltlichen Reichtum symbolisiert.

Ein häufiges Attribut in Ajogi-Darstellungen sind offene, ausgestreckte Hände, die seine Großzügigkeit und die Praxis des "Dāna Yoga" repräsentieren. Oft wird er auch mit einer leeren Schale dargestellt, die sowohl seine Besitzlosigkeit als auch die Leerheit (Shunyata) symbolisiert, die er in seiner Meditation erkannte.

In tibetischen Thangkas erscheint Ajogi oft in Szenen, die Schlüsselmomente seines Lebens darstellen: seine Begegnung mit dem Meister Kambala, seine Erleuchtungserfahrung oder seine Lehrtätigkeit auf Marktplätzen. Manchmal wird er auch fliegend oder von einem Lichtkreis umgeben dargestellt, was auf seine übernatürlichen Fähigkeiten (Siddhis) hindeutet.

Interessanterweise wird Ajogi in der Kunst oft in Verbindung mit Symbolen des Reichtums gezeigt, die er weggibt oder transformiert – eine visuelle Metapher für seine Überwindung materieller Anhaftungen. In manchen Darstellungen erscheint er auch mit einem mysteriösen Lächeln, das die Freude und innere Freiheit ausdrückt, die er durch seine spirituelle Verwirklichung erlangt hat.

Schlussbetrachtung

Die Geschichte des Mahasiddha Ajogi ist eine zeitlose Erinnerung daran, dass spirituelle Verwirklichung nicht an äußere Umstände oder gesellschaftliche Anerkennung gebunden ist. Sein Leben verkörpert die paradoxe Wahrheit, dass wahrer Reichtum oft in der Bereitschaft liegt, alles loszulassen.

Ajogis Transformation vom "verstoßenen Verschwender" zum verehrten Mahasiddha illustriert einen zentralen Aspekt der buddhistischen Lehre: dass Erleuchtung nicht durch die Anhäufung von Wissen oder Besitz, sondern durch die Befreiung von Anhaftungen und die Erkenntnis der wahren Natur der Realität erreicht wird. Seine Geschichte zeigt, dass das, was aus weltlicher Perspektive als Verschwendung erscheint, aus spiritueller Sicht als tiefe Weisheit verstanden werden kann.

In einer Zeit, in der materielle Werte oft über spirituelle gestellt werden, bietet Ajogis Leben eine inspirierende Alternative. Es erinnert uns daran, dass wahres Glück nicht im Haben, sondern im Sein und Geben liegt. Seine Lehren über Großzügigkeit, Nicht-Dualität und die Transformation des Alltäglichen bleiben relevant für alle, die nach tieferer Bedeutung und authentischer Spiritualität suchen.

Die Legende des Mahasiddha Ajogi ist mehr als eine historische Erzählung – sie ist eine Einladung, die eigenen Annahmen über Wert und Wertlosigkeit, Erfolg und Scheitern, Reichtum und Armut zu hinterfragen und einen Weg zu finden, der über diese Dualitäten hinausführt. In diesem Sinne bleibt Ajogi ein zeitloser Lehrer, dessen Botschaft auch in der heutigen Welt nichts von ihrer Kraft und Relevanz verloren hat.

2.3 Anangapa - Der gutaussehende Narr

Herkunft

Die Herkunft des Anangapa ist von einer Mischung aus historischen Fakten und mythologischen Elementen geprägt. Geboren im 9. Jahrhundert in einer Region, die heute im nördlichen Indien oder Nepal liegt, stammte er aus einer wohlhabenden Brahmanen-Familie. Sein Geburtsname war Sundara, was in Sanskrit "der Schöne" bedeutet – ein Name, der bereits auf seine außergewöhnliche Erscheinung hindeutete.

Verschiedene Überlieferungen erzählen, dass seine Geburt von ungewöhnlichen Vorzeichen begleitet wurde. Ein wiederkehrendes Element ist die Geschichte, dass bei seiner Geburt ein Regenbogen am Himmel erschien, obwohl es nicht regnete, und dass Blumen außerhalb ihrer Saison blühten. Diese Zeichen wurden von den Dorfältesten als Hinweis auf eine besondere Bestimmung des Kindes interpretiert.

In seiner Jugend erhielt Sundara eine umfassende Ausbildung in den vedischen Schriften, in Philosophie, Musik und Kunst. Er zeigte bereits früh eine außergewöhnliche Begabung für diese Disziplinen und wurde bald für seine Eloquenz und seinen scharfen Verstand bekannt. Gleichzeitig war er sich seiner körperlichen Schönheit bewusst und genoss die Aufmerksamkeit, die ihm zuteil wurde. Diese Dualität zwischen geistiger Brillanz und der Verhaftung an äußere Erscheinungen sollte später zu einem zentralen Element seiner spirituellen Transformation werden.

Im Alter von 25 Jahren verließ Sundara seine Familie und seinen Reichtum, um sich auf eine spirituelle Suche zu begeben. Er wanderte durch verschiedene Regionen Indiens, studierte bei verschiedenen Meistern und praktizierte unterschiedliche spirituelle Disziplinen. Es wird berichtet, dass er sich sowohl mit buddhistischen als auch mit hinduistischen Lehren beschäftigte und schließlich seinen eigenen Weg fand, der Elemente aus beiden Traditionen vereinte.

Besondere Eigenschaften

Der Anangapa zeichnete sich durch eine Reihe besonderer Eigenschaften aus, die ihn von anderen spirituellen Lehrern seiner Zeit unterschieden. Am auffälligsten war natürlich seine außergewöhnliche Schönheit, die ihm den Beinamen "der gutaussehende Narr" einbrachte. Überlieferungen beschreiben ihn als Mann von vollkommener Proportion, mit strahlenden Augen, die direkt in die Seele zu blicken schienen, und einem Lächeln, das jeden in seinen Bann zog.

Doch im Gegensatz zu seinem Äußeren stand sein Verhalten, das oft als närrisch oder verrückt beschrieben wurde. Er kleidete sich in bunte, zerlumpte Gewänder, trug manchmal Schmuck aus Knochen oder anderen ungewöhnlichen Materialien und verhielt sich oft entgegen den gesellschaftlichen Normen. Er konnte in schallendes Gelächter ausbrechen, ohne ersichtlichen Grund, oder plötzlich in tiefe Stille versinken. Manchmal tanzte er wild auf öffentlichen Plätzen, ein anderes Mal saß er stundenlang regungslos unter einem Baum.

Diese scheinbare Widersprüchlichkeit zwischen Schönheit und Narretei war jedoch kein Zufall, sondern Teil seiner Lehrmethode. Durch sein Aussehen zog er die Menschen an, durch sein Verhalten konfrontierte er sie mit ihren eigenen Vorurteilen und Anhaftungen. Er nutzte diese Spannung, um auf die Dualität des menschlichen Daseins hinzuweisen und die Illusion von Schönheit und Status zu durchbrechen.

Eine weitere besondere Eigenschaft des Anangapa war seine Fähigkeit, Menschen unmittelbar zu berühren und zu transformieren. Es wird berichtet, dass viele seiner Schüler ihre Erleuchtung nicht durch jahrelange Studien oder Praktiken erlangten, sondern durch einen direkten Moment der Begegnung mit ihm – ein Blick, ein Wort, eine Geste, die die Schleier der Illusion durchbrach und die Wahrheit offenbarte.

Der Anangapa war auch bekannt für seinen Humor und seine Fähigkeit, komplexe spirituelle Konzepte in einfachen, oft humorvollen Geschichten zu vermitteln. Seine Lehrmethode war nicht akademisch oder dogmatisch, sondern lebendig und unmittelbar. Er bevorzugte das direkte Erleben gegenüber theoretischem Wissen und forderte seine Schüler oft heraus, ihre eigenen Überzeugungen und Vorstellungen zu hinterfragen.

Geschichte der Erleuchtung

Die Geschichte der Erleuchtung des Anangapa ist eine der faszinierendsten und zugleich lehrreichsten Erzählungen in der spirituellen Tradition. Nach Jahren des Studiums und der Praxis verschiedener spiritueller Disziplinen hatte Sundara zwar ein tiefes intellektuelles Verständnis spiritueller Konzepte erlangt, aber keine direkte Erfahrung der Wahrheit.

Der Wendepunkt in seinem Leben kam, als er eines Tages an einem Fluss rastete. Während er sich im Wasser spiegelte und seine eigene Schönheit bewunderte, kam eine alte Frau vorbei. Sie betrachtete ihn, lachte laut und sagte: "Wie wunderschön du bist, und wie hässlich!" Diese scheinbar widersprüchliche Aussage verwirrte Sundara zunächst. Als er die Frau nach der Bedeutung ihrer Worte fragte, antwortete sie: "Dein Körper ist schön wie der Mond, aber dein Geist ist hässlich wie eine Kröte, die sich an ihre eigene Wichtigkeit klammert."

Diese Worte trafen Sundara wie ein Blitz. Er erkannte plötzlich die Eitelkeit und Anhaftung, die sein ganzes Leben geprägt hatten. Er sah, wie er trotz all seiner spirituellen Studien und Praktiken immer noch an seinem Selbstbild und seiner Identität festhielt. In diesem Moment des Erkennens brach sein gesamtes Selbstbild zusammen, und er erlebte eine tiefgreifende Transformation.

Es wird berichtet, dass er drei Tage und Nächte regungslos am Ufer des Flusses saß, während ein innerer Prozess der Auflösung und Neugeburt stattfand. Als er schließlich aufstand, war er nicht mehr derselbe. Er hatte die Illusion des Selbst durchschaut und die grundlegende Einheit aller Dinge erfahren. Von diesem Moment an wurde er als Anangapa bekannt, was in einer alten Dialektform "der ohne Anhaftung" oder "der ohne festen Kern" bedeutet.

Nach seiner Erleuchtung begann Anangapa, auf eine völlig neue Weise zu leben und zu lehren. Er gab seine konventionelle Erscheinung auf und begann, sich wie ein Narr zu verhalten – nicht aus Berechnung, sondern als spontaner Ausdruck seiner inneren Freiheit. Seine Schönheit blieb, aber sie war nun durchdrungen von einer inneren Leuchtkraft, die jeden berührte, der ihm begegnete.

Leben und Tod

Nach seiner Erleuchtung führte Anangapa ein Leben, das von Wanderschaft und spontanem Handeln geprägt war. Er reiste durch verschiedene Regionen Indiens, lehrte alle, die bereit waren zuzuhören, und forderte besonders diejenigen heraus, die in religiösen Dogmen und spirituellem Materialismus gefangen waren.

Anangapa hatte keine feste Wohnstätte und lehnte es ab, Tempel oder Ashrams zu gründen. Stattdessen lehrte er an öffentlichen Plätzen, in Wäldern, an Flussufern – überall, wo Menschen sich versammelten. Seine Lehrmethode war unkonventionell und oft provokativ. Er konnte einen hochrangigen Brahmanen durch eine einfache Frage in Verlegenheit bringen oder einen einfachen Bauern durch eine Geste zur Erleuchtung führen.

Trotz seines närrischen Verhaltens und seiner unkonventionellen Methoden zog Anangapa viele Schüler an, darunter sowohl Gelehrte als auch einfache Menschen. Es wird berichtet, dass er keine Unterschiede zwischen seinen Schülern machte und Menschen aller Kasten und Hintergründe gleich behandelte, was in der stark hierarchischen Gesellschaft seiner Zeit revolutionär war.

Der Tod des Anangapa ist ebenso von Legenden umwoben wie sein Leben. Die am weitesten verbreitete Geschichte besagt, dass er im Alter von etwa 70 Jahren sein Ende voraussah und seine Schüler zu einer letzten Unterweisung versammelte. Nachdem er ihnen seine abschließenden Lehren gegeben hatte, soll er lachend gesagt haben: "Nun, da es Zeit ist zu gehen, zeige ich euch, dass es nirgendwo hinzugehen gibt!"

Mit diesen Worten setzte er sich in die Meditationshaltung, begann zu leuchten und löste sich schließlich in Licht auf, ohne einen Körper zurückzulassen. Diese Geschichte, ob wörtlich wahr oder metaphorisch zu verstehen, illustriert die zentrale Lehre des Anangapa: dass die Trennung zwischen Leben und Tod, zwischen Sein und Nichtsein, letztlich eine Illusion ist.

Lehren und Übertragungen

Die Lehren des Anangapa waren nicht systematisch oder dogmatisch, sondern situativ und erfahrungsbezogen. Dennoch lassen sich einige grundlegende Prinzipien identifizieren, die den Kern seiner Philosophie bilden:

1. Die Illusion des Selbst: Anangapa lehrte, dass das, was wir als unser "Selbst" betrachten, letztlich eine Illusion ist, eine Ansammlung von Gedanken, Erinnerungen und Konzepten ohne substantielle Realität.

2. Die Einheit aller Dinge: Jenseits der scheinbaren Trennung und Vielfalt der Phänomene existiert eine grundlegende Einheit, eine unmittelbare Verbundenheit aller Dinge.

3. Die Natur des Geistes: Der Geist in seinem Grundzustand ist klar, rein und unbegrenzt, frei von konzeptuellen Überlagerungen und Anhaftungen.

4. Spontaneität und Freiheit: Wahre spirituelle Verwirklichung drückt sich nicht in starren Regeln oder Ritualen aus, sondern in spontanem, authentischem Handeln, das aus der direkten Erkenntnis der Wahrheit entspringt.

5. Die Überwindung von Dualität: Die Trennung zwischen schön und hässlich,
   gut und böse, heilig und profan ist letztlich eine konzeptuelle Konstruktion,
   die in der Erfahrung der Wahrheit aufgelöst wird.

Anangapas Lehrmethode war direkt und unmittelbar. Er nutzte Paradoxa,
Humor, Provokation und unerwartete Handlungen, um seine Schüler aus ihren
gewohnten Denkmustern herauszureißen und ihnen einen direkten Blick auf die
Wahrheit zu ermöglichen. Seine Unterweisung war nicht intellektuell, sondern
zielte darauf ab, eine direkte Erfahrung der Wirklichkeit jenseits von Konzepten
zu vermitteln.

Die Übertragung seiner Lehren erfolgte nicht durch formelle Initiationen oder
komplexe Rituale, sondern durch direkte Begegnung und Interaktion. Es wird
berichtet, dass viele seiner Schüler ihre Erleuchtung durch einen einfachen Blick,
eine Geste oder ein Wort erlangten, das den Schleier der Illusion durchbrach.

Nach seinem Tod wurden seine Lehren zunächst mündlich überliefert, später
dann in verschiedenen Texten festgehalten. Der bekannteste ist das "Anangapa
Sutra", eine Sammlung von Anekdoten, Dialogen und Lehrreden, die von
seinen direkten Schülern zusammengestellt wurde. Darüber hinaus existieren
mehrere Kommentare und interpretative Texte, die von späteren Meistern
verfasst wurden.

Bedeutung und Nachwirkung

Die Bedeutung des Anangapa liegt nicht nur in seinen Lehren, sondern auch
in der Art, wie er diese Lehren verkörperte und vermittelte. Er repräsentierte
einen Ansatz zur spirituellen Praxis, der formelle Strukturen und intellektuelle
Komplexität zugunsten von direkter Erfahrung und authentischem Ausdruck
überwindet.

In den Jahrhunderten nach seinem Tod entwickelte sich eine Tradition, die
als "Anangapa-Weg" bekannt wurde. Diese Tradition war nie eine organisierte
Religion oder Schule, sondern eher eine Linie von Meistern, die den Geist seiner
Lehren weitergaben. Diese Meister teilten oft den unkonventionellen, direkten
Ansatz des Anangapa und trugen dazu bei, seine Lehren lebendig zu halten.

Der Einfluss des Anangapa reichte weit über seinen unmittelbaren kulturellen
Kontext hinaus. Elemente seiner Lehre finden sich in verschiedenen spirituellen

Traditionen Asiens wieder, insbesondere in bestimmten Zweigen des Buddhismus und des Hinduismus. Seine Betonung der direkten Erfahrung und der Überwindung von Dualität hat Parallelen in der Zen-Tradition des Buddhismus, während seine Vorstellung von der Einheit aller Dinge Ähnlichkeiten mit dem Advaita Vedanta des Hinduismus aufweist.

In der modernen Zeit hat das Interesse an Anangapa und seinen Lehren wieder zugenommen. Viele zeitgenössische spirituelle Sucher finden in seinem unkonventionellen Ansatz, seiner Betonung der direkten Erfahrung und seiner Ablehnung von Dogmen und institutionalisierter Religion eine Inspiration für ihre eigene spirituelle Praxis. Seine Lehre, dass wahre Spiritualität nicht in äußeren Formen und Ritualen, sondern in der direkten Erkenntnis der Wirklichkeit liegt, resoniert besonders mit Menschen, die nach authentischen spirituellen Wegen jenseits etablierter Religionen suchen.

Auch in der akademischen Welt hat sich das Interesse an Anangapa verstärkt. Forscher aus den Bereichen Religionswissenschaft, Philosophie und Psychologie untersuchen seine Lehren und Methoden im Kontext vergleichender Studien zur mystischen Erfahrung und transformativen Spiritualität. Seine Betonung der Überwindung von Dualität und der Illusion des Selbst wird oft in Bezug zu modernen philosophischen und psychologischen Theorien gesetzt.

Besonders bemerkenswert ist, dass Anangapas Lehre von der Einheit von Schönheit und Hässlichkeit, Weisheit und Narrheit, in einer Zeit zunehmender gesellschaftlicher Polarisierung und Fragmentierung eine wichtige Botschaft der Integration und Ganzheit darstellt. Seine Überwindung konventioneller Kategorien und Trennungen bietet ein Modell für eine umfassendere, integrative Sichtweise auf das menschliche Dasein.

Darstellung in der Kunst

Die Figur des Anangapa hat im Laufe der Jahrhunderte zahlreiche Künstler inspiriert und findet sich in verschiedenen Kunstformen wieder. In der traditionellen bildenden Kunst wird er meist als schöner Mann in zerrissenen, bunten Gewändern dargestellt, oft in einer tanzenden oder unkonventionellen Pose. Sein Gesicht zeigt gleichzeitig Schönheit und einen Ausdruck, der zwischen Weisheit und Narrheit schwankt. Oft wird er mit Attributen wie einem Spiegel (der die Illusion des Selbst symbolisiert) oder einer Lotusblüte (als Symbol der Reinheit inmitten des Weltlichen) dargestellt.

In der frühen ikonografischen Tradition wurde Anangapa meist in formellen, statischen Posen dargestellt, ähnlich wie andere buddhistische oder hinduistische Meister. Im Laufe der Zeit entwickelte sich jedoch eine dynamischere Darstellungsweise, die seiner unkonventionellen Natur besser entsprach. Ab dem 12. Jahrhundert finden sich vermehrt Darstellungen, die ihn in ekstatischen Tanzhaltungen oder in paradoxen Situationen zeigen, die seine Lehre von der Überwindung der Dualität veranschaulichen.

Besonders bemerkenswert sind die Thangkas aus dem 15. und 16. Jahrhundert, die Anangapa im Kreis anderer Mahasiddhas (verwirklichte Meister) zeigen. In diesen Darstellungen wird er oft durch seine außergewöhnliche Schönheit und gleichzeitig durch sein närrisches Verhalten hervorgehoben, was ihn von den anderen, meist in meditativen Posen dargestellten Meistern unterscheidet.

In der Literatur hat die Figur des Anangapa ebenfalls ihren Niederschlag gefunden. Zahlreiche Gedichte, Lieder und Geschichten wurden über ihn verfasst, die seine Lehren und sein Leben auf poetische Weise interpretieren. Besonders in der Tradition der Doha (spirituelle Lieder) finden sich viele Werke, die ihm zugeschrieben werden oder von ihm inspiriert sind. Diese Lieder zeichnen sich durch ihre einfache, direkte Sprache und ihren paradoxen, oft humorvollen Charakter aus.

In der darstellenden Kunst hat die Figur des Anangapa besonders in Tanz und Theater eine Rolle gespielt. In verschiedenen traditionellen Tanzformen wurde seine Geschichte dargestellt, wobei der Kontrast zwischen seiner äußeren Schönheit und seinem närrischen Verhalten oft ein zentrales Element der Choreographie bildete. In rituellen Theaterformen, wie dem tibetischen Cham-Tanz oder dem indischen Kathakali, wurde seine Figur als Verkörperung der Überwindung von Dualität und konventionellen Kategorien dargestellt.

In der modernen Kunst hat die Figur des Anangapa eine neue Interpretation erfahren. Zeitgenössische Künstler haben sich von seiner Botschaft der Überwindung von Dualität und der Integration von scheinbaren Gegensätzen inspirieren lassen. Seine Figur taucht in verschiedenen Medien auf, von der Malerei über die Skulptur bis hin zu Performance-Kunst und Film. Dabei wird oft seine Relevanz für aktuelle gesellschaftliche und philosophische Fragen betont, wie die Überwindung von Polarisierung und die Integration von Gegensätzen.

Schlussbetrachtung

Die Figur des Anangapa, des "gutaussehenden Narren", stellt einen faszinierenden und lehrreichen Aspekt der spirituellen Tradition dar. Seine Geschichte und Lehre bieten einen einzigartigen Zugang zu zeitlosen Wahrheiten und ermöglichen eine tiefere Reflexion über grundlegende Fragen des menschlichen Daseins.

Die zentrale Botschaft des Anangapa liegt in der Überwindung von Dualität und der Integration scheinbarer Gegensätze. In seiner Person vereinen sich Schönheit und Narrheit, Weisheit und Torheit, Ernsthaftigkeit und Humor. Diese Integration stellt nicht nur ein spirituelles Ideal dar, sondern bietet auch ein Modell für die Bewältigung der Komplexität und Widersprüchlichkeit des menschlichen Lebens.

Anangapas Lehre von der Illusion des Selbst und der grundlegenden Einheit aller Dinge hat in unserer Zeit besondere Relevanz. In einer Welt, die von Fragmentierung, Polarisierung und Konflikten geprägt ist, erinnert seine Botschaft an die tiefere Einheit, die jenseits der scheinbaren Trennungen liegt. Seine Betonung der direkten Erfahrung gegenüber intellektuellen Konzepten und dogmatischen Systemen spricht besonders Menschen an, die nach authentischen spirituellen Wegen jenseits etablierter Religionen suchen.

Die Figur des Anangapa erinnert uns daran, dass wahre Spiritualität nicht in äußeren Formen und Ritualen, sondern in der direkten Erkenntnis der Wirklichkeit liegt. Seine unkonventionelle, oft provokative Art zu lehren fordert uns heraus, unsere eigenen Vorstellungen und Anhaftungen zu hinterfragen und einen direkteren, authentischeren Zugang zur Wirklichkeit zu finden.

In einer Zeit, in der äußere Erscheinung und Status oft überbetont werden, erinnert die Geschichte des Anangapa daran, dass wahre Schönheit und Erfüllung nicht in äußeren Attributen, sondern in der inneren Freiheit und Authentizität liegen. Seine Transformation vom eitlen Schönling zum "gutaussehenden Narren" illustriert den Weg von der Verhaftung an äußere Erscheinungen zur Freiheit des erleuchteten Geistes.

Letztlich lädt die Figur des Anangapa uns ein, die Grenzen unserer gewohnten Denkmuster zu überschreiten und eine umfassendere, integrative Sichtweise auf das Leben zu entwickeln. In seinem Lachen, seiner Freiheit und seiner Authentizität liegt eine zeitlose Weisheit, die auch heute noch inspirierend und transformierend wirken kann. Der "gutaussehende Narr" erinnert uns daran,

dass wahre Weisheit oft in unerwarteten Formen und an unerwarteten Orten
zu finden ist und dass der Weg zur Erleuchtung manchmal durch das Tor der
Narrheit führt.

41

2.4 Aryadeva (Karnaripa) - Der Einäugige

Herkunft

Die historischen Quellen zu Aryadevas Herkunft sind nicht immer eindeutig und teilweise von legendenhaften Elementen durchsetzt. Nach den tibetischen Überlieferungen wurde er im 3. Jahrhundert n. Chr. in Sri Lanka (damals Ceylon) als Sohn einer königlichen Familie geboren. Andere Quellen verorten seine Geburt in Südindien. Sein ursprünglicher Name lautete vermutlich Kanadeva oder Karnaripa, wobei "Aryadeva" (Erhabener Deva) ein Ehrentitel ist, der ihm später verliehen wurde.

Die Überlieferung berichtet, dass er bereits in jungen Jahren eine außergewöhnliche Intelligenz und tiefes spirituelles Interesse zeigte. Vom Wohlstand und den Privilegien des Palastlebens unbeeindruckt, soll er sich früh für den Weg der Entsagung entschieden haben. Er verließ den königlichen Haushalt und begab sich auf die Suche nach spiritueller Verwirklichung, die ihn schließlich zu seinem Hauptlehrer Nagarjuna führte.

Besondere Eigenschaften

Aryadeva zeichnete sich durch mehrere bemerkenswerte Eigenschaften aus, die ihn zu einer einzigartigen Figur in der buddhistischen Geschichte machen:

Sein herausragender Intellekt und seine dialektische Brillanz waren legendär. Als Meister der Debatte und logischen Argumentation konnte er philosophische Positionen mit präziser Klarheit analysieren und widerlegen. Diese Fähigkeit machte ihn zu einem gefürchteten Gegner in philosophischen Auseinandersetzungen mit Vertretern anderer Schulen.

Seine Beharrlichkeit und Hingabe zum Dharma zeigte sich in seiner unerschütterlichen Praxis. Trotz zahlreicher Herausforderungen und Widrigkeiten – einschließlich des Verlustes eines Auges – blieb er seinem spirituellen Weg treu. Diese Entschlossenheit inspirierte viele seiner Schüler und nachfolgende Generationen von Praktizierenden.

Besonders bemerkenswert war seine Fähigkeit, komplexe philosophische Konzepte verständlich zu vermitteln. In seinen Schriften gelang es ihm, die subtilen Lehren der Madhyamaka-Philosophie auf zugängliche Weise darzustellen, ohne dabei ihre tiefgründige Bedeutung zu verwässern.

Schließlich zeichnete ihn ein tiefes Mitgefühl aus, das all sein Handeln durchwirkte. Seine philosophischen Bemühungen waren nicht bloß intellektueller Natur, sondern zielten darauf ab, Leiden zu lindern und anderen den Weg zur Befreiung zu weisen.

Geschichte der Erleuchtung

Die Begegnung mit Nagarjuna markiert den entscheidenden Wendepunkt in Aryadevas spirituellem Leben. Nach verschiedenen Überlieferungen suchte er den großen Meister am Berg Shri Parvata im südlichen Indien auf. Nagarjuna erkannte sofort das außergewöhnliche Potential in Aryadeva und nahm ihn als Schüler an.

Unter Nagarjunas Anleitung vertiefte Aryadeva sein Verständnis der Madhyamaka-Philosophie und der tantrischen Praktiken. Die tiefgründigen Einsichten in die Natur der Leerheit (Shunyata) und die Methoden zur Transformation des Geistes bildeten die Grundlage für seine eigene spätere Verwirklichung.

Eine berühmte Episode aus dieser Zeit erzählt, wie Aryadeva auf dem Weg zu Nagarjuna einer alten Frau begegnete, die ihn um ein Auge bat, um es als Opfergabe in einem Ritual zu verwenden. Ohne zu zögern, soll Aryadeva sich selbst ein Auge ausgestochen und es ihr gegeben haben – eine Handlung, die seine vollkommene Loslösung von körperlicher Identifikation und sein grenzenloses Mitgefühl demonstrierte. Diese Begebenheit brachte ihm den Beinamen "der Einäugige" ein.

Nach Jahren intensiver Praxis und Studien unter Nagarjuna erreichte Aryadeva schließlich die vollständige Erleuchtung. Die Überlieferungen berichten, dass er alle Verunreinigungen des Geistes beseitigt und die vollkommene Einsicht in die wahre Natur der Wirklichkeit erlangt hatte. Als verwirklichter Meister (Mahasiddha) besaß er nun die Fähigkeit, andere wirkungsvoll auf dem Pfad zur Befreiung zu führen.

Leben und Tod

Nach seiner Erleuchtung widmete Aryadeva sein Leben der Verbreitung und Verteidigung der buddhistischen Lehre. Er reiste durch verschiedene Regionen Indiens, hielt Vorträge, führte Debatten mit Anhängern anderer philosophischer Schulen und schrieb wichtige Abhandlungen, die die Madhyamaka-Philosophie weiterentwickelten und systematisierten.

Eine berühmte Episode aus dieser Zeit beschreibt, wie Aryadeva in einer öffentlichen Debatte einen brahmanischen Gelehrten namens Matracheta besiegte. Durch seine überlegene Argumentation und sein tiefes Verständnis der Leerheit soll er den Brahmanen und dessen Anhänger zum Buddhismus bekehrt haben.

Über seinen Tod gibt es verschiedene Überlieferungen. Nach einer Version wurde er von einem eifersüchtigen Schüler ermordet, der sich durch Aryadevas philosophische Überlegenheit gedemütigt fühlte. Der Legende nach soll Aryadeva dem Täter vergeben und ihn sogar gesegnet haben, bevor er starb – ein letzter Ausdruck seines grenzenlosen Mitgefühls.

Eine andere Version berichtet, dass er in hohem Alter friedlich starb, nachdem er sein Wissen und seine Einsichten vollständig an seine Schüler weitergegeben hatte. Unabhängig von den Umständen seines Todes wird überliefert, dass er im Moment des Sterbens verschiedene Wunderzeichen manifestierte, die seine vollkommene Verwirklichung bezeugten.

Lehren und Übertragungen

Aryadevas Hauptbeitrag zur buddhistischen Philosophie liegt in der Weiterentwicklung und Systematisierung der Madhyamaka-Lehre. Seine Werke ergänzen und erläutern die Schriften seines Lehrers Nagarjuna und machen die subtilen Konzepte der Leerheitsphilosophie zugänglicher.

Zu seinen wichtigsten Schriften zählen:

1. Chatuhshataka (Vier Hundert Verse): Sein Hauptwerk, das in systematischer Weise die Madhyamaka-Philosophie darlegt und die Argumente gegen konkurrierende philosophische Positionen entwickelt.

2. Shatashastra (Abhandlung in Hundert Versen): Eine Zusammenfassung der Madhyamaka-Lehre, die sich besonders mit der Widerlegung falscher Ansichten befasst.

3. Hastavalaprakarana (Abhandlung über die Handvoll): Eine knappe Darstellung der Kernpunkte der Madhyamaka-Philosophie.

Aryadevas Lehrmethode war geprägt von einem schrittweisen Ansatz, der die Schüler allmählich zu tieferen Einsichten führte. Er begann mit der Widerlegung unheilsamer Handlungen, ging dann über zur Zurückweisung falscher Ansichten über das Selbst und gipfelte schließlich in der Auflösung aller konzeptuellen Konstrukte.

Im tantrischen Bereich wird Aryadeva mit der Übertragung verschiedener Sadhana-Praktiken in Verbindung gebracht, besonders mit Meditationstechniken, die auf die Erkenntnis der Leerheit abzielen. Als Mahasiddha soll er außergewöhnliche Fähigkeiten (Siddhis) besessen haben, darunter die Fähigkeit, seinen Körper zu transformieren und verschiedene Erscheinungsformen anzunehmen.

Bedeutung und Nachwirkung

Aryadevas Einfluss auf die Entwicklung des Buddhismus, insbesondere des Mahayana und Vajrayana, kann kaum überschätzt werden. Als zweiter Patriarch der Madhyamaka-Schule nach Nagarjuna spielte er eine entscheidende Rolle bei der Festigung und Verbreitung dieser philosophischen Tradition.

Seine Werke wurden in Tibet, China und anderen Teilen Asiens intensiv studiert und kommentiert. Besonders in der tibetischen Tradition gelten seine Schriften als grundlegende Texte, die in den Klosteruniversitäten ausführlich behandelt werden. Viele spätere Meister, darunter Chandrakirti und Tsongkhapa, verfassten umfangreiche Kommentare zu Aryadevas Werken.

Die von ihm entwickelten philosophischen Methoden und Argumente haben die buddhistische Erkenntnistheorie und Logik nachhaltig geprägt. Seine systematische Widerlegung falscher Ansichten und seine klare Darstellung der Madhyamaka-Philosophie haben zahlreichen Generationen von Praktizierenden als Wegweiser gedient.

Darüber hinaus inspiriert seine Lebensgeschichte – besonders sein Opfer des eigenen Auges – bis heute Buddhisten weltweit als Beispiel für vollkommene Hingabe und Mitgefühl. Er verkörpert das Ideal des verwirklichten Meisters, der konventionelle Grenzen transzendiert und direkte Einsicht in die wahre Natur der Wirklichkeit erlangt hat.

Darstellung in der Kunst

In der buddhistischen Ikonographie wird Aryadeva meist als Mönch mit einem Auge dargestellt. Seine Figur erscheint oft in Thangka-Gemälden, die die Übertragungslinie der Madhyamaka-Schule oder die 84 Mahasiddhas darstellen.

Typische Attribute in seinen Darstellungen sind:

- Ein fehlendes Auge oder eine leere Augenhöhle, die auf seine berühmte Opferhandlung hinweist

- Gelehrtengewänder oder Mönchsroben

- Oft ein Buch oder eine Schriftrolle in der Hand haltend, als Symbol für seine philosophischen Werke

- Manchmal mit einer Lotusblüte als Zeichen seiner spirituellen Reinheit

In tibetischen Darstellungen wird er häufig in einer Gruppe mit seinem Lehrer Nagarjuna und anderen Madhyamaka-Meistern abgebildet. Sein Gesichtsausdruck ist meist ernst und konzentriert, was seinen scharfen Intellekt und seine tiefe Meditation symbolisiert.

In manchen tantrischen Darstellungen erscheint er auch in einer verwandelten Form als Yidam (Meditationsgottheit), umgeben von flammenden Aureolen, die seine transformative spirituelle Kraft repräsentieren.

Interessanterweise gibt es auch einige Statuen und Darstellungen, in denen Aryadeva mit beiden Augen abgebildet wird – vermutlich um seine vollkommene spirituelle Sicht zu symbolisieren, die über die physische Einschränkung hinausgeht.

Schlussbetrachtung

Aryadeva verkörpert in einzigartiger Weise die Verbindung von intellektueller Brillanz und spiritueller Verwirklichung. Als Philosoph entwickelte er logische Argumente von bestechender Klarheit, als Praktizierender demonstrierte er höchste Entsagung und Mitgefühl. Seine Fähigkeit, die subtilsten philosophischen Konzepte zu erfassen und verständlich zu vermitteln, machte ihn zu einem der einflussreichsten Denker des Buddhismus.

Die Geschichte von Aryadeva, dem "Einäugigen", der paradoxerweise eine tiefere Sicht der Wirklichkeit erlangte als die meisten "Sehenden", enthält eine tiefe symbolische Bedeutung: Wahre Erkenntnis liegt jenseits der sinnlichen Wahrnehmung und entsteht aus der Transzendierung des Ego und der direkten Einsicht in die Leere aller Phänomene.

In einer Zeit, in der oberflächliche Wahrnehmung und materialistische Werte oft dominieren, bleibt Aryadevas Beispiel eine kraftvolle Erinnerung an die Möglichkeit tieferer Erkenntnisse und an die transformative Kraft von Mitgefühl und

Weisheit. Seine Lehren über die Leerheit aller Phänomene und die Überwindung der Ich-Illusion sind heute vielleicht relevanter denn je.

Als Brücke zwischen seinem Lehrer Nagarjuna und späteren Generationen von Madhyamaka-Meistern hat Aryadeva einen unschätzbaren Beitrag zur Bewahrung und Weiterentwicklung dieser philosophischen Tradition geleistet. Sein Leben und sein Werk erinnern uns daran, dass wahre Weisheit immer mit Mitgefühl einhergeht und dass intellektuelle Erkenntnis erst durch praktische Verwirklichung ihre volle Bedeutung entfaltet.

2.5 Babhaha - Der freie Liebhaber

Herkunft

Babhaha wurde im 9. Jahrhundert in der Region des heutigen Bengalen geboren. Als Sohn einer wohlhabenden Brahmanenfamilie genoss er eine privilegierte Erziehung und wurde in den vedischen Schriften unterrichtet. Überlieferungen zufolge war er von Jugend an von außergewöhnlicher Schönheit und Anziehungskraft, was später zu seinem Beinamen "der freie Liebhaber" führen sollte. Trotz seiner privilegierten Stellung fühlte er sich zunehmend eingeengt durch die strengen sozialen Normen und rituellen Pflichten seines Standes. Diese Unzufriedenheit mit den etablierten Strukturen sollte später den Grundstein für seinen unkonventionellen spirituellen Weg legen.

Besondere Eigenschaften

Babhaha zeichnete sich durch mehrere herausragende Eigenschaften aus, die ihn nicht nur als Mahasiddha, sondern auch als einzigartige Persönlichkeit kennzeichneten:

Seine außergewöhnliche Schönheit und sein Charisma zogen Menschen aller gesellschaftlichen Schichten an. Dieses natürliche Charisma nutzte er später auf seinem spirituellen Weg, nicht um zu manipulieren, sondern um tiefe Verbindungen zu schaffen, die über das Körperliche hinausgingen.

Bemerkenswert war auch seine Fähigkeit, tiefe Empathie zu empfinden. Er konnte die Gefühle und Bedürfnisse anderer so intensiv wahrnehmen, dass es ihm möglich war, genau die Lehren zu vermitteln, die der jeweilige Schüler in diesem Moment benötigte.

Zudem besaß Babhaha einen außergewöhnlichen Intellekt und die Gabe, komplexe philosophische Konzepte in einfache, alltagsnahe Metaphern zu übersetzen. Diese Fähigkeit ermöglichte es ihm, seine tiefgründigen Einsichten einem breiten Publikum zugänglich zu machen.

Am bemerkenswertesten war jedoch seine Furchtlosigkeit gegenüber gesellschaftlichen Konventionen. Wo andere Angst vor Ausgrenzung oder Verurteilung hatten, sah Babhaha nur die Möglichkeit, die Grenzen des menschlichen Bewusstseins zu erweitern.

Geschichte der Erleuchtung

Babhahas Weg zur Erleuchtung war ebenso unkonventionell wie seine Persönlichkeit. Als junger Mann hatte er bereits die vedischen Schriften gemeistert und war in tantrische Praktiken eingeweiht worden. Doch wahre Erfüllung fand er erst, als er seinem Guru, dem Mahasiddha Kambala, begegnete.

Die Überlieferung berichtet von einer entscheidenden Begegnung: Während Babhaha in einem Tempel meditierte, erschien Kambala und fragte ihn: "Was suchst du hier in der Stille, wenn die Wahrheit in der Bewegung des Lebens selbst liegt?" Diese Frage erschütterte Babhahas bisheriges Verständnis von spiritueller Praxis.

Kambala lehrte ihn, dass wahre Erleuchtung nicht durch Weltflucht, sondern durch die vollständige Annahme und Transformation aller Aspekte des menschlichen Daseins erreicht werden könne. Er übertrug Babhaha die Einweihung in die "Praxis des freien Liebhabers" - eine tantrische Methode, bei der die sexuelle Energie nicht unterdrückt, sondern transformiert wird, um höhere Bewusstseinszustände zu erreichen.

Nach Jahren intensiver Praxis erlebte Babhaha seine Erleuchtung während einer Liebesvereinigung. In diesem Moment erkannte er die fundamentale Einheit von Lust und Weisheit, von Samsara und Nirvana. Diese Erfahrung transzendierte die gewöhnliche sexuelle Erfahrung und offenbarte ihm die wahre Natur der Wirklichkeit als untrennbare Einheit von Mitgefühl und Leerheit.

Leben und Tod

Nach seiner Erleuchtung lebte Babhaha als wandernder Lehrer. Er verzichtete auf feste Wohnsitze und materielle Besitztümer, was im starken Kontrast zu seiner früheren privilegierten Stellung stand. Seine Lehrmethode war spontan und den Bedürfnissen seiner Schüler angepasst. Oft verwendete er die Metapher der Liebesbeziehung, um die Beziehung zwischen Schüler und Lehrer, zwischen dem Suchenden und der Wahrheit zu beschreiben.

Babhaha hatte zahlreiche Schüler und Schülerinnen aus allen gesellschaftlichen Schichten. Bemerkenswert war seine Offenheit, auch Frauen und Angehörige niederer Kasten als gleichwertige Schüler anzunehmen, was in der damaligen Zeit revolutionär war.

Über seinen Tod existieren verschiedene Überlieferungen. Die am weitesten verbreitete besagt, dass er im Alter von 84 Jahren seinen physischen Körper bewusst verließ, während er in tiefer Meditation verweilte. Andere Quellen berichten, dass er in einen Regenbogenkörper transformierte und so die vollständige Vereinigung von Bewusstsein und Leere manifestierte. Unabhängig von der genauen Art seines Todes stimmen alle Überlieferungen darin überein, dass Babhaha sein Ende bewusst wählte und den Tod als letzten Akt der Befreiung erfuhr.

Lehren und Übertragungen

Die Lehren Babhahas waren tief in der buddhistischen Vajrayana-Tradition verwurzelt, brachten jedoch einige innovative Aspekte ein. Im Zentrum stand die Idee, dass die körperliche Leidenschaft nicht als Hindernis, sondern als Vehikel für spirituelles Wachstum genutzt werden kann. Seine Hauptlehren lassen sich wie folgt zusammenfassen:

1. Die Einheit von Lust und Weisheit: Babhaha lehrte, dass die sexuelle Energie, wenn sie mit bewusster Absicht und Mitgefühl praktiziert wird, zu tiefen spirituellen Einsichten führen kann.

2. Die Überwindung von Dualität: Durch die Erfahrung intensiver Vereinigung können die Grenzen zwischen Selbst und Anderem, zwischen Subjekt und Objekt aufgelöst werden.

3. Die Transformation von Emotion: Jede emotionale Erfahrung, sei sie positiv oder negativ, kann als Brennstoff für spirituelles Wachstum genutzt werden.

4. Die Wichtigkeit authentischer Beziehungen: Babhaha betonte, dass wahre spirituelle Praxis nicht in Isolation, sondern in tiefem Austausch mit anderen stattfindet.

Seine Lehren wurden in verschiedenen Texten festgehalten, von denen einige in der tibetischen Tradition erhalten geblieben sind. Besonders bekannt ist das "Doha des freien Liebhabers", ein poetischer Text, der die Essenz seiner Lehre in metaphorischer Sprache ausdrückt.

Bedeutung und Nachwirkung

Babhahas Einfluss auf die buddhistischen Tantra-Traditionen ist bedeutend. Seine Lehren wurden besonders in der Kagyü-Linie des tibetischen Buddhismus bewahrt und weiterentwickelt. Die von ihm begründete Praxis des "Pfades der Leidenschaft" (ragamarga) beeinflusste später die Entwicklung verschiedener tantrischer Praktiken.

In der modernen Zeit gewinnen Babhahas Lehren erneut an Bedeutung, besonders im Kontext der Integration von Spiritualität und menschlicher Sexualität. Seine Betonung der Transformation statt der Unterdrückung natürlicher Impulse spricht viele zeitgenössische Suchende an, die nach einem ganzheitlichen spirituellen Weg streben.

Gleichzeitig werden seine Lehren oft missverstanden oder oberflächlich interpretiert. Es ist wichtig zu betonen, dass Babhahas Praxis nicht einfach die Befreiung sexueller Impulse propagierte, sondern deren bewusste Transformation durch jahrelange Vorbereitung und Praxis unter qualifizierter Anleitung.

Darstellung in der Kunst

In der buddhistischen Ikonographie wird Babhaha typischerweise als junger Mann mit langem, fließendem Haar dargestellt. Er trägt oft nur wenige Kleidungsstücke, manchmal nur einen Lendenschurz, was seine Überwindung materieller Anhaftung symbolisiert. Häufig wird er in Begleitung einer weiblichen Gefährtin dargestellt, die die Verkörperung der Weisheit (Prajna) repräsentiert.

In tibetischen Thangkas erscheint er oft in der "Yab-Yum"-Position, der symbolischen Darstellung der Vereinigung von Mitgefühl und Weisheit. Seine Hautfarbe wird traditionell als tiefblau dargestellt, was seine tiefe Verbindung mit der absoluten Wahrheit symbolisiert.

Bemerkenswert sind auch die künstlerischen Darstellungen seiner Lebensstationen, die in verschiedenen buddhistischen Klöstern zu finden sind. Diese Bilderzyklen zeigen seinen Weg vom privilegierten Brahmanen zum erleuchteten Mahasiddha und dienen als visuelle Lehrmittel für Praktizierende.

In der zeitgenössischen Kunst wird Babhaha zunehmend als Symbol für die Integration von Spiritualität und Sinnlichkeit aufgegriffen. Moderne Künstler betonen dabei oft die psychologischen und archetypischen Aspekte seiner Gestalt.

Schlussbetrachtung

Die Gestalt des Mahasiddha Babhaha verkörpert einen zentralen Aspekt der buddhistischen Tantra-Tradition: die Transformation statt der Verleugnung menschlicher Leidenschaften. Sein Leben und seine Lehren erinnern uns daran, dass der spirituelle Weg nicht in der Flucht vor der Welt, sondern in ihrer tieferen Durchdringung besteht.

In einer Zeit, in der spirituelle und sinnliche Aspekte des Lebens oft als getrennt oder gar gegensätzlich betrachtet werden, bietet Babhahas Beispiel eine integrative Perspektive. Seine Lehre ermutigt uns, alle Aspekte unseres Menschseins anzunehmen und als Potential für Wachstum zu erkennen.

Gleichzeitig mahnt sein Beispiel zur Vorsicht vor oberflächlichen Interpretationen tantrischer Praktiken. Die wahre Transformation erfordert tiefes Verständnis, ethische Grundlagen und qualifizierte Anleitung.

In der Gestalt des "freien Liebhabers" begegnet uns letztlich die Herausforderung, Freiheit nicht als Beliebigkeit, sondern als bewusste Verwirklichung unseres tiefsten Potentials zu verstehen. In diesem Sinne bleibt Babhaha eine inspirierende und herausfordernde Figur, deren Lehren auch in der heutigen Zeit nichts von ihrer Relevanz verloren haben.

2.6 Bhadrapa - Der exklusive Brahmane

Herkunft

Bhadrapa wurde in eine hochrangige Brahmanenfamilie in Nordindien geboren, vermutlich im 9. Jahrhundert. Als Angehöriger der höchsten Kaste genoss er alle Privilegien der damaligen brahmanischen Gesellschaft. Seine Jugend war geprägt von intensiven Studien der vedischen Schriften, rituellen Praktiken und philosophischen Debatten, die ihn zu einem angesehenen Gelehrten machten.

Die historischen Quellen über Bhadrapas frühe Jahre sind begrenzt und oft mit legendenhaften Elementen verwoben. Die Hagiographien beschreiben ihn als außergewöhnlich intelligent und in den brahmanischen Künsten und Wissenschaften bewandert. Seine Familie soll über Generationen hinweg bedeutende Ritualexperten und Gelehrte hervorgebracht haben, was ihm eine privilegierte Position in der Gesellschaft sicherte.

Der Name "Bhadrapa" selbst deutet auf seine hochrangige Herkunft hin. "Bhadra" bedeutet im Sanskrit "gesegnet" oder "glückverheißend", während die Endung "pa" auf seinen Status als Respektsperson hinweist. Sein vollständiger Name in den tibetischen Übersetzungen wird manchmal als "Bhadrapada" wiedergegeben, was "der mit glückverheißenden Füßen" bedeuten kann – möglicherweise eine Anspielung auf seinen aristokratischen Hintergrund.

Besondere Eigenschaften

Vor seiner spirituellen Transformation zeichnete sich Bhadrapa vor allem durch seinen ausgeprägten Stolz und sein Beharren auf ritueller Reinheit aus. Als Brahmane höchsten Ranges bestand er auf der strikten Einhaltung der Kastenregeln und Reinheitsvorschriften. Historische Berichte und Legenden beschreiben ihn als besonders "exklusiv" in seinem Verhalten – er vermied jeden Kontakt mit Menschen niedrigerer Kasten und führte ein Leben in selbstgewählter Isolation, um seine rituelle Reinheit zu bewahren.

Diese extreme Haltung machte ihn zum perfekten Kandidaten für eine radikale spirituelle Transformation. Der grundlegende Widerspruch zwischen seinem Streben nach spiritueller Vollkommenheit und seinem weltlichen Stolz auf Kastenreinheit wurde zum Katalysator seiner späteren Entwicklung.

Nach seiner spirituellen Verwandlung hingegen entwickelte Bhadrapa bemerkenswerte Eigenschaften der Demut und Gleichheit. Er wurde bekannt für seine Fähigkeit, konventionelle Denkweisen zu überwinden und die Essenz aller Phänomene jenseits sozialer Konstrukte zu erkennen. Seine besonderen Siddhi (übernatürlichen Fähigkeiten) sollen vor allem in der intuitiven Erkenntnis der Natur des Geistes und der Leerheit aller Erscheinungen bestanden haben.

Geschichte der Erleuchtung

Die Erleuchtungsgeschichte Bhadrapas ist exemplarisch für den transformativen Weg vieler Mahasiddhas und enthält wichtige Lehren über die Überwindung des Ego.

Der Wendepunkt in Bhadrapas Leben kam, als er einem buddhistischen Tantra-Meister namens Kambala (oder in einigen Quellen Lawapa) begegnete. Die Begegnung wird in verschiedenen Versionen überliefert, folgt aber einem gemeinsamen Grundmuster:

Als standesbewusster Brahmane vermied Bhadrapa jeden Kontakt mit Menschen, die er als unrein betrachtete. Eines Tages kam der Tantra-Meister, verkleidet als unberührbarer Straßenfeger oder Leichenbeschauer, an Bhadrapas Wohnsitz vorbei. Bhadrapa reagierte mit Abscheu und forderte den vermeintlich Unreinen auf, sich von seinem Haus fernzuhalten.

Der Meister demonstrierte daraufhin seine magischen Kräfte, indem er in die Luft aufstieg oder andere wundersame Taten vollbrachte. Er konfrontierte Bhadrapa mit einer tiefgreifenden Frage: "Was ist reiner – dein Körper aus Fleisch und Blut oder der reine Geist eines Erleuchteten?" Diese Konfrontation erschütterte Bhadrapas Weltbild und zwang ihn, seine Vorstellungen von Reinheit zu überdenken.

Erschüttert und von der spirituellen Autorität des Meisters beeindruckt, bat Bhadrapa um Unterweisung. Der Tantra-Meister gab ihm eine paradoxe Meditationsanweisung: Er solle Reinheit und Unreinheit gleichzeitig betrachten, bis er die wahre Natur beider erkenne. Nach intensiver Meditation erkannte Bhadrapa die Leerheit aller Konzepte und die grundlegende Reinheit des Geistes jenseits sozialer Konstrukte.

Nach zwölf Jahren intensiver Praxis erlangte Bhadrapa die vollständige Erleuchtung und wurde selbst zu einem Mahasiddha. Seine Transformation wird oft als Beispiel für die Überwindung sozialer Vorurteile und die Erkenntnis der grundlegenden Gleichheit aller Wesen angeführt.

Leben und Tod

Nach seiner Erleuchtung führte Bhadrapa ein Leben, das im krassen Gegensatz zu seiner früheren Existenz stand. Anstatt in brahmanischer Isolation zu leben, wanderte er frei umher und interagierte mit Menschen aller Kasten und sozialen Schichten. Er wurde bekannt für seine unkonventionellen Lehrmethoden und seine Fähigkeit, die tiefsten philosophischen Wahrheiten in einfacher, allgemein verständlicher Sprache zu vermitteln.

Berichten zufolge lehrte Bhadrapa oft durch paradoxe Handlungen und unerklärliche Verhaltensweisen, die darauf abzielten, die konzeptuellen Grenzen seiner Schüler zu durchbrechen. Er soll an Orten gelebt haben, die traditionell als unrein galten, wie Verbrennungsplätzen oder Abfallhalden, um die Relativität kultureller Reinheitsvorstellungen zu demonstrieren.

Einige Quellen berichten, dass Bhadrapa eine Gemeinschaft von Schülern um sich sammelte, die aus allen sozialen Schichten stammten. Seine Lehrtätigkeit erstreckte sich über mehrere Jahrzehnte, in denen er zahlreiche Schüler zur Erleuchtung führte.

Über Bhadrapas Tod existieren verschiedene Überlieferungen. Nach einigen Quellen erlangte er die Regenbogenkörper-Verwirklichung – einen Zustand, in dem der physische Körper im Moment des Todes in reines Licht transformiert wird. Andere Berichte erzählen, dass er bewusst seinen Körper verließ und in ein Buddhafeld einging, ohne die üblichen Anzeichen des physischen Todes zu durchlaufen. Unabhängig von der genauen Form wird sein Tod als Ausdruck vollkommener Meisterschaft über den Geist und die materiellen Elemente betrachtet.

Lehren und Übertragungen

Bhadrapas zentrale Lehren konzentrierten sich auf die Überwindung dualistischer Konzepte und die direkte Erkenntnis der Natur des Geistes. Seine Hauptpraxis wird oft als eine Form der Mahamudra- oder Dzogchen-Meditation beschrieben, die auf die unmittelbare Erfahrung der Leerheit und der inhärenten Klarheit des Geistes abzielt.

Die ihm zugeschriebenen Lehren betonen besonders:

1. Die Überwindung sozialer und konzeptueller Dualismen wie rein/unrein, hoch/niedrig, heilig/profan

2. Die Erkenntnis der grundlegenden Gleichheit aller Phänomene in ihrer letztendlichen Natur

3. Die Notwendigkeit, den eigenen Stolz und die Fixierung auf soziale Identität als Hindernisse auf dem spirituellen Weg zu erkennen

4. Die direkte Erfahrung der Nicht-Dualität durch spezifische Meditationstechniken

Bhadrapa soll mehrere Tantra-Praktiken überliefert haben, die später in den tibetischen Buddhismus integriert wurden. Insbesondere wird ihm die Übertragung bestimmter Praktiken der "Inneren Hitze" (tummo) und Visualisierungstechniken zugeschrieben, die auf die Transformation negativer Emotionen abzielen.

Seine Lehrlinie wurde vor allem durch seinen Hauptschüler Kukkuripa weitergeführt, der selbst zu einem bedeutenden Mahasiddha wurde. Über diesen Übertragungsweg flossen Bhadrapas Lehren in verschiedene buddhistische Schulen ein, insbesondere in die Kagyü- und Nyingma-Traditionen des tibetischen Buddhismus.

Bedeutung und Nachwirkung

Bhadrapas Bedeutung liegt weniger in der Gründung einer eigenen Schule oder Tradition als vielmehr in seiner exemplarischen Verkörperung der transformativen Kraft des tantrischen Buddhismus. Seine Geschichte dient als kraftvolles Lehrstück über die Überwindung von Kastendünkel und spirituellem Stolz – Qualitäten, die auch heute noch relevante Hindernisse auf dem spirituellen Weg darstellen.

In der tibetischen Tradition wird Bhadrapa verehrt, deren Lebensgeschichten als Inspirationsquellen und Vorbilder für Praktizierende dienen. Seine Geschichte findet sich in klassischen Sammlungen wie Abhayadattas "Biographien der vierundachtzig Mahasiddhas" und wird in verschiedenen Kommentarwerken der tibetischen Meditationstradition zitiert.

Bhadrapas Einfluss ist besonders in den Lehren zu spüren, die sich mit der Überwindung sozialer Vorurteile und der Erkenntnis der grundlegenden Gleichheit aller Wesen befassen. In diesem Sinne kann seine Botschaft als Vorläufer späterer sozialer Reformbewegungen innerhalb der buddhistischen Tradition betrachtet werden.

Im modernen Kontext bietet Bhadrapas Geschichte wertvolle Einsichten für den interreligiösen Dialog, insbesondere zwischen Hinduismus und Buddhismus, da sie die Möglichkeit der Transformation religiöser Identität und die Überwindung exklusivistischer Haltungen veranschaulicht.

Darstellung in der Kunst

In der tibetischen und nepalesischen religiösen Kunst wird Bhadrapa in charakteristischer Weise dargestellt. Typischerweise erscheint er als:

- Ein Mann mittleren Alters mit den traditionellen Merkmalen eines Brahmanen

- Oft mit der heiligen Schnur (yajnopavita) der Brahmanen, aber in Kombination mit den Attributen eines tantrischen Meisters

- Häufig in meditativer Haltung sitzend, mit Handgesten (Mudras), die die Überwindung von Dualität symbolisieren

- Gelegentlich mit einem Wassergefäß (kamandalu) als Symbol seiner brahmanischen Herkunft, das er jedoch auf unkonventionelle Weise hält oder verwendet

Die ikonographische Tradition stellt Bhadrapa oft mit einem Gesichtsausdruck dar, der sowohl Gelassenheit als auch einen subtilen Humor ausdrückt – eine visuelle Repräsentation seiner Überwindung starrer Konventionen.

In Thangka-Gemälden findet sich Bhadrapa häufig in der Gruppe der 84 Mahasiddhas, wo er durch seine brahmanischen Attribute und seine spezifische Handhaltung identifizierbar ist. Seine Position innerhalb dieser Gruppe unterstreicht seine Bedeutung in der Übertragungslinie der tantrischen Lehren.

Bemerkenswert ist, dass in einigen künstlerischen Darstellungen Bhadrapa bewusst in Umgebungen platziert wird, die nach brahmanischen Maßstäben als unrein gelten würden – eine visuelle Erinnerung an seine spirituelle Transformation und Überwindung konventioneller Reinheitsvorstellungen.

Schlussbetrachtung

Die Geschichte des Mahasiddha Bhadrapa illustriert einen der zentralen Aspekte des tantrischen Buddhismus: die Transformation persönlicher Hindernisse in

Pfade zur Erleuchtung. Seine Entwicklung vom exklusiven Brahmanen zum inklusiven spirituellen Meister veranschaulicht, wie selbst tief verwurzelte soziale Konditionierungen durch spirituelle Praxis überwunden werden können.

Bhadrapas Lebensweg erinnert uns daran, dass spirituelle Verwirklichung oft gerade dort beginnt, wo wir unsere festgefahrenen Identitäten und Überzeugungen loslassen. Seine Geschichte hat bis heute eine tiefgreifende Relevanz in einer Welt, die von sozialen Spaltungen und Identitätspolitik geprägt ist.

Die Transformation Bhadrapas fordert uns heraus, unsere eigenen "exklusiven" Haltungen zu erkennen – sei es kultureller, intellektueller oder spiritueller Hochmut – und sie als Hindernisse auf dem Weg zu tieferer Weisheit und Mitgefühl zu verstehen. In diesem Sinne bleibt Bhadrapa ein zeitloser Lehrer, dessen Beispiel uns einlädt, über die künstlichen Grenzen hinauszugehen, die wir zwischen uns selbst und anderen errichten.

In einer Zeit, in der religiöse und kulturelle Identitäten oft als unüberwindbare Trennlinien betrachtet werden, bietet Bhadrapas Geschichte eine inspirierende Vision der Möglichkeit radikaler Transformation und der Entdeckung einer universellen spirituellen Natur jenseits aller sozialen Kategorien.

2.7 Bhandepa - Der neidische Gott

Herkunft

Bhandepa wurde im 9. Jahrhundert in einer wohlhabenden Brahmanenfamilie in Nordindien geboren. Sein Geburtsname war Nandipada, was "Freudvoller Pfad" bedeutet - eine Bezeichnung, die in scharfem Kontrast zu seinem späteren Leben stehen sollte. Als Spross einer hochgestellten Familie erhielt er eine umfassende Ausbildung in den vedischen Schriften und wurde schon früh in die Rituale und Zeremonien der brahmanischen Tradition eingeführt.

Seine außergewöhnliche Intelligenz und sein Charisma führten dazu, dass er schon in jungen Jahren als Priester und Gelehrter hohes Ansehen genoss. Diese Stellung und die damit verbundene Verehrung nährten jedoch seinen Stolz und seine Eitelkeit. Bhandepa begann, sich selbst als göttlich zu betrachten und verlangte von anderen, ihn als Gott zu verehren. Dieser Anspruch auf göttlichen Status brachte ihm den Beinamen "der neidische Gott" ein, da er stets eifersüchtig auf die Verehrung reagierte, die anderen Gottheiten zuteilwurde.

Besondere Eigenschaften

Bhandepa zeichnete sich durch mehrere markante Eigenschaften aus, die ihn unter den Mahasiddhas hervorhoben. Zunächst war da seine außerordentliche Beredsamkeit – er konnte mit seiner Rhetorik Massen bewegen und überzeugen. Diese Gabe nutzte er anfangs, um seinen eigenen Ruhm und seine Machtposition zu festigen.

Bemerkenswert war auch seine Fähigkeit, Mantras mit besonderer Kraft zu rezitieren. Seine Stimme soll so durchdringend gewesen sein, dass selbst die Götter sie hören konnten. Diese Begabung sollte später in seinem spirituellen Weg eine wichtige Rolle spielen.

Eine weitere Eigenschaft, die Bhandepa auszeichnete, war seine ungewöhnliche Beziehung zu Eifersucht und Neid. Anders als andere Mahasiddhas, die oft mit Leidenschaft, Zorn oder Verblendung rangen, war Bhandepa von Neid zerfressen. Er konnte es nicht ertragen, wenn andere verehrt oder gelobt wurden. Diese Eigenschaft, die zunächst als größtes Hindernis erschien, wurde später zum Ausgangspunkt seiner spirituellen Transformation.

Schließlich besaß Bhandepa eine bemerkenswerte Ausdauer und Entschlossenheit. Wenn er sich einmal ein Ziel gesetzt hatte, verfolgte er es mit unerbittlicher

Hartnäckigkeit. Diese Eigenschaft half ihm sowohl in seinen frühen Tagen als stolzer Priester als auch später auf seinem spirituellen Pfad.

Geschichte der Erleuchtung

Bhandepas Weg zur Erleuchtung begann paradoxerweise mit einer besonders starken Manifestation seines Neides. Als ein berühmter buddhistischer Meister in seine Stadt kam und die Menschen in Scharen zu dessen Lehrreden strömten, fühlte Bhandepa seinen Status bedroht. Von Eifersucht getrieben, beschloss er, den Meister in einer öffentlichen Debatte zu besiegen.

Die Debatte fand vor einer großen Menschenmenge statt. Bhandepa nutzte all seine rhetorischen Fähigkeiten, doch der buddhistische Meister – es soll sich um den Mahasiddha Virupa gehandelt haben – antwortete mit einer Gelassenheit und Weisheit, die Bhandepa tief beeindruckte. Als Bhandepa schließlich keine Argumente mehr hatte, fragte Virupa ihn: "Wer ist es, der so neidisch ist? Finde die Quelle deines Neides."

Diese Frage traf Bhandepa wie ein Blitz. Zum ersten Mal betrachtete er seinen Neid nicht als gerechtfertigt, sondern als Illusion. Er bat Virupa um Unterweisung und erhielt von ihm die Initiation in die Praxis des Hevajra-Tantra, einer fortgeschrittenen buddhistischen Meditationstechnik.

Bhandepa zog sich daraufhin in eine abgelegene Höhle zurück, um zu meditieren. Drei Jahre lang praktizierte er intensiv, wobei er sich besonders auf die Transformation von Neid in Weisheit konzentrierte. Die Überlieferung berichtet, dass er während dieser Zeit von Dämonen heimgesucht wurde, die seine tiefsten Ängste und Neigungen verkörperten. Doch Bhandepa erkannte, dass diese Erscheinungen nur Projektionen seines eigenen Geistes waren.

Der Durchbruch zur Erleuchtung kam, als Bhandepa eines Tages eine Vision von Hevajra hatte, der tantrischen Gottheit, die er verehrte. In dieser Vision sah er, wie Hevajra all seine neidischen Gedanken verschlang und in strahlende Weisheit verwandelte. Dieser Moment markierte Bhandepas vollständige Befreiung von Neid und sein Erwachen zur Natur des Geistes. Er hatte erkannt, dass Neid nur eine Manifestation der grundlegenden Leerheit aller Erscheinungen ist.

Leben und Tod

Nach seiner Erleuchtung kehrte Bhandepa in die Gesellschaft zurück, jedoch nicht als stolzer Brahmane, sondern als demütiger Yogi. Er lebte fortan ein einfaches Leben und reiste durch ganz Indien, um die Lehren des Buddha zu verbreiten. Dabei bevorzugte er unkonventionelle Methoden – er sang Lieder, erzählte Geschichten und führte manchmal sogar theatralische Aufführungen durch, um die buddhistische Philosophie zu vermitteln.

Besonders bekannt wurde er für seine Fähigkeit, Menschen mit starken negativen Emotionen zu helfen. Diejenigen, die von Neid und Eifersucht geplagt wurden, suchten ihn auf, und er lehrte sie, wie sie diese Emotionen in spirituelle Energie umwandeln konnten.

Bhandepa soll mehrere Jahrhunderte gelebt haben, was in der Tradition der Mahasiddhas keine Seltenheit ist. Die Legenden berichten, dass er seinen Körper durch yogische Praktiken so weit transformiert hatte, dass er Alterungsprozessen nicht mehr unterworfen war.

Sein Tod wird in den Überlieferungen als bewusster Übergang beschrieben. Als er spürte, dass seine Aufgabe in dieser Welt erfüllt war, zog er sich in eine Höhle im Himalaya zurück. Dort setzte er sich in Meditationshaltung und löste seinen Körper in Licht auf, ein Phänomen, das im tibetischen Buddhismus als "Regenbogenkörper" bekannt ist und als höchstes Zeichen spiritueller Verwirklichung gilt.

Lehren und Übertragungen

Bhandepas Lehren konzentrierten sich hauptsächlich auf die Transformation negativer Emotionen, insbesondere Neid und Eifersucht, in Weisheit und Mitgefühl. Er entwickelte spezielle Meditationstechniken, die es Praktizierenden ermöglichten, die Energie dieser Emotionen zu nutzen, anstatt sie zu unterdrücken oder zu verdrängen.

Ein zentrales Element seiner Lehre war das Konzept der "Neidlosigkeit" (Sanskrit: Anirshya), das er als Gegenmittel zum Neid entwickelte. Diese Praxis bestand darin, sich bewusst über das Glück und den Erfolg anderer zu freuen, anstatt Neid zu empfinden. Bhandepa lehrte, dass diese Übung nicht nur negative Emotionen auflöst, sondern auch die eigene Freude und das eigene Glück steigert.

Eine weitere wichtige Lehre Bhandepas war die "Methode der Umkehrung" (Sanskrit: Viparyaya-krama), bei der Praktizierende bewusst die Situation imaginieren, die am meisten Neid in ihnen auslöst, und dann diese Emotion in Mitgefühl umwandeln. Diese Technik wurde später in verschiedenen tantrischen Traditionen weiterentwickelt.

Bhandepa übertrug seine Lehren an zahlreiche Schüler, von denen einige selbst zu bedeutenden Meistern wurden. Die wichtigste Übertragungslinie führte über seinen Hauptschüler Indrabhuti zu Padmasambhava, dem berühmten Meister, der den Buddhismus nach Tibet brachte.

Die Texte, die Bhandepa zugeschrieben werden, umfassen das "Irshya-jnana-prakasha" (Die Erleuchtung des neidischen Wissens) und mehrere Dohas (spirituelle Lieder). Diese Texte wurden später in die tibetische Sprache übersetzt und sind heute Teil des tibetischen buddhistischen Kanons.

Bedeutung und Nachwirkung

Bhandepas Einfluss auf die buddhistische Tradition ist beträchtlich, obwohl er oft im Schatten bekannterer Mahasiddhas steht. Seine einzigartige Herangehensweise an die Transformation von Neid hat das tantrische Buddhismus-Verständnis der Emotionen tiefgreifend geprägt.

In der tibetischen Tradition wird Bhandepa besonders in der Kagyu-Schule verehrt, wo seine Methoden zur Umwandlung negativer Emotionen in die Mahamudra-Praxis integriert wurden. Auch in der Nyingma-Schule findet man Elemente seiner Lehren in den Dzogchen-Unterweisungen.

Bhandepas Geschichte dient auch als kraftvolles Beispiel dafür, dass selbst die schwierigsten Charakterzüge und Emotionen in spirituelle Verwirklichung umgewandelt werden können. Dies macht ihn zu einer inspirierenden Figur für Menschen, die mit starken negativen Emotionen kämpfen.

In der modernen Zeit hat Bhandepas Ansatz zur Transformation von Neid auch psychologische Relevanz erlangt. Einige zeitgenössische buddhistische Lehrer und Psychotherapeuten haben seine Methoden adaptiert, um Menschen zu helfen, mit Neid und Eifersucht umzugehen – Emotionen, die in unserer wettbewerbsorientierten Gesellschaft oft problematisch sind.

Darstellung in der Kunst

In der tibetischen Kunst wird Bhandepa traditionell als schlanker Mann mit leicht grünlicher Hautfarbe dargestellt – die grüne Farbe symbolisiert dabei den Neid, den er transformiert hat. Er trägt oft die einfache weiße Robe eines Yogis und hat langes, ungekämmtes Haar.

Ein charakteristisches Merkmal in Bhandepa-Darstellungen ist sein Gesichtsausdruck: Wahrend die meisten Mahasiddhas mit einem friedvollen oder lächelnden Gesicht abgebildet werden, zeigen frühe Darstellungen von Bhandepa oft ein leicht verzerrtes Gesicht, das seinen inneren Kampf mit dem Neid verdeutlicht. In späteren Darstellungen, die ihn nach seiner Erleuchtung zeigen, hat sich dieser Ausdruck in ein sanftes, mitfühlendes Lächeln verwandelt.

Als Attribut hält Bhandepa oft einen Spiegel in der Hand, der die Selbsterkenntnis symbolisiert, die zur Überwindung des Neides führt. In manchen Darstellungen trägt er auch eine Halskette aus Schädeln, die die Überwindung des Ego repräsentiert.

Besonders bemerkenswert sind die Thangkas, die Bhandepas Leben darstellen. Diese zeigen oft verschiedene Szenen aus seinem Leben: seine Zeit als stolzer Brahmane, die Begegnung mit Virupa, seine Meditation in der Höhle und schließlich seine Erleuchtung.

In der nepalesischen und nordindischen Kunst findet man auch Skulpturen von Bhandepa, die ihn in Meditationshaltung zeigen. Diese Statuen werden oft in Tempeln aufgestellt, die sich auf Praktiken zur Überwindung negativer Emotionen spezialisiert haben.

Schlussbetrachtung

Die Geschichte des Mahasiddha Bhandepa ist mehr als nur eine historische Erzählung oder religiöse Legende. Sie ist eine zeitlose Lehre über die transformative Kraft der spirituellen Praxis und die Möglichkeit, selbst die dunkelsten Aspekte unserer Persönlichkeit in Licht und Weisheit zu verwandeln.

Bhandepas Weg vom neidischen Gott zum erleuchteten Meister erinnert uns daran, dass der Pfad zur Erleuchtung nicht darin besteht, unsere Schwächen zu leugnen oder zu unterdrücken, sondern sie zu erkennen, anzunehmen und durch tiefes Verständnis zu transformieren. Diese Botschaft ist heute vielleicht relevanter denn je, in einer Welt, die oft von Neid, Konkurrenz und dem Streben nach Status geprägt ist.

Die Lehren Bhandepas laden uns ein, unseren eigenen Neid nicht als Makel zu betrachten, sondern als Ausgangspunkt für spirituelles Wachstum. Sie ermutigen uns, uns selbst mit Mitgefühl zu begegnen und die Energie, die in negativen Emotionen steckt, für positive Transformation zu nutzen.

So bleibt Bhandepa, der neidische Gott, der zum erleuchteten Meister wurde, eine Inspirationsquelle für alle, die den spirituellen Pfad gehen – ein lebendes Beispiel dafür, dass Erleuchtung nicht trotz unserer Schwächen, sondern durch ihre Transformation erreicht wird.

2.8 Bhiksanapa - Der Siddha mit den zwei Zähnen

Herkunft

Bhiksanapa wurde im mittelalterlichen Indien geboren, vermutlich zwischen dem 8. und 11. Jahrhundert n. Chr. Über seine genaue Herkunft und Jugend ist wenig bekannt, wie es bei vielen der Mahasiddhas der Fall ist. Die Überlieferungen berichten, dass er aus einer wohlhabenden Familie stammte und zunächst ein Leben in Luxus und Wohlstand führte. Einige Quellen verorten seine Geburt in Ostindien, im heutigen Bihar oder Bengalen, einer Region, die für ihre buddhistische Gelehrsamkeit und die Präsenz bedeutender Klöster wie Nalanda bekannt war.

Als junger Mann soll Bhiksanapa mit allen Annehmlichkeiten gesegnet gewesen sein, die sein privilegierter Status ihm bot. Er war verheiratet und führte ein weltliches Leben voller sinnlicher Freuden. Sein Name vor seiner spirituellen Transformation ist nicht überliefert, was die symbolische Bedeutung seiner späteren Identität als Bhiksanapa unterstreicht – ein Name, der erst mit seiner spirituellen Wandlung Bedeutung erlangte.

Besondere Eigenschaften

Bhiksanapa zeichnete sich durch mehrere bemerkenswerte Eigenschaften aus, die ihn unter den Mahasiddhas hervorhoben. Das auffälligste Merkmal waren seine zwei verbliebenen Zähne, die ihm seinen Namen gaben. "Bhiksanapa" bedeutet wörtlich "Bettelmönch mit zwei Zähnen". Diese physische Besonderheit wurde zum Symbol seiner spirituellen Identität und seiner Überwindung von Eitelkeit und Anhaftung an körperliche Erscheinung.

Trotz seiner scheinbar ärmlichen Erscheinung strahlte Bhiksanapa eine tiefe innere Ruhe und Weisheit aus. Zeitzeugen beschrieben ihn als einen Mann mit durchdringendem Blick und einer natürlichen Autorität, die nicht auf äußerer Macht, sondern auf innerer Stärke beruhte. Seine Fähigkeit, komplexe spirituelle Konzepte in einfache, für jedermann verständliche Lehren zu übersetzen, machte ihn zu einem effektiven Lehrer.

Bhiksanapa war bekannt für seine Genügsamkeit und seinen minimalistischen Lebensstil. Er besaß nur eine Schale zum Betteln und ein einfaches Gewand. Diese Besitzlosigkeit war jedoch nicht aus Mangel geboren, sondern eine bewusste Entscheidung, die seine Freiheit von materiellen Anhaftungen widerspiegelte.

Seine Gleichmut gegenüber Lob und Tadel, Gewinn und Verlust, Freude und Leid verkörperte die buddhistische Praxis des Mittleren Weges.

Geschichte der Erleuchtung

Die Erleuchtungsgeschichte von Bhiksanapa ist eng mit seiner charakteristischen physischen Erscheinung verbunden. Die Überlieferung berichtet, dass er als junger Mann von großer Eitelkeit war und besonders stolz auf seine makellosen Zähne, die er ständig pflegte und zur Schau stellte. Sein Leben war von sinnlichen Vergnügungen und materiellen Genüssen geprägt.

Die Wende kam, als er eines Tages einem buddhistischen Meister begegnete, der ihn mit einer einfachen Frage konfrontierte: "Wirst du deinen kostbaren Körper und deine perfekten Zähne mit ins Jenseits nehmen können?" Diese Frage erschütterte Bhiksanapa und führte zu einer tiefen Kontemplation über die Vergänglichkeit des Körpers und die Sinnlosigkeit seiner Eitelkeit.

In einem Akt der Entsagung und als Symbol seiner Loslösung von weltlichen Anhaftungen entschied sich Bhiksanapa, alle seine Zähne bis auf zwei zu ziehen. Diese drastische Handlung symbolisierte seine Bereitschaft, alles aufzugeben, was ihn an das weltliche Leben band. Er nahm die Lebensweise eines Bettelmönchs an und widmete sich intensiv der Meditation und spirituellen Praxis.

Nach Jahren der Praxis unter der Anleitung seines Gurus erreichte Bhiksanapa schließlich die vollständige Erleuchtung. Der Moment seiner Erleuchtung wird in den Überlieferungen als eine tiefgreifende Erfahrung beschrieben, in der er die wahre Natur des Geistes erkannte und die Einheit aller Phänomene erlebte. Diese Erfahrung transformierte ihn vollständig und befreite ihn von allen Fesseln des Leidens.

Leben und Tod

Nach seiner Erleuchtung lebte Bhiksanapa als wandernder Lehrer, der die Lehren des Buddha verbreitete und zahlreiche Schüler anleitete. Er reiste durch verschiedene Regionen Indiens, besuchte heilige Stätten und traf andere Mahasiddhas. Seine unkonventionelle Erscheinung mit nur zwei Zähnen machte ihn unverwechselbar und half ihm, die Aufmerksamkeit potenzieller Schüler zu gewinnen.

Als Mahasiddha hatte Bhiksanapa besondere Fähigkeiten (Siddhis) entwickelt, darunter die Fähigkeit, große Entfernungen in kurzer Zeit zurückzulegen, Krankheiten zu heilen und die Gedanken anderer zu lesen. Diese Kräfte nutzte er jedoch nie für persönlichen Gewinn, sondern ausschließlich, um anderen zu helfen und die Dharma-Lehre zu verbreiten.

Bhiksanapa soll ein hohes Alter erreicht haben, was als Zeichen seiner spirituellen Vollendung betrachtet wurde. Seine letzten Jahre verbrachte er der Überlieferung nach in einer abgelegenen Höhle im Himalaya, wo er sich intensiven Meditationspraktiken widmete.

Über seinen Tod gibt es verschiedene Überlieferungen. Einige Quellen berichten, dass er seinen Körper in reines Licht auflöste – ein Phänomen, das im tibetischen Buddhismus als "Regenbogenkörper" bekannt ist und als höchste Form des Sterbens gilt. Andere Überlieferungen besagen, dass er bewusst seinen Todeszeitpunkt wählte und im Lotus-Sitz meditierend starb, umgeben von seinen Schülern, die Zeugen verschiedener Wunderzeichen wurden, wie Regenbögen am Himmel und spontane Mantras, die aus der Luft erklangen.

Lehren und Übertragungen

Die Lehren von Bhiksanapa konzentrierten sich auf mehrere Schlüsselaspekte des tantrischen Buddhismus. Im Zentrum stand die Erkenntnis der Leerheit (Shunyata) aller Phänomene und die Überwindung dualistischer Konzepte. Seine Unterweisungen betonten die Wichtigkeit der direkten Erfahrung gegenüber intellektuellem Verständnis.

Bhiksanapa lehrte die Praxis der Visualisierung von Gottheiten als Methode zur Transformation des Geistes. Er betonte jedoch stets, dass diese Gottheiten keine externen Entitäten, sondern Manifestationen des eigenen erleuchteten Potenzials seien. Seine Lehren umfassten auch fortgeschrittene Körperübungen (Yoga) und Atemtechniken, die darauf abzielten, die subtilen Energiekanäle im Körper zu reinigen und zu harmonisieren.

Eine besondere Übertragungslinie, die auf Bhiksanapa zurückgeht, ist die Praxis der "Zwei Wahrheiten" – die relative Wahrheit des alltäglichen Lebens und die absolute Wahrheit der Leerheit. Seine Lehrmethode, diese beiden Aspekte zu integrieren, wurde als besonders effektiv angesehen und von späteren Meistern weitergeführt.

Bhiksanapas Methode der Unterweisung war oft unkonventionell und situations-
abhängig. Er verwendete Paradoxa, Rätsel und direkte Handlungen, um seine
Schüler zur Selbsterkenntnis zu führen. Seine zwei verbliebenen Zähne dienten
ihm dabei oft als Metapher für die Dualität, die es zu überwinden gilt – eine
Lehre, die er buchstäblich verkörperte.

Bedeutung und Nachwirkung

Bhiksanapas Einfluss auf die Entwicklung des tantrischen Buddhismus ist bedeutend. Seine Lehren und Praktiken wurden in verschiedene tibetische Schulen
integriert, insbesondere in die Kagyu- und Nyingma-Traditionen. Seine Methoden der Visualisierung und des inneren Yoga wurden zu wesentlichen Elementen
der tantrischen Praxis.

Die Geschichte von Bhiksanapa dient als kraftvolles Beispiel für die Überwindung
von Eitelkeit und materieller Anhaftung. Seine radikale Transformation vom
eitlen jungen Mann zum erleuchteten Meister inspiriert Praktizierende bis heute,
ihre eigenen Anhaftungen zu erkennen und zu transzendieren.

In der tibetischen Tradition wird Bhiksanapa verehrt, deren Geschichten und
Lehren als Beispiele für die erfolgreiche Umsetzung des tantrischen Pfades
dienen. Seine Lebensgeschichte wird in rituellen Texten und Biografien der
Mahasiddhas rezitiert und studiert.

Bhiksanapas Lehrlinie hat auch konkrete Praktiken hinterlassen, wie spezielle
Meditationstechniken und Rituale, die in verschiedenen buddhistischen Zentren
und Klöstern praktiziert werden. Seine Methode der Integration von weltlicher
Erfahrung und spiritueller Praxis bleibt ein zentrales Element des Vajrayana-
Buddhismus.

Darstellung in der Kunst

In der tibetischen und nepalesischen Kunst wird Bhiksanapa mit charakteristischen Merkmalen dargestellt. Am auffälligsten sind seine zwei hervorstehenden
Zähne, die ihn sofort erkennbar machen. Typischerweise wird er als älterer Mann
mit hagerer Gestalt dargestellt, oft nur mit einem einfachen Lendenschurz oder
einer dünnen Robe bekleidet.

Thangkas zeigen ihn häufig in Meditationshaltung sitzend, mit leicht geöffnetem Mund, so dass seine zwei Zähne sichtbar sind. Manchmal wird er auch in der Haltung des Vajrasattva dargestellt, mit gekreuzten Beinen und Händen, die einen Vajra (Donnerkeil) und eine Glocke halten – Symbole für Mitgefühl und Weisheit.

In Skulpturen und Bronzefiguren wird Bhiksanapa oft mit einem Schädel oder einer Bettelschale in der Hand dargestellt, Symbole für die Vergänglichkeit und die Überwindung materieller Anhaftung. Seine Haare werden typischerweise als verfilzt und ungepflegt gezeigt, was seinen Verzicht auf weltliche Eitelkeit unterstreicht.

In manchen Darstellungen erscheint Bhiksanapa zusammen mit anderen Mahasiddhas oder seiner Haupt-Yidam-Gottheit, meist Chakrasamvara oder Hevajra. Diese Kompositionen betonen seine Rolle als Überträger wichtiger tantrischer Praktiken.

Die künstlerischen Darstellungen von Bhiksanapa dienen nicht nur zur Verehrung, sondern auch als Meditationshilfen für Praktizierende. Durch die Visualisierung des Meisters kann der Schüler seine Segnungen und Inspirationen empfangen und seine Verwirklichung nachvollziehen.

Schlussbetrachtung

Der Siddha mit den zwei Zähnen lehrt uns, dass manchmal der Verlust eines äußeren Attributs der Beginn eines tieferen Gewinns sein kann. In seinem Fall war der Verlust seiner Zähne der Beginn einer tiefgreifenden spirituellen Transformation.

Die Geschichte von Bhiksanapa veranschaulicht auch die im Buddhismus zentrale Lehre von der Nicht-Dualität. Seine zwei verbliebenen Zähne können als Symbol für die scheinbare Dualität unserer Existenz verstanden werden – die konventionelle und die absolute Wahrheit, Samsara und Nirvana – die letztendlich als nicht-dual erkannt werden müssen. Bhiksanapa verkörperte diese Erkenntnis nicht nur in seinen Lehren, sondern in seiner gesamten Erscheinung und Lebensweise.

In der heutigen schnelllebigen Welt, in der äußere Erscheinung und materieller Erfolg oft überbewertet werden, bietet die Geschichte von Bhiksanapa eine wertvolle Gegenperspektive. Sie erinnert uns daran, dass wahre Transformation von innen kommt und dass manchmal radikale Schritte notwendig sind, um tiefverwurzelte Muster zu durchbrechen.

Die Überlieferung seiner Geschichte über die Jahrhunderte hinweg zeugt von der zeitlosen Relevanz seiner Botschaft. Bhiksanapa hat seinen Platz im Pantheon der großen buddhistischen Verwirklicher gesichert. Seine Lehren und sein Beispiel inspirieren weiterhin Praktizierende auf dem tantrischen Pfad und erinnern uns alle an die transformative Kraft der spirituellen Praxis.

In einer Zeit, in der äußere Schönheit und Perfektion oft überbewertet werden, steht Bhiksanapa als Gegenbild zur Verfügung – ein Mensch, der bewusst seine physische Perfektion aufgab, um innere Vollkommenheit zu erlangen. Diese Umkehrung der gewöhnlichen Wertmaßstäbe ist ein kraftvolles Lehrmittel, das uns einlädt, unsere eigenen Prioritäten zu überdenken.

Die Geschichte von Bhiksanapa ist letztendlich eine Geschichte der Hoffnung und Inspiration. Sie zeigt uns, dass Transformation und Erleuchtung für jeden möglich sind, unabhängig von äußeren Umständen oder früheren Anhaftungen. Was zählt, ist die Bereitschaft, das Leiden zu erkennen, seine Ursachen zu verstehen und den Pfad zu beschreiten, der zur Befreiung führt – selbst wenn dieser Weg unkonventionell erscheint und den gesellschaftlichen Normen widerspricht.

So bleibt Bhiksanapa, der Siddha mit den zwei Zähnen, ein leuchtendes Beispiel für den Mut, die Weisheit und die Entschlossenheit, die auf dem spirituellen Pfad erforderlich sind. Seine Geschichte erinnert uns daran, dass wahre Schönheit und Vollkommenheit nicht im Äußeren, sondern im befreiten Geist zu finden sind. In diesem Sinne ist sein Vermächtnis ein zeitloser Schatz der buddhistischen Tradition, der auch heutige Suchende zu inspirieren vermag.

2.9 Bhusuku (Shantideva) - Der untätige Mönch

Herkunft

Shantideva wurde im 8. Jahrhundert in Saurastra im heutigen indischen Bundesstaat Gujarat als Sohn eines Königs geboren. Sein Geburtsname lautete Shantivarman. Schon in jungen Jahren zeigte er ein tiefes Interesse an den buddhistischen Lehren, was durch eine Vision von Manjushri, dem Bodhisattva der Weisheit, verstärkt wurde. Diese Begegnung sollte sein Leben entscheidend prägen.

Nach dem Tod seines Vaters sollte er den Thron besteigen, doch in der Nacht vor seiner Krönung erschien ihm erneut Manjushri in einer Vision und warnte ihn vor den Gefahren weltlicher Macht. Daraufhin floh Shantivarman aus dem Palast und begab sich auf spirituelle Wanderschaft. Schließlich trat er in die berühmte buddhistische Universität Nalanda ein, wo er den Ordensnamen Shantideva ("Gott des Friedens") erhielt.

Historische Quellen über sein frühes Leben sind spärlich und teilweise von legendenhaften Elementen durchsetzt. Die tibetischen Überlieferungen, insbesondere die Texte von Buton Rinchen Drub und Taranatha, bieten die umfassendsten Darstellungen seiner Biografie. Der Beiname "Bhusuku" soll sich von den ersten Silben seiner drei Hauptmeditationspraktiken ableiten, die er regelmäßig durchführte: "Bhu" für Bhutakoti (die absolute Wahrheit), "Su" für Sunyata (die Leerheit) und "Ku" für Kusulu (die Praxis eines einfachen Yogi).

Besondere Eigenschaften

Shantideva zeichnete sich durch mehrere bemerkenswerte Eigenschaften aus, die ihn von seinen Zeitgenossen unterschieden. An der Oberfläche erschien er als äußerst träge und desinteressiert. Er wurde als der "Dreifach-Untätige" bekannt, da er scheinbar nur drei Aktivitäten nachging: essen, schlafen und zur Toilette gehen. Seine Mitbrüder in Nalanda hielten ihn für einen nutzlosen Mönch, der die Ressourcen des Klosters verschwendete, ohne etwas zum Gemeinschaftsleben beizutragen.

Doch dieser äußere Anschein täuschte. Tatsächlich praktizierte Shantideva in der Stille der Nacht intensiv Meditation und studierte die buddhistischen Schriften. Er hatte die außergewöhnliche Fähigkeit, sich vollständig von weltlichen Angelegenheiten zu lösen und sich in einen Zustand tiefer Kontemplation zu versetzen. Diese Eigenschaft erlaubte es ihm, tiefgreifende Einsichten in die Natur des Geistes und der Realität zu gewinnen.

Shantideva besaß zudem eine ungewöhnliche Demut und Bescheidenheit. Anders als viele seiner gelehrten Zeitgenossen suchte er nicht nach Anerkennung oder Ruhm für sein Wissen und seine Praxis. Er verkörperte die Tugend der Selbstlosigkeit, die er später so eloquent in seinen Schriften beschrieb. Seine Zurückgezogenheit war nicht Ausdruck von Faulheit, sondern einer tief verankerten Überzeugung, dass wahre spirituelle Praxis nicht nach außen zur Schau gestellt werden sollte.

Eine weitere herausragende Eigenschaft war seine außergewöhnliche poetische Begabung, gepaart mit einem tiefgründigen philosophischen Verständnis. Diese Kombination würde später in seinem Hauptwerk, dem Bodhicaryavatara, zum Ausdruck kommen - einem Text, der sich durch seine Zugänglichkeit ebenso auszeichnet wie durch seine philosophische Tiefe.

Geschichte der Erleuchtung

Die Erleuchtungsgeschichte Shantidevas ist eng mit der Entstehung seines Hauptwerks verbunden und stellt einen der dramatischsten Momente in der buddhistischen Literaturgeschichte dar. Frustriert von seiner scheinbaren Untätigkeit, beschlossen die Mönche von Nalanda, Shantideva öffentlich bloßzustellen. Sie forderten ihn auf, einen Dharma-Vortrag zu halten - in der Erwartung, dass er sich blamieren würde und damit einen Grund hätten, ihn aus dem Kloster zu verweisen.

Zu ihrer Überraschung nahm Shantideva die Herausforderung an. Am festgesetzten Tag versammelte sich die gesamte Gemeinschaft von Nalanda, einschließlich Gelehrter und hochrangiger Mönche. Man errichtete einen hohen Thron für den Vortrag, in der Hoffnung, dass Shantideva nicht einmal in der Lage sein würde, diesen zu besteigen. Doch zur Verwunderung aller bestieg er den Thron mühelos und fragte die Versammlung, ob sie eine bekannte Lehrrede hören wollten oder etwas, das noch nie zuvor gelehrt wurde.

Als die Zuhörer das Zweite wählten, begann Shantideva mit dem Vortrag dessen, was später als das "Bodhicaryavatara" bekannt werden sollte. Mit außergewöhnlicher Beredsamkeit und Tiefe entfaltete er die Lehren des Mahayana-Buddhismus, insbesondere den Weg des Bodhisattva. Als er zum neunten Kapitel über die

Weisheit kam, soll er während der Rezitation langsam in die Luft aufgestiegen sein, bis nur noch seine Stimme zu hören war, während er selbst nicht mehr zu sehen war.

Dieser Vorfall wird als Manifestation seiner erleuchteten Weisheit und seiner Verwirklichung der Leerheit (Shunyata) betrachtet. Die Mönche erkannten nun, dass sie einen verwirklichten Meister in ihrer Mitte gehabt hatten, ohne es zu wissen. Dieser Moment markierte Shantidevas öffentliche Anerkennung als erleuchteter Meister und den Beginn seiner Wirkung als bedeutender buddhistischer Lehrer.

Leben und Tod

Nach seinem spektakulären Vortrag in Nalanda verließ Shantideva das Kloster und setzte sein Leben als Wanderasket fort. Es wird überliefert, dass er in verschiedenen Regionen Indiens umherzog und dabei zahlreiche wundersame Taten vollbrachte. Diese Geschichten sind oft mit symbolischen und übernatürlichen Elementen versehen, die seine spirituelle Verwirklichung verdeutlichen sollen.

Eine bekannte Erzählung berichtet, wie er einen Konflikt zwischen einem König und einer Gruppe von Bettlern löste. Der König hatte die Bettler zum Festmahl eingeladen, aber sie weigerten sich zu kommen, da sie keine angemessene Kleidung besaßen. Shantideva ließ daraufhin wundersam Kleidung für sie erscheinen und löste so den Konflikt auf friedliche Weise.

In einer anderen Geschichte vertrieb er einen bösartigen Geist, der eine ganze Region terrorisierte, indem er lediglich seine Hand ausstreckte und ein strahlendes Licht aussandte. Diese und ähnliche Berichte veranschaulichen seine Verkörperung der Bodhisattva-Ideale von Mitgefühl und geschickten Mitteln.

Über Shantidevas Tod gibt es unterschiedliche Überlieferungen. Einige Quellen berichten, dass er seinen Körper in reines Licht auflöste und so direkt in einen Buddha-Bereich einging, ohne den physischen Tod zu erfahren. Andere Traditionen erzählen, dass er in Südindien verstarb, nachdem er viele Jahre als Wanderasket verbracht hatte. Wieder andere berichten, dass er nach Tibet reiste und dort seine letzten Tage verbrachte.

Unabhängig von den Einzelheiten seines Todes ist die symbolische Bedeutung seines Lebensabschieds in allen Überlieferungen ähnlich: Shantideva hatte die völlige Befreiung von den Fesseln des Samsara erreicht und verkörperte damit das ultimative Ziel des buddhistischen Pfades.

Lehren und Übertragungen

Shantidevas wichtigstes Vermächtnis ist zweifellos das "Bodhicaryavatara" (Der Weg des Bodhisattva), ein Werk in zehn Kapiteln und etwa 1.000 Versen, das den gesamten Pfad eines Bodhisattva von den ersten Schritten bis zur vollständigen Erleuchtung beschreibt. Das Werk ist bemerkenswert für seine poetische Schönheit, emotionale Tiefe und philosophische Präzision.

Das Text beginnt mit einer Lobpreisung des Erleuchtungsgeistes (Bodhicitta) und entfaltet dann systematisch die sechs Vollkommenheiten (Paramitas): Großzügigkeit, ethisches Verhalten, Geduld, freudige Anstrengung, Meditation und Weisheit. Besonders berühmt ist das sechste Kapitel über die Geduld, in dem Shantideva eindrucksvoll die Überwindung von Zorn und Hass beschreibt, sowie das neunte Kapitel über die Weisheit, das eine tiefgründige Abhandlung über die Leerheit (Shunyata) enthält.

Neben dem Bodhicaryavatara werden Shantideva zwei weitere wichtige Werke zugeschrieben: das "Shikshasamuccaya" (Kompendium der Schulung), eine umfangreiche Sammlung von Zitaten aus verschiedenen Mahayana-Sutras, und das "Sutrasamuccaya" (Sammlung von Sutras), ein heute größtenteils verlorenes Werk.

Shantidevas Lehren zeichnen sich durch ihre praktische Anwendbarkeit aus. Anders als viele philosophische Abhandlungen seiner Zeit bietet das Bodhicaryavatara konkrete Anleitungen zur Transformation des Geistes und zur Überwindung negativer Emotionen. Seine Methoden zur Entwicklung von Mitgefühl, insbesondere die Technik des "Austausches von Selbst und Anderen", sind bis heute zentrale Praktiken im tibetischen Buddhismus.

Die Übertragungslinie von Shantidevas Lehren verlief hauptsächlich über zwei Wege: Einerseits wurden seine Schriften in den großen buddhistischen Universitäten Indiens studiert und kommentiert, andererseits wurden seine praktischen Methoden in verschiedenen Meditationstraditionen weitergegeben. Mit dem Niedergang des Buddhismus in Indien wurden seine Werke vor allem in Tibet bewahrt, wo sie einen zentralen Platz in den Lehrplänen aller großen Schulen einnehmen.

Bedeutung und Nachwirkung

Shantidevas Einfluss auf die Entwicklung des Mahayana-Buddhismus kann kaum überschätzt werden. Das Bodhicaryavatara gilt als einer der einflussreichsten Texte der buddhistischen Literatur und hat die spirituelle Praxis unzähliger Menschen geprägt. Der 14. Dalai Lama bezeichnet es als seinen ständigen Begleiter und eine unerschöpfliche Quelle der Inspiration.

In der tibetischen Tradition wird das Bodhicaryavatara als eines der zentralen Werke des "Lojong" (Geistestraining) betrachtet und bildet die Grundlage für zahlreiche Kommentare und Lehrzyklen. Bedeutende Meister aller Schulen - von Nyingma über Kagyu und Sakya bis hin zu Gelug - haben sich intensiv mit Shantidevas Werk auseinandergesetzt und eigene Interpretationen entwickelt.

Die besondere Bedeutung Shantidevas liegt auch in seiner Fähigkeit, philosophische Tiefe mit emotionaler Zugänglichkeit zu verbinden. Seine Lehren sprechen sowohl den Intellekt als auch das Herz an und bieten einen integrativen Ansatz, der Weisheit und Mitgefühl als untrennbare Aspekte des spirituellen Pfades versteht.

In der modernen Zeit hat das Interesse an Shantidevas Werk auch im Westen zugenommen. Zahlreiche Übersetzungen des Bodhicaryavatara in westliche Sprachen sind erschienen, und seine Methoden zur Entwicklung von Mitgefühl werden auch in säkularen Kontexten wie der Psychologie und der Stressbewältigung angewandt. Seine Lehren über den Umgang mit negativen Emotionen und die Kultivierung positiver Geisteszustände erweisen sich als bemerkenswert relevant für die Herausforderungen des modernen Lebens.

Shantidevas Geschichte vom unterschätzten, "faulen" Mönch zum anerkannten Meister trägt zudem eine wichtige Botschaft: Wahre spirituelle Praxis kann im Verborgenen gedeihen, und äußerer Anschein kann täuschen. Diese Lehre über die Diskrepanz zwischen Erscheinung und Wirklichkeit spiegelt selbst ein zentrales Thema der buddhistischen Philosophie wider.

Darstellung in der Kunst

In der buddhistischen Kunst wird Shantideva auf verschiedene Weise dargestellt, die seine unterschiedlichen Aspekte und Lebensabschnitte reflektieren. Die frühesten bekannten Darstellungen stammen aus dem tibetischen Kulturraum,

wo er ab dem 12. Jahrhundert in Thangkas und Wandmalereien abgebildet
wurde.

Eine häufige Darstellungsform zeigt ihn als jungen Mönch in der traditionellen
Robe, oft mit einem Buch in der Hand, das sein Hauptwerk symbolisiert. In
manchen Abbildungen schwebt er über dem Boden, was auf den legendären
Moment seines Vortrags in Nalanda verweist, bei dem er in die Luft aufgestiegen
sein soll.

Eine andere Darstellungstradition zeigt ihn als einen der 84 Mahasiddhas. In
dieser Form wird er oft mit einfacher Kleidung und mit yogischen Attributen
dargestellt, was seinen asketischen Lebensstil nach dem Verlassen von Nalanda
widerspiegelt.

In tibetischen Klöstern findet man häufig Wandgemälde, die Szenen aus seinem
Leben darstellen. Besonders beliebt sind Darstellungen seines legendären Vortrags in Nalanda oder seiner Begegnungen mit Manjushri. In der nepalesischen
und tibetischen Kunst wird er manchmal auch gemeinsam mit anderen großen
Meistern des Mahayana-Buddhismus wie Nagarjuna und Asanga dargestellt.

Eine besondere Darstellungsform ist die sogenannte "Guru-Puja-Versammlung",
in der Shantideva als Teil einer Linie von Meistern erscheint, die die Lehren des
Mahayana und insbesondere des Lojong (Geistestraining) überliefert haben. In
diesen Darstellungen sitzt er oft in der typischen Meditationshaltung, umgeben
von symbolischen Attributen seiner Weisheit und Verwirklichung.

In zeitgenössischen künstlerischen Darstellungen wird Shantideva oft mit einem
ruhigen, meditativen Gesichtsausdruck gezeigt, der seine innere Klarheit und Gelassenheit widerspiegelt – im starken Kontrast zu seinem Ruf als "fauler Mönch".
Diese Darstellungen betonen die Diskrepanz zwischen äußerer Erscheinung und
innerer Wirklichkeit, die ein zentrales Element seiner Lebensgeschichte ist.

Schlussbetrachtung

Die Geschichte des Mahasiddha Bhusuku (Shantideva) enthält eine zeitlose
Weisheit, die weit über den buddhistischen Kontext hinausreicht. Sein Leben
lehrt uns, dass wahre Größe oft im Verborgenen gedeiht und dass äußerer
Anschein täuschen kann. Der vermeintlich faule und nutzlose Mönch entpuppte
sich als einer der tiefgründigsten Denker und verwirklichsten Praktizierenden
seiner Zeit.

Shantidevas Leben verkörpert die Essenz des Bodhisattva-Ideals: ein Leben im Dienste aller fühlenden Wesen, frei von Stolz und Selbstbezogenheit. Seine Lehren über Mitgefühl und Weisheit haben über Jahrhunderte hinweg nichts von ihrer Relevanz und Kraft verloren. Im Gegenteil, in einer Zeit zunehmender Entfremdung und Polarisierung erscheinen seine Einsichten über die Überwindung von Ego-Zentriertheit und die Kultivierung universellen Mitgefühls aktueller denn je.

Die paradoxe Natur seines Lebens – ein königlicher Prinz, der zum Bettler wird; ein scheinbar fauler Mönch, der tiefste Weisheit verwirklicht; ein zurückgezogener Praktizierender, dessen Worte Millionen inspirieren – spiegelt die grundlegende buddhistische Erkenntnis wider, dass die Dinge selten so sind, wie sie erscheinen. Seine Geschichte erinnert uns daran, vorschnelle Urteile zu vermeiden und die verborgenen Qualitäten in uns selbst und anderen zu erkennen.

Shantidevas Vermächtnis lebt nicht nur in seinen Schriften fort, sondern auch in den unzähligen Praktizierenden, die seinen Pfad des Mitgefühls und der Weisheit folgen. Seine Verse werden täglich in buddhistischen Klöstern und Zentren rund um die Welt rezitiert, und seine Methoden zur Transformation des Geistes finden Anwendung in traditionellen und modernen Kontexten.

In einer Welt, die oft materiellen Erfolg und äußere Anerkennung über alles stellt, erinnert uns Shantideva daran, dass wahre Erfüllung in der Kultivierung innerer Qualitäten und im selbstlosen Dienst an anderen liegt. Der "untätige Mönch" hat durch sein scheinbares Nichtstun mehr bewirkt als viele, die ihr Leben in geschäftiger Aktivität verbringen. Diese Paradoxie enthält eine tiefe Weisheit für unsere moderne, auf Effizienz und Produktivität fixierte Gesellschaft.

Shantidevas zeitlose Botschaft lädt uns ein, über die Oberfläche hinauszublicken und die tiefere Dimension unseres eigenen Wesens zu entdecken – jenseits von Erscheinung und Konvention, hin zu einer authentischen Verwirklichung unseres höchsten Potentials.

2.10 Camaripa - Der göttliche Schuster

Herkunft

Camaripa wurde in einer Schusterfamilie im mittelalterlichen Indien geboren. Sein genaues Geburtsdatum ist nicht überliefert, doch Historiker vermuten, dass er im 9. Jahrhundert lebte. Sein Name leitet sich vom Sanskrit-Wort "camara" ab, das auf sein Handwerk als Lederarbeiter oder Schuster hinweist. In einer Zeit, in der das Kastensystem die soziale Ordnung bestimmte, gehörte Camaripa einer niedrigen Kaste an, die mit der Bearbeitung von Leder und der Herstellung von Schuhen betraut war.

Geboren in einer einfachen Familie, erhielt Camaripa keine formelle religiöse Ausbildung oder Zugang zu den heiligen Texten, die normalerweise den höheren Kasten vorbehalten waren. Stattdessen erlernte er das traditionelle Handwerk seiner Familie und verbrachte seine Tage mit der Herstellung und Reparatur von Schuhen. Diese bescheidene Herkunft prägte sein Leben und seine spätere spirituelle Praxis entscheidend.

Die Hagiographien beschreiben Camaripa als einen Mann von einfacher Erscheinung, aber mit einer natürlichen Neigung zur Kontemplation und einer tiefen Intuition für spirituelle Wahrheiten. Trotz seiner begrenzten formellen Bildung besaß er eine angeborene Weisheit und einen offenen Geist, die ihn für die späteren spirituellen Begegnungen empfänglich machten.

Besondere Eigenschaften

Was Camaripa von anderen Handwerkern seiner Zeit unterschied, war seine außergewöhnliche Hingabe an sein Handwerk und seine Fähigkeit, die alltägliche Arbeit mit spiritueller Bedeutung zu erfüllen. Er zeigte eine bemerkenswerte Geduld und Sorgfalt bei der Herstellung von Schuhen und betrachtete jedes Paar als ein Kunstwerk. Diese Achtsamkeit in seiner Arbeit wurde später zu einem wesentlichen Aspekt seiner spirituellen Praxis.

Camaripa besaß auch eine natürliche Güte und Großzügigkeit. Die Überlieferungen berichten, dass er oft Schuhe für die Armen und Bedürftigen herstellte, ohne Bezahlung zu verlangen. Diese Selbstlosigkeit und Mitgefühl waren Qualitäten, die ihn auf seinem spirituellen Weg begleiteten und die Grundlage für seine spätere Entwicklung als Mahasiddha bildeten.

Eine weitere bemerkenswerte Eigenschaft Camaripas war seine unkonventionelle Herangehensweise an spirituelle Fragen. Anders als viele seiner Zeitgenossen suchte er nicht nach Erleuchtung durch Askese oder Rückzug aus der Welt, sondern fand seinen Weg zur Erleuchtung durch die vollkommene Hingabe an seine alltägliche Arbeit. Diese Fähigkeit, das Profane mit dem Heiligen zu verbinden, machte ihn zu einer einzigartigen Figur unter den Mahasiddhas.

Geschichte der Erleuchtung

Die Erleuchtungsgeschichte Camaripas beginnt mit einer zufälligen Begegnung mit einem buddhistischen Meister. Eines Tages besuchte ein Wanderyogi seinen Laden und beobachtete, wie Camaripa mit völliger Konzentration und Hingabe Schuhe herstellte. Der Yogi erkannte in Camaripa einen potenziellen Schüler und sprach ihn an.

Der Meister fragte Camaripa nach seiner spirituellen Praxis, worauf dieser antwortete, dass er keine formelle Praxis habe, sondern nur seine Schuhe mit größter Sorgfalt und Liebe herstellte. Der Meister lächelte und sagte: "In deiner Arbeit liegt deine Meditation. Deine Nadel und dein Faden sind deine Werkzeuge zur Erleuchtung."

Der Yogi gab Camaripa eine einfache Anweisung: Er solle jeden Stich, den er näht, als einen Schritt auf dem Weg zur Erleuchtung betrachten. Jeder Schnitt im Leder sollte als ein Durchtrennen der Illusionen gesehen werden, jeder Faden als eine Verbindung mit der universellen Wahrheit. Mit dieser Anleitung begann Camaripa, sein Handwerk als spirituelle Praxis zu verstehen.

Über die nächsten Jahre vertiefte Camaripa seine Praxis, indem er jeden Aspekt seiner Arbeit mit Achtsamkeit und spiritueller Bedeutung erfüllte. Die Überlieferung berichtet, dass er eines Tages, während er völlig in seine Arbeit vertieft war, plötzlich eine tiefe Einsicht erlangte. Beim Zusammennähen eines Schuhs erkannte er, wie alle Phänomene miteinander verbunden sind, wie Form und Leere untrennbar sind, und wie die scheinbare Dualität der Existenz in Wirklichkeit eine Illusion ist.

Diese Erkenntnis führte zu seiner vollständigen Erleuchtung. Es heißt, dass Camaripa in diesem Moment die Natur der Realität vollständig durchschaute und die höchste Verwirklichung erreichte. Von diesem Moment an wurde er als Mahasiddha anerkannt, ein verwirklichter Meister, der die höchste spirituelle Vollendung erreicht hatte.

Leben und Tod

Nach seiner Erleuchtung setzte Camaripa seine Arbeit als Schuster fort, aber nun mit einem tieferen Verständnis und einer transformierten Perspektive. Er lehnte es ab, seine weltliche Tätigkeit aufzugeben, da er erkannt hatte, dass die Erleuchtung nicht in der Flucht vor dem Alltäglichen, sondern in dessen vollkommener Durchdringung liegt.

Camaripa begann, seine Weisheit mit anderen zu teilen, indem er das Schusterhandwerk als Metapher für den spirituellen Weg nutzte. Er lehrte, dass so wie ein Schuh den Fuß vor Verletzungen schützt, die spirituelle Praxis den Geist vor den Leiden der Unwissenheit schützt. So wie ein Schuh dem Träger ermöglicht, sicher und bequem zu gehen, so ermöglicht die spirituelle Praxis dem Praktizierenden, den Weg zur Befreiung zu beschreiten.

Die letzten Jahre seines Lebens verbrachte Camaripa damit, seine Lehren zu verbreiten und Schüler zu unterrichten. Obwohl er weiterhin Schuhe herstellte, war sein Laden nun auch ein Ort der spirituellen Unterweisung. Menschen aus allen Gesellschaftsschichten kamen zu ihm, angezogen von seiner unkonventionellen Weisheit und seiner Fähigkeit, komplexe spirituelle Konzepte durch einfache Metaphern zu vermitteln.

Über Camaripas Tod gibt es verschiedene Überlieferungen. Einige Quellen berichten, dass er eines Tages während der Arbeit an einem Schuh in einen tiefen meditativen Zustand versank und seinen Körper bewusst verließ, um ins Nirwana einzutreten. Andere Geschichten erzählen, dass er seinen Körper in Regenbogenlicht auflöste, ein Zeichen höchster tantrischer Verwirklichung. Unabhängig von den spezifischen Umständen seines Todes wird Camaripa als jemand verehrt, der nicht nur in diesem Leben die Erleuchtung erreichte, sondern auch den Kreislauf von Tod und Wiedergeburt transzendierte.

Lehren und Übertragungen

Die Lehren Camaripas zeichnen sich durch ihre Einfachheit und Zugänglichkeit aus. Im Gegensatz zu vielen anderen spirituellen Traditionen, die komplexe Rituale oder jahrelange Studien erfordern, betonte Camaripa die Möglichkeit, Erleuchtung durch die Praxis des Alltäglichen zu erlangen. Seine zentrale Lehre war, dass jede Handlung, wenn sie mit voller Achtsamkeit und spiritueller

Intention ausgeführt wird, zu einer Praxis werden kann, die zur Erleuchtung führt.

Camaripa lehrte drei Hauptprinzipien:

1. Achtsamkeit in der Handlung: Jede Handlung, egal wie einfach sie erscheinen mag, kann mit voller Bewusstheit und Präsenz ausgeführt werden. Diese Achtsamkeit verwandelt die Handlung in eine spirituelle Praxis.

2. Die Einheit von Form und Leere: So wie ein Schuh aus verschiedenen Materialien besteht, die zusammengefügt werden, um eine neue Form zu schaffen, so besteht die Realität aus verschiedenen Elementen, die zusammen die Erscheinung der Welt bilden. Doch letztendlich ist diese Form leer von inhärenter Existenz.

3. Der mittlere Weg: Camaripa lehrte, dass der spirituelle Weg weder in extremer Askese noch in weltlicher Verhaftung liegt, sondern in einem ausgewogenen Mittelweg, der die Praxis in das tägliche Leben integriert.

Camaripas Lehren wurden in der Tradition des Vajrayana-Buddhismus weitergegeben, insbesondere in der Praxis der "Karma-Yoga" oder der Yoga der Handlung. Seine Methoden wurden in spezifischen Übertragungslinien bewahrt, die als "Camaripa-Lineage" bekannt sind und bis heute in verschiedenen tibetischen buddhistischen Schulen praktiziert werden.

Ein besonderer Aspekt von Camaripas Übertragungen war die Betonung der "Sadhana des Schusternähens", eine Meditationspraxis, die die Bewegungen des Schusternähens als Fokus für die Konzentration und Visualisierung nutzt. Diese Praxis lehrt, wie man die Aufmerksamkeit auf den Atem und die Handbewegungen richtet, während man sich die Vereinigung von Weisheit und Mitgefühl vorstellt.

Bedeutung und Nachwirkung

Camaripas Bedeutung für die buddhistische Tradition liegt in seiner Verkörperung des Ideals, dass Erleuchtung nicht nur durch formelle religiöse Praxis, sondern auch durch die Transformation des alltäglichen Lebens erreicht werden kann. Er repräsentiert die demokratische Natur des Vajrayana-Buddhismus, der behauptet, dass jeder, unabhängig von sozialer Stellung oder Bildung, das Potenzial zur Erleuchtung hat.

Die Geschichte Camaripas hatte auch eine wichtige soziale Dimension. In einer Zeit, in der das Kastensystem die soziale Mobilität einschränkte und spirituelle Praxis oft als Privileg der höheren Kasten angesehen wurde, demonstrierte Camaripa, dass wahre spirituelle Verwirklichung jenseits sozialer Konventionen liegt. Seine Anerkennung als Mahasiddha trotz seiner niedrigen Kastenherkunft stellte eine Herausforderung für die etablierten sozialen Hierarchien dar.

Die Nachwirkung Camaripas ist in verschiedenen Aspekten der buddhistischen Praxis zu spüren. Sein Einfluss ist besonders stark in der Tradition des "Karma-Yoga" und in der Betonung der Achtsamkeit in alltäglichen Handlungen. Die moderne Achtsamkeitsbewegung, die die Integration von Meditation in das tägliche Leben betont, kann als eine Fortsetzung von Camaripas Ansatz gesehen werden.

Darüber hinaus dient Camaripas Geschichte als Inspiration für Praktizierende, die nach Wegen suchen, ihre spirituelle Praxis mit ihrem Beruf zu vereinen. Seine Lehre, dass jede Handlung zu einer spirituellen Praxis werden kann, resoniert mit modernen Ansätzen, die die Trennung zwischen dem "Weltlichen" und dem "Spirituellen" überwinden wollen.

Darstellung in der Kunst

In der buddhistischen Kunst wird Camaripa typischerweise als einfacher Handwerker dargestellt, der in traditioneller indischer Kleidung gekleidet ist und Schusterwerkzeuge wie Nadel, Faden und Leder in den Händen hält. Oft wird er in der Haltung des Arbeitens gezeigt, mit einem Schuh in der Hand und einem konzentrierten, aber friedvollen Gesichtsausdruck.

In tibetischen Thangkas erscheint Camaripa oft als Teil der Darstellungen der 84 Mahasiddhas. Er wird in der Regel mit dunkler Hautfarbe dargestellt, was seine Zugehörigkeit zu einer niedrigen Kaste symbolisiert, aber gleichzeitig mit einer Aura oder einem Heiligenschein, der seine spirituelle Verwirklichung andeutet.

Eine besonders ikonische Darstellung zeigt Camaripa in der Meditation sitzend, mit einem halb fertigen Schuh in der Hand, der als Symbol für die Unvollkommenheit des Samsara (Kreislauf der Wiedergeburten) dient, während sein erleuchteter Geist bereits die Vollkommenheit des Nirwana erreicht hat. Diese Dualität von Form und Leere, von weltlicher Tätigkeit und spiritueller Verwirklichung, ist ein zentrales Thema in den künstlerischen Darstellungen Camaripas.

In manchen Darstellungen wird Camaripa auch mit bestimmten symbolischen Attributen gezeigt, wie einem Dorje (Vajra) oder einer Glocke, die seine Verbindung zum Vajrayana-Buddhismus symbolisieren. Manchmal wird er auch mit einem Schuh dargestellt, der in ein Mandala (kosmisches Diagramm) transformiert wird, was die Verwandlung des Alltäglichen ins Heilige symbolisiert.

In der zeitgenössischen buddhistischen Kunst wird Camaripa oft als Symbol für die Heiligung der Arbeit und die Integration von Spiritualität in das alltägliche Leben verwendet. Seine Darstellung erinnert die Praktizierenden daran, dass jede Handlung, wenn sie mit der richtigen Intention und Achtsamkeit ausgeführt wird, zu einem Weg zur Erleuchtung werden kann.

Schlussbetrachtung

Die Geschichte des Mahasiddha Camaripa, des göttlichen Schusters, ist ein kraftvolles Beispiel für die transformative Kraft der spirituellen Praxis im Alltag. Sein Leben zeigt, dass Erleuchtung nicht nur durch formelle religiöse Übungen oder Rückzug aus der Welt erreicht werden kann, sondern auch durch die vollständige Hingabe an das tägliche Leben und die alltägliche Arbeit.

Camaripas Lehre, dass jede Handlung zu einer spirituellen Praxis werden kann, wenn sie mit voller Achtsamkeit und spiritueller Intention ausgeführt wird, ist heute relevanter denn je. In einer Zeit, in der viele Menschen nach Wegen suchen, Spiritualität in ihr geschäftiges Leben zu integrieren, bietet Camaripas Beispiel einen praktischen und zugänglichen Ansatz.

Die Geschichte Camaripas erinnert uns auch daran, dass spirituelle Verwirklichung nicht von sozialer Stellung, Bildung oder religiöser Gelehrsamkeit abhängt, sondern von der inneren Haltung und der Tiefe der Praxis. Sie ist ein Zeugnis für die demokratische Natur des Vajrayana-Buddhismus, der behauptet, dass jeder Mensch, unabhängig von seinen Lebensumständen, das Potenzial zur Erleuchtung hat.

In einer Welt, die zunehmend von Materialismus und Oberflächlichkeit geprägt ist, erinnert uns Camaripa daran, dass wahre Erfüllung nicht in der Ansammlung von Besitz oder Status liegt, sondern in der Fähigkeit, jeden Moment und jede Handlung mit Bewusstheit und spiritueller Bedeutung zu erfüllen. Sein Leben und seine Lehren bleiben eine Quelle der Inspiration für alle, die danach streben, den spirituellen Weg im Herzen des täglichen Lebens zu finden.

2.11 Champaka - Der Blumenkönig

Herkunft

Champaka wurde im mittelalterlichen Indien geboren, vermutlich im 9. oder 10. Jahrhundert unserer Zeitrechnung. Historische Quellen verorten seine Geburt in der Region Magadha, einem bedeutenden kulturellen und politischen Zentrum des damaligen Indiens, das heute weitgehend dem Bundesstaat Bihar entspricht. Geboren in eine wohlhabende Familie von Blumenhändlern, erhielt er seinen Namen nach der duftenden Champaka-Blume (Magnolia champaca), die in der indischen Kultur für ihre Schönheit und ihren intensiven Duft geschätzt wird.

Anders als viele seiner Zeitgenossen, die den spirituellen Pfad von Jugend an verfolgten, wuchs Champaka mit einer tiefen Verbundenheit zur Natur und besonders zu Blumen auf. Er übernahm das Familiengeschäft und entwickelte eine außergewöhnliche Geschicklichkeit in der Kultivierung seltener und prächtiger Blüten. Sein Ruf als Meistergärtner verbreitete sich schnell, und bald belieferte er Königshöfe, Tempel und wohlhabende Haushalte mit seinen exquisiten Blumenarrangements für religiöse Zeremonien, Feste und persönliche Verehrung.

Seine frühen Jahre waren geprägt von weltlichem Erfolg und materiellem Wohlstand, doch die Samen seiner späteren spirituellen Suche wurden bereits in seiner tiefen Verbindung zur Natur und der meditativen Qualität seiner Arbeit mit Pflanzen gelegt.

Besondere Eigenschaften

Champaka zeichnete sich durch mehrere bemerkenswerte Eigenschaften aus, die sowohl zu seinem weltlichen Erfolg als auch zu seiner späteren spirituellen Entwicklung beitrugen:

Zunächst besaß er ein außergewöhnliches Gespür für Ästhetik und Harmonie. Seine Blumenarrangements waren nicht bloße Zusammenstellungen von Pflanzen, sondern künstlerische Kompositionen, die die wesentlichen Qualitäten jeder Blüte zur Geltung brachten. Er verstand die subtile Sprache der Farben, Formen und Düfte und konnte diese in perfekter Balance vereinen.

Weiterhin verfügte Champaka über ein tiefes botanisches Wissen. Er kannte die Bedürfnisse jeder Pflanze, konnte ihr Wachstum fördern und verstand es, Blumen zum Blühen zu bringen, wenn niemand sonst es vermochte. Seine Gärten wurden zu lebenden Laboratorien, in denen er seltene Arten kultivierte und neue Kreuzungen entwickelte.

Bemerkenswert war auch seine Geduld und Hingabe. Die Arbeit mit Pflanzen erfordert ein geduldiges Warten auf das natürliche Wachstum und ein Akzeptieren der Zyklen von Leben, Blüte und Vergänglichkeit. Diese Qualitäten entwickelte Champaka zu höchster Vollkommenheit und übertrug sie später auf seine spirituelle Praxis.

Schließlich besaß er eine tiefe Empathie und Einfühlungsvermögen nicht nur für Menschen, sondern für alle Lebewesen. Diese Eigenschaft äußerte sich in seiner achtsamen Pflege der Pflanzen und in seiner Fähigkeit, die Bedürfnisse anderer intuitiv zu erfassen.

Diese Kombination aus ästhetischem Empfinden, Naturwissen, Geduld und Empathie schuf die Grundlage für seinen ungewöhnlichen spirituellen Weg und seine spätere Transformation zum Mahasiddha.

Geschichte der Erleuchtung

Champaka's Weg zur Erleuchtung begann mit einer scheinbar zufälligen Begegnung. Die traditionellen Hagiographien berichten, dass ein wandernder Yogi namens Vajragarbha seine Blumengärten besuchte. Beeindruckt von der Schönheit und Harmonie des Ortes, fragte der Yogi Champaka, ob er die vergängliche Natur seiner geliebten Blumen erkenne. Diese einfache Frage traf Champaka wie ein Donnerschlag.

Obwohl er täglich mit dem Zyklus von Blüte und Verfall arbeitete, hatte er nie die tiefere Bedeutung dieser Vergänglichkeit auf sein eigenes Leben übertragen. Der Yogi lehrte ihn die grundlegenden buddhistischen Prinzipien von Vergänglichkeit (anitya), Leidhaftigkeit (duhkha) und Nicht-Selbst (anatman) und gab ihm Anweisungen für eine spezielle Meditationspraxis, bei der er die Stadien des Wachstums und Verfalls einer Blume als Spiegel seines eigenen Daseins betrachten sollte.

Champaka zog sich für eine intensive Praxisperiode zurück. Er pflanzte eine besonders schöne Champaka-Blume und meditierte Tag und Nacht, während er ihren Lebenszyklus beobachtete. In tiefer Konzentration begann er, die Grenzen zwischen sich selbst und der Blume aufzulösen. Als die Blume ihre volle Blüte erreichte, erlebte er einen Moment tiefer Einsicht in die Natur der Realität.

Die Überlieferungen beschreiben, dass er in diesem Moment die Einheit aller Phänomene erkannte und die illusorische Natur des getrennten Selbst durchschaute. Als die Blume zu welken begann, erfuhr er eine noch tiefere Einsicht in die Natur des Geistes selbst. Im Moment, als die letzte Blütenblätter fielen, erlangte er vollständige Befreiung und wurde zum Mahasiddha.

Diese Geschichte seiner Erleuchtung illustriert ein zentrales Prinzip des Vajrayana-Buddhismus: Die Transformation weltlicher Erfahrungen und Leidenschaften in Werkzeuge der Befreiung. Champaka nutzte seine Liebe zu Blumen und sein ästhetisches Empfinden nicht als Ablenkung vom spirituellen Pfad, sondern als direkten Weg zur Erleuchtung.

Leben und Tod

Nach seiner Erleuchtung setzte Champaka seine Tätigkeit als Blumenzüchter fort, doch nun mit einem völlig transformierten Bewusstsein. Sein Garten wurde zu einem Ort der Lehre und spirituellen Praxis. Er zog Schüler an, die in ihm einen realisierten Meister erkannten, und lehrte sie durch die alltägliche Arbeit mit Pflanzen und Blumen die tiefsten Wahrheiten des Dharma.

Die Hagiographien berichten von zahlreichen wundersamen Ereignissen in dieser Phase seines Lebens. So sollen seine Blumen übernatürliche Heilkräfte entwickelt haben und selbst in der größten Winterkälte geblüht haben. Es heißt auch, dass wilde Tiere seinen Garten aufsuchten, um in seiner Nähe zu sein, und dass die Götter selbst kamen, um seinen Lehren zu lauschen.

Champaka lebte in völliger Einfachheit inmitten der Pracht seiner Blumen. Er benötigte keine formellen Meditationshallen oder Tempel, denn die Natur selbst war sein Heiligtum. Seine Schüler kamen aus allen Gesellschaftsschichten - vom einfachen Bauern bis zum König - und alle wurden mit der gleichen Offenheit empfangen.

Über seinen Tod existieren verschiedene Überlieferungen. Die verbreitetste Version berichtet, dass er im hohen Alter, als er spürte, dass seine Zeit gekommen war, inmitten eines von ihm angelegten Mandalas aus den seltensten und schönsten Blumen zu meditieren begann. Seine Schüler versammelten sich um ihn, und er gab ihnen letzte Unterweisungen über die Natur des Geistes und die Vergänglichkeit aller Phänomene.

Als er die Meditation vertiefte, begann sein Körper zu leuchten und löste sich allmählich in Licht auf, während die Blumen um ihn herum in übernatürlichem Glanz erstrahlten. Zuletzt verschwand sein physischer Körper vollständig, und an seiner Stelle erschien eine besonders prachtvolle Champaka-Blüte. Diese

Blume, so heißt es, verströmte einen Duft, der noch Wochen anhielt und bei allen, die ihn wahrnahmen, tiefe Zustände meditativer Versenkung auslöste.

Diese symbolträchtige Darstellung seines Todes unterstreicht die vollständige Vereinigung des Mahasiddhas mit dem Objekt seiner Praxis und die Transformation des physischen Körpers in den "Regenbogenkörper" (jalus), ein fortgeschrittenes tantrisches Konzept, das die vollständige Auflösung der materiellen Form in reine Energie oder Licht beschreibt.

Lehren und Übertragungen

Die Lehren des Mahasiddha Champaka waren tief in der tantrischen Tradition verwurzelt, nahmen jedoch eine einzigartige Form an, die seine besondere Affinität zur natürlichen Welt widerspiegelte. Im Zentrum seiner Unterweisung stand die "Blumenweg-Praxis" (Pushpamarga Sadhana), ein komplexes System von Visualisierungen und Meditationen, bei denen verschiedene Blumenarten als Symbole für unterschiedliche Bewusstseinszustände und spirituelle Qualitäten dienten.

Champaka lehrte, dass jede Blume eine besondere energetische Signatur besitzt, die mit bestimmten Aspekten des erleuchteten Geistes korrespondiert. So repräsentierte der Lotus die ursprüngliche Reinheit des Geistes, die Rose die transformative Kraft der Liebe, und die Champaka-Blüte selbst stand für die Vereinigung von Schönheit und Vergänglichkeit als Weg zur Befreiung.

Eine seiner wichtigsten Lehren war die "Meditation des blühenden Geistes" (Pushpita Citta Bhavana), bei der der Praktizierende seinen eigenen Geist als einen Garten visualisiert, in dem die Samen verschiedener Qualitäten gepflanzt, gepflegt und zur Blüte gebracht werden. Negative Emotionen wurden als Unkraut betrachtet, das achtsam entfernt werden musste, während positive Qualitäten wie Mitgefühl, Weisheit und Freude als kostbare Blumen kultiviert wurden.

Champaka übertrug auch tantrische Initiationen, insbesondere in die Praxis der "Fünf Blüten" (Pañca Pushpa), die mit den fünf Weisheiten und den fünf Dhyani-Buddhas korrespondieren. Diese Praktiken beinhalteten komplexe Visualisierungen, Mantra-Rezitationen und subtile Energiearbeit, durch die der Praktizierende die verschiedenen Aspekte der erleuchteten Natur verwirklichen konnte.

Sein Lehrsystem wurde in der Übertragungslinie der "Duftenden Erleuchtung" (Gandha Bodhi) bewahrt und weitergegeben. Diese Linie blieb über mehrere

Jahrhunderte aktiv und hatte bedeutenden Einfluss auf die Entwicklung der tantrischen Praktiken in Nordindien und später in Tibet.

Eine besondere Eigenheit seiner Übertragungslinie war die Verwendung von Blumendüften als Katalysatoren für meditative Zustände. Seine fortgeschrittenen Schüler konnten durch das bloße Einatmen bestimmter Blumendüfte sofort in tiefe Samadhi-Zustände eintreten. Dies illustriert Champakas Fähigkeit, sinnliche Erfahrungen in Werkzeuge der spirituellen Transformation zu verwandeln - ein charakteristisches Merkmal des tantrischen Pfades.

Bedeutung und Nachwirkung

Die Bedeutung des Mahasiddha Champaka reicht weit über seine unmittelbare Lehrtätigkeit hinaus. Er verkörpert einen wichtigen Aspekt des Vajrayana-Buddhismus: die Idee, dass Erleuchtung nicht durch Weltflucht oder Askese, sondern durch die Transformation alltäglicher Aktivitäten und Leidenschaften erreicht werden kann.

Champakas Vermächtnis wirkte besonders stark auf die Entwicklung der "Blumengarten"-Metapher in der buddhistischen Literatur. Diese Metapher, die den Geist als einen zu kultivierenden Garten darstellt, findet sich in zahlreichen späteren Texten und Lehrreden. Sie bietet eine zugängliche und praktische Herangehensweise an die oft abstrakten Konzepte der buddhistischen Psychologie.

In der tibetischen Tradition wurde Champaka besonders mit der Kagyu-Linie assoziiert, wo seine Lehren über die Transformation sinnlicher Wahrnehmung in spirituelle Einsicht in die Mahamudra-Praxis integriert wurden. Auch in der Nyingma-Tradition, besonders im Dzogchen, finden sich Elemente seiner Herangehensweise an die unmittelbare Erfahrung der Natur des Geistes.

Die von ihm begründete "Duftende Erleuchtung"-Linie beeinflusste zudem die Entwicklung der medizinischen Tradition in Tibet, insbesondere die Verwendung von Blütenessenzen und aromatischen Substanzen für Heilzwecke. Seine Einsichten in die energetischen Eigenschaften verschiedener Pflanzen wurden in die tibetische Pharmakologie integriert und prägen bis heute das traditionelle Heilsystem.

In Indien selbst inspirierte Champakas Beispiel lokale Traditionen der Blumenverehrung und beeinflusste die rituelle Verwendung von Blüten in hinduistischen und buddhistischen Zeremonien. Die Praxis, Blumen als Opfergaben darzubringen (pushpa-puja), erhielt durch sein Wirken eine tiefere spirituelle Dimension.

In der modernen Zeit erlebt Champakas Ansatz eine Renaissance durch das wachsende Interesse an naturbasierten spirituellen Praktiken und der Integration von Achtsamkeit in alltägliche Aktivitäten. Seine Lehre, dass jede weltliche Beschäftigung mit der richtigen Einstellung zu einem Pfad der Erleuchtung werden kann, resoniert mit zeitgenössischen Bestrebungen, Spiritualität in das tägliche Leben zu integrieren.

Darstellung in der Kunst

In der tibetisch-buddhistischen Kunst wird Champaka in charakteristischer Weise dargestellt, die seine Identität als "Blumenkönig" und seine spirituelle Verwirklichung symbolisiert. Typischerweise wird er als Mann mittleren Alters mit leicht dunkler Hautfarbe abgebildet, was seine indische Herkunft widerspiegelt. Er trägt einfache Kleidung eines Gärtners oder Blumenhändlers, oft mit einem Überwurf aus Blütenblättern oder einem Gewand, das mit Blumenmustern verziert ist.

Sein markantestes Attribut ist ein Kranz aus Champaka-Blüten, der sein Haupt schmückt, sowie ein Blumenkorb oder eine blühende Pflanze in seinen Händen. In manchen Darstellungen sitzt er inmitten eines üppigen Gartens in Meditationshaltung, während Blumen aus seinem Herzzentrum oder seiner Krone sprießen – ein Symbol seiner vollständigen Vereinigung mit dem Objekt seiner Praxis.

Der Gesichtsausdruck in diesen Darstellungen vermittelt typischerweise eine Mischung aus Gelassenheit und Freude, was seine Verwirklichung der "mühelosen Freude" (sahaja-ananda) symbolisiert, ein wichtiges Konzept in der tantrischen Tradition. Oft wird er auch mit einem subtilen Lächeln dargestellt, das die freudvolle Natur seiner Erleuchtungserfahrung andeutet.

In komplexeren Thangka-Malereien erscheint Champaka häufig umgeben von seinen Schülern, die in verschiedenen Stadien der spirituellen Praxis dargestellt werden. Der Hintergrund solcher Bilder zeigt typischerweise eine idealisierte Landschaft mit blühenden Gärten, Wasserfällen und friedlichen Tieren – eine Darstellung der harmonischen Welt, die er durch seine spirituelle Präsenz erschuf.

Eine besondere Form der künstlerischen Darstellung findet sich in den sogenannten "Blumenmandalas", die auf seine Lehren zurückgehen. Diese komplexen geometrischen Arrangements aus Blüten, die in tibetischen Klöstern zu besonderen Anlässen geschaffen werden, dienen nicht nur als Opfergaben, sondern auch als meditative Hilfsmittel und symbolische Repräsentationen des Kosmos.

In der skulpturalen Tradition existieren nur wenige freistehende Darstellungen Champakas, aber er erscheint gelegentlich in Bronzegruppen der 84 Mahasiddhas. In diesen Darstellungen wird er meist sitzend mit gekreuzten Beinen gezeigt, seine Hände in der Mudra des Blumenanbietens (pushpa-mudra).

Bemerkenswert ist auch die Tradition der "duftenden Ikonen" (gandha-pratima), die ihm zugeschrieben wird. Diese speziellen Darstellungen wurden mit parfümierten Pigmenten hergestellt, sodass sie einen subtilen Blumenduft verströmen – ein sinnliches Element, das die multisensorische Natur seiner spirituellen Praxis widerspiegelt.

Schlussbetrachtung

Die Geschichte des Mahasiddha Champaka bietet eine faszinierende Perspektive auf den buddhistischen Pfad, die besonders in unserer modernen Zeit relevant erscheint. In einer Welt, die oft von Trennung, Entfremdung von der Natur und hektischer Aktivität geprägt ist, erinnert uns sein Leben daran, dass spirituelle Verwirklichung nicht notwendigerweise Weltflucht erfordert, sondern durch achtsame Präsenz in alltäglichen Aktivitäten erreicht werden kann.

Champakas Weg veranschaulicht das zentrale tantrische Prinzip der Transformation: Die Umwandlung gewöhnlicher Leidenschaften und Tätigkeiten in Werkzeuge der Befreiung. Seine tiefe Liebe zu Blumen und sein ästhetisches Empfinden wurden nicht aufgegeben oder unterdrückt, sondern in einen spirituellen Pfad transformiert. Dies zeigt einen Mittelweg zwischen weltlicher Verstrickung und weltabgewandter Askese – einen Pfad, der besonders für Menschen in der heutigen Gesellschaft zugänglich und relevant sein kann.

Die ökologische Dimension seiner Lehre verdient in unserer Zeit besondere Beachtung. Champaka kultivierte eine tiefe Verbindung zur natürlichen Welt, nicht als romantische Flucht, sondern als Weg zu tieferer Einsicht in die Natur der Realität. Seine Praxis der achtsamen Gartenarbeit und der Kontemplation natürlicher Prozesse bietet ein Modell für eine spirituell bedeutsame Beziehung zur Umwelt – eine Beziehung, die in Zeiten ökologischer Krisen besonders wichtig erscheint.

Schließlich lehrt uns die Geschichte des Blumenkönigs etwas über die Natur der Schönheit selbst. In der buddhistischen Tradition wird Schönheit oft mit Vergänglichkeit assoziiert – die Blume ist schön gerade wegen ihrer Kurzlebigkeit. Champaka lehrte, dass die tiefe Wertschätzung dieser vergänglichen Schönheit nicht zu Anhaftung und Leiden führen muss, sondern zur Befreiung werden kann, wenn sie mit Einsicht in die wahre Natur der Realität verbunden ist.

In diesem Sinne bleibt Mahasiddha Champaka eine inspirierende Gestalt für alle, die einen spirituellen Pfad suchen, der das Leben in seiner ganzen Fülle umfasst und die gewöhnlichen Erfahrungen des Alltags in außergewöhnliche Gelegenheiten für Erwachen und Befreiung transformiert. Sein Vermächtnis erinnert uns daran, dass selbst in den einfachsten Dingen – wie dem Betrachten einer Blume – die tiefsten Wahrheiten des Kosmos entdeckt werden können.

2.12 Carbaripa (Carpati) - Der Versteinerer

Einleitung

Die Mahasiddhas stellen in der indischen und tibetischen buddhistischen Tradition eine besondere Gruppe von verwirklichten Meistern dar, die durch unkonventionelle Methoden und außergewöhnliche spirituelle Errungenschaften bekannt wurden. Unter ihnen nimmt Carbaripa, auch bekannt als Carpati oder "Der Versteinerer", eine faszinierende Position ein. Seine Lebensgeschichte und seine Lehren verkörpern den Geist des tantrischen Buddhismus: die Transformation alltäglicher Erfahrungen und sogar negativer Eigenschaften in Werkzeuge der Erleuchtung. Anders als viele kanonische buddhistische Gestalten lebte er nicht in klösterlicher Abgeschiedenheit, sondern inmitten der Gesellschaft, wo er durch sein außergewöhnliches Wirken und seine ungewöhnlichen Methoden die Natur der Wirklichkeit demonstrierte. Dieser Aufsatz widmet sich dem Leben, den Lehren und dem kulturellen Erbe dieses bemerkenswerten Mahasiddha.

Herkunft

Die historischen Quellen über Carpatis Herkunft sind, wie bei vielen Mahasiddhas, von legendenhaften Elementen durchdrungen. Den Überlieferungen zufolge wurde er im 10. oder 11. Jahrhundert in einer Region des heutigen Nordindiens geboren. Einige Texte lokalisieren seinen Geburtsort in Bengalen, andere in der Region des heutigen Bihar. Er soll in eine Familie von Brahmanen, der höchsten Kaste der hinduistischen Gesellschaftsordnung, hineingeboren worden sein.

Als Sohn einer privilegierten Familie erhielt er eine umfassende Ausbildung in den vedischen Schriften und den religiösen Ritualen seiner Zeit. Sein ursprünglicher Name ist nicht eindeutig überliefert, denn "Carbaripa" oder "Carpati" sind Namen, die ihm später aufgrund seiner spirituellen Errungenschaften und Praktiken verliehen wurden. Der Beiname "Der Versteinerer" bezieht sich auf seine außergewöhnliche Fähigkeit, Objekte durch seine yogische Kraft zu versteinern oder zu transformieren – eine Eigenschaft, die in seiner Lebensgeschichte eine zentrale Rolle spielt.

Besondere Eigenschaften

Carbaripa wird in den hagiographischen Berichten mit mehreren besonderen Eigenschaften und Fähigkeiten beschrieben, die ihn von anderen Mahasiddhas unterscheiden. Seine herausragendste Eigenschaft war zweifellos seine Fähigkeit zur Transformation von Materie. Der Legende nach konnte er durch bestimmte tantrische Praktiken und Visualisierungen gewöhnliche Objekte in Stein verwandeln – eine Manifestation seiner tiefen Einsicht in die wahre Natur der Wirklichkeit und die Leerheit aller Phänomene.

Neben dieser außergewöhnlichen Kraft zeichnete sich Carbaripa durch ein tiefes Verständnis alchemistischer Prozesse aus. Er soll Metalle in Gold verwandelt und Elixiere hergestellt haben, die nicht nur physische Leiden heilten, sondern auch spirituelle Transformation bewirkten. Diese alchemistischen Praktiken waren jedoch nie Selbstzweck, sondern dienten als Metaphern und Werkzeuge für die innere Transformation.

Eine weitere bemerkenswerte Eigenschaft Carbaripas war seine direkte, oft provokante Lehrmethode. Ähnlich wie andere Mahasiddhas scheute er nicht davor zurück, konventionelle Vorstellungen herauszufordern und soziale Normen zu durchbrechen, um seinen Schülern tiefere Einsichten zu vermitteln. Er bevorzugte praktische Demonstrationen und lebensnahe Beispiele gegenüber theoretischen Erörterungen.

Geschichte der Erleuchtung

Die Geschichte von Carbaripas Weg zur Erleuchtung ist eng mit seiner Identität als "Versteinerer" verbunden. Der Überlieferung nach war er zunächst ein konventioneller, wenn auch gelehrter Brahmane, der die religiösen Rituale seiner Tradition gewissenhaft ausführte und ein hohes Ansehen in der Gesellschaft genoss. Seine spirituelle Wende begann mit einer Begegnung mit einem Wanderyogi, der ihm die Grenzen seines ritualistischen Zugangs zur Spiritualität aufzeigte.

In einer der bekanntesten Erzählungen über Carbaripa heißt es, dass er eines Tages einen wandernden Yogin traf, der ihn um Almosen bat. Als hochrangiger Brahmane gewährte Carbaripa dem scheinbar niedrigstehenden Yogin nur widerwillig Einlass und behandelte ihn mit kaum verhohlener Verachtung. Der Yogin, in Wirklichkeit ein verwirklichter Meister, demonstrierte daraufhin seine spirituellen Kräfte, indem er Wasser in einen Krug goss und diesen dann umkehrte – ohne dass ein Tropfen herausfloss.

Beeindruckt von dieser Demonstration, bat Carbaripa den Yogin um Unterweisung. Der Meister gab ihm Einweihungen in tantrische Praktiken und wies ihn an, eine bestimmte Gottheit zu visualisieren und ihr Mantra zu rezitieren. Nach intensiver Praxis erlangte Carbaripa die Siddhi (übernatürliche Fähigkeit), Objekte in Stein zu verwandeln – zunächst unbeabsichtigt, als er aus Versehen seinen Diener versteinerte. Diese Erfahrung führte ihn zu einer tieferen Reflexion über Macht, Verantwortung und die Natur der Wirklichkeit.

Carbaripas endgültige Erleuchtung wird mit einem Moment tiefer Einsicht verbunden, in dem er erkannte, dass die Fähigkeit, äußere Dinge zu transformieren, letztlich bedeutungslos ist ohne die innere Transformation des Geistes. In diesem Moment soll er die wahre Natur der Wirklichkeit – die Leerheit (Shunyata) aller Phänomene – direkt erfahren haben.

Leben und Tod

Nach seiner Erleuchtung verließ Carbaripa seine Position als Brahmane und wurde zu einem wandernden Yogin. Er reiste durch verschiedene Regionen Indiens, lehrte Schüler unterschiedlichster Herkunft und demonstrierte durch sein unkonventionelles Verhalten die Freiheit jenseits gesellschaftlicher Konventionen.

Verschiedene Geschichten berichten von seinen Begegnungen mit Königen, anderen spirituellen Meistern und gewöhnlichen Menschen. In einer bekannten Erzählung wird beschrieben, wie er einen stolzen König demütigte, indem er dessen prunkvolle Geschenke in Stein verwandelte, um ihm die Vergänglichkeit materiellen Reichtums vor Augen zu führen. In einer anderen Geschichte soll er einen Fluss versteinert haben, um ihn zu überqueren, und damit die Kraft des fokussierten Geistes demonstriert haben.

Über Carbaripas Tod existieren verschiedene Legenden. Die verbreitetste besagt, dass er seinen physischen Körper nicht auf konventionelle Weise ablegte, sondern durch die Praxis des "Phowa" (Bewusstseinstransfer) sein Bewusstsein direkt in ein reines Buddha-Land übertrug. Nach anderen Überlieferungen transformierte er seinen eigenen Körper in eine steinerne Statue, die an verschiedenen Orten verehrt wurde. Diese Legenden unterstreichen die tantrische Vorstellung, dass der erleuchtete Geist die ultimative Kontrolle über die Materie, einschließlich des eigenen Körpers, erlangen kann.

Lehren und Übertragungen

Carbaripas Lehren sind primär in der Tradition des Vajrayana, des tantrischen
Buddhismus, verankert. Im Zentrum seiner Unterweisung stand die Transforma-
tion – nicht nur von äußeren Objekten, sondern vor allem des eigenen Geistes.
Seine Lehrmethode war pragmatisch und erfahrungsbezogen, mit besonderer
Betonung der direkten Erfahrung gegenüber intellektuellem Verständnis.

Zu seinen wichtigsten Übertragungen zählen:

1. Die Praxis der Alchemie als spiritueller Weg: Carbaripa lehrte, wie äußere
   alchemistische Prozesse als Spiegel und Katalysator für innere Transformation dienen können. Die Umwandlung von Metallen in Gold wurde als
   Analogie für die Transformation von Unwissenheit in Weisheit verstanden.

2. Die Doha-Tradition: Wie viele Mahasiddhas komponierte auch Carbaripa
   spirituelle Lieder (Dohas), die tiefe philosophische Einsichten in einfacher, zugänglicher Sprache vermittelten. Diese Lieder wurden mündlich
   überliefert und später in verschiedenen Sammlungen aufgezeichnet.

3. Chakrasamvara-Tantra: Carbaripa wird eine besondere Übertragungslinie
   des Chakrasamvara-Tantras zugeschrieben, einer wichtigen tantrischen
   Praxis im tibetischen Buddhismus.

4. Die Praxis der inneren Hitze (Tummo): Diese fortgeschrittene Yoga-
   Technik zur Erzeugung spiritueller Hitze im Körper soll von Carbaripa in
   besonderer Weise gelehrt worden sein, mit einem Fokus auf die Transformation von leidenschaftlichen Emotionen in Weisheit.

Bedeutung und Nachwirkung

Carbaripa nimmt einen wichtigen Platz in der Tradition der 84 Mahasiddhas
ein. Seine Bedeutung liegt vor allem in seiner Verkörperung der tantrischen
Prinzipien der Transformation und der Nicht-Dualität.

In der tibetischen Tradition wurde Carbaripa besonders in den Schulen der Kagyu
und Sakya verehrt. Seine Lehren und Praktiken wurden durch verschiedene
Übertragungslinien weitergegeben und beeinflussten die Entwicklung zahlreicher tantrischer Praktiken, insbesondere solcher, die mit Transformation und
Alchemie verbunden sind.

Als historische Figur ist Carbaripa schwer zu fassen, da die Berichte über sein Leben stark von legendenhaften Elementen durchdrungen sind. Dennoch repräsentiert er einen wichtigen Archetyp im tantrischen Buddhismus: den des Yogins, der weltliche Konventionen transzendiert und durch direkte Erfahrung tiefe spirituelle Einsichten erlangt.

Seine Geschichte dient bis heute als Inspiration für Praktizierende des Vajrayana-Buddhismus und erinnert daran, dass wahre spirituelle Transformation nicht durch äußere Rituale oder intellektuelles Wissen allein, sondern durch tiefe innere Erfahrung und die Integration spiritueller Einsichten in das tägliche Leben erreicht wird.

Darstellung in der Kunst

In der tibetischen und nepalesischen religiösen Kunst wird Carbaripa mit charakteristischen Attributen dargestellt, die seine Identität als "Versteinerer" und tantrischer Meister unterstreichen. Typischerweise wird er als Yogin mit halb-nacktem Körper abgebildet, der eine einfache Lendenschürze (langoti) trägt, was seinen Bruch mit brahmanischen Konventionen symbolisiert.

Ein häufiges ikonographisches Merkmal in seinen Darstellungen ist ein Stein oder ein versteinertes Objekt in seiner Hand – ein direkter Verweis auf seine besondere Fähigkeit. In manchen Thangkas wird er auch bei der Ausführung von Mudras (symbolische Handgesten) gezeigt, die mit Transformation assoziiert werden.

Carbaripa wird oft mit charakteristischen äußeren Merkmalen eines Siddhas dargestellt: langes, ungepflegtes Haar, manchmal zu Dreadlocks verflochten, Asche auf dem Körper und Schmuck aus Knochen oder einfachen Materialien. Diese Attribute unterstreichen seine Identität als tantrischer Yogin, der konventionelle gesellschaftliche Normen transzendiert hat.

In narrativen Darstellungen findet man Szenen aus seinem Leben, besonders die Geschichte seiner Begegnung mit dem Yogin, der Wasser in einem umgedrehten Krug hielt, sowie Episoden, in denen er seine Fähigkeit zur Versteinerung demonstriert. Diese Darstellungen dienen nicht nur der Verehrung, sondern auch als Lehrmittel, um die mit Carbaripa verbundenen spirituellen Prinzipien zu veranschaulichen.

In der tibetischen Tradition wird Carbaripa häufig im Kontext der 84 Mahasiddhas dargestellt. Dort ist er durch seine spezifischen Attribute und manchmal durch Beischriften identifizierbar.

Schlussbetrachtung

Die Gestalt des Mahasiddha Carbaripa verkörpert auf eindrucksvolle Weise die Essenz des tantrischen Buddhismus – einen spirituellen Pfad, der nicht auf Weltflucht, sondern auf Transformation basiert. Seine Geschichte illustriert, wie selbst scheinbar übernatürliche Fähigkeiten letztlich nur Werkzeuge auf dem Weg zur wahren Erkenntnis sind, und wie die ultimative spirituelle Verwirklichung nicht in äußeren Manifestationen, sondern in der tiefen Erkenntnis der wahren Natur der Wirklichkeit liegt.

Carbaripas Lebensgeschichte, ob historisch oder legendenhaft, dient als kraftvolle Metapher für die Möglichkeit radikaler Transformation – von einem in konventionellen Vorstellungen gefangenen Brahmanen zu einem befreiten Wesen, das die Grenzen der materiellen Welt transzendiert. Seine Praktiken der Versteinerung und Alchemie können als äußere Manifestationen eines tieferen Prozesses verstanden werden: der Transformation des Geistes von den "Steinen" der Unwissenheit und des Anhaftens zur "goldenen" Natur der Erleuchtung.

In einer Zeit, in der spirituelle Lehren oft kommerzialisiert oder trivialisiert werden, erinnert uns die Gestalt des Carbaripa daran, dass authentische spirituelle Praxis tiefgreifend, herausfordernd und transformativ ist. Sie konfrontiert uns mit unseren eigenen Begrenzungen und Anhaftungen und bietet einen Weg zu ihrer Überwindung.

Die Figur des Versteinerers bleibt eine Inspiration für all jene, die den spirituellen Pfad nicht als Flucht vor der Welt, sondern als einen Prozess der tiefen Transformation verstehen – einen Prozess, der nicht trotz, sondern durch die Herausforderungen und Widersprüche des Lebens verwirklicht wird. In diesem Sinne ist Carbaripas Vermächtnis nicht in Stein gemeißelt, sondern lebendig in der fortdauernden Praxis jener, die den Pfad der Transformation beschreiten.

2.13 Catrapa - Der glückliche Bettler

Herkunft

Catrapa wurde im mittelalterlichen Indien geboren, vermutlich im 9. oder 10. Jahrhundert. Über seine frühen Jahre existieren mehrere Überlieferungen, die sich in Details unterscheiden, aber einem ähnlichen Grundmuster folgen. Nach den meisten Quellen stammte er aus einer wohlhabenden Kaufmannsfamilie in Nordindien, möglicherweise in der Region des heutigen Bihar oder Bengalen. Er wuchs in privilegierten Verhältnissen auf und erhielt eine umfassende Bildung, wie es für junge Männer seines Standes üblich war.

Als junger Mann übernahm er das Familiengeschäft und vermehrte den Reichtum durch kluges Handeln. Sein Leben war geprägt von Wohlstand und gesellschaftlichem Ansehen, doch trotz seines materiellen Erfolgs verspürte er eine tiefe innere Leere. Diese existenzielle Unzufriedenheit, im Buddhismus als "dukkha" (Leiden oder Unbefriedigtheit) bezeichnet, sollte den Grundstein für seine spätere spirituelle Transformation legen.

Besondere Eigenschaften

Catrapa zeichnete sich durch mehrere bemerkenswerte Eigenschaften aus, die sowohl vor als auch nach seiner spirituellen Transformation deutlich wurden. Als Kaufmann besaß er einen scharfen, analytischen Verstand und ein tiefes Verständnis für menschliche Beziehungen und Motivationen - Fähigkeiten, die er später auf seinem spirituellen Weg nutzen würde.

Nach seiner Transformation zum "glücklichen Bettler" entwickelte er eine außergewöhnliche Fähigkeit zur Zufriedenheit und inneren Ruhe unter Bedingungen extremer Entbehrung. Was andere als Elend empfunden hätten, erlebte er als Freiheit. Seine beständige Heiterkeit und sein ansteckendes Lachen wurden zu seinem Markenzeichen. Selbst in den widrigsten Umständen strahlte er eine Freude aus, die Menschen aller gesellschaftlichen Schichten anzog und verwirrte.

Eine weitere bemerkenswerte Eigenschaft war Catrapas Fähigkeit, komplexe buddhistische Lehren in einfache, für jeden verständliche Worte zu kleiden. Durch Geschichten, Parabeln und sein eigenes Leben als lebendes Beispiel machte er die abstrakten Konzepte des Dharma greifbar. Seine Lehren waren nie dogmatisch oder rigide, sondern stets von einer spielerischen Leichtigkeit geprägt, die es Menschen ermöglichte, ihre eigenen Einsichten zu entwickeln.

Nicht zuletzt besaß Catrapa eine tiefe Empathie und ein umfassendes Mitgefühl für alle Wesen. Er begegnete Königen und Bettlern mit derselben aufrichtigen Wärme und sah in jedem das gleiche Potenzial zur Erleuchtung. Diese grenzenlose Offenheit ermöglichte es ihm, selbst mit den verstocktesten und verbittersten Menschen in Verbindung zu treten.

Geschichte der Erleuchtung

Catrapas Weg zur Erleuchtung begann mit einer tiefen Krise. Auf dem Höhepunkt seines weltlichen Erfolges erlebte er eine Reihe von Schicksalsschlägen. In manchen Überlieferungen wird berichtet, dass er durch eine Naturkatastrophe oder betrügerische Geschäftspartner seinen gesamten Besitz verlor. In anderen Versionen erfuhr er vom plötzlichen Tod eines geliebten Menschen, was ihn die Vergänglichkeit allen Seins erkennen ließ.

Diese Erschütterung seiner Grundfesten führte ihn zu einem wandernden Yogi namens Kasoripa, der ihn in die grundlegenden buddhistischen Lehren einführte. Besonders die Lehren über die Vergänglichkeit (anitya), das Leiden (dukkha) und die Nicht-Selbsthaftigkeit (anatman) berührten ihn tief. Nach einer Zeit intensiver Praxis unter Kasoripas Anleitung erhielt Catrapa die Einweihung in die Vajrayana-Praktiken, insbesondere in die Meditation über die essenzielle Natur des Geistes.

Der entscheidende Moment seiner Transformation wird in einer berühmten Geschichte überliefert: Nach mehreren Jahren ernsthafter Meditationspraxis war Catrapa frustriert über seinen scheinbar mangelnden Fortschritt. In einem Moment tiefer Verzweiflung ließ er alles los - seine Erwartungen, sein Streben nach Erleuchtung, seine Identität als Praktizierender. In diesem Moment des vollständigen Aufgebens erkannte er die wahre Natur des Geistes, die jenseits aller Konzepte und Anstrengungen liegt.

Diese Erkenntnis manifestierte sich in einer paradoxen Weise: Er brach in unkontrollierbares Lachen aus und entschied, fortan als Bettler zu leben - nicht aus Notwendigkeit, sondern als Ausdruck vollkommener innerer Freiheit. Er erkannte, dass wahres Glück nicht von äußeren Umständen abhängt, sondern aus der Erkenntnis der leeren, lichten Natur aller Phänomene entsteht. Von diesem Tag an wurde er als "Catrapa, der glückliche Bettler" bekannt.

Leben und Tod

Nach seiner Erleuchtung führte Catrapa ein nomadisches Leben als wandernder Yogi. Er lehnte feste Wohnsitze ab und lebte ausschließlich von Almosen. Sein Besitz beschränkte sich auf eine Bettelschale, eine dünne Robe und gelegentlich einige rituelle Gegenstände für seine tantrischen Praktiken. Im Gegensatz zu vielen anderen Mahasiddhas schloss er sich keinem Kloster an und gründete keine formelle Schule oder Institution.

Sein unkonventioneller Lebensstil und sein strahlendes Wesen zogen Menschen aller Gesellschaftsschichten an. Es wird berichtet, dass sowohl Könige als auch einfache Bauern ihn aufsuchten, um seinen Rat zu erbitten oder einfach in seiner Gegenwart zu sein. Viele seiner Schüler kamen aus den Reihen der Ausgestoßenen und Marginalisierten - Menschen, die in der hierarchischen Gesellschaft des mittelalterlichen Indiens keinen Platz fanden.

Zahlreiche Geschichten und Legenden ranken sich um Catrapas Leben als wandernder Meister. Eine bekannte Erzählung berichtet, wie er einen habgierigen König lehrte, indem er dessen kostbare Geschenke achtlos liegen ließ und stattdessen einen weggeworfenen Knochen aufhob, um daraus eine Flöte zu schnitzen. In einer anderen Geschichte soll er durch bloßes Lachen einen wütenden Mob besänftigt haben, der ihn als Betrüger verfolgte.

Über Catrapas Tod existieren verschiedene Überlieferungen. Nach einer Version verließ er seinen Körper bewusst während einer tiefen Meditation, wobei Zeugen berichteten, sein Körper habe sich in Regenbogenlicht aufgelöst - ein Zeichen höchster tantrischer Verwirklichung. Eine andere Überlieferung berichtet, er sei lachend und singend gestorben, während er auf einer staubigen Straße wanderte. Allen Berichten gemeinsam ist die Botschaft, dass er seinen Tod mit derselben freudigen Gelassenheit annahm, mit der er sein Leben geführt hatte.

Lehren und Übertragungen

Catrapas Lehren zeichneten sich durch ihre Direktheit und Praxisnähe aus. Im Zentrum stand die Erkenntnis, dass die Natur des Geistes - klar, leer und unbegrenzt - bereits in jedem Menschen vollständig vorhanden ist. Anstatt komplizierte philosophische Systeme zu entwickeln, konzentrierte er sich darauf, seinen Schülern unmittelbare Erfahrungen dieser grundlegenden Natur zu ermöglichen.

Eine seiner zentralen Lehren betraf die "Vier Umkehrungen" (viparyāsa): die irrtümliche Wahrnehmung des Vergänglichen als beständig, des Leidhaften als glückbringend, des Nicht-Selbst als Selbst und des Unreinen als rein. Durch verschiedene kontemplative Übungen und direkte Hinweise half er seinen Schülern, diese fundamentalen Missverständnisse zu erkennen und zu überwinden.

Besonders bekannt wurde Catrapa für seine Lehre der "Freude im Nichts-Haben" (akincana-nanda). Er demonstrierte, dass wahre Freiheit nicht durch Anhäufung, sondern durch Loslassen entsteht. Diese Lehre manifestierte sich in seinem eigenen Leben als Bettler, war jedoch kein Aufruf zu asketischer Selbstkasteiung, sondern zur inneren Freiheit von Anhaftung.

In der tantrischen Tradition wird Catrapa mit der Übertragungslinie des Hevajra-Tantras in Verbindung gebracht, eines wichtigen Textes des Vajrayana-Buddhismus. Seine spezifische Methode bestand darin, alltägliche Erfahrungen - Hunger, Kälte, soziale Ablehnung - in Pfade zur Erkenntnis zu transformieren. Diese Praxis des "Umwandelns widriger Umstände in den Pfad" (lojong) wurde später zu einem zentralen Element des tibetischen Buddhismus.

Obwohl Catrapa keine systematischen Texte hinterließ, wurden seine mündlichen Unterweisungen und Dohas (spirituelle Lieder) von seinen Schülern überliefert und später in Sammlungen wie dem "Doha-kosha" und den "Geschichten der vierundachtzig Mahasiddhas" aufgezeichnet.

Bedeutung und Nachwirkung

Catrapas Einfluss auf die buddhistische Tradition ist vielfältig und tiefgreifend. Als einer der vierundachtzig Mahasiddhas repräsentiert er einen wichtigen Strang in der Entwicklung des Vajrayana-Buddhismus, der später in Tibet zu voller Blüte gelangen sollte. Seine unkonventionelle Herangehensweise an spirituelle Praxis und sein Beispiel eines vollkommen befreiten Lebens jenseits sozialer Konventionen inspirierten zahlreiche nachfolgende Generationen von Praktizierenden.

Besonders in der Kagyu-Tradition des tibetischen Buddhismus, die großen Wert auf die direkte Übertragung von Meister zu Schüler legt, wird Catrapa als wichtiges Glied in der Übertragungslinie verehrt. Seine Lehren über die Transformation widriger Umstände in spirituelle Gelegenheiten fanden Eingang in die Lojong-Praxis (Geistesschulung), die in allen tibetischen Schulen praktiziert wird.

In der heutigen Zeit gewinnt Catrapas Botschaft der Freiheit durch Einfachheit und inneren Reichtum trotz äußerer Armut neue Relevanz. In einer konsumorientierten Gesellschaft, die Glück mit materiellem Besitz gleichsetzt, erinnert sein Beispiel daran, dass wahre Zufriedenheit aus innerer Freiheit entsteht. Moderne buddhistische Lehrer beziehen sich oft auf Catrapa, wenn sie die Möglichkeit eines authentischen spirituellen Weges auch unter den Bedingungen des zeitgenössischen Lebens aufzeigen.

Darüber hinaus hat Catrapas Lebensgeschichte auch Menschen außerhalb buddhistischer Kreise inspiriert. Seine radikale Botschaft des "glücklichen Nichts-Habens" findet Resonanz bei verschiedenen minimalistischen und konsumkritischen Bewegungen unserer Zeit und bietet eine spirituelle Perspektive auf Fragen der Nachhaltigkeit und des bewussten Konsums.

Darstellung in der Kunst

In der traditionellen buddhistischen Kunst wird Catrapa meist als lächelnder oder lachender Bettler dargestellt. Er trägt typischerweise nur einen einfachen Lendenschurz oder zerlumpte Kleidung, hat aber einen strahlenden Gesichtsausdruck, der seine innere Freude widerspiegelt. Oft wird er mit einer Bettelschale in der einen Hand und einer kleinen Handtrommel (damaru) in der anderen dargestellt - Symbole für seine Lebensweise als Bettler und seine tantrischen Praktiken.

In tibetischen Thangkas erscheint er häufig in der charakteristischen Pose eines Siddhas: sitzend mit leicht angewinkeltem Bein, manchmal auf einem einfachen Tuch oder einem Tigerfell. Sein Körper ist oft dünn, aber kraftvoll, und strahlt trotz der äußeren Armut eine innere Vitalität aus. Ein besonderes ikonographisches Merkmal ist sein Lächeln, das als Ausdruck seiner Verwirklichung verstanden wird.

In Skulpturen wird Catrapa meist aus Holz oder Bronze gefertigt. Diese dreidimensionalen Darstellungen betonen oft seine dynamische, leicht asymmetrische Körperhaltung, die seine Befreiung von starren Konventionen symbolisiert. Manchmal wird er auch in Gesellschaft anderer Mahasiddhas dargestellt, besonders in größeren Installationen oder Wandmalereien in Tempeln und Klöstern.

In der modernen buddhistischen Kunst hat Catrapas Figur neue Interpretationen erfahren. Zeitgenössische Künstler betonen oft die universellen Aspekte seiner

Geschichte - die Suche nach authentischem Glück jenseits materieller Sicherheit. Manchmal wird er in heutiger Kleidung dargestellt, als Symbol dafür, dass sein Weg auch in der modernen Welt Relevanz besitzt.

Neben bildlichen Darstellungen inspirierte Catrapa auch literarische und musikalische Werke. Seine Dohas wurden in verschiedene Sprachen übersetzt und von zeitgenössischen Musikern vertont. Theaterstücke und Tanzperformances greifen Episoden aus seinem Leben auf und interpretieren sie für ein heutiges Publikum neu.

Schlussbetrachtung

Die Geschichte des Mahasiddha Catrapa, des glücklichen Bettlers, bleibt eine zeitlose Erinnerung an eine fundamentale spirituelle Wahrheit: Wahres Glück entspringt nicht äußeren Umständen, sondern einer inneren Transformation. In einer Welt, die zunehmend von materialistischen Werten dominiert wird, bietet sein Beispiel eine kraftvolle Gegenerzählung.

Catrapas Lebensweg zeigt, dass der Pfad zur Befreiung nicht notwendigerweise durch Askese oder weltliche Erfolge führt, sondern durch die tiefe Erkenntnis der Natur des Geistes und der Realität. Seine Entscheidung, als Bettler zu leben, war keine Flucht vor der Welt, sondern ein Ausdruck vollkommener innerer Freiheit – eines Zustandes, in dem äußere Umstände ihre Macht verlieren, Leid zu verursachen.

Die Paradoxie in Catrapas Leben – extremer äußerer Mangel bei gleichzeitig überfließender innerer Fülle – fordert uns heraus, unsere eigenen Annahmen über Glück und Erfüllung zu hinterfragen. Was bedeutet es wirklich, reich zu sein? Worin besteht wahre Sicherheit? Wie können wir inmitten der Unbeständigkeit des Lebens dauerhafte Zufriedenheit finden?

Diese Fragen sind heute ebenso relevant wie zu Catrapas Lebzeiten. In einer Ära von Klimawandel, sozialer Ungleichheit und existenzieller Unsicherheit kann seine Botschaft der inneren Freiheit durch Loslassen eine wertvolle Orientierung bieten. Nicht als Aufruf zur Weltflucht, sondern als Einladung zu einer tieferen, authentischeren Weise des In-der-Welt-Seins.

So bleibt der lachende Bettler Catrapa nicht nur eine historische Figur aus der buddhistischen Tradition, sondern ein lebendiges Symbol für die zeitlose Möglichkeit, wahre Freiheit und Freude zu finden – nicht durch Haben und Festhalten, sondern durch Sein und Loslassen.

2.14 Caurangipa - Der zerstückelte Stiefsohn

Herkunft

Caurangipa wurde im mittelalterlichen Indien geboren, vermutlich zwischen dem 8. und 11. Jahrhundert, einer Zeit, in der der tantrische Buddhismus in Südasien florierte. Über seine genaue geografische Herkunft existieren unterschiedliche Überlieferungen. Einige Quellen verorten ihn in Bengalen, andere in der Region des heutigen Odisha.

Er wurde in eine wohlhabende Familie hineingeboren, wobei sein Vater früh verstarb. Seine Mutter heiratete erneut, und sein Stiefvater entwickelte aus Gründen, die in den Überlieferungen variieren, eine tiefe Abneigung gegen ihn. Diese familiäre Konstellation bildet den Ausgangspunkt für die dramatischen Ereignisse, die später zu seiner spirituellen Transformation führen sollten.

Der Name "Caurangipa" selbst deutet bereits auf sein späteres Schicksal hin. "Cauranga" kann als "vier Glieder" oder "zerstückelte Gliedmaßen" übersetzt werden, was sich auf die gewaltsame Zerstückelung seines Körpers bezieht, die zum zentralen Element seiner Lebensgeschichte werden sollte.

Besondere Eigenschaften

Vor seiner Transformation wird Caurangipa in den Überlieferungen als ein junger Mann mit ausgeprägter Intelligenz und Sensibilität beschrieben. Er soll eine natürliche Neigung zu spirituellen Fragen gehabt haben, die jedoch durch die schwierigen Familienumstände überlagert wurde. Seine besonderen Eigenschaften treten erst nach seiner Transformation deutlich hervor.

Nach seiner Erleuchtung zeichnete sich Caurangipa durch eine außergewöhnliche Gleichmut und ein tiefes Verständnis der Leerheit (Shunyata) aus. Er verkörperte die Fähigkeit, jenseits von Dualismen wie Schmerz und Freude, Gut und Böse zu existieren. Seine Praxis und Lehre waren geprägt von direkter Erfahrung statt theoretischem Wissen. Zudem wird ihm eine besondere Fähigkeit zur Meditation über die Natur des Geistes zugeschrieben, die er unter den extremsten Umständen entwickelte.

Eine weitere besondere Eigenschaft war seine vollkommene Abwesenheit von Zorn oder Rachegefühlen gegenüber denjenigen, die ihm Leid zugefügt hatten - eine lebendige Demonstration des buddhistischen Ideals des Nicht-Anhaftens und des umfassenden Mitgefühls.

Geschichte der Erleuchtung

Die Geschichte von Caurangipas Erleuchtung gehört zu den dramatischsten
in der gesamten Mahasiddha-Tradition. Die Überlieferung berichtet, dass sein
Stiefvater, getrieben von Eifersucht und Hass, einen Plan ersann, um ihn zu
beseitigen. Als Caurangipa eines Tages allein auf einer Reise war, schickte der
Stiefvater Mörder aus, die ihn überfallen sollten.

Die Attentäter fanden Caurangipa und hackten ihm alle vier Gliedmaßen ab,
wodurch er zu einem hilflos verstümmelten Torso wurde. Sie ließen ihn zum
Sterben zurück in einer abgelegenen Waldgegend. In diesem Zustand äußerster
physischer Qual und Hilflosigkeit durchlebte Caurangipa eine tiefgreifende
spirituelle Krise.

Statt sich jedoch dem Hass und der Verzweiflung hinzugeben, begann er in
diesem Zustand zu meditieren. Die Überlieferung berichtet, dass er in seiner
extremen Hilflosigkeit die Essenz des Geistes erkannte. Er konnte nicht mehr
fliehen, sich nicht mehr ablenken - seine einzige Möglichkeit bestand darin, sich
vollkommen der Realität zu stellen.

In diesem Zustand soll er eine direkte Erkenntnis der Leerheit (Shunyata) und
der Natur des Geistes erlangt haben. Er erkannte, dass sein Bewusstsein, trotz
der extremen Verstümmelung seines Körpers, unversehrt geblieben war. Diese
Erkenntnis führte zu einer vollständigen Transzendenz seiner physischen Leiden
und zu einer tiefen Einsicht in die grundlegende Natur der Realität.

Die Überlieferung berichtet, dass eine Dakini (eine weibliche erleuchtete Wesenheit in der buddhistischen Tradition) erschien und ihn in diesem Zustand
in der Vajrayana-Lehre unterwies. Diese mystische Begegnung vertiefte seine
Erleuchtungserfahrung und ermöglichte ihm, trotz seines körperlichen Zustands,
weiter zu leben und zu lehren.

Leben und Tod

Nach seiner Erleuchtung lebte Caurangipa trotz seiner schweren Verstümmelung
weiter. Einige Quellen berichten, dass er durch die Kraft seiner Meditation
und spirituellen Verwirklichung in der Lage war, seinen Körper teilweise zu
regenerieren oder zumindest in diesem Zustand zu überleben.

Er wurde zu einem wandernden Lehrer, der von Schülern oder mitfühlenden
Menschen transportiert wurde. Seine bloße Existenz und Lehrtätigkeit in diesem

Zustand wurde zu einer kraftvollen Demonstration der buddhistischen Lehre von der Überwindung des Leidens durch geistige Transformation.

Caurangipa soll viele Jahre als Lehrer gewirkt haben, wobei seine physische Erscheinung und seine Geschichte zahlreiche Schüler anzog, die von seinem Beispiel tief berührt waren. Seine Lehrtätigkeit erstreckte sich über verschiedene Regionen Indiens.

Über seinen Tod existieren verschiedene Überlieferungen. Einige berichten, dass er seinen Körper bewusst verließ und in einen Zustand der vollkommenen Erleuchtung einging. Andere Quellen deuten an, dass er sich in eine reine Lichtform auflöste. Allen Berichten gemeinsam ist die Vorstellung, dass sein Tod, wie sein Leben nach der Verstümmelung, eine Demonstration der Überwindung gewöhnlicher physischer Begrenzungen darstellte.

Lehren und Übertragungen

Caurangipas Lehren konzentrierten sich auf die direkte Erfahrung der Natur des Geistes und die Praxis der Mahamudra (die "große Geste" oder das "große Siegel"), eine fortgeschrittene Meditationspraxis im tibetischen Buddhismus. Seine eigene Erfahrung extremen Leidens und dessen Überwindung verlieh seinen Lehren besondere Authentizität und Kraft.

Zu seinen zentralen Lehren gehörten:

1. Die Erkenntnis, dass der Geist unabhängig von körperlichen Zuständen existiert und in seiner Essenz rein und unversehrt bleibt.

2. Die Praxis der Nicht-Anhaftung an körperliche Identität und weltliche Konzepte.

3. Die Entwicklung von Mitgefühl auch gegenüber denen, die einem Leid zugefügt haben.

4. Die Überwindung dualistischer Konzepte wie Schmerz und Freude, Gut und Böse.

Seine Lehren wurden zunächst mündlich überliefert und später in verschiedenen buddhistischen Texten festgehalten, insbesondere in den Sammlungen der Mahasiddha-Geschichten und den Dohas (spirituellen Liedern) der tantrischen Tradition.

Caurangipa gründete keine eigene Schule oder formelle Überlieferungslinie, aber seine Lehren und sein Beispiel beeinflussten mehrere Traditionen des tibetischen Buddhismus, besonders die Kagyu-Linie, in der die Mahamudra-Praxis zentral ist.

Bedeutung und Nachwirkung

Die Bedeutung von Caurangipa liegt weniger in der Gründung einer eigenen Schule oder der Entwicklung neuer Lehren, sondern vielmehr in der kraftvollen Verkörperung zentraler buddhistischer Prinzipien unter extremsten Umständen. Seine Geschichte dient als eindringliches Beispiel dafür, wie tiefgreifende spirituelle Transformation selbst unter den schwierigsten Bedingungen möglich ist.

In der tibetischen Tradition wird Caurangipa verehrt. Seine Geschichte wird oft als Beispiel für die Überwindung von Anhaftung an den Körper und das Selbst angeführt.

In der buddhistischen Praxis wird seine Geschichte als Inspiration für Praktizierende verwendet, die mit schweren körperlichen oder geistigen Leiden konfrontiert sind. Sie demonstriert die Möglichkeit, selbst unter extremsten Umständen inneren Frieden und spirituelle Erfüllung zu finden.

In der modernen buddhistischen Literatur und Praxis wird Caurangipa gelegentlich als Beispiel für Resilienz und die transformative Kraft der Meditation angeführt. Seine Geschichte spricht moderne Menschen an, die nach Wegen suchen, mit Traumata und schwierigen Lebenssituationen umzugehen.

Darstellung in der Kunst

In der tibetischen und himalayischen Kunst wird Caurangipa typischerweise als verstümmelter Torso dargestellt, oft sitzend oder liegend in einer Meditationshaltung. Trotz seiner physischen Verstümmelung wird sein Gesicht meist mit einem friedvollen oder sogar freudvollen Ausdruck gezeigt, was seine spirituelle Überwindung des körperlichen Leidens symbolisiert.

In Thangka-Gemälden erscheint er oft als Teil der Darstellungen der 84 Mahasiddhas. Diese Gemälde zeigen ihn meist in einer natürlichen Umgebung, was auf den Ort seiner Transformation hindeutet.

Ikonographisch wird er manchmal mit symbolischen Attributen dargestellt, die seine spirituelle Verwirklichung andeuten, wie etwa eine Vajra (Donnerkeil, Symbol der Unzerstörbarkeit) oder eine Glocke (Symbol der Weisheit).

In skulpturalen Darstellungen ist Caurangipa seltener zu finden, vermutlich aufgrund der Herausforderung, seine verstümmelte Form darzustellen. Wenn er skulptural dargestellt wird, dann meist als Teil größerer Gruppen von Mahasiddhas.

Die künstlerischen Darstellungen von Caurangipa dienen nicht nur der Verehrung, sondern auch als Meditationshilfen und Erinnerungen an die transformative Kraft des Buddhismus unter extremen Umständen.

Schlussbetrachtung

Die Geschichte des Mahasiddha Caurangipa bleibt eine der eindringlichsten Erzählungen der buddhistischen Tradition. Sie veranschaulicht auf drastische Weise zentrale buddhistische Lehren: die Möglichkeit der Überwindung von Leiden durch geistige Transformation, die Unabhängigkeit des Geistes von körperlichen Zuständen und die Kraft des Mitgefühls selbst unter extremsten Umständen.

Caurangipas Leben führt uns vor Augen, dass wahre spirituelle Freiheit nicht von äußeren Umständen abhängt, sondern von der inneren Haltung und der Fähigkeit, selbst in den schwierigsten Situationen die Natur des Geistes zu erkennen. Seine Geschichte fordert uns heraus, unsere eigenen Anhaftungen und Identifikationen zu hinterfragen und die Möglichkeit einer tieferen Freiheit jenseits körperlicher und konzeptueller Begrenzungen zu erkennen.

In einer Zeit, in der materielle Werte und körperliche Perfektion oft überbetont werden, erinnert uns Caurangipa daran, dass wahre Erfüllung und Freiheit in der Erkenntnis der Natur des Geistes liegt. Seine Geschichte bleibt eine kraftvolle Inspiration für alle, die nach spiritueller Transformation suchen, besonders für jene, die mit schweren körperlichen oder geistigen Herausforderungen konfrontiert sind.

Caurangipa verkörpert den Geist des tantrischen Buddhismus: die Transformation von Hindernissen in Pfade zur Erleuchtung und die Erkenntnis, dass selbst die schwierigsten Umstände zu tiefer spiritueller Verwirklichung führen können, wenn sie mit der richtigen geistigen Einstellung angegangen werden.

2.15 Celukapa - Die wiederbelebte Drohne

Herkunft

Celukapa wurde im 9. Jahrhundert in einer kleinen Siedlung in Nordindien, nahe dem heutigen Bihar, geboren. Er stammte aus einer Familie von Imkern, die für ihre Kunstfertigkeit in der Bienenzucht bekannt waren. Sein Geburtsname war Dharmapala, was "Beschützer des Dharma" bedeutet - eine frühe Andeutung auf seine spätere spirituelle Bedeutung. Die Region, in der er aufwuchs, war zu jener Zeit ein blühendes Zentrum buddhistischer Gelehrsamkeit, geprägt durch die Nähe zu den großen Klosteruniversitäten Nalanda und Vikramashila.

Als junger Mann zeigte Dharmapala wenig Interesse an der spirituellen Tradition und widmete sich stattdessen der Familientradition der Imkerei. Er entwickelte eine besondere Beziehung zu den Bienen und wurde für sein außergewöhnliches Verständnis ihrer Lebensweise bekannt. Lokale Überlieferungen berichten, dass er mit den Bienen "sprechen" konnte und ihre Schwärme durch bloße Gedankenkraft zu lenken vermochte - erste Anzeichen seiner besonderen Begabung.

Besondere Eigenschaften

Celukapa zeichnete sich durch mehrere besondere Eigenschaften aus, die ihn von anderen Mahasiddhas unterschieden. Am auffälligsten war seine tiefe Verbindung zur natürlichen Welt, insbesondere zu Insekten und kleinen Lebewesen. Er besaß die Fähigkeit, mit Bienen und anderen Insekten zu kommunizieren, was später zu seinem Beinamen "die Drohne" führte. Diese Verbindung manifestierte sich auch in seiner äußeren Erscheinung - Augenzeugenberichte beschreiben ihn mit gold-schwarzer Haut, summenden Geräuschen bei der Meditation und einem Körpergeruch, der an Honig erinnerte.

Eine weitere bemerkenswerte Eigenschaft war seine Fähigkeit, in tiefe Trancezustände einzutreten, die von außen betrachtet dem Tod ähnelten. In diesen Zuständen konnte er tagelang verharren, ohne zu atmen oder Nahrung zu sich zu nehmen. Während dieser Perioden berichtete er später, in andere Existenzebenen zu reisen und mit erleuchteten Wesen zu kommunizieren.

Celukapa war auch für seine ungewöhnliche Lehrmethode bekannt. Anders als viele andere spirituelle Meister seiner Zeit lehrte er nicht durch formale Unterweisungen oder Initiationen, sondern durch direkte Übertragung von Bewusstseinszuständen. Seine Schüler berichteten, dass er ihnen Erleuchtungserlebnisse vermitteln konnte, indem er sie einfach anblickte oder berührte.

Geschichte der Erleuchtung

Die Erleuchtungsgeschichte Celukapas ist ebenso ungewöhnlich wie tiefgründig. Im Alter von 33 Jahren - symbolträchtig, da es dem Alter Buddhas bei seiner Erleuchtung entspricht - wurde Dharmapala von einem besonders aggressiven Bienenschwarm angegriffen und durch zahllose Stiche getötet. Drei Tage lang lag sein lebloser Körper in der Nähe eines seiner Bienenstöcke, bedeckt von summenden Bienen.

Am vierten Tag ereignete sich das Wunder, das ihn zu einem Mahasiddha machen sollte. Gemäß den überlieferten Texten erschien ihm während seines Todeszustandes der Buddha Amitabha in Begleitung des großen Bodhisattva Avalokiteshvara. Sie offenbarten ihm die tiefsten Geheimnisse des tantrischen Buddhismus und gewährten ihm direkte Einsicht in die Natur der Wirklichkeit.

Durch die Kraft dieser Visionen und durch die besonderen energetischen Eigenschaften des Bienengifts in seinem Körper wurde Dharmapala ins Leben zurückgebracht - jedoch in transformierter Form. Er war nun nicht mehr ein gewöhnlicher Mensch, sondern ein Wesen, das die Eigenschaften von Mensch und Biene in sich vereinte. Von diesem Zeitpunkt an nannte er sich Celukapa, was in einer alten lokalen Sprache "der vom Bienenstich Wiederbelebte" bedeutet.

Seine Wiederauferstehung war begleitet von der spontanen Manifestation vollkommener Einsicht in die Leerheit aller Phänomene (Shunyata) und der Erlangung der höchsten tantrischen Siddhis (übernatürlichen Fähigkeiten). Die Bienen, die ihn zuvor getötet hatten, wurden zu seinen ersten Schülern und bildeten einen ständigen Schwarm um ihn herum, der als physische Manifestation seiner erleuchteten Ausstrahlung interpretiert wurde.

Leben und Tod

Nach seiner Transformation führte Celukapa ein außergewöhnliches Leben als wandernder Yogi. Er zog durch Nordindien und später durch Tibet, lehrte den Dharma und demonstrierte seine übernatürlichen Fähigkeiten. Zu seinen bemerkenswertesten Taten gehörte die Fähigkeit, seinen Körper zeitweise zu verlassen und sein Bewusstsein in Bienenschwärme zu übertragen, die dann als kollektive Entität handelten und sprachen.

Celukapa hatte die Fähigkeit, zwischen Leben und Tod zu wandeln. In regelmäßigen Abständen ließ er seinen Körper scheinbar sterben, um dann nach drei Tagen wieder zum Leben zu erwachen. Während dieser "kleinen Tode" berichtete er, andere Existenzebenen zu besuchen und direkte Unterweisungen von Buddha Amitabha zu erhalten.

Seine eigentümliche Natur als halb Mensch, halb Insekt manifestierte sich auch in seinem täglichen Leben. Er ernährte sich ausschließlich von Nektar und Pollen, sprach in summenden Tönen und war von einer beständigen Aura goldenen Lichts umgeben. Er konnte tagelang in unveränderter Meditationshaltung verweilen, ähnlich der Winterstarre der Bienen.

Nach Überlieferungen aus Tibet verbrachte Celukapa seine letzten Lebensjahre in einer Höhle nahe des heiligen Berges Kailash. Sein endgültiger Tod wird in den Texten als "Große Auflösung" beschrieben. Im Alter von angeblich 108 Jahren versammelte er seine Schüler um sich, löste seinen Körper in ein goldenes Licht auf und transformierte sich in einen riesigen Bienenschwarm, der in den Himmel aufstieg und sich schließlich in reines Licht auflöste. An der Stelle, wo er saß, fand man später einen perfekt geformten Kristall in Form einer Biene, der als heilige Reliquie verehrt wurde.

Lehren und Übertragungen

Die Lehren Celukapas sind in der Tradition als "Madhu-Tantra" oder "Honig-Tantra" bekannt und bilden einen einzigartigen Zweig innerhalb der tantrischen Traditionen. Seine Hauptlehre kreist um das Konzept der "süßen Essenz" (Madhudhatu), die als fundamentale Natur der Wirklichkeit verstanden wird. Er lehrte, dass die Erleuchtung wie Honig sei - zunächst verborgen, durch Praxis erfahrbar und von transformativer Süße.

Ein zentrales Element seiner Lehre war die "Bienentanz-Meditation" (Bhramara-Yoga), eine komplexe Visualisierungs- und Atemtechnik, bei der der Praktizierende sich als Biene imaginiert, die von Blüte zu Blüte fliegt - symbolisch für das Sammeln spiritueller Essenz aus verschiedenen Erfahrungen des Lebens. Diese Praxis soll zur Entwicklung außergewöhnlicher Konzentration und zur direkten Erfahrung der Nicht-Dualität führen.

Celukapa betonte die Einheit aller Lebewesen und lehrte einen tiefen Respekt für selbst die kleinsten Kreaturen. Er entwickelte eine frühe Form des ökologischen Bewusstseins und warnte vor der Zerstörung natürlicher Lebensräume. Seine Texte enthalten detaillierte Beschreibungen der Interdependenz aller Lebensformen - ein Konzept, das seiner Zeit weit voraus war.

Die Übertragungslinie Celukapas wurde hauptsächlich mündlich weitergegeben. Seine direkten Schüler, bekannt als die "Honigsammler" (Madhusanchayaka), trugen seine Lehren nach Tibet, Nepal und in Teile Zentralasiens. Die Linie wurde später in die Kagyu-Schule des tibetischen Buddhismus integriert, wo Elemente seiner Meditationstechniken noch heute praktiziert werden.

Bedeutung und Nachwirkung

Die Bedeutung Celukapas liegt weniger in der Gründung einer eigenständigen Schule als vielmehr in seinem Einfluss auf verschiedene tantrische Traditionen. Seine einzigartige Symbolik und Metaphorik der Biene als spirituelles Wesen hat die buddhistische Kunst und Literatur nachhaltig geprägt.

Sein wichtigster Beitrag zur buddhistischen Philosophie war die Entwicklung des Konzepts der "kollektiven Weisheit" (Samuhaprajna), inspiriert von der kollektiven Intelligenz eines Bienenstocks. Er argumentierte, dass Erleuchtung nicht nur eine individuelle, sondern auch eine kollektive Dimension hat - eine Vorwegnahme späterer Entwicklungen im Mahayana-Buddhismus.

In Tibet wurde Celukapa besonders von Yogis verehrt, die sich für längere Retreats in die Wildnis zurückzogen. Seine Techniken zur Überwindung von Hunger und Kälte durch spezielle Atemübungen wurden Bestandteil des tibetischen Tummo-Yoga (inneres Feuer). Die von ihm entwickelten Methoden zur Kommunikation mit der natürlichen Welt wurden in schamanische Praktiken integriert, die bis heute in entlegenen Regionen Tibets und Nepals praktiziert werden.

In der modernen Zeit hat das Interesse an Celukapas ökologischem Bewusstsein und seiner Betonung der Verbundenheit aller Lebewesen zu einer kleinen Renaissance seiner Lehren geführt, besonders unter buddhistischen Umweltaktivisten.

Darstellung in der Kunst

In der buddhistischen Ikonographie wird Celukapa typischerweise in einer einzigartigen Form dargestellt. Er erscheint als schlanker Yogi in Meditationshaltung, mit gold-schwarzer Haut, die an das Streifenmuster einer Biene erinnert. Oft wird er von einem Schwarm stilisierter Bienen umgeben, die eine Mandala-Formation bilden. In seiner rechten Hand hält er üblicherweise einen Kristall in Bienenform, in seiner linken einen Lotuskelch mit Honig.

In tibetischen Thangkas wird Celukapa häufig in Verbindung mit dem Buddha Amitabha dargestellt, der über seinem Kopf schwebt - eine Referenz auf seine Erleuchtungsvision. Seine Augen werden oft überdimensional groß und facettiert wie Insektenaugen gemalt, um seine übermenschliche Wahrnehmungsfähigkeit zu symbolisieren.

Eine besondere Form der künstlerischen Darstellung ist die "Celukapa-Mandala", eine komplexe geometrische Struktur, die an eine Bienenwabe erinnert. In diesem Mandala wird Celukapa im Zentrum dargestellt, umgeben von sechs Hauptschülern, die wiederum von 36 weiteren Praktizierenden umgeben sind - in Anlehnung an die Struktur eines Bienenstocks.

In der Bildhauerei existieren nur wenige Darstellungen, die meisten davon in abgelegenen Klöstern in Ladakh und Zanskar. Diese Skulpturen zeigen oft einen hybriden Körper mit menschlichen und insektenartigen Merkmalen, wie feine Antennen auf der Stirn oder stilisierte Flügel am Rücken.

In der zeitgenössischen tibetischen Kunst erfährt die Figur des Celukapa eine Neuentdeckung, besonders durch Künstler, die traditionelle buddhistische Themen mit ökologischen Anliegen verbinden. Seine Gestalt wird dabei oft als Symbol für die gefährdete Harmonie zwischen Mensch und Natur interpretiert.

Schlussbetrachtung

Die Geschichte des Mahasiddha Celukapa steht exemplarisch für die Vielfalt und Tiefe der tantrischen Traditionen Indiens und Tibets. Sie vereint biologische Metaphorik, ökologisches Bewusstsein und tiefe philosophische Einsichten zu einem einzigartigen spirituellen Pfad. Obwohl die historische Existenz Celukapas durch die Quellenlage nicht eindeutig belegt werden kann, spiegelt seine Legende wichtige Aspekte buddhistischer Philosophie und Praxis wider.

Die Bedeutung Celukapas liegt nicht zuletzt in der Aktualität seiner Lehren für die Gegenwart. In einer Zeit ökologischer Krisen und des massenhaften Insektensterbens erscheint seine Botschaft von der Heiligkeit aller Lebewesen und der tiefen Verbundenheit aller Existenzformen von besonderer Relevanz. Seine einzigartige Symbolik der Transformation - vom Tod zur Wiedergeburt, vom Gewöhnlichen zum Außergewöhnlichen - bleibt eine kraftvolle Inspiration für spirituell Suchende.

Die "wiederbelebte Drohne" erinnert uns daran, dass spirituelle Transformation oft aus unerwarteten Quellen kommt und dass selbst in den kleinsten und unscheinbarsten Wesen tiefe Weisheit zu finden ist. In einer Welt zunehmender Entfremdung von der Natur kann Celukapas Lehre von der Einheit aller Lebensformen einen wichtigen Beitrag zum spirituellen und ökologischen Diskurs leisten.

2.16 Darikapa - Der Sklavenkönig der Tempelhure

127

Herkunft

Über die genaue historische Herkunft Darikapas existieren verschiedene Überlieferungen. Die meisten Quellen verorten ihn im mittelalterlichen Indien, vermutlich zwischen dem 8. und 11. Jahrhundert, während der Blütezeit des tantrischen Buddhismus. Er wurde wahrscheinlich in einer niedrigen Kaste geboren, was für die Mahasiddha-Tradition nicht ungewöhnlich ist, da viele dieser Meister aus gesellschaftlich marginalisierten Gruppen stammten. Einige Quellen deuten darauf hin, dass Darikapa ursprünglich aus dem östlichen Teil Indiens, möglicherweise aus der Region Bengal, stammte.

Seine frühe Biografie bleibt weitgehend im Dunkeln, was typisch für die Mahasiddha-Tradition ist, die sich oft mehr auf die transformative Erleuchtungsgeschichte als auf biografische Details konzentriert. Was wir mit Sicherheit wissen, ist dass sein Leben eine dramatische Wendung nahm, als er in die Dienste einer Tempelhure oder Devadasi (Tempeltänzerin) geriet – ein Umstand, der später zum Kern seiner spirituellen Transformation werden sollte.

Besondere Eigenschaften

Darikapa zeichnete sich durch mehrere bemerkenswerte Eigenschaften aus, die ihn als Mahasiddha charakterisierten. Zu seinen herausragenden Qualitäten gehörten:

- Demut und Hingabe: Trotz seiner niedrigen sozialen Stellung als Sklave entwickelte Darikapa eine tiefe innere Stärke und außergewöhnliche Hingabe zur spirituellen Praxis. Seine Fähigkeit, in den schwierigsten Umständen zu praktizieren, ohne Ärger oder Verbitterung zu entwickeln, wird in den Überlieferungen besonders hervorgehoben.

- Transformative Kraft: Darikapa besaß die besondere Fähigkeit, weltliche Situationen in spirituelle Übungen zu verwandeln. Seine Geschichte zeigt, dass er die Fähigkeit hatte, in den alltäglichen Handlungen und selbst in den niedrigsten Diensten das Potenzial für spirituelles Wachstum zu erkennen.

- Beharrlichkeit: Eine der beeindruckendsten Eigenschaften Darikapas war seine unbeirrbare Beharrlichkeit. Überlieferungen berichten, dass er jahrelang in seiner Dienerrolle verblieb, während er gleichzeitig intensiv meditierte und spirituelle Fortschritte erzielte.

- Nichtdualistische Sichtweise: Darikapa verkörperte die tiefe Einsicht in die Nichtdualität, die im Vajrayana-Buddhismus zentral ist. Er demonstrierte die Fähigkeit, jenseits der konventionellen Unterscheidungen von rein und unrein, hoch und niedrig zu leben und zu praktizieren.

Geschichte der Erleuchtung

Die Erleuchtungsgeschichte Darikapas ist eine der faszinierendsten innerhalb der Mahasiddha-Tradition. Sie beginnt damit, dass er – aus welchen Gründen auch immer – in die Dienste einer Tempeltänzerin oder Devadasi gelangte. Diese Position war in der indischen Gesellschaft ambivalent: Einerseits waren Tempeltänzerinnen dem Tempel geweiht und hatten eine religiöse Funktion, andererseits wurden sie oft auch als Kurtisanen angesehen.

In dieser Position hatte Darikapa die niedrigsten Aufgaben zu erfüllen. Eine zentrale Überlieferung berichtet, dass seine Hauptaufgabe darin bestand, nachts die Betten der Tempelhure und ihrer Kunden zu bewachen und vorzubereiten. Bei dieser Tätigkeit lernte er einen wandernden Yogi kennen, der ihm heimlich Unterweisungen in tantrischer Meditation gab.

Der entscheidende Moment in Darikapas spiritueller Entwicklung kam, als er begann, seine alltäglichen Aufgaben als spirituelle Praxis zu betrachten. Während er auf die Betten achtete, visualisierte er diese als Mandalas und die darauf schlafenden Menschen als Gottheiten. Diese tiefe Visualisierungspraxis, kombiniert mit den tantrischen Techniken, die er erlernt hatte, führte zu einer grundlegenden Transformation seines Bewusstseins.

Nach zwölf Jahren intensiver Praxis in dieser ungewöhnlichen Umgebung erreichte Darikapa die vollständige Erleuchtung. In diesem Moment, so wird berichtet, manifestierte er übernatürliche Fähigkeiten (Siddhis), die die Aufmerksamkeit seiner Herrin und ihrer Kunden erregten. Er konnte nun seinen Körper in Licht verwandeln, durch Wände gehen und andere Wunder vollbringen, die seine spirituelle Verwirklichung demonstrierten.

Leben und Tod

Nach seiner Erleuchtung verließ Darikapa sein Leben als Diener und wanderte als Yogi durch Indien. Er wurde zu einem angesehenen spirituellen Lehrer, der die Lehren des Vajrayana-Buddhismus verbreitete. Befreit von sozialen Konventionen, lebte er oft an Orten, die von der Gesellschaft gemieden wurden, wie Verbrennungsstätten oder Wäldern.

Überlieferungen berichten, dass Darikapa viele Schüler hatte und dass seine unkonventionelle Lebensgeschichte selbst zu einer Lehre wurde. Er nutzte seine Erfahrungen, um zu zeigen, dass spirituelle Verwirklichung nicht von äußeren Umständen abhängt, sondern von der inneren Einstellung und der Tiefe der Praxis.

Über Darikapas Tod existieren verschiedene Legenden. Einige berichten, dass er seinen physischen Körper transzendierte und im "Regenbogenkörper" aufging – eine Vorstellung im tibetischen Buddhismus, bei der der Praktizierende seinen Körper vollständig in Licht auflöst. Andere Überlieferungen deuten an, dass er mit seinem Körper direkt in ein Buddhafeld einging, ohne den physischen Tod zu erfahren. Unabhängig von der genauen Natur seines Todes stimmen die Überlieferungen darin überein, dass Darikapa die vollständige Befreiung vom Kreislauf von Geburt und Tod erreichte.

Lehren und Übertragungen

Darikapas Lehren sind heute hauptsächlich durch die Überlieferungen der tibetischen buddhistischen Traditionen bekannt. Seine wichtigsten Lehren umfassen:

- Transformation durch Visualisierung: Darikapas zentrale Methode bestand darin, gewöhnliche Situationen und Objekte durch Visualisierungspraktiken zu transformieren. Er lehrte, dass durch die Visualisierung alltäglicher Situationen als heilige Mandalas und gewöhnlicher Wesen als Gottheiten die Grenzen zwischen dem Weltlichen und dem Heiligen aufgehoben werden können.

- Nichtdualität: Eine Kernlehre Darikapas war die Einsicht in die Nichtdualität aller Phänomene. Er lehrte, dass die scheinbaren Gegensätze wie rein und unrein, hoch und niedrig, weltlich und spirituell letztendlich Konstruktionen des Geistes sind, die durch tiefe Meditation überwunden werden können.

- Siddhi der Transformation: Darikapa war bekannt für seine Lehren über die "Siddhi der Transformation" – die Fähigkeit, negative Umstände in Werkzeuge für spirituelles Wachstum zu verwandeln. Diese Lehre findet

sich in verschiedenen tantrischen Traditionen wieder und wird oft mit
seinem Namen in Verbindung gebracht.

- Übertragungslinien: Darikapas Lehren wurden in verschiedene Traditionen
  des tibetischen Buddhismus integriert. Besonders in der Kagyu-Tradition,
  die für ihre Betonung der direkten Erfahrung bekannt ist, werden seine
  Methoden hochgeschätzt. Die Übertragungslinie seiner Lehren soll über
  Meister wie Tilopa und Naropa bis zu Marpa und Milarepa geflossen sein.

Bedeutung und Nachwirkung

Die Bedeutung Darikapas für die buddhistische Tradition liegt vor allem in seiner
Verkörperung des tantrischen Prinzips, dass spirituelle Transformation in jeder
Lebenssituation möglich ist. Seine Geschichte dient als kraftvolle Inspiration für
Praktizierende, die mit schwierigen Umständen konfrontiert sind.

In der tibetischen Tradition wird Darikapa als einer der 84 Mahasiddhas verehrt
und seine Geschichte in verschiedenen Sammlungen von Heiligenlegenden überliefert. Sein Beispiel hat Generationen von Praktizierenden dazu inspiriert, über
konventionelle spirituelle Pfade hinauszugehen und die transformative Kraft der
tantrischen Praxis zu erkunden.

Darüber hinaus hat Darikapas Geschichte zur Entwicklung spezifischer Meditationspraktiken beigetragen, die auf der Transformation des Alltäglichen basieren.
In verschiedenen tibetischen Traditionen gibt es Visualisierungspraktiken, die
auf seinen Methoden aufbauen und die darauf abzielen, die Grenzen zwischen
dem Heiligen und dem Profanen aufzulösen.

In der modernen Zeit hat Darikapas Geschichte eine neue Resonanz gefunden,
insbesondere bei westlichen Praktizierenden, die nach Wegen suchen, spirituelle
Praxis in ihr alltägliches Leben zu integrieren. Seine Lehre, dass spirituelle
Verwirklichung nicht von äußeren Umständen abhängt, sondern von der inneren
Einstellung, spricht viele moderne Suchende an, die nach Wegen suchen, ihre
spirituelle Praxis mit ihren weltlichen Verpflichtungen in Einklang zu bringen.

Darstellung in der Kunst

Darikapa wird in der tibetischen und nepalesischen Kunst häufig dargestellt,
insbesondere in Thangka-Malereien und Bronzeskulpturen der 84 Mahasiddhas.
Seine ikonografische Darstellung folgt bestimmten Konventionen:

Typischerweise wird er als Yogi mit langem, ungepflegtem Haar und einfacher Kleidung dargestellt, was seine Transzendenz sozialer Konventionen symbolisiert. Oft trägt er die typischen Kennzeichen eines Siddha: eine Meditationsgürtel, eine Schädelschale und manchmal eine kleine Trommel.

Ein besonderes Merkmal seiner Darstellungen ist, dass er oft mit Symbolen seiner früheren Tätigkeit als Diener einer Tempelhure gezeigt wird. Manchmal wird er sitzend mit einem Bett oder einer Schlafstätte neben sich dargestellt, was auf seine Transformation dieser weltlichen Situation in eine spirituelle Praxis hinweist.

In manchen Darstellungen erscheint Darikapa auch mit einem leuchtenden Körper oder in einer Regenbogenaura, was seine Erleuchtung und die Transformation seines physischen Körpers symbolisiert.

Interessanterweise finden sich in verschiedenen Regionen Tibets und Nepals unterschiedliche Darstellungen Darikapas, die lokale künstlerische Traditionen und kulturelle Interpretationen seiner Geschichte widerspiegeln. In einigen Thangkas wird er zusammen mit anderen Mahasiddhas in einer Gruppe dargestellt, wobei jeder Siddha mit seinen charakteristischen Attributen erkennbar ist.

Die kunsthistorische Bedeutung dieser Darstellungen liegt nicht nur in ihrer religiösen Funktion, sondern auch in der Art und Weise, wie sie die gesellschaftlichen und kulturellen Aspekte des tantrischen Buddhismus reflektieren. Die Darstellungen Darikapas, eines Mannes niederer Herkunft, der höchste spirituelle Verwirklichung erlangte, stellen eine bildliche Herausforderung hierarchischer sozialer Strukturen dar und betonen die demokratische Natur der buddhistischen Erleuchtung.

Schlussbetrachtung

Die Geschichte des Mahasiddha Darikapa verkörpert eine der zentralen Botschaften des tantrischen Buddhismus: dass spirituelle Verwirklichung nicht von äußeren Umständen abhängt, sondern von der inneren Einstellung und der Tiefe der Praxis. Seine Transformation von einem Sklaven zu einem erleuchteten Meister stellt eine kraftvolle Herausforderung für konventionelle Vorstellungen von spirituellem Fortschritt dar und zeigt, dass der Pfad zur Erleuchtung in jeder Lebenssituation beschritten werden kann.

Darikapas Lehren über die Transformation des Alltäglichen durch Visualisierung und sein Beispiel der Nicht-Dualität bleiben auch in der heutigen Zeit relevant.

In einer Welt, die oft von Dualismen und materiellen Werten geprägt ist, erinnert seine Geschichte daran, dass tiefe spirituelle Einsicht und Transformation in jedem Kontext möglich sind.

Die Überlieferung von Darikapas Leben und Lehren durch die Jahrhunderte hinweg, von mittelalterlichen indischen Legenden bis zu modernen tibetischen Kunstwerken, zeugt von der bleibenden Kraft seiner Botschaft. Er bleibt ein wichtiger Bezugspunkt für Praktizierende des tibetischen Buddhismus und eine Inspiration für alle, die nach spiritueller Verwirklichung streben, unabhängig von ihren äußeren Umständen.

In der heutigen Zeit, in der viele Menschen nach Wegen suchen, spirituelle Praxis in ihr alltägliches Leben zu integrieren, bietet Darikapas Geschichte wertvolle Einsichten und Inspiration. Seine radikale Botschaft, dass selbst die niedrigsten Tätigkeiten zu Werkzeugen der Transformation werden können, fordert uns heraus, unsere eigenen Vorstellungen von spiritueller Praxis zu überdenken und zu erweitern.

2.17 Dengipa - Der brahmanische Sklave der Kurtisane

134

Herkunft

Dengipa wurde im mittelalterlichen Indien als Sohn einer angesehenen Brahmanenfamilie geboren. Als Angehöriger der höchsten Kaste genoss er eine privilegierte Stellung in der Gesellschaft und erhielt eine umfassende Ausbildung in den vedischen Schriften und rituellen Praktiken. Sein Name in der Brahmanentradition ist nicht überliefert, da seine spätere Identität als Dengipa seine frühere Existenz vollständig überlagerte.

Die genauen Umstände, die dazu führten, dass er zum Sklaven einer Kurtisane wurde, sind in den verschiedenen Überlieferungen unterschiedlich dargestellt. In einigen Versionen wird berichtet, dass er aufgrund einer Dürre oder wirtschaftlichen Notlage seine Familie verlassen musste und in die Sklaverei geriet. Andere Quellen deuten an, dass er aufgrund seiner Faszination für die weltlichen Freuden freiwillig seinen Status aufgab und sich in den Dienst der Kurtisane begab.

Die Identität seiner Herrin ist ebenfalls nicht eindeutig überliefert. In manchen Traditionen wird sie als eine wohlhabende und einflussreiche Kurtisane beschrieben, die nicht nur weltliche Vergnügungen, sondern auch spirituelle Weisheit anbot. Diese Ambivalenz in ihrer Rolle ist charakteristisch für die tantrische Tradition, in der das Weltliche und das Spirituelle nicht als getrennte Sphären betrachtet werden.

Besondere Eigenschaften

Dengipa zeichnete sich durch mehrere bemerkenswerte Eigenschaften aus, die ihn auf seinem spirituellen Weg prägten und schließlich zu seiner Verwirklichung führten:

Seine außergewöhnliche Demut und Hingabe waren grundlegende Aspekte seines Charakters. Trotz seiner hochrangigen Herkunft als Brahmane akzeptierte er seine neue Rolle als Diener und widmete sich seinen Aufgaben mit vollkommener Hingabe. Diese Fähigkeit, sein Ego zu überwinden und sich vollständig hinzugeben, wurde zum Schlüssel seiner spirituellen Transformation.

Dengipa besaß zudem eine unerschütterliche Beharrlichkeit. Die Überlieferungen berichten, dass er über einen Zeitraum von zwölf Jahren täglich die Schwelle der Kurtisane fegte und reinigte, ohne jemals in seiner Hingabe nachzulassen oder auf Belohnung zu hoffen. Diese Beständigkeit in der Praxis ist ein wesentliches Merkmal des tantrischen Pfades.

Seine Fähigkeit zur Konzentration und Achtsamkeit manifestierte sich in der vollkommenen Präsenz, mit der er selbst die einfachsten Tätigkeiten ausführte. Durch diese Qualität verwandelte er alltägliche Handlungen in spirituelle Praxis.

Bemerkenswert war auch Dengipas Offenheit für unkonventionelle Lehrmethoden. Anders als viele seiner brahmanischen Zeitgenossen, die an traditionellen Lehren und Ritualen festhielten, war er bereit, Weisheit in unerwarteten Kontexten zu erkennen und anzunehmen.

Geschichte der Erleuchtung

Die Erleuchtungsgeschichte Dengipas ist ein eindrucksvolles Beispiel dafür, wie spirituelle Verwirklichung oft durch unerwartete Begegnungen und Situationen herbeigeführt wird. Nach zwölf Jahren unermüdlichen Dienstes als Türschwellenfeger im Haus der Kurtisane ereignete sich der entscheidende Wendepunkt in seinem Leben.

An einem gewöhnlichen Tag, als Dengipa wie üblich seine Aufgaben verrichtete, trat ein buddhistischer Yogi – in manchen Quellen als der Meister Virupa identifiziert – an ihn heran. Der Yogi erkannte in Dengipa ein Gefäß für tiefe spirituelle Unterweisung und fragte ihn: "Wie lange wirst du noch dieser bedeutungslosen Tätigkeit nachgehen?"

Dengipa antwortete mit tiefer Überzeugung: "Ich werde diese Schwelle fegen, bis ich die wahre Natur des Geistes erkenne." Diese Antwort zeigte, dass er trotz seiner scheinbar weltlichen Beschäftigung bereits eine tiefe spirituelle Ausrichtung hatte.

Beeindruckt von Dengipas Hingabe und Entschlossenheit, erteilte ihm der Yogi direkte Unterweisungen in den tantrischen Lehren. Diese Übertragung umfasste sowohl theoretische Unterweisungen als auch praktische Meditationstechniken. Besonders bedeutsam war die Einweihung in die Praxis der inneren Hitze (Tummo) und die Visualisierung der Gottheit Hevajra, die zentrale Elemente in Dengipas späterem spirituellen Leben wurden.

Nach dieser Begegnung setzte Dengipa seine tägliche Arbeit fort, integrierte jedoch die erhaltenen Unterweisungen in seine tägliche Praxis. Er visualisierte die Türschwelle als Mandala und transformierte seine Handlung des Fegens in eine meditative Praxis. Durch diese Integration von weltlicher Tätigkeit und spiritueller Übung gelang es ihm, die Dualität zwischen dem Alltäglichen und dem Heiligen zu überwinden.

Die Überlieferungen berichten, dass Dengipa nach weiteren sechs Jahren intensiver Praxis die vollständige Erleuchtung erreichte. Der Moment seiner Verwirklichung manifestierte sich in einer Vision, in der die Türschwelle in ein leuchtendes Mandala transformiert wurde und er die Einheit aller Phänomene direkt erfuhr. In diesem Moment verschmolz seine individuelle Existenz mit dem Universum, und er erlangte die Erkenntnis der Leerheit (Sunyata) und der nicht-dualen Natur der Realität.

Leben und Tod

Nach seiner Erleuchtung verließ Dengipa das Haus der Kurtisane und begann ein Leben als wandernder Yogi. Er reiste durch verschiedene Regionen Indiens und teilte seine Lehren mit allen, die bereit waren, zuzuhören, unabhängig von ihrer Kaste oder sozialen Stellung. Seine Lehrmethoden waren ebenso unkonventionell wie sein eigener spiritueller Weg. Er nutzte oft alltägliche Situationen und Begegnungen, um tiefe spirituelle Wahrheiten zu vermitteln.

Dengipas Leben als Mahasiddha war geprägt von zahlreichen Wundern und außergewöhnlichen Fähigkeiten (Siddhis), die er durch seine spirituelle Praxis erlangt hatte. Es wird berichtet, dass er die Fähigkeit besaß, sich in der Luft fortzubewegen, seinen Körper zu transformieren und in die Gedanken anderer einzudringen. Diese überweltlichen Kräfte nutzte er jedoch nicht für persönlichen Ruhm oder materielle Vorteile, sondern ausschließlich zum Wohl anderer und zur Demonstration der Wirksamkeit seiner spirituellen Methoden.

Ein besonders bemerkenswertes Ereignis in Dengipas Leben war seine Begegnung mit König Indrabhuti von Oddiyana. Der König, der von Dengipas Ruf gehört hatte, lud ihn an seinen Hof ein. Als Dengipa erschien, erkannte der König in ihm den einfachen Sklaven nicht, sondern sah einen strahlenden Yogi von ungewöhnlicher Präsenz. Diese Begegnung führte dazu, dass der König selbst ein Schüler des Mahasiddha wurde und später buddhistischen Tantra in seinem Königreich förderte.

Über Dengipas Tod existieren verschiedene Überlieferungen. Die verbreitetste Version besagt, dass er seinen physischen Körper nicht auf konventionelle Weise ablegte, sondern in einem Zustand tiefer Meditation in einen "Regenbogen-körper" transformierte und so in das Reine Land der Dakinis einging. Andere Quellen berichten, dass er im hohen Alter von 120 Jahren starb, nachdem er zahlreiche Schüler ausgebildet und seine Lehren weitergegeben hatte.

Lehren und Übertragungen

Dengipas Lehren sind tief in der tantrischen Tradition verwurzelt und zeichnen sich durch mehrere charakteristische Elemente aus:

Die Transformation des Alltäglichen in spirituelle Praxis stand im Zentrum seiner Unterweisung. Dengipa lehrte, dass jede Handlung, sei sie noch so weltlich oder unbedeutend, zu einem Weg der Verwirklichung werden kann, wenn sie mit der richtigen Einstellung und Achtsamkeit ausgeführt wird. Diese Lehre spiegelt seine eigene Erfahrung wider, durch das Fegen einer Türschwelle zur Erleuchtung gelangt zu sein.

Ein weiterer zentraler Aspekt seiner Lehren war die Überwindung sozialer und religiöser Konventionen. Dengipa kritisierte die rigiden Kastenstrukturen des damaligen Indiens und betonte, dass spirituelle Verwirklichung für alle zugänglich ist, unabhängig von ihrer sozialen Herkunft oder ihrem Status. Seine eigene Transformation vom hochrangigen Brahmanen zum Sklaven und schließlich zum erleuchteten Meister diente als lebendiges Beispiel für diese Lehre.

Die Praxis der inneren Hitze (Tummo) nahm einen besonderen Platz in Dengipas Lehrsystem ein. Diese Technik, die die Visualisierung subtiler Energiekanäle und -zentren im Körper beinhaltet, ermöglicht die Transformation sexueller Energie in spirituelle Kraft. Dengipa entwickelte spezifische Methoden, um diese Praxis zu vereinfachen und für verschiedene Praktizierenden-Typen zugänglich zu machen.

Die Einheit von Mitgefühl und Leerheit bildete das philosophische Fundament seiner Lehren. Dengipa lehrte, dass wahres Mitgefühl nur aus der direkten Erkenntnis der Leerheit entstehen kann und dass diese beiden Aspekte nicht voneinander getrennt werden können.

Dengipa gründete eine eigene Übertragungslinie, die später als "Dengipa-Tradition" bekannt wurde. Diese Linie wurde hauptsächlich in Ostindien und später in Tibet weitergeführt. Zu seinen prominentesten Schülern zählten der

Mahasiddha Virupa (in manchen Traditionen als sein Lehrer, in anderen als sein Schüler betrachtet) und mehrere Yoginis, deren Namen nicht überliefert sind.

Die von Dengipa übertragenen Initiationen umfassten vor allem Praktiken im Zusammenhang mit dem Hevajra-Tantra, einem der wichtigsten tantrischen Texte des Vajrayana-Buddhismus. Diese Praktiken beinhalten komplexe Visualisierungen, Mantras und Mudras, die darauf abzielen, die gewöhnliche Wahrnehmung zu transformieren und die Buddha-Natur zu verwirklichen.

Bedeutung und Nachwirkung

Dengipas Einfluss auf die Entwicklung des tantrischen Buddhismus ist beträchtlich, obwohl er in populären Darstellungen oft weniger Aufmerksamkeit erhält als andere Mahasiddhas wie Naropa oder Tilopa. Seine besondere Bedeutung liegt in mehreren Bereichen:

Als Vorbild für die Überwindung sozialer Schranken hat Dengipa gezeigt, dass spirituelle Verwirklichung nicht von Herkunft oder Status abhängt. Seine Geschichte wurde zu einem kraftvollen Symbol für die egalitäre Natur des tantrischen Buddhismus und inspirierte zahlreiche Praktizierende aus nicht-privilegierten Schichten.

Sein Beitrag zur Entwicklung praktischer Methoden zur Integration von Alltagsaktivitäten und spiritueller Praxis ist von bleibendem Wert. Die von ihm entwickelten Techniken zur Transformation gewöhnlicher Handlungen in spirituelle Übungen wurden in verschiedenen buddhistischen Schulen aufgegriffen und weiterentwickelt.

In der tibetischen Tradition wird Dengipa besonders in der Sakya-Schule verehrt, die viele seiner Lehren und Praktiken in ihr System integriert hat. Der "Pfad und Frucht" (Lamdre)-Zyklus, eine zentrale Lehre der Sakya-Tradition, enthält Elemente, die auf Dengipa zurückgeführt werden.

Dengipas Lehren haben auch die Entwicklung der Mahamudra-Tradition beeinflusst, einer Meditationspraxis, die auf die direkte Erkenntnis der Natur des Geistes abzielt. Seine Betonung der Nicht-Dualität und der Transformation alltäglicher Erfahrungen resoniert stark mit den Grundprinzipien des Mahamudra.

In der modernen Zeit hat Dengipas Geschichte eine neue Relevanz gewonnen. In einer Welt, die zunehmend von materiellen Werten dominiert wird, dient seine Transformation vom privilegierten Brahmanen zum demütigen Diener als

Inspiration für die Suche nach tieferer Bedeutung jenseits von Status und Besitz. Seine Lehre von der Heiligkeit alltäglicher Handlungen bietet einen Gegenpol zur wachsenden Trennung zwischen spirituellem und weltlichem Leben.

Darstellung in der Kunst

In der buddhistischen Kunst wird Dengipa auf charakteristische Weise dargestellt, die seine Geschichte und spirituelle Bedeutung reflektiert:

Die klassische Ikonografie zeigt ihn oft als einfachen Mann in Dienerkleidung, der einen Besen hält. Diese Darstellung unterstreicht seine Identität als Türschwellenfeger und symbolisiert die Transformation weltlicher Pflichten in spirituelle Praxis.

In tantrischen Mandalas erscheint Dengipa als einer der 84 Mahasiddhas, typischerweise in der äußeren Reihe der dargestellten Meister. Er wird dort oft mit dunkler Hautfarbe und in meditativer Haltung abgebildet, was seine Transformation und Verwirklichung symbolisiert.

Tibetische Thangkas stellen Dengipas Lebensgeschichte häufig in einer Serie von Szenen dar, die seinen Weg vom Brahmanen zum Sklaven und schließlich zum erleuchteten Meister illustrieren. Diese bildlichen Erzählungen dienen als Lehrmittel und Inspiration für Praktizierende.

In der Skulptur wird Dengipa oft mit einem Besen in der rechten Hand und einer Schale in der linken Hand dargestellt. Die Schale symbolisiert seine Bereitschaft, spirituelle Lehren zu empfangen, während der Besen seine transformative Praxis repräsentiert.

Moderne künstlerische Interpretationen von Dengipas Geschichte betonen oft den Kontrast zwischen seiner äußeren Erscheinung als einfacher Diener und seiner inneren Verwirklichung als erleuchteter Meister. Diese Darstellungen verwenden symbolische Elemente wie Lichteffekte oder transformative Farbgebung, um die spirituelle Dimension seiner Existenz zu verdeutlichen.

Die künstlerische Darstellung Dengipas ist nicht nur von ästhetischer Bedeutung, sondern dient auch als Fokus für Meditationspraktiken. In der Visualisierungspraxis des Vajrayana-Buddhismus wird die Identifikation mit dem Bild des Mahasiddha als Methode zur Verkörperung seiner Qualitäten und zur Verwirklichung ähnlicher spiritueller Zustände verwendet.

Schlussbetrachtung

Die Geschichte des Mahasiddha Dengipa verkörpert einige der zentralen Prinzipien des tantrischen Buddhismus: die Transformation des Alltäglichen, die Überwindung sozialer Konventionen und die Erkenntnis, dass spirituelle Verwirklichung in jeder Lebenslage möglich ist. Seine Reise vom privilegierten Brahmanen zum Sklaven einer Kurtisane und schließlich zum erleuchteten Meister demonstriert die tiefgreifende Transformationskraft des spirituellen Pfades.

Dengipas Lehre, dass jede Handlung, sei sie noch so weltlich oder unbedeutend, zu einem Weg der Verwirklichung werden kann, wenn sie mit der richtigen Einstellung und Achtsamkeit ausgeführt wird, hat eine zeitlose Relevanz. In einer modernen Welt, die oft von Hektik, Ablenkung und der Trennung zwischen spirituellem und weltlichem Leben geprägt ist, bietet seine Geschichte eine kraftvolle Erinnerung an die Möglichkeit, Heiligkeit im Alltäglichen zu finden.

Die Überlieferung von Dengipas Leben und Lehren ist ein Beispiel für die reiche mündliche und schriftliche Tradition des tantrischen Buddhismus, die Lebensgeschichten als Träger spiritueller Wahrheiten verwendet. Durch die Erzählung seiner Transformation werden komplexe philosophische Konzepte wie Nicht-Dualität, Leerheit und die Buddha-Natur in einer zugänglichen und inspirierenden Form vermittelt.

Dengipas Vermächtnis lebt fort in den verschiedenen Schulen des tibetischen Buddhismus, besonders in der Sakya-Tradition, und in der kontinuierlichen Inspiration, die seine Geschichte für Praktizierende bietet. Seine Botschaft der Transformation durch Hingabe, der Heiligkeit des Alltäglichen und der Überwindung sozialer Schranken bleibt ein wertvoller Beitrag zum spirituellen Erbe der Menschheit.

In einer Zeit, in der viele Menschen nach authentischen spirituellen Wegen suchen, die mit ihrem alltäglichen Leben vereinbar sind, bietet Dengipas Geschichte eine zeitlose Erinnerung daran, dass der Weg zur Erleuchtung nicht in der Flucht vor der Welt, sondern in der Transformation unserer Beziehung zu ihr liegt.

2.18 Dhahulipa - Der blasige Seilmacher

Herkunft

Dhahulipa wurde in einer einfachen Familie im östlichen Indien geboren, vermutlich im heutigen Bundesstaat Bihar oder Bengalen. Über sein genaues Geburtsdatum existieren keine gesicherten Quellen, jedoch wird sein Wirken auf das 9. oder 10. Jahrhundert datiert. Als Sohn eines Handwerkers erlernte er früh das Handwerk des Seilmachens, das in der damaligen Agrargesellschaft Indiens eine wichtige Rolle spielte. Seile wurden für landwirtschaftliche Zwecke, zum Bau von Unterkünften und für viele andere alltägliche Aufgaben benötigt.

Die Bezeichnung "blasig" in seinem Beinamen bezieht sich auf die Blasen an seinen Händen, die er durch seine intensive handwerkliche Arbeit entwickelte. Diese physischen Zeichen seiner Arbeit sollten später zu einem Symbol seiner spirituellen Praxis werden. Dhahulipa gehörte nicht der Brahmanenkaste an und hatte daher keinen Zugang zur formalen Bildung oder den vedischen Schriften. Diese soziale Stellung prädestinierte ihn jedoch für den Weg der Mahasiddhas, der den konventionellen religiösen Hierarchien oft kritisch gegenüberstand.

Besondere Eigenschaften

Dhahulipa zeichnete sich durch mehrere bemerkenswerte Eigenschaften aus, die ihn für seinen spirituellen Weg prädestinierten. Zunächst besaß er eine außergewöhnliche Konzentrationsfähigkeit, die es ihm ermöglichte, seine volle Aufmerksamkeit auf die Herstellung von Seilen zu richten. Diese Fähigkeit zur Konzentration sollte sich später als entscheidend für seine meditative Praxis erweisen.

Eine weitere herausragende Eigenschaft war seine Beharrlichkeit. Trotz der physischen Schmerzen und Blasen, die seine Arbeit verursachte, gab er nie auf und nutzte diese Erfahrungen vielmehr als Lehrmeister für das Verständnis des Leidens und der Vergänglichkeit. Diese Ausdauer spiegelt sich in der tantrischen Praxis wider, die oft eine langfristige Verpflichtung erfordert.

Dhahulipa war auch bekannt für seine Bescheidenheit und seinen Dienst an der Gemeinschaft. Er stellte seine Seile zu fairen Preisen her und bot sie manchmal sogar kostenlos an, wenn er sah, dass jemand in Not war. Diese Großzügigkeit (Dana) ist ein zentraler Aspekt des buddhistischen Pfades und zeigte sich in seinem täglichen Leben, lange bevor er formell den Dharma praktizierte.

Schließlich besaß Dhahulipa eine natürliche Neugierde und Offenheit für spirituelle Lehren. Als er schließlich einem tantrischen Meister begegnete, war er bereit, dessen Unterweisungen anzunehmen und umzusetzen, ohne von vorgefassten Meinungen oder traditionellen Vorstellungen über spirituelle Praxis eingeschränkt zu sein.

Geschichte der Erleuchtung

Die Erzählung von Dhahulipas Weg zur Erleuchtung beginnt mit einer zufälligen Begegnung mit einem wandernden Yogi. Dieser beobachtete den Seilmacher bei seiner Arbeit und bemerkte die tiefe Konzentration, mit der er seine Tätigkeit ausführte. Der Yogi erkannte in Dhahulipa das Potenzial für spirituelle Verwirklichung und näherte sich ihm mit einer ungewöhnlichen Unterweisung.

"Betrachte die Blasen an deinen Händen", soll der Yogi zu ihm gesagt haben. "Sie entstehen und vergehen wie alle Phänomene in dieser Welt. Sie sind Lehrer der Vergänglichkeit und des Leidens. Doch in ihrem Entstehen und Vergehen liegt auch die Natur deines Geistes offenbar."

Diese einfache, aber tiefgründige Unterweisung traf Dhahulipa wie ein Blitzschlag. Er begann, seine tägliche Arbeit als Meditation zu betrachten. Während er Fasern zu Seilen drehte, beobachtete er den Prozess der Entstehung und Vergänglichkeit seiner Blasen. Er erkannte, dass jede Blase wie ein Gedanke oder eine Emotion war – sie erschien, existierte für eine Weile und verging dann wieder, ohne eine bleibende Spur zu hinterlassen.

Der Yogi lehrte ihn eine spezielle Form der Atemmeditation, die er während seiner Arbeit praktizieren konnte. Indem er seinen Atem mit den rhythmischen Bewegungen seiner Hände synchronisierte, entwickelte Dhahulipa eine tiefe Konzentration, die es ihm ermöglichte, in einen meditativen Zustand einzutreten, während er arbeitete.

Nach zwölf Jahren intensiver Praxis, während derer er sein Handwerk nie vernachlässigte, erlangte Dhahulipa die vollständige Erleuchtung. Der Moment seiner Verwirklichung wird in den Hagiographien dramatisch beschrieben: Als er gerade ein besonders komplexes Seil fertigstellte, löste sich plötzlich die Illusion eines getrennten Selbst auf. Er erkannte die wahre Natur des Geistes und aller Phänomene – leer von inhärenter Existenz, doch voller Potenzial und Klarheit. In diesem Moment soll er die Fähigkeit erlangt haben, durch die Luft zu fliegen und andere siddhi (übernatürliche Kräfte) zu manifestieren.

Leben und Tod

Nach seiner Erleuchtung setzte Dhahulipa seine Tätigkeit als Seilmacher fort, nun jedoch mit einem transformierten Bewusstsein. Sein Handwerk wurde zu einem Mittel, um andere zu lehren und zu inspirieren. Die Blasen an seinen Händen, einst Zeichen seines Leidens, wurden nun zu Symbolen seiner Erleuchtung und Lehre.

Er begann, Schüler anzuziehen, die durch sein Beispiel inspiriert wurden. Dhahulipa lehrte sie, dass Erleuchtung nicht durch die Flucht vor dem Alltäglichen, sondern durch dessen vollständige Durchdringung zu finden sei. Seine Lehrmethode war pragmatisch und direkt – er zeigte seinen Schülern, wie sie ihre eigenen Tätigkeiten, welcher Art auch immer, als spirituelle Praxis nutzen konnten.

Über Dhahulipas Tod existieren verschiedene Überlieferungen. Eine Version besagt, dass er, nachdem er zahlreiche Schüler unterrichtet hatte, seinen Körper in einem Akt der Auflösung in reines Licht transformierte, ein als "Regenbogenkörper" bekanntes Phänomen in der tibetischen Tradition. Eine andere Erzählung beschreibt, dass er mit seinem physischen Körper in ein reines Buddha-Land einging, ohne den gewöhnlichen Prozess des Todes zu durchlaufen.

Unabhängig von der genauen Art seines Hinscheidens wird in allen Überlieferungen betont, dass Dhahulipa die vollständige Kontrolle über den Prozess von Leben und Tod erlangt hatte und sein Ableben ein letzter Akt des Lehrens war – eine Demonstration der Überwindung des Todes durch tiefes spirituelles Verständnis.

Lehren und Übertragungen

Dhahulipas zentrale Lehre war die Integration von Alltagsaktivitäten und spiritueller Praxis. Er lehrte, dass jede Handlung, wenn sie mit voller Bewusstheit und Präsenz ausgeführt wird, zu einem Pfad zur Erleuchtung werden kann. Diese Herangehensweise ähnelt dem Konzept des "Karma-Yoga" aus der hinduistischen Tradition oder der Zen-buddhistischen Betonung der Achtsamkeit in alltäglichen Handlungen.

Seine spezifischen Übertragungen umfassten:

1. Die Praxis der Blasen-Meditation: Eine Kontemplation über das Entstehen
   und Vergehen von Phänomenen, symbolisiert durch die Blasen an den
   Händen. Diese Praxis lehrt die Vergänglichkeit (Anitya) und die Nicht-
   Selbsthaftigkeit (Anatman) aller Erscheinungen.

2. Die Seil-Yoga-Praxis: Eine Methode, bei der der Praktizierende das Drehen von Fasern zu einem Seil als Metapher für die Vereinigung von
   Methode und Weisheit nutzt. Die verschiedenen Fasern repräsentieren die
   verschiedenen Aspekte des Pfades, die zu einem einzigen Zweck verwoben
   werden.

3. Atemmeditation während der Arbeit: Eine Technik zur Synchronisierung
   des Atems mit rhythmischen Bewegungen, die einen meditativen Zustand
   während alltäglicher Aktivitäten ermöglicht.

Diese Lehren wurden zunächst mündlich überliefert und später in die Sammlungen der Mahasiddha-Geschichten aufgenommen, die im 11. und 12. Jahrhundert
kompiliert wurden. Mit der Verbreitung des tantrischen Buddhismus nach Tibet
wurden Dhahulipas Lehren in verschiedene Linien integriert, insbesondere in
die Kagyu-Tradition, die für ihre Betonung praktischer Meditationstechniken
bekannt ist.

Bedeutung und Nachwirkung

Dhahulipas Bedeutung für die buddhistische Tradition liegt in seiner Verkörperung des Prinzips, dass Erleuchtung nicht von äußeren Umständen oder sozialer
Stellung abhängig ist. Seine Geschichte dient als Inspiration für Praktizierende,
die nicht in monastischen Umgebungen leben, sondern den Dharma inmitten
weltlicher Verpflichtungen praktizieren müssen.

In der tibetischen Tradition wird Dhahulipa verehrt. Seine spezifischen Lehrmethoden haben die Entwicklung verschiedener Meditationstechniken beeinflusst,
die darauf abzielen, Achtsamkeit in alltägliche Aktivitäten zu integrieren.

Dhahulipas Nachwirkung zeigt sich auch in der Wertschätzung handwerklicher
Tätigkeiten innerhalb der buddhistischen Praxis. In vielen Zen-Klöstern beispiels-
weise werden handwerkliche Arbeiten als integraler Bestandteil der spirituellen
Schulung betrachtet, ein Konzept, das mit Dhahulipas Ansatz übereinstimmt.

In der modernen Zeit hat Dhahulipas Geschichte eine erneuerte Relevanz
gewonnen, da immer mehr Menschen nach Wegen suchen, spirituelle Praxis

mit einem beschäftigten, weltlichen Leben zu verbinden. Seine Lehre, dass jede Tätigkeit mit der richtigen Einstellung zu einer spirituellen Praxis werden kann, spricht Menschen an, die in der hektischen modernen Welt nach Sinn und Erfüllung suchen.

Darstellung in der Kunst

In der tibetischen und nepalesischen Kunst wird Dhahulipa typischerweise als ein Mann mittleren Alters mit einfacher Kleidung dargestellt, der Seile herstellt oder in seinen Händen hält. Seine Hände werden oft mit sichtbaren Blasen gezeigt, ein wichtiges ikonographisches Element, das auf seine spirituelle Transformation hinweist.

In Thangka-Gemälden erscheint er oft in der typischen Pose eines Siddhas – sitzend, mit einem Bein ausgestreckt und einem angewinkelten Bein, was als "königliche Haltung" bezeichnet wird. Seine Augen sind in der Regel halb geschlossen, was auf seinen meditativen Zustand während der Arbeit hindeutet.

In einigen Darstellungen wird Dhahulipa von seinem Guru begleitet, der auf ihn zeigt oder seine Hand führt, was den Moment der Unterweisung symbolisiert. In anderen Abbildungen schwebt er in der Luft, umgeben von seinen Seilen, was seine Erlangung der Siddhi des Fliegens darstellt.

Die Seile in diesen Darstellungen haben oft eine symbolische Bedeutung, die über ihre wörtliche Interpretation hinausgeht. Sie können als Metapher für den Pfad verstanden werden, der verschiedene Aspekte der Praxis verbindet, oder als Symbol für die Überwindung der Dualität durch das Verweben verschiedener Fasern zu einem einheitlichen Ganzen.

In zeitgenössischen künstlerischen Interpretationen wird Dhahulipa manchmal in moderneren Kontexten dargestellt, etwa als Handwerker in einer urbanen Umgebung, was die fortwährende Relevanz seiner Lehre über die Integration von Arbeit und spiritueller Praxis unterstreicht.

Schlussbetrachtung

Die Geschichte von Dhahulipa, dem blasigen Seilmacher, verkörpert einen der grundlegendsten Aspekte des tantrischen Buddhismus: die Transformation des Gewöhnlichen in das Außergewöhnliche. Seine Lebensgeschichte zeigt, dass

Erleuchtung nicht von äußeren Umständen abhängt, sondern von der inneren Einstellung und der Fähigkeit, selbst in den scheinbar banalsten Aktivitäten tiefe Weisheit zu finden.

Dhahulipas Vermächtnis erinnert uns daran, dass der spirituelle Pfad nicht notwendigerweise eine Flucht aus dem Alltäglichen erfordert, sondern vielmehr eine tiefere Durchdringung desselben. In einer Zeit, in der viele Menschen nach Wegen suchen, spirituelle Praxis mit einem beschäftigten Leben zu verbinden, bietet seine Geschichte eine wertvolle Perspektive und Inspiration.

Die Blasen an seinen Händen, einst Zeichen seiner mühsamen Arbeit, wurden zu Symbolen seiner Erleuchtung – eine kraftvolle Erinnerung daran, dass Leiden und Herausforderungen, wenn sie mit der richtigen Einstellung angegangen werden, zu Werkzeugen der Transformation werden können. In diesem Sinne bleibt Dhahulipa ein zeitloser Lehrer für alle, die den spirituellen Pfad inmitten der Herausforderungen des weltlichen Lebens gehen.

Seine Geschichte lädt uns ein, unsere eigenen täglichen Aktivitäten – sei es Arbeit, Beziehungen oder kreative Bemühungen – mit neuen Augen zu betrachten und zu erkennen, dass jeder Moment die Möglichkeit bietet, tiefere Einsicht und Erwachen zu kultivieren. Dhahulipa lehrt uns, dass wahre spirituelle Praxis nicht in der Flucht vor dem Leben, sondern in dessen vollständiger Umarmung zu finden ist – Blasen und alles.

2.19 Dharmapa - Der ewige Student

Herkunft

Dharmapa wurde im 9. Jahrhundert n. Chr. in einer wohlhabenden Brahmanen-Familie in Nordindien geboren, vermutlich in der Region des heutigen Bihar. Als Sohn eines angesehenen Gelehrten wurde er von frühester Kindheit an in den vedischen Schriften unterrichtet. Sein Geburtsname war Dharmakīrti, was "Ruhm des Dharma" bedeutet – ein Name, der seine spätere Bestimmung vorwegzunehmen schien.

Die historischen Überlieferungen zu Dharmavas frühem Leben sind fragmentarisch und oft mit legendenhaften Elementen durchsetzt. Einigen Quellen zufolge zeigte er bereits als Kind eine außergewöhnliche Begabung für das Studium und konnte schon in jungen Jahren komplexe philosophische Texte rezitieren und interpretieren. Was jedoch in allen Überlieferungen konsistent bleibt, ist seine unstillbare Neugier und sein Durst nach Wissen, die ihn sein Leben lang begleiten sollten.

Besondere Eigenschaften

Was Dharmapa unter den Mahasiddhas besonders auszeichnete, war seine einzigartige Kombination aus intellektueller Brillanz und spiritueller Tiefe. Während viele spirituelle Meister seiner Zeit entweder den Weg der Gelehrsamkeit oder den Weg der meditativen Praxis einschlugen, vereinte Dharmapa beide Aspekte in beispielhafter Weise.

Zu seinen bemerkenswertesten Eigenschaften zählten:

1. Unermüdliche Lernbereitschaft: Selbst nachdem er bereits als großer Gelehrter anerkannt war, betrachtete sich Dharmapa stets als Schüler. Er suchte kontinuierlich nach neuen Lehren und Perspektiven, was ihm den Beinamen "der ewige Student" einbrachte.

2. Demut: Trotz seiner umfassenden Kenntnisse blieb Dharmapa bescheiden und frei von intellektuellem Stolz. Er war bekannt dafür, selbst von jüngeren oder weniger gelehrten Praktizierenden zu lernen, wenn er in ihnen echte Weisheit erkannte.

3. Analytischer Geist: Dharmapa besaß die Fähigkeit, komplexe philosophische Konzepte nicht nur zu verstehen, sondern auch zu hinterfragen und in seiner eigenen Erfahrung zu verifizieren.

4. Integrative Perspektive: Er entwickelte eine bemerkenswerte Fähigkeit, scheinbar widersprüchliche Lehren zu harmonisieren und ihre gemeinsame Essenz zu erkennen.

5. Ausdauer: Seine Beharrlichkeit auf dem spirituellen Pfad über Jahrzehnte hinweg, trotz zahlreicher Herausforderungen und Rückschläge, zeugt von einer außergewöhnlichen Willenskraft.

Diese Eigenschaften machten ihn zu einem einzigartigen Vorbild für Praktizierende, die sowohl dem Studium als auch der Meditation zugeneigt waren.

Geschichte der Erleuchtung

Dharmavas Weg zur Erleuchtung unterschied sich deutlich von den oft dramatischen Geschichten anderer Mahasiddhas. Während viele seiner Zeitgenossen durch plötzliche Einsichten oder intensive Krisen zur Erleuchtung gelangten, war sein Weg eher durch stetige Vertiefung und allmähliche Reifung geprägt.

Nach seinem umfassenden Studium der brahmanischen Tradition begann Dharmapa im Alter von etwa zwanzig Jahren, sich dem Buddhismus zuzuwenden. Er studierte zunächst unter verschiedenen Meistern der Madhyamaka- und Yogacara-Schulen und erlangte bald einen Ruf als brillanter Debattierer und Kommentator.

Die entscheidende Wendung in seinem Leben kam, als er im Alter von etwa dreißig Jahren dem tantrischen Meister Vajraghanta begegnete. Dieser erkannte in Dharmapa nicht nur einen scharfsinnigen Intellektuellen, sondern auch jemanden mit dem Potenzial für tiefe spirituelle Verwirklichung. Vajraghanta forderte Dharmapa heraus, indem er sagte: "Dein Wissen ist wie ein Ozean, aber deine Erfahrung ist wie ein Tropfen. Was nützt dir all dein Wissen, wenn es nicht zur Befreiung führt?"

Diese Begegnung veranlasste Dharmapa, seine Prioritäten zu überdenken. Er begann, intensive Meditationspraktiken zu kultivieren, ohne jedoch sein Studium aufzugeben. Über zwölf Jahre praktizierte er unter der Anleitung von Vajraghanta verschiedene tantrische Sadhanas, insbesondere die mit den Gottheiten Hevajra und Chakrasamvara verbundenen Praktiken.

Der Durchbruch zur Erleuchtung kam für Dharmapa nicht als plötzliches Ereignis, sondern als allmähliche Transformation. Eine überlieferte Geschichte berichtet, dass er eines Tages, während er einen komplexen philosophischen Text studierte und gleichzeitig die Natur des Geistes meditierte, plötzlich erkannte, dass sowohl das Studium als auch die Meditation letztlich auf dasselbe hinausliefen – die Erkenntnis der letztendlichen Natur der Realität. In diesem Moment fielen alle konzeptuellen Unterscheidungen von ihm ab, und er erlangte die vollständige Verwirklichung.

Leben und Tod

Nach seiner Erleuchtung führte Dharmapa ein Leben, das äußerlich bescheiden erschien, innerlich jedoch von außergewöhnlicher spiritueller Tiefe geprägt war. Er ließ sich in einer einfachen Hütte am Rande eines Waldes nieder, nicht weit von der berühmten Universität Nalanda, wo er regelmäßig Vorträge hielt und mit Gelehrten diskutierte.

Dharmapa lehrte nicht nur an etablierten Zentren buddhistischer Gelehrsamkeit, sondern wanderte auch durch verschiedene Regionen Indiens, um das Dharma zu verbreiten. Anders als viele andere Mahasiddhas vermied er spektakuläre Demonstrationen übernatürlicher Kräfte und konzentrierte sich stattdessen darauf, die Lehren in einer Weise zu vermitteln, die für das jeweilige Publikum zugänglich war.

Eine bekannte Geschichte erzählt, wie Dharmapa einmal von einem König eingeladen wurde, der von seinen Fähigkeiten gehört hatte und eine Demonstration magischer Kräfte erwartete. Statt solcher Vorführungen begann Dharmapa, mit dem König über die Natur des Geistes zu sprechen. Der zunächst enttäuschte König wurde schließlich so von Dharmavas Weisheit beeindruckt, dass er selbst ein hingebungsvoller Praktizierender wurde.

Über Dharmavas Tod gibt es verschiedene Überlieferungen. Die am weitesten verbreitete besagt, dass er im Alter von etwa 120 Jahren, nachdem er Generationen von Schülern unterrichtet hatte, bewusst seinen Körper verließ. Der Legende nach saß er in Meditation, als sein Körper sich allmählich in Licht auflöste und schließlich verschwand, wobei nur seine Haare und Nägel zurückblieben. Diese Art des Todes, bekannt als "Regenbogenkörper" (jalü), gilt in der tibetischen Tradition als Zeichen höchster spiritueller Verwirklichung.

Lehren und Übertragungen

Dharmavas Lehren zeichneten sich durch ihre Ausgewogenheit und integrative Natur aus. Er betonte die Bedeutung der Einheit von Weisheit (prajna) und Mitgefühl (karuna) und lehrte, dass wahre Erkenntnis nicht durch intellektuelle Anstrengung allein erreicht werden kann, sondern durch die Verbindung von analytischem Verständnis und direkter meditativer Erfahrung.

Zu seinen wichtigsten Lehren gehörten:

1. Der Mittlere Weg der Erkenntnis: Dharmapa lehrte einen Ansatz, der weder in intellektuellem Nihilismus noch in blindem Glauben verharrt, sondern auf kritischer Untersuchung und direkter Erfahrung basiert.

2. Die Einheit von Samsara und Nirvana: Er betonte, dass die letztendliche Natur der Erscheinungswelt und die Natur des erleuchteten Geistes nicht verschieden sind – eine Einsicht, die durch direkte Erkenntnis realisiert werden kann.

3. Die Praxis des "Lernenden Geistes": Dharmapa entwickelte eine Meditationspraxis, die darauf abzielt, die Frische und Offenheit eines Anfängergeistes zu bewahren, selbst bei fortgeschrittenen Praktizierenden.

4. Integration von Sutra und Tantra: Er war bekannt für seine Fähigkeit, die philosophischen Lehren der Sutra-Tradition mit den transformativen Praktiken des Vajrayana zu verbinden.

Dharmapa übertrug seine Lehren an zahlreiche Schüler, darunter sowohl Mönche und Nonnen als auch Laien. Seine wichtigsten Schüler waren Dharmakirti (nicht zu verwechseln mit dem berühmten Logiker gleichen Namens), Avalokitavrata und die Yogini Sukhasiddhi, die später selbst als Mahasiddha anerkannt wurde.

Bedeutung und Nachwirkung

Dharmavas Einfluss auf die Entwicklung des indo-tibetischen Buddhismus war tiefgreifend, wenn auch oft subtiler als der mancher seiner spektakuläreren Zeitgenossen. Seine integrative Herangehensweise an die buddhistischen Lehren beeinflusste besonders die Entwicklung der Kagyu- und Nyingma-Traditionen des tibetischen Buddhismus.

Besonders bedeutsam war sein Beitrag zur Harmonisierung der akademischen und praktischen Aspekte des Buddhismus. In einer Zeit, in der diese beiden

Strömungen oft als getrennte Wege betrachtet wurden, verkörperte Dharmapa die Möglichkeit ihrer Integration.

In der Kagyu-Tradition wird Dharmapa als wichtiges Glied in der Übertragungslinie der Mahamudra-Lehren verehrt. Seine Kommentare zu den Mahamudra-Texten gelten als wichtige Referenzwerke für Praktizierende dieser Tradition.

In der Nyingma-Tradition wird er als ein früher Vertreter der Dzogchen-Sichtweise angesehen, obwohl er selbst diesen Begriff nicht verwendete. Seine Betonung der natürlichen Vollkommenheit des Geistes und der Bedeutung direkter Erkenntnis resoniert stark mit den Dzogchen-Lehren.

Mehrere wichtige Meditationstexte, die Dharmapa zugeschrieben werden, wurden in das tibetische Tengyur aufgenommen, darunter der "Doha des ewigen Studenten" und der "Kommentar zur Natur des Geistes".

Darstellung in der Kunst

In der buddhistischen Ikonographie wird Dharmapa typischerweise als schlanker Mann mittleren Alters mit leicht asketischen Zügen dargestellt. Im Gegensatz zu vielen anderen Mahasiddhas, die oft in dramatischen Posen oder mit exotischen Attributen abgebildet werden, erscheint Dharmapa meist in einer einfachen, meditativen Haltung.

Charakteristische Elemente seiner Darstellung sind:

1. Bücher oder Schriftrollen: Als Symbol für sein lebenslanges Studium wird Dharmapa oft mit Texten zu seinen Füßen oder in seiner Hand dargestellt.

2. Meditationshaltung: Er wird meist in der Vajrasana-Position (Diamanthaltung) sitzend gezeigt, was seine tiefe meditative Praxis symbolisiert.

3. Einfache Kleidung: Im Gegensatz zu reich geschmückten Darstellungen anderer Meister trägt Dharmapa in der Regel einfache Gewänder, die seine Bescheidenheit trotz seiner Gelehrsamkeit unterstreichen.

4. Strahlendes Licht: In manchen Darstellungen ist sein Körper von einem sanften Licht umgeben, das seine Erleuchtung symbolisiert.

5. Lehrgeste: Oft wird er mit der Vitarka-Mudra (Geste der Argumentation) gezeigt, die seine Rolle als Lehrer und die Klarheit seiner Erklärungen verdeutlicht.

In den Thangkas der 84 Mahasiddhas, nimmt Dharmapa meist einen weniger prominenten Platz ein. Dennoch ist er in fast allen vollständigen Darstellungen dieser Gruppe zu finden, was seine anerkannte Stellung im Pantheon der Mahasiddhas unterstreicht.

Schlussbetrachtung

Die Geschichte und das Erbe des Mahasiddha Dharmapa bieten eine wichtige Perspektive auf den spirituellen Weg, die auch in der heutigen Zeit von großer Relevanz ist. In einer Welt, die oft nach schnellen Lösungen und dramatischen Transformationen sucht, erinnert uns Dharmapa an den Wert der Beharrlichkeit, der kontinuierlichen Bildung und der Integration von Wissen und Erfahrung.

Seine Bezeichnung als "der ewige Student" verweist auf eine grundlegende Haltung spiritueller Offenheit, die paradoxerweise der Schlüssel zu tiefster Weisheit sein kann. Dharmapa zeigt uns, dass wahre Meisterschaft nicht im Besitz endgültiger Antworten liegt, sondern in der Fähigkeit, immer wieder neue Fragen zu stellen und den Geist frisch und empfänglich zu halten.

In einer Zeit, in der spirituelle und intellektuelle Traditionen oft als Gegensätze betrachtet werden, bleibt Dharmavas Vermächtnis eine inspirierende Erinnerung daran, dass tiefes Verstehen und echte Transformation Hand in Hand gehen kön- nen. Seine Geschichte lehrt uns, dass der Weg zur Erleuchtung nicht unbedingt durch dramatische Wendepunkte oder übernatürliche Eingriffe gekennzeichnet sein muss, sondern durch treue Hingabe an den Pfad des Lernens und der Praxis, Schritt für Schritt, Tag für Tag.

So bleibt Dharmapa, der ewige Student, ein zeitloses Vorbild für alle, die nach einem ausgewogenen und integrativen Ansatz zur spirituellen Entwicklung suchen – ein Ansatz, der sowohl dem Kopf als auch dem Herzen gerecht wird und letztendlich zur Verwirklichung der tiefsten Natur des Geistes führt.

2.20 Dhilipa - Der Kaufmann

Herkunft

Dhilipa wurde im 8. Jahrhundert in einer wohlhabenden Kaufmannsfamilie in der Region von Bengalen, im Nordosten des indischen Subkontinents, geboren. Als Sohn eines erfolgreichen Händlers wuchs er in einer Umgebung auf, die von Reichtum und Privilegien geprägt war. Seine Familie war seit Generationen im Fernhandel tätig und hatte Handelsbeziehungen, die bis nach Zentralasien, China und in den südostasiatischen Raum reichten.

In seiner Jugend erhielt Dhilipa eine umfassende Ausbildung in den kaufmännischen Künsten – er lernte verschiedene Sprachen, um mit ausländischen Händlern zu kommunizieren, studierte Mathematik und Buchhaltung, und wurde in den feinen Unterschieden verschiedener Waren und ihrer Qualitäten unterrichtet. Von seinem Vater erbte er nicht nur das Geschäft, sondern auch ein untrügliches Gespür für profitable Gelegenheiten und eine natürliche Begabung für Verhandlungen.

Anders als viele andere spirituelle Meister in den buddhistischen Überlieferungen war Dhilipa nicht von früher Jugend an religiös veranlagt. Im Gegenteil, er galt als ausgesprochen weltlich orientiert und zeigte eine besondere Vorliebe für die Annehmlichkeiten des Lebens. Seine frühen Jahre waren geprägt von einer leidenschaftlichen Hingabe an weltliche Genüsse – feine Speisen, kostbare Gewänder, ästhetische Vergnügungen und sinnliche Freuden aller Art.

Besondere Eigenschaften

Was Dhilipa von anderen Kaufleuten seiner Zeit unterschied, war seine ungewöhnliche Verbindung von Geschäftssinn und philosophischer Neugier. Er besaß einen scharfen Intellekt, der sich nicht nur mit Gewinnkalkulationen begnügte, sondern auch tiefere Fragen des menschlichen Daseins durchdrang. Diese intellektuelle Schärfe sollte ihm später auf seinem spirituellen Weg zugutekommen.

Eine weitere herausragende Eigenschaft Dhilipas war seine ausgesprochene Großzügigkeit. Trotz seiner Liebe zum Luxus war er nie geizig oder selbstsüchtig in Bezug auf seinen Reichtum. Er teilte freigiebig mit Freunden und Fremden gleichermaßen und unterstützte regelmäßig wohltätige Zwecke. Diese natürliche Großzügigkeit bildete den Grundstein für seine spätere spirituelle Entwicklung.

Dhilipa zeichnete sich auch durch seine außergewöhnliche Ehrlichkeit im Geschäftsleben aus – eine Seltenheit in der oft von Täuschung und Übervorteilung geprägten Welt des Handels. Sein Wort galt als unverbrüchlich, und diese Integrität brachte ihm sowohl Respekt als auch wirtschaftlichen Erfolg. Seine Geschäftspartner wussten, dass er zwar hart verhandelte, aber niemals betrügen würde.

Bemerkenswert war auch seine Fähigkeit, die Qualität von Waren mit nahezu übernatürlicher Präzision zu beurteilen. Er konnte die Reinheit von Gold oder Silber auf einen Blick erkennen, die Qualität eines Edelsteins ohne Instrumente beurteilen und den Wert exotischer Gewürze allein durch ihren Duft bestimmen. Diese hochentwickelte sensorische Unterscheidungsfähigkeit würde später in seiner spirituellen Praxis eine unerwartete neue Anwendung finden.

Geschichte der Erleuchtung

Dhilipas Weg zur Erleuchtung begann auf ungewöhnliche Weise. Im Alter von etwa vierzig Jahren, auf dem Höhepunkt seines geschäftlichen Erfolgs, erlebte er eine tiefgreifende Krise. Auf einer Handelsreise nach Tibet erkrankte er schwer und glaubte, sterben zu müssen. In diesen Tagen zwischen Leben und Tod erkannte er die fundamentale Unbeständigkeit aller weltlichen Errungenschaften und die letztendliche Unzulänglichkeit materieller Freuden, das tiefste menschliche Verlangen nach dauerhaftem Glück zu stillen.

Nach seiner überraschenden Genesung traf er in der tibetischen Grenzregion auf einen wandernden Yogi, der ein Schüler des berühmten Mahasiddha Saraha war. Von diesem Yogi erhielt Dhilipa seine erste Unterweisung in der buddhistischen Lehre und insbesondere in den tantrischen Praktiken der Mahamudra-Tradition. Der Yogi erkannte in dem Kaufmann eine außergewöhnliche spirituelle Veranlagung, die unter der weltlichen Fassade verborgen lag.

Was diese Begegnung so transformativ machte, war der unkonventionelle Ansatz des Yogis. Anstatt Dhilipa aufzufordern, seine weltlichen Aktivitäten aufzugeben, wies er ihn an, genau diese als spirituelle Praxis zu nutzen. "Deine Sinne sind scharf und dein Geist ist wach", soll der Yogi gesagt haben. "Warum sie unterdrücken? Verwandle stattdessen deine alltäglichen Erfahrungen in einen Pfad der Erkenntnis."

Nach seiner Rückkehr nach Indien setzte Dhilipa sein Leben als Kaufmann fort, jedoch mit einer völlig neuen inneren Einstellung. Er begann, seine Fähigkeit zur Unterscheidung von Qualitäten und Werten auf die Phänomene des Geistes anzuwenden. Jede Geschäftstransaktion wurde zu einer Meditation über Wert und Wertlosigkeit, jede sinnliche Erfahrung zu einer Untersuchung der Natur der Wahrnehmung selbst.

Der entscheidende Durchbruch kam, als Dhilipa eines Tages auf dem Marktplatz den wahren "Wert" aller Phänomene erkannte – ihre grundlegende Leerheit (Shunyata). In einem Moment tiefer Einsicht verstand er, dass alle Erscheinungen, ob materiell oder geistig, keine inhärente, unabhängige Existenz besitzen, sondern durch ein komplexes Netzwerk von Ursachen und Bedingungen entstehen. Diese Erkenntnis vertiefte sich in den folgenden Jahren zu einer direkten, nicht-konzeptuellen Erfahrung der Natur der Wirklichkeit.

Leben und Tod

Nach seiner Erleuchtung setzte Dhilipa seine Tätigkeit als Kaufmann fort, nun jedoch als ein "verdeckter Yogi". Äußerlich führte er weiterhin seine Geschäfte, reiste zu fernen Märkten und genoss weiterhin die Annehmlichkeiten des Lebens. Innerlich jedoch war er vollständig transformiert. Seine Geschäftstätigkeit wurde nun ein Mittel, um mit Menschen in Kontakt zu treten und ihnen, wenn sie bereit waren, spirituelle Unterweisung zu geben.

Bemerkenswert an Dhilipas Lebensweise war, dass er nie die äußeren Attribute eines Heiligen oder Asketen annahm. Er trug weiterhin feine Kleidung, aß erlesene Speisen und pflegte den Umgang mit weltlichen Freunden. Doch während er äußerlich die Rolle des Kaufmanns spielte, war sein inneres Leben von tiefer meditativer Praxis geprägt.

Diese scheinbare Widersprüchlichkeit zwischen äußerem Erscheinungsbild und innerer Wirklichkeit machte ihn zu einer verkörperten Lehre über die buddhistische Sichtweise des Mittleren Weges – weder Selbstkasteiung noch gedankenlose Hingabe an sinnliche Vergnügungen, sondern ein Weg der Weisheit, der die Dualität von Weltlichkeit und Spiritualität transzendiert.

Als Dhilipa das Alter von etwa siebzig Jahren erreichte, begann er, seinen bevorstehenden Tod vorzubereiten. Er verteilte seinen immensen Reichtum an Bedürftige, an buddhistische Klöster und an seine Schüler. Dann zog er sich in eine einfache Hütte am Stadtrand zurück, wo er die letzten Monate seines Lebens in intensiver Meditation verbrachte.

Der Überlieferung nach starb Dhilipa in meditativer Haltung, während er den "Phowa"-Ritualen folgte – Praktiken, die das Bewusstsein zum Zeitpunkt des

Todes in reine Buddha-Bereiche überführen. Zeugen berichteten von außergewöhnlichen Zeichen während seines Todes – Lichterscheinungen, ungewöhnliche atmosphärische Phänomene und spontane Gefühle tiefen Friedens bei allen Anwesenden. Diese Zeichen werden in der tibetisch-buddhistischen Tradition als Bestätigung für die hohe Verwirklichung eines Praktizierenden angesehen.

Lehren und Übertragungen

Dhilipas Lehrsystem war einzigartig und spiegelte seinen unkonventionellen Lebenspfad wider. Im Kern seiner Lehre stand die Überzeugung, dass die alltägliche Wahrnehmung und weltliche Aktivitäten nicht Hindernisse auf dem spirituellen Weg sind, sondern vielmehr das rohe Material für die Transformation des Bewusstseins.

Er entwickelte eine Praxis, die er "Die Meditation des Kaufmanns" nannte – eine Methode, bei der die natürliche Fähigkeit, Wert und Qualität in der materiellen Welt zu erkennen, zur Unterscheidung heilsamer und unheilsamer Geisteszustände umfunktioniert wird. "So wie ihr Gold von Messing unterscheidet", lehrte er, "lernt, Weisheit von Verblendung zu unterscheiden."

Ein weiteres zentrales Element seiner Lehre war die "Nicht-Dualität von Samsara und Nirvana". Er betonte, dass die erleuchtete Erfahrung nicht in einer Flucht aus der Welt besteht, sondern in einer grundlegenden Transformation der Wahrnehmung dieser Welt. "Das Königreich Buddhas", soll er gesagt haben, "ist nicht woanders zu finden als genau hier, wenn ihr nur mit klaren Augen seht."

Dhilipa übertrug seine Lehren auf zwei Hauptlinien von Schülern: Zum einen auf eine Gruppe von Kaufleuten und Laien, die wie er selbst in der Welt lebten und arbeiteten; zum anderen auf eine kleinere Gruppe ernsthafter Yogis und Yoginis, die sich intensiveren Praktiken widmeten. Diese zweifache Übertragungslinie illustriert seinen inklusiven Ansatz, der sowohl Laien als auch Vollzeitpraktizierenden zugänglich war.

Seine Lehren wurden zunächst mündlich überliefert, bevor sie schließlich in einem Text mit dem Titel "Die Juwelenkette des Kaufmanns" zusammengefasst wurden. Dieses Werk, das leider nur in Fragmenten erhalten ist, enthält sowohl philosophische Abhandlungen als auch praktische Anleitungen für Meditation und Alltagsleben.

Bedeutung und Nachwirkung

Dhilipas Einfluss auf die Entwicklung des tantrischen Buddhismus, besonders in seiner bengalischen Heimat und später in Tibet, war tiefgreifend. Er stellte ein alternatives Modell spiritueller Verwirklichung dar, das zeigte, dass Erleuchtung auch innerhalb eines aktiven, weltlichen Lebens möglich ist – eine Ermutigung für all jene, die keine Möglichkeit hatten, sich vollständig monastischen Praktiken zu widmen.

Seine Lehren beeinflussten besonders die Entwicklung der Mahamudra-Tradition in ihrer nicht-monastischen Form. Die Betonung der unmittelbaren Erfahrung, die Wertschätzung der sinnlichen Wahrnehmung als Pfad zur Erkenntnis und die Überzeugung, dass die höchste Wahrheit im alltäglichen Leben zu finden ist, finden sich in verschiedenen späteren Entwicklungen des tibetischen Buddhismus wieder.

In Bengalen selbst trug Dhilipas Erbe zur Entwicklung einer reichen Tradition von Laien-Praktizierenden bei, die als "Haushalter-Yogis" bekannt wurden – Menschen, die tiefe spirituelle Praxis mit familiären und beruflichen Verpflichtungen verbanden. Diese Tradition blühte besonders in den Sahajiya- und später den Baul-Bewegungen, die bis heute lebendig sind.

Bemerkenswert ist auch Dhilipas Einfluss auf die wirtschaftliche Ethik innerhalb buddhistischer Gemeinschaften. Seine Demonstration, dass Handel und Geschäft mit spirituellen Werten vereinbar sein können, führte zu einer positiven Neubewertung wirtschaftlicher Aktivitäten in einigen buddhistischen Kreisen – unter der Voraussetzung, dass diese mit Weisheit, Mitgefühl und Integrität durchgeführt werden.

Darstellung in der Kunst

Dhilipa wird in der tibetischen Ikonographie als wohlhabender Kaufmann dargestellt, meist in kostbare Seidengewänder gekleidet und mit Schmuck behängt. Im Gegensatz zu den oft asketisch dargestellten anderen Mahasiddhas erscheint er inmitten von Wohlstandssymbolen – Juwelen, Handelswaren und materiellen Gütern.

Ein charakteristisches Element seiner Darstellung ist die "Kaufmannswaage" in seiner rechten Hand, die sowohl sein weltliches Geschäft als auch seine

spirituelle Praxis der Unterscheidung symbolisiert. In seiner linken Hand hält
er oft einen Kristall oder einen Edelstein, der die klare, durchscheinende Natur
des erleuchteten Geistes repräsentiert.

In den Thangkas der Mahasiddha-Tradition wird Dhilipa häufig in einer Markt-
szene dargestellt, umgeben von Handelsgütern und im Gespräch mit Kunden,
die symbolisch seine Schüler darstellen. Sein Gesichtsausdruck zeigt dabei eine
charakteristische Mischung aus weltlicher Geschäftigkeit und tiefer innerer Ruhe.

Eine besonders bekannte künstlerische Darstellung findet sich im Kloster Palpung
in Osttibet, wo ein Wandgemälde des 18. Jahrhunderts Dhilipa auf seinem Ster-
bebett zeigt, umgeben von seinen weltlichen Besitztümern, die sich symbolisch
in Opfergaben für erleuchtete Wesen verwandeln – eine kraftvolle Darstellung
seiner Lehre von der Transformation des Weltlichen ins Transzendente.

In der zeitgenössischen buddhistischen Kunst Nepals und Tibets erlebt die Figur
des Dhilipa eine kleine Renaissance, da seine Geschichte moderne Praktizierende
anspricht, die spirituelle Praxis mit einem aktiven Leben in der Welt verbinden
möchten.

Schlussbetrachtung

Die Geschichte des Mahasiddha Dhilipa bietet eine zeitlose Inspiration für spirituell Suchende, besonders jene, die in der modernen Welt mit ihren vielfältigen
Anforderungen und Versuchungen leben. Seine Lebensgeschichte zeigt, dass
spirituelle Verwirklichung nicht notwendigerweise die Flucht aus der Welt erfordert, sondern vielmehr durch die bewusste Transformation der alltäglichen
Erfahrung erreicht werden kann.

Dhilipas Vermächtnis erinnert uns daran, dass der spirituelle Pfad nicht durch
äußere Erscheinungen, sondern durch innere Transformation definiert wird.
Seine Integration von materieller Geschäftigkeit und tiefgründiger spiritueller
Praxis entmystifiziert den Erleuchtungsprozess und macht ihn zugänglicher für
Menschen aller Lebenswege.

In einer Zeit, in der viele Menschen nach Wegen suchen, spirituelle Werte in
einem von materialistischen Anreizen geprägten Leben zu bewahren, bietet
Dhilipas Beispiel einen inspirierenden Präzedenzfall. Er zeigt, dass es möglich
ist, in der Welt zu leben, ohne von ihr beherrscht zu werden – ein Gleichgewicht
zu finden zwischen weltlichem Engagement und innerer Freiheit.

Die letzte Lehre, die wir aus dem Leben dieses ungewöhnlichen Mahasiddha ziehen können, ist vielleicht die Erkenntnis, dass wahre spirituelle Verwirklichung nicht in der Vermeidung von Erfahrungen liegt, sondern in der transformativen Bewusstheit, mit der wir ihnen begegnen. In dieser Hinsicht bleibt Dhilipa, der Kaufmann, ein zeitloser Lehrer für alle, die den spirituellen Pfad inmitten der Komplexität des menschlichen Lebens gehen.

2.21 Dhobipa - Der weise Wäscher

Herkunft

Über die genaue historische Herkunft Dhobipas ist wenig bekannt. Die meisten Überlieferungen platzieren ihn im mittelalterlichen Indien, vermutlich zwischen dem 8. und 11. Jahrhundert. Er stammte aus einer niedrigen Kaste und arbeitete als Dhobi, ein traditioneller Wäscher - daher sein Name Dhobipa, was wörtlich "Meister-Wäscher" bedeutet.

Als Angehöriger einer gesellschaftlich marginalen Gruppe hatte Dhobipa keinen Zugang zu formaler buddhistischer Ausbildung, wie sie Mönchen in den großen Klöstern zugänglich war. Seine soziale Position spiegelt ein zentrales Thema in den Geschichten der Mahasiddhas wider: Erleuchtung ist nicht das Privileg der Gebildeten oder sozial Hochgestellten, sondern steht allen offen, die mit Hingabe praktizieren.

Die meisten Quellen deuten darauf hin, dass Dhobipa in einer der großen städtischen Siedlungen Nordindiens lebte, möglicherweise in der Nähe von Pataliputra (dem heutigen Patna) oder einer anderen bedeutenden Stadt entlang des Ganges. Diese Lage wäre für einen Wäscher ideal gewesen, da seine Arbeit Zugang zu fließendem Wasser erforderte. Die Ufer des heiligen Ganges, wo rituelle Reinigungen stattfanden, boten einen natürlichen Arbeitsplatz für einen Dhobi.

Besondere Eigenschaften

Dhobipa zeichnete sich durch mehrere bemerkenswerte Charaktereigenschaften aus, die in den Überlieferungen hervorgehoben werden:

Zunächst wird seine außergewöhnliche Hingabe an seine Arbeit betont. Er betrachtete das Waschen von Kleidung nicht als niedere Tätigkeit, sondern führte jede Handlung mit vollkommener Präsenz und Achtsamkeit aus. Diese Qualität der vollständigen Hingabe an den gegenwärtigen Moment ist ein wesentliches Element buddhistischer Praxis.

Weiterhin wird seine tiefe Demut hervorgehoben. Trotz seiner spirituellen Fortschritte blieb Dhobipa in seiner einfachen Rolle als Wäscher und suchte nie nach Anerkennung oder einem höheren sozialen Status. Diese Eigenschaft steht im Einklang mit der buddhistischen Betonung der Überwindung des Ego.

Besonders bemerkenswert war seine Fähigkeit, gewöhnliche Handlungen in spirituelle Praxis zu transformieren. Für Dhobipa wurde der Akt des Waschens zu einer vollständigen Meditationspraxis, in der er die grundlegenden buddhistischen Prinzipien der Vergänglichkeit, des Nicht-Selbst und der Leerheit direkt erfuhr.

Schließlich wird seine unerschütterliche Geduld hervorgehoben. Das Waschen von Kleidung, besonders in vormodernen Zeiten, war eine mühsame, repetitive Arbeit, die viel Ausdauer erforderte. Diese Geduld übertrug sich auf seine spirituelle Praxis und ermöglichte ihm, die Früchte seiner Bemühungen zu ernten, ohne nach schnellen Ergebnissen zu streben.

Geschichte der Erleuchtung

Die Geschichte von Dhobipas Erleuchtung ist eng mit seiner täglichen Arbeit als Wäscher verbunden und illustriert die zentrale Idee des Vajrayana, dass jede weltliche Aktivität in einen Pfad zur Erleuchtung transformiert werden kann.

Der Überlieferung nach begegnete Dhobipa eines Tages einem wandernden Yogi, der als sein Guru werden sollte. Dieser erkannte das spirituelle Potential in dem einfachen Wäscher und gab ihm eine scheinbar einfache Anweisung: "Beobachte das Wasser, beobachte die Kleidung, beobachte deinen Geist." Mit dieser kryptischen Anweisung ließ der Guru Dhobipa zurück.

Dhobipa nahm diese Anweisung wörtlich und begann, während seiner täglichen Arbeit intensive Achtsamkeit zu praktizieren. Er beobachtete, wie das schmutzige Wasser klar wurde, wie die Verunreinigungen aus der Kleidung verschwanden, und parallel dazu, wie sein eigener Geist durch die meditative Praxis gereinigt wurde.

Tag für Tag, Jahr für Jahr widmete sich Dhobipa seiner Arbeit mit dieser besonderen Aufmerksamkeit. Die Waschsteine am Fluss wurden zu seinen Meditationsobjekten, das fließende Wasser zum Symbol für die Vergänglichkeit aller Phänomene, und das Verschwinden des Schmutzes zur Metapher für die Reinigung des Geistes von den Schleiern der Unwissenheit.

Der entscheidende Moment seiner Erleuchtung kam, als Dhobipa eines Tages ein besonders schmutziges Kleidungsstück wusch. In diesem Moment erkannte er plötzlich die vollkommene Parallele zwischen dem Reinigen der Kleidung und der Reinigung des Geistes. Er verstand, dass so wie Schmutz nicht die wahre Natur des Stoffes ist, so sind auch Verblendungen und negative Emotionen nicht die wahre Natur des Geistes. Diese Erkenntnis führte zu einer tiefgreifenden Einsicht in die Natur der Realität und zu seiner vollständigen Befreiung.

Nach seiner Erleuchtung soll Dhobipa die Fähigkeit entwickelt haben, durch bloßes Anblicken Kleidung zu reinigen - eine symbolische Darstellung seiner inneren Transformation und seines erleuchteten Zustands.

Leben und Tod

Nach seiner Erleuchtung setzte Dhobipa seine Tätigkeit als Wäscher fort, aber nun mit einer tieferen Dimension. Er begann, diejenigen zu unterrichten, die zu ihm kamen, oft andere Arbeiter und Menschen aus niedrigen Kasten, die in den formellen religiösen Institutionen keinen Platz fanden.

Sein Leben als erleuchteter Meister war von Einfachheit und Direktheit geprägt. Im Gegensatz zu einigen anderen Mahasiddhas, die durch dramatische Wundertaten bekannt wurden, lag Dhobipas Wunder in der Transformation des Alltäglichen. Er lehrte durch sein Beispiel, wie jede Handlung, wenn sie mit vollständiger Präsenz ausgeführt wird, zu einem Akt spiritueller Praxis werden kann.

Es gibt verschiedene Überlieferungen zu Dhobipas Tod. Einige Quellen berichten, dass er seinen physischen Körper in reines Licht auflöste - ein Phänomen, das im tibetischen Buddhismus als "Regenbogenkörper" bekannt ist und als höchstes Zeichen spiritueller Vollendung gilt. Andere Traditionen erzählen, dass er einfach eines Tages verschwand, wobei nur seine Kleidung zurückblieb, sauber und ordentlich gefaltet am Ufer des Flusses.

Unabhängig von den Details seines physischen Todes lebt sein spirituelles Erbe in den Geschichten und Lehren weiter, die seinen Namen tragen. Seine Lebensspanne wird in den meisten Traditionen mit etwa 80 Jahren angegeben, was für seine Zeit ein bemerkenswertes Alter war und oft als Beweis für die lebensverlängernde Wirkung spiritueller Praxis angesehen wird.

Lehren und Übertragungen

Dhobipas Lehren zeichneten sich durch ihre Direktheit und Zugänglichkeit aus. Im Gegensatz zu den komplexen philosophischen Systemen, die in buddhistischen Klöstern gelehrt wurden, konzentrierte sich Dhobipa auf praktische Anweisungen, die direkt in den Alltag integriert werden konnten.

Zentral in seinen Lehren war die Analogie des Waschens: So wie Kleidung durch beständiges Waschen von Schmutz gereinigt wird, so wird der Geist durch beständige Achtsamkeit und Meditation von negativen Emotionen und Verblendungen gereinigt. Diese einfache, aber tiefgründige Metapher machte komplexe buddhistische Konzepte für gewöhnliche Menschen zugänglich.

Dhobipa betonte besonders die folgenden Aspekte in seinen Lehren:

1. Achtsamkeit in alltäglichen Handlungen: Jede Tätigkeit, egal wie mundän, kann als Meditationspraxis genutzt werden, wenn sie mit vollständiger Präsenz ausgeführt wird.

2. Die Gleichwertigkeit aller Lebewesen: Dhobipa lehrte, dass spirituelles Potential nicht von Kaste, Bildung oder sozialem Status abhängt, sondern in jedem Menschen vorhanden ist.

3. Die transformative Kraft der Arbeit: Statt Arbeit als Hindernis für spirituelle Praxis zu sehen, lehrte Dhobipa, sie als Vehikel für Transformation zu nutzen.

4. Die Reinigung des Geistes: Parallel zum Reinigen von Kleidung lehrte er Techniken zur "Reinigung" des Geistes von negativen Emotionen und falschen Vorstellungen.

Dhobipas Lehrtradition wurde zunächst mündlich weitergegeben, oft von Meister zu Schüler in einer direkten Übertragungslinie. Später wurden seine Lehren in die größeren Sammlungen der Mahasiddha-Traditionen aufgenommen.

Im tibetischen Buddhismus wird Dhobipa besonders in der Kagyu-Schule verehrt, wo seine Lehren zur direkten Erkenntnis der Natur des Geistes (in Tibet als Mahamudra bekannt) in die Hauptpraxis integriert wurden.

Bedeutung und Nachwirkung

Dhobipas Einfluss erstreckt sich weit über sein unmittelbares Leben hinaus und hat in verschiedenen buddhistischen Traditionen tiefe Spuren hinterlassen.

In der Entwicklung des Vajrayana-Buddhismus steht Dhobipa exemplarisch für die demokratisierende Tendenz dieser Tradition. Sein Leben demonstriert, dass spirituelle Verwirklichung nicht von formaler Bildung oder sozialem Status abhängt, sondern von der Tiefe der Praxis. Diese Botschaft war besonders bedeutsam in der hierarchischen Gesellschaft des mittelalterlichen Indiens und später Tibets.

Dhobipas Betonung der Transformation alltäglicher Aktivitäten in spirituelle Praxis hat auch moderne buddhistische Bewegungen beeinflusst, besonders jene, die Meditation in das Alltagsleben integrieren wollen. Seine Geschichte bietet ein kraftvolles Gegengewicht zu der Vorstellung, dass spirituelle Praxis nur in Klöstern oder während Retreats stattfinden kann.

In der populären buddhistischen Kultur Tibets, Nepals und Nordindiens wird Dhobipa oft als Schutzpatron der Arbeiter und besonders der Wäscher verehrt. Viele traditionelle Wäscher in diesen Regionen haben kleine Schreine für Dhobipa an ihren Arbeitsplätzen und bitten um seinen Segen für ihre Arbeit.

Darüber hinaus hat Dhobipas Geschichte zur Entwicklung einer spezifischen Form der Arbeitsmeditation beigetragen, bei der repetitive Tätigkeiten als Gelegenheit für tiefe Achtsamkeitspraxis genutzt werden. Diese Praxis hat auch in westlichen spirituellen Kreisen Resonanz gefunden, wo die Integration von Spiritualität in den Alltag zunehmend wertgeschätzt wird.

Darstellung in der Kunst

Dhobipa hat in der buddhistischen Kunst eine erkennbare Ikonographie entwickelt, die seine Identität als Wäscher und erleuchteter Meister verbindet.

In traditionellen tibetischen Thangka-Gemälden wird Dhobipa typischerweise am Ufer eines Flusses dargestellt, oft in der charakteristischen Haltung eines Wäschers kniend. Er trägt einfache Kleidung, in der Regel ein Lendentuch oder eine einfache Robe, was seinen niedrigen sozialen Status und seine Entsagung materieller Güter symbolisiert.

Ein charakteristisches Attribut in seinen Darstellungen ist der Waschstein, auf dem Kleidung geschlagen wird, um sie zu reinigen. Dieser Stein wird in der symbolischen Sprache der buddhistischen Kunst zum Emblem für die "Reinigung" des Geistes von Verunreinigungen. Oft wird der Stein so dargestellt, dass er die Form eines Vajra (rituelles Zepter, das Unzerstörbarkeit symbolisiert) andeutet, was die Transformation des Weltlichen ins Transzendente symbolisiert.

In komplexeren Darstellungen wird Dhobipa manchmal mit einer Aureole aus Licht oder Regenbogenfarben umgeben dargestellt, was seinen erleuchteten

Zustand anzeigt. Gelegentlich schweben in solchen Darstellungen gereinigte Kleidungsstücke über dem Fluss, eine Anspielung auf die wundersamen Fähigkeiten, die ihm nach seiner Erleuchtung zugeschrieben wurden.

In skulpturalen Darstellungen, besonders in Bronzestatuetten, die für Hausaltäre und persönliche Verehrung bestimmt sind, wird Dhobipa oft in meditativer Haltung dargestellt, aber mit Händen, die die Geste des Waschens andeuten - eine visuelle Verschmelzung seiner Arbeit und seiner spirituellen Praxis.

Interessanterweise variieren die künstlerischen Darstellungen Dhobipas je nach regionaler Tradition. In nepalesischen und nordindischen Darstellungen wird er oft dunkelhäutig abgebildet, was seine niedrige Kastenzugehörigkeit reflektiert, während tibetische Darstellungen ihn manchmal mit hellerer Haut zeigen, möglicherweise eine Anpassung an lokale ästhetische Vorlieferungen.

In modernen Interpretationen wird Dhobipa gelegentlich in zeitgenössischen Settings dargestellt, zum Beispiel an einer modernen Waschmaschine, was die zeitlose Relevanz seiner Lehre der Achtsamkeit in alltäglichen Handlungen unterstreicht.

Schlussbetrachtung

Die Geschichte des Mahasiddha Dhobipa bietet tiefe Einblicke in das transformative Potential des buddhistischen Pfades und die demokratisierende Kraft spiritueller Praxis. Als einfacher Wäscher, der die höchste Erleuchtung erlangte, verkörpert Dhobipa die radikale Botschaft, dass spirituelle Verwirklichung nicht durch äußere Umstände, sondern durch innere Transformation erreicht wird.

In einer Zeit, in der spirituelle Praxis oft als separate Aktivität betrachtet wird, die neben dem "normalen Leben" stattfindet, erinnert uns Dhobipas Geschichte daran, dass das Alltägliche und das Heilige nicht getrennt sind. Seine Lehre, dass jede Handlung, wenn sie mit vollständiger Präsenz ausgeführt wird, zu einem Tor zur Erleuchtung werden kann, bleibt besonders relevant in unserer hektischen modernen Welt.

Die Überlieferungen von Dhobipa laden uns ein, die künstliche Trennung zwischen spiritueller Praxis und Alltagsleben zu überwinden und in jeder Handlung, sei sie noch so mundän, eine Gelegenheit für Achtsamkeit und Transformation zu sehen. Sie ermutigen uns, die Weisheit nicht nur in heiligen Texten oder formellen Meditationssitzungen zu suchen, sondern in den einfachen Aktivitäten, die unser Leben ausmachen.

Letztlich lehrt uns Dhobipa, der weise Wäscher, dass der Pfad zur Erleuchtung nicht auf bestimmte Menschen, Orte oder Aktivitäten beschränkt ist, sondern überall dort zugänglich ist, wo ein Mensch mit aufrichtigem Herzen und wachem Geist praktiziert. In dieser zeitlosen Botschaft liegt vielleicht sein größtes Vermächtnis.

2.22 Dhokaripa - Der Schüsselträger

Herkunft

Die historischen Quellen über Dhokaripas Herkunft sind, wie bei vielen Mahasiddhas, begrenzt und teilweise in mystischen Erzählungen eingebettet. Es wird angenommen, dass er im mittelalterlichen Indien lebte, vermutlich zwischen dem 8. und 11. Jahrhundert, einer Zeit, in der der tantrische Buddhismus in Nordindien florierte.

Geboren wurde er vermutlich in eine wohlhabende oder zumindest etablierte Familie, da einige Überlieferungen darauf hindeuten, dass er ursprünglich als Händler oder Kaufmann tätig war. Seine genaue geografische Herkunft ist nicht eindeutig festgelegt, aber die meisten Quellen verorten ihn in einer der nördlichen Regionen Indiens, möglicherweise in der Nähe des heutigen Bihar oder Bengal, wo tantrische Traditionen besonders stark verbreitet waren.

Der Name "Dhokaripa" selbst gibt bereits einen Hinweis auf seine spätere Identität: "Dhoka" bezieht sich auf die Schüssel oder den Kessel, den er bei sich trug, und "ripa" ist ein Suffix, das in tibetischen Übersetzungen oft verwendet wird, um einen Praktizierenden oder Meister zu kennzeichnen. Sein ursprünglicher Name vor seiner spirituellen Transformation ist nicht überliefert, was typisch für die Mahasiddha-Tradition ist, in der die weltliche Identität oft zugunsten der spirituellen Identität in den Hintergrund tritt.

Besondere Eigenschaften

Dhokaripa zeichnete sich durch mehrere bemerkenswerte Eigenschaften aus, die ihn innerhalb der Mahasiddha-Tradition hervorheben. Als ehemaliger Händler besaß er einen pragmatischen, erdverbundenen Charakter, der es ihm ermöglichte, spirituelle Wahrheiten in alltäglichen Handlungen und Gegenständen zu erkennen. Diese Fähigkeit, das Gewöhnliche als Tor zum Außergewöhnlichen zu nutzen, ist ein zentrales Merkmal seiner Persönlichkeit und Lehre.

Eine seiner herausragendsten Eigenschaften war seine extreme Einfachheit und Bescheidenheit. Im Gegensatz zu seiner früheren Tätigkeit als Händler, die oft mit materiellen Bestrebungen verbunden war, reduzierte er seinen Besitz nach seiner spirituellen Wandlung auf das Wesentlichste – symbolisiert durch die Schüssel, die er stets bei sich trug. Diese radikale Vereinfachung seines Lebens spiegelt die buddhistische Tugend der Entsagung (Nekkhamma) wider.

Dhokaripa wird auch eine besondere Beharrlichkeit und Hingabe zugeschrieben. Nachdem er den spirituellen Pfad eingeschlagen hatte, widmete er sich diesem mit unerschütterlicher Entschlossenheit. Diese Eigenschaft zeigte sich besonders in seiner Bereitschaft, sich von gesellschaftlichen Konventionen zu lösen und unkonventionelle Praktiken zu verfolgen, selbst wenn diese ihn dem Spott oder der Verachtung seiner Umgebung aussetzten.

In den Überlieferungen wird zudem seine Fähigkeit hervorgehoben, komplexe buddhistische Konzepte wie die Leerheit (Shunyata) durch alltägliche Bilder und Handlungen zu vermitteln. Seine Lehre war nicht von abstrakter Philosophie geprägt, sondern von direkten, erfahrungsbezogenen Einsichten, die er durch seine eigene Praxis gewonnen hatte.

Schließlich zeichnete sich Dhokaripa durch eine tiefe Verbindung zum Element Wasser aus, symbolisiert durch seine Schüssel, die sowohl als praktisches Utensil als auch als symbolisches Gefäß für spirituelle Transformation diente. Diese Verbindung spiegelt die tantrische Praxis wider, in der die Elemente oft als Werkzeuge zur Transformation des Bewusstseins genutzt werden.

Geschichte der Erleuchtung

Die Geschichte von Dhokaripas Erleuchtung ist ein eindrucksvolles Beispiel für die transformative Kraft unerwarteter spiritueller Begegnungen. Gemäß der Überlieferung war Dhokaripa ein erfolgreicher Händler, der sein Leben dem Erwerb materiellen Reichtums gewidmet hatte. Eines Tages, als er auf einer Handelsreise war, begegnete er einem wandernden Yogi – manche Quellen identifizieren diesen als einen anderen Mahasiddha oder sogar als eine Dakini, eine weibliche erleuchtete Energie.

Diese Begegnung markierte einen Wendepunkt in Dhokaripas Leben. Der Yogi demonstrierte vor seinen Augen die Vergänglichkeit aller weltlichen Besitztümer, indem er Wasser in eine Schüssel goss und Dhokaripa aufforderte, darin sein eigenes Spiegelbild zu betrachten. Als Dhokaripa in das Wasser blickte, sah er nicht nur sein gegenwärtiges Selbst, sondern auch Visionen seines vergangenen und zukünftigen Lebens – ein kraftvolles Symbol für die buddhistische Lehre von Samsara, dem endlosen Kreislauf von Geburt und Tod.

Tief erschüttert von dieser Erfahrung, erkannte Dhokaripa die Leere und Bedeutungslosigkeit seines bisherigen Strebens nach materiellem Wohlstand. Er verstand plötzlich die grundlegende Wahrheit des Buddhismus: dass alle Phänomene vergänglich, ohne inhärente Existenz und letztendlich leer (shunya) sind. Dieser Moment der Erkenntnis führte zu einer tiefen inneren Transformation.

Der Yogi, der seine spirituelle Bereitschaft erkannte, initiierte ihn in die tantrischen Praktiken und gab ihm die Schüssel als Symbol seiner neuen Identität und als Werkzeug für seine spirituelle Praxis. Von diesem Moment an nahm Dhokaripa die Identität des "Schüsselträgers" an, ließ seinen Besitz und seine früheren weltlichen Bestrebungen hinter sich und widmete sich vollständig dem spirituellen Pfad.

Seine eigentliche Erleuchtung soll nach Jahren intensiver Praxis eingetreten sein. Der Überlieferung nach meditierte er an einem abgelegenen Ort, wobei er die Schüssel mit Wasser als Fokus für seine Betrachtungen nutzte. Durch die tiefe Kontemplation des Wassers – seiner Klarheit, Formbarkeit und gleichzeitigen Formlosigkeit – erlangte er direkte Einsicht in die Natur des Geistes und die Leerheit aller Phänomene. Diese Erfahrung führte zu seiner vollständigen Befreiung und Erleuchtung, wodurch er zum Mahasiddha wurde.

Leben und Tod

Nach seiner Erleuchtung führte Dhokaripa ein Leben, das von äußerer Einfachheit und innerem Reichtum geprägt war. Er wanderte durch verschiedene Regionen Indiens, wobei er nichts bei sich trug außer seiner Schüssel. Diese diente ihm nicht nur als praktisches Utensil zum Sammeln von Almosen, sondern auch als ständige Erinnerung an die grundlegenden Wahrheiten, die zu seiner Erleuchtung geführt hatten.

Obwohl er äußerlich wie ein Bettler erschien, erkannten spirituell empfängliche Menschen seine außergewöhnliche Präsenz und suchten seinen Rat. Dhokaripa lehrte nicht durch formelle Vorträge oder komplizierte philosophische Diskurse, sondern durch direkte Demonstrationen und alltägliche Handlungen. Eine bekannte Geschichte erzählt, wie er Schülern die Natur des Geistes erklärte, indem er Wasser in seine Schüssel goss und sie bat, sowohl das Wasser als auch ihre eigenen Spiegelbilder darin zu betrachten – eine anschauliche Lektion über die gleichzeitige Leerheit und Klarheit des Bewusstseins.

Sein Leben war von der tantrischen Praxis des "verrückten Verhaltens" (Sanskrit: avadhuti-carya) geprägt, bei der konventionelle Normen bewusst gebrochen werden, um spirituelle Erkenntnisse zu fördern. So soll er manchmal in unangemessener Weise gelacht oder geweint haben, scheinbar ziellos umhergewandert sein oder in Rätseln gesprochen haben – alles Methoden, um den konzeptuellen Verstand seiner Schüler herauszufordern und zu transzendieren.

Über Dhokaripas Tod existieren verschiedene Überlieferungen. Eine Version besagt, dass er seinen physischen Körper bewusst auflöste und in einen "Regenbogenkörper" transformierte – ein Phänomen, das in der tibetischen Tradition als höchste Form der Verwirklichung gilt. Eine andere Erzählung berichtet, dass er in seiner Schüssel verschwand, die sich in reines Licht auflöste – eine symbolische Darstellung seiner vollständigen Transzendenz der materiellen Welt.

Unabhängig von der genauen Art seines Todes betonen alle Überlieferungen, dass Dhokaripa den Tod nicht als Ende, sondern als Transformation erlebte. In der tantrischen Tradition wird der Tod nicht gefürchtet, sondern als Gelegenheit für tiefere spirituelle Verwirklichung betrachtet. Dhokaripas bewusster Umgang mit seinem eigenen Sterben wird daher als letzter Akt seiner Lehrtätigkeit verstanden – eine lebendige Demonstration der Überwindung von Geburt und Tod, die im Zentrum der buddhistischen Praxis steht.

Lehren und Übertragungen

Dhokaripas Lehren sind tief in der tantrischen Tradition des Vajrayana-Buddhismus verwurzelt, zeichnen sich jedoch durch ihre Einfachheit und direkte Anwendbarkeit aus. Im Zentrum seiner Unterweisung stand die Idee, dass erleuchtetes Bewusstsein nicht durch komplexe intellektuelle Konzepte, sondern durch direkte Erfahrung und Wahrnehmung zugänglich ist.

Eine seiner Hauptlehren betraf die Natur des Geistes, den er mit dem Wasser in seiner Schüssel verglich: klar, formlos und doch fähig, alle Formen anzunehmen. Wie Wasser, das gleichzeitig transparent ist und Bilder reflektieren kann, ist der Geist in seiner Essenz leer (shunyata), besitzt aber gleichzeitig die Fähigkeit zur klaren Wahrnehmung (vidya). Diese Einheit von Leerheit und Klarheit bildete den Kern seiner Unterweisung.

Dhokaripa lehrte auch die Praxis des "Einssehens" (ekadrishti), bei der der Praktizierende lernt, alle Phänomene als Manifestationen desselben grundlegenden Bewusstseins zu erkennen. Durch diese Übung werden die scheinbaren Gegensätze von Subjekt und Objekt, Selbst und Anderen, Samsara und Nirvana aufgelöst.

Ein weiterer wichtiger Aspekt seiner Lehre war die Transformation alltäglicher Aktivitäten in spirituelle Praxis. Das Füllen, Leeren und Reinigen seiner Schüssel wurde zu einer Form der Meditation – ein lebendiges Beispiel für die tantrische Praxis, bei der weltliche Handlungen durch achtsame Bewusstheit in Wege zur Erleuchtung verwandelt werden.

In Bezug auf Übertragungslinien wird Dhokaripa mit mehreren tantrischen Traditionen in Verbindung gebracht. Im tibetischen Buddhismus wird er als ein wichtiger Halter der Chakrasamvara-Tantras angesehen, eines bedeutenden Zyklus von tantrischen Lehren. Seine Lehren wurden in verschiedene tibetische Übertragungslinien integriert, besonders in die Kagyu-Schule, die für ihre Betonung der direkten Erfahrung und oralen Übertragung bekannt ist.

Die von Dhokaripa begründete spezifische Praxistradition wird manchmal als "Dhoka Yoga" oder "Schüssel-Yoga" bezeichnet. Diese Praxis beinhaltet die Kontemplation eines mit Wasser gefüllten Gefäßes als Mittel zur Erkenntnis der Natur des Geistes. Diese Methode wurde von späteren Meistern adaptiert und in verschiedene Meditationssysteme integriert.

Obwohl keine direkten schriftlichen Werke von Dhokaripa selbst überliefert sind, finden sich Zusammenfassungen seiner Lehren in verschiedenen tibetischen Texten, insbesondere im "Blauen Bericht" (tib.: deb ther sngon po), einem wichtigen historischen Werk des tibetischen Buddhismus.

Bedeutung und Nachwirkung

Die Bedeutung von Dhokaripa erstreckt sich über verschiedene Dimensionen der buddhistischen Tradition und hat bis heute nachhaltige Auswirkungen. Er repräsentiert einen wichtigen Aspekt der tantrischen Geschichte und demonstriert die Möglichkeit spiritueller Verwirklichung außerhalb konventioneller monastischer Strukturen.

Seine besondere Bedeutung liegt in der Verkörperung des Prinzips der Einfachheit. In einer Zeit, als tantrische Praktiken zunehmend komplex und ritualisiert wurden, erinnerte Dhokaripas Ansatz an die grundlegende buddhistische Wahrheit, dass Erleuchtung nicht von äußeren Umständen oder elaborierten Ritualen abhängt, sondern durch direkte Einsicht in die Natur des Geistes erreicht werden kann. Diese Betonung der Einfachheit hatte einen ausgleichenden Einfluss auf die tantrische Tradition und ermutigte Praktizierende, zum Wesentlichen zurückzukehren.

Dhokaripas Verwendung der Schüssel als spirituelles Symbol und Werkzeug hat tiefe kulturelle Nachwirkungen. In der tibetischen Tradition werden Schüsseln oder Gefäße (tibetisch: bum pa) weiterhin als wichtige rituelle Objekte verwendet, die die Potenzialität des Geistes und die Qualitäten der Erleuchtung symbolisieren. Bei Einweihungszeremonien spielen Wassergefäße eine zentrale Rolle, was teilweise auf den Einfluss von Dhokaripas Lehren zurückzuführen sein könnte.

In der gegenwärtigen buddhistischen Praxis, besonders im Westen, wird Dhokaripa oft als Beispiel für die Integration spiritueller Praxis in den Alltag angeführt. Seine Geschichte inspiriert moderne Praktizierende, die nicht in traditionellen buddhistischen Umgebungen leben, spirituelle Transformation inmitten gewöhnlicher Lebensumstände zu suchen.

Darüber hinaus hat Dhokaripas Ansatz, alltägliche Objekte als Fokus für tiefe Kontemplation zu nutzen, Parallelen in verschiedenen zeitgenössischen Meditationstechniken. Die Praxis der Achtsamkeit, bei der gewöhnliche Aktivitäten mit voller Bewusstheit ausgeführt werden, teilt grundlegende Prinzipien mit Dhokaripas "Schüssel-Yoga".

In akademischen Kreisen hat das Studium von Dhokaripa und anderen Mahasiddhas zu einem tieferen Verständnis der nicht-monastischen Aspekte des tantrischen Buddhismus beigetragen. Forscher erkennen zunehmend die Bedeutung dieser alternativen spirituellen Traditionen für ein vollständiges Bild der buddhistischen Geschichte.

Die vielleicht bedeutendste Nachwirkung von Dhokaripa liegt jedoch in der Inspiration, die seine Geschichte bietet: die Möglichkeit einer radikalen Transformation vom weltlichen zum spirituellen Leben, die Idee, dass tiefe Weisheit in einfachen Dingen gefunden werden kann, und die Erkenntnis, dass wahre spirituelle Verwirklichung nicht von äußeren Umständen, sondern von innerer Einsicht abhängt.

Darstellung in der Kunst

In der buddhistischen Kunst, insbesondere in der tibetischen Tradition, wird Dhokaripa in charakteristischer Weise dargestellt, die seine Identität als "Schüsselträger" und seine spirituelle Bedeutung hervorhebt. Diese Darstellungen finden sich in verschiedenen Kunstformen, von Thangka-Malereien und Wandfresken bis hin zu Skulpturen und Buchillustrationen.

Typischerweise wird Dhokaripa als asketischer Yogi dargestellt, mit einem schlanken, manchmal sogar ausgemergelten Körper, der seine Entsagung weltlicher Genüsse symbolisiert. Seine Haare sind oft ungepflegt und wild, ein Zeichen für seine Überwindung sozialer Konventionen und seine Konzentration auf innere statt äußere Realitäten. Er trägt minimale Kleidung, häufig nur ein einfaches Lendentuch oder eine dünne Robe, was seine materielle Einfachheit unterstreicht.

Das definierendste Element in jeder Darstellung von Dhokaripa ist natürlich die Schüssel oder der Kessel (dhoka), die er stets in seinen Händen hält. Diese wird meist als einfaches, rundliches Gefäß dargestellt, oft mit Wasser gefüllt, in dem sich manchmal sein eigenes Gesicht oder andere symbolische Bilder spiegeln. Die Schüssel wird zum visuellen Fokus der Darstellung und funktioniert als Symbol für seinen spirituellen Weg und seine Lehrmethode.

In manchen Darstellungen wird Dhokaripa in meditativer Haltung gezeigt, intensiv auf das Wasser in seiner Schüssel blickend – eine visuelle Darstellung seiner Kontemplationspraxis. In anderen Bildern erscheint er in Bewegung, als wandernder Yogi, der seine Schüssel trägt während er von Ort zu Ort zieht.

Die künstlerischen Traditionen verschiedener buddhistischer Schulen betonen unterschiedliche Aspekte von Dhokaripa. In Kagyu-Thangkas wird er oft in Verbindung mit anderen Mahasiddhas der Übertragungslinie dargestellt, während Nyingma-Darstellungen seine wilde, unkonventionelle Natur hervorheben können. In moderneren künstlerischen Interpretationen wird manchmal sein Moment der Transformation vom Händler zum Yogi dargestellt, um die Möglichkeit spiritueller Wandlung zu betonen.

Farben spielen eine wichtige Rolle in Dhokaripas Ikonographie. Häufig wird er mit einem blauen Hintergrund oder bläulichen Hautton dargestellt, was seine Verbindung zum Wasser und seine Verwirklichung der Dharmakaya-Natur (der letzten Wirklichkeit) symbolisiert. Das Wasser in seiner Schüssel wird oft in schimmernden Silber- oder Weißtönen gemalt, um seine reflektierende Qualität und spirituelle Reinheit zu betonen.

In der Sammlung der 84 Mahasiddhast erhält Dhokaripa oft einen besonderen Platz, der seine Bedeutung innerhalb dieser spirituellen Linie anerkennt. Diese Sammlungen, die als visuelle Darstellungen der tantrischen Übertragungslinien dienen, stellen eine wichtige Quelle für unser Verständnis der ikonographischen Tradition rund um Dhokaripa dar.

Zeitgenössische buddhistische Künstler, sowohl in Asien als auch im Westen, greifen weiterhin auf Dhokaripas Symbolik zurück, oft mit modernen Interpretationen, die seine Relevanz für gegenwärtige spirituelle Sucher betonen. Seine Darstellung mit der einfachen Schüssel bleibt ein kraftvolles visuelles Symbol für die Möglichkeit, tiefe spirituelle Weisheit im Alltäglichen zu finden.

Schlussbetrachtung

Die Geschichte des Mahasiddha Dhokaripa bietet einen faszinierenden Einblick in die Welt des tantrischen Buddhismus und verkörpert zentrale Aspekte dieser spirituellen Tradition. Seine Transformation vom weltlichen Händler zum erleuchteten Yogi illustriert die buddhistische Überzeugung, dass radikale spirituelle Verwandlung in einem einzigen Leben möglich ist. Gleichzeitig zeigt sein Weg, wie alltägliche Objekte und Erfahrungen – symbolisiert durch seine Schüssel – zu Portalen tiefgreifender spiritueller Einsicht werden können.

In einer Zeit zunehmender Komplexität und materieller Orientierung erinnert Dhokaripas Beispiel an die transformative Kraft der Einfachheit. Seine Reduktion aller Besitztümer auf eine einzige Schüssel steht in starkem Kontrast zur modernen Konsumkultur und bietet eine zeitlose Herausforderung an unsere Vorstellungen von Wert und Bedeutung. Diese Einfachheit ist jedoch nicht mit Primitivität zu verwechseln – vielmehr repräsentiert sie eine bewusste Entscheidung, zum Wesentlichen zurückzukehren und die grundlegende Natur des Geistes direkt zu erfahren.

Die Lehrmethode Dhokaripas, die auf direkter Erfahrung und der Transformation des Alltäglichen basiert, bleibt auch für heutige spirituelle Suchende relevant. In einer Welt, die von abstrakten Konzepten und intellektuellen Diskursen dominiert wird, erinnert sein Ansatz daran, dass wahre spirituelle Erkenntnis nicht primär durch theoretisches Studium, sondern durch unmittelbare Erfahrung entsteht. Die Betrachtung des Wassers in seiner Schüssel – ein scheinbar simpler Akt – wurde zum Vehikel für die tiefste spirituelle Transformation.

Trotz der historischen und kulturellen Distanz zwischen Dhokaripas Zeit und unserer eigenen finden wir in seiner Geschichte Elemente, die universelle menschliche Themen berühren: die Suche nach Bedeutung jenseits materieller Erfolge, die Möglichkeit radikaler persönlicher Transformation und die Erkenntnis, dass tiefe Weisheit oft in einfachen Dingen verborgen liegt. Diese zeitlosen Aspekte seiner Geschichte erklären, warum Dhokaripa weiterhin als wichtige Figur in der buddhistischen Tradition verehrt wird und warum seine Symbolik auch moderne spirituelle Suchende inspiriert.

Letztendlich verkörpert der "Schüsselträger" ein zentrales Paradox des Buddhismus: dass der Weg zur Befreiung nicht in der Flucht vor der gewöhnlichen Welt, sondern in ihrer tieferen Durchdringung liegt – nicht im Streben nach dem Außergewöhnlichen, sondern im vollständigen Verstehen des Alltäglichen. In diesem Sinne bleibt Dhokaripas Vermächtnis ein lebendiges Zeugnis für die transformative Kraft der Einfachheit und die Möglichkeit, Erleuchtung inmitten des gewöhnlichen Lebens zu finden.

2.23 Dombipa - Der Tigerreiter

Herkunft

Dombipa lebte vermutlich im 8. oder 9. Jahrhundert in Nordindien, während einer Zeit intensiver buddhistischer Aktivität und der Blüte des Vajrayana (Diamantfahrzeug) oder tantrischen Buddhismus. Historischen Überlieferungen zufolge war Dombipa ein König im östlichen Indien, möglicherweise in der Region des heutigen Bengal oder Orissa. Er herrschte über ein wohlhabendes Königreich und genoss alle Privilegien und Annehmlichkeiten seiner königlichen Position.

Die Quellen variieren hinsichtlich seines ursprünglichen Namens vor seiner spirituellen Transformation. In einigen Texten wird er als König Virupa oder Dharmapala erwähnt. Der Name "Dombi" oder "Dombipa" erhielt er später und bezieht sich auf seine Verbindung mit einer Frau aus der Dombi-Kaste, einer niedrigen Gesellschaftsschicht, die traditionell mit Wäscherei und Musik assoziiert wurde.

Als Herrscher seiner Zeit war Dombipa in einem komplexen soziopolitischen Umfeld verankert, geprägt von einem strengen Kastensystem und fest etablierten gesellschaftlichen Normen. Seine privilegierte Position als König stand im starken Kontrast zu seinem späteren Leben als Yogi, der alle sozialen Konventionen ablehnte – ein Umstand, der seine Geschichte besonders bemerkenswert macht und zur symbolischen Bedeutung seiner spirituellen Transformation beiträgt.

Besondere Eigenschaften

Dombipa zeichnete sich durch mehrere bemerkenswerte Eigenschaften aus, die sowohl sein vorerleuchtetes Leben als auch sein Dasein als Mahasiddha prägten. Als König besaß er laut Überlieferungen einen scharfen Intellekt und große politische Weisheit, was ihm ermöglichte, sein Reich erfolgreich zu regieren. Diese intellektuellen Fähigkeiten dienten ihm später auf seinem spirituellen Pfad, als er die tiefgründigen Lehren des Vajrayana-Buddhismus erfasste und meisterte.

Eine seiner herausragendsten Eigenschaften war sein Mut, gesellschaftliche Normen zu durchbrechen und konventionelle Vorstellungen von Status und Reinheit zu überwinden. In einer Gesellschaft, die durch strenge Kastenunterschiede geprägt war, demonstrierte Dombipa außergewöhnliche Furchtlosigkeit, indem er nicht nur seinen königlichen Status aufgab, sondern sich auch mit einer Frau aus einer niedrigen Kaste verband – eine Handlung, die in seinem kulturellen Kontext als extrem tabuisiert galt.

Nach seiner spirituellen Transformation entwickelte Dombipa die Fähigkeit, paradoxe Lehrmethoden einzusetzen, um seine Schüler zur Erkenntnis zu führen. Er verkörperte den Prinzip des "verrückten Weisheitsverhaltens" (Sanskrit: avadhuti-carya), bei dem scheinbar widersprüchliche oder sogar schockierende Handlungen als Mittel dienen, um fixierte geistige Konzepte zu durchbrechen und direkte Einsicht zu ermöglichen.

Die vielleicht bekannteste Eigenschaft Dombipas war seine Fähigkeit, wilde Tiger zu zähmen und auf ihnen zu reiten – eine Fähigkeit, die sowohl wörtlich als auch metaphorisch verstanden werden kann. Diese außergewöhnliche Kraft symbolisiert die Überwindung der wildesten Aspekte des menschlichen Geistes und die Transformation zerstörerischer Energien in den Dienst der Erleuchtung.

Geschichte der Erleuchtung

Die Überlieferung von Dombipas spiritueller Transformation und Erleuchtung zählt zu den faszinierendsten Geschichten im Pantheon der buddhistischen Heiligen. Seine Erleuchtungsgeschichte beginnt damit, dass er als König ein tiefes Gefühl der Unzufriedenheit verspürte, trotz seines materiellen Reichtums und seiner Macht. Diese existenzielle Krise führte ihn zur Begegnung mit einem tantrischen Meister, der ihm die ersten Unterweisungen in den geheimen Lehren des Vajrayana erteilte.

Der entscheidende Wendepunkt in Dombipas Leben ereignete sich, als er auf eine junge Wäscherin aus der Dombi-Kaste traf. In einigen Versionen der Geschichte erkannte er in ihr sofort eine Dakini, eine weibliche Verkörperung erleuchteter Energie. Andere Überlieferungen beschreiben, wie er zunächst nur von ihrer Schönheit angezogen wurde, später jedoch ihre tiefe spirituelle Weisheit erkannte.

Entgegen aller sozialen Konventionen verließ Dombipa seinen Palast, gab seinen königlichen Status auf und folgte der Dombi-Frau, um von ihr zu lernen. Dieser radikale Schritt symbolisiert die vollständige Abkehr von weltlichen Anhaftungen und die Überwindung gesellschaftlicher Konditionierungen – zentrale Themen im tantrischen Buddhismus.

Unter der Anleitung seiner Gefährtin und spirituellen Lehrerin praktizierte Dombipa intensive Meditationen, insbesondere die Praxis des Hevajra-Tantra, eines bedeutenden tantrischen Systems. Nach Jahren hingebungsvoller Praxis erlangte er tiefe Einsichten in die Natur der Wirklichkeit und entwickelte außergewöhnliche spirituelle Kräfte (Siddhi).

Der Höhepunkt seiner Erleuchtungsgeschichte wird oft mit dem berühmten Bild des Tigerreitens verbunden. Es wird überliefert, dass Dombipa die Fähigkeit erlangte, wilde Tiger zu zähmen und auf ihnen zu reiten – ein Symbol für die Transformation der eigenen wilden, ungezähmten geistigen Energien. Diese Demonstration spiritueller Kraft überzeugte viele Menschen von der Authentizität seiner Verwirklichung und trug zu seinem Ruhm als großer Siddha bei.

Die Geschichte von Dombipas Erleuchtung veranschaulicht ein zentrales Prinzip des Vajrayana: Die Transformation, nicht die Unterdrückung von Leidenschaften und Begehren in Weisheit und Mitgefühl. Seine Reise vom König zum Yogi verkörpert die tantrische Sichtweise, dass Erleuchtung nicht durch Weltflucht, sondern durch die Transformation der Welt und unserer Beziehung zu ihr erreicht wird.

Leben und Tod

Nach seiner Erleuchtung führte Dombipa ein Leben als wandernder Yogi, frei von weltlichen Bindungen und gesellschaftlichen Zwängen. Gemeinsam mit seiner Gefährtin, der Dombi-Frau, reiste er durch verschiedene Regionen Indiens und verbreitete seine unkonventionellen Lehren. Sie lebten in Wäldern, an Verbrennungsstätten und anderen abgelegenen Orten, die im tantrischen Buddhismus als kraftvolle Plätze für spirituelle Praxis angesehen werden.

Dombipa wurde bekannt für seine paradoxen Lehrmethoden und sein unkonventionelles Verhalten. Er verkörperte die Tradition der "verrückten Weisheit", bei der erleuchtete Meister durch scheinbar irrationales oder tabuisiertes Verhalten die konzeptuellen Begrenzungen ihrer Schüler durchbrachen. Diese Methode zielte darauf ab, direkte Erfahrung über intellektuelles Verständnis zu stellen und die dualistischen Konzepte von rein und unrein, hoch und niedrig zu transzendieren.

Zahlreiche Wundergeschichten ranken sich um sein Leben als verwirklichter Meister. Neben dem Reiten auf Tigern soll er die Fähigkeit besessen haben, durch feste Materie zu gehen, gleichzeitig an verschiedenen Orten zu erscheinen und andere übernatürliche Kräfte zu demonstrieren. Diese Berichte, ob wörtlich oder metaphorisch verstanden, unterstreichen die transformative Kraft seiner spirituellen Verwirklichung.

Über Dombipas Tod existieren verschiedene Überlieferungen. Einigen Quellen zufolge erlangte er den "Regenbogenkörper" – eine fortgeschrittene tantrische Verwirklichung, bei der der physische Körper im Moment des Todes in reines Licht transformiert wird, ohne sterbliche Überreste zu hinterlassen. Andere Traditionen berichten, dass er mit seinem physischen Körper direkt in ein reines Buddha-Land einging, ohne den gewöhnlichen Prozess des Todes zu durchlaufen.

Die tibetische Tradition zählt Dombipa zu den "unsterblichen Siddhas", Meistern, die durch ihre spirituelle Vervollkommnung die gewöhnlichen Grenzen der Sterblichkeit überwunden haben und in subtilen Formen weiterhin zum Wohle der Wesen wirken können. In diesem Sinne wird sein Tod nicht als Ende, sondern als Transformation und Fortsetzung seines erleuchteten Wirkens verstanden.

Lehren und Übertragungen

Die spirituellen Lehren und Übertragungslinien von Dombipa bilden einen wichtigen Strang im reichen Gefüge des Vajrayana-Buddhismus. Als Mahasiddha war er Halter und Überlieferer mehrerer bedeutender tantrischer Systeme, wobei seine hauptsächliche Verbindung zum Hevajra-Tantra besteht, einem zentralen Text des höchsten Yoga-Tantra (Anuttarayoga Tantra).

Im Kern von Dombipas Lehren stand die direkte Erfahrung der nicht-dualen Natur der Wirklichkeit – jenseits konzeptueller Kategorien und gesellschaftlicher Konventionen. Seine Unterweisungen betonten die Einheit von Samsara (zyklische Existenz) und Nirvana (Befreiung), sowie die Transformation, nicht die Unterdrückung von Leidenschaften und Emotionen. Diese Sichtweise entspricht dem tantrischen Prinzip, dass die gleichen Energien, die Verblendung und Leiden verursachen können, wenn sie transformiert werden, als Katalysatoren für Erleuchtung dienen.

Ein besonderer Aspekt seiner Lehrmethodik war die Verwendung von "geheimen Liedern" (Dohas) und symbolischen Handlungen, um tiefgründige spirituelle Wahrheiten zu vermitteln. Diese poetischen Gesänge und paradoxen Demonstrationen umgingen den konzeptuellen Verstand und zielten auf direkte Einsicht ab. Einige dieser Lieder sind in Sammlungen tantrischer Dichtung erhalten geblieben und werden bis heute als kraftvolle spirituelle Anleitungen geschätzt.

Dombipa gilt als einer der Haupthalter der Übertragungslinie des Hevajra-Tantra, das später zu einem der wichtigsten Praktikasysteme in der tibetischen Sakya-Tradition wurde. Seine Interpretation und Praxis dieser tantrischen Lehren betonten die Einheit von großer Glückseligkeit (Mahasukha) und Leerheit (Shunyata) als Weg zur Erleuchtung.

Die Übertragungslinie von Dombipas Lehren floss in verschiedene buddhistische Traditionen ein. In Tibet wurde er besonders in der Sakya- und Kagyu-Schule verehrt, wo seine Lehren zum Hevajra-Tantra und seine Methoden der direkten Verwirklichung weiterentwickelt wurden. In Nepal und Teilen Indiens übten seine unkonventionellen Ansätze Einfluss auf verschiedene esoterische Traditionen aus, sowohl buddhistische als auch nicht-buddhistische.

Ein wichtiges Element von Dombipas spirituellem Vermächtnis ist das Konzept der "Einheit in der Vielfalt" – die Erkenntnis, dass die scheinbaren Gegensätze und Unterschiede in der Erscheinungswelt letztendlich in einer tieferen, nicht-dualen Realität vereint sind. Diese Sichtweise manifestiert sich in seiner eigenen Lebensgeschichte, in der die extremen Polaritäten von königlichem Reichtum und asketischer Armut, hohem und niedrigem sozialen Status, in einer verwirklichten Perspektive transzendiert werden.

Bedeutung und Nachwirkung

Die historische und spirituelle Bedeutung von Dombipa reicht weit über seine Lebenszeit hinaus und übt bis heute einen tiefgreifenden Einfluss auf verschiedene buddhistische Traditionen aus. Er repräsentiert einen wichtigen Strang in der Entwicklung des Vajrayana-Buddhismus und dessen Ausbreitung von Indien nach Tibet, Nepal und darüber hinaus.

Dombipas Geschichte verkörpert auf besonders kraftvolle Weise ein zentrales Prinzip des tantrischen Buddhismus: die Überwindung dualistischer Konzepte und sozialer Konventionen als Weg zur spirituellen Befreiung. Sein radikaler Bruch mit der gesellschaftlichen Ordnung seiner Zeit – der Übergang vom König zum wandernden Yogi, der mit einer Frau niederer Kaste praktizierte – dient als lebendiges Beispiel für die tantrische Sichtweise, dass wahre spirituelle Verwirklichung jenseits sozialer Kategorien und kultureller Konditionierungen liegt.

In der tibetischen Tradition wird Dombipa als wichtiger Linienhalter verehrt, besonders im Zusammenhang mit dem Hevajra-Tantra. Seine Lehren und Praktiken wurden in verschiedene Übertragungslinien integriert, wobei seine Betonung der direkten Erfahrung und der Transformation statt Unterdrückung von Emotionen einen bleibenden Einfluss auf die Sakya- und Kagyu-Traditionen hinterließ.

Die symbolische Bedeutung des Tigerreitens als Metapher für die Transformation wilder geistiger Energien hat das buddhistische Denken und die künstlerische Darstellung nachhaltig geprägt. Diese kraftvolle Symbolik inspiriert bis heute Praktizierende, sich ihren eigenen inneren "Tigern" – den ungezähmten Aspekten des Geistes – zu stellen und sie in den Dienst der Erleuchtung zu stellen.

Über den buddhistischen Kontext hinaus hat Dombipas Lebensgeschichte eine breitere kulturelle Resonanz als Symbol für radikale persönliche Transformation und die Überwindung gesellschaftlicher Beschränkungen. Seine Geschichte illustriert die universelle menschliche Suche nach Freiheit von sozialen Zwängen und die Möglichkeit einer tieferen, authentischeren Existenz jenseits kultureller Konditionierungen.

In der zeitgenössischen spirituellen Landschaft dient Dombipas Beispiel als Inspiration für einen nicht-dualistischen spirituellen Ansatz, der weder weltliche Erfahrung unterdrückt noch ihr verhaftet bleibt, sondern sie stattdessen in einen Pfad der Befreiung transformiert. Diese Perspektive gewinnt in der heutigen Zeit, in der traditionelle religiöse und kulturelle Grenzen zunehmend hinterfragt werden, besondere Relevanz.

Darstellung in der Kunst

In der buddhistischen Kunsttradition hat die faszinierende Figur des Dombipa eine reiche ikonographische Entwicklung erfahren. Seine Darstellungen in Thangka-Malereien, Skulpturen und Wandgemälden sind sowohl aus künstlerischer als auch aus spiritueller Perspektive bedeutsam und dienen als Fokus für Meditation und Verehrung.

Die charakteristischste und bekannteste Darstellung zeigt Dombipa reitend auf einem Tiger – ein kraftvolles Bild, das zum visuellen Synonym für diesen Mahasiddha geworden ist. In diesen Darstellungen erscheint er meist mit einfacher Kleidung oder nur mit einem Lendenschurz bekleidet, was seinen Verzicht auf königlichen Luxus symbolisiert. Seine Haare sind oft ungebunden und wild, ein äußeres Zeichen seiner Befreiung von gesellschaftlichen Konventionen. In einer Hand hält er typischerweise eine Kapala (Schädelschale), ein wichtiges tantrisches Ritualobjekt, das die Überwindung des Ego symbolisiert.

In komplexeren Darstellungen wird Dombipa oft gemeinsam mit seiner Gefährtin, der Dombi-Frau, abgebildet. Diese Bilder veranschaulichen das tantrische Prinzip der Vereinigung von männlichen und weiblichen Energien, von Methode (Upaya) und Weisheit (Prajna). Die Dombi-Frau wird dabei häufig in gleichwertiger Größe dargestellt, was ihre Bedeutung als spirituelle Lehrerin und nicht nur als Gefährtin unterstreicht.

Die kunsthistorische Entwicklung der Dombipa-Darstellungen spiegelt verschiedene kulturelle Einflüsse wider. Frühe indische Darstellungen betonen oft seine yogische Erscheinung und die dramatische Natur seiner spirituellen Transformation. Tibetische Interpretationen integrieren ihn in komplexere ikonographische Programme, wo er häufig als Teil der Lineage-Bäume verschiedener Übertragungslinien erscheint oder in Versammlungen der 84 Mahasiddhas.

Besonders in der Himalaya-Region haben sich regionale Variationen seiner Darstellung entwickelt. In Nepal wird er manchmal mit lokalen Gottheiten und Schutzgeistern in Verbindung gebracht, während in Bhutan seine Verbindung zum wilden Tiger betont wird, was mit lokalen Traditionen der Naturverehrung resoniert.

In der zeitgenössischen buddhistischen Kunst wird die Figur des Dombipa weiterhin als kraftvolles Symbol spiritueller Transformation dargestellt. Moderne Künstler experimentieren mit neuen Interpretationen seiner Geschichte, wobei einige die psychologischen Aspekte seiner Transformation betonen, während andere seine Bedeutung als Symbolgestalt sozialer Befreiung hervorheben.

Die künstlerischen Darstellungen Dombipas dienen nicht nur ästhetischen Zwecken, sondern erfüllen auch wichtige spirituelle Funktionen. Als Fokus für Visualisierungspraktiken helfen sie Praktizierenden, sich mit den Qualitäten dieses verwirklichten Meisters zu verbinden und seine transformative Reise innerlich nachzuvollziehen. In diesem Sinne sind die Bilder Dombipas nicht nur Repräsentationen einer historischen Figur, sondern lebendige Vermittler spiritueller Kräfte und Inspiration.

Schlussbetrachtung

Die Geschichte des Mahasiddha Dombipa, des Tigerreiters, verkörpert den transformativen Kern des tantrischen Buddhismus in seiner radikalsten und inspirierendsten Form. Seine Reise vom privilegierten König zum verwirklichten

Yogi führt uns die tiefgreifende buddhistische Erkenntnis vor Augen, dass wahre Freiheit nicht in äußeren Umständen, sondern in der inneren Transformation von Geist und Bewusstsein zu finden ist.

Dombipas Lebensgeschichte spricht uns auf mehreren Ebenen an: Als historisches Beispiel eines Menschen, der den Mut hatte, gesellschaftliche Konventionen zu durchbrechen und seinem spirituellen Weg ungeachtet sozialer Sanktionen zu folgen; als symbolische Erzählung, die grundlegende buddhistische Prinzipien wie die Überwindung dualistischen Denkens und die Transformation anstatt Unterdrückung von Emotionen veranschaulicht; und als zeitlose Inspiration für jeden, der nach authentischer spiritueller Verwirklichung jenseits kultureller Konditionierungen strebt.

Die Symbolik des Tigerreitens bleibt besonders kraftvoll und relevant. Der Tiger repräsentiert die wilden, ungezähmten Aspekte unseres eigenen Geistes – unsere Leidenschaften, Ängste und Begierden. Dombipas Fähigkeit, auf dem Tiger zu reiten, zeigt die tantrische Vision, dass diese Energien nicht unterdrückt oder abgelehnt werden müssen, sondern transformiert und in den Dienst der Befreiung gestellt werden können. In einer Zeit, in der viele spirituelle Traditionen mit der Unterdrückung oder Verleugnung menschlicher Leidenschaften arbeiten, bietet Dombipas Beispiel eine alternative Perspektive: die Integration und Transformation aller Aspekte unserer Erfahrung.

Die fortwährende Präsenz Dombipas in der buddhistischen Tradition – in Überlieferungen, künstlerischen Darstellungen und lebendigen spirituellen Praktiken – zeugt von der zeitlosen Relevanz seiner Geschichte. Sie erinnert uns daran, dass der Pfad zur Erleuchtung nicht in der Flucht vor der Welt, sondern in ihrer vollständigen und bewussten Durchdringung liegt. In einer Zeit zunehmender gesellschaftlicher Polarisierung bietet seine Überwindung sozialer Grenzen und dualistischer Konzepte eine zeitgemäße und inspirierende Vision spiritueller Möglichkeiten.

So steht Dombipa, der königliche Tigerreiter, als leuchtende Gestalt in der Galerie der großen spirituellen Meister – nicht nur als historische Figur der buddhistischen Vergangenheit, sondern als lebendiges Symbol für die transformative Kraft des menschlichen Bewusstseins und die Möglichkeit radikaler spiritueller Befreiung inmitten der Welt.

2.24 Dukhandi - Der Aasfresser

Herkunft

Die genaue historische Einordnung Dukhandis ist schwierig, da die Überlieferungen zu den Mahasiddhas oft zwischen historischen Fakten und mythologischen Elementen changieren. Die meisten Quellen verorten ihn im mittelalterlichen Indien, vermutlich zwischen dem 8. und 12. Jahrhundert n. Chr., einer Blütezeit tantrischer Praktiken im indischen Buddhismus.

Über Dukhandis frühe Jahre und familiäre Herkunft ist wenig bekannt. Einigen Überlieferungen zufolge stammte er aus einer niedrigen Kaste und lebte am Rande der Gesellschaft. Andere Quellen deuten an, dass er möglicherweise aus einer wohlhabenden Familie kam und bewusst ein Leben in extremer Askese wählte. Diese Unklarheit entspricht dem Muster vieler Mahasiddha-Biografien, die den Fokus weniger auf historische Details als auf die spirituelle Transformation und die daraus resultierenden Lehren legen.

Dukhandi soll in einer Region Nordindiens gelebt haben, möglicherweise in der Nähe von Leichenverbrennungsplätzen oder Friedhöfen – Orte, die im tantrischen Buddhismus als kraftvolle Plätze für spirituelle Praxis gelten, da sie die Vergänglichkeit des Lebens unmittelbar erfahrbar machen und die Konfrontation mit gesellschaftlichen Tabus fördern.

Besondere Eigenschaften

Was Dukhandi von vielen anderen spirituellen Meistern unterschied, war seine extreme Lebensweise und sein bewusster Bruch mit gesellschaftlichen Normen und Reinheitsvorstellungen. Sein Beiname "der Aasfresser" verweist auf seine Praxis, sich von Leichenfleisch zu ernähren – ein Verhalten, das in der indischen Gesellschaft mit ihrer strengen Reinheitsethik als äußerst unrein und abstoßend galt.

Dukhandi zeichnete sich durch völlige Furchtlosigkeit und die Fähigkeit aus, in Umgebungen zu leben, die die meisten Menschen als unerträglich empfinden würden. Er verbrachte seine Tage und Nächte auf Verbrennungsplätzen, umgeben von Leichen, Asche und den Überresten der Toten. Diese Orte, die normalerweise gemieden wurden, waren für ihn Stätten der Kontemplation und spirituellen Praxis.

Äußerlich soll Dukhandi abstoßend und furchteinflößend gewirkt haben. Beschreibungen schildern ihn mit verfilztem Haar, einem ausgemergelten Körper und von Asche bedeckter Haut. Seine Kleidung bestand aus Fetzen von Leichentüchern, und er trug möglicherweise Knochenschmuck, wie es bei tantrischen Praktizierenden üblich war. Sein Erscheinungsbild diente nicht nur praktischen Zwecken, sondern war auch ein äußeres Zeichen seiner inneren Transformation und der Überwindung gesellschaftlicher Konventionen.

Trotz oder gerade wegen seines abstoßenden Äußeren und seiner extremen Lebensweise soll Dukhandi eine besondere Ausstrahlung besessen haben. Jene, die den Mut aufbrachten, sich ihm zu nähern, berichteten von einer unerwarteten Präsenz und Klarheit, die im Kontrast zu seinem äußeren Erscheinungsbild stand. Diese Dualität zwischen äußerer Erscheinung und innerer Realität verkörpert ein zentrales Prinzip des tantrischen Buddhismus: die Einheit von Samsara und Nirvana, von weltlicher Erscheinung und letztendlicher Wahrheit.

Geschichte der Erleuchtung

Die Überlieferungen zu Dukhandis Weg zur Erleuchtung folgen einem Muster, das für viele Mahasiddha-Geschichten charakteristisch ist: eine tiefe Krise oder ein Wendepunkt, die Begegnung mit einem Meister, die Initiation in eine tantrische Praxis und schließlich die Verwirklichung durch kompromisslose Hingabe an diese Praxis.

Einer Legende nach war Dukhandi ursprünglich ein konventioneller Buddhist, möglicherweise sogar ein Mönch, der trotz jahrelanger Studien und Meditationen keine tiefgreifende spirituelle Erfahrung machen konnte. In einer Phase tiefer Verzweiflung begegnete er einem tantrischen Meister, der erkannte, dass Dukhandi einen radikalen Ansatz benötigte, um seine tief verwurzelten Konzepte und Anhaftungen zu überwinden.

Dieser Meister soll Dukhandi in die Praxis des "Chöd" eingeführt haben – ein tantrisches Ritual, bei dem der Praktizierende seinen eigenen Körper als Opfergabe für hungrige Geister und Dämonen visualisiert. Diese Praxis zielt darauf ab, das Ego und die Identifikation mit dem Körper zu überwinden. Für Dukhandi ging diese Praxis jedoch über die bloße Visualisierung hinaus: Er begann, tatsächlich an Leichenverbrennungsplätzen zu leben und sich von den Überresten der Toten zu ernähren.

Was zunächst als extreme Askese oder gar als Wahnsinn erscheinen mochte, war in Wirklichkeit eine tiefgründige spirituelle Praxis. Durch die bewusste Überwindung der grundlegendsten Tabus und Abneigungen – insbesondere der Furcht vor dem Tod und dem Ekel vor Verwesung – konfrontierte Dukhandi die tiefsten Schichten seiner konditionierten Wahrnehmung. Er transformierte Abscheu in Akzeptanz, Furcht in Mitgefühl und konventionelle Konzepte von "rein" und "unrein" in die Erkenntnis der grundlegenden Leerheit aller Phänomene.

Nach Überlieferungen erreichte Dukhandi seine Erleuchtung in einer Nacht, als er das Fleisch eines kürzlich verstorbenen Kindes aß. In diesem Moment extremster Grenzüberschreitung erlebte er die vollständige Auflösung aller dualistischen Konzepte und erkannte die wahre Natur des Geistes – unbegrenzt, nicht-dualistisch und jenseits aller konzeptionellen Kategorien. Diese Erfahrung transformierte ihn vollständig und ließ ihn als verwirklichten Mahasiddha hervortreten.

Leben und Tod

Nach seiner Erleuchtung setzte Dukhandi seine unkonventionelle Lebensweise fort, nun jedoch nicht mehr als Praxis zur Überwindung von Anhaftungen, sondern als lebendiges Beispiel der Freiheit von konzeptionellen Begrenzungen. Er lebte weiterhin an Leichenverbrennungsplätzen, nicht aus Zwang, sondern als Ausdruck seiner Verwirklichung und als Möglichkeit, anderen zu helfen, die bereit waren, konventionelle Pfade zu verlassen.

Es wird überliefert, dass Dukhandi trotz seiner abstoßenden Erscheinung und extremen Lebensweise Schüler anzog – Menschen, die in ihm die Verkörperung einer Freiheit erkannten, die jenseits gesellschaftlicher Normen und konzeptioneller Begrenzungen lag. Seine Lehrmethoden waren ebenso unkonventionell wie sein Leben. Oft unterrichtete er nicht durch Worte, sondern durch provokative Handlungen, die die festgefahrenen Denkmuster seiner Schüler erschütterten und sie zu direkten Einsichten führten.

Über Dukhandis Tod gibt es verschiedene Überlieferungen. Einigen zufolge starb er einen gewöhnlichen Tod und sein Körper wurde auf einem Verbrennungsplatz – dem Ort, den er im Leben bevorzugt hatte – kremiert. Andere Quellen berichten, dass er seinen physischen Körper transzendierte und in einen "Regenbogenkörper" transformierte – eine im tibetischen Buddhismus beschriebene höchste Verwirklichung, bei der der physische Körper in reines Licht aufgelöst wird.

Eine besonders poetische Überlieferung besagt, dass Dukhandi, als er spürte, dass sein Tod nahte, sich auf einen Leichenverbrennungsplatz begab und inmitten der Überreste anderer starb – sein Körper vermischte sich mit denen, die ihm in seinem Leben als Nahrung gedient hatten, und symbolisierte so die letztendliche Einheit aller Existenz.

Lehren und Übertragungen

Obwohl Dukhandi selbst vermutlich keine schriftlichen Aufzeichnungen hinterließ, wurden seine Lehren durch mündliche Überlieferungen und die Berichte seiner Schüler bewahrt. Seine zentralen Lehren konzentrierten sich auf mehrere Kernaspekte:

1. Die Überwindung dualistischer Konzepte: Dukhandis radikale Praxis verkörperte die tantrische Einsicht, dass Kategorien wie "rein" und "unrein", "heilig" und "profan" letztendlich konzeptionelle Konstrukte sind, die überwunden werden müssen, um wahre Freiheit zu erlangen.

2. Die Transformation von Abscheu in Akzeptanz: Durch seine bewusste Konfrontation mit dem gesellschaftlich Abgelehnten demonstrierte er, wie selbst die tiefsten Abneigungen in Weisheit transformiert werden können.

3. Die unmittelbare Erfahrung der Vergänglichkeit: Durch sein Leben inmitten des Todes verkörperte Dukhandi eine direkte und kompromisslose Auseinandersetzung mit der Vergänglichkeit – nicht als intellektuelles Konzept, sondern als gelebte Realität.

4. Die Freiheit jenseits sozialer Konventionen: Sein Leben demonstrierte, dass wahre spirituelle Freiheit oft die Bereitschaft erfordert, gesellschaftliche Normen zu hinterfragen und im Extremfall zu durchbrechen.

Dukhandis Lehren wurden in verschiedene tantrische Linien des tibetischen Buddhismus integriert, insbesondere in die Praxis des Chöd, die von der berühmten tibetischen Yogini Machig Labdrön (1055-1149) systematisiert wurde. Obwohl nicht direkt belegt ist, dass Machig Labdrön Dukhandis Lehren kannte, gibt es auffällige Parallelen in der Praxis des Chöd und Dukhandis extremem Ansatz zur Überwindung von Ego-Anhaftung.

Im Kontext der Vajrayana-Tradition des tibetischen Buddhismus wird Dukhandi manchmal als ein Beispiel für den "verrückten Weisheitsansatz" (tib. "yeshe cholwa") angeführt – einen Pfad, der konventionelle Normen bewusst durchbricht, um tiefsitzende Anhaftungen und Konditionierungen zu überwinden.

Diese Tradition betont, dass solche extremen Praktiken nur für sehr fortgeschrittene Praktizierende geeignet sind und nicht leichtfertig nachgeahmt werden sollten.

Bedeutung und Nachwirkung

Die Bedeutung Dukhandis liegt weniger in der Gründung einer spezifischen Schule oder Linie als in der symbolischen Kraft seiner radikalen Praxis und der darin verkörperten Prinzipien. Er repräsentiert einen Aspekt des spirituellen Spektrums, der die Grenzen des konventionell Akzeptierten bewusst überschreitet.

In der buddhistischen Tradition dient seine Geschichte als kraftvolles Beispiel für mehrere zentrale Lehren:

1. Die Möglichkeit der Transformation: Dukhandis Geschichte zeigt, dass selbst die extremsten Bedingungen und tiefsten Abneigungen in den Pfad zur Erleuchtung transformiert werden können.

2. Die Vielfalt spiritueller Wege: Seine unkonventionelle Praxis unterstreicht die buddhistische Erkenntnis, dass es viele Wege zur Erleuchtung gibt, die den unterschiedlichen Veranlagungen und Bedürfnissen der Praktizierenden entsprechen.

3. Die Relativität kultureller Normen: Sein bewusster Bruch mit gesellschaftlichen Tabus illustriert die buddhistische Einsicht, dass kulturelle Konventionen relativ und letztendlich leer von inhärenter Existenz sind.

In der modernen Zeit dient Dukhandis Geschichte als herausfordernde Erinnerung an die potenzielle Radikalität authentischer spiritueller Praxis. In einer Ära, in der spirituelle Lehren oft verwässert und an westliche Konsumgewohnheiten angepasst werden, stellt seine kompromisslose Hingabe eine provokative Gegenposition dar.

Gleichzeitig wird seine Geschichte oft mit dem Hinweis vermittelt, dass solch extreme Praktiken nicht für jeden geeignet sind und dass die zugrundeliegenden Prinzipien – wie die Überwindung dualistischer Konzepte und die Transformation von Abneigung – auf vielfältige, dem eigenen Temperament angemessene Weise praktiziert werden können.

Darstellung in der Kunst

In der tibetischen und himalayischen Kunst wird Dukhandi als einer der 84 Mahasiddhas dargestellt, typischerweise in einer Weise, die seine ungewöhnliche Erscheinung und Lebensweise hervorhebt. Diese Darstellungen folgen ikonografischen Konventionen, die seine wesentlichen Attribute und symbolischen Qualitäten betonen.

Typischerweise wird er mit ausgemergeltem Körper dargestellt, oft mit verfilztem Haar und von Asche bedeckter Haut. Er trägt minimale Kleidung, meist nur ein Lendentuch oder Fetzen von Leichentüchern. Seine Umgebung ist in der Regel ein Leichenverbrennungsplatz, erkennbar an Totenschädeln, Knochen und anderen Überresten. Manchmal wird er beim Verzehr von Leichenfleisch dargestellt – eine visuelle Darstellung, die sowohl abschreckend als auch transformativ wirken soll.

In Thangka-Malereien erscheint Dukhandi oft als Teil von Darstellungen der 84 Mahasiddhas, wo er neben anderen unkonventionellen Meistern wie Virupa, Tilopa und Naropa gezeigt wird. Diese Gruppendarstellungen betonen die Vielfalt spiritueller Pfade und die unkonventionelle Natur tantrischer Praxis.

Eine wichtige symbolische Dimension dieser Darstellungen liegt in ihrer Funktion als "Spiegel" für den Betrachter. Die erschreckende und abstoßende Darstellung Dukhandis soll nicht nur historische oder hagiografische Information vermitteln, sondern den Betrachter dazu bringen, seine eigenen Reaktionen von Abscheu und Ablehnung zu beobachten und zu reflektieren. Auf diese Weise werden die Kunstwerke selbst zu Werkzeugen der Kontemplation und spirituellen Praxis.

In zeitgenössischen Interpretationen wird Dukhandi manchmal in einer weniger wörtlichen, stärker symbolischen Weise dargestellt, die die psychologischen und spirituellen Dimensionen seiner Praxis betont, ohne die graphischen Aspekte übermäßig hervorzuheben. Diese neueren Darstellungen reflektieren ein verändertes Verständnis tantrischer Symbolik, das die innere Transformation stärker betont als äußere extreme Praktiken.

Schlussbetrachtung

Die Gestalt des Mahasiddha Dukhandi – des Aasfressers – verkörpert eine der extremsten und herausforderndsten Manifestationen der tantrischen Tradition des Buddhismus. Seine Geschichte und Praxis stellen fundamentale Fragen nach der Natur von Reinheit und Unreinheit, nach den Grenzen gesellschaftlicher Konventionen und nach dem Wesen authentischer spiritueller Transformation.

In einer Zeit, in der spirituelle Praktiken oft kosmetisch angepasst und entschärft werden, um massentauglich zu sein, erinnert Dukhandis kompromisslose Radikalität daran, dass wahre spirituelle Transformation manchmal die Bereitschaft erfordert, tief verwurzelte Konditionierungen und Abneigungen direkt zu konfrontieren. Gleichzeitig mahnt seine Geschichte zur Vorsicht vor leichtfertiger Nachahmung extremer Praktiken ohne angemessene Vorbereitung und Führung.

Die bleibende Bedeutung Dukhandis liegt nicht in der wörtlichen Nachahmung seiner extremen Lebensweise, sondern in den zeitlosen Prinzipien, die sein Leben verkörpert: die Möglichkeit, Abneigung in Akzeptanz zu transformieren, die Überwindung dualistischer Konzepte und die Erkenntnis, dass wahre Freiheit oft jenseits konventioneller Normen und Begrenzungen liegt.

Als eine der faszinierendsten und verstörendsten Gestalten in der Galerie der Mahasiddhas erinnert Dukhandi uns daran, dass der Pfad zur Erleuchtung manchmal durch die dunkelsten und am meisten gefürchteten Aspekte unserer Existenz führt – und dass in der bewussten Konfrontation mit diesen Aspekten eine tiefe Befreiung und Transformation möglich ist.

2.25 Ghantapa: Der zölibatäre Glöckner

Herkunft

Die historischen Quellen über Ghantapas frühe Jahre sind, wie bei vielen Mahasiddhas, von legendenhaften Elementen durchdrungen. Nach traditionellen Überlieferungen wurde er im östlichen Indien geboren, vermutlich in der Region des heutigen Bihar oder Bengalen. Er stammte aus einer Brahmanenfamilie und erhielt eine umfassende Ausbildung in vedischen Schriften und brahmanischen Ritualen.

Schon in jungen Jahren soll Ghantapa eine tiefe Unzufriedenheit mit den formalen religiösen Praktiken seiner Zeit verspürt haben. Die Suche nach tieferer spiritueller Bedeutung führte ihn schließlich zum buddhistischen Pfad. Er verließ sein Zuhause und begab sich auf eine spirituelle Reise, die ihn zu verschiedenen Lehrern und heiligen Stätten in Indien führte.

Die Überlieferungen erwähnen, dass er zunächst im Kloster Nalanda studierte, dem berühmten buddhistischen Lernzentrum, wo er sich mit den Sutras und den grundlegenden Lehren des Mahayana-Buddhismus vertraut machte. Später wurde er von der Tiefe der tantrischen Lehren angezogen und erhielt Einweihungen in verschiedene tantrische Praktiken, insbesondere in die Chakrasamvara-Tradition.

Besondere Eigenschaften

Ghantapa zeichnete sich durch mehrere herausragende Eigenschaften aus, die ihn unter den Mahasiddhas seiner Zeit hervorhoben:

Zunächst war da seine unerschütterliche Hingabe zum Zölibat. In einer Tradition, in der tantrische Praktizierende oft mit Partnerinnen praktizierten (als Symbol der Vereinigung von Weisheit und Mitgefühl), hielt Ghantapa streng an seinem Gelübde der Enthaltsamkeit fest – eine Eigenschaft, die später in seiner Legende eine zentrale Rolle spielen sollte.

Weiterhin besaß er ein außergewöhnliches Durchhaltevermögen in der Meditation. Es wird berichtet, dass er fähig war, über lange Zeiträume in tiefer Versenkung zu verweilen, unberührt von äußeren Umständen oder körperlichen Bedürfnissen. Diese Fähigkeit ermöglichte ihm tiefe Einsichten in die Natur der Wirklichkeit.

Ghantapa war auch für seine direkte und unkonventionelle Lehrmethode bekannt. Er bevorzugte die unmittelbare Erfahrung gegenüber intellektuellen Diskussionen und lehrte oft durch provokative Handlungen oder Paradoxa, die den Geist seiner Schüler aus gewohnten Denkmustern lösen sollten.

Eine weitere bemerkenswerte Eigenschaft war seine Bescheidenheit. Trotz seiner tiefen Verwirklichung lebte er ein einfaches Leben als Waldeinsiedler und vermied jeglichen Prunk oder weltliche Anerkennung. Er trug als äußeres Zeichen seiner spirituellen Praxis lediglich eine kleine Handglocke (Ghanta) und einen Vajra (ritueller Donnerkeil), Symbole der weiblichen und männlichen Aspekte der tantrischen Praxis.

Geschichte der Erleuchtung

Die Geschichte von Ghantapas Erleuchtung ist untrennbar mit seiner berühmtesten Legende verbunden, die sowohl seine tiefe Verwirklichung als auch die transformative Kraft des tantrischen Pfades illustriert.

Nach Jahren intensiver Praxis ließ sich Ghantapa in einem Wald in der Nähe der Stadt Pataliputra (dem heutigen Patna) nieder. Sein Ruf als verwirklichter Meister verbreitete sich, und viele Menschen, darunter auch der lokale König, begannen, ihn zu verehren und ihm Opfergaben darzubringen.

Der König von Pataliputra war beeindruckt von Ghantapas spiritueller Ausstrahlung, wurde jedoch von Zweifeln geplagt, ob der Yogi tatsächlich über alle weltlichen Begierden erhaben war. Um ihn zu prüfen, sandte er eine junge Brauerstochter zu Ghantapas Waldeinsiedelei mit dem Auftrag, den Meister zu verführen und sein Zölibatsgelübde zu brechen.

Die junge Frau versuchte über einen langen Zeitraum, Ghantapas Aufmerksamkeit zu erlangen, indem sie ihm täglich Nahrung brachte und verschiedene Dienste anbot. Zunächst ignorierte Ghantapa ihre Annäherungsversuche vollständig. Nach vielen Monaten beständiger Bemühungen gewährte er ihr schließlich, ihm als Dienerin beizustehen, bestand jedoch auf der strikten Einhaltung spiritueller Disziplin.

Die tiefere transformative Wendung in der Geschichte erfolgte, als die junge Frau selbst spirituelles Interesse entwickelte und Ghantapa sie in tantrische Praktiken einweihte. In einigen Versionen der Legende wird erzählt, dass sie nach einigen Jahren ein Kind gebar – eine metaphorische Darstellung der aus der spirituellen Praxis geborenen Erleuchtungserfahrung.

Als der König erfuhr, dass Ghantapa nun mit einer Frau und einem Kind lebte, fühlte er sich in seinen Zweifeln bestätigt. Er organisierte ein großes Fest und lud alle heiligen Männer der Region ein, darunter auch Ghantapa. Als der Yogi mit seiner "Familie" erschien, verspottete ihn der König öffentlich für seine vermeintliche Heuchelei.

In diesem Moment der größten Herausforderung offenbarte Ghantapa seine wahre Verwirklichung: Er warf das Kind und einen Weinbecher, den er trug, zu Boden. Anstatt zu zerbrechen, verwandelte sich der Weinbecher in einen See, und das Kind in einen Vajra. Ghantapa selbst manifestierte sich als Chakrasamvara in Vereinigung mit seiner Gefährtin Vajravarahi, beide schwebend über dem magisch erschienenen See.

Diese Manifestation symbolisiert den Höhepunkt von Ghantapas Verwirklichung – die vollkommene Integration von Weisheit und Mitgefühl, von Leere und Erscheinung, von weltlichem Leben und spiritueller Praxis. Die scheinbar weltliche Beziehung enthüllte sich als tiefe tantrische Praxis, die zur vollkommenen Erleuchtung führte.

Leben und Tod

Nach dieser dramatischen Offenbarung seiner erleuchteten Natur setzte Ghantapa sein Wirken als Lehrer fort, nun jedoch in einer offeneren Form. Er reiste durch verschiedene Regionen Indiens und später auch nach Tibet, wo er zahlreiche Schüler in den tantrischen Praktiken unterwies.

Über Ghantapas physischen Tod existieren verschiedene Überlieferungen. Nach einigen Quellen verließ er seinen Körper in einer dramatischen öffentlichen Demonstration, indem er sich in reines Licht auflöste – ein Phänomen, das im tibetischen Buddhismus als "Regenbogenkörper" bekannt ist. Andere Traditionen berichten, dass er einfach in einer abgelegenen Höhle meditierend verschied, nachdem er seine wichtigsten Übertragungen an seine Hauptschüler weitergegeben hatte.

Die tantrische Tradition betrachtet den physischen Tod eines Mahasiddhas jedoch nicht als Ende seines Wirkens. Ghantapa wird als vollständig erleuchtetes Wesen angesehen, das weiterhin zum Wohl aller Wesen wirkt – sei es in reinen Buddha-Bereichen oder durch bewusste Wiedergeburten als spiritueller Lehrer.

Lehren und Übertragungen

Ghantapas Hauptbeitrag zur buddhistischen Tradition liegt in seinen Übertragungen und Kommentaren zu tantrischen Praktiken, insbesondere zu den Chakrasamvara-Tantras. Diese gehören zu den höchsten Yoga-Tantras im tibetischen Buddhismus und enthalten fortgeschrittene Visualisierungs- und Energiepraktiken, die darauf abzielen, den Praktizierenden direkt zur Buddhaschaft zu führen.

Besonders bedeutsam sind Ghantapas Lehren über die Integration von scheinbaren Gegensätzen: Wie seine eigene Geschichte illustriert, betonte er, dass Erleuchtung nicht durch Vermeidung weltlicher Erscheinungen, sondern durch deren Transformation erreicht wird. Die tiefere Bedeutung seiner Legende liegt in der Erkenntnis, dass die vermeintliche Dualität zwischen Samsara (dem Kreislauf der Existenz) und Nirvana (der Erleuchtung) eine Illusion ist.

Ghantapa entwickelte spezifische Meditationstechniken, die den Umgang mit Begierde und Anhaftung neu interpretierten. Statt diese Emotionen zu unterdrücken, lehrte er Methoden, ihre Energie in den spirituellen Pfad zu integrieren – eine Praxis, die als "Umwandlung von Gift in Medizin" bekannt ist.

Zu seinen wichtigsten Übertragungen gehören:

1. Die "Luipa-Tradition" des Chakrasamvara-Tantra, eine spezifische Linie der Praxis, die später in Tibet große Bedeutung erlangte

2. Fortgeschrittene Methoden der Arbeit mit den subtilen Energiekanälen (Nadis) und Energiezentren (Chakras) des Körpers

3. Die "Vier Freuden" (Vier Mudras) – eine tiefgründige Lehre über die Natur des Bewusstseins und seine verschiedenen Ebenen der Glückseligkeit

4. Visualisierungspraktiken, die die Transformation des gewöhnlichen Körpers und Geistes in den erleuchteten Körper und Geist einer Gottheit ermöglichen

Bedeutung und Nachwirkung

Ghantapas Einfluss auf die Entwicklung des tantrischen Buddhismus, insbesondere in seiner tibetischen Form, kann kaum überschätzt werden. Seine Lehrlinien wurden in Tibet von allen großen Schulen aufgenommen und weitergeführt.

In der Kagyu-Tradition wurde Ghantapas Chakrasamvara-Übertragung zu einer zentralen Praxis, die von Marpa dem Übersetzer nach Tibet gebracht und an Milarepa weitergegeben wurde. In der Sakya-Tradition bildeten seine Lehren einen wichtigen Bestandteil des "Lamdre" (Pfad und Frucht) Systems. Auch in der Gelug-Tradition wurden seine Übertragungen hochgeschätzt und vom ersten Dalai Lama, Gendün Drub, praktiziert und kommentiert.

Über den formellen religiösen Kontext hinaus dient Ghantapas Geschichte als kraftvolle Metapher für die Überwindung von Dualität und die Integration scheinbarer Gegensätze. Seine Legende inspiriert Praktizierende, über konventionelle Vorstellungen von Spiritualität hinauszugehen und die tiefere Einheit von weltlicher und spiritueller Existenz zu erkennen.

In der modernen Zeit findet Ghantapas Geschichte Resonanz in Diskussionen über authentische Spiritualität jenseits äußerer Erscheinungen und über die Integration spiritueller Praxis in das alltägliche Leben. Seine Lehre, dass wahre spirituelle Verwirklichung nicht in der Flucht vor der Welt, sondern in ihrer Transformation liegt, spricht Menschen an, die nach einer ganzheitlichen spirituellen Praxis suchen.

Darstellung in der Kunst

Ghantapa nimmt einen besonderen Platz in der buddhistischen Ikonographie ein. Seine visuelle Darstellung folgt üblicherweise dem Höhepunkt seiner Legende: Er wird meist stehend auf einem Fisch abgebildet, der einen See symbolisiert, mit einem Weinbecher in der rechten und einer Glocke in der linken Hand. Manchmal wird er auch mit seiner weiblichen Gefährtin dargestellt, beide schwebend über dem magisch erschienenen See.

In tibetischen Thangkas wird Ghantapa oft in einer Reihe von Szenen dargestellt, die seine gesamte Geschichte erzählen: seine frühe Zeit als Einsiedler, die Ankunft der Brauerstochter, das Leben mit ihr und dem Kind, die Konfrontation mit dem König und schließlich seine Transformation in die erleuchtete Form.

Besonders bemerkenswert sind die Ghantapa-Darstellungen in den Höhlentempeln von Dunhuang, die aus dem 10. Jahrhundert stammen und zu den frühesten visuellen Zeugnissen seiner Geschichte gehören. Hier wird er meist in einer dynamischen Pose gezeigt, die seine energetische Transformation verdeutlicht.

In der nepalesischen und ostindischen buddhistischen Kunst erscheint Ghantapa häufig in Bronzeskulpturen, die ihn in seiner erleuchteten Form als Chakrasamvara zeigen – mit mehreren Gesichtern und Armen, in Vereinigung mit seiner Gefährtin als Symbol der Einheit von Weisheit und Mitgefühl.

Eine besondere Variante der Darstellung findet sich in der mongolischen buddhistischen Kunst, wo Ghantapa oft als zentrales Element in größeren Mandalas erscheint, umgeben von Szenen aus seinen Lehren und seinem Leben.

Die künstlerischen Darstellungen Ghantapas dienen nicht nur der Erinnerung an seine Geschichte, sondern sind selbst Meditationsobjekte. Praktizierende verwenden diese Bilder als Unterstützung für Visualisierungspraktiken, bei denen sie sich selbst als Ghantapa oder Chakrasamvara visualisieren, um dessen erleuchtete Qualitäten zu verkörpern.

Schlussbetrachtung

Die Geschichte des Mahasiddha Ghantapa verkörpert den Kern des tantrischen Buddhismus: die Erkenntnis, dass Erleuchtung nicht durch Vermeidung oder Unterdrückung weltlicher Erscheinungen erreicht wird, sondern durch ihre Transformation. Seine Legende führt uns vor Augen, wie scheinbare Gegensätze – Zölibat und Partnerschaft, spirituelle Reinheit und weltliches Engagement, Erscheinung und Leere – letztlich in der erleuchteten Erfahrung transzendiert werden.

Ghantapas Leben lehrt uns, über oberflächliche Urteile und starre Kategorisierungen hinauszugehen. Was äußerlich als moralischer Fehltritt erscheinen mag, kann auf einer tieferen Ebene ein Ausdruck höchster spiritueller Verwirklichung sein. Diese Perspektive fordert uns heraus, unsere eigenen vorgefassten Meinungen über Spiritualität zu hinterfragen und uns für eine tiefere Wahrheit zu öffnen, die jenseits konventioneller Vorstellungen liegt.

In einer Zeit, in der spirituelle Praktiken oft von ihrem transformativen Kern getrennt und auf äußere Formen reduziert werden, erinnert uns Ghantapas Geschichte daran, dass wahre spirituelle Transformation eine radikale Neuinterpretation der Realität erfordert – nicht als Flucht aus der Welt, sondern als ihre tiefgreifende Neugestaltung im Licht der Erleuchtung.

Die Relevanz seiner Lehren erstreckt sich weit über den historischen und kulturellen Kontext hinaus, in dem sie entstanden sind. In einer modernen Welt, die oft von Dualismen und künstlichen Trennungen geprägt ist, bietet Ghantapas integrativer Ansatz einen Weg zur Harmonisierung scheinbarer Gegensätze und zur Entdeckung einer tieferen Einheit, die allen Erscheinungen zugrunde liegt.

So bleibt der zölibatäre Glöckner nicht nur eine faszinierende historische Figur oder ein Gegenstand religiöser Verehrung, sondern ein zeitloses Symbol für die transformative Kraft des spirituellen Pfades und die grenzenlose Natur des erleuchteten Geistes.

2.26 Gharbari - Der reuige Gelehrte

Herkunft

Über die frühen Jahre von Gharbari ist nur wenig mit Sicherheit überliefert. Nach den traditionellen Quellen wurde er vermutlich im 9. Jahrhundert in einer wohlhabenden brahmanischen Familie in Nordindien geboren. Als Sohn einer privilegierten Kaste erhielt er eine umfassende Ausbildung in den vedischen Schriften, Philosophie, Grammatik, Logik und anderen traditionellen Wissenschaften. Sein Geburtsort wird oft in der Region des heutigen Bihar oder Bengalen verortet, Gebiete, die damals bedeutende Zentren buddhistischer und hinduistischer Gelehrsamkeit waren.

Gharbari wuchs in einer Zeit auf, in der die tantrischen Traditionen des Buddhismus (Vajrayana) in Nordindien florierten und sich die verschiedenen Schulen des Mahamudra und der Dzogchen-Praxis zu entwickeln begannen. Diese historische Periode war geprägt von intensivem intellektuellem und spirituellem Austausch zwischen buddhistischen, hinduistischen und jainistischen Traditionen.

Besondere Eigenschaften

Was Gharbari vor seiner Transformation besonders auszeichnete, war sein außergewöhnlicher Intellekt und sein enzyklopädisches Wissen. Er soll sämtliche Schriften der vedischen und buddhistischen Tradition beherrscht haben und war für seine scharfsinnigen Debatten bekannt. Seine Redegewandtheit und sein logisches Denkvermögen machten ihn zu einem gefürchteten Gegner in philosophischen Auseinandersetzungen.

Gleichzeitig wird in den Überlieferungen sein übermäßiger Stolz und seine Arroganz betont. Er soll von sich selbst als dem "größten Gelehrten aller Zeiten" gesprochen und andere Weise und Praktizierende herabgewürdigt haben. Sein Wissen diente ihm hauptsächlich dazu, seinen eigenen Ruhm zu mehren und andere zu übertrumpfen, nicht aber der echten Weisheitssuche.

Nach seiner spirituellen Transformation zeichnete sich Gharbari durch genau die entgegengesetzten Eigenschaften aus: tiefe Demut, aufrichtige Hingabe an seinen Guru und kompromisslose Ehrlichkeit gegenüber sich selbst. Seine Geschichte illustriert eindrucksvoll die buddhistische Lehre, dass echte Weisheit nicht aus intellektuellem Wissen, sondern aus der direkten Erfahrung der Natur des Geistes erwächst.

Geschichte der Erleuchtung

Die Wende in Gharbaripa's Leben kam, als er auf einen einfachen, ungebildeten Yogi traf, der trotz seiner mangelnden formalen Bildung eine tiefe spirituelle Präsenz ausstrahlte. In einigen Überlieferungen wird dieser Yogi als der Mahasiddha Saraha identifiziert, in anderen als ein namenloser Meister der direkten Erfahrung.

Die bekannteste Version der Geschichte erzählt, wie Gharbari diesen Yogi zunächst verspottete und zu einer Debatte herausforderte. Der Yogi soll gelächelt und geantwortet haben: "Ich diskutiere nicht über Worte, aber ich kann dir zeigen, was jenseits der Worte liegt." Irritiert und herausfordernd stimmte Gharbari zu, ihm zu folgen.

Der Yogi führte ihn zu einer abgelegenen Höhle und gab ihm eine einfache Meditationsanweisung: "Beobachte deinen Geist ohne Konzepte." Gharbari, überzeugt davon, dass dies eine triviale Übung sei, begann mit der Meditation. Doch schon bald musste er erkennen, dass er trotz all seiner Gelehrsamkeit seinen eigenen Geist nicht kontrollieren konnte. Die Flut seiner Gedanken, Konzepte und gelehrten Zitate überwältigte ihn.

Nach drei Tagen intensiver Praxis erlebte er einen Moment tiefer Einsicht, als sein konzeptuelles Denken für einen Augenblick zur Ruhe kam und er die Natur seines Geistes direkt erfahren konnte. Diese Erfahrung erschütterte die Grundfesten seiner Identität als großer Gelehrter. Er erkannte, dass all sein Wissen nur Konzepte waren, die die direkte Erfahrung der Wirklichkeit verschleierten.

Als der Yogi zurückkehrte, fand er Gharbari in Tränen. Der einst stolze Gelehrte verneigte sich tief und bat, sein Schüler werden zu dürfen. Der Yogi nahm ihn an und gab ihm weitere Anweisungen zur Mahamudra-Meditation sowie tantrische Initiationen. Gharbari übte mit solcher Hingabe und Intensität, dass er innerhalb weniger Jahre die vollständige Erleuchtung erlangte und selbst zum Mahasiddha wurde.

Leben und Tod

Nach seiner spirituellen Transformation änderte Gharbari seinen Lebensstil radikal. Er gab all seinen Besitz auf und lebte fortan als wandernder Yogi. Anstatt in gelehrten Kreisen zu debattieren, suchte er nun die Gesellschaft einfacher Menschen, Ausgestoßener und anderer Yogis. Er soll gesagt haben: "Früher kannte ich tausend Worte für die Wahrheit, jetzt lebe ich sie schweigend."

In dieser Zeit wurde er als Gharbaripa bekannt – "der, der in die Höhle ging und als ein anderer wieder herauskam". Seine Lehrmethode war direkt und oft unkonventionell. Er konfrontierte Menschen mit ihren eigenen geistigen Begrenzungen und zeigte ihnen durch sein Beispiel einen Weg zur Befreiung.

Gharbaripa soll mehrere Jahrzehnte als wandernder Lehrer gewirkt haben. Über seinen Tod existieren verschiedene Überlieferungen. Die bekannteste besagt, dass er sich in eine Höhle im Himalaya zurückzog und dort in Meditation den "Regenbogenkörper" erlangte – eine Transformation, bei der der physische Körper sich vollständig in Licht auflöst und nur Haare, Nägel und Kleidung zurückbleiben. Andere Quellen berichten, dass er bis ins hohe Alter lehrte und schließlich friedlich im Kreis seiner Schüler starb.

Lehren und Übertragungen

Gharbaripas Lehren sind geprägt von der Spannung zwischen intellektuellem Wissen und direkter Erfahrung. Anders als viele seiner Zeitgenossen lehnte er das Studium der Schriften nicht vollständig ab, sondern betonte die Notwendigkeit, es mit direkter meditativer Erfahrung zu verbinden. Seine bekanntesten Aussprüche reflektieren diese Balance:

"Worte sind wie ein Finger, der auf den Mond zeigt. Verwechsle niemals den Finger mit dem Mond."

"Lerne alles, was du kannst, und vergiss dann alles, was du gelernt hast. Erst dann beginnt die wahre Weisheit."

"Der größte Gelehrte, der nicht meditiert, ist wie ein prächtiger Pfau, der nicht fliegen kann."

Gharbaripa wird besonders mit der Übertragungslinie des Mahamudra in Verbindung gebracht – einer direkten Methode zur Erkenntnis der Natur des Geistes. Seine spezifischen Beiträge umfassen:

1. Die "Vier Stufen der Überwindung des Intellekts", eine systematische Methode, um von konzeptuellem Denken zur direkten Erfahrung zu gelangen.

2. Die "Doha des reuigen Gelehrten", eine Sammlung spiritueller Lieder, die seine Transformation und Einsichten beschreiben.

3. Die "Sechs Schlüssel zur direkten Erfahrung", praktische Meditationsanweisungen, die besonders für intellektuell orientierte Praktizierende geeignet sind.

Seine Übertragungslinien flossen später in die tibetische Kagyü-Tradition ein und beeinflussten auch die Entwicklung der Nyingma-Schule. Besonders seine Betonung der Balance zwischen Gelehrsamkeit und direkter Erfahrung wurde ein wichtiges Element in der tibetischen Tradition des "Hörens, Reflektierens und Meditierens".

Bedeutung und Nachwirkung

Die Bedeutung Gharbaripas liegt vor allem in seiner exemplarischen Verkörperung der Transformation vom intellektuellen Wissen zur verkörperten Weisheit. Seine Geschichte dient als kraftvolles Symbol für die notwendige Balance zwischen Studium und Praxis, die in allen buddhistischen Traditionen betont wird.

In der Geschichte des Vajrayana-Buddhismus nimmt er eine wichtige Position ein als Bindeglied zwischen den gelehrten Traditionen der großen buddhistischen Universitäten wie Nalanda und den direkten Erfahrungswegen der Mahasiddhas. Seine Lehren halfen dabei, die oft als gegensätzlich empfundenen Pfade der Gelehrsamkeit und der yogischen Praxis zu integrieren.

In der tibetischen Tradition wird Gharbaripa als einer der "mittleren Mahasiddhas" betrachtet – nicht so berühmt wie Figuren wie Tilopa oder Naropa, aber dennoch von großer Bedeutung für die Übertragungslinien des Mahamudra. Seine Geschichten und Lehren werden oft verwendet, um besonders gebildeten Schülern die Grenzen des intellektuellen Wissens aufzuzeigen.

In der modernen Zeit hat Gharbaripas Botschaft eine erneuerte Relevanz gefunden in einer Welt, die von Informationsüberfluss geprägt ist. Seine Lehren erinnern daran, dass Wissen allein nicht ausreicht, sondern durch direkte Erfahrung und ethisches Handeln ergänzt werden muss, um zu echter Weisheit zu führen.

Darstellung in der Kunst

In der tibetischen und nepalesischen buddhistischen Ikonographie wird Gharbaripa typischerweise in zwei verschiedenen Formen dargestellt:

1. Als stolzer Gelehrter vor seiner Transformation: Hier wird er mit prächtigen Gewändern, Schmuck und oft mit Büchern oder Schriftrollen in den Händen dargestellt. Sein Gesichtsausdruck ist hochmütig, und er ist umgeben von Symbolen der Gelehrsamkeit.

2. Als verwirklichter Mahasiddha: In diesen Darstellungen trägt er einfache Yogikleidung, sitzt in Meditationshaltung und hat einen friedvollen, klaren Gesichtsausdruck. Oft wird er mit der Handhaltung (Mudra) der Meditation oder des Lehrens gezeigt.

Ein häufiges ikonographisches Motiv zeigt den Moment seiner Transformation: Gharbaripa kniet demütig vor seinem Guru, während Bücher und Schriftrollen um ihn herum verstreut liegen – ein Symbol für die Überwindung des bloßen intellektuellen Wissens.

In den Thangkas der 84 Mahasiddhas erscheint er oft in der Nähe seines Lehrers Saraha und wird durch spezifische Attribute identifiziert: ein aufgeschlagenes Buch, das er von sich wegschiebt, und eine Meditationsschnur, die er an sein Herz hält – symbolisch für den Übergang vom Kopfwissen zur Herzensweisheit.

In zeitgenössischer buddhistischer Kunst wird Gharbaripa manchmal in moderneren Interpretationen dargestellt, die seine Relevanz für die heutige Zeit betonen: umgeben von modernen Informationsmedien, die er transzendiert, oder in Darstellungen, die den Übergang von analytischem zu intuitivem Verständnis visualisieren.

Schlussbetrachtung

Die Geschichte des Mahasiddha Gharbaripa berührt ein universelles Thema spiritueller Traditionen: die notwendige Balance zwischen intellektuellem Verständnis und direkter Erfahrung. Sein Lebensweg veranschaulicht, wie selbst größtes Wissen ohne innere Transformation letztlich leer bleibt, und wie echte Weisheit oft dort beginnt, wo wir unsere intellektuellen Konstrukte loslassen können.

In einer Zeit, die von beispielloser Informationsfülle und gleichzeitiger spiritueller Verarmung geprägt ist, bietet Gharbaripas Botschaft wertvolle Orientierung. Sie erinnert uns daran, dass das Anhäufen von Wissen allein nicht zu echtem Verstehen führt und dass der Pfad zur Weisheit durch die Türen der Demut, der direkten Erfahrung und der kontinuierlichen Praxis führt.

Seine Lehren ermutigen uns, das Studium nicht aufzugeben, aber es in den Dienst einer tieferen Transformation zu stellen. Sie laden uns ein, den Mut zu finden, unsere eigenen intellektuellen Sicherheiten zu hinterfragen und uns auf die direkte Erfahrung unserer Geistesnatur einzulassen. In diesem Sinne bleibt Gharbaripa, der reuige Gelehrte, ein zeitloser Lehrer, dessen Botschaft auch heute nichts von ihrer Kraft und Relevanz verloren hat.

Die Überlieferungen zu den Mahasiddhas, einschließlich Gharbaripa, erinnern uns daran, dass der spirituelle Weg nicht linear verläuft und oft überraschende Wendungen nimmt. Sie zeigen uns, dass Transformation möglich ist und dass unsere größten Hindernisse – in Gharbaripas Fall sein intellektueller Stolz – zu unseren größten Lehrern werden können. In dieser Erkenntnis liegt vielleicht die tiefste Weisheit, die uns der reuige Gelehrte vermitteln kann.

2.27 Godhuripa - Der Vogelfänger

Herkunft

Die historischen Quellen zur tatsächlichen Herkunft Godhuripa's sind, wie bei vielen Mahasiddhas, spärlich und von legendenhaften Elementen durchwoben. Nach den traditionellen Überlieferungen lebte er vermutlich zwischen dem 8. und 11. Jahrhundert in der Region des heutigen Indiens. Einige Texte verorten seine Herkunft in einer Familie einfacher Landbewohner in Ostindien, möglicherweise im Gebiet des heutigen Bengal oder Odisha.

Aufgewachsen in ländlicher Umgebung, soll Godhuripa schon früh die Kunst des Vogelfangs erlernt haben - eine Tätigkeit, die in seiner Gemeinschaft zur Nahrungsbeschaffung üblich war. Diese Fertigkeiten entwickelte er über die Jahre zu einer Meisterschaft, die ihm seinen Lebensunterhalt sicherte, jedoch auch zur karmischen Verstrickung wurde, aus der seine spätere spirituelle Transformation erwachsen sollte.

In manchen Überlieferungen wird angedeutet, dass Godhuripa zuvor ein Leben als Mönch geführt hatte, dieses jedoch aufgab oder aus dem Kloster ausgeschlossen wurde, bevor er zum Vogelfänger wurde. Diese Variante seines Lebensweges würde seine spätere spirituelle Empfänglichkeit erklären, bleibt jedoch spekulativ. Was in allen Überlieferungen übereinstimmt, ist sein Status als Außenseiter der konventionellen Gesellschaft, der durch seine Tätigkeit außerhalb der brahmanischen und buddhistischen Moralvorstellungen seiner Zeit stand.

Besondere Eigenschaften

Was Godhuripa unter den Mahasiddhas besonders auszeichnet, ist die scheinbare Widersprüchlichkeit zwischen seiner Tätigkeit als Jäger und seiner späteren spirituellen Verwirklichung. Trotz seiner karmisch belastenden Tätigkeit wird ihm eine natürliche Empfänglichkeit für spirituelle Lehren und eine außergewöhnliche Fähigkeit zur direkten Einsicht zugeschrieben.

Godhuripa soll eine tiefe Verbindung zur Natur und insbesondere zu den Vögeln besessen haben. Paradoxerweise kannte er ihre Gewohnheiten und Verhaltensweisen so genau, dass er sie mühelos fangen konnte, entwickelte aber zugleich ein intuitives Verständnis für ihre Freiheitsliebe und ihr Wesen. Diese ambivalente Beziehung zu seinen Beutetieren wird in den Überlieferungen als Vorbedingung für seine spätere Erkenntnis gedeutet.

Bemerkenswert ist auch seine Direktheit und Unverblümtheit, die in den Erzählungen über seine Begegnung mit seinem spirituellen Lehrer hervorgehoben wird. Anders als viele Suchende, die sich in komplexen philosophischen Konzepten verstricken, war Godhuripa ein pragmatischer Mensch, der unmittelbare Erfahrung über intellektuelle Spekulation stellte. Diese Eigenschaft ermöglichte ihm letztlich, die Essenz der tantrischen Lehren ohne Umwege zu erfassen.

Nicht zuletzt zeichnete sich Godhuripa durch eine außergewöhnliche Beharrlichkeit und Konsequenz aus. Sobald er den Pfad erkannt hatte, widmete er sich seiner Praxis mit derselben Hingabe und Ausdauer, mit der er zuvor seinem Beruf nachgegangen war. Diese Qualität wird in der buddhistischen Tradition generell als entscheidender Faktor für spirituellen Erfolg angesehen.

Geschichte der Erleuchtung

Die zentrale Erzählung von Godhuripa's spiritueller Transformation beginnt mit einer schicksalhaften Begegnung. Während er eines Tages in einem Waldgebiet seine Netze aufstellte, wurde er von einem wandernden Yogin beobachtet. In den meisten Überlieferungen wird dieser Lehrer als der große Mahasiddha Jalandhara identifiziert, in einigen Varianten auch als der Mahasiddha Carpati.

Der Yogin erkannte in Godhuripa eine besondere spirituelle Anlage trotz seiner karmisch belastenden Tätigkeit. Er näherte sich dem Vogelfänger und fragte ihn direkt: "Warum fängst du diese Vögel und bringst ihnen Leid? Bist du dir nicht bewusst, dass diese Handlungen schwerwiegende karmische Konsequenzen haben werden?"

Godhuripa antwortete unumwunden: "Dies ist mein Beruf und die einzige Fähigkeit, die ich besitze. Wie sonst sollte ich meinen Lebensunterhalt bestreiten?"

Der Yogin entgegnete mit einer für den tantrischen Buddhismus charakteristischen Wendung: "Ich könnte dir beibringen, wie du stattdessen den Vogel des Geistes fangen kannst, der dir unendlich mehr Nutzen bringen wird als diese kleinen gefiederten Wesen."

Diese metaphorische Sprache weckte Godhuripa's Neugier, und er bat den Yogin, ihm diese Kunst beizubringen. Daraufhin erteilte ihm der Meister eine Einweihung in die tantrischen Praktiken des Mahamudra (des "Großen Siegels") und instruierte ihn in Meditationstechniken, die besonders auf seine Situation zugeschnitten waren. Der Meister lehrte ihn, wie er die Aufmerksamkeit und

Geschicklichkeit, die er beim Vogelfang entwickelt hatte, auf seinen eigenen Geist richten konnte.

Die zentrale Anweisung lautete sinngemäß: "So wie du die Vögel beobachtest, um sie zu fangen, beobachte nun deinen eigenen Geist. Erkenne seine Gewohnheiten, seine Flugbahnen, seine Rastlosigkeit. Und dann, statt ihn zu fangen und einzusperren, befreie ihn von den Netzen der Illusion und der konzeptuellen Verstrickung."

Godhuripa nahm diese Anweisungen mit der Ernsthaftigkeit eines Mannes an, dessen Überleben von seiner Fertigkeit abhing. Er zog sich in einen abgelegenen Wald zurück und widmete sich mit derselben Intensität und Ausdauer der Meditation, mit der er zuvor die Vögel beobachtet hatte. Er verwendete seine Netze nun als Meditationsunterlage und als ständige Erinnerung an seine Transformation.

Nach intensiver Praxis über einen Zeitraum von zwölf Jahren erlangte Godhuripa die vollständige Verwirklichung. Der Moment seiner Erleuchtung wird in den Überlieferungen oft mit einer poetischen Metapher beschrieben: So wie ein Vogel, der dem Netz entkommt, in den grenzenlosen Himmel aufsteigt, so erhob sich sein Geist über alle konzeptuellen Begrenzungen in die grenzenlose Weite der Buddhanatur.

In diesem Zustand vollkommener Befreiung erkannte er die wahre Natur aller Phänomene als leer von inhärenter Existenz und zugleich strahlend in ihrer erscheinenden Klarheit - die Einheit von Sunyata (Leerheit) und Karuna (Mit-gefühl), die das Herzstück der Mahamudra-Lehren bildet.

Leben und Tod

Nach seiner Erleuchtung kehrte Godhuripa nicht zu seinem früheren Leben als Vogelfänger zurück. Stattdessen begann er, als wandernder Yogin zu leben und die Lehren, die er verwirklicht hatte, an geeignete Schüler weiterzugeben. Anders als viele religiöse Lehrer seiner Zeit lehnte er jedoch formelle Strukturen ab und bevorzugte direkte, situationsbezogene Unterweisung.

Besonders bemerkenswert ist die Überlieferung, dass Godhuripa seine alten Vogelnetze nicht einfach entsorgte, sondern sie als Meditationsunterlage und symbolisches Objekt weiterhin mit sich führte. Sie dienten ihm als Erinnerung an seine Transformation und wurden zu einem mächtigen Lehrmittel für seine

Schüler. "Diese Netze", soll er gelehrt haben, "die einst Gefangenschaft brachten, sind nun Werkzeuge der Befreiung geworden, so wie dein eigener Geist, der dich einst gefangen hielt, zum Instrument deiner Erleuchtung werden kann."

In seinen späteren Jahren wird Godhuripa als jemand beschrieben, der zwischen den Welten wandelte - physisch präsent in der gewöhnlichen Welt, aber innerlich vollkommen frei von ihren Verstrickungen. Er soll besondere Fähigkeiten (Siddhis) entwickelt haben, darunter die Fähigkeit, mit Vögeln zu kommunizieren und ihren Gesang als Dharma-Lehre zu verstehen.

Über Godhuripa's Tod existieren verschiedene Überlieferungen. Die häufigste Version berichtet, dass er seinen physischen Tod bewusst herbeiführte, indem er in den "Thukdam"-Zustand (eine tiefe Meditationsversenkung am Ende des Lebens) eintrat. Der Legende nach verwandelte sich sein Körper im Moment des Todes in einen großen Vogel, der in den Himmel aufstieg und sich dort in reines Licht auflöste - eine metaphorische Darstellung seiner vollständigen Befreiung vom Kreislauf von Tod und Wiedergeburt (Samsara).

Andere Quellen berichten, dass er den Regenbogenkörper (Jalus) erlangte, einen gereinigten subtilen Körper, der nach dem Tod keine physischen Überreste hinterlässt, sondern sich in reines Licht auflöst. Dieses Phänomen wird in der tibetischen Tradition als höchstes Zeichen spiritueller Verwirklichung angesehen.

Lehren und Übertragungen

Godhuripa's Lehren, wie sie in den überlieferten Texten und mündlichen Traditionen dargestellt werden, konzentrieren sich auf mehrere Kernaspekte:

1. Die Transformation des Gewöhnlichen in das Heilige: Seine zentrale Lehre bestand darin, dass jede Tätigkeit, selbst eine scheinbar unheilsame wie das Jagen, zum Pfad der Befreiung werden kann, wenn sie mit der richtigen Einstellung und Methode transformiert wird. Diese Sichtweise ist charakteristisch für den tantrischen Buddhismus, der die Umwandlung statt der Unterdrückung von Energien betont.

2. Direkte Erkenntnis: Godhuripa betonte die unmittelbare Erfahrung der Geistesnatur über intellektuelle Analysen oder rituelle Praktiken. "So wie ein Vogelfänger nicht über die Theorie des Vogelfangs nachdenkt, sondern den Vogel direkt beobachtet, so sollte ein Yogi nicht über die Natur des Geistes spekulieren, sondern sie direkt erfahren", wird ihm zugeschrieben.

3. Die Einheit von Methode und Weisheit: In seiner Lehre veranschaulichte
   er, wie praktische Fertigkeit (Upaya, geschickte Mittel) und tiefe Einsicht
   (Prajna, Weisheit) zusammenwirken müssen, um zur Befreiung zu führen
   - so wie ein Vogelfänger sowohl Geschicklichkeit im Fallenstellen als auch
   Wissen über das Verhalten der Vögel benötigt.

4. Die Befreiung durch Beobachtung: Eine seiner charakteristischen Lehren bestand darin, dass allein durch die unabgelenkte Beobachtung des
   Geistes seine wahre Natur offenbar wird. Diese Lehre findet Parallelen
   in der Mahamudra-Tradition und den Dzogchen-Lehren des tibetischen
   Buddhismus.

Godhuripa's Übertragungslinie wurde besonders in der Kagyu-Schule des tibetischen Buddhismus bewahrt. Seine Lehren und Praktiken wurden in die "goldene
Kette" der Mahamudra-Übertragung aufgenommen, die von Tilopa über Naropa
bis zu Marpa und Milarepa reicht und bis heute lebendig ist. Insbesondere in
der Drukpa-Kagyu-Tradition wird er als wichtiger Linienhalter verehrt.

Seine Lehrmethoden, die "direkte Zeigungen" (Tibetisch: ngo sprod) auf die
Natur des Geistes betonten, wurden zu einem wichtigen Element in der Übertragung der Mahamudra-Lehren, die als höchste Verwirklichungspraxis innerhalb
der Kagyu-Tradition gelten.

Bedeutung und Nachwirkung

Die Bedeutung Godhuripa's für die buddhistische Tradition geht weit über
seine persönliche Geschichte hinaus. Als einer der vierundachtzig Mahasiddhas
verkörpert er einen Archetyp spiritueller Transformation, der auch heute noch
inspirierend wirkt.

Seine Geschichte veranschaulicht mehrere zentrale Prinzipien des Vajrayana-
Buddhismus:

1. Die Universalität des Buddha-Potentials: Godhuripa's Weg zeigt, dass
   die Buddhanatur in jedem Wesen vorhanden ist, unabhängig von seiner
   Lebensweise oder gesellschaftlichen Stellung. Diese demokratisierende
   Botschaft stand im Kontrast zu stärker hierarchisch organisierten religiösen
   Systemen seiner Zeit.

2. Die Überwindung dualistischer Kategorien: Seine Transformation demonstriert die tantrische Sichtweise, dass Erleuchtung nicht durch die Überwin-

dung "unheilsamer" Handlungen durch "heilsame" erreicht wird, sondern durch die Transzendierung der dualistischen Kategorisierung selbst.

3. Die Integration von Schatten: Besonders in der zeitgenössischen Interpretation wird Godhuripa's Geschichte als Beispiel für die Integration abgelehnter oder unterdrückter Aspekte des Selbst gesehen - ein psychologisches Konzept, das in der westlichen Rezeption des Buddhismus zunehmend Beachtung findet.

In der lebendigen Praxis des tibetischen Buddhismus wird Godhuripa bis heute in Sadhanas (Meditationspraktiken) und Guru-Yogas angerufen. Besonders in der Praxis des Chakrasamvara-Tantra, einer zentralen Meditationsgottheit in mehreren tibetischen Traditionen, wird er als wichtiger Linienhalter verehrt.

Auch in der tibetischen Medizin hat Godhuripa Spuren hinterlassen. Einige therapeutische Techniken zur Behandlung von geistigen Störungen, die auf der genauen Beobachtung von Gedankenmustern basieren, werden auf seine Lehren zurückgeführt.

Darstellung in der Kunst

In der religiösen Kunst des tibetischen Buddhismus wird Godhuripa meist mit charakteristischen Attributen dargestellt, die seine Identität als Vogelfänger und verwirklichter Meister symbolisieren:

1. Erscheinungsform: Er wird typischerweise als indischer Yogin mittleren Alters mit einem kräftigen, aber schlanken Körper dargestellt. Seine Haut hat oft einen leicht dunklen Teint, der seine südindische Herkunft andeutet.

2. Kleidung und Attribute: Er trägt meist nur einen einfachen Lendenschurz oder Yogi-Gewänder. Als eindeutiges Erkennungsmerkmal hält er in einer Hand ein Vogelnetz und in der anderen einen kleinen Vogel, der jedoch nicht gefangen, sondern im Begriff zu sein scheint, frei wegzufliegen - ein Symbol für die Befreiung des Geistes.

3. Körperhaltung: Godhuripa wird häufig in einer leicht dynamischen Pose dargestellt, mit einem Fuß vorgestellt, als ob er sich gerade in Bewegung setzen würde. Diese Haltung symbolisiert den aktiven, nicht-monastischen Aspekt seines Verwirklichungsweges.

4. Gesichtsausdruck: Sein Gesicht zeigt typischerweise ein leichtes Lächeln, das seine innere Verwirklichung andeutet, verbunden mit einem durchdringenden Blick, der seine Fähigkeit zur direkten Wahrnehmung der Realität symbolisiert.

Besonders bemerkenswert sind die Thangka-Darstellungen, in denen Godhuripa als Teil der Gruppe der vierundachtzig Mahasiddhas erscheint. In diesen Gruppenporträts ist er oft durch seine Attribute leicht identifizierbar und wird in den traditionellen Anordnungen meist im unteren Bereich des Bildes platziert, was seine Verbindung zur alltäglichen Welt unterstreicht.

In modernen künstlerischen Interpretationen, besonders in westlichen Darstellungen der Mahasiddha-Tradition, wird die transformative Symbolik seiner Geschichte oft stärker betont. Hier erscheint er manchmal umgeben von Vögeln, die sowohl gefangen als auch frei dargestellt werden - ein visuelles Gleichnis für die Dualität von Samsara (Gefangenschaft) und Nirvana (Befreiung).

Schlussbetrachtung

Die Geschichte des Mahasiddha Godhuripa bietet auch für die heutige Zeit wertvolle Einsichten und Inspirationen. In einer Welt, die zunehmend von Spezialisierung, Konformität und institutionalisierten Pfaden geprägt ist, erinnert seine Lebensgeschichte daran, dass spirituelle Verwirklichung auf unkonventionellen Wegen und inmitten weltlicher Tätigkeiten möglich ist.

Seine Transformation vom Vogelfänger zum erleuchteten Meister überwindet die künstliche Trennung zwischen "weltlichem" und "spirituellem" Leben, die in vielen religiösen Traditionen implizit oder explizit vorhanden ist. Stattdessen zeigt sie, dass der Schlüssel zur Befreiung nicht in der äußeren Tätigkeit, sondern in der inneren Einstellung und Erkenntnis liegt.

Besonders relevant erscheint Godhuripa's Beispiel im Kontext der gegenwärtigen Diskussionen über ethische Dilemmata und berufliche Verantwortung. Seine Geschichte suggeriert, dass wahre Transformation nicht durch die Flucht vor problematischen Aspekten des Lebens, sondern durch ihre bewusste Integration und Umwandlung geschieht - eine Einsicht, die sowohl für persönliche Entwicklung als auch für gesellschaftlichen Wandel bedeutsam sein kann.

Darüber hinaus verkörpert Godhuripa das universelle Potenzial zur Erleuchtung, das im Mahayana-Buddhismus als grundlegende Wahrheit angesehen wird.

Seine Geschichte bestätigt, dass die Buddhanatur in jedem Wesen angelegt ist, unabhängig von sozialer Stellung, Bildungsgrad oder Lebenswandel - eine zutiefst humanistische Botschaft in einer Zeit wachsender sozialer Ungleichheiten.

Letztendlich wird Godhuripa's Vermächtnis nicht nur durch historische Überlieferungen und künstlerische Darstellungen lebendig gehalten, sondern vor allem durch die fortdauernde Praxis der von ihm überlieferten Lehren. In der lebendigen Übertragung des tibetischen Buddhismus wird seine Verwirklichung nicht als abgeschlossenes historisches Ereignis, sondern als zeitlose Möglichkeit verstanden, die jedem ernsthaften Praktizierenden offensteht. So bleibt die Geschichte des Vogelfängers, der zum Meister der Geistesfreiheit wurde, eine fortwährende Einladung zur Entdeckung unserer eigenen innewohnenden Freiheit und Klarheit.

2.28 Goraksa - Der unsterbliche Kuhhirte

Herkunft

Die historischen Details über Goraksas Leben sind von Legenden umwoben, was eine präzise zeitliche Einordnung erschwert. Die meisten Überlieferungen datieren sein Wirken zwischen dem 9. und 12. Jahrhundert n. Chr., obwohl einige Traditionen ihn als wesentlich älter betrachten. Seine geografische Herkunft wird verschiedenen Regionen des indischen Subkontinents zugeschrieben, wobei Ostbengalen (im heutigen Bangladesch), Nepal und Punjab zu den häufigsten Nennungen gehören.

Nach manchen Überlieferungen wurde Goraksa in einer niedrigen Kaste geboren, möglicherweise als Sohn eines Töpfers oder in einer Familie von Kuhhirten. Andere Quellen beschreiben ihn als einen von seinem Meister Matsyendranath aus Asche erschaffenen Schüler, was seine übermenschliche Natur unterstreicht. Diese mythologischen Elemente seiner Geburt deuten auf seinen Status als spiritueller Adept hin, der jenseits gewöhnlicher menschlicher Beschränkungen existiert.

Unabhängig von den unterschiedlichen Geburtslegenden stimmen die Überlieferungen darin überein, dass Goraksa von bescheidener Herkunft war und durch seine spirituelle Praxis und Hingabe zu einem der einflussreichsten spirituellen Lehrer Indiens wurde. Diese Transformation vom einfachen Hirten zum großen Weisen unterstreicht ein zentrales Thema in seiner Lehre: dass spirituelle Verwirklichung nicht an soziale Stellung oder Herkunft gebunden ist, sondern durch Disziplin und authentische Praxis erreicht werden kann.

Besondere Eigenschaften

Goraksa wird eine Vielzahl außergewöhnlicher Fähigkeiten und Eigenschaften zugeschrieben, die ihn von gewöhnlichen spirituellen Praktizierenden unterscheiden. Als vollendeter Mahasiddha soll er die vollkommene Kontrolle über seinen Körper und Geist erlangt haben, was sich in verschiedenen übernatürlichen Kräften (Siddhis) manifestierte:

1. Physische Unsterblichkeit: Die bemerkenswerteste Eigenschaft Goraksas ist seine angebliche Unsterblichkeit. Viele Traditionen behaupten, dass er seinen physischen Körper so transformiert hat, dass er dem Verfall und Tod nicht mehr unterliegt. Dies wird auf seine Meisterschaft in Hatha-Yoga und alchemistischen Praktiken zurückgeführt.

2. Kaya Siddhi. Die Fähigkeit, seinen Körper zu transmutieren und zu ver-
   jüngen, wodurch er verschiedene Erscheinungsformen annehmen konnte.

3. Überwindung der Dualität: Goraksa soll die Polaritäten von Hitze und
   Kälte, Freude und Leid, Leben und Tod transzendiert haben, was ihm
   ermöglichte, in extremen Umgebungen wie dem Himalaya zu leben.

4. Alchemistische Fähigkeiten: Er beherrschte die innere Alchemie (Rasayana), durch die er gewöhnliche Substanzen in lebensverlängernde Elixiere
   verwandeln konnte.

5. Heilkräfte: In vielen Geschichten wird von seinen außergewöhnlichen
   Heilfähigkeiten berichtet, durch die er Kranke heilte und sogar Tote
   wieder zum Leben erwecken konnte.

6. Kontrolle über die Elemente: Er soll Herrschaft über die Naturkräfte
   erlangt haben, konnte Regen herbeirufen oder stoppen und andere Natur-
   phänomene beeinflussen.

Neben diesen übernatürlichen Fähigkeiten zeichnete sich Goraksa durch tiefe
Weisheit und Mitgefühl aus. Er wurde als direkter, manchmal sogar strenger
Lehrer beschrieben, der konventionelle religiöse Vorstellungen herausforderte
und stattdessen auf direkte Erfahrung und praktische Spiritualität setzte. Seine
Lehrmethoden waren oft unkonventionell und beinhalteten Paradoxa, Rätsel
und provokative Handlungen, um seine Schüler aus festgefahrenen Denkmustern
zu befreien.

Trotz seiner außergewöhnlichen Kräfte soll Goraksa ein bescheidenes Leben
geführt haben, frei von weltlichem Besitz und Status, was seine Lehre von der
Überwindung von Anhaftung und Ego verkörperte.

Geschichte der Erleuchtung

Goraksas Weg zur Erleuchtung wird oft im Zusammenhang mit seinem Lehrer Matsyendranath erzählt, der als Begründer der Nath-Tradition gilt. Die
Überlieferungen variieren, aber ein verbreitetes Narrativ beschreibt Goraksas
transformative Begegnung mit seinem Meister wie folgt:

Als junger Kuhhirte hütete Goraksa seine Herde, als er auf Matsyendranath traf,
der sofort das spirituelle Potenzial des jungen Mannes erkannte. Nach einigen
Versionen soll Matsyendranath Goraksa aus Asche erschaffen haben, was die

mystische Natur ihrer Verbindung unterstreicht. Der Meister nahm Goraksa als Schüler an und unterwies ihn in den geheimen Lehren des Yoga und Tantra.

Die entscheidende Wendung in Goraksas spiritueller Entwicklung kam, als sein Meister Matsyendranath in das Königreich der Frauen (Stri Rajya) reiste und dort durch weltliche Vergnügungen vom spirituellen Pfad abgelenkt wurde. In einem Akt tiefer Hingabe und Weisheit reiste Goraksa in dieses Reich, um seinen Lehrer zu retten. Durch kluge Strategien und spirituelle Lieder (bekannt als Carya-Gesänge) erinnerte er Matsyendranath an seine wahre Natur und befreite ihn aus der Verstrickung in weltliche Illusionen.

Dieser Akt der Rettung seines eigenen Lehrers markierte Goraksas vollständige Verwirklichung und zeigte seine tiefe Einsicht in die Natur der Realität. Er hatte nicht nur theoretisches Wissen erlangt, sondern die Fähigkeit, andere aus der Täuschung zu befreien – ein Zeichen echter Erleuchtung in der tantrischen Tradition.

Nach dieser Episode vertiefte Goraksa seine Praxis weiter und erlangte vollkommene Meisterschaft über Körper und Geist durch rigorose Hatha-Yoga-Praktiken. Er soll lange Perioden in Meditation verbracht haben, oft in abgelegenen Höhlen des Himalaya, wo er die subtilsten Geheimnisse des Bewusstseins und der Energiemanipulation ergründete.

Seine Erleuchtung manifestierte sich nicht als einmaliges Ereignis, sondern als kontinuierliche Vertiefung seiner Verwirklichung, die schließlich zur vollständigen Transzendenz der körperlichen Beschränkungen und zur Erlangung des "unsterblichen Körpers" (Amara Deha) führte – ein Zustand, in dem Bewusstsein und physische Form in perfekter Harmonie existieren.

Leben und Tod

Die Beziehung zwischen Leben und Tod nimmt in den Überlieferungen über Goraksa eine zentrale Stellung ein. Anders als bei den meisten historischen Figuren gibt es für Goraksa keinen klar dokumentierten Tod. Stattdessen behaupten die Traditionen der Nath-Yogis, dass er die Grenzen des Todes transzendiert hat und in einem Zustand der physischen Unsterblichkeit weiterexistiert.

Diese Überwindung der Sterblichkeit wird seinen fortgeschrittenen Yoga-Praktiken zugeschrieben, insbesondere:

- Khechari Mudra: Eine fortgeschrittene Yogapraxis, bei der die Zunge nach oben gerollt wird, um den "Nektar der Unsterblichkeit" am Gaumen zu aktivieren.

- Pranayama: Atemkontrolltechniken, die den Lebensatem (Prana) konservieren und transformieren.

- Bindu-Konservierung: Praktiken zur Erhaltung und Transformation der Lebensessenz.

- Kundalini-Erweckung: Die vollständige Aktivierung der latenten spirituellen Energie, die zur Transformation des physischen Körpers führt.

Obwohl er physisch unsterblich geworden sein soll, wird Goraksa oft als jemand beschrieben, der zwischen verschiedenen Bewusstseinszuständen wandert und nach Belieben erscheinen und verschwinden kann. In diesem Sinne hat er den konventionellen Zyklus von Leben und Tod transzendiert, bleibt aber zugänglich für diejenigen, die aufrichtig spirituelle Führung suchen.

Viele Geschichten berichten von Begegnungen mit Goraksa über Jahrhunderte hinweg, wobei er oft in der Gestalt eines einfachen Asketen oder Yogis erscheint, um Suchende zu prüfen und zu unterweisen. Diese Legenden unterstreichen die Vorstellung, dass wahre spirituelle Verwirklichung nicht mit dem physischen Tod endet, sondern zu einem Zustand führt, in dem der Adept frei über die Grenzen von Zeit und Raum hinweg wirken kann.

In der Nath-Tradition wird geglaubt, dass Goraksa in verborgenen Bereichen des Himalaya weiterlebt, zusammen mit anderen unsterblichen Yogis, und von dort aus subtil die spirituelle Evolution der Menschheit beeinflusst. Diese Vorstellung eines unsterblichen Meisters, der jenseits des gewöhnlichen Verständnisses von Leben und Tod existiert, verkörpert das tiefste Ziel des Yoga: die vollständige Befreiung von den Beschränkungen der materiellen Existenz.

Lehren und Übertragungen

Goraksas Lehren bilden das Fundament der Nath-Sampradaya, einer einflussreichen spirituellen Tradition, die bis heute fortbesteht. Seine Unterweisungen verbinden verschiedene Elemente indischer Spiritualität zu einem kohärenten System, das sowohl theoretische Tiefe als auch praktische Anwendbarkeit aufweist.

Die Kernaspekte seiner Lehren umfassen:

1. Hatha-Yoga: Goraksa wird oft als Systematisierer oder sogar Begründer des Hatha-Yoga betrachtet. Die ihm zugeschriebenen Texte wie "Goraksha Samhita" und "Goraksha Shataka" enthalten detaillierte Anleitungen zu Asanas (Körperhaltungen), Pranayama (Atemkontrolle), Mudras (energetische Siegel) und Bandhas (Energieverschlüsse). Diese Praktiken zielen auf die Transformation des physischen Körpers als Grundlage für höhere spirituelle Verwirklichung.

2. Nada-Yoga: Die Wissenschaft des inneren Klangs, wobei der Praktizierende lernt, auf die subtilen Klänge zu hören, die im meditativen Zustand wahrnehmbar werden. Diese Praxis führt zur Erfahrung des "unsterblichen Klangs" (Anahata Nada), der als direkter Weg zum höchsten Bewusstsein gilt.

3. Kundalini-Erweckung: Techniken zur Aktivierung der schlafenden spirituellen Energie an der Basis der Wirbelsäule und ihrer Führung durch die subtilen Energiezentren (Chakras) bis zur Vereinigung mit dem kosmischen Bewusstsein im Kronenchakra.

4. Alchemistische Praktiken: Methoden zur Transformation des physischen Körpers durch innere und äußere alchemistische Prozesse, die zur Verlängerung des Lebens und schließlich zur Unsterblichkeit führen.

5. Nicht-Dualität: Die philosophische Erkenntnis der grundlegenden Einheit allen Seins, jenseits der scheinbaren Dualitäten von Subjekt und Objekt, Selbst und Anderem, Shiva und Shakti.

6. Soziale Reformen: Goraksa lehnte das Kastensystem ab und betonte, dass spirituelle Verwirklichung für alle unabhängig von Geburt, Geschlecht oder sozialer Stellung zugänglich ist. Diese revolutionäre Haltung machte seine Lehren besonders bei marginalisierten Gruppen populär.

Die Übertragungslinie, die von Goraksa ausgeht, wird als Nath-Sampradaya bezeichnet. Diese Tradition hat sich in zahlreiche Unterlinien verzweigt, die in verschiedenen Teilen Indiens, Nepals und darüber hinaus praktizieren. Die Nath-Yogis sind erkennbar an ihren charakteristischen gespaltenen Ohren und dem Tragen von großen Ohrringen (Kundal), die ihre Initiation symbolisieren.

Die Übertragung der Lehren erfolgt traditionell direkt vom Meister zum Schüler und umfasst sowohl exoterische Praktiken, die offen gelehrt werden, als auch esoterische Techniken, die nur nach entsprechender Vorbereitung weitergegeben werden. Besonderes Gewicht wird auf die praktische Erfahrung gelegt, wobei intellektuelles Verständnis allein als unzureichend für wahre spirituelle Transformation angesehen wird.

Goraksas Einfluss reicht weit über seine eigene Traditionslinie hinaus und hat verschiedene Aspekte indischer Spiritualität geprägt, vom klassischen Yoga über Tantra bis hin zu volkstümlichen religiösen Praktiken und sogar der Sufi-Tradition in bestimmten Regionen.

Bedeutung und Nachwirkung

Goraksas Einfluss auf die spirituelle und kulturelle Landschaft Südasiens ist tiefgreifend und vielschichtig. Seine Bedeutung erstreckt sich über verschiedene Dimensionen:

1. Spirituelle Innovation: Goraksa spielte eine entscheidende Rolle bei der Entwicklung und Systematisierung des Hatha-Yoga. Er transformierte ältere tantrische Praktiken in ein zugänglicheres System, das die Grundlage für viele moderne Yoga-Formen bildet. Seine Integration von körperlichen Übungen mit philosophischer Tiefe und spirituellem Streben schuf einen ganzheitlichen Ansatz, der bis heute relevant bleibt.

2. Religiöse Inklusivität: In einer Zeit, als das orthodoxe Brahmanentum strikte hierarchische Strukturen aufrechterhielt, förderte Goraksa einen egalitären Zugang zur Spiritualität. Die Nath-Tradition, die er begründete, akzeptierte Praktizierende aus allen Kasten und sozialen Schichten und betonte persönliche Praxis statt ererbter Privilegien. Diese Haltung trug zur Demokratisierung spiritueller Praktiken in Indien bei.

3. Kulturelle Synthese: Goraksa und die Nath-Tradition fungierten als Brücke zwischen verschiedenen religiösen Strömungen. Sie integrierten Elemente aus dem Shivaismus, Tantra, Buddhismus und lokalen Volksglauben. Später entwickelten sich auch Verbindungen zum Sufismus und anderen islamischen mystischen Traditionen, was zu synkretistischen Praktiken führte, besonders in Regionen wie Punjab und Sindh.

4. Literarisches Erbe: Obwohl die Autorschaft nicht immer eindeutig ist, werden Goraksa zahlreiche wichtige Texte zugeschrieben, darunter die "Goraksha Samhita", "Goraksha Shataka", "Amaraugha Prabodha" und Beiträge zu den "Nath Siddha Caryas". Diese Werke haben das Verständnis von Yoga und tantrischer Praxis maßgeblich geprägt und dienen bis heute als grundlegende Referenzen.

5. Volksreligiöse Verehrung: In vielen Teilen Indiens und Nepals wird Goraksa als göttliche oder halbgöttliche Figur verehrt. Zahlreiche Tempel und Schreine sind ihm gewidmet, und jährliche Festivals feiern sein Leben und seine Lehren. In einigen Regionen gilt er als Schutzpatron bestimmter Gemeinschaften, insbesondere von Hirten und Landwirten.

6. Geografischer Einfluss: Orte, die mit Goraksa in Verbindung stehen, haben oft seinen Namen angenommen, wie die Stadt Gorakhpur in Uttar Pradesh oder der Gorkha-Distrikt in Nepal, der wiederum dem Gorkha-Königreich und später den berühmten Gurkha-Kriegern seinen Namen gab.

7. Einfluss auf moderne Yoga-Bewegungen: Viele Konzepte und Praktiken des modernen Yoga, der sich im 19. und 20. Jahrhundert entwickelte und global verbreitete, haben ihre Wurzeln in den von Goraksa systematisierten Lehren. Seine Betonung der Verbindung zwischen körperlicher Gesundheit und spirituellem Wachstum resoniert mit zeitgenössischen Ansätzen zum Wohlbefinden.

Die Nachwirkungen von Goraksas Lehren sind in verschiedenen Bereichen des südasiatischen Lebens zu spüren, von formellen religiösen Praktiken bis hin zu Volksglauben, Medizin, Kunst und sogar Politik. Die Nath-Tradition, obwohl heute zahlenmäßig kleiner als andere religiöse Gruppen in Indien, hat einen unverhältnismäßig großen Einfluss auf die spirituelle Landschaft des Subkontinents ausgeübt und bleibt ein lebendiges Zeugnis von Goraksas dauerhaftem Vermächtnis.

Darstellung in der Kunst

Die ikonografische und künstlerische Darstellung von Goraksa entwickelte sich über die Jahrhunderte und spiegelt sowohl seine historische als auch seine mythologische Dimension wider. In verschiedenen künstlerischen Traditionen Südasiens finden sich unterschiedliche Interpretationen des großen Yogis:

1. Traditionelle Ikonografie: In der klassischen Darstellung erscheint Goraksa oft als asketischer Yogi mit nacktem oder minimal bekleidetem Körper, der seine Entsagung symbolisiert. Charakteristische Merkmale sind: - Gespaltene Ohren mit großen Ohrringen (Kundal), ein Kennzeichen der Nath-Yogis - Asche-bedeckter Körper, der seine shivaistische Verbindung betont - Eine Yogahaltung, typischerweise im Lotussitz oder einer anderen

meditativen Position - Langes, verfilztes Haar (Jata), das an Shiva erinnert
- Ein Hirtenstock oder ein Trident (Trishula) als Attribut

2. Themenvielfalt in Malerei und Skulptur: Künstlerische Darstellungen zeigen Goraksa in verschiedenen Kontexten: - Meditierend in einer Höhle
   oder einem abgelegenen Ort - Im Gespräch mit seinem Lehrer Matsyendranath Bei der Rettung seines Lehrers aus dem Reich der Frauen -
   Beim Unterrichten seiner Schüler - In Begleitung von Kühen, die auf seine
   Herkunft als Hirte verweisen

3. Regionale Variationen: Je nach Region und künstlerischer Tradition variieren die Darstellungen erheblich: - In Nepal wird er oft in einer stärker
   tantrischen Ikonografie dargestellt, mit komplexen symbolischen Elementen - In Rajasthan erscheint er häufig in Miniaturmalereien als königlicher
   Yogi - In Volkskunsttraditionen wird er manchmal mit übernatürlichen
   Elementen wie einem Heiligenschein aus Flammen oder einem leuchtenden
   Körper dargestellt

4. Tempelkunst: In Tempeln, die mit der Nath-Tradition verbunden sind,
   finden sich Reliefs und Skulpturen, die Episoden aus Goraksas Leben
   darstellen. Besonders bedeutsam sind die künstlerischen Darstellungen in
   Gorakhnath-Tempeln in Gorakhpur, Kadri (Mangalore) und verschiedenen
   Orten in Nepal.

5. Zeitgenössische Interpretationen: Moderne Künstler haben Goraksa in
   verschiedenen Stilen neu interpretiert, wobei sie oft seine Rolle als Brückenbauer zwischen verschiedenen Traditionen oder seine Bedeutung für die
   Yoga-Bewegung betonen.

6. Manuskriptillustrationen: In mittelalterlichen illustrierten Manuskripten,
   besonders aus der Region Rajasthan und Gujarat, erscheint Goraksa in den
   Nath-Charitra (Geschichten der Nath-Yogis) und anderen hagiografischen
   Texten, oft in stilisierten narrativen Sequenzen.

Symbolisch trägt die künstlerische Darstellung Goraksas oft tiefere Bedeutungs-
ebenen: - Die gespaltenen Ohren repräsentieren das "Durchbrechen" der Illusion
und das Öffnen für höhere Wahrheiten - Die asketische Erscheinung symbolisiert die Überwindung weltlicher Anhaftungen - Die aufrechte Haltung in der
Meditation deutet auf die Erweckung der Kundalini-Energie hin

Interessanterweise wird Goraksa in der Kunst selten als alter Mann dargestellt,
was seine legendäre Unsterblichkeit und seinen Sieg über den Alterungsprozess

unterstreicht. Stattdessen erscheint er meist in zeitloser Jugendlichkeit oder im mittleren Alter, mit einem kraftvollen, durch Yoga gestärkten Körper.

Die künstlerischen Darstellungen Goraksas dienen nicht nur der Verehrung, sondern auch als Meditationsobjekte und Lehrmittel innerhalb der Nath-Tradition, wobei jedes Element seiner Ikonografie auf spezifische spirituelle Prinzipien und Praktiken verweist.

Schlussbetrachtung

Goraksa, der unsterbliche Kuhhirte, verkörpert eine faszinierende Synthese aus historischer Persönlichkeit und zeitloser spiritueller Präsenz. Seine Reise vom einfachen Hirten zum Mahasiddha illustriert den transformativen Pfad des Yoga in seiner tiefsten Bedeutung. Als Begründer des Hatha-Yoga und der Nath-Tradition hat er ein spirituelles Erbe hinterlassen, das die Jahrhunderte überdauert hat und bis heute Suchende auf der ganzen Welt inspiriert.

Die Erzählungen über Goraksas Leben und Wirken bewegen sich an der Schnittstelle zwischen Geschichte und Mythos, was ihr spirituelles Potenzial verstärkt. In der indischen Tradition werden solche Geschichten nicht primär als historische Berichte verstanden, sondern als Träger tieferer Wahrheiten, die über gewöhnliche zeitliche und räumliche Begrenzungen hinausgehen. Die Legenden von seiner Unsterblichkeit und seinen übernatürlichen Kräften sind in diesem Sinne nicht wörtlich zu verstehende Berichte, sondern symbolische Ausdrücke höchster spiritueller Verwirklichung.

Goraksas Bedeutung liegt nicht nur in seinen spezifischen Lehren, sondern auch in der Art und Weise, wie er verschiedene Strömungen indischer Spiritualität – vom orthodoxen Shivaismus über Tantra bis hin zu volkstümlichen Praktiken – in eine kohärente Synthese integrierte. Seine egalitäre Haltung, die spirituelle Praxis für Menschen aller sozialen Schichten öffnete, stellte eine bedeutende soziale Innovation dar und trug zur Demokratisierung spiritueller Wege bei.

Die von ihm begründete Nath-Tradition, obwohl nie eine Massenbewegung, hat einen unverhältnismäßig großen Einfluss auf die spirituelle Landschaft Südasiens ausgeübt. Ihre Betonung direkter Erfahrung über dogmatischen Glauben, physischer Disziplin als Grundlage für spirituelles Wachstum und der Möglichkeit vollständiger Transformation des menschlichen Zustands resoniert mit zeitgenössischen spirituellen Suchern.

In einer Zeit zunehmender Globalisierung und technologischen Fortschritts bietet Goraksas Vermächtnis eine Erinnerung an die transformative Kraft spiritueller Praxis und die Möglichkeit, über die scheinbaren Grenzen der menschlichen Existenz hinauszugehen. Seine Lehren laden uns ein, den Körper nicht als Hindernis für spirituelles Wachstum zu betrachten, sondern als Instrument für tiefgreifende Transformation und als Vehikel zur Erkenntnis unserer wahren Natur.

Die Geschichten vom unsterblichen Kuhhirten, der zwischen den Welten wandert und denen erscheint, die aufrichtig suchen, bewahren ein archetypisches Bild des vollendeten Meisters – jemand, der die Grenzen von Zeit und Raum transzendiert hat, aber aus Mitgefühl mit der Menschheit verbunden bleibt. In diesem Sinne lebt Goraksa weiter, nicht nur in historischen Aufzeichnungen und künstlerischen Darstellungen, sondern als lebendige Präsenz in der fortdauernden Tradition des Yoga und der spirituellen Suche nach Befreiung.

Herkunft

Indrabhuti war König des mythischen Landes Oddiyana (auch Uddiyana oder Urgyen genannt), das von vielen Gelehrten im heutigen Swat-Tal im nordwestlichen Pakistan verortet wird. Dieses Gebiet war in der Antike ein bedeutendes Zentrum buddhistischer Kultur und Gelehrsamkeit. Die genauen Lebensdaten Indrabhutis sind historisch schwer zu bestimmen, da sich seine Geschichte mit Legenden vermischt hat und verschiedene buddhistische Traditionen unterschiedliche Zeitangaben machen. Die meisten Überlieferungen datieren sein Wirken jedoch zwischen dem 7. und 8. Jahrhundert unserer Zeitrechnung, einer Periode, in der der tantrische Buddhismus in Nordindien zu blühen begann.

In manchen Überlieferungen wird zwischen einem "älteren" und einem "jüngeren" Indrabhuti unterschieden, was darauf hindeutet, dass die Traditionen möglicherweise die Geschichten mehrerer historischer Persönlichkeiten zu einer legendären Figur verschmolzen haben. Als Herrscher von Oddiyana stammte er aus einer königlichen Familie und genoss alle Privilegien und den Luxus, die mit dieser Position verbunden waren. Trotz seines Reichtums und seiner Macht soll er von früher Jugend an eine tiefe spirituelle Neigung gezeigt haben.

Besondere Eigenschaften

Indrabhuti vereinte in seiner Person mehrere bemerkenswerte Eigenschaften. Als König besaß er weltliche Macht und Reichtum, doch sein Interesse galt vor allem spirituellen Fragen. Überlieferungen beschreiben ihn als einen Mann von außergewöhnlicher Weisheit und Mitgefühl, der trotz seiner privilegierten Stellung eine tiefe Verbundenheit mit dem Leiden aller Wesen empfand.

Eine seiner hervorstechendsten Eigenschaften war seine Fähigkeit, die tantrischen Lehren ohne das Aufgeben weltlicher Vergnügungen zu praktizieren. Im Gegensatz zu vielen anderen spirituellen Traditionen, die Entsagung und Askese betonen, verkörperte Indrabhuti den tantrischen Pfad der Transformation, bei dem sinnliche Erfahrungen nicht vermieden, sondern als Mittel zur Erleuchtung genutzt werden. Dies machte ihn zu einem Vorbild für Praktizierende, die einen spirituellen Weg inmitten des weltlichen Lebens suchen.

Indrabhuti wird auch eine außergewöhnliche meditative Kraft zugeschrieben. Es heißt, er habe die Fähigkeit besessen, direkt in die Natur der Wirklichkeit zu schauen und die Leerheit aller Phänomene zu erkennen. Diese tiefe Einsicht befähigte ihn, komplexe tantrische Lehren zu empfangen und zu übermitteln, die den direkten Weg zur Erleuchtung weisen.

Darüber hinaus soll er über verschiedene übernatürliche Kräfte (Siddhis) verfügt haben, wie sie fortgeschrittenen Yogis zugeschrieben werden: die Fähigkeit zu fliegen, sich zu materialisieren und zu dematerialisieren, Krankheiten zu heilen und in die Gedanken anderer einzudringen. Diese Fähigkeiten nutzte er jedoch nicht zur Selbstverherrlichung, sondern zum Wohle aller fühlenden Wesen.

Geschichte der Erleuchtung

Die Erleuchtungsgeschichte Indrabhutis wird in verschiedenen buddhistischen Texten auf unterschiedliche Weise erzählt. Eine der bekanntesten Versionen findet sich in den Überlieferungen der Nyingma-Schule des tibetischen Buddhismus.

Der Legende nach war Indrabhuti trotz seines Reichtums und seiner Macht unbefriedigt und suchte nach tieferem Sinn. Eines Tages, als er auf dem Balkon seines Palastes stand und über sein Königreich blickte, sah er in einer Vision den Buddha Shakyamuni, umgeben von Bodhisattvas und erleuchteten Wesen. Überwältigt von dieser Erscheinung bat er um spirituelle Unterweisung.

Als Antwort erschien vor ihm ein magisches Juwel, in dem die kompletten Lehren des Guhyasamaja-Tantra enthalten waren. Durch die Betrachtung dieses Juwels empfing Indrabhuti direkt die tantrischen Lehren. Er vertiefte sich in intensive Meditation und erreichte nach sieben Tagen die vollständige Erleuchtung, ohne seinen Königsthron zu verlassen.

Eine andere Version erzählt, dass Indrabhuti durch die Begegnung mit dem großen Lehrer Vajrasattva die Einweihung in die geheimen tantrischen Praktiken erhielt. Nach intensiver Praxis erlangte er die Siddhis und wurde zu einem verwirklichten Meister.

Eine dritte Überlieferung verbindet seine Erleuchtungsgeschichte mit der Dakini Vajravarahi, die ihm in einer Vision erschien und ihn in die höchsten tantrischen Lehren einweihte. Durch ihre Anleitung verstand er, dass die wahre Natur der Wirklichkeit weder in weltlichen Vergnügungen noch in deren Ablehnung zu finden ist, sondern in der Erkenntnis der Nicht-Dualität aller Erscheinungen.

Unabhängig von den Details dieser Überlieferungen liegt die Besonderheit seiner Erleuchtungsgeschichte darin, dass er die höchste spirituelle Verwirklichung erreichte, ohne sein Königreich aufzugeben oder auf weltliche Vergnügungen zu verzichten – ein zentrales Prinzip des Vajrayana-Buddhismus.

Leben und Tod

Als erleuchteter König führte Indrabhuti ein Leben, das weltliche und spirituelle Tätigkeiten vereinte. Er regierte sein Königreich mit Weisheit und Mitgefühl, während er gleichzeitig tantrische Praktiken ausübte und lehrte. Unter seiner Herrschaft soll Oddiyana zu einem bedeutenden Zentrum des tantrischen Buddhismus geworden sein, in dem zahlreiche Yogis und Yoginis praktizierten und lehrten.

Indrabhuti wird auch eine besondere Verbindung zu seiner Schwester Lakshminkaraoder oder seiner Tochter (in manchen Überlieferungen) zugeschrieben, die selbst eine verwirklichte Meisterin und eine der wenigen weiblichen Mahasiddhas wurde. Diese familiäre Verbindung unterstreicht die Bedeutung der Nicht-Dualität von männlicher und weiblicher Energie im tantrischen Buddhismus.

Über Indrabhutis Tod existieren verschiedene Überlieferungen. Nach einigen Berichten verließ er seinen physischen Körper bewusst und erlangte den "Regenbogenkörper" – einen Zustand, in dem der grobstoffliche Körper sich in Licht auflöst und nur Haare, Nägel und dergleichen zurückbleiben. Diese Art des Todes gilt im tibetischen Buddhismus als Zeichen höchster spiritueller Verwirklichung.

Andere Überlieferungen berichten, dass er mit seinem physischen Körper direkt in reine Buddha-Bereiche aufstieg, ohne den Tod im gewöhnlichen Sinne zu erfahren. Diese Tradition des "Aufstiegs mit dem Körper" (Ja-lü phowa chenpo) ist ein weiteres Zeichen höchster tantrischer Verwirklichung.

Unabhängig von der genauen Art seines Todes wird angenommen, dass Indrabhuti seine Identität vollständig mit der Buddhanatur verschmolz und somit den Kreislauf von Geburt und Tod transzendierte.

Lehren und Übertragungen

Indrabhuti wird eine zentrale Rolle in der Übertragung verschiedener tantrischer Lehren zugeschrieben. Besonders bekannt ist er als einer der ersten menschlichen

Empfänger und Übermittler der Lehren des Anuttara-Yoga-Tantra, der höchsten Klasse der tantrischen Lehren im Vajrayana-Buddhismus.

Er gilt als Autor mehrerer wichtiger tantrischer Texte, darunter das "Jñanasiddhi" (Vollendung der Weisheit), ein grundlegendes Werk über die Praxis des höchsten Yoga-Tantra. Dieses Text behandelt die Natur des Geistes, die Einheit von Weisheit und Mitgefühl und die Praxis der tantrischen Sadhanas (spirituelle Übungen).

In der Tradition der Nyingma-Schule des tibetischen Buddhismus wird Indrabhuti als einer der ersten menschlichen Halter der Dzogchen-Lehren (Große Vollkommenheit) betrachtet. Diese Lehren, die als höchster spiritueller Pfad im tibetischen Buddhismus gelten, betonen die direkte Erkenntnis der bereits vorhandenen Buddhanatur.

Besonders bedeutsam ist seine Verbindung zur Übertragungslinie des Guhyagarbha-Tantra, eines zentralen Textes des Mahayoga-Tantra in der Nyingma-Tradition. Diese Lehren betonen die Visualisierung von Gottheiten und die Transformation des gewöhnlichen Bewusstseins in Weisheitsbewusstsein.

Ein weiterer wichtiger Aspekt seiner Lehre war die Integration weltlicher Aktivitäten in den spirituellen Pfad. Indrabhuti lehrte, dass die wahre tantrische Praxis nicht in der Flucht vor der Welt besteht, sondern in der Transformation aller Erfahrungen durch die Erkenntnis ihrer wahren Natur. Diese Sichtweise wird im berühmten tantrischen Prinzip zusammengefasst: "Samsara und Nirvana sind nicht-dual."

Seine Lehrmethoden waren direkt und oft unkonventionell. Es wird überliefert, dass er den formellen buddhistischen Ritualen weniger Bedeutung beimaß als der direkten Erfahrung der Natur des Geistes. Diese pragmatische Herangehensweise machte seine Lehren für Menschen aller Gesellschaftsschichten zugänglich.

Bedeutung und Nachwirkung

Die Bedeutung Indrabhutis für die Entwicklung des Vajrayana-Buddhismus kann kaum überschätzt werden. Als früher Übermittler tantrischer Lehren hat er maßgeblich dazu beigetragen, dass diese Tradition bis heute lebendig geblieben ist.

In der Nyingma-Tradition des tibetischen Buddhismus wird er als einer der ersten menschlichen Linienhalter verehrt, der die Dzogchen-Lehren direkt von

Vajrasattva empfangen und weitergegeben hat. Diese Übertragungslinie, bekannt als die "Lange Übertragungslinie der Kama", bildet bis heute das Fundament der Nyingma-Schule.

Auch in anderen tibetischen Traditionen, insbesondere in der Kagyu-Schule, wird Indrabhuti als wichtiger Linienhalter betrachtet. Seine Verbindung zum Mahamudra (Großes Siegel), einer Praxis zur direkten Erkenntnis der Natur des Geistes, hat diese Tradition tiefgreifend beeinflusst.

Darüber hinaus hat Indrabhutis Beispiel als erleuchteter König das Ideal des "Dharma-Königs" geprägt – eines Herrschers, der spirituelle Weisheit mit weltlicher Macht verbindet und zum Wohle aller regiert. Dieses Ideal hat tibetische Könige und andere buddhistische Herrscher über Jahrhunderte hinweg inspiriert.

Seine Betonung der Nicht-Dualität von weltlichem und spirituellem Leben hat dem Vajrayana-Buddhismus eine einzigartige Dynamik verliehen. Im Gegensatz zu Traditionen, die Weltentsagung fordern, eröffnete Indrabhutis Ansatz einen Pfad zur Erleuchtung inmitten des gewöhnlichen Lebens – ein Aspekt, der den Vajrayana-Buddhismus besonders relevant für die heutige Zeit macht.

Auch für zeitgenössische Praktizierende bleibt Indrabhuti ein wichtiges Vorbild. Seine Geschichte zeigt, dass spirituelle Verwirklichung nicht von äußeren Umständen abhängt, sondern von der inneren Transformation des Bewusstseins. Diese Botschaft spricht besonders Menschen an, die einen spirituellen Weg im Kontext eines aktiven, weltlichen Lebens suchen.

Darstellung in der Kunst

In der buddhistischen Kunst wird Indrabhuti typischerweise als königlicher Yogi dargestellt. Er trägt oft die Attribute sowohl eines Königs – Krone, Schmuck und königliche Gewänder – als auch eines Siddhas – langes, ungepflegtes Haar, Meditation-Utensilien und tantrische Symbole.

In tibetischen Thangkas wird er häufig in königlicher Pose sitzend dargestellt, mit einer Krone auf dem Kopf und in reiche Gewänder gekleidet. In manchen Darstellungen hält er eine Schädelschale (Kapala) und einen Vajra (Donnerkeil), Symbole tantrischer Praxis. Sein Gesichtsausdruck ist typischerweise ruhig und würdevoll, mit leicht geöffneten Augen, die seinen Zustand zwischen Meditation und weltlicher Aktivität symbolisieren.

Eine besondere ikonographische Tradition zeigt ihn zusammen mit seiner Schwester oder Tochter Lakshminkaraoder, die ebenfalls als Mahasiddha verehrt wird. Diese Darstellungen betonen die Komplementarität männlicher und weiblicher spiritueller Energie im tantrischen Buddhismus.

In den Darstellungen der achtundachtzig Mahasiddhas, die in Tibet, Nepal und nordindischen buddhistischen Tempeln zu finden sind, nimmt Indrabhuti oft eine herausgehobene Position ein. Er wird häufig größer als die anderen Siddhas dargestellt oder an einem zentralen Platz in der Komposition platziert, was seine besondere Bedeutung unterstreicht.

In manchen künstlerischen Traditionen wird er auch in Verbindung mit bestimmten tantrischen Gottheiten dargestellt, insbesondere mit Guhyasamaja oder Chakrasamvara, deren Lehren er der Überlieferung nach empfangen und weitergegeben hat. Diese Darstellungen zeigen ihn oft in einer Vision oder in meditativer Versenkung, während die Gottheit über seinem Kopf schwebt.

Interessanterweise variieren die künstlerischen Darstellungen Indrabhutis je nach buddhistischer Schule und Region. In den älteren Nyingma-Traditionen wird er oft mit wildem Haar und ekstatischem Ausdruck dargestellt, was seinen unkonventionellen, direkten Zugang zur Erleuchtung symbolisiert. In späteren Traditionen erscheint er dagegen würdevoller und königlicher, was seine Rolle als Dharma-König betont.

Schlussbetrachtung

Die Gestalt des Mahasiddha Indrabhuti verkörpert die transformative Kraft des Vajrayana-Buddhismus in einzigartiger Weise. Als König, der die höchste spirituelle Verwirklichung erlangte, ohne seinen Thron aufzugeben, steht er für die zentrale tantrische Einsicht, dass Erleuchtung nicht in der Ablehnung der Welt, sondern in ihrer Transformation liegt.

Seine Geschichte durchbricht die konventionelle Dichotomie zwischen spirituellem und weltlichem Leben und eröffnet eine Vision, in der alle Aspekte des Daseins – Macht, Reichtum, Sinnlichkeit, Verantwortung – in den Pfad zur Erleuchtung integriert werden können. Diese Perspektive macht ihn zu einer besonders relevanten Figur für die heutige Zeit, in der viele Menschen nach Wegen suchen, spirituelle Praxis mit einem aktiven Leben in der Welt zu vereinbaren.

Indrabhutis Vermächtnis lebt in verschiedenen buddhistischen Traditionen fort, besonders im tibetischen Buddhismus, wo er als früher Linienhalter wichtiger tantrischer Übertragungen verehrt wird. Seine Lehre von der Nicht-Dualität von Samsara und Nirvana, weltlicher Erfahrung und spiritueller Verwirklichung, bleibt ein Kernprinzip des Vajrayana-Buddhismus.

Während historische Details seines Lebens im Nebel der Zeit und Legende verschwimmen, bleibt die spirituelle Essenz seiner Geschichte lebendig: die Erkenntnis, dass die wahre Natur aller Erscheinungen bereits vollkommen ist und dass Erleuchtung nicht ein fernes Ziel, sondern die Entdeckung dessen ist, was immer schon gegenwärtig war. Diese zeitlose Weisheit, die Indrabhuti verkörperte und lehrte, bildet den Kern des tantrischen Pfades zur Befreiung und macht ihn zu einer inspirierenden Gestalt für Suchende aller Zeiten und Kulturen.

2.30 Jalandhara - Der Auserwählte der Dakini

242

Herkunft

Jalandhara stammt der Überlieferung nach aus der gleichnamigen Region Jalandhara im heutigen indischen Bundesstaat Punjab. Geboren im 9. oder 10. Jahrhundert n. Chr., fällt sein Leben in eine Zeit, in der der tantrische Buddhismus in Nordindien in voller Blüte stand. Über seine familiäre Herkunft gibt es unterschiedliche Berichte. Einige Quellen beschreiben ihn als Sohn einer wohlhabenden Brahmanenfamilie, andere berichten, dass er aus einfachen Verhältnissen stammte.

Vor seiner spirituellen Transformation soll Jalandhara als Fischer gearbeitet haben – ein Detail, das in vielen Darstellungen seines Lebens eine symbolische Bedeutung trägt. Das Fischen im Wasser wird oft als Metapher für das Suchen in den Tiefen des Bewusstseins gedeutet. Der Name "Jalandhara" selbst kann als "Wasserbehälter" oder "der, der das Wasser trägt" übersetzt werden, was diese Verbindung zum Element Wasser unterstreicht.

Die Region Jalandhara war in jener Zeit ein bedeutendes Zentrum für buddhistische und hinduistische Lehren, ein Schmelztiegel verschiedener spiritueller Traditionen. Sie lag an wichtigen Handelsrouten, was den kulturellen Austausch begünstigte und zur Verbreitung tantrischer Lehren beitrug. In diesem reichen spirituellen Umfeld wuchs Jalandhara auf, bevor er seinen Weg als Praktizierender des tantrischen Buddhismus einschlug.

Besondere Eigenschaften

Jalandhara wird in den traditionellen Texten mit besonderen Eigenschaften beschrieben, die ihn für seinen spirituellen Weg prädestinierten. Schon vor seiner Begegnung mit der Dakini soll er eine natürliche Neigung zur Kontemplation und eine tiefe Unzufriedenheit mit den weltlichen Aspekten des Lebens gehabt haben. Diese innere Suche manifestierte sich in einer außergewöhnlichen Offenheit für spirituelle Erfahrungen und einer Bereitschaft, konventionelle Vorstellungen zu hinterfragen.

Besonders hervorgehoben wird Jalandharas Fähigkeit, sich vollständig auf die spirituelle Praxis einzulassen, ohne von Zweifeln oder Anhaftungen zurückgehalten zu werden. Diese bedingungslose Hingabe ermöglichte es ihm, die Anweisungen seiner Dakini-Lehrerin direkt und ohne Umwege umzusetzen. In den Beschreibungen wird er als Mensch dargestellt, der die Fähigkeit besaß, das Gewöhnliche im Licht des Außergewöhnlichen zu sehen – eine Eigenschaft, die im tantrischen Buddhismus als wesentlich für die Transformation der Alltagserfahrung in spirituelle Erkenntnis gilt.

Eine weitere besondere Eigenschaft Jalandharas war seine Furchtlosigkeit. Die Begegnung mit einer Dakini, die in ihrer ursprünglichen Form oft als furchterregend beschrieben wird, verlangt vom Praktizierenden, über gewöhnliche Ängste hinauszugehen. Jalandhara zeigte diese Furchtlosigkeit nicht nur in der Begegnung mit überweltlichen Wesen, sondern auch in der Bereitschaft, gesellschaftliche Konventionen zu durchbrechen und sich vollständig auf den tantrischen Pfad einzulassen, der oft als unkonventionell und herausfordernd galt.

Nicht zuletzt wird Jalandhara eine besondere Verbindung zur Natur zugeschrieben. Als Fischer lebte er in engem Kontakt mit dem Element Wasser, was in der tantrischen Symbolik für das Unbewusste und die fließende, veränderliche Natur aller Phänomene steht. Diese Verbindung zur natürlichen Welt soll ihm geholfen haben, die tieferen Wahrheiten des tantrischen Buddhismus unmittelbar zu erfassen.

Geschichte der Erleuchtung

Die Erleuchtungsgeschichte Jalandharas beginnt mit einer schicksalhaften Begegnung am Ufer eines Sees, wo er seinem Beruf als Fischer nachging. Dort erschien ihm eine Dakini in Gestalt einer jungen Frau. In einigen Überlieferungen wird sie als Tochter des lokalen Königs beschrieben, in anderen als eine himmlische Wesenheit in menschlicher Form. Diese Begegnung markierte den Anfang seiner spirituellen Transformation.

Die Dakini erkannte in Jalandhara einen würdigen Schüler und offenbarte ihm, dass sein bisheriges Leben als Fischer eine tiefere symbolische Bedeutung hatte: So wie er Fische aus dem Wasser zog, sollte er nun Wesen aus dem Ozean des Leidens befreien. Sie weihte ihn in die tantrischen Lehren ein und gab ihm spezifische Meditationsanweisungen. Diese beinhalteten Visualisierungspraktiken, bei denen Jalandhara sich selbst als göttliche Wesenheit (yidam) visualisieren sollte, sowie fortgeschrittene Atemtechniken und die Praxis der inneren Hitze (tummo).

Jalandhara zog sich daraufhin in die Einsamkeit zurück, um intensiv zu meditieren. Die Überlieferung berichtet, dass er sieben Jahre lang in einer Höhle praktizierte, vollständig vertieft in die von der Dakini erhaltenen Anweisungen. Während dieser Zeit soll er verschiedene Visionen und Prüfungen erfahren haben, die seine Entschlossenheit und sein Verständnis der Lehren auf die Probe stellten.

Der entscheidende Durchbruch kam, als Jalandhara die Dualität von Subjekt und Objekt, von Wahrnehmenden und Wahrgenommenem, transzendierte. In einem Moment tiefer Einsicht erkannte er die leere Natur aller Phänomene und gleichzeitig ihre Erscheinung als Spiel der universellen Energie. Diese Erkenntnis, die im tantrischen Buddhismus als Vereinigung von Weisheit (Erkenntnis der Leerheit) und Mitgefühl (liebevolle Hinwendung zu allen Wesen) beschrieben wird, markierte seine Erleuchtung.

Nach dieser Verwirklichung kehrte die Dakini zu ihm zurück, diesmal in ihrer wahren, transzendenten Form. Sie bestätigte seine Erleuchtung und übertrug ihm weitere Lehren und Ermächtigungen. Von nun an wurde Jalandhara als Mahasiddha anerkannt – ein Meister, der vollständige Verwirklichung erlangt hatte und die Fähigkeit besaß, andere auf dem Pfad zur Befreiung zu führen.

Leben und Tod

Nach seiner Erleuchtung kehrte Jalandhara in die Gesellschaft zurück, jedoch nicht als gewöhnlicher Fischer, sondern als verwirklichter Meister. Er lebte fortan als Wanderlehrer, reiste durch verschiedene Regionen Nordindiens und verbreitete die tantrischen Lehren. Dabei bediente er sich oft unkonventioneller Methoden, um die Menschen zu erreichen und ihnen die tiefe Wahrheit der buddhistischen Lehren nahezubringen.

Charakteristisch für Jalandharas Lehrstil war die Verwendung von "verrückter Weisheit" (tib. ye shes 'chol ba) – ein Ansatz, der konventionelle Vorstellungen durchbricht und direkt auf die wahre Natur des Geistes zeigt. Er soll oft in Rätseln gesprochen oder paradoxe Handlungen vollzogen haben, die die dualistischen Denkmuster seiner Zuhörer erschütterten und sie zu unmittelbarer Einsicht führten.

In dieser Phase seines Lebens wird Jalandhara oft mit einer Gefährtin dargestellt, die in einigen Überlieferungen als menschliche Partnerin, in anderen als Manifestation der Dakini beschrieben wird. Diese Partnerschaft symbolisiert die tantrische Vereinigung von männlichen und weiblichen Prinzipien, von Methode und Weisheit, die für die höchsten Praktiken des Vajrayana-Buddhismus zentral ist.

Über Jalandharas Tod existieren verschiedene Überlieferungen. Die bekannteste besagt, dass er seinen physischen Körper nicht auf gewöhnliche Weise ablegte, sondern sich in einen "Regenbogenkörper" (tib. 'ja' lus) transformierte – ein Phänomen, bei dem der Körper des Praktizierenden sich bei seinem Tod in Licht auflöst und nur Haare, Nägel und manchmal Reliquien zurücklässt. Diese höchste Transformation gilt im tibetischen Buddhismus als Zeichen vollständiger Verwirklichung und demonstriert die Überwindung der Dualität von Körper und Geist.

Andere Berichte erzählen, dass Jalandhara mit seinem physischen Körper in reine Buddha-Bereiche einging oder als bewusster Wiedergeborener (tib. tulku) zurückkehrte, um weiterhin zum Wohl aller Wesen zu wirken. Unabhängig von der spezifischen Überlieferung wird sein Tod nicht als Ende, sondern als Transformation und Fortsetzung seines erleuchteten Wirkens verstanden.

Lehren und Übertragungen

Die Lehren Jalandharas waren tief in der tantrischen Tradition des Vajrayana-Buddhismus verwurzelt. Im Zentrum stand die direkte Erkenntnis der Buddha-Natur – des inhärenten Potenzials zur Erleuchtung, das allen Wesen innewohnt. Seine Unterweisung zielte darauf ab, Schüler zu befähigen, diese Natur unmittelbar zu erfahren, statt sie nur intellektuell zu verstehen.

Ein charakteristisches Element seiner Lehren war die Betonung des "großen Siegels" (Mahamudra) – einer meditativen Praxis, die darauf abzielt, die grundlegende Natur des Geistes zu erkennen. Jalandhara lehrte, dass diese Natur jenseits aller Konzepte liegt und dennoch in jedem Moment der gewöhnlichen Erfahrung präsent ist. Durch spezifische Meditationstechniken führte er seine Schüler zu dieser unmittelbaren Erkenntnis.

Jalandhara wird auch eine besondere Verbindung zur Praxis der "inneren Hitze" (tummo) zugeschrieben – einer fortgeschrittenen Yoga-Technik, bei der durch Visualisierung und Atemkontrolle spirituelle Energie im Körper aktiviert wird. Diese Praxis führt zu transformativen Erfahrungen und dient als Grundlage für höhere tantrische Verwirklichungen.

Die Übertragungslinien von Jalandharas Lehren flossen in verschiedene buddhistische Traditionen ein, besonders in die Kagyü-Schule des tibetischen Buddhismus.

Seine Methoden und Einsichten wurden von nachfolgenden Meistern aufgenommen und weitergegeben. Besonders einflussreich waren seine Lehren zur Integration von weltlicher Erfahrung und spiritueller Praxis – die Erkenntnis, dass Erleuchtung nicht jenseits des Alltäglichen gesucht werden muss, sondern in der direkten Erfahrung des gegenwärtigen Moments gefunden werden kann.

Ein weiterer wichtiger Aspekt seiner Übertragung war die Betonung der Guru-Schüler-Beziehung. Jalandhara lehrte, dass die direkte Übertragung von Meister zu Schüler ein wesentlicher Katalysator für spirituelle Verwirklichung ist. Seine eigene Transformation durch die Begegnung mit der Dakini diente als Modell für diese Art der Übertragung, die über bloße Information hinausgeht und eine direkte Übermittlung von Erkenntnis darstellt.

Bedeutung und Nachwirkung

Die Bedeutung Jalandharas reicht weit über sein eigenes Leben hinaus. Er repräsentiert einen wichtigen Strang in der Entwicklung des tantrischen Buddhismus, der später maßgeblich zur Formung des tibetischen Buddhismus beitrug. Seine Geschichte demonstriert die zentrale tantrische Idee, dass Erleuchtung in einem einzigen Leben erreichbar ist, wenn die richtigen Methoden mit Hingabe praktiziert werden.

Jalandharas besondere Verbindung zu den Dakinis unterstreicht die wichtige Rolle weiblicher Prinzipien und Weisheitskräfte im Vajrayana-Buddhismus. Seine Geschichte hat dazu beigetragen, das Verständnis der Dakinis als Verkörperungen höchster Weisheit zu vertiefen und ihre Rolle als Lehrerinnen und Initiatorinnen auf dem spirituellen Weg zu etablieren.

In der tibetischen Tradition wird Jalandhara als wichtiger Linienhalter verehrt, dessen Verwirklichungen und Lehren durch Generationen von Meistern weitergegeben wurden. Verschiedene tantrische Praktiken, besonders im Bereich der Mahamudra- und Dzogchen-Traditionen, führen ihre Wurzeln teilweise auf Jalandhara zurück.

Seine Geschichte hat auch kulturelle und künstlerische Nachwirkungen. Als Teil des reichen Pantheons buddhistischer Meister und Vorbilder hat Jalandhara die religiöse Kunst und Literatur in Tibet, Nepal und anderen Regionen des Himalaya inspiriert. Seine Lebensgeschichte wird in Hagiographien überliefert und in rituellen Rezitationen und Gesängen gepriesen.

In der modernen Zeit dient Jalandharas Geschichte weiterhin als Inspiration für Praktizierende des tibetischen Buddhismus. Seine Transformation vom Fischer zum erleuchteten Meister verkörpert die Möglichkeit spiritueller Verwirklichung unabhängig von sozialer Herkunft oder formaler Bildung. Seine unkonventionellen Lehrmethoden und seine Betonung direkter Erfahrung resonieren mit zeitgenössischen Suchenden, die über dogmatische Religiosität hinausgehen und unmittelbare spirituelle Erkenntnis suchen.

Darstellung in der Kunst

In der buddhistischen Kunst wird Jalandhara in charakteristischer Weise dargestellt, die seine Identität als Mahasiddha und seine besondere Verbindung zu den Dakinis zum Ausdruck bringt. Die ikonographischen Elemente seiner Darstellung tragen symbolische Bedeutungen, die auf seine Lebensgeschichte und spirituellen Verwirklichungen verweisen.

Typischerweise wird Jalandhara als Yogi mit langem, ungepflegtem Haar und Bart dargestellt, was seine Loslösung von weltlichen Konventionen symbolisiert. Seine Körperhaltung ist oft dynamisch und tanzend, ein Ausdruck der ekstatischen Freude der Erleuchtung. In manchen Darstellungen trägt er nur einen Lendenschurz oder ist mit einer Tigerhaut bekleidet – Symbole der asketischen Tradition und der Überwindung von Angst und Anhaftung.

Ein charakteristisches Attribut in Jalandharas Darstellungen ist das Fischnetz oder ein Fisch, die auf seinen ursprünglichen Beruf als Fischer hinweisen und gleichzeitig eine tiefere symbolische Bedeutung tragen: So wie er einst Fische aus dem Wasser zog, befreit er nun fühlende Wesen aus dem Ozean des Samsara (des Kreislaufs von Geburt und Tod).

Häufig wird Jalandhara zusammen mit einer Dakini dargestellt, entweder in Gestalt einer menschlichen Gefährtin oder in ihrer transzendenten Form als himmlische Tanzende. Diese Darstellung betont die zentrale Rolle der Dakini in seiner spirituellen Transformation und symbolisiert die Vereinigung männlicher und weiblicher Prinzipien im tantrischen Buddhismus.

In Thangka-Malereien erscheint Jalandhara oft als Teil der Darstellung der 84 Mahasiddhas, wo er durch seine spezifischen Attribute identifizierbar ist. Seine Figur kann auch in Mandala-Darstellungen bestimmter tantrischer Gottheiten auftauchen, besonders solcher, die mit Dakini-Praktiken verbunden sind.

Skulpturale Darstellungen Jalandharas sind seltener, kommen aber in einigen monastischen Sammlungen vor. In diesen dreidimensionalen Darstellungen werden seine dynamische Haltung und seine Verbindung zum Element Wasser oft besonders betont.

Die künstlerischen Darstellungen Jalandharas dienen nicht nur als Erinnerung an sein Leben und Wirken, sondern auch als Fokus für Meditation und Verehrung. In der tantrischen Praxis visualisiert der Meditierende die Gestalt des Mahasiddha, um mit seiner erleuchteten Energie in Verbindung zu treten und Inspiration für den eigenen spirituellen Weg zu gewinnen.

Schlussbetrachtung

Die Geschichte des Mahasiddha Jalandhara ist mehr als eine historische Überlieferung oder religiöse Legende – sie ist ein zeitloses Sinnbild für die Möglichkeit tiefgreifender spiritueller Transformation und die Verwirklichung des höchsten Potenzials des menschlichen Geistes. In seiner Wandlung vom Fischer zum erleuchteten Meister spiegelt sich der Kern des tantrischen Buddhismus: die Überzeugung, dass jeder Mensch, unabhängig von Herkunft oder Bildung, die Fähigkeit zur Erleuchtung in sich trägt.

Jalandharas besondere Beziehung zu den Dakinis unterstreicht die zentrale Rolle weiblicher Weisheitsaspekte im Vajrayana-Buddhismus. Seine Geschichte zeigt, dass wahre spirituelle Führung oft aus unerwarteten Quellen kommt und dass die Bereitschaft, konventionelle Vorstellungen zu durchbrechen, eine Voraussetzung für tiefe Einsicht sein kann.

Die Lehren und Methoden, die mit Jalandhara verbunden sind, haben über Jahrhunderte hinweg Praktizierende inspiriert und werden bis heute in verschiedenen Schulen des tibetischen Buddhismus weitergegeben. Sie betonen die unmittelbare Erfahrung über intellektuelles Verstehen, die Integration spiritueller Praxis in den Alltag und die Überwindung dualistischer Konzepte durch direkte Erkenntnis der Natur des Geistes.

In einer Zeit, die von Materialismus und oberflächlicher Beschleunigung geprägt ist, erinnert die Geschichte Jalandharas daran, dass wahre Erfüllung nicht in äußeren Umständen, sondern in der Transformation des Bewusstseins zu finden ist. Seine Reise vom Fischer zum "Auserwählten der Dakini" symbolisiert die universelle menschliche Suche nach Bedeutung und transzendenter Erfahrung.

So bleibt Jalandhara eine faszinierende und inspirierende Gestalt, deren Leben und Lehren auch heute noch dazu beitragen können, die tiefsten Dimensionen menschlicher Existenz zu erkunden und das höchste Potenzial des Geistes zu verwirklichen. In der Begegnung mit seiner Geschichte werden wir eingeladen, unsere eigenen Möglichkeiten zur Transformation und Erweiterung des Bewusstseins zu erkennen und zu verwirklichen.

2.31 Jayananda - Der Krähenmeister

251

Herkunft

Jayananda wurde im 9. Jahrhundert in einer wohlhabenden Familie in Nordindien geboren. Die genauen Umstände seiner Geburt und frühen Kindheit sind, wie bei vielen Mahasiddhas, von Legenden umwoben und historisch schwer zu verifizieren. Überlieferungen zufolge wuchs er in einer Zeit großer gesellschaftlicher und religiöser Umwälzungen auf, als der Buddhismus in Indien sowohl Höhepunkte als auch erste Anzeichen des späteren Niedergangs erlebte.

Als Sohn einer angesehenen Familie erhielt Jayananda eine umfassende Bildung in den klassischen Wissenschaften und buddhistischen Lehren seiner Zeit. Er zeigte früh außergewöhnliche Intelligenz und ein tiefes Interesse an spirituellen Fragen. Trotz seiner privilegierten Herkunft verspürte er eine innere Unruhe und Unzufriedenheit mit dem weltlichen Leben, das ihm vorbestimmt schien.

Seine frühe Begegnung mit einem wandernden Yogi, der ihm die tantrischen Lehren nahebrachte, markierte einen Wendepunkt in seinem Leben. Diese Begegnung weckte in ihm den Wunsch, den konventionellen Pfad zu verlassen und nach tieferer Erkenntnis zu streben. Gegen den Willen seiner Familie verließ er sein Elternhaus und begab sich auf die Suche nach einem Meister, der ihn in die Geheimnisse des Vajrayana-Buddhismus einweihen könnte.

Besondere Eigenschaften

Jayananda zeichnete sich durch mehrere bemerkenswerte Eigenschaften aus, die ihn von anderen spirituellen Suchern unterschieden. Am auffälligsten war seine ungewöhnliche Affinität zu Krähen, die ihm später den Namen "Krähenmeister" einbringen sollte. Schon in jungen Jahren zeigte er eine natürliche Fähigkeit, mit diesen Vögeln zu kommunizieren, was von den Menschen seiner Umgebung teils mit Bewunderung, teils mit Argwohn betrachtet wurde.

Seine außergewöhnliche Geduld und Beharrlichkeit waren weitere hervorstechen-de Charakterzüge. Legenden berichten, dass er einmal drei Jahre lang an einem Ort verweilte, nur um eine bestimmte spirituelle Qualität zu kultivieren. Diese Ausdauer sollte ihm später auf seinem spirituellen Weg zugutekommen.

Jayananda besaß zudem einen scharfen, analytischen Verstand, gepaart mit einer tiefen Intuition. Er konnte komplexe philosophische Konzepte leicht durchdringen und gleichzeitig deren praktische Anwendung im alltäglichen Leben erkennen.

Diese Kombination aus intellektueller Brillanz und praktischer Weisheit machte ihn zu einem außergewöhnlichen Lehrer.

Besonders bemerkenswert war auch seine Fähigkeit, konventionelle Denkweisen zu durchbrechen. Er scheute sich nicht, etablierte religiöse Praktiken in Frage zu stellen und unorthodoxe Methoden zu entwickeln, um tiefere Wahrheiten zu vermitteln. Diese Eigenschaft spiegelte sich später in seinen unkonventionellen Lehrmethoden wider.

Nicht zuletzt zeichnete ihn ein tiefes Mitgefühl für alle Lebewesen aus. Dieses Mitgefühl erstreckte sich nicht nur auf Menschen, sondern auf alle fühlenden Wesen, insbesondere auf die Krähen, mit denen er eine besondere Verbindung pflegte.

Geschichte der Erleuchtung

Jayanandas Weg zur Erleuchtung folgte keinem gradlinigen Pfad. Nach Jahren des Studiums bei verschiedenen Meistern und intensiver Meditation begegnete er schließlich seinem Hauptlehrer, dem Mahasiddha Kambala. Dieser erkannte Jayanandas einzigartiges Potential und gab ihm spezielle Anweisungen zur Praxis des Mahamudra, der "Großen Siegelhaltung".

Die entscheidende Wende in Jayanandas spiritueller Entwicklung kam jedoch auf unerwartete Weise. Während einer intensiven Meditationsperiode in einer abgelegenen Höhle wurde er ständig von einer Schar Krähen umgeben, die ihn zunächst in seiner Konzentration störten. Anstatt die Vögel zu vertreiben, begann er, ihre Anwesenheit als Teil seiner Praxis zu integrieren.

Die Überlieferung erzählt, dass Jayananda eines Tages, nach monatelanger gemeinsamer "Meditation" mit den Krähen, einen tiefgreifenden Einblick in die Natur der Wirklichkeit erlangte. Er erkannte, dass die scheinbare Trennung zwischen ihm und den Krähen, zwischen Subjekt und Objekt, eine Illusion war. In diesem Moment der Erkenntnis verschmolz sein Bewusstsein mit dem der Krähen, und er erlebte die fundamentale Einheit aller Erscheinungen.

Diese Erfahrung markierte seine Erleuchtung. Jayananda hatte die höchste Wahrheit nicht durch konventionelle Meditation allein erreicht, sondern durch die Integration eines scheinbar störenden Elements in seine Praxis. Die Krähen, die zunächst als Hindernis erschienen, wurden zum Katalysator für seine Verwirklichung.

Nach seiner Erleuchtung zeigte Jayananda außergewöhnliche Fähigkeiten. Er konnte angeblich die Sprache der Krähen verstehen und mit ihnen kommunizieren. Die Vögel wurden zu seinen Boten und halfen ihm, seine Lehren zu verbreiten. Diese ungewöhnliche Verbindung zwischen einem erleuchteten Meister und gewöhnlichen Vögeln symbolisierte die buddhistische Lehre von der Buddha-Natur, die in allen Wesen gleichermaßen vorhanden ist.

Leben und Tod

Nach seiner Erleuchtung führte Jayananda ein unkonventionelles Leben als wandernder Yogi. Er lehnte es ab, in Klöstern zu leben oder formelle religiöse Positionen einzunehmen. Stattdessen zog er von Ort zu Ort, begleitet von seinen treuen Krähen, und teilte seine Weisheit mit allen, die bereit waren zuzuhören.

Seine Lehrmethoden waren ebenso unkonventionell wie sein Lebensstil. Oft benutzte er die Verhaltensweisen der Krähen, um tiefgründige spirituelle Lektionen zu vermitteln. Er könnte auf eine Krähe zeigen, die nach Nahrung suchte, und darin eine Metapher für das menschliche Streben nach vergänglichen Freuden sehen. Oder er interpretierte den Flug der Vögel als Symbol für die Freiheit des erleuchteten Geistes.

Jayanandas Ruf als erleuchteter Meister verbreitete sich, und viele Schüler suchten seine Unterweisung. Trotz seiner wachsenden Anhängerschaft blieb er bescheiden und betonte stets, dass seine Weisheit nicht von ihm selbst, sondern durch ihn kam. Er lehnte Verehrung ab und ermutigte seine Schüler, ihre eigene innere Weisheit zu entdecken.

Über Jayanandas Tod ranken sich verschiedene Legenden. Die bekannteste erzählt, dass er im hohen Alter, als er spürte, dass seine Zeit gekommen war, einen Kreis von Krähen um sich versammelte. Nach einer letzten Unterweisung an seine Schüler soll er seinen Körper in reines Licht aufgelöst haben, während die Krähen in perfekter Formation um ihn herumflogen. Einige Überlieferungen berichten, dass die Krähen danach verschwanden und nie wieder in der Region gesehen wurden.

Eine andere Version besagt, dass Jayananda sich in eine Krähe verwandelte und mit seinem Schwarm davonflog, um zu zeigen, dass die wahre Natur des Geistes keine Grenzen kennt und sich in jeder Form manifestieren kann. Diese Geschichten, ob wörtlich oder symbolisch verstanden, unterstreichen die zentrale Botschaft seiner Lehre: Die Überwindung dualistischer Konzepte und die Erkenntnis der fundamentalen Einheit aller Erscheinungen.

Lehren und Übertragungen

Jayanandas Lehren waren tief in der buddhistischen Tradition verwurzelt, aber gleichzeitig innovativ und unkonventionell. Im Zentrum stand die Erkenntnis der Leerheit (Sunyata) aller Phänomene und die gleichzeitige Wertschätzung ihrer relativen Erscheinung - ein Prinzip, das er durch seine Beziehung zu den Krähen exemplarisch vorlebte.

Seine Hauptübertragungslinie wurde als "Kakamudra" oder "Krähen-Siegel" bekannt. Diese Praxis kombinierte Elemente des Mahamudra mit speziellen Visualisierungen und Atemtechniken, die von den Bewegungsmustern und dem Verhalten der Krähen inspiriert waren. Schüler wurden angeleitet, die Qualitäten der Krähen - ihre Wachsamkeit, Anpassungsfähigkeit und ihr Gemeinschaftssinn - als Metaphern für spirituelle Eigenschaften zu verstehen und in ihre eigene Praxis zu integrieren.

Ein zentrales Element seiner Lehre war die "Krähensicht" (Kakadrishti), eine besondere Art der Wahrnehmung, die es ermöglichte, die Welt gleichzeitig aus verschiedenen Perspektiven zu betrachten. Wie eine Krähe, die mit ihren seitlich positionierten Augen ein breites Sichtfeld hat, sollten Praktizierende lernen, über die begrenzte menschliche Perspektive hinauszugehen und die Wirklichkeit in ihrer Ganzheit zu erfassen.

Jayananda lehrte auch eine spezielle Form der "Krähenyoga" (Kakayoga), eine Reihe von körperlichen Übungen, die die Bewegungen der Krähen nachahmten und darauf abzielten, die Energiekanäle im Körper zu öffnen und den Geist zu stabilisieren. Diese Praktiken wurden meist im Geheimen weitergegeben und waren nur fortgeschrittenen Schülern zugänglich.

Besonders bemerkenswert war Jayanandas Betonung der Alltagspraxis. Er lehrte, dass spirituelle Verwirklichung nicht von äußeren Umständen abhängt, sondern in jedem Moment des Lebens gefunden werden kann. Diese Botschaft machte seine Lehren besonders für Laien attraktiv, die keine Möglichkeit hatten, sich vollständig dem religiösen Leben zu widmen.

Seine Übertragungslinie wurde von mehreren seiner Hauptschüler fortgeführt, darunter Dharmakirti, der später selbst als Mahasiddha anerkannt wurde, und

Prajnabhadra, der Jayanandas Lehren in Tibet verbreitete. Obwohl die ursprüngliche "Kakamudra"-Tradition als eigenständige Schule schließlich verschwand, wurden viele ihrer Elemente in andere buddhistische Traditionen, insbesondere in die Kagyu-Schule des tibetischen Buddhismus, integriert.

Bedeutung und Nachwirkung

Jayanandas Einfluss auf die buddhistische Tradition ist vielfältig und tiefgreifend. Er repräsentiert einen wichtigen Strang der tantrischen Tradition, die betont, dass spirituelle Verwirklichung nicht an konventionelle religiöse Formen gebunden ist, sondern durch die Integration aller Lebenserfahrungen erreicht werden kann.

Seine unkonventionelle Herangehensweise an spirituelle Praxis inspirierte Generationen von Praktizierenden, besonders diejenigen, die sich von traditionellen religiösen Strukturen eingeengt fühlten. Die Idee, dass gewöhnliche Tiere wie Krähen als spirituelle Lehrer dienen können, erweiterte das Verständnis davon, wo und wie spirituelle Unterweisung gefunden werden kann.

In Tibet, wo seine Lehren durch Prajnabhadra und andere Schüler Eingang fanden, wurde Jayananda als einer der Urväter der "verrückten Weisheit" (ye shes 'chol ba) Tradition verehrt. Diese Tradition, die später durch Figuren wie Milarepa und die "verrückten Yogis" (smyon pa) fortgeführt wurde, betont die transformative Kraft unkonventioneller Verhaltensweisen und Praktiken.

Die von Jayananda entwickelten Visualisierungs- und Meditationstechniken wurden in verschiedene tantrische Systeme integriert und beeinflussten die Entwicklung spezifischer Sadhanas (Meditationspraktiken) in der Kagyu- und Nyingma-Schule des tibetischen Buddhismus.

Auch außerhalb des buddhistischen Kontexts hat Jayanandas Geschichte kulturelle Bedeutung erlangt. In Teilen Nordindiens und Nepals werden Krähen bis heute als Glücksbringer und als Träger spiritueller Botschaften angesehen, ein Glaube, der teilweise auf den Einfluss des Krähenmeisters zurückzuführen ist.

In der modernen Zeit erfährt Jayanandas Lehre eine Renaissance unter westlichen Buddhisten und spirituell Suchenden, die von seiner ökologischen Sensibilität und seiner Fähigkeit, spirituelle Weisheit in der natürlichen Welt zu finden, angezogen werden. Seine Geschichte dient als Erinnerung daran, dass spirituelle Weisheit nicht nur in heiligen Texten und formalen Praktiken, sondern auch in der aufmerksamen Beobachtung der natürlichen Welt gefunden werden kann.

Darstellung in der Kunst

Jayananda hat in der buddhistischen Kunst verschiedener Epochen und Regionen einen festen Platz. Die frühesten bekannten Darstellungen stammen aus dem 11. Jahrhundert und finden sich in Manuskriptillustrationen aus Ostindien. Diese zeigen ihn typischerweise als asketischen Yogi mit wildem Haar und von Krähen umgeben.

In der tibetischen Tradition wird Jayananda in Thangkas dargestellt, die die 84 Mahasiddhas zeigen. Hier erscheint er meist in der charakteristischen Pose eines Siddhas: halbnackt, mit einer Meditationsbinde (yogapatta) um die Knie, den rechten Arm erhoben, als würde er eine unsichtbare Energie kanalisieren. Sein Markenzeichen ist ein Kranz von Krähen, die um seinen Kopf fliegen oder auf seinen Schultern sitzen.

Eine besonders bemerkenswerte Darstellung findet sich im Kloster Alchi in Ladakh, wo ein Wandgemälde aus dem 12. Jahrhundert Jayananda in Meditation zeigt, während sein Bewusstsein in Form einer leuchtenden Krähe aus seinem Scheitel aufsteigt - eine visuelle Metapher für die Vereinigung seines Geistes mit dem der Krähen.

In nepalesischen und nordindischen Bronzefiguren wird Jayananda oft mit einer Krähe in der Hand dargestellt, wobei sein Gesichtsausdruck tiefe meditative Versenkung widerspiegelt. Diese Statuen dienten als Fokus für Verehrung und Meditation in Tempeln und privaten Schreinen.

Moderne künstlerische Interpretationen nehmen sich oft mehr Freiheiten in der Darstellung. Zeitgenössische tibetische Künstler wie Tenzin Norbu haben Jayananda in einem stilisierten, fast surrealistischen Stil dargestellt, der seine Verschmelzung mit den Krähen durch fließende Übergänge zwischen menschlicher und Vogelform visualisiert.

Auch in der literarischen Kunst hat der Krähenmeister Spuren hinterlassen. Zahlreiche Gedichte und Lieder, besonders in der Tradition der Dohas (spirituelle Gesänge) der Mahasiddhas, werden Jayananda zugeschrieben. Diese poetischen Werke nutzen oft die Metapher der fliegenden Krähe, um die Freiheit des erleuchteten Geistes zu beschreiben.

In der performativen Kunst Nepals und Tibets wird Jayananda in rituellen Tänzen dargestellt, bei denen Tänzer mit Krähenmasken seine Lehren und sein Leben dramatisch inszenieren. Diese Aufführungen dienen sowohl der Unterhaltung als auch der Vermittlung spiritueller Lehren an ein breites Publikum.

Die künstlerischen Darstellungen Jayanandas sind mehr als bloße Abbildungen; sie sind Meditationshilfen und Träger spiritueller Lehren. Durch die Betrachtung dieser Bilder sollen Praktizierende an die zentralen Aspekte seiner Lehre erinnert werden: die Überwindung konzeptueller Grenzen, die Einheit mit allen Wesen und die Möglichkeit, spirituelle Weisheit in unerwarteten Quellen zu finden.

Schlussbetrachtung

Die Geschichte des Mahasiddha Jayananda, des Krähenmeisters, ist ein faszinierendes Beispiel für die Vielfalt und Tiefe der buddhistischen Tradition. Seine unkonventionelle Herangehensweise an spirituelle Praxis, seine tiefe Verbindung zur natürlichen Welt und seine Fähigkeit, die höchste Weisheit in scheinbar gewöhnlichen Vögeln zu finden, machen ihn zu einer inspirierenden Figur für zeitgenössische spirituell Suchende.

Jayanandas Leben und Lehre erinnern uns daran, dass der Weg zur spirituellen Verwirklichung nicht durch bloße Nachahmung traditioneller Formen, sondern durch authentische Begegnung mit der Wirklichkeit in all ihren Manifestationen führt. Seine Fähigkeit, die Weisheit der Krähen zu erkennen und zu integrieren, zeigt, dass spirituelle Lehrer in unerwarteten Formen erscheinen können und dass die natürliche Welt ein Spiegel der tiefsten spirituellen Wahrheiten sein kann.

In einer Zeit, in der die Trennung zwischen Mensch und Natur zu ökologischen Krisen geführt hat, bietet Jayanandas Beispiel eine alternative Vision: eine Sichtweise, die die fundamentale Verbundenheit aller Lebensformen anerkennt und feiert. Seine Geschichte lehrt uns, dass wahre Weisheit nicht in der Trennung von der Welt, sondern in der tieferen Verbindung mit ihr gefunden wird.

Die Überlieferungen über den Krähenmeister mögen teilweise legendär sein, aber ihre symbolische Bedeutung bleibt kraftvoll und relevant. Sie erinnern uns daran, dass der spirituelle Weg nicht linear und vorhersehbar ist, sondern oft überraschende Wendungen nimmt und dass Erleuchtung nicht immer dort gefunden wird, wo wir sie erwarten.

Möge die Geschichte Jayanandas weiterhin diejenigen inspirieren, die den Mut haben, über konventionelle Pfade hinauszugehen und Weisheit an unerwarteten Orten zu suchen – vielleicht sogar im Krächzen einer gewöhnlichen Krähe.

2.32 Jogipa - Der Siddha-Pilger

Herkunft

Über die genaue historische Herkunft Jogipas gibt es unterschiedliche Überlieferungen. Die meisten Quellen verorten ihn im mittelalterlichen Indien, vermutlich zwischen dem 8. und 11. Jahrhundert. Geboren wurde er der Überlieferung nach in eine wohlhabende Brahmanenfamilie in Nordindien, möglicherweise in der Region des heutigen Bihar oder Bengalen. Sein Name vor seiner spirituellen Transformation ist nicht überliefert, was typisch für die Hagiographien der Mahasiddhas ist, da die weltliche Identität als überwunden gilt.

Als Sohn einer hochrangigen Familie erhielt er eine umfassende Ausbildung in den vedischen Schriften, Philosophie und den rituellen Praktiken des Brahmanismus. Dennoch spürte er früh eine innere Unzufriedenheit mit dem formellen religiösen Leben und den strengen Kastenregeln seiner Gesellschaft. Diese Dissonanz zwischen äußerer Konformität und innerem Streben sollte später zu seiner radikalen Lebensänderung führen.

Besondere Eigenschaften

Jogipa zeichnete sich durch mehrere bemerkenswerte Eigenschaften aus, die ihn von anderen Mahasiddhas unterschieden. Zunächst war da seine unstillbare Wanderlust – sein Name "Jogipa" bedeutet "Yogi-Wanderer" oder "Pilger-Yogi", was auf seine beständige Bewegung und Verweigerung einer festen Bleibe hinweist. Im Gegensatz zu manchen anderen Siddhas, die an einem Ort verweilten oder sich in Höhlen zurückzogen, machte Jogipa die Wanderschaft selbst zu seinem spirituellen Pfad.

Eine weitere herausragende Eigenschaft war seine Fähigkeit, sich vollständig von gesellschaftlichen Erwartungen zu lösen. Er führte ein Leben als Außenseiter, der bewusst die niedrigsten sozialen Positionen einnahm, um seinen Stolz und seine Anhaftung an Status zu überwinden. Überlieferungen zufolge kleidete er sich in zerlumpte Gewänder, aß nur, was er erbetteln konnte, und verzichtete vollständig auf materiellen Besitz.

Besonders bemerkenswert war auch seine Methode der spirituellen Praxis, die als "Sahaja Yoga" bezeichnet wird – der Weg der natürlichen Einfachheit. Jogipa lehrte und verkörperte eine direkte, unmittelbare Erfahrung der Wirklichkeit, frei von konzeptuellen Überlagerungen und spiritueller Terminologie. Er betonte, dass wahre Erleuchtung nicht durch intellektuelles Studium oder komplizierte

Rituale erlangt wird, sondern durch das einfache, unmittelbare Gewahrsein der eigenen wahren Natur.

Geschichte der Erleuchtung

Der Wendepunkt in Jogipas Leben kam der Überlieferung nach, als er bereits ein angesehener Brahmane war, versiert in den Veden und rituellen Praktiken. Die beliebteste Version seiner Transformationsgeschichte erzählt, wie er einem tanzenden Mädchen aus niedriger Kaste begegnete – in manchen Überlieferungen eine Dombini (Angehörige einer unberührbaren Kaste, die oft als Musikerin oder Tänzerin arbeitete).

Während er ihre Darbietung beobachtete, erlebte er einen Moment tiefer Einsicht. Einige Quellen beschreiben, wie das Mädchen ihm Rätsel und paradoxe Fragen stellte, die seine intellektuellen Konzepte durchbrachen; andere berichten, dass sie ihm tantrische Unterweisungen gab. In allen Versionen gilt das Mädchen als Dakini – eine weibliche Verkörperung erleuchteter Energie.

Diese Begegnung führte zu seiner spirituellen Krise und Transformation. Er erkannte die Leere seiner formalen religiösen Praxis und die Begrenzungen, die ihm seine soziale Position auferlegte. In diesem Moment gab er seinen brahmanischen Status auf, warf seine heilige Schnur – das Zeichen seiner Kastenzugehörigkeit – fort und begann sein Leben als wandernder Yogi.

Unter der Anleitung seiner Dakini-Lehrerin (in manchen Quellen als Manifestation der Vajrayogini, einer bedeutenden tantrischen Gottheit, identifiziert) praktizierte er intensive Meditationen. Seine Erleuchtung kam schließlich durch die Praxis des "Sahaja" – des natürlichen, mühelosen Zustandes des Geistes, der die Dualität transzendiert. Er realisierte, dass die wahre Natur des Geistes immer gegenwärtig ist und dass Erleuchtung nicht etwas ist, das erreicht werden muss, sondern die Erkenntnis dessen, was bereits ist.

Leben und Tod

Nach seiner Erleuchtung lebte Jogipa als wandernder Siddha, der keine feste Heimat kannte. Er durchstreifte ganz Indien, besuchte heilige Stätten und Verbrennungsplätze, Marktplätze und Dörfer. Seine unkonventionelle Erscheinung und sein Verhalten – oft beschrieben als bekleidet mit wenig mehr als Asche, mit wildem Haar und exzentrischen Gebärden – machten ihn zu einer markanten Figur.

Jogipa verzichtete bewusst auf alle Formen von Ansehen und sozialer Anerkennung. Es heißt, er habe sich oft in der Nähe von Kremationsplätzen aufgehalten – Orte, die als unrein galten, aber in der tantrischen Tradition als kraftvolle Plätze für spirituelle Praxis angesehen wurden, da sie die Vergänglichkeit des Lebens und die Überwindung der Angst vor dem Tod symbolisierten.

Er soll seine Lehren oft spontan und in Form von Liedern (Dohas) oder rätselhaften Aussagen vermittelt haben, die die dualistischen Konzepte seiner Zuhörer herausforderten. Seine Unterweisungen waren direkt und betonten die unmittelbare Erfahrung statt theoretischer Konstrukte.

Über Jogipas Tod gibt es verschiedene Überlieferungen. Die häufigste Version besagt, dass er seinen physischen Körper bewusst aufgab und in einen "Regenbogenkörper" transformierte – ein Phänomen, das in der tibetischen Tradition höchster Verwirklichung zugeschrieben wird, bei dem der physische Körper in reines Licht aufgelöst wird. Andere Quellen deuten an, dass er in einer Höhle im Himalaya oder in einem der heiligen Orte Indiens gestorben sei, nachdem er mehrere hundert Jahre gelebt hatte – eine in Siddha-Hagiographien häufige Zuschreibung übernatürlicher Langlebigkeit.

Lehren und Übertragungen

Jogipas Lehren sind zentral in der Tradition des Vajrayana-Buddhismus, insbesondere in den Mahamudra- und Dzogchen-Lineages, die sowohl in Indien als auch später in Tibet florierten. Der Kern seiner Unterweisung war die Erkenntnis der "Sahaja" – der natürlichen, angeborenen Buddhanatur, die in jedem Wesen bereits vollständig vorhanden ist.

Seine Lehren betonten mehrere Schlüsselelemente:

1. Unmittelbarkeit der Erfahrung: Jogipa lehrte, dass Erleuchtung nicht durch intellektuelles Verstehen oder durch Anhäufung von Wissen erlangt wird, sondern durch direkte Erfahrung der wahren Natur des Geistes.

2. Überwindung sozialer Konventionen: Er demonstrierte durch sein eigenes Leben, wie die Aufgabe sozialer Identität und Status ein Weg zur spirituellen Befreiung sein kann.

3. Die Einheit von Samsara und Nirvana: Eine zentrale Lehre war, dass der Kreislauf der Existenz (Samsara) und die Befreiung (Nirvana) letztendlich nicht getrennt sind – sie sind verschiedene Perspektiven auf dieselbe Realität.

4. Der mittlere Weg: Jogipa lehrte einen ausgewogenen Ansatz, der weder extreme Askese noch sinnliches Schwelgen bevorzugt, sondern einen Pfad des Gewahrseins, der beide transzendiert.

Seine Lehren wurden durch direkte Übertragung an Schüler weitergegeben und fanden später Eingang in verschiedene tantrische Texte. Besonders in der Kagyu-Tradition des tibetischen Buddhismus wird seine Linie hochgeschätzt. Er gilt als wichtiger Träger der Mahamudra-Übertragung, einer zentralen Meditationspraxis, die auf die direkte Erkenntnis der Natur des Geistes abzielt.

Bedeutung und Nachwirkung

Jogipas Einfluss auf die Entwicklung des tantrischen Buddhismus, insbesondere auf die späteren tibetischen Traditionen, ist beträchtlich. Er hat einen festen Platz im Pantheon der verwirklichten Meister, die als Vorbilder für ernsthaft Praktizierende dienen.

Seine Geschichte veranschaulicht mehrere zentrale Aspekte des Vajrayana-Buddhismus:

- Die Überzeugung, dass Erleuchtung in einem Leben erreichbar ist

- Die Wertschätzung unkonventioneller Methoden und direkter Erfahrung

- Die Bedeutung der Guru-Schüler-Beziehung für die spirituelle Übertragung
  - Die Transformation weltlicher Erfahrungen in spirituelle Einsicht

In Tibet wurde seine Lebensgeschichte in verschiedenen Hagiographie-Sammlungen überliefert und inspirierte zahlreiche spirituelle Praktizierende. Besonders in der Praxis des "Chöd" (einer Meditationstechnik zur Überwindung des Ego durch symbolische Opferung des eigenen Körpers) und in der Tradition der Wanderyogis (Naljorpas) ist sein Einfluss spürbar.

Die von ihm verkörperte Haltung des "Verrückten Weisheit" (tib. yeshe cholwa) – eine Form spiritueller Praxis, die gesellschaftliche Normen bewusst unterläuft, um tiefere Einsicht zu erlangen – prägte auch die späteren tibetischen Traditionen der "verrückten Yogis" (tib. nyönpa), zu denen berühmte Meister wie Drukpa Kunley zählen.

Darstellung in der Kunst

In der buddhistischen Kunst wird Jogipa typischerweise als wandernder Yogi dargestellt, oft mit den ikonographischen Merkmalen eines Siddhas: halbnackt, mit langem, ungepflegtem Haar, Aschespuren auf dem Körper und minimaler Kleidung. Häufig wird er in Bewegung dargestellt, was seine Wandernatur symbolisiert.

In tibetischen Thangkas erscheint er als Teil der Gruppe der 84 Mahasiddhas, meist in charakteristischer Haltung. Eine verbreitete Darstellung zeigt ihn tanzend oder in Bewegung, manchmal mit einer Dakini an seiner Seite, die seine spirituelle Transformation symbolisiert.

Besonders bemerkenswert sind die Darstellungen aus der Tradition der ost-indischen Pala-Kunst (8.-12. Jahrhundert), wo er oft mit einer Bettelschale und einem Wanderstab abgebildet wird. In tibetischen Darstellungen trägt er häufig die symbolischen Attribute eines Vajrayana-Praktizierenden: die Damaru (Handtrommel) und Khatvanga (ritueller Stab).

Der Ausdruck in seinen Darstellungen ist typischerweise intensiv und direkt, oft mit einem leichten Lächeln, das seine Verwirklichung des Sahaja-Zustandes andeutet. Seine Augen werden meist als direkt und durchdringend dargestellt, symbolisch für seine direkte Wahrnehmung der Realität jenseits konzeptueller Verschleierungen.

In zeitgenössischen buddhistischen Kunstwerken findet man Jogipa sowohl in traditionellen Darstellungen als auch in moderneren Interpretationen, die seine zeitlose Botschaft der Freiheit von sozialen Konditionierungen und der direkten spirituellen Erfahrung betonen.

Schlussbetrachtung

Die Gestalt des Mahasiddha Jogipa verkörpert eine zeitlose spirituelle Archetype – den Pilger, der durch Loslassen äußerer Identifikationen und gesellschaftlicher Konditionierungen zur inneren Freiheit findet. Seine Geschichte ist mehr als eine historische Erzählung; sie ist ein Symbol für den transformativen Pfad des tantrischen Buddhismus.

Besonders in der heutigen Zeit, in der materielle Werte und soziale Konformität oft dominieren, bietet Jogipas Beispiel eine inspirierende Alternative. Seine radikale Freiheit von gesellschaftlichen Erwartungen, seine Betonung der direkten Erfahrung statt theoretischen Wissens und sein Weg der Einfachheit sprechen Menschen an, die nach authentischen spirituellen Wegen suchen.

Die Universalität seiner Botschaft – dass wahre Freiheit im Loslassen von Identifikationen liegt und dass die erleuchtete Natur bereits in jedem vorhanden ist – transzendiert kulturelle und zeitliche Grenzen. Sie erinnert uns daran, dass der spirituelle Weg letztlich kein Ansammeln von Wissen oder Techniken ist, sondern ein Prozess des Entdeckens dessen, was bereits da ist.

In einer Welt, die zunehmend von Ablenkungen, Materialismus und oberflächlichen Werten geprägt ist, steht Jogipa als Beispiel für die Möglichkeit eines radikal anderen Lebensweges – eines Weges, der auf innerer Erfahrung, Authentizität und der Freiheit von sozialen Masken basiert. Sein Leben und seine Lehren erinnern uns daran, dass wahre Erfüllung nicht in äußeren Errungenschaften liegt, sondern in der Entdeckung und Verkörperung unserer eigenen innewohnenden Natur, die jenseits aller Konzepte und Konstruktionen bereits vollkommen ist.

2.33 Kalapa - Der gutaussehende Verrückte

Herkunft

Kalapa wurde der Überlieferung nach im 9. Jahrhundert in Nordindien geboren, in einer wohlhabenden Familie in der Region Kamarupa (dem heutigen Assam). Als Sohn einer privilegierten Familie genoss er eine umfassende Bildung in den klassischen indischen Künsten und Wissenschaften. Von früher Jugend an war er für seine außergewöhnliche Schönheit bekannt, die ihm Bewunderung und Aufmerksamkeit einbrachte.

Die Quellen beschreiben ihn als einen Mann mit vollkommenen Proportionen, strahlendem Teint und anmutigen Bewegungen. Seine körperliche Erscheinung wurde oft mit der von Halbgöttern verglichen. Diese natürliche Schönheit wurde zum bestimmenden Faktor seines frühen Lebens – sie öffnete ihm Türen zu den höchsten gesellschaftlichen Kreisen und verschaffte ihm die Gunst von Königen und einflussreichen Persönlichkeiten. Gleichzeitig legte sie jedoch auch den Grundstein für seine spätere spirituelle Krise.

In einigen Überlieferungen wird berichtet, dass er am Hof eines lokalen Herrschers eine Position als Minister oder Berater innehatte, was seinen Zugang zu Luxus und weltlichen Vergnügungen noch verstärkte. Seine Herkunft und sein Aussehen prädestinierten ihn für ein Leben in Wohlstand und Ansehen – ein Umstand, der seiner späteren radikalen Transformation eine besondere Tiefe verleiht.

Besondere Eigenschaften

Kalapa zeichnete sich durch mehrere bemerkenswerte Eigenschaften aus, die sowohl vor als auch nach seiner spirituellen Transformation hervorstachen. In seinem weltlichen Leben war es zunächst seine außergewöhnliche physische Schönheit, die ihn von anderen unterschied. Doch diese Schönheit war mehr als nur ein oberflächliches Attribut – sie war mit einem natürlichen Charisma und einer besonderen Ausstrahlung verbunden, die Menschen in seinen Bann zog.

Bemerkenswert war auch seine Fähigkeit zur Selbstreflexion. Trotz aller Privilegien und Annehmlichkeiten, die ihm seine Position und sein Aussehen verschafften, entwickelte er die Fähigkeit, die Leere und Vergänglichkeit hinter diesen weltlichen Vorzügen zu erkennen. Diese Einsichtsfähigkeit legte den Grundstein für seine spätere spirituelle Suche.

Nach seiner Transformation manifestierten sich weitere außergewöhnliche Eigenschaften. Die Überlieferungen berichten von seiner vollkommenen Furchtlosigkeit gegenüber gesellschaftlichen Urteilen und Konventionen. Er kultivierte die Fähigkeit, in einer Weise zu handeln, die für gewöhnliche Menschen als "verrückt" erschien, tatsächlich aber Ausdruck seiner tiefen Einsicht in die Natur der Wirklichkeit war. Diese "heilige Verrücktheit" oder "göttliche Narrheit" (in Tibet als "nyönpa" bekannt) wurde zu seinem Markenzeichen.

Besonders bemerkenswert war seine Fähigkeit, den Geist anderer zu lesen und direkt in ihre Herzen zu sprechen. Er konnte die verborgenen Anhaftungen und Fixierungen seiner Schüler erkennen und nutzte unkonventionelle Methoden, um diese aufzulösen. Seine Belehrungen erfolgten oft nicht durch Worte, sondern durch symbolische Handlungen, die die konzeptuelle Ebene umgingen und direkt auf die Erfahrungsebene wirkten.

Geschichte der Erleuchtung

Kalapas Weg zur Erleuchtung begann mit einer tiefgreifenden Krise. Der Legende nach verbrachte er viele Jahre seines Lebens in völliger Selbstverliebtheit, betrachtete ständig sein Spiegelbild in Teichen, polierten Metallscheiben oder jedem reflektierenden Material, das er finden konnte. Seine Eitelkeit wurde zu einer alles verzehrenden Obsession. Doch eines Tages, als er wieder einmal sein Spiegelbild in einem klaren Bergsee betrachtete, hatte er eine verstörende Vision: Er sah, wie seine Schönheit verging, sein Gesicht alterte, verfiel und schließlich zu einem Totenschädel wurde.

Diese Erfahrung erschütterte ihn zutiefst und führte zu einer existenziellen Krise. Er erkannte die Vergänglichkeit aller physischen Erscheinungen und die Leere hinter dem, was er bisher für sein Selbst gehalten hatte. In diesem Moment tiefer Verzweiflung erschien ihm ein Yogi, der sein zukünftiger Guru werden sollte. Verschiedene Überlieferungen nennen unterschiedliche Meister als seinen Lehrer – einige Quellen sprechen von Nagarjuna, andere von Saraha oder Virupa.

Der Meister erkannte Kalapas Potential und gab ihm eine paradoxe Anweisung: "Wenn du dich von deiner Selbstverliebtheit befreien willst, musst du sie bis zum Äußersten führen." Er weihte Kalapa in die tantrischen Praktiken ein und gab ihm eine spezielle Meditationstechnik: Er sollte sich noch intensiver als zuvor in Spiegeln betrachten, aber diesmal mit dem klaren Bewusstsein der Leerheit aller Erscheinungen. Er sollte seine eigene Schönheit als Mandala visualisieren, als Ausdruck der erleuchteten Natur.

Kalapa folgte diesen Anweisungen mit absoluter Hingabe. Sechs Jahre lang praktizierte er diese ungewöhnliche Meditation. Anstatt seine Eitelkeit zu nähren, führte diese Praxis ihn zu einer tiefgreifenden Erkenntnis: Er erkannte, dass alle Erscheinungen – einschließlich seiner eigenen Schönheit – gleichzeitig leer und leuchtend, vergänglich und doch in ihrer momentanen Manifestation vollkommen sind. In einem Moment vollkommener Einsicht erlangte er die Mahamudra-Verwirklichung – die direkte Erkenntnis der wahren Natur des Geistes jenseits aller Konzepte.

Leben und Tod

Nach seiner Erleuchtung veränderte sich Kalapas Leben dramatisch. Er gab seine Position am Königshof auf und begann ein Leben als wandernder Yogin. Seine äußere Erscheinung blieb weiterhin schön, doch sein Verhalten änderte sich radikal. Er begann, auf eine Weise zu handeln, die für gewöhnliche Menschen als wahnsinnig erschien. Er tanzte ausgelassen, sang spontane Lieder (Dohas) über die Natur der Wirklichkeit und brach bewusst gesellschaftliche Tabus.

Oft wird berichtet, dass er weiterhin sein Spiegelbild betrachtete, aber nun mit einem ganz anderen Bewusstsein – nicht mehr aus Eitelkeit, sondern als Kontemplation über die Natur der Erscheinungen. Diese scheinbar widersprüchliche Handlung verwirrte die Menschen in seiner Umgebung und wurde zu seinem besonderen Lehrmittel.

Kalapa verbrachte viele Jahre damit, durch die Städte und Dörfer Nordindiens zu wandern und Menschen zu begegnen, die reif für seine unkonventionellen Lehrmethoden waren. Er lehrte nicht in formellen Umgebungen oder durch systematische Abhandlungen, sondern durch direkte Begegnungen, in denen er die Anhaftungen und konzeptuellen Fixierungen seiner Schüler herausforderte.

Über seinen Tod gibt es verschiedene Überlieferungen. Einige Quellen berichten, dass er seinen Körper in einem Akt der "Regenbogenkörper"-Auflösung transformierte und keine physischen Überreste zurückließ. Andere Geschichten erzählen, dass er noch bei lebendigem Leibe in ein reines Buddha-Land einging, begleitet von himmlischer Musik und Regenbögen. Eine weitere Tradition berichtet, dass er seinen Tod bewusst voraussah und in tiefer Meditation verstarb, wobei sein Körper tagelang in einem Zustand strahlender Klarheit verblieb, bevor er eingeäschert wurde.

Unabhängig von den spezifischen Details seines Todes stimmen alle Überlieferungen darin überein, dass Kalapa vollständige Kontrolle über den Sterbeprozess erlangt hatte und seinen Körper in einem Zustand vollkommener Verwirklichung verließ.

Lehren und Übertragungen

Kalapas Lehren waren tief in der Mahamudra-Tradition verwurzelt, einem zentralen Weg des Vajrayana-Buddhismus, der auf die direkte Erkenntnis der Natur des Geistes abzielt. Seine besondere Methode bestand darin, den Weg der Transformation durch die direkte Konfrontation mit Eitelkeit und Selbstbezogenheit zu lehren. Er demonstrierte, wie selbst die stärksten weltlichen Anhaftungen in Werkzeuge der Befreiung umgewandelt werden können.

Von Kalapa sind mehrere Dohas (spontane Gesänge der Verwirklichung) überliefert, in denen er die Essenz seiner Erfahrung poetisch zum Ausdruck brachte. Ein berühmtes Beispiel lautet:

"Im Spiegel meiner Eitelkeit Sah ich das Gesicht der Leerheit. Schönheit und Verfall sind eins Im Tanz des großen Siegels (Mahamudra)."

Die zentrale Lehre in Kalapas Übertragungslinie war die "Spiegelmeditation" — eine Praxis, bei der der Übende sein eigenes Spiegelbild betrachtet, zunächst mit dem Bewusstsein der Vergänglichkeit aller Erscheinungen und schließlich mit der direkten Erkenntnis der Nicht-Dualität von Erscheinung und Leerheit. Diese Praxis wurde als kraftvolle Methode zur Überwindung von Eitelkeit und zur Transformation des Selbstbildes überliefert.

Eine weitere wichtige Übertragung war die Lehre des "verrückten Verhaltens" (nyönpa) als Mittel zur Überwindung sozialer Konditionierungen und konzeptueller Begrenzungen. Kalapa lehrte, dass wahre Freiheit erst dann entstehen kann, wenn man bereit ist, das soziale Selbstbild vollständig loszulassen und in einer Weise zu handeln, die von der konventionellen Gesellschaft nicht verstanden oder akzeptiert wird.

Seine Lehren wurden zunächst mündlich überliefert und später in verschiedenen Sammlungen von Siddha-Biografien und Mahamudra-Texten festgehalten. Besonders in der Kagyu-Tradition des tibetischen Buddhismus, die als "Übertragungslinie der Verwirklichung" bekannt ist, werden Kalapas Methoden und Einsichten bewahrt und praktiziert.

Bedeutung und Nachwirkung

Kalapas Einfluss auf die Entwicklung des Vajrayana-Buddhismus ist von bleibender Bedeutung. Er repräsentiert eine wichtige Figur in der Übertragungslinie der Mahamudra-Lehren, die über Indien nach Tibet gelangten und dort in verschiedenen Schulen, besonders in der Kagyu-Tradition, weitergeführt wurden.

Seine Geschichte dient als kraftvolles Beispiel für die zentrale tantrische Idee der Transformation: Dass selbst die stärksten Hindernisse – in seinem Fall die Eitelkeit und Selbstverliebtheit – in Werkzeuge der Befreiung umgewandelt werden können. Dies verkörpert das Prinzip, dass nicht die Unterdrückung oder Vermeidung von Leidenschaften, sondern ihre bewusste Transformation zur Erleuchtung führt.

In der tibetischen Tradition wird Kalapa oft als Beispiel für einen besonderen Typus von Verwirklichung angeführt – den "verrückten Weisen" (nyönpa), der konventionelle Verhaltensweisen transzendiert hat und in einer Weise handelt, die gewöhnlichen Menschen unverständlich erscheint, aber tatsächlich Ausdruck höchster Weisheit ist. Diese Tradition der "heiligen Verrücktheit" hat viele spätere Meister beeinflusst, darunter den berühmten tibetischen Yogi Milarepa und in jüngerer Zeit Figuren wie Chogyam Trungpa Rinpoche.

In der zeitgenössischen buddhistischen Praxis dient Kalapas Geschichte als Inspiration für Praktizierende, die mit modernen Formen von Eitelkeit und Selbstbezogenheit konfrontiert sind. In einer Zeit, in der Selbstdarstellung in sozialen Medien und die Fixierung auf äußere Erscheinung allgegenwärtig sind, bietet seine Geschichte eine kraftvolle Methode zur Transformation dieser Tendenzen.

Darüber hinaus hat Kalapas Ansatz des direkten Umgangs mit schwierigen Emotionen und Anhaftungen die Entwicklung moderner therapeutischer Ansätze im Rahmen der kontemplativen Psychologie beeinflusst. Die Idee, dass man Eitelkeit nicht bekämpfen, sondern durch bewusste Auseinandersetzung transformieren sollte, findet Widerhall in zeitgenössischen Ansätzen der Bewusstseinsarbeit.

Darstellung in der Kunst

Kalapa nimmt in der buddhistischen Ikonografie einen besonderen Platz ein. In traditionellen tibetischen Thangkas wird er typischerweise als schöner junger

Mann dargestellt, oft mit nacktem Oberkörper und mit Schmuck geschmückt, der seine weltliche Herkunft andeutet. Ein charakteristisches Element in seinen Darstellungen ist der Spiegel, den er entweder in der Hand hält oder vor sich betrachtet.

In klassischen Darstellungen der 84 Mahasiddhas erscheint er in einer Reihe mit anderen verwirklichten Meistern, wobei er durch seinen Spiegel und seine jugendliche, schöne Erscheinung leicht zu identifizieren ist. Oft wird er in einer tanzenden oder sich bewegenden Pose dargestellt, was seine Freiheit von konventionellen Verhaltensweisen symbolisiert.

Eine berühmte Darstellungsform zeigt ihn in dem Moment seiner Erleuchtung: Er betrachtet sein Spiegelbild, doch im Spiegel ist nicht sein schönes Gesicht zu sehen, sondern ein Totenschädel oder eine Gottheit – eine visuelle Darstellung seiner Einsicht in die wahre Natur der Erscheinungen.

In der tibetischen Tradition gibt es auch Darstellungen von Kalapa als Teil von Guru-Yoga-Praktiken, bei denen der Praktizierende den Siddha als Verkörperung der erleuchteten Qualitäten visualisiert. In diesen Kontexten wird er oft in einer idealisierten Form dargestellt, umgeben von Lichtstrahlen oder in einer Regenbogenaura, die seine verwirklichte Natur symbolisiert.

In der zeitgenössischen buddhistischen Kunst hat Kalapas Symbolik neue Interpretationen erfahren. Moderne Künstler haben seine Geschichte als Allegorie für den Umgang mit Narzissmus und Selbstbezogenheit im digitalen Zeitalter aufgegriffen. Der Spiegel wird dabei manchmal durch Smartphones oder Bildschirme ersetzt – eine Aktualisierung des alten Symbols im Kontext heutiger Selbstdarstellungsmedien.

Interessanterweise findet sich Kalapas Symbolik auch in performativen Künsten und im Tanztheater, wo seine Transformation von Eitelkeit zu Weisheit durch Bewegung und Gesten dargestellt wird. Sein Tanz der "heiligen Verrücktheit" inspiriert dabei zeitgenössische Choreografien, die spirituelle Transformation durch Körperausdruck erforschen.

Schlussbetrachtung

Die Geschichte des Mahasiddha Kalapa bietet eine zeitlose Lehre über die Transformation von Hindernissen auf dem spirituellen Weg. Seine Reise von extremer Selbstverliebtheit zu tiefer Weisheit demonstriert einen zentralen Aspekt des tantrischen Buddhismus: dass die Befreiung nicht durch Unterdrückung oder Vermeidung von Leidenschaften erreicht wird, sondern durch ihre bewusste Transformation.

In der heutigen Zeit, in der äußere Erscheinung, Selbstdarstellung und virtuelles Image eine zunehmend dominante Rolle spielen, erscheint Kalapas Geschichte relevanter denn je. Sie erinnert uns daran, dass selbst die stärksten weltlichen Anhaftungen – in seinem Fall die Eitelkeit – in Werkzeuge der spirituellen Entwicklung umgewandelt werden können, wenn sie mit Bewusstheit und unter der Anleitung authentischer Methoden angegangen werden.

Kalapas Weg des "gutaussehenden Verrückten" lehrt uns, dass wahre Schönheit nicht in der äußeren Erscheinung liegt, sondern in der Fähigkeit, die Natur der Wirklichkeit direkt zu erkennen und in Übereinstimmung mit dieser Erkenntnis zu leben – selbst wenn dieses Leben aus der Perspektive konventioneller Wahrnehmung als "verrückt" erscheinen mag.

Seine Geschichte ermutigt uns, unsere eigenen Obsessionen und Fixierungen nicht als unüberwindbare Hindernisse zu betrachten, sondern als potenzielle Pfade zur Befreiung. Sie lädt uns ein, tiefer zu schauen – über die Oberfläche der Erscheinungen hinaus – und die leuchtende Leerheit zu erkennen, die allen Phänomenen zugrunde liegt.

In diesem Sinne bleibt Kalapa nicht nur eine historische oder legendäre Figur aus einer fernen Vergangenheit, sondern ein lebendiges Symbol für die Möglichkeit radikaler Transformation – ein "gutaussehender Verrückter", dessen Verrücktheit in Wirklichkeit die höchste Weisheit ist.

2.34 Kamparipa - Der Schmied

Herkunft

Die historischen Quellen zu Kamparipas Herkunft sind spärlich und teilweise von legendenhaften Erzählungen durchdrungen, wie es bei vielen Mahasiddhas der Fall ist. Überlieferungen zufolge lebte er im 10. oder 11. Jahrhundert in einer Region des heutigen Nordindien oder Bangladesch, möglicherweise im Königreich Kamrup (dem heutigen Assam), worauf sein Name hindeuten könnte. Geboren in einfache Verhältnisse, erlernte er das Schmiedehandwerk, was seinen späteren spirituellen Weg maßgeblich prägen sollte.

Anders als viele seiner Zeitgenossen stammte Kamparipa nicht aus einer Brahmanenfamilie oder dem Königshaus, sondern gehörte einer Handwerkerkaste an. Diese soziale Position außerhalb der religiösen Elite Indiens spiegelt einen wichtigen Aspekt der Mahasiddha-Tradition wider: Die Überzeugung, dass spirituelle Erleuchtung unabhängig von sozialer Herkunft, formaler Bildung oder monastischen Gelübden erreichbar ist. In einer Gesellschaft mit strengen Kastengrenzen verkörperte Kamparipa somit bereits durch seine Herkunft die revolutionäre Natur des tantrischen Buddhismus.

Besondere Eigenschaften

Kamparipa zeichnete sich durch mehrere bemerkenswerte Eigenschaften aus, die sowohl in seiner Biografie als auch in der künstlerischen Darstellung hervorgehoben werden. Als Schmied besaß er außergewöhnliche Geschicklichkeit und Präzision in seinem Handwerk. Diese handwerkliche Meisterschaft spiegelte seine innere Disziplin wider und wurde später zur Grundlage seiner spirituellen Praxis.

Charakterlich wird Kamparipa in den Überlieferungen als äußerst beharrlich und geduldig beschrieben. Diese Eigenschaften, unerlässlich für das Schmiedehandwerk, erwiesen sich auch auf seinem spirituellen Weg als entscheidend. Das beständige Arbeiten mit Feuer und Metall, das wiederholte Erhitzen, Formen und Abkühlen, erfordert nicht nur technisches Geschick, sondern auch innere Ruhe und Ausdauer – Qualitäten, die in der buddhistischen Meditation ebenso zentral sind.

Eine weitere herausragende Eigenschaft Kamparipas war seine Fähigkeit, gewöhnliche Tätigkeiten in spirituelle Praxis zu transformieren. Er verkörperte damit das tantrische Prinzip, dass die alltägliche Welt nicht von der spirituellen

Sphäre getrennt ist. In Kamparipas Lebenspraxis verschmolzen Handwerk und Meditation zu einer Einheit – eine Manifestation des tantrischen Ideals, die weltliche Existenz nicht zu verleugnen, sondern als Mittel zur Erleuchtung zu nutzen.

Geschichte der Erleuchtung

Die Überlieferung zu Kamparipas Erleuchtungsgeschichte ist besonders aufschlussreich. Gemäß der Tradition begegnete er einem wandernden Yogi – möglicherweise dem Mahasiddha Jalandharipa oder Nagarjuna –, der seine natürliche spirituelle Veranlagung erkannte. Dieser Meister gab ihm eine scheinbar einfache Anweisung: Er solle beim Schmieden nicht an die Vergangenheit oder Zukunft denken, sondern seine volle Aufmerksamkeit auf den gegenwärtigen Moment richten.

Diese Unterweisung mag auf den ersten Blick trivial erscheinen, enthält jedoch die Essenz buddhistischer Achtsamkeitspraxis. Kamparipa folgte dieser Anweisung mit absoluter Hingabe. Bei jedem Hammerschlag auf das glühende Eisen, bei jedem Luftzug in den Blasebalg, bei jeder Bewegung am Amboss blieb sein Geist vollkommen im Hier und Jetzt verankert. Das rhythmische Hämmern wurde zu seinem Mantra, das Feuer der Schmiede zum Transformationsfeuer der Meditation, und der Amboss zum Altar seiner Praxis.

Nach Jahren dieser integrierten Praxis erlebte Kamparipa einen Durchbruch der Erkenntnis. In einem Moment vollkommener Präsenz erkannte er die wahre Natur des Geistes – leer, klar und unbegrenzt wie der Himmel, doch gleichzeitig voller Potenzial wie das glühende Eisen, das unter seinen Händen jede Form annehmen konnte. Die Überlieferungen berichten, dass in diesem Augenblick die Dualität zwischen Subjekt und Objekt, zwischen Schmied und Metall, zwischen alltäglicher Arbeit und spiritueller Praxis vollständig aufgelöst wurde.

Diese Erleuchtungserfahrung manifestierte sich auch in übernatürlichen Fähigkeiten (Siddhis), die Kamparipa zugeschrieben werden. Es heißt, er konnte Metalle allein durch seinen Blick schmelzen und formen, eine metaphorische Darstellung seiner Fähigkeit, die feste Erscheinung der Realität als fließend und formbar zu erkennen.

Leben und Tod

Nach seiner Erleuchtung setzte Kamparipa sein Leben als Schmied fort, doch nun als bewusster spiritueller Lehrer. Seine Schmiede wurde zu einem Ort der Unterweisung, wo Schüler nicht nur das Handwerk erlernten, sondern auch durch die unmittelbare Erfahrung des Schmiedens spirituelle Einsichten gewannen. In seiner Person verschmolzen Handwerker und Guru, wodurch er die tantrische Überzeugung verkörperte, dass weltliche und spirituelle Sphären nicht getrennt, sondern zwei Aspekte derselben Realität sind.

Über Kamparipas Tod existieren verschiedene Überlieferungen. Einige Quellen berichten, dass er seinen physischen Körper in reines Licht transformierte – ein Phänomen, das im tibetischen Buddhismus als "Regenbogenkörper" bekannt ist. Andere Traditionen erzählen, dass er seinen Körper bewusst aufgab und in das Dakini-Land einging, eine transzendente Dimension spiritueller Verwirklichung. Diese Beschreibungen, ob wörtlich oder metaphorisch verstanden, betonen die vollständige Transformation, die Kamparipa durch seine Praxis erreichte.

Eine besonders poetische Überlieferung berichtet, dass Kamparipa in seinem letzten Moment vor Zeugen seinen Körper in geschmolzenes Metall verwandelte, das in die Form einer Vajra (Donnerkeil, Symbol der unzerstörbaren Erleuchtungsnatur) erstarrte. Diese Darstellung vereint die zentrale Metapher seines Lebens – die Transformation durch Feuer und Handwerk – mit der ultimativen spirituellen Verwandlung im Moment des Todes.

Lehren und Übertragungen

Kamparipas Lehren zeichnen sich durch ihre Direktheit und praktische Anwendbarkeit aus. Im Zentrum stand die Erkenntnis, dass spirituelle Verwirklichung nicht in abgehobenen philosophischen Konzepten, sondern in der achtsamen Durchführung alltäglicher Handlungen zu finden ist. Seine Hauptlehre könnte als "Meditation in Aktion" beschrieben werden – die vollständige Integration von geistiger Konzentration und körperlicher Aktivität.

In der tantrischen Überlieferungslinie wird Kamparipa mit spezifischen Praktiken zur Transformation von Energie in Verbindung gebracht. Die Analogie des Schmiedens – rohe Metalle durch Feuer und Formgebung in etwas Nützliches oder Schönes zu verwandeln – spiegelt den tantrischen Transformationsprozess wider, bei dem gewöhnliche Emotionen und Gedanken nicht unterdrückt, sondern in Weisheit umgewandelt werden.

Eine zentrale Übertragung, die mit Kamparipa assoziiert wird, ist die Praxis des inneren Feuers (Tummo), bei der durch Visualisierung und Atemtechniken eine transformierende spirituelle Hitze im Körper erzeugt wird. Diese Praxis, die später in verschiedenen tibetischen Traditionen weiterentwickelt wurde, nutzt die Metapher des Schmelzfeuers, um die Verschmelzung von Körper und Geist zu symbolisieren.

Kamparipa soll auch Unterweisungen zur Natur des Geistes gegeben haben, die später in die Mahamudra-Tradition einflossen – jene Lehre, die direkt auf die unmittelbare Erkenntnis der Geistesnatur abzielt. Seine Lehrmethode war jedoch weniger diskursiv als demonstrativ: Er zeigte die Wahrheit durch die Arbeit an der Schmiede, wo abstrakte Konzepte in konkreter Erfahrung wurzelten.

Bedeutung und Nachwirkung

Kamparipas Bedeutung für die buddhistische Tradition geht weit über sein individuelles Leben hinaus. Als Schmied, der durch sein Handwerk Erleuchtung erlangte, verkörpert er ein zentrales Prinzip des Vajrayana-Buddhismus: Die Überzeugung, dass spirituelle Verwirklichung nicht durch Weltflucht, sondern durch die Transformation des Alltäglichen erreicht wird. Diese Lehre hatte besondere Relevanz für Laienbuddhisten, die keine Möglichkeit hatten, in Klöster einzutreten, aber dennoch nach spiritueller Erfüllung strebten.

In der tibetischen Tradition wurden Kamparipas Lehren in verschiedene Übertragungslinien integriert, besonders in die Kagyu- und Nyingma-Schulen. Seine Geschichte dient als kraftvolles Beispiel für den Pfad der Integration, bei dem spirituelle Praxis nicht vom weltlichen Leben getrennt, sondern in dessen Mitte vollzogen wird. Diese Perspektive beeinflusste maßgeblich die Entwicklung der "Yogin-Tradition" in Tibet – jene Strömung, die den nicht-monastischen, in der Welt praktizierenden Meditierenden in den Mittelpunkt stellt.

Kamparipas Vermächtnis erreichte auch Japan, wo seine Geschichte möglicherweise die Entwicklung des Zen-Buddhismus beeinflusste, insbesondere dessen Betonung von Achtsamkeit in alltäglichen Tätigkeiten und Handwerk als spirituelle Disziplin. In der modernen Zeit spricht seine Lebensgeschichte viele westliche Praktizierende an, die nach Wegen suchen, spirituelle Praxis mit einem aktiven Leben in der Gesellschaft zu verbinden.

Darstellung in der Kunst

In der buddhistischen Ikonografie wird Kamparipa typischerweise als kräftiger Mann mit nacktem Oberkörper dargestellt, oft umgeben von den Werkzeugen seines Handwerks – Hammer, Amboss und Schmiede. Diese Darstellung betont sowohl seine Identität als Handwerker als auch seinen Status als verwirklichter Meister, der keine konventionellen Insignien religiöser Autorität benötigt.

In tibetischen Thangka-Gemälden erscheint er häufig mit dunkler Hautfarbe, was seine Verbindung zum transformierenden Feuer symbolisiert, und mit einem entschlossenen, doch friedvollen Gesichtsausdruck. Oft wird er in dem Moment dargestellt, in dem er das Metall hämmert – eine Szene, die den Kern seiner spirituellen Praxis einfängt: die vollkommene Präsenz im Hier und Jetzt.

Eine besonders aussagekräftige Darstellungsform zeigt Kamparipa mit einem dritten Auge auf der Stirn, Symbol seiner erwachten Weisheit, während er gleichzeitig mit weltlicher Arbeit beschäftigt ist. Diese Ikonografie verdeutlicht die tantrische Vereinigung von Samsara (weltlicher Existenz) und Nirvana (erwachtem Bewusstsein) in einer Person.

In modernen Interpretationen wird Kamparipa zunehmend als Symbol für die Heiligung der Arbeit und die Integration spiritueller Praxis in das Berufsleben verstanden. Zeitgenössische buddhistische Kunst stellt ihn gelegentlich in Verbindung mit Umweltthemen dar, wobei seine Fähigkeit, Materialien zu transformieren, als Metapher für nachhaltigen und respektvollen Umgang mit natürlichen Ressourcen dient.

Schlussbetrachtung

Die Geschichte des Mahasiddha Kamparipa enthält zeitlose Weisheit für die moderne Welt. In einer Zeit, in der Arbeit und Spiritualität oft als getrennte oder sogar gegensätzliche Lebensbereiche betrachtet werden, erinnert uns sein Beispiel daran, dass tiefe spirituelle Verwirklichung nicht nur im Rückzug aus der Welt, sondern gerade in der bewussten Engagement mit ihr gefunden werden kann.

Kamparipas Weg zeigt, dass die Qualität unserer Aufmerksamkeit – die vollständige Präsenz im gegenwärtigen Moment – entscheidender ist als die äußere Form unserer Tätigkeiten. Seine Geschichte entmystifiziert den spirituellen Pfad, indem sie verdeutlicht, dass das Außergewöhnliche im Gewöhnlichen zu finden ist, wenn es mit vollkommenem Bewusstsein durchdrungen wird.

In einer Gesellschaft, die zunehmend von Ablenkung, Multitasking und oberflächlicher Aufmerksamkeit geprägt ist, wird Kamparipas Lehre der vollkommenen Präsenz besonders relevant. Sein Beispiel lädt uns ein, die künstliche Trennung zwischen "spiritueller Praxis" und "weltlichem Leben" zu überwinden und stattdessen jede Handlung – sei es berufliche Arbeit, künstlerisches Schaffen oder alltägliche Verrichtungen – als Gelegenheit für tiefe Transformation zu begreifen.

So bleibt der Schmied Kamparipa nicht nur eine historische oder legendäre Figur aus der buddhistischen Vergangenheit, sondern ein lebendiges Sinnbild für die zeitlose Möglichkeit, das Gewöhnliche in Außergewöhnliches zu verwandeln – nicht durch Flucht aus dem Alltag, sondern durch dessen vollständige Durchdringung mit wachem, präsentem Bewusstsein.

2.35 Kambala (Lavapa) - Der in schwarze Decken gekleidete Yogin

Herkunft

Die historischen Quellen über Kambalas Herkunft sind, wie bei vielen Mahasiddhas, von legendenhaften Elementen durchdrungen. Es wird angenommen, dass er im mittelalterlichen Indien zwischen dem 8. und 10. Jahrhundert lebte, einer Zeit intensiver buddhistischer Aktivität und Entwicklung. Verschiedene Überlieferungen platzieren seine Geburt in Ostindien, möglicherweise im Königreich Oddiyana (im heutigen Swat-Tal in Pakistan) oder in Bengalen.

Seine frühe Biographie bleibt weitgehend im Dunkel. Einige Quellen berichten, dass er in eine Familie der Brahmanenkaste geboren wurde und in seiner Jugend eine klassische vedische Ausbildung erhielt. Andere Überlieferungen zeichnen ihn als einfachen Mann aus bescheidenen Verhältnissen. Was jedoch in allen Berichten übereinstimmt, ist seine spätere radikale Abkehr von gesellschaftlichen Konventionen und sein Eintritt in die Welt der tantrischen Praxis.

Der Name "Kambala" bezieht sich auf die schwarze Decke oder den Umhang, den er stets trug und der zu seinem charakteristischen Merkmal wurde. "Lavapa" ist eine Variante dieses Namens und bedeutet ebenfalls "der in schwarze Decken Gekleidete". Diese Namensgebung verweist bereits auf seine asketische Lebensweise und die Abkehr von materiellen Besitztümern, wobei die schwarze Decke sein einziger Besitz und Schutz gegen die Elemente war.

Besondere Eigenschaften

Kambala zeichnete sich durch mehrere bemerkenswerte Eigenschaften aus, die ihn als Mahasiddha charakterisierten. Zunächst einmal war da seine unerschütterliche Entschlossenheit in der spirituellen Praxis. Berichten zufolge verbrachte er zwölf Jahre in intensiver Meditation, bevor er die Erleuchtung erlangte – ein Zeugnis seiner außergewöhnlichen Beharrlichkeit und Hingabe.

Eine weitere herausragende Eigenschaft war seine radikale Nichthaftung an weltliche Konventionen. Kambala verkörperte das Ideal des Yogins, der alle gesellschaftlichen Bindungen abgeworfen hat. Er lebte als Wanderasket, frei von Besitz, sozialen Verpflichtungen und den Zwängen der Kasten-Gesellschaft. Seine einzige Habe war seine namensgebende schwarze Decke, die sowohl als praktischer Schutz als auch als Symbol seiner asketischen Lebensweise diente.

Besonders bemerkenswert war Kambalas direkte und unkonventionelle Lehrmethode. Wie viele Mahasiddhas bevorzugte er den unmittelbaren Erfahrungsweg gegenüber theoretischen Abhandlungen. Er lehrte durch sein Beispiel, durch paradoxe Handlungen und symbolische Gesten, die darauf abzielten, die konzeptuelle Denkweise seiner Schüler zu durchbrechen. Diese Vorgehensweise spiegelt den Kern der Mahamudra-Lehren wider, die er vertrat: die direkte Erkenntnis der Natur des Geistes jenseits aller Konzepte.

Nicht zuletzt wird Kambala für seine besonderen spirituellen Errungenschaften und Siddhis (übernatürliche Fähigkeiten) verehrt. Zu diesen zählten angeblich die Fähigkeit zu fliegen, an mehreren Orten gleichzeitig zu erscheinen und materielle Substanzen zu transformieren. Diese Fähigkeiten werden in der buddhistischen Tradition nicht als Ziel an sich betrachtet, sondern als Nebenprodukte fortgeschrittener Meditation und als Mittel, um andere auf dem spirituellen Pfad zu inspirieren und zu führen.

Geschichte der Erleuchtung

Die Erzählung von Kambalas Erleuchtung ist tief in der tantrischen Tradition verwurzelt und verbindet historische Elemente mit symbolischen Bedeutungen. Der Überlieferung nach war Kambala ursprünglich ein Gelehrter, der großen Stolz auf sein intellektuelles Wissen hatte. Dieser Intellektualismus sollte sich jedoch als Hindernis auf seinem spirituellen Weg erweisen.

Die Wende in Kambalas Leben kam, als er einem verwirklichten Meister begegnete – in einigen Überlieferungen wird dieser als Guru Padmasambhava identifiziert, in anderen als ein namenloser Yogin. Dieser Meister erkannte Kambalas spirituelles Potential, aber auch sein Haupthindernis: den Stolz auf sein konzeptuelles Wissen. Um diesen Stolz zu brechen, gab der Meister Kambala eine scheinbar einfache Meditationsanweisung: Er solle seinen Geist beobachten wie ein Fischer, der geduldig am Ufer sitzt und auf Fische wartet.

Kambala zog sich daraufhin für zwölf Jahre in Einsamkeit zurück, wahrscheinlich in eine Höhle im Himalaya oder in einen abgelegenen Wald. Dort praktizierte er unermüdlich die ihm gegebene Meditation. Anfangs kämpfte er mit Ungeduld und konzeptuellem Denken, aber allmählich begann sich sein Geist zu beruhigen. In einer entscheidenden Nacht, so wird berichtet, hatte er eine tiefgreifende Erfahrung, in der sich die wahre Natur seines Geistes offenbarte – leer, klar und ohne inhärente Existenz.

Diese Erkenntnis markierte seine Erleuchtung, die Verwirklichung der Mahamudra, der "Großen Geste" oder des "Großen Siegels", die über alle konzeptuelle

Verständnis hinausgeht. Es wird gesagt, dass Kambala in diesem Moment alle dualistischen Wahrnehmungen überwand und die Einheit von Samsara (dem Kreislauf der Existenz) und Nirvana (der Befreiung) direkt erkannte.

Nach dieser Verwirklichung soll Kambala zwölf weitere Jahre in Meditation verbracht haben, um seine Erkenntnis zu vertiefen und zu stabilisieren. Erst danach trat er wieder in die Welt, um als Lehrer zu wirken und andere auf dem Pfad zur Befreiung zu führen.

Leben und Tod

Nach seiner Erleuchtung führte Kambala das Leben eines wandernden Yogins. Frei von gesellschaftlichen Bindungen und materiellen Besitztümern reiste er durch das nördliche Indien, Tibet und möglicherweise auch Teile Zentralasiens. Er suchte keine festen Wohnstätten oder institutionelle Zugehörigkeit, sondern lebte in Einklang mit den tantrischen Idealen der Freiheit und Nichthaftung.

Sein Lebensstil war bewusst unkonventionell und provokativ. Wie viele Mahasiddhas praktizierte er antinomisches Verhalten – Handlungen, die gesellschaftliche Normen und religiöse Konventionen herausforderten. Dies diente nicht als Selbstzweck, sondern als Mittel, um Anhaftungen und konzeptuelle Begrenzungen zu durchbrechen. So wird berichtet, dass er manchmal in Leichenstätten meditierte, an unreinen Orten aß oder mit Ausgestoßenen verkehrte – Praktiken, die im kastenbewussten Indien als höchst anstößig galten.

Trotz dieses unkonventionellen Auftretens zog Kambala zahlreiche Schüler an, die in ihm die verkörperte Freiheit und Weisheit sahen. Er lehrte nicht in formellen Klöstern oder Akademien, sondern an Wegkreuzungen, in Wäldern oder unter freiem Himmel. Seine Lehrmethode war direkt und oft schockierend, darauf ausgerichtet, die konzeptuelle Denkweise seiner Schüler zu durchbrechen und sie zu unmittelbarer Erfahrung zu führen.

Über Kambalas Tod gibt es verschiedene Überlieferungen. Einige Quellen berichten, dass er seinen physischen Körper in einem Regenbogenkörper auflöste – ein Zeichen höchster tantrischer Verwirklichung, bei dem der Körper in reines Licht transformiert wird. Andere Traditionen erzählen, dass er einfach in die Einsamkeit verschwand, ohne eine Spur zu hinterlassen. Eine weitere Version besagt, dass er seinen Tod bewusst herbeiführte, indem er in den Zustand des Thukdam eintrat, eine tiefe Meditationsversenkung im Sterbeprozess.

Unabhängig von den spezifischen Umständen seines Todes betonen alle Überlieferungen, dass Kambala vollständige Kontrolle über den Sterbeprozess hatte und sein Tod eine letzte Lehre über die Vergänglichkeit und die Natur der Wirklichkeit darstellte.

Lehren und Übertragungen

Kambalas Lehren sind tief in der Tradition des Vajrayana-Buddhismus verwurzelt, mit besonderem Schwerpunkt auf der Mahamudra-Praxis. Der Begriff Mahamudra, wörtlich "Großes Siegel", bezieht sich auf die ultimative Natur des Geistes, die jenseits aller Konzepte liegt. Kambalas Ansatz zu diesen Lehren war direkt und erfahrungsorientiert, frei von übermäßigem intellektuellem Theoretisieren.

Ein zentrales Element seiner Lehre war die unmittelbare Erkenntnis der Leerheit (Shunyata) durch direkte Erfahrung statt durch konzeptuelle Analyse. Er betonte, dass die wahre Natur des Geistes nicht durch Studium oder logische Deduktion, sondern nur durch direkte Meditation erkannt werden kann. Seine Anweisungen waren oft einfach und prägnant: "Schau direkt in deinen Geist" oder "Ruhe in der natürlichen Verfassung deines Geistes, ohne zu verändern oder zu manipulieren."

Kambala lehrte auch spezifische Meditationsmethoden, darunter die "schwarze Praxis" (Nag Chog), die mit seiner namensgebenden schwarzen Decke assoziiert wird. Diese Praxis beinhaltet das Visualisieren von dunklen oder zornvollen Formen von Buddhas und Bodhisattvas als Mittel zur Transformation negativer Emotionen. Die schwarze Decke selbst wurde zum Symbol für die Umwandlung von Unwissenheit in Weisheit.

Ein weiterer wichtiger Aspekt von Kambalas Lehren war die Integration des gewöhnlichen Alltagslebens in die spirituelle Praxis. Er lehrte, dass Erleuchtung nicht in der Abgeschiedenheit von Klöstern oder Höhlen zu finden sei, sondern mitten im Leben selbst. Diese Nicht-Dualität zwischen weltlicher Erfahrung und spiritueller Verwirklichung ist ein Kernaspekt der Mahasiddha-Tradition.

Kambalas Übertragungslinien haben in verschiedenen buddhistischen Schulen überlebt, insbesondere in der Kagyu-Tradition des tibetischen Buddhismus. Seine Lehren wurden durch Schüler wie Tilopa und später Naropa weitergegeben und haben so die Entwicklung der Mahamudra-Tradition maßgeblich beeinflusst. Seine Lieder und Dohas (spirituelle Verse) wurden mündlich überliefert und später in Sammlungen wie dem "Charyapada" und dem "Dohakosa" aufgezeichnet. Diese Texte bieten wertvolle Einblicke in seine direkten und oft paradoxen Lehrmethoden.

Bedeutung und Nachwirkung

Die Bedeutung Kambalas reicht weit über sein unmittelbares historisches Wirken hinaus. Er hat einen dauerhaften Einfluss auf die Entwicklung des Vajrayana-Buddhismus hinterlassen, insbesondere auf die Mahamudra-Tradition und die nicht-monastischen Aspekte der tantrischen Praxis.

Seine Hauptbedeutung liegt in der Verkörperung eines alternativen spirituellen Weges – eines Pfades, der nicht durch institutionelle Strukturen, formale Studien oder asketische Extreme definiert ist, sondern durch direkte Erfahrung und Integration der spirituellen Praxis in den Alltag. In einer Zeit, als der buddhistische Monastizismus zunehmend formalisiert wurde, repräsentierte Kambala einen Gegenpol: den befreiten Yogin, der außerhalb etablierter Strukturen operiert und doch tiefe spirituelle Verwirklichung erlangt.

Kambalas Einfluss ist besonders stark in der Kagyu-Linie des tibetischen Buddhismus zu spüren. Durch die Übertragungslinie von Tilopa zu Naropa zu Marpa und schließlich zu Milarepa wurden seine Lehren zu einem integralen Bestandteil der "Praxislinie" (Karma Kagyü), die bis heute fortbesteht. Seine Betonung der direkten Erfahrung und der Nicht-Dualität hat auch andere Traditionen beeinflusst, darunter die Nyingma-Schule und verschiedene Zweige des Zen-Buddhismus.

In der modernen buddhistischen Praxis dient Kambala weiterhin als Inspiration für diejenigen, die einen authentischen spirituellen Weg jenseits institutioneller Strukturen suchen. Seine Geschichte ermutigt Praktizierende, über intellektuelle Konzepte hinauszugehen und die direkte Erfahrung der Natur des Geistes anzustreben. Sein unkonventioneller Lebensstil erinnert daran, dass wahre spirituelle Freiheit nicht an äußere Formen gebunden ist, sondern aus innerer Transformation erwächst.

Darüber hinaus hat Kambalas Betonung der Integration spiritueller Praxis in das Alltagsleben besondere Relevanz für moderne westliche Buddhisten, die oft nach Wegen suchen, ihre Praxis mit einem aktiven Leben in der Gesellschaft zu verbinden. Seine Lehre, dass Erleuchtung nicht durch Weltflucht, sondern durch die Transformation der gewöhnlichen Erfahrung erreicht wird, spricht viele zeitgenössische Praktizierende an.

Darstellung in der Kunst

In der buddhistischen Ikonographie wird Kambala typischerweise als asketischer Yogin mit seiner charakteristischen schwarzen Decke dargestellt. Diese visuelle Identität unterscheidet ihn von anderen Mahasiddhas und unterstreicht die zentrale Bedeutung dieser einfachen Ausstattung in seiner spirituellen Praxis und Symbolik.

In traditionellen Thangkas wird Kambala meist mit dunkler Hautfarbe dargestellt, ein Hinweis auf seinen Beinamen "der Schwarze" und seine Assoziation mit transformativen Praktiken. Er wird oft sitzend gezeigt, in Meditationspose oder in der charakteristischen Haltung eines Siddhas mit einem angewinkelten Bein. Die schwarze Decke ist um seinen Körper gewickelt oder liegt über seiner Schulter, manchmal als einziges Kleidungsstück.

Besonders charakteristisch sind Darstellungen, die Kambala bei seinem Trommelspiel zeigen. In vielen Abbildungen hält er eine Damaru (kleine Sanduhrtrommel), ein rituelles Instrument, das in tantrischen Praktiken verwendet wird. Diese Trommel symbolisiert den Rhythmus der Wirklichkeit und die Verbindung von Methode und Weisheit, zwei Grundprinzipien des Vajrayana-Buddhismus.

Ein weiteres häufiges ikonographisches Element sind die "khatvanga" (ritueller Stab) und die Kapala (Schädelschale), traditionelle Attribute von Tantrikern, die die Überwindung von Tod und Vergänglichkeit symbolisieren. In einigen Darstellungen wird Kambala auch von seiner Gefährtin begleitet, was die tantrische Vereinigung von männlichen und weiblichen Prinzipien repräsentiert.

Neben einzelnen Darstellungen erscheint Kambala auch in Gruppenbildern der 84 Mahasiddhas. In diesen Kompositionen ist er durch seine schwarze Decke und dunkle Erscheinung leicht zu identifizieren. Seine Positionierung innerhalb dieser Gruppen kann variieren, reflektiert aber oft seine Bedeutung innerhalb spezifischer Übertragungslinien.

In zeitgenössischen buddhistischen Kunstwerken wird Kambala gelegentlich in moderneren Stilen dargestellt, wobei seine wesentlichen Attribute – die schwarze Decke, die dunkle Erscheinung und die Symbolik der Transformation –

beibehalten werden. Diese modernen Interpretationen sprechen die fortdauernde Relevanz seiner Lehren und seines Beispiels für heutige Praktizierende an.

Die künstlerischen Darstellungen Kambalas dienen nicht nur der historischen Erinnerung oder ästhetischen Zwecken, sondern sind selbst Meditationshilfen. Für Praktizierende der Vajrayana-Tradition sind diese Bilder yantra (visuelle Hilfsmittel), die die Qualitäten des Mahasiddhas verkörpern und als Fokuspunkt für Visualisierungspraktiken dienen.

Schlussbetrachtung

Die Gestalt des Mahasiddha Kambala (Lavapa) verkörpert auf eindringliche Weise die transformative Kraft des tantrischen Buddhismus. Sein Leben und Wirken stehen für einen spirituellen Weg, der nicht durch äußere Konformität, sondern durch innere Verwirklichung geprägt ist. Als Wanderyogin, der nur mit seiner schwarzen Decke bekleidet war, repräsentiert er die radikale Freiheit von gesellschaftlichen Konventionen und materiellen Anhaftungen – eine Freiheit, die nicht aus Rebellion, sondern aus tiefer spiritueller Erkenntnis erwächst.

Kambalas Bedeutung liegt nicht zuletzt in seiner Rolle als Brückenbauer zwischen verschiedenen Aspekten des buddhistischen Pfades. In einer Zeit zunehmender Institutionalisierung des Buddhismus verkörperte er die lebendige Tradition direkter Erfahrung und nicht-monastischer Praxis. Seine Lehren verbinden die philosophische Tiefe der Mahayana-Tradition mit der transformativen Kraft tantrischer Methoden und der unmittelbaren Direktheit der Mahamudra-Erkenntnis.

Für den modernen Menschen bietet Kambalas Geschichte wertvolle Einsichten. In einer Welt, die oft von materiellen Werten und oberflächlichen Identitäten dominiert wird, erinnert er daran, dass wahre Freiheit aus dem Inneren kommt. Seine Betonung der direkten Erfahrung über intellektuelle Konzepte spricht besonders diejenigen an, die von abstrakten spirituellen Theorien ermüdet sind und nach authentischer Verwirklichung suchen.

Gleichzeitig warnt sein Beispiel vor einer romantisierten Sicht auf spirituelle Rebellion. Kambalas unkonventionelles Verhalten war kein Selbstzweck, sondern ein gezieltes Mittel zur Überwindung tief verwurzelter Konditionierungen. Seine Geschichte lehrt, dass wahre spirituelle Transformation nicht durch äußere Nachahmung, sondern durch innere Arbeit und authentische Praxis erreicht wird.

In einer Zeit globaler spiritueller Suche bleiben Kambalas Lehren von bemerkenswerter Aktualität. Seine Betonung der nicht-dualistischen Natur der Wirklichkeit, seine Integration spiritueller Praxis in den Alltag und sein Fokus auf direkte Erfahrung statt dogmatischer Anhaftung bieten wertvolle Orientierung für zeitgenössische Suchende. In diesem Sinne ist der "in schwarze Decken gekleidete Yogin" nicht nur eine historische Figur, sondern ein zeitloses Symbol für den transformativen Weg des Buddhismus – ein Weg, der durch alle äußeren Erscheinungen hindurch zur Erkenntnis der wahren Natur des Geistes führt.

2.36 Kanakhala - Die jüngere der zwei kopflosen Schwestern

Herkunft

Kanakhala wurde im mittelalterlichen Indien geboren, vermutlich im 9. oder 10. Jahrhundert, obwohl die genauen Daten ihrer Existenz, wie bei vielen Mahasiddhas, in mystische Erzählungen eingebettet und historisch schwer zu verifizieren sind. Sie stammte aus einer niedrigen Kaste und wuchs in ärmlichen Verhältnissen auf. Gemeinsam mit ihrer älteren Schwester Mekhala lebte sie am Rande der Gesellschaft, was sie beide früh mit den Realitäten von Leid und Ausgrenzung konfrontierte.

Die Schwestern wurden in einer Region geboren, die heute vermutlich im nordöstlichen Indien liegt, in einer Zeit, als der tantrische Buddhismus (Vajrayana) sich in verschiedenen Teilen des indischen Subkontinents ausbreitete. Diese kulturelle und religiöse Umgebung, geprägt vom Aufeinandertreffen verschiedener spiritueller Strömungen, bildete den Hintergrund für ihren späteren spirituellen Weg.

Besondere Eigenschaften

Kanakhala zeichnete sich durch außergewöhnliche Entschlossenheit und Furchtlosigkeit aus. Trotz ihrer marginalen gesellschaftlichen Stellung besaß sie einen scharfen Intellekt und eine natürliche Neigung zur spirituellen Praxis. Besonders bemerkenswert war ihre Fähigkeit, traditionelle Konzepte zu durchbrechen und konventionelle Vorstellungen von Körper und Identität radikal zu hinterfragen.

Eine ihrer herausragendsten Eigenschaften war ihre tiefe Verbindung zu ihrer Schwester Mekhala. Diese Schwesternbeziehung entwickelte sich zu einer spirituellen Partnerschaft, die für beide auf dem Weg zur Erleuchtung von zentraler Bedeutung war. Gemeinsam überwanden sie die Grenzen des gewöhnlichen Bewusstseins und erlangten übernatürliche Fähigkeiten (Siddhis), darunter die berühmte Fähigkeit, ohne Kopf zu leben – ein Symbol für die vollständige Transzendenz des Ego und der konventionellen Realität.

Die Legenden berichten, dass Kanakhala eine besondere Verbindung zur tantrischen Göttin Vajrayogini hatte, einer der höchsten weiblichen Gottheiten im Vajrayana-Buddhismus, die oft kopflos oder mit abgetrenntem Kopf dargestellt wird. Diese Verbindung manifestierte sich in Kanakhalas eigener körperlicher Transformation und in ihrer Fähigkeit, die Grenzen von Leben und Tod zu überschreiten.

Geschichte der Erleuchtung

Der Weg zur Erleuchtung begann für Kanakhala und ihre Schwester Mekhala, als sie einem verwirklichten Meister begegneten, der ihre innere Bereitschaft erkannte. Nach einigen Überlieferungen war dieser Meister niemand Geringeres als der große Tantriker Padmasambhava (Guru Rinpoche), der Begründer des tibetischen Buddhismus.

Die Schwestern erhielten Einweihungen in tantrische Praktiken, besonders in die Meditation auf Vajrayogini. Diese Praktiken beinhalteten fortgeschrittene Visualisierungstechniken und die Arbeit mit den subtilen Energien des Körpers. Die Schwestern widmeten sich diesen Übungen mit außerordentlicher Hingabe und erreichten bald tiefe meditative Zustände.

Der entscheidende Moment in Kanakhalas spirituellem Weg kam, als sie und ihre Schwester in einer dramatischen Demonstration ihrer Verwirklichung ihre eigenen Köpfe abtrennten. Diese erschreckende und doch tiefgründig symbolische Handlung repräsentierte die vollständige Überwindung der Ich-Anhaftung – den "Kopf" des konzeptionellen Denkens und der Ego-Identität abzuschneiden.

Nach diesem Akt erschienen die Schwestern als kopflose Wesen, die dennoch vollkommen lebendig und bewusst waren. Sie konnten sprechen, obwohl sie keinen Mund hatten, und sehen, obwohl sie keine Augen besaßen. Dies demonstrierte ihre Verwirklichung des nicht-dualen Bewusstseins und der Leerheit (Sunyata), fundamentale Konzepte in der buddhistischen Philosophie.

Leben und Tod

Nach ihrer Transformation lebten Kanakhala und Mekhala als kopflose Yoginis, die frei von den gewöhnlichen Beschränkungen des menschlichen Daseins waren. Sie wanderten durch verschiedene Regionen Indiens, lehrten den Dharma und demonstrierten durch ihre bloße Existenz die tiefgründigen Wahrheiten der buddhistischen Lehre.

Es wird berichtet, dass die Schwestern Jahrhunderte lang lebten, ein weiteres Zeichen ihrer außergewöhnlichen Verwirklichung und ihrer Befreiung von den normalen Grenzen der menschlichen Existenz. Während dieser Zeit manifestierten sie verschiedene übernatürliche Fähigkeiten, darunter Levitation, die Fähigkeit, an mehreren Orten gleichzeitig zu erscheinen, und die Macht, Segnungen und Heilungen zu gewähren.

Der Tod, wie er gewöhnlich verstanden wird, hatte für Kanakhala keine Bedeutung mehr. Es gibt verschiedene Berichte über ihr endgültiges Verschwinden aus dieser Welt. Einige Überlieferungen sagen, dass sie und ihre Schwester sich in reines Licht auflösten und direkt in das reine Land der Dakinis eingingen, ohne ihren physischen Körper zurückzulassen. Andere Geschichten berichten, dass sie in einer Regenbogenwolke aufstiegen und verschwanden, ein klassisches Zeichen für die Erreichung des Regenbogenkörpers im tibetischen Buddhismus.

Unabhängig von den spezifischen Details ihres Verschwindens wird Kanakhala in der buddhistischen Tradition als jemand verehrt, der die vollständige Befreiung vom Kreislauf von Geburt und Tod (Samsara) erlangt hat.

Lehren und Übertragungen

Kanakhalas wichtigste Lehren drehten sich um die direkte Erkenntnis der Natur des Geistes und der Realität. Sie betonte die Überwindung konzeptionellen Denkens und die Transzendenz dualistischer Wahrnehmung. Ihre kopflose Existenz selbst wurde zu einer kraftvollen Lehre über die Natur der Wirklichkeit jenseits von Form und Konzept.

Zu ihren spezifischen Lehren gehörten:

1. Chöd-Praxis: Obwohl die formelle Chöd-Praxis erst später von der tibetischen Yogini Machig Labdrön systematisiert wurde, enthielten Kanakhalas Lehren bereits viele ihrer Grundprinzipien – die Überwindung der Anhaftung an den Körper und das Ego durch symbolisches "Abschneiden".

2. Vajrayogini-Sadhana: Sie übermittelte fortgeschrittene Meditationstechniken im Zusammenhang mit der Dakini Vajrayogini, die darauf abzielen, die inhärente Weisheit des Praktizierenden zu erwecken.

3. Mahamudra-Lehren: Ihre Unterweisungen über die Natur des Geistes waren eng mit den später als Mahamudra bekannten Lehren verbunden, die die direkte Erkenntnis der letztendlichen Realität betonen.

Diese Lehren wurden zunächst mündlich überliefert und später in verschiedenen tantrischen Texten und Kommentaren bewahrt. Die Übertragungslinie von Kanakhalas Lehren wurde in verschiedenen Schulen des tibetischen Buddhismus fortgeführt, besonders in der Kagyu- und Nyingma-Tradition.

Besonders wichtig ist ihre Verbindung zur Tradition der Dakini-Lehren, den geheimen Übertragungen weiblicher Weisheitshalter, die eine zentrale Rolle im Vajrayana-Buddhismus spielen. Kanakhala wird oft als Verkörperung der Weisheitsaspekte der Dakini betrachtet, die das transformative Potenzial des weiblichen Prinzips in der spirituellen Praxis repräsentieren.

Bedeutung und Nachwirkung

Kanakhalas Bedeutung reicht weit über ihre Zeit hinaus. Als weibliche Mahasiddha in einer weitgehend von Männern dominierten religiösen Landschaft repräsentiert sie die Möglichkeit der vollständigen spirituellen Verwirklichung für Frauen. Ihr Beispiel inspirierte Generationen von weiblichen Praktizierenden und trug dazu bei, den Status von Frauen in der buddhistischen Tradition zu erhöhen.

Ihre radikale Demonstration der Überwindung von Körperanhaftung hat auch moderne buddhistische Denker und Praktizierende beeinflusst. Die symbolische Kraft ihrer kopflosen Existenz wird oft als tiefgreifende Metapher für die Überwindung des konzeptionellen Denkens und der Ich-Identität verstanden – zentrale Aspekte des buddhistischen Pfades.

In Tibet und den Himalaya-Regionen werden Kanakhala und ihre Schwester Mekhala nach wie vor als kraftvolle Schutzheilige verehrt. Ihr Segen wird besonders für die Überwindung von Hindernissen auf dem spirituellen Pfad und für die Entwicklung tiefgreifender Einsicht angerufen.

In der zeitgenössischen buddhistischen Praxis wird ihre Geschichte als Beispiel für die Möglichkeit radikaler Transformation und die grenzenlose Natur des erwachten Geistes betrachtet. Ihre Lehren über die Transzendenz konzeptionellen Denkens resonieren mit modernen Interpretationen des Buddhismus, die die direkte Erfahrung der Natur des Geistes betonen.

Darstellung in der Kunst

In der tibetischen und nepalesischen religiösen Kunst wird Kanakhala typischerweise als kopflose weibliche Figur dargestellt, oft tanzend oder in dynamischer Pose. Manchmal wird sie mit ihrem abgetrennten Kopf in der Hand gezeigt, ähnlich wie die Göttin Vajrayogini, mit der sie eng verbunden ist.

Charakteristische Elemente in ihren Darstellungen umfassen:

1. Kopflose Gestalt: Der fehlende Kopf symbolisiert die Überwindung konzeptionellen Denkens und Ego-Anhaftung.

2. Dakini-Attribute: Sie wird oft mit den klassischen Attributen einer Dakini dargestellt, wie einem Ritualmesser (Kartrika), einer Schädelschale (Kapala) und einem Stab (Khatvanga).

3. Tanzende Pose: Häufig wird sie in einer dynamischen Tanzhaltung gezeigt, die die spielerische und transformative Energie der erwachten Weisheit symbolisiert.

4. Gemeinsame Darstellung mit Mekhala: In vielen Thangkas wird sie zusammen mit ihrer älteren Schwester Mekhala dargestellt, wobei beide als kopflose Figuren erscheinen, oft spiegelbildlich oder in komplementären Posen.

In der ikonographischen Tradition des Vajrayana-Buddhismus wird sie manchmal in Mandalas und Thangkas der 84 Mahasiddhas einbezogen, wo sie als seltenes Beispiel einer weiblichen Siddha erscheint. Ihre Darstellungen sind oft von einer intensiven transformativen Energie geprägt, die ihre radikale spirituelle Verwirklichung widerspiegelt.

Moderne künstlerische Interpretationen haben die kraftvolle Symbolik Kanakhalas aufgegriffen, um Themen wie die Überwindung der Grenzen des Körpers, feministische Spiritualität und die Transzendenz dualistischen Denkens zu erforschen.

Schlussbetrachtung

Die Geschichte von Kanakhala, der jüngeren der kopflosen Schwestern, verkörpert einige der tiefgründigsten und paradoxesten Aspekte des Vajrayana-Buddhismus. Ihre radikale Transformation und ihr Leben jenseits der normalen menschlichen Begrenzungen fordern uns heraus, unsere eigenen Vorstellungen von Identität, Körper und Bewusstsein zu überdenken.

Als weibliche Mahasiddha aus einer marginalisierten gesellschaftlichen Schicht repräsentiert sie das demokratische Ideal des buddhistischen Pfades – dass Erleuchtung für alle erreichbar ist, unabhängig von Geschlecht, Herkunft oder sozialer Stellung. Ihre Geschichte ermutigt uns, über konventionelle Grenzen hinauszudenken und die Möglichkeit radikaler spiritueller Transformation in Betracht zu ziehen.

In einer Zeit, in der viele Menschen nach authentischen spirituellen Wegen suchen, die über dogmatische Religiosität hinausgehen, bietet Kanakhalas Beispiel eine zeitlose Inspiration. Sie erinnert uns daran, dass der Pfad zur Befreiung manchmal die Bereitschaft erfordert, alles loszulassen – sogar unsere grundlegendsten Vorstellungen davon, wer wir sind.

Die kopflose Yogini, die dennoch sehen, sprechen und lehren konnte, verkörpert die paradoxe Weisheit, die im Herzen des Vajrayana-Buddhismus liegt: dass wahre Freiheit in der Überwindung aller konzeptionellen Grenzen gefunden werden kann, und dass die tiefste Weisheit jenseits von Worten und rationalen Konstrukten liegt. In diesem Sinne bleibt Kanakhala eine zeitlose Lehrerin, deren bloße Existenz eine tiefgründige Lehre über die grenzenlose Natur des erwachten Geistes ist.

2.37 Kanhapa (Krishnacharya) - Der dunkle Siddha

Herkunft

Kanhapa lebte vermutlich zwischen dem 9. und 10. Jahrhundert in Nordindien. Sein Name "Kanhapa" oder "Krishnacharya" bedeutet "der dunkle Lehrer" - eine Anspielung auf seine dunkle Hautfarbe. Geboren wurde er in eine niedrige Kaste, möglicherweise in eine Familie von Jägern oder in einem marginalisierten Stamm im östlichen Indien, im heutigen Bengal oder Orissa. Die historischen Quellen sind spärlich und oft mit legendenhaften Elementen durchsetzt, was eine präzise biografische Rekonstruktion erschwert.

Seine niedrige soziale Herkunft spielt eine wichtige Rolle in den Erzählungen über sein Leben, da sie den transformativen Aspekt des tantrischen Buddhismus unterstreicht: Die Idee, dass Erleuchtung unabhängig von sozialer Klasse, Kaste oder konventioneller religiöser Bildung erreichbar ist. In einer Zeit, in der das brahmanische Kastensystem die indische Gesellschaft dominierte, stellte Kanhapas Leben und Wirken eine radikale Herausforderung für die etablierten religiösen und sozialen Hierarchien dar.

Besondere Eigenschaften

Kanhapa zeichnete sich durch mehrere bemerkenswerte Eigenschaften aus, die ihn unter den Mahasiddhas hervorheben. Er besaß eine außergewöhnliche Intelligenz und intuitive Weisheit, die es ihm ermöglichten, komplexe tantrische Lehren schnell zu erfassen und zu meistern. Seine direkte, unkonventionelle Art, spirituelle Wahrheiten zu vermitteln, machte ihn zu einem effektiven Lehrer, der sowohl gewöhnliche Menschen als auch königliche Schüler ansprach.

Eine seiner herausragendsten Eigenschaften war sein Mut, gegen soziale Konventionen zu verstoßen und traditionelle religiöse Praktiken in Frage zu stellen. Als Angehöriger einer niedrigen Kaste brach er mit gesellschaftlichen Erwartungen, indem er nicht nur buddhistische Tantras praktizierte, sondern auch lehrte - eine Rolle, die normalerweise höheren Kasten vorbehalten war.

Kanhapa war bekannt für seinen direkten Zugang zur Natur des Geistes. In den Hagiographien wird er als jemand beschrieben, der die Fähigkeit besaß, die grundlegende Leere (Shunyata) und die Illusionsnatur aller Phänomene unmittelbar zu erkennen. Diese Erkenntnis manifestierte sich in seiner Fähigkeit, durch die bloße Berührung oder seinen Blick spirituelle Erfahrungen in anderen zu katalysieren.

Charakteristisch für Kanhapa war auch seine Verbindung zur Göttin Vajrayogini, einer zentralen weiblichen Gottheit im tantrischen Buddhismus. Seine tiefe Beziehung zu ihr, sowohl als spirituelle Beschützerin als auch als Verkörperung der höchsten Weisheit, prägte seine Lehren und Praktiken entscheidend.

Geschichte der Erleuchtung

Die Geschichte von Kanhapas Erleuchtung folgt dem für Mahasiddha-Biographien typischen Muster einer dramatischen Transformation, ist aber mit einzigartigen Elementen ausgestattet. Nach verschiedenen Überlieferungen begann sein spiritueller Weg mit einer Begegnung mit einem tantrischen Meister, möglicherweise dem berühmten Siddha Jalandhari.

Eine der bekanntesten Versionen seiner Erleuchtungsgeschichte erzählt, wie Kanhapa als einfacher Jäger im Wald einer Erscheinung der Göttin Vajrayogini begegnete. Diese Erscheinung, oft als tanzende rote Dakini beschrieben, offenbarte ihm die Natur seines eigenen Geistes und initiierte ihn in tantrische Praktiken. Nach dieser Begegnung verließ er sein weltliches Leben und widmete sich vollständig der spirituellen Praxis.

Eine andere Überlieferung berichtet, dass Kanhapa von einem tantrischen Meister in die Praxis des inneren Feuers (Tummo) und in die Mahamudra-Meditation eingeführt wurde. Durch intensive Praxis in Abgeschiedenheit erlangte er tiefe Einsicht in die Natur des Geistes und manifestierte außergewöhnliche spirituelle Kräfte (Siddhi).

Besonders bedeutsam in seiner spirituellen Entwicklung war die Begegnung mit einer weiblichen Yogini oder Dakini, die als seine Partnerin und spirituelle Gefährtin fungierte. Diese Beziehung, die sowohl symbolisch als auch wörtlich verstanden werden kann, ermöglichte ihm den Zugang zu tieferen Ebenen tantrischer Praxis, insbesondere zu den Praktiken der Einheit von Weisheit und Mitgefühl, die im Vajrayana-Buddhismus durch die Vereinigung männlicher und weiblicher Prinzipien symbolisiert werden.

Die Überlieferungen stimmen darin überein, dass Kanhapa nach intensiver Praxis einen Zustand vollständiger Erleuchtung erlangte, in dem er die Dualität von Samsara und Nirvana überwand und die Einheit aller Phänomene verwirklichte. Diese Erfahrung befähigte ihn, als Mahasiddha zu wirken und seine Erkenntnisse an andere weiterzugeben.

Leben und Tod

Nach seiner Erleuchtung führte Kanhapa ein Leben als wandernder Yogi, der zwischen verschiedenen Regionen Nordindiens reiste und an heiligen Stätten, Verbrennungsplätzen und in Wäldern praktizierte. Er sammelte Schüler aus allen Gesellschaftsschichten um sich, darunter sowohl einfache Menschen als auch Könige und hochrangige Brahmanen.

Kanhapa war bekannt für seine unkonventionellen Lehrmethoden. Oft verwendete er paradoxe Aussagen, provokative Handlungen und symbolische Gesten, um seine Schüler zur Erkenntnis zu führen. In der Tradition der verrückten Weisheit (crazy wisdom) der Mahasiddhas brach er bewusst mit sozialen und religiösen Konventionen, um die Anhaftung seiner Schüler an konzeptionelles Denken und dualistische Vorstellungen zu durchbrechen.

Verschiedene Geschichten berichten von seinen Begegnungen mit anderen Mahasiddhas, insbesondere mit seinem Lehrer Jalandhari und mit Virupa, einem weiteren bedeutenden Mahasiddha. Diese Begegnungen, oft als spirituelle Duelle oder als gemeinsame Manifestationen übernatürlicher Kräfte beschrieben, unterstreichen die Verbundenheit der Siddha-Tradition und die gegenseitige Anerkennung spiritueller Verwirklichung.

Über Kanhapas Tod gibt es unterschiedliche Überlieferungen. Einige Quellen berichten, dass er seinen physischen Körper in reines Licht auflöste und so den sogenannten "Regenbogenkörper" erlangte - eine im tibetischen Buddhismus anerkannte höchste Verwirklichungsstufe. Andere Traditionen erzählen, dass er mit seinem physischen Körper in die Dakini-Reiche einging oder dass er, ähnlich wie andere Mahasiddhas, bewusst seinen Todeszeitpunkt wählte und seinen Körper als letzten Akt der Unterweisung zurückließ.

Unabhängig von den spezifischen Umständen seines Todes wird Kanhapa in der buddhistischen Tradition als jemand verehrt, der die vollständige Befreiung erlangte und in einen Zustand jenseits von Geburt und Tod eintrat.

Lehren und Übertragungen

Die Lehren Kanhapas sind tief in der tantrischen Tradition des Buddhismus verwurzelt und zeichnen sich durch ihre Direktheit und transformative Kraft aus. Im Zentrum seiner Unterweisungen steht die unmittelbare Erkenntnis der Natur des Geistes - jenseits intellektueller Konzepte und religiöser Dogmen.

Kanhapa gilt als ein wichtiger Überlieferungsträger mehrerer tantrischer Linien, insbesondere:

1. Die Chakrasamvara-Tantra-Übertragung: Eine der wichtigsten tantrischen Praktiken im Vajrayana-Buddhismus, die auf die Transformation von Begierde in transzendente Weisheit abzielt.

2. Die Hevajra-Tantra-Übertragung: Eine komplexe tantrische Praxis, die die Einheit von Mitgefühl und Weisheit betont.

3. Die Mahamudra-Tradition: Eine tiefgründige Meditationspraxis, die auf die direkte Erkenntnis der Natur des Geistes ausgerichtet ist.

Besonders hervorzuheben ist Kanhapas Beitrag zur Entwicklung der "sechs Yogas von Naropa", einer Gruppe fortgeschrittener Meditationstechniken, die später von Naropa systematisiert wurden, aber ihre Wurzeln in früheren Siddha-Traditionen haben. Kanhapas Einfluss ist besonders in den Praktiken des inneren Feuers (Tummo) und des klaren Lichts (Ösel) spürbar.

Seine Lehren wurden zunächst mündlich überliefert und erst später in Texten wie dem "Dohakosa" (Schatzkammer der Lieder) und verschiedenen Sammlungen von Vajra-Liedern (Dohas) festgehalten. Diese poetischen, oft kryptischen Lieder enthalten tiefgründige spirituelle Einsichten in einer Sprache, die sowohl einfache Menschen als auch fortgeschrittene Praktizierende ansprechen konnte.

Ein zentrales Element in Kanhapas Unterweisungen war die Überwindung dualistischer Konzepte: gut und böse, rein und unrein, weltlich und spirituell. Er lehrte, dass Erleuchtung nicht durch Ablehnung der Welt, sondern durch ihre Transformation erlangt wird – ein Grundprinzip des tantrischen Buddhismus.

Kanhapas Lehren flossen in verschiedene buddhistische Schulen ein und wurden besonders in Tibet bewahrt, wo sie in den Kagyü-, Shangpa- und teilweise auch in den Sakya-Linien weitergegeben wurden.

Bedeutung und Nachwirkung

Die Bedeutung Kanhapas erstreckt sich über verschiedene Dimensionen der buddhistischen Tradition und der indischen Religionsgeschichte. Als Mahasiddha niederer Herkunft verkörpert er den demokratischen Geist des Vajrayana-Buddhismus, der die Möglichkeit der Erleuchtung für alle Menschen unabhängig von sozialer Klasse oder Geschlecht betont.

Sein Einfluss auf die Entwicklung des tantrischen Buddhismus ist beträchtlich.
Seine Interpretationen und Praktiken der höheren Tantras trugen maßgeblich
zur Ausformung der Mahamudra-Tradition bei, die später in Tibet zu einer der
zentralen Meditationstraditionen wurde. Die von ihm überlieferten Praktiken,
insbesondere im Zusammenhang mit den Tantras von Chakrasamvara und
Hevajra, bilden bis heute einen wichtigen Teil des Vajrayana-Curriculum.

In Tibet wurde Kanhapa besonders in der Kagyü-Tradition verehrt, wo er
als einer der wichtigen Vorläufer in der Mahamudra-Übertragungslinie gilt.
Der berühmte tibetische Yogi Milarepa zeigt in seinen Liedern und Praktiken
deutliche Einflüsse von Kanhapas Tradition. Auch in der Shangpa-Kagyü-Linie,
die auf den tibetischen Meister Khyungpo Naljor zurückgeht, spielen Kanhapas
Lehren eine zentrale Rolle.

In Indien selbst wurden Kanhapas Lehren in verschiedenen tantrischen Gemeinschaften bewahrt und beeinflussten auch nicht-buddhistische Traditionen wie
den Nath-Yoga. Seine Betonung direkter Erfahrung und seine Kritik an religiösem Formalismus findet Parallelen in verschiedenen mittelalterlichen Bhakti-
und Yoga-Bewegungen.

In der modernen Zeit erlebt das Interesse an den Mahasiddhas und ihren unkonventionellen Lehrmethoden eine Renaissance, sowohl in akademischen Kreisen
als auch unter Praktizierenden des Buddhismus. Kanhapas Geschichte dient
dabei als Inspiration für eine spirituelle Praxis, die konventionelle Grenzen überschreitet und auf authentische Erfahrung statt auf dogmatische Überzeugungen
setzt.

Darstellung in der Kunst

Die künstlerische Darstellung Kanhapas folgt bestimmten ikonographischen
Konventionen, die seine spirituellen Eigenschaften und seine Lebensgeschichte
widerspiegeln. In der tibetischen religiösen Kunst wird er typischerweise mit
dunkler Hautfarbe dargestellt – ein Hinweis auf seinen Namen "der dunkle
Siddha" und seine indische Herkunft.

In Thangka-Malereien erscheint Kanhapa oft in der charakteristischen Haltung
eines Siddha: leicht bekleidet, mit Schmuck aus Knochen und anderen symbolischen Attributen, die seine Überwindung weltlicher Konventionen symbolisieren.
Er wird häufig mit einer Kapala (Schädelschale) in der Hand dargestellt, einem

tantrischen Ritualgegenstand, der die Vergänglichkeit und die Transformation negativer Emotionen in Weisheit symbolisiert.

Eine verbreitete Darstellung zeigt ihn in Gemeinschaft mit seiner Dakini-Partnerin, was seine Verbindung zu den höheren tantrischen Praktiken und zur weiblichen Weisheitsenergie unterstreicht. In einigen Darstellungen erscheint er in enger Verbindung mit der Göttin Vajrayogini, seiner Schutzgottheit und spirituellen Inspiration.

In bildlichen Zyklen der 84 Mahasiddhas, die in tibetischen Klöstern und auf Thangkas zu finden sind, wird Kanhapa oft in Szenen aus seiner Lebensgeschichte dargestellt: als Jäger im Wald, während seiner Begegnung mit spirituellen Lehrern oder in Momenten seiner Erleuchtung.

Neben visuellen Darstellungen findet Kanhapa auch Erwähnung in der tibetischen rituellen Musik und in Gesängen, die während bestimmter religiöser Zeremonien aufgeführt werden. In diesen wird er als wichtiges Glied in der Übertragungskette tantrischer Lehren verehrt.

Die künstlerischen Darstellungen Kanhapas sind nicht nur als religiöse Ikonen zu verstehen, sondern auch als Meditationshilfen. Sie dienen Praktizierenden als visuelle Fokuspunkte für die Entwicklung von Hingabe und für die Identifikation mit den verwirklichten Qualitäten, die der Mahasiddha verkörpert.

Schlussbetrachtung

Die Geschichte des Mahasiddha Kanhapa, mit all ihren historischen und legendenhaften Elementen, bietet einen faszinierenden Einblick in die Welt des tantrischen Buddhismus im mittelalterlichen Indien. Als Figur, die soziale Grenzen überschritt und konventionelle religiöse Normen in Frage stellte, verkörpert Kanhapa den transformativen und inklusiven Geist des Vajrayana.

Seine Lehren, die die unmittelbare Erfahrung der Natur des Geistes betonen und dualistische Konzepte überwinden, bleiben auch in der heutigen Zeit relevant – in einer Welt, die oft von dogmatischen Überzeugungen und sozialen Trennlinien geprägt ist. Die Geschichte seiner spirituellen Reise von einem einfachen Mann niedriger Herkunft zu einem verwirklichten Meister unterstreicht die buddhistische Überzeugung, dass das Potenzial zur Erleuchtung in jedem Menschen liegt.

Kanhapas Erbe lebt weiter in den lebendigen Übertragungslinien des tibetischen Buddhismus, in künstlerischen Darstellungen und in den Praktiken, die auf seine Lehren zurückgehen. Seine Figur dient als Brücke zwischen verschiedenen buddhistischen Traditionen und als Inspiration für Praktizierende, die einen authentischen spirituellen Weg jenseits von Konventionen und Dogmen suchen.

In einer Zeit zunehmender globaler Vernetzung und kulturellen Austauschs gewinnen Figuren wie Kanhapa neue Bedeutung als Symbole für die Überwindung kultureller, religiöser und sozialer Grenzen. Der "dunkle Siddha" erinnert uns daran, dass wahre Spiritualität nicht von äußeren Umständen oder gesellschaftlichem Status abhängt, sondern von der Fähigkeit, die Natur des eigenen Geistes zu erkennen und das inhärente Potential zur Weisheit und zum Mitgefühl zu verwirklichen.

So bleibt Kanhapa, der unkonventionelle Meister aus einer fernen Zeit, eine lebendige Präsenz in der buddhistischen Tradition und eine fortdauernde Quelle der Inspiration für spirituell Suchende auf der ganzen Welt.

2.38 Kankana - Der Siddha-König

Herkunft

Kankana wurde im frühen 9. Jahrhundert in einer königlichen Familie in Nordindien geboren. Der genaue Ort seiner Geburt wird in den traditionellen Quellen unterschiedlich angegeben, wobei die meisten Überlieferungen auf das Gebiet des heutigen Bengalen oder Odisha hindeuten. Als Prinz geboren, war Kankana von Kindheit an mit Privilegien und Wohlstand gesegnet, was später in seiner spirituellen Biographie eine wichtige Rolle spielen sollte.

Sein Name "Kankana" – was im Sanskrit "Armreif" oder "Armband" bedeutet – verweist auf eine besondere Begebenheit in seiner Kindheit. Der Legende nach trug er stets ein goldenes Armband, das ihm von seiner Mutter geschenkt worden war und das später zum Symbol seiner königlichen Abstammung und schließlich seiner spirituellen Transformation wurde.

Die historischen Quellen über Kankanas frühe Jahre sind spärlich und oft mit mythologischen Elementen vermischt. Was jedoch in den meisten Überlieferungen übereinstimmt, ist, dass er als junger Mann den Thron bestieg und zunächst ein konventionelles Leben als Herrscher führte, bevor er auf dem spirituellen Pfad eine radikale Wendung vollzog.

Besondere Eigenschaften

Kankana zeichnete sich durch mehrere bemerkenswerte Eigenschaften aus, die ihn sowohl als weltlichen Herrscher als auch später als spirituellen Meister auszeichneten:

Bereits als König war er für seine außergewöhnliche Großzügigkeit und Gerechtigkeit bekannt. Die Texte beschreiben ihn als einen Herrscher, der sich aufrichtig um das Wohlergehen seiner Untertanen kümmerte und Ressourcen gerecht verteilte – eine Eigenschaft, die später in seiner spirituellen Praxis der Freigebigkeit (Dana) eine tiefere Dimension annahm.

Kankana besaß eine bemerkenswerte intellektuelle Schärfe und Lernfähigkeit. Es wird berichtet, dass er mehrere Sprachen beherrschte und in den klassischen Wissenschaften seiner Zeit bewandert war. Diese analytische Begabung ermöglichte es ihm später, die komplexen philosophischen Konzepte des Vajrayana-Buddhismus schnell zu erfassen.

Am bemerkenswertesten war jedoch seine Fähigkeit zur radikalen Transformation. Trotz seiner tiefen Verwurzelung in weltlichem Reichtum und Macht konnte er eine vollständige Loslösung von diesen äußeren Attributen erreichen und sich in einen verwirklichenden Yogi verwandeln, der jenseits gesellschaftlicher Konventionen lebte.

In den tantrischen Überlieferungen wird Kankana zudem eine besondere Verbindung zu den Dakinis – weiblichen Weisheitswesen – zugeschrieben. Diese Verbindung manifestierte sich in seiner Fähigkeit, verborgene spirituelle Schätze (Terma) zu entdecken und die subtilen Energien des Körpers zu meistern, was ihm außergewöhnliche Siddhi (übernatürliche Kräfte) verlieh.

Geschichte der Erleuchtung

Kankanas Weg zur Erleuchtung begann mit einer tiefgreifenden Krise. Obwohl er als König äußerlich erfolgreich war, empfand er zunehmend eine innere Leere und Unzufriedenheit mit den weltlichen Vergnügungen. Die traditionellen Biographien berichten von einem entscheidenden Moment, als er während eines großen Festes plötzlich die Vergänglichkeit allen Prunks erkannte.

In dieser Phase der Desillusionierung begegnete er einem wandernden Yogi, der in manchen Quellen als direkter Schüler des großen Meisters Padmasambhava identifiziert wird. Dieser Yogi, dessen Name in verschiedenen Überlieferungen als Kamaladeva oder Vimalamitra erscheint, erkannte das spirituelle Potential des Königs und führte ihn in die grundlegenden Lehren des Vajrayana-Buddhismus ein.

Nach dieser ersten Begegnung entschied sich Kankana für einen radikalen Schritt: Er übergab sein Königreich an seinen Sohn und zog sich in die Wildnis zurück, wo er sich intensiven Meditationspraktiken widmete. Die Überlieferung berichtet, dass er zwölf Jahre in einer abgelegenen Höhle im Himalaya verbrachte, wo er die Praktiken des inneren Feuers (Tummo) und der Mahamudra-Meditation meisterte.

Der entscheidende Durchbruch in Kankanas spiritueller Entwicklung kam, als er eine Einweihung in den Chakrasamvara-Tantra erhielt. Während einer besonders intensiven Retreatperiode hatte er eine direkte Visionserscheinung der Gottheit Chakrasamvara und seiner Gefährtin Vajrayogini. In dieser Vision erhielt er umfassende Unterweisungen und erlangte die vollständige Verwirklichung der Nicht-Dualität von Samsara und Nirvana – die Essenz der Mahamudra-Sichtweise.

Diese Erleuchtungserfahrung transformierte Kankana vollständig. Er kehrte als verwandelter Mensch aus seiner Abgeschiedenheit zurück und begann als Mahasiddha zu wirken – ein verwirklichter Meister, der die Grenzen konventioneller Erscheinung überschritten hatte und nun in einer Weise lebte, die die Einheit von Form und Leerheit verkörperte.

Leben und Tod

Nach seiner Erleuchtung lebte Kankana als wandernder Yogi, der zwischen verschiedenen Regionen Nordindiens, Nepals und Tibets reiste. Im Gegensatz zu seinem früheren Leben als König, das von Prunk und Zeremoniell geprägt war, führte er nun ein einfaches Leben in vollkommener Freiheit von materiellen Bindungen.

Seine Lebensweise war typisch für viele Mahasiddhas: Er ignorierte gesellschaftliche Konventionen, trug zerlumpte Kleider oder ging nackt, und sein Verhalten erschien für Außenstehende oft exzentrisch oder sogar verstörend. Diese unkonventionelle Lebensweise hatte jedoch einen tieferen Zweck – sie demonstrierte die Überwindung dualistischer Konzepte und die vollständige Befreiung von gesellschaftlichen Konditionierungen.

Kankana sammelte im Laufe der Jahre zahlreiche Schüler um sich, darunter sowohl einfache Menschen als auch Könige und gelehrte Mönche. Seine Lehrmethoden waren direkt und oft unkonventionell – er nutzte Paradoxa, spontane Lieder (Dohas) und unmittelbare Demonstrationen, um seinen Schülern die Natur des Geistes jenseits intellektueller Konzepte zu vermitteln.

Über Kankanas Tod existieren verschiedene Überlieferungen. Die verbreitetste Darstellung berichtet, dass er im Alter von etwa 120 Jahren beschloss, seinen physischen Körper zu verlassen. In Anwesenheit seiner engsten Schüler soll er seinen Körper in einen Regenbogenkörper (Jalus) transformiert haben – eine vollständige Auflösung der materiellen Form in reines Licht, die als höchste Manifestation der tantrischen Verwirklichung gilt.

Andere Quellen berichten, dass er mit seinem physischen Körper in die Dakini-Reiche einging und dort als unsterblicher Siddha weiterlebt. Diese verschiedenen Darstellungen reflektieren die unterschiedlichen Interpretationen der letztendlichen Verwirklichung im tantrischen Buddhismus.

Lehren und Übertragungen

Kankanas Lehren waren fest in der Vajrayana-Tradition verwurzelt, enthielten jedoch distinktive Elemente, die seine einzigartige Verwirklichung widerspiegelten. Seine Hauptübertragungslinie umfasste:

1. Die Praxis des Königlichen Vajra-Halters (Dorje Gyalpo): Eine tantrische Sadhana-Praxis, die die Transformation weltlicher Macht in spirituelle Kraft symbolisiert. Diese Praxis integrierte seine besondere Erfahrung als ehemaliger König und bot eine Methode, um äußere Erscheinungsformen als Ausdruck innerer Weisheit zu nutzen.

2. Der Goldene Armreif (Ser Kyi Kankana): Ein Zyklus von Meditationstechniken, die auf dem Prinzip der Transformation basieren. Diese Lehren verwendeten das Symbol des Armreifs – ein Kreis ohne Anfang und Ende – als Metapher für die kreisförmige Vollkommenheit der Buddha-Natur.

3. Die fünf Stufen des Mahamudra: Kankana systematisierte einen progressiven Pfad der Mahamudra-Meditation, der von grundlegenden Konzentrationsübungen bis zu den höchsten Ebenen nicht-konzeptueller Gewahrseinspraxis reichte. Seine klare methodische Herangehensweise machte diese tiefgründigen Praktiken für eine breitere Gruppe von Praktizierenden zugänglich.

4. Lieder der Verwirklichung (Dohas): Wie viele Mahasiddhas komponierte Kankana spontane Lieder, die tiefe spirituelle Einsichten in poetischer Form ausdrückten. Diese Dohas wurden mündlich überliefert und später in Sammlungen tibetischer Vajrayana-Texte aufgenommen.

Eine besondere Eigenschaft seiner Lehrmethode war die Betonung der direkten Erfahrung über theoretisches Wissen. Er formulierte das berühmte Prinzip "Der Geist ist wie ein König – wohin er geht, folgt das Königreich", was die zentrale Bedeutung der Geistesschulung im spirituellen Pfad unterstreicht.

Kankanas Übertragungslinien wurden hauptsächlich in Tibet bewahrt, insbesondere innerhalb der Kagyu- und Nyingma-Traditionen. Seine Lehren beeinflussten maßgeblich die Entwicklung der "verrückten Weisheit" (ye shes 'chol ba) und der "unkonventionellen Verwirklichung" (thod rgal) im tibetischen Buddhismus.

Bedeutung und Nachwirkung

Kankanas Einfluss erstreckt sich über die Jahrhunderte und manifestiert sich in verschiedenen Aspekten des tibetischen Buddhismus:

Als historische Figur repräsentiert er einen wichtigen Vermittler tantrischer Lehren zwischen Indien und Tibet. Seine Wanderungen durch den Himalaya trugen zur Verbreitung des Vajrayana in Regionen bei, die zuvor wenig Kontakt mit buddhistischen Lehren hatten.

Innerhalb der Tradition der 84 Mahasiddhas nimmt Kankana eine besondere Position ein, da seine Geschichte exemplarisch die Transformation von weltlicher zu spiritueller Herrschaft verkörpert. Diese Narrative wurde besonders relevant für die Entwicklung des tibetischen Buddhismus, der oft enge Verbindungen zwischen spiritueller Praxis und politischer Macht herstellte.

Die von ihm begründeten Meditationslinien wurden in verschiedene tibetische Schulen integriert. Besonders in der Kagyu-Tradition werden einige seiner Mahamudra-Techniken bis heute praktiziert und als Teil der "Goldenen Übertragungslinie" (ser brgyud) bewahrt.

In der zeitgenössischen buddhistischen Praxis dient Kankanas Geschichte als inspirierendes Beispiel für die Möglichkeit radikaler Transformation. Seine Biographie wird oft als Lehrstück verwendet, um zu zeigen, wie selbst tiefe Verhaftungen an Macht und Privilegien durch spirituelle Praxis überwunden werden können.

Mehrere moderne Lamas, darunter Vertreter der Karma-Kagyu-Tradition, haben im 20. Jahrhundert begonnen, einige von Kankanas Terma-Lehren, die lange Zeit verborgen waren, wiederzuentdecken und zu verbreiten, was zu einem erneuerten Interesse an seiner Übertragungslinie geführt hat.

Darstellung in der Kunst

In der tibetischen religiösen Kunst wird Kankana mit distinkten ikonographischen Merkmalen dargestellt:

Typischerweise wird er in der Gestalt eines Yogis mit königlichen Attributen abgebildet. Er trägt oft eine Kombination aus königlichen Insignien (wie eine kleine Krone oder Juwelen) und yogischen Attributen (wie eine Meditation-Sitzunterlage aus Tierfell oder eine Bettelschale).

Ein wesentliches Erkennungsmerkmal ist der goldene Armreif, der seinem Namen entspricht und den er entweder am Handgelenk oder als Symbol in der Hand hält. Dieser Armreif symbolisiert die Vereinigung von Samsara und Nirvana in einem vollkommenen Kreis.

In den traditionellen Thangka-Malereien wird Kankana oft in einer Körperhaltung dargestellt, die als "königliche Entspannung" (rgyal po'i nyams) bezeichnet wird – halb sitzend mit einem leicht erhobenen Knie, was sowohl seine königliche Vergangenheit als auch seine spirituelle Verwirklichung andeutet.

Seine Hautfarbe wird in der Ikonographie typischerweise als goldbraun (Skt. pita) dargestellt, was seine Verbindung zur Erde und Transformationskraft symbolisiert.

In narrativen Thangkas, die sein Leben darstellen, werden oft drei Schlüsselszenen abgebildet: seine Zeit als König, umgeben von Reichtum und Pracht; sein Rückzug in die Meditation in einer Berghöhle; und schließlich seine Verwirklichung, dargestellt durch einen von Regenbogenlicht umgebenen Yogi.

In einigen selteneren Darstellungen erscheint Kankana auch in einer Yab-Yum-Darstellung mit einer Dakini-Gefährtin, was seine Verwirklichung der Vereinigung von Weisheit und Mitgefühl symbolisiert.

Diese künstlerischen Darstellungen dienten nicht nur der Erinnerung an einen bedeutenden spirituellen Meister, sondern fungierten auch als Meditationshilfen für Praktizierende, die sich mit Kankanas Übertragungslinie verbanden.

Schlussbetrachtung

Kankana, der Siddha-König, verkörpert eine faszinierende Synthese scheinbarer Gegensätze: königliche Macht und asketische Entsagung, weltliche Autorität und spirituelle Freiheit, traditionelle Herrschaft und unkonventionelle Weisheit. Seine Lebensgeschichte zeigt exemplarisch den transformativen Kern des Vajrayana-Buddhismus – die Möglichkeit, alle Erscheinungen des Lebens, selbst die machtvollsten weltlichen Positionen, in Pfade zur Erleuchtung zu verwandeln.

Die Bedeutung von Kankanas Vermächtnis liegt vielleicht weniger in einzelnen Lehren oder Techniken als in dem lebendigen Beispiel, das seine Biographie bietet. Er demonstriert, dass der Weg zur Befreiung nicht notwendigerweise durch Weltflucht oder Askese führt, sondern durch eine tiefgreifende innere Transformation der Wahrnehmung und des Verhältnisses zur Welt.

In einer Zeit, in der die Frage nach der Vereinbarkeit von spiritueller Praxis und aktivem Engagement in der Welt besonders relevant erscheint, bietet Kankanas Geschichte wertvolle Einsichten. Sie zeigt, dass wahre Entsagung nicht im äußeren Verzicht, sondern in der inneren Freiheit von Anhaftung besteht, und dass diese Freiheit wiederum zu einem authentischeren und mitfühlenden Handeln in der Welt führen kann.

So bleibt Kankana, der König, der zum Yogi wurde, eine zeitlose Inspiration für alle, die danach streben, spirituelle Verwirklichung nicht jenseits, sondern inmitten der Komplexität des menschlichen Lebens zu finden – ein leuchtendes Beispiel dafür, dass der Pfad zur Erleuchtung letztlich durch das Herz der Welt und nicht an ihr vorbei führt.

2.39 Kankaripa - Der liebeskranke Witwer

Herkunft

Über die genaue historische Datierung und geografische Verortung Kankaripas gibt es, wie bei vielen Mahasiddhas, unterschiedliche Überlieferungen. Die meisten Quellen verorten ihn im mittelalterlichen Indien, vermutlich zwischen dem 8. und 11. Jahrhundert n. Chr., einer Zeit, in der tantrische Praktiken in Nordindien florierten.

Kankaripa soll in einer wohlhabenden Familie in Nordindien geboren worden sein. Einige Quellen nennen die Region Magadha (im heutigen Bihar) als seinen Geburtsort, andere verweisen auf Bengalen. Sein weltlicher Name vor seiner spirituellen Transformation ist nicht überliefert, was symbolisch darauf hindeutet, dass seine frühere Identität mit dem Beginn seines spirituellen Weges vollständig transzendiert wurde.

In den traditionellen Hagiographien wird berichtet, dass er ein Leben als wohlhabender Haushaltsvorstand führte, mit einer Frau, die er über alle Maßen liebte. Diese tiefe Verbundenheit zu seiner Frau sollte später zum entscheidenden Ausgangspunkt seiner spirituellen Entwicklung werden.

Besondere Eigenschaften

Vor seiner Transformation wird Kankaripa als ein Mann beschrieben, der ein gewöhnliches, aber privilegiertes Leben führte. Was ihn auszeichnete, war seine außergewöhnliche Hingabe und Liebe zu seiner Frau, die an Besessenheit grenzte. Diese intensive emotionale Bindung, die später zu seinem spirituellen Katalysator wurde, unterscheidet ihn von anderen Mahasiddhas, deren Wege oft durch intellektuelle Suche, Widerstand gegen soziale Konventionen oder außergewöhnliche spirituelle Begabungen gekennzeichnet waren.

Nach seiner Transformation entwickelte Kankaripa bemerkenswerte yogische Fähigkeiten, insbesondere in den Praktiken des inneren Feuers (Tummo) und der Traumyoga-Techniken. Er soll die Fähigkeit besessen haben, zwischen verschiedenen Bewusstseinsebenen zu wechseln und die Grenzen zwischen Traum und Wachzustand, Leben und Tod, aufzulösen.

Eine besondere Eigenschaft, die in den Überlieferungen hervorgehoben wird, war seine Fähigkeit, durch das Mittel der poetischen Lieder (Dohas) tiefgründige spirituelle Wahrheiten auszudrücken. Diese spontanen Gesänge, die seine Einsichten in die Natur der Wirklichkeit und die Transformation von Anhaftung in Weisheit vermittelten, wurden zu einem wichtigen Teil seines spirituellen Erbes.

Geschichte der Erleuchtung

Die Erleuchtungsgeschichte Kankaripas beginnt mit einer Tragödie: dem plötzlichen Tod seiner geliebten Frau. Dieser Verlust stürzte ihn in tiefste Verzweiflung. Anders als viele Menschen, die nach einem solchen Verlust irgendwann zur Normalität zurückkehren, konnte Kankaripa seine Trauer nicht überwinden. Er weigerte sich, den Leichnam seiner Frau zur Bestattung freizugeben, und hielt ihren toten Körper in seinem Haus, unfähig loszulassen.

Nach einigen Tagen erschien ein wandernder Yogi – in manchen Überlieferungen wird dieser als der Mahasiddha Jalandhara identifiziert – vor seinem Haus und bat um Almosen. Als er den verzweifelten Zustand Kankaripas und den Leichnam im Haus bemerkte, erkannte er die Gelegenheit für eine tiefgreifende spirituelle Unterweisung. Statt Mitleid zu zeigen oder Kankaripa zum Loslassen zu ermahnen, fragte er ihn: "Was genau liebst du an dieser Frau?"

Diese einfache, aber provokative Frage erschütterte Kankaripas Bewusstsein. Der Yogi forderte ihn auf, genau hinzuschauen und zu ergründen, worauf seine Anhaftung wirklich gerichtet war. In diesem Moment der intensiven Selbstprüfung begann Kankaripa zu erkennen, dass das, was er als seine Frau betrachtete, in Wirklichkeit ein Konstrukt seines eigenen Geistes war – eine Projektion seiner Wünsche, Erinnerungen und Anhaftungen auf eine physische Form, die nun in Verfall begriffen war.

Der Yogi unterrichtete ihn in den Grundlagen der Mahamudra-Meditation, einer Praxis, die darauf abzielt, die wahre Natur des Geistes direkt zu erkennen. Er lehrte ihn, wie er seine obsessive Anhaftung als Objekt der Meditation verwenden konnte, um die letztendliche Leerheit aller Phänomene zu durchschauen.

Kankaripa zog sich mit dem Leichnam seiner Frau in einen abgelegenen Verbrennungsplatz zurück und begann dort intensiv zu meditieren. Er beobachtete den fortschreitenden Verfall des einst geliebten Körpers und kontemplierte die vergängliche Natur aller zusammengesetzten Phänomene. Während dieser Periode tiefer Meditation begann er zu verstehen, dass seine Liebe und sein Leid nicht auf eine äußere Realität, sondern auf seine eigenen geistigen Prozesse zurückzuführen waren.

Der entscheidende Durchbruch kam, als er erkannte, dass nicht nur der Körper seiner Frau, sondern auch seine eigene Identität und sein Leid keine inhärente Existenz besaßen. In diesem Moment der tiefen Einsicht löste sich seine Anhaftung vollständig auf, und er erlangte die Verwirklichung der Mahamudra – die direkte Erkenntnis der leeren, klaren Natur des Geistes. Die Kraft dieser Erkenntnis transformierte sein Bewusstsein vollständig, und er erlangte die Befreiung vom Leiden des Samsara.

Leben und Tod

Nach seiner Erleuchtung verließ Kankaripa den Verbrennungsplatz und begann ein Leben als wandernder Yogi. Er gab seinen weltlichen Namen auf und nahm den Namen Kankaripa an, was in manchen Übersetzungen als "der Mann mit dem Skelett" oder "der Knochenträger" gedeutet wird – eine Anspielung auf seine transformative Erfahrung mit dem Tod und der Vergänglichkeit.

Kankaripa reiste durch verschiedene Regionen Indiens und später möglicherweise auch nach Tibet und Nepal. Er lebte als Vajrayana-Praktizierender außerhalb konventioneller gesellschaftlicher Strukturen und lehrte durch sein Beispiel und seine spontanen Doha-Lieder. Diese Lieder, die oft paradoxe und provokative Elemente enthielten, waren darauf ausgerichtet, die Hörer über die konzeptuelle Denkweise hinauszuführen und direkte Einsicht in die Natur der Wirklichkeit zu vermitteln.

Über seinen physischen Tod gibt es unterschiedliche Überlieferungen. Einige Quellen berichten, dass er seinen Körper bewusst aufgab und in einen Regenbogenkörper transformierte – eine fortgeschrittene tantrische Verwirklichung, bei der der physische Körper in reines Licht aufgelöst wird. Andere Traditionen erzählen, dass er nach Vollendung seines Wirkens einfach verschwand und direkt in ein Buddha-Feld einging, ohne den gewöhnlichen Prozess des Todes zu durchlaufen.

In der tibetischen Tradition wird Kankaripa zu den "unsterblichen Vidyadharas" gezählt – verwirklichte Meister, die jenseits der gewöhnlichen Begrenzungen von Leben und Tod existieren und weiterhin zum Wohl der fühlenden Wesen wirken. Es wird angenommen, dass er in subtilen Formen weiterhin erscheint, um diejenigen zu leiten, die bereit sind, seinen Pfad der Transformation von Leidenschaft in Weisheit zu folgen.

Lehren und Übertragungen

Die zentralen Lehren Kankaripas drehen sich um die Transformation von Anhaftung und Leidenschaft in Weisheit und Mitgefühl. Seine eigene Erfahrung diente als lebendiges Beispiel für einen der Grundpfeiler des tantrischen Buddhismus: dass die stärksten Emotionen, wenn sie mit Bewusstheit und den richtigen Methoden betrachtet werden, zu Pfaden der Befreiung werden können.

Kankaripas Hauptbeitrag zur buddhistischen Tradition ist in seinen Doha-Liedern enthalten, poetischen Ausdrücken spiritueller Einsicht, die in einfacher, direkter Sprache verfasst sind. Diese Lieder, die oft paradoxe und schockierende Bilder verwenden, zielen darauf ab, den Geist des Hörers jenseits konzeptueller Begrenzungen zu führen. Sie betonen die Einheit von Samsara und Nirvana, die wesentliche Reinheit aller Erfahrungen und die Möglichkeit, selbst die intensivsten emotionalen Zustände als Pfad zur Erleuchtung zu nutzen.

Ein bekanntes Doha, das Kankaripa zugeschrieben wird, lautet:

"In der Leere der Liebe fand ich die Wahrheit, Im Zerfall des Begehrten die ewige Schönheit. Was ich für meins hielt, war nie mein eigen, Im Verlust allen Habens begann mein wahres Sein."

Kankaripa wird auch mit spezifischen tantrischen Übertragungen in Verbindung gebracht, insbesondere mit Praktiken des Traumyogas und des inneren Feuers (Tummo). Diese Techniken zielen darauf ab, die subtilen Energien des Körpers zu transformieren und die dualistischen Konzepte von Leben und Tod, Selbst und Anderem, zu transzendieren.

In der tibetischen Tradition wird Kankaripa als einer der Linienhalter in der Übertragung der Mahamudra-Lehren angesehen. Seine spezifische Herangehensweise, die emotionale Intensität als Katalysator für spirituelles Erwachen nutzt, wurde in verschiedenen tantrischen Linien integriert, besonders in der Kagyu-Schule des tibetischen Buddhismus.

Bedeutung und Nachwirkung

Die Bedeutung Kankaripas liegt vor allem in der Universalität seiner Geschichte. Während viele Mahasiddha-Hagiographien außergewöhnliche spirituelle Begabungen oder besondere Umstände voraussetzen, spricht Kankaripas Weg direkt zu der allgemein menschlichen Erfahrung von Liebe, Verlust und Trauer. Seine

Geschichte zeigt, dass der Pfad zur Erleuchtung nicht nur Asketen, Gelehrten oder Menschen mit besonderen spirituellen Anlagen offensteht, sondern dass sogar die tiefsten menschlichen Leiden als Ausgangspunkt für spirituelles Erwachen dienen können.

In den verschiedenen buddhistischen Traditionen hat Kankaripas Beispiel als Inspiration für zahlreiche Praktizierende gedient, die mit intensiven emotionalen Herausforderungen konfrontiert waren. Seine Lehre, dass Anhaftung und Leidenschaft nicht unterdrückt oder verurteilt, sondern erkannt und transformiert werden sollten, hatte einen tiefgreifenden Einfluss auf die Entwicklung der tantrischen Psychologie.

In der tibetischen Tradition wird Kankaripa besonders in der Bardo-Literatur (Texte über den Zwischenzustand zwischen Tod und Wiedergeburt) erwähnt, wo seine Einsichten in die Natur von Leben und Tod als Leitfaden für die Navigation durch diese subtilen Bewusstseinszustände dienen. Seine Techniken des Traumyogas werden auch heute noch in verschiedenen tantrischen Linien praktiziert.

In der zeitgenössischen buddhistischen Praxis wird Kankaripas Geschichte oft als therapeutisches Narrativ verwendet, um Menschen zu helfen, mit Verlust und Trauer umzugehen. Seine Transformation von Anhaftung in Weisheit bietet ein Modell für die spirituelle Arbeit mit intensiven Emotionen, das auch in nicht-buddhistischen Kontexten Anklang findet.

Darstellung in der Kunst

In der traditionellen buddhistischen Ikonographie wird Kankaripa typischerweise auf einem Verbrennungsplatz sitzend dargestellt, umgeben von Symbolen der Vergänglichkeit wie Schädeln und Knochen. Oft wird er in Meditationshaltung gezeigt, manchmal mit dem Skelett oder Überresten seiner verstorbenen Frau vor ihm.

In tibetischen Thangka-Malereien erscheint er häufig mit den charakteristischen Attributen eines Mahasiddha: halbnackt, mit langen, ungepflegten Haaren und Schmuck aus Knochen oder anderen Materialien, die die Überwindung weltlicher Konventionen symbolisieren. Sein Gesichtsausdruck wird meist als friedvoll, aber intensiv dargestellt, was seine Transformation von Leidenschaft in transzendente Weisheit widerspiegelt.

In manchen Darstellungen wird Kankaripa auch mit einer Damaru (Handtrommel) oder einer Kapala (Schädelschale) gezeigt, beides wichtige Ritualinstrumente im tantrischen Buddhismus, die die Überwindung von Dualität und die Erkenntnis der leeren Natur aller Phänomene symbolisieren.

In zeitgenössischen künstlerischen Interpretationen wird Kankaripas Geschichte oft in einer abstrakteren Form dargestellt, die den psychologischen und emotionalen Aspekt seiner Transformation betont. Moderne Künstler haben seine Geschichte als Symbol für die universelle menschliche Erfahrung von Liebe, Verlust und Transformation aufgegriffen.

Besonders bemerkenswert ist, dass Kankaripa in der Kunst oft nicht als idealisierte, übermenschliche Figur, sondern als erkennbar menschlicher Praktizierender dargestellt wird, dessen Stärke aus seiner Verwundbarkeit und der Tiefe seiner Emotionen erwächst – ein visuelles Echo seiner Lehre, dass gerade unsere intensivsten menschlichen Erfahrungen den Pfad zur Erleuchtung öffnen können.

Schlussbetrachtung

Die Geschichte des Mahasiddha Kankaripa verdeutlicht auf eindringliche Weise einen der zentralen Aspekte des Vajrayana-Buddhismus: dass der Pfad zur Erleuchtung nicht in der Flucht vor der Welt oder der Unterdrückung menschlicher Emotionen liegt, sondern in ihrer bewussten Transformation. Sie erinnert uns daran, dass spirituelle Verwirklichung nicht trotz, sondern oft gerade wegen unserer tiefsten menschlichen Erfahrungen möglich ist.

In einer Zeit, in der spirituelle Praktiken oft als Mittel zur Erlangung von Ruhe, Gelassenheit und Distanz von intensiven Emotionen betrachtet werden, bietet Kankaripas Beispiel eine alternative Perspektive: dass gerade in den intensivsten Momenten menschlicher Erfahrung – in der Liebe, im Verlust, in der Trauer – das größte Potenzial für spirituelles Erwachen liegt.

Seine Geschichte spricht besonders diejenigen an, die mit tiefen emotionalen Herausforderungen konfrontiert sind und nach einem Weg suchen, diese nicht nur zu bewältigen, sondern als Teil ihres spirituellen Pfades zu integrieren. Sie lehrt uns, dass selbst die schmerzhaftesten Erfahrungen, wenn sie mit Bewusstheit und den richtigen Methoden betrachtet werden, zu Portalen tieferer Weisheit werden können.

In der modernen Welt, die oft von Oberflächlichkeit und der Vermeidung emotionaler Tiefe geprägt ist, erinnert uns der liebeskranke Witwer daran, dass wahre Transformation nicht durch das Umgehen, sondern durch das vollständige Durchdringen unserer tiefsten menschlichen Erfahrungen geschieht. Sein Vermächtnis lebt weiter als zeitlose Erinnerung daran, dass der Weg zur Befreiung nicht jenseits, sondern mitten durch das Herz unserer Menschlichkeit führt.

2.40 Kantalipa - Der Lumpenmann-Schneider

Herkunft

Die historischen Quellen zur genauen Herkunft Kantalipas sind spärlich und oft in legendenhafter Form überliefert. Nach den traditionellen Berichten lebte er vermutlich zwischen dem 8. und 10. Jahrhundert in Nordindien, einer Zeit, in der der tantrische Buddhismus seine Blütezeit erlebte. Geboren wurde er wahrscheinlich in einer einfachen Familie im östlichen Indien, möglicherweise im heutigen Bihar oder Bengalen – Regionen, die damals Zentren buddhistischer Gelehrsamkeit und Praxis waren.

Über seine frühen Lebensjahre ist wenig bekannt. Die Überlieferungen deuten darauf hin, dass er nicht aus privilegierten Verhältnissen stammte und keine formelle buddhistische Ausbildung genoss. Im Gegensatz zu vielen anderen Mahasiddhas, die zuvor als Mönche, Gelehrte oder Angehörige höherer Kasten lebten, scheint Kantalipa von Beginn an ein Leben als Handwerker geführt zu haben. Er erlernte das Schneiderhandwerk und spezialisierte sich darauf, aus weggeworfenen Stoffen und Lumpen neue Kleidungsstücke herzustellen – eine Tätigkeit, die ihm später seinen Beinamen "der Lumpenmann-Schneider" einbringen sollte.

Diese bescheidene Herkunft unterstreicht einen zentralen Aspekt der Mahasiddha-Tradition: Spirituelle Verwirklichung ist nicht an soziale Schicht, Bildung oder formelle religiöse Positionen gebunden, sondern kann von jedem Menschen in seinem alltäglichen Lebenskontext erreicht werden.

Besondere Eigenschaften

Kantalipa zeichnete sich durch mehrere bemerkenswerte Charaktereigenschaften aus, die sowohl sein Leben als einfacher Handwerker als auch seinen spirituellen Weg prägten. An erster Stelle stand seine außergewöhnliche Fähigkeit, in scheinbar wertlosen Dingen einen tieferen Wert zu erkennen. Wo andere nur Abfall sahen, erkannte er Potenzial und Schönheit – eine Eigenschaft, die sich nicht nur in seinem Handwerk manifestierte, sondern auch in seiner spirituellen Perspektive widerspiegelte.

Besonders bemerkenswert war Kantalipas Konzentrationsfähigkeit. Traditionelle Berichte beschreiben, wie er sich vollständig in seine Arbeit vertiefen konnte, bis der Akt des Nähens zu einer Form tiefer Meditation wurde. Diese Eigenschaft der vollkommenen Präsenz und Hingabe an den gegenwärtigen Moment ist in der buddhistischen Praxis von zentraler Bedeutung und wurde für Kantalipa zum Schlüssel seiner spirituellen Transformation.

Darüber hinaus besaß er eine beeindruckende Genügsamkeit und Bescheidenheit. Obwohl er später als verwirklichter Meister anerkannt wurde, behielt er seine einfache Lebensweise bei und verzichtete auf materielle Annehmlichkeiten. Diese Qualität der Zufriedenheit mit dem Einfachen (Skt. santushti) gilt im Buddhismus als wichtige Tugend auf dem spirituellen Weg.

Eine weitere herausragende Eigenschaft Kantalipas war seine unkonventionelle Sichtweise auf spirituelle Praxis. Er lehnte formelle religiöse Strukturen nicht ab, erkannte jedoch, dass für ihn persönlich der direkte Weg der Integration von Meditation in alltägliche Handlungen wirkungsvoller war. Diese pragmatische Herangehensweise an spirituelle Praxis ist charakteristisch für viele Mahasiddhas und wurde später zu einem wichtigen Element in verschiedenen buddhistischen Traditionen, insbesondere im Zen-Buddhismus und im tibetischen Buddhismus.

Geschichte der Erleuchtung

Die Geschichte von Kantalipas Erleuchtung ist eng mit seinem Handwerk als Schneider verwoben und illustriert einen zentralen Aspekt des tantrischen Buddhismus: die Transformation alltäglicher Aktivitäten in spirituelle Praxis.

Der Überlieferung nach lebte Kantalipa viele Jahre als einfacher Schneider, der Lumpen und weggeworfene Stoffreste sammelte, um daraus neue Kleidungsstücke zu fertigen. Seine besondere Gabe bestand darin, aus scheinbar wertlosen Materialien etwas Nützliches und manchmal sogar Schönes zu erschaffen. Eines Tages soll er einem wandernden Yogi begegnet sein – in manchen Versionen wird dieser als ein verkleideter Dakini (weibliches Weisheitswesen) oder als der Mahasiddha Jalandhari beschrieben.

Der Yogi erkannte in Kantalipa ein besonderes spirituelles Potenzial und gab ihm eine entscheidende Unterweisung: "Wie du aus zerfetzten Lumpen etwas Ganzes erschaffst, so kannst du auch deinen zerrissenen Geist zu einem Ganzen zusammenfügen." Er lehrte ihn eine spezielle Meditationstechnik, bei der Kantalipa seine volle Aufmerksamkeit auf den Akt des Nähens richten sollte – auf die Bewegung der Nadel, den Faden, der die getrennten Stoffstücke verbindet, und den entstehenden einheitlichen Stoff.

Kantalipa nahm diese Unterweisung ernst und begann, seine tägliche Arbeit als Meditationspraxis zu betrachten. Mit jedem Stich konzentrierte er sich vollständig auf den gegenwärtigen Moment. Die Nadel wurde zum Symbol für fokussierte Aufmerksamkeit, der Faden zum Symbol für die verbindende Natur des Bewusstseins, und die zusammengenähten Stoffstücke symbolisierten die Integration der verschiedenen Aspekte des Geistes.

Nach Jahren dieser Praxis erlebte Kantalipa einen entscheidenden Durchbruch. Der Überlieferung nach saß er eines Tages bei seiner Arbeit, als plötzlich die konzeptuelle Trennung zwischen sich selbst als Subjekt, dem Akt des Nähens und den Stoffstücken als Objekte zusammenbrach. In diesem Moment der Nicht-Dualität erkannte er die wahre Natur des Geistes – leer von inhärenter Existenz, doch gleichzeitig klar und leuchtend in seiner Erscheinungsform. Diese direkte Erkenntnis der ultimativen Realität markierte seine Erleuchtung.

Was Kantalipas Erleuchtungsgeschichte besonders bemerkenswert macht, ist die Tatsache, dass sie nicht durch Rückzug aus dem weltlichen Leben oder durch außergewöhnliche asketische Praktiken erfolgte, sondern durch die vollständige Integration spiritueller Prinzipien in eine alltägliche handwerkliche Tätigkeit. Diese "Gewöhnlichkeit" des Erleuchtungsweges wurde später zu einem wichtigen Aspekt verschiedener buddhistischer Traditionen, insbesondere im Zen-Buddhismus mit seinem Fokus auf Achtsamkeit in alltäglichen Handlungen.

Leben und Tod

Nach seiner Erleuchtung setzte Kantalipa sein Leben als wandernder Schneider fort, doch nun mit einer tiefgreifend veränderten inneren Haltung. Obwohl äußerlich nichts an seinem einfachen Lebensstil zu erkennen war, strahlte er eine natürliche Weisheit und Mitgefühl aus, die Menschen in seiner Umgebung anzog.

Der Überlieferung nach begann er, seine Erkenntnisse in Form von einfachen, aber tiefgründigen Unterweisungen weiterzugeben. Seine Lehrmethode war unkonventionell und direkt an die Lebenswirklichkeit der einfachen Menschen angepasst. Anstatt abstrakte philosophische Konzepte zu vermitteln, nutzte er Metaphern aus dem Schneiderhandwerk, um tiefe spirituelle Wahrheiten zu veranschaulichen. So verglich er etwa den Prozess der spirituellen Transformation mit dem Akt des Umgestaltens alter Lumpen in neue Kleidung.

Es wird berichtet, dass Kantalipa weiterhin als einfacher Schneider durch verschiedene Regionen Nordindiens wanderte, wobei er seine handwerklichen

Dienste anbot und gleichzeitig subtile spirituelle Unterweisungen gab. Er soll besonders in Dörfern und unter einfachen Menschen gewirkt haben, die keinen Zugang zu formeller buddhistischer Bildung hatten.

Über Kantalipas Tod existieren verschiedene Überlieferungen. Nach einigen Berichten soll er in hohem Alter gestorben sein, während er ruhig bei seiner Arbeit saß. Eine populäre Version erzählt, dass er in seinem letzten Moment eine besonders schöne Robe aus verschiedenen Lumpen fertigstellte – ein Symbol für die Vollendung seines spirituellen Weges. In anderen Überlieferungen heißt es, dass er nicht im gewöhnlichen Sinne starb, sondern den "Regenbogenkörper" (Tib. ja' lus) erlangte – eine fortgeschrittene tantrische Verwirklichung, bei der der physische Körper in Licht aufgelöst wird und nur Haare, Nägel und Kleidung zurückbleiben.

Unabhängig von den Details seines Todes wird Kantalipa in der Tradition als jemand verehrt, der sowohl im Leben als auch im Sterben die vollkommene Integration spiritueller Weisheit in alltägliches Handeln verkörperte.

Lehren und Übertragungen

Obwohl Kantalipa kein systematisches philosophisches System hinterließ, wie es bei einigen anderen Mahasiddhas der Fall war, sind seine wesentlichen Lehren in Form von Dohas (spirituellen Liedern) und kurzen Unterweisungen überliefert worden. Der Kern seiner Lehre lässt sich in mehreren zentralen Prinzipien zusammenfassen.

Das erste und vielleicht wichtigste Prinzip ist die Idee der Transformation durch Aufmerksamkeit. Kantalipa lehrte, dass jede Handlung, wenn sie mit vollständiger Präsenz und Bewusstheit ausgeführt wird, zu einem Werkzeug spiritueller Verwirklichung werden kann. Diese Lehre hat Parallelen zu späteren Traditionen wie dem Zen-Buddhismus, wo alltägliche Tätigkeiten als Meditationspraxis betrachtet werden.

Ein zweites Kernprinzip in Kantalipas Lehre ist die Wertschätzung des Gewöhnlichen und scheinbar Wertlosen. So wie er aus weggeworfenen Lumpen nützliche Kleidung schuf, lehrte er, dass die vermeintlich weltlichen und gewöhnlichen Aspekte des Lebens das Material für spirituelle Transformation bieten können. Dies steht im Einklang mit der tantrischen Sichtweise, dass nichts inhärent unrein oder spirituell wertlos ist.

Darüber hinaus betonte Kantalipa die Einheit von Form und Leerheit – ein zentrales Konzept der Mahayana-Philosophie. In seinen überlieferten Dohas vergleicht er oft die verschiedenen Stoffstücke, die zu einem einheitlichen Kleidungsstück zusammengefügt werden, mit der Vielfalt der Erscheinungen, die in ihrer Essenz nicht-dual und von gleicher Natur sind.

Kantalipas Übertragungslinie wurde zunächst mündlich weitergegeben und später in verschiedene tantrische Traditionen integriert. Besonders in der Kagyü-Schule des tibetischen Buddhismus wird seine Methode der Integration von Meditation in alltägliche Handlungen hochgeschätzt. Seine Praktiken fanden auch Eingang in das System des Mahamudra, wo sie als Beispiele für die direkte Erkenntnis der Natur des Geistes durch gewöhnliche Aktivitäten dienen.

Eine besondere Übertragung, die mit Kantalipa in Verbindung gebracht wird, ist die Praxis des "Nähens des Geistes" (tib. sems mtshems) – eine Meditationstechnik, bei der der Praktizierende seine Gedanken und Emotionen wie Stoffstücke betrachtet, die durch den Faden der Achtsamkeit zu einem harmonischen Ganzen verbunden werden. Diese Praxis wird in einigen Kagyü- und Nyingma-Linien bis heute überliefert und praktiziert.

Bedeutung und Nachwirkung

Die Bedeutung Kantalipas geht weit über seine historische Rolle als einer der 84 Mahasiddhas hinaus. Sein Leben und seine Lehren haben auf verschiedenen Ebenen nachhaltigen Einfluss auf die Entwicklung des buddhistischen Denkens und der Praxis ausgeübt.

In erster Linie steht Kantalipa für die Demokratisierung spiritueller Praxis. Sein Beispiel zeigt, dass Erleuchtung nicht den Gebildeten, Wohlhabenden oder formell Ordinierten vorbehalten ist, sondern von jedem Menschen in seinem eigenen Lebenskontext verwirklicht werden kann. Diese Idee wurde zu einem wesentlichen Bestandteil der Mahasiddha-Tradition und später des tibetischen Buddhismus, wo sie dazu beitrug, spirituelle Praxis jenseits klösterlicher Mauern zu fördern.

Darüber hinaus hat Kantalipas Ansatz der Integration von Meditation in alltägliche Aktivitäten wichtige Impulse für die Entwicklung verschiedener buddhistischer Praxisformen gegeben. Seine Methode, gewöhnliche Handarbeit in einen Pfad zur Erleuchtung zu verwandeln, findet Parallelen in der Zen-Tradition mit ihrem Fokus auf Achtsamkeit bei alltäglichen Tätigkeiten sowie in der tibetischen Tradition des "Yoga des täglichen Lebens".

In der tibetischen Tradition wird Kantalipa besonders in den Überlieferungslinien der Kagyü- und Nyingma-Schulen verehrt. Seine Lieder (Dohas) wurden in verschiedene Sammlungen von Mahasiddha-Gesängen aufgenommen und dienen bis heute als Inspirationsquelle für Praktizierende. Die von ihm betonte direkte Erfahrung der Nicht-Dualität durch vollständige Präsenz im Handeln hat auch die Mahamudra- und Dzogchen-Traditionen beeinflusst, die zu den höchsten Lehren des tibetischen Buddhismus zählen.

In der modernen Zeit hat Kantalipas Beispiel eine erneuerte Relevanz erlangt. In einer Welt, in der spirituelle Praxis oft als etwas vom Alltag Getrenntes betrachtet wird, erinnert sein Leben daran, dass wahre Spiritualität nicht in der Flucht vor dem Gewöhnlichen, sondern in dessen vollständiger Durchdringung besteht. Sein Ansatz resoniert mit zeitgenössischen Bestrebungen, Achtsamkeit und spirituelle Werte in alle Lebensbereiche zu integrieren.

Darüber hinaus inspiriert Kantalipas nachhaltige Praxis des Wiederverwendens und Umwandelns von weggeworfenen Materialien moderne Bestrebungen zu ökologischem Bewusstsein und nachhaltiger Lebensweise. Was einst aus ökonomischer Notwendigkeit praktiziert wurde, erscheint heute als weitsichtige ökologische Ethik.

Darstellung in der Kunst

In der tibetisch-buddhistischen Kunst wird Kantalipa in charakteristischer Weise dargestellt, die seine Identität als Lumpenmann-Schneider sowie seinen Status als verwirklichter Meister symbolisiert. Die ikonographische Tradition zeigt ihn typischerweise in einfacher Kleidung, oft in einem Gewand aus zusammengenähten Stoffstücken, das seine handwerkliche Tätigkeit widerspiegelt.

Die gängigste Darstellung zeigt Kantalipa sitzend, meist im Schneidersitz oder in einer entspannten Haltung, mit einer Nähnadel in der rechten Hand und einem Stück Stoff oder Lumpen in der linken Hand. Sein Gesichtsausdruck ist ruhig und konzentriert, was seine tiefe meditative Versenkung bei der Ausübung seines Handwerks symbolisiert. Oft wird er mit leicht geneigtem Kopf dargestellt, als ob er seine volle Aufmerksamkeit auf seine Arbeit richtet.

In manchen Darstellungen trägt Kantalipa auch die typischen Merkmale eines Siddhas: Ohrschmuck aus Knochen oder einfachen Materialien, langes, ungepflegtes Haar, das manchmal zu einem Knoten auf dem Kopf gebunden ist, und gelegentlich eine dritte Auge auf der Stirn als Symbol seiner erwachten Weisheit. Im Gegensatz zu vielen anderen Mahasiddhas wird er jedoch selten mit aufwändigen Schmuckstücken oder königlichen Insignien dargestellt, was seine Bodenständigkeit und Einfachheit unterstreicht.

Besonders bemerkenswert sind die Thangkas, die Szenen aus Kantalipas Leben darstellen. Diese zeigen oft den Moment seiner Begegnung mit dem Yogi, der ihm die entscheidende Unterweisung gibt, oder den Augenblick seiner Erleuchtung, während er in tiefer Konzentration näht. In einigen Darstellungen wird er auch von einem subtilen Lichtschein umgeben, der seine spirituelle Verwirklichung symbolisiert, während er äußerlich weiterhin als einfacher Handwerker erscheint.

In der Tradition der 84 Mahasiddhas wird Kantalipa häufig in Gruppenabbildungen dargestellt, wo er durch seine Nähwerkzeuge und das charakteristische Flickengewand leicht zu identifizieren ist. Diese Gruppenbilder, die in vielen tibetischen Klöstern zu finden sind, dienen dazu, die Vielfalt der spirituellen Wege und die Möglichkeit der Erleuchtung in verschiedenen Lebenssituationen zu verdeutlichen.

Kantalipas künstlerische Darstellungen dienen nicht nur der Verehrung, sondern auch als Meditationshilfen für Praktizierende. Sie erinnern daran, dass spirituelle Verwirklichung nicht von äußeren Umständen abhängt, sondern von der inneren Einstellung und der Fähigkeit, gewöhnliche Tätigkeiten mit außergewöhnlicher Präsenz und Bewusstheit auszuführen.

Schlussbetrachtung

Die Geschichte des Mahasiddha Kantalipa, des Lumpenmann-Schneiders, verkörpert wesentliche Aspekte des buddhistischen Weges und bietet zeitlose Inspirationen für spirituell Suchende aller Traditionen. Sein Leben verdeutlicht, dass Erleuchtung nicht von besonderen Umständen, formellen Praktiken oder privilegierten Positionen abhängt, sondern in jedem Lebenskontext durch die richtige innere Einstellung erreichbar ist.

Die zentrale Lehre, die aus Kantalipas Leben gezogen werden kann, ist die Möglichkeit der vollständigen Integration von spiritueller Praxis und alltäglichem

Leben. In einer Zeit, in der spirituelle Suche oft als etwas vom normalen Leben Getrenntes betrachtet wird, erinnert sein Beispiel daran, dass wahre Spiritualität nicht in der Flucht vor dem Gewöhnlichen, sondern in dessen vollständiger Durchdringung mit Bewusstheit und Präsenz besteht. Die Art und Weise, wie er aus scheinbar wertlosen Lumpen etwas Nützliches und Schönes erschuf, spiegelt auf materielle Weise den spirituellen Transformationsprozess wider.

Darüber hinaus ist Kantalipas Geschichte ein Zeugnis für die Vielfalt spiritueller Wege innerhalb der buddhistischen Tradition. Der tantrische Buddhismus, aus dem die Mahasiddha-Tradition hervorgegangen ist, betont die Möglichkeit, alle Lebenserfahrungen – selbst die scheinbar weltlichen oder gewöhnlichen – als Pfad zur Erleuchtung zu nutzen. Diese Perspektive steht im Kontrast zu asketischen Traditionen, die Weltabgewandtheit und strenge Enthaltsamkeit betonen, und bietet einen ergänzenden Weg, der besonders für Menschen in normalen Lebenssituationen zugänglich ist.

In der heutigen Zeit, die oft von Hektik, Zerstreuung und der Trennung verschiedener Lebensbereiche geprägt ist, gewinnt Kantalipas Beispiel neue Relevanz. Seine Praxis der vollständigen Präsenz im Handeln resoniert mit modernen Ansätzen der Achtsamkeit und kann als Inspiration dienen, wie spirituelle Werte in Arbeit, Beziehungen und alltägliche Aktivitäten integriert werden können.

Schließlich erinnert uns Kantalipa daran, dass spirituelle Verwirklichung nicht an äußere Zeichen oder gesellschaftliche Anerkennung gebunden ist. Sein unscheinbares Äußeres verbarg seine tiefe innere Verwirklichung – ein Beispiel für die buddhistische Weisheit, dass wahre spirituelle Errungenschaften oft im Verborgenen blühen und sich mehr durch natürliche Weisheit, Mitgefühl und inneren Frieden ausdrücken als durch äußere Manifestationen.

So steht Kantalipa, der Lumpenmann-Schneider, als leuchtendes Beispiel dafür, dass der Weg zur Erleuchtung nicht zwangsläufig auf besonderen Umständen oder außergewöhnlichen Fähigkeiten beruht, sondern auf der Kunst, das Gewöhnliche mit außergewöhnlicher Präsenz und Bewusstheit zu durchdringen – eine zeitlose Lehre, die auch heute noch Menschen auf ihrem spirituellen Weg inspirieren kann.

2.41 Kapalapa - Der Schädelträger

Herkunft

Die historischen Quellen zu Kapalapas Leben sind, wie bei vielen Mahasiddhas, von Legenden durchwoben und nicht immer eindeutig zu verifizieren. Er soll im 9. oder 10. Jahrhundert in Nordindien gelebt haben, einer Zeit großer spiritueller Umbrüche und Experimentierfreudigkeit. Geboren als Sohn einer wohlhabenden brahmanischen Familie in Bengalen, erhielt er eine klassische vedische Ausbildung und wurde zu einem gelehrten Priester. Einigen Überlieferungen zufolge war er als Gelehrter an einem königlichen Hof tätig, bevor er sich der spirituellen Praxis zuwandte.

Der Wandel von einem respektierten brahmanischen Gelehrten zu einem unkonventionellen Yogi vollzog sich durch eine tiefgreifende Krise in seinem Leben. Die genauen Umstände variieren in verschiedenen Erzählungen – manche berichten von einer schweren Krankheit, andere von einer Begegnung mit dem Tod eines geliebten Menschen, die ihn die Vergänglichkeit des Lebens erkennen ließ. Diese existenzielle Erschütterung führte dazu, dass er seine soziale Stellung und sein bisheriges Leben aufgab, um nach tieferer Erkenntnis zu streben.

Besondere Eigenschaften

Kapalapa zeichnete sich durch mehrere bemerkenswerte Eigenschaften aus, die ihn von anderen spirituellen Meistern seiner Zeit unterschieden. Am auffälligsten war seine Erscheinung: Statt konventioneller Kleidung trug er nur Asche auf seinem Körper, sein Haar war verfilzt und ungepflegt, und sein wichtigstes Attribut war ein menschlicher Schädel (Kapala), den er stets bei sich trug und als Bettelschale, rituelles Gefäß und Meditationsobjekt nutzte.

Seine intellektuelle Brillanz, die er aus seiner Zeit als Gelehrter mitbrachte, verband er mit einer radikalen Abkehr von weltlichen Konventionen. Er besaß die Fähigkeit, komplexe philosophische Konzepte in einfache, oft schockierende Handlungen zu übersetzen, die seine Schüler direkt zur Erkenntnis führen sollten. Seine Lehrmethoden waren oft provokativ und zielten darauf ab, festgefahrene Denkmuster zu durchbrechen.

Eine weitere besondere Eigenschaft war seine vollkommene Furchtlosigkeit – sowohl gegenüber gesellschaftlicher Ächtung als auch gegenüber dem Tod. Er meditierte regelmäßig auf Leichenverbrennungsplätzen und konfrontierte sich und seine Schüler mit der ungeschönten Realität der Vergänglichkeit.

Diese Angstfreiheit verlieh ihm eine charismatische Ausstrahlung, die sowohl Faszination als auch Schrecken hervorrief.

Nicht zuletzt besaß Kapalapa eine tiefe Einsicht in die tantrische Symbolik und die Kunst, äußere Rituale mit inneren Transformationsprozessen zu verbinden. Der Schädel, sein ständiger Begleiter, war für ihn nicht nur ein Symbol der Vergänglichkeit, sondern auch ein Gefäß der Weisheit und ein Zeichen dafür, dass er den Kreislauf von Leben und Tod transzendiert hatte.

Geschichte der Erleuchtung

Kapalapas Weg zur Erleuchtung begann mit seiner Begegnung mit einem tantrischen Meister, der ihn in die esoterischen Praktiken des Vajrayana einweihte. Nach einigen Quellen war dies der berühmte Meister Luyipa, selbst einer der 84 Mahasiddhas. Die entscheidende Wendung in seiner spirituellen Entwicklung kam jedoch, als er sich entschloss, die konventionellen Praktiken zu überschreiten und einen radikaleren Weg einzuschlagen.

Er zog sich auf einen Leichenverbrennungsplatz zurück, einen Ort, der in der indischen Gesellschaft als unrein und gefährlich galt. Dort, umgeben von Tod und Verfall, begann er intensive Meditationspraktiken, die mit der Visualisierung von zornvollen Gottheiten und der Transformation negativer Emotionen in Weisheit verbunden waren. Er verwendete einen Schädel nicht nur als Bettelschale, sondern auch als Fokus für seine Meditationen über die Leerheit aller Phänomene.

Die Legenden berichten, dass Kapalapa zwölf Jahre lang auf diesem Verbrennungsplatz praktizierte, ohne sich von den erschreckenden Umständen, den Gespenstern und Dämonen oder den misstrauischen Blicken der Dorfbewohner beirren zu lassen. In dieser Zeit durchlief er tiefgreifende Visionen und spirituelle Krisen, in denen er mit seinen eigenen inneren Dämonen konfrontiert wurde.

Der Moment seiner Erleuchtung wird in den Hagiographien dramatisch geschildert: In einer mondlosen Nacht, als er in tiefer Meditation versunken war, erschien ihm die Dakini Vajrayogini in einer Vision. Sie lehrte ihn die tiefsten Geheimnisse des tantrischen Pfades und übertrug ihm die Einweihung in die höchsten Praktiken. In diesem Moment durchdrang sein Geist die Illusion der dualistischen Wahrnehmung, und er erkannte die wahre Natur der Wirklichkeit als untrennbare Einheit von Form und Leerheit, von Samsara und Nirvana.

Nach dieser Erfahrung manifestierte Kapalapa übernatürliche Fähigkeiten (Siddhis), darunter Hellsichtigkeit, die Kontrolle über die Elemente und die Fähigkeit, seinen Körper zu transformieren. Er wurde zu einem vollendeten Mahasiddha, dessen bloße Gegenwart andere zur Erkenntnis führen konnte.

Leben und Tod

Nach seiner Erleuchtung verließ Kapalapa den Verbrennungsplatz und begann als wandernder Yogi zu leben. Er durchstreifte verschiedene Regionen Nordindiens und möglicherweise auch Tibet, wobei er überall durch sein unkonventionelles Erscheinungsbild und sein paradoxes Verhalten auffiel. Er hielt sich an keine sozialen Normen, lebte ohne festen Wohnsitz und ernährte sich von Almosen, die er in seinem Schädel sammelte.

Obwohl er das Ansehen eines hochrealisierten Meisters genoss, blieb sein Lebensstil einfach und ungebunden. Er lehrte spontan, oft durch Handlungen statt durch Worte, und sammelte eine kleine, aber hingebungsvolle Gruppe von Schülern um sich, die bereit waren, seinem radikalen Pfad zu folgen.

Über seinen Tod existieren verschiedene Überlieferungen. Die am weitesten verbreitete Geschichte besagt, dass er seinen physischen Tod bewusst herbeiführte, indem er in den "Regenbogenkörper" einging – eine fortgeschrittene tantrische Praxis, bei der der physische Körper in reines Licht aufgelöst wird. Anderen Berichten zufolge manifestierte er den "Körper der großen Transformation" und verließ die Welt der gewöhnlichen Erscheinungen, ohne Spuren zu hinterlassen.

Eine dramatischere Version erzählt, dass er von einem eifersüchtigen König getötet wurde, der seinen Einfluss fürchtete, aber selbst im Moment des Todes seine vollkommene Kontrolle über den Geist demonstrierte und seinen Körper in Licht auflöste, bevor die tödlichen Schläge ihn erreichen konnten.

Unabhängig von der genauen Art seines Todes stimmen alle Überlieferungen darin überein, dass Kapalapa die Grenzen zwischen Leben und Tod transzendiert hatte und sein Verscheiden ein letzter Akt der Lehre war – eine Demonstration der höchsten tantrischen Verwirklichung.

Lehren und Übertragungen

Die Lehren Kapalapas waren tief in der tantrischen Tradition verankert, doch zeichneten sie sich durch ihre besondere Direktheit und ihren Fokus auf die unmittelbare Erfahrung aus. Im Zentrum seiner Unterweisung stand die Überzeugung, dass die wahre Natur des Geistes nur durch die radikale Konfrontation mit den eigenen Ängsten und Anhaftungen erkannt werden kann.

Seine wichtigsten Lehren umfassten:

1. Die Praxis der Kapala-Sadhana: Eine Meditationstechnik, bei der der Schädel als Symbol für die Leerheit und als Gefäß für Weisheitsnektar verwendet wird. Diese Praxis zielt darauf ab, die Anhaftung an den eigenen Körper und die Angst vor dem Tod zu überwinden.

2. Die Transformation der Geistesgifte: Kapalapa lehrte spezielle Techniken, um negative Emotionen wie Begierde, Hass und Unwissenheit nicht zu unterdrücken, sondern sie als Energien zu nutzen und in Weisheit zu transformieren.

3. Die Vereinigung von Methode und Weisheit: In der tantrischen Symbolsprache repräsentiert durch die Vereinigung des männlichen und weiblichen Prinzips, lehrte er die Nicht-Dualität aller Erscheinungen.

4. Die Praxis des inneren Feuers (Tummo): Eine fortgeschrittene Yoga-Technik, die innere Hitze erzeugt und zur Erfahrung der höchsten Glückseligkeit führt.

Seine Lehren wurden zunächst mündlich überliefert und später in verschiedenen tantrischen Texten kodifiziert. Besonders in der Kagyu-Linie des tibetischen Buddhismus wurden seine Meditationstechniken bewahrt und weitergegeben. Die "Sechs Yogas von Naropa", eine zentrale Sammlung fortgeschrittener Praktiken in dieser Tradition, enthalten Elemente, die auf Kapalapa zurückgeführt werden.

Eine bedeutende Übertragungslinie, die sich auf Kapalapa beruft, ist die Chakrasamvara-Praxis, eine der wichtigsten Meditationsgottheiten des Vajrayana. In dieser Praxis werden viele der von Kapalapa entwickelten oder verfeinerten Techniken zur Transformation des Bewusstseins angewendet.

Bedeutung und Nachwirkung

Die Bedeutung Kapalapas geht weit über sein historisches Wirken hinaus. Als Verkörperung des "verrückten Weisheits"-Prinzips (Sanskrit: avadhuti) steht er für einen spirituellen Ansatz, der Konventionen durchbricht und direkt auf die Befreiung des Geistes abzielt. Seine radikale Praxis hat mehrere bedeutende Aspekte der tantrischen Tradition geprägt:

Erstens hat seine Verwendung des Schädels als spirituelles Werkzeug die symbolische Sprache des Vajrayana bereichert. Der Kapala (Schädelschale) wurde zu einem zentralen Ritualobjekt in vielen tantrischen Praktiken und symbolisiert die Transzendenz dualistischer Konzepte.

Zweitens hat seine Methode der direkten Konfrontation mit dem Tod und der Vergänglichkeit die Entwicklung der "Chöd"-Praxis beeinflusst, einer tibetischen Meditationstechnik, bei der der Praktizierende imaginär seinen eigenen Körper als Opfergabe darbietet.

Drittens hat sein Beispiel des nichkonformen Lebensstils die Tradition der tibetischen "verrückten Yogis" inspiriert, darunter Figuren wie Drukpa Kunley oder Thangtong Gyalpo, die soziale Normen überschritten, um tiefere spirituelle Wahrheiten zu vermitteln.

In der modernen Zeit dient Kapalapas Geschichte als kraftvolle Erinnerung daran, dass spirituelle Transformation manchmal die Bereitschaft erfordert, aus der Komfortzone herauszutreten und sich direkt mit den verdrängten und gefürchteten Aspekten des Lebens auseinanderzusetzen. Seine radikale Akzeptanz der Vergänglichkeit resoniert mit zeitgenössischen psychologischen Ansätzen, die die heilsame Wirkung der Konfrontation mit der eigenen Sterblichkeit betonen.

Darstellung in der Kunst

In der buddhistischen Kunst wird Kapalapa in charakteristischer Weise dargestellt, wobei seine ikonographischen Merkmale seine spirituelle Verwirklichung symbolisieren. Typischerweise wird er als asketischer Yogi abgebildet, mit zerzaustem Haar, oft mit Asche bedeckt, und nur mit einem Tigerfell oder einem Leichengewand bekleidet.

Sein wichtigstes Attribut ist der Kapala, die Schädelschale, die er in der linken Hand hält. Oft wird er auch mit dem Khatvanga dargestellt, einem Stab mit drei aufgespießten Köpfen, der die Überwindung der drei Geistesgifte symbolisiert. Sein Gesichtsausdruck ist gewöhnlich intensiv und leicht furchteinflößend, mit weit geöffneten Augen, die seine unerschrockene direkte Wahrnehmung der Wirklichkeit verdeutlichen.

In den Thangkas, den tibetischen Thangkas, die die Mahasiddhas darstellen, wird Kapalapa oft auf einem Leichenverbrennungsplatz sitzend gezeigt, umgeben von Flammen, die sowohl das physische Feuer als auch das innere Feuer der

Transformation symbolisieren. In manchen Darstellungen wird er in Vereinigung mit einer Dakini gezeigt, was die tantrische Vereinigung von Methode und Weisheit repräsentiert.

Seine Darstellung in der Kunst dient nicht nur der Verehrung, sondern auch als Meditationshilfe und als visuelle Lehre über die Prinzipien des tantrischen Pfades. Die schockierenden und manchmal furchteinflößenden Elemente seiner Ikonographie sind bewusst gewählt, um den Betrachter aus gewohnten Denkmustern herauszureißen und eine tiefere Kontemplation anzuregen.

Besonders bemerkenswerte Darstellungen Kapalapas finden sich in den Höhlentempeln von Alchi in Ladakh, in den Sammlungen des Rubin Museum of Art in New York und in zahlreichen privaten und klösterlichen Sammlungen in Tibet, Nepal und Bhutan.

Schlussbetrachtung

Kapalapa, der Schädelträger, verkörpert einen spirituellen Weg, der in seiner Radikalität und Direktheit bis heute herausfordert und inspiriert. Seine Geschichte zeigt, dass wahre spirituelle Transformation oft die Bereitschaft erfordert, konventionelle Grenzen zu überschreiten und sich direkt mit den Aspekten des Lebens auseinanderzusetzen, die wir am meisten fürchten oder verdrängen.

In einer Zeit, in der spirituelle Praktiken oft vermarktet und ihrer transformativen Kraft beraubt werden, erinnert uns Kapalapa daran, dass der Weg zur Befreiung weder bequem noch gesellschaftlich angepasst sein muss. Seine Praxis der Konfrontation mit dem Tod, der Transformation negativer Emotionen und der Überwindung dualistischer Konzepte bietet tiefe Einsichten für Menschen, die nach authentischer spiritueller Erfahrung suchen.

Gleichzeitig warnt seine Geschichte vor einer oberflächlichen Nachahmung unkonventionellen Verhaltens ohne das entsprechende innere Verständnis. Der wahre Wert seines Beispiels liegt nicht in der äußerlichen Erscheinung oder in schockierenden Handlungen, sondern in der konsequenten Ausrichtung auf die Befreiung des Geistes von einschränkenden Mustern und illusorischen Vorstellungen.

Im Kontext der modernen Welt, in der existenzielle Fragen oft verdrängt und der Tod tabuisiert wird, bietet Kapalapas direkter Blick auf die Vergänglichkeit eine heilsame, wenn auch herausfordernde Perspektive. Seine Botschaft ist zeitlos:

Nur durch die bewusste Auseinandersetzung mit unserer Sterblichkeit können wir zu einem authentischen und befreiten Leben finden.

So bleibt der Schädelträger eine faszinierende und inspirierende Gestalt – ein Mahner gegen spirituelle Oberflächlichkeit und ein Wegweiser zu tieferer Erkenntnis, dessen Vermächtnis in den Lehren und Praktiken des Vajrayana lebendig bleibt.

2.42 Khadgapa - Der furchtlose Dieb

Herkunft

Über Khadgapas frühe Herkunft ist relativ wenig bekannt. Die meisten Quellen verorten seine Geburt im mittelalterlichen Indien, vermutlich zwischen dem 8. und 10. Jahrhundert. Er wurde in eine Familie von niedrigem sozialem Status hineingeboren und erhielt keine formale Bildung. In einer Gesellschaft, die stark von Kastenunterschieden geprägt war, hatte der junge Khadgapa wenig Möglichkeiten für sozialen Aufstieg oder ein ehrbares Leben.

Aus Armut und Verzweiflung begann er schon in jungen Jahren zu stehlen, zunächst kleinere Diebstähle, um zu überleben. Mit der Zeit entwickelte er jedoch außergewöhnliche Fertigkeiten als Dieb. Er wurde bekannt für seine Geschicklichkeit, Gerissenheit und den Einsatz eines Schwertes (Khadga) bei seinen Raubzügen, woher sich sein Name ableitet. Angeblich konnte er sich lautlos bewegen und war ein Meister der Verkleidung, was ihm ermöglichte, selbst in die am besten bewachten Paläste und Tempel einzudringen.

Die tibetischen Hagiographien beschreiben, dass Khadgapa viele Jahre lang als berüchtigter Räuber lebte, gefürchtet von Reichen und Mächtigen. Trotz seines kriminellen Lebenswandels soll er jedoch einen persönlichen Ehrenkodex besessen haben: Er tötete nie unnötig und teilte seine Beute oft mit anderen Bedürftigen, was ihm in manchen Überlieferungen Robin-Hood-artige Züge verleiht.

Besondere Eigenschaften

Khadgapa zeichnete sich durch mehrere bemerkenswerte Eigenschaften aus, die sowohl in seiner Zeit als Dieb als auch später als spiritueller Praktizierender relevant waren:

- Furchtlosigkeit: Sein hervorstechendstes Merkmal war seine außergewöhnliche Furchtlosigkeit. Er scheute keine Gefahr und stand selbst den mächtigsten Gegnern mit unerschütterlichem Mut gegenüber. Diese Qualität, zunächst in weltlichen Zusammenhängen genutzt, wurde später zu einem spirituellen Vorteil, als er sich den inneren Dämonen und Hindernissen auf dem spirituellen Pfad stellte.

- Geschicklichkeit und Intelligenz: Khadgapa verfügte über eine natürliche Intelligenz und Geschicklichkeit, die ihm halfen, komplexe Sicherheitssysteme zu überwinden und aus gefährlichen Situationen zu entkommen.

Diese mentale Schärfe erwies sich später als wertvoll für das Verständnis tiefgründiger buddhistischer Lehren.

- Direktheit und Pragmatismus: In allen Überlieferungen wird Khadgapa als außerordentlich direkter und pragmatischer Mensch beschrieben. Er hatte keine Geduld für leere Theorien oder bedeutungslose Rituale. Diese Eigenschaft spiegelt sich später in seinem direkten Ansatz zur spirituellen Praxis wider.

- Mitgefühl: Trotz seiner kriminellen Aktivitäten soll Khadgapa ein natürliches Mitgefühl für die Schwachen und Unterdrückten gehabt haben. Diese Eigenschaft, anfangs vielleicht nur schwach ausgeprägt, entwickelte sich durch seine spirituelle Praxis zu universellem Mitgefühl für alle Wesen.

- Unkonventionalität: Khadgapa war stets ein Außenseiter, der sich nicht an gesellschaftliche Normen und Erwartungen gebunden fühlte. Diese Unkonventionalität ermöglichte es ihm später, traditionelle religiöse Dogmen zu überwinden und direkte spirituelle Erfahrungen zu suchen.

Diese Eigenschaften machten Khadgapa zu einer komplexen und faszinierenden Persönlichkeit, die trotz - oder vielleicht gerade wegen - ihrer Widersprüche den Weg zur Erleuchtung finden konnte.

Geschichte der Erleuchtung

Die Wende in Khadgapas Leben kam, als er gemäß der Überlieferung einen besonders gewagten Einbruch in den Palast eines Königs plante. Einige Versionen der Geschichte berichten, dass er dabei einen buddhistischen Meister traf, der im Palast zu Gast war; andere erzählen, dass er in einen Tempel einbrach, wo er einem erleuchteten Guru begegnete.

Die bekannteste Version berichtet, dass Khadgapa in den Palast eines Königs einbrach, um dessen wertvollste Juwelen zu stehlen. Als er dabei war, in die Schatzkammer einzudringen, hörte er die Stimme eines Yogis, der in tiefer Meditation versunken war. Der Yogi, ein verwirklichter Meister der Vajrayana-Tradition, öffnete seine Augen und sprach Khadgapa direkt an: "Du stiehlst wertlose Dinge, die dir nur vorübergehende Befriedigung bringen werden. Warum stiehlst du nicht den wahren Schatz der Erleuchtung, der niemals vergeht?"

Diese direkte Konfrontation erschütterte Khadgapa zutiefst. Zum ersten Mal in seinem Leben fühlte er sich ertappt, nicht von Wachen oder Gesetzen, sondern von einer tieferen Wahrheit. Der Yogi erkannte in Khadgapa ein großes spirituelles Potential und bot an, ihn in den Dharma einzuweihen, wenn er sein Leben als Dieb aufgeben würde.

Khadgapa, beeindruckt von der Furchtlosigkeit und Weisheit des Meisters, willigte ein. Er begann unter der Anleitung des Yogis zu praktizieren, zunächst mit großen Schwierigkeiten. Seine rastlose Natur und seine Gewohnheiten des Diebstahls waren nicht leicht zu überwinden. Der Meister gab ihm daher eine spezielle Praxis: Er sollte "den höchsten Diebstahl begehen" - das Stehlen der Buddhaschaft selbst.

Diese metaphorische Anweisung resonierte mit Khadgapas natürlichen Neigungen. Er wendete die gleiche Intensität, Konzentration und Entschlossenheit, die er als Dieb entwickelt hatte, nun auf seine spirituelle Praxis an. Die Überlieferungen berichten, dass er sich in eine abgelegene Höhle zurückzog und dort zwölf Jahre lang in intensiver Meditation verbrachte, wobei er sich auf die Visualisierung der Gottheit Hevajra konzentrierte.

Nach Jahren intensiver Praxis erlangte Khadgapa schließlich die vollständige Erleuchtung. Es wird gesagt, dass er in einer einzigen Nacht voller Visionen die letzte Anhaftung an sein Ego überwand und die wahre Natur der Realität erkannte. Bei Tagesanbruch war er ein vollständig verwirklichter Mahasiddha.

Leben und Tod

Nach seiner Erleuchtung kehrte Khadgapa in die Gesellschaft zurück, jedoch nicht als Dieb, sondern als spiritueller Lehrer. Die Überlieferungen beschreiben, wie er zunächst nicht erkannt wurde, da sein Äußeres und sein Verhalten sich so grundlegend gewandelt hatten. Sein früherer Ruf als gefürchteter Räuber wurde nun zu einem mächtigen Lehrmittel - seine Transformation diente als lebendiger Beweis für die transformative Kraft der buddhistischen Praxis.

Khadgapa lehnte konventionelle religiöse Institutionen ab und lebte als Wanderasket. Er lehrte hauptsächlich durch sein Beispiel und durch direkte Übertragung spiritueller Erfahrung, nicht durch theoretische Abhandlungen oder formale Zeremonien. Sein direkter, unkonventioneller Ansatz zog vor allem jene an, die mit traditionellen religiösen Wegen Schwierigkeiten hatten.

Legendäre Berichte erzählen von seinen wundersamen Fähigkeiten (Siddhis), die er durch seine Praxis erlangt hatte. Er soll in der Lage gewesen sein, durch feste Materie zu gehen, sich unsichtbar zu machen oder an mehreren Orten gleichzeitig zu erscheinen - Fähigkeiten, die ironischerweise einem perfekten Dieb sehr nützlich gewesen wären, die er nun aber zum Wohle anderer einsetzte.

Über Khadgapas Tod gibt es verschiedene Überlieferungen. Die bekannteste besagt, dass er, als er spürte, dass sein physisches Leben zu Ende ging, sich in eine abgelegene Höhle zurückzog und dort in tiefe Meditation versank. In diesem Zustand soll er seinen physischen Körper in reines Licht transformiert haben - ein Phänomen, das im tibetischen Buddhismus als Regenbogenkörper (Jalü) bekannt ist. Andere Quellen berichten, dass er mit seinem physischen Körper direkt ins Reine Land von Hevajra aufstieg.

Unabhängig von den spezifischen Details seines physischen Todes wird Khadgapa im tibetischen Buddhismus als ein Wesen betrachtet, das die Grenzen von Leben und Tod transzendiert hat und weiterhin in subtileren Formen existiert, um jenen zu helfen, die ihn aufrichtig anrufen.

Lehren und Übertragungen

Die Kernlehre von Khadgapa war direkt und praktisch, ebenso wie sein eigener Charakter. Im Mittelpunkt stand die Idee, dass spirituelle Verwirklichung nicht durch Vermeidung oder Unterdrückung negativer Eigenschaften erreicht wird, sondern durch deren Transformation. Seine eigene Lebensgeschichte verkörperte diese Lehre perfekt: Die gleiche Energie und Entschlossenheit, die ihn zu einem erfolgreichen Dieb gemacht hatten, wurden umgewandelt in Werkzeuge für die spirituelle Befreiung.

Khadgapa spezialisierte sich auf die tantrischen Praktiken des Hevajra-Tantra, eines der wichtigsten Yidam-Praktiken im Vajrayana-Buddhismus. Er entwickelte eine spezifische Übertragungslinie dieser Praxis, die als "Khadgapa-Linie des Hevajra" bekannt wurde und in verschiedenen tibetischen Schulen, insbesondere der Sakya-Tradition, fortgeführt wurde.

Zu seinen spezifischen Lehren gehörten:

1. Die Lehre vom "Spirituellen Diebstahl": Khadgapa lehrte, dass der spirituelle Suchende die Weisheit und Erleuchtung "stehlen" sollte, indem er alle verfügbaren Mittel nutzt und keine Gelegenheit zur Praxis verpasst. Diese Metapher war besonders wirkungsvoll für jene, die, wie er selbst, aus unkonventionellen Hintergründen kamen.

2. Die Praxis der direkten Wahrnehmung: Er betonte die Wichtigkeit, die konventionellen Schleier der Wahrnehmung zu durchbrechen und die Realität direkt zu erfahren, ähnlich wie ein Dieb lernen muss, durch Oberflächen und Ablenkungen hindurchzusehen, um seinen Zielobjekten nahezukommen.

3. Die Vereinigung von Geschicklichkeit und Weisheit: Khadgapa lehrte, dass spirituelle Verwirklichung die Vereinigung von praktischen Fähigkeiten (Upaya) und tiefgründiger Weisheit (Prajna) erfordert. Diese Dualität spiegelte seine eigene Transformation vom geschickten Dieb zum weisen Meister wider.

4. Die Bedeutung von Furchtlosigkeit: Eine seiner zentralen Lehren war die spirituelle Furchtlosigkeit - die Bereitschaft, sich allen inneren und äußeren Hindernissen direkt zu stellen, ohne Ausweichen oder Kompromisse.

Khadgapas Lehren wurden zunächst mündlich überliefert und erst später in verschiedenen Texten kodifiziert. Seine Übertragungslinie wurde durch seine direkten Schüler fortgeführt und gelangte schließlich nach Tibet, wo sie in die größeren Traditionen des tibetischen Buddhismus integriert wurde. Insbesondere in der Sakya-Schule wird die Khadgapa-Linie des Hevajra-Tantra bis heute als wichtige esoterische Übertragung bewahrt.

Bedeutung und Nachwirkung

Die Bedeutung von Khadgapa im Kontext des Vajrayana-Buddhismus geht weit über seine spezifischen Lehren hinaus. Er repräsentiert einen wichtigen Aspekt der buddhistischen Tradition: die Möglichkeit der spirituellen Transformation unabhängig von der persönlichen Vergangenheit.

Khadgapas Erbe manifestiert sich auf verschiedenen Ebenen:

- Spirituelle Inklusion: Seine Geschichte hat unzählige Menschen inspiriert, die sich aufgrund ihrer Vergangenheit oder ihres sozialen Status vom spirituellen Pfad ausgeschlossen fühlten. Khadgapa demonstriert, dass der buddhistische Pfad für alle offen ist, unabhängig von früheren Handlungen oder Umständen.

- Methodische Innovation: Seine unkonventionellen Methoden, die spirituelle Praxis mit seinen natürlichen Neigungen und Fähigkeiten zu verbinden, haben das Konzept des "geschickten Mittels" (Upaya) im Buddhismus bereichert. Dies hat spätere Lehrer ermutigt, kreative und individuelle Ansätze für verschiedene Praktizierendentypen zu entwickeln.

- Lineage-Übertragung: Die von ihm begründete Übertragungslinie des Hevajra-Tantra hat zur Erhaltung und Verbreitung dieser wichtigen tantrischen Praxis beigetragen. Durch die Jahrhunderte haben tibetische Meister seine spezifischen Methoden und Einsichten bewahrt und weitergegeben.

- Kultureller Einfluss: Über den rein religiösen Bereich hinaus hat Khadgapas Geschichte die tibetische und himalayische Kunst, Literatur und Folklore beeinflusst. Seine dramatische Transformation vom Dieb zum Heiligen bietet ein mächtiges narratives Motiv, das in verschiedenen kulturellen Ausdrucksformen Widerhall gefunden hat.

In der modernen Zeit hat Khadgapas Geschichte besondere Relevanz für die westliche Rezeption des Buddhismus gewonnen. In einer Zeit, in der viele Menschen nach spirituellen Wegen suchen, die nicht durch strikte moralische Dogmen oder institutionelle Hierarchien eingeschränkt sind, bietet Khadgapas direkter, transformativer Ansatz ein überzeugendes Modell für zeitgenössische spirituelle Sucher.

Darstellung in der Kunst

In der tibetischen und himalayischen Kunst wird Khadgapa typischerweise mit distinktiven Merkmalen dargestellt, die auf seine Identität als ehemaliger Dieb und verwirklichter Meister hinweisen:

In den klassischen Darstellungen erscheint Khadgapa oft als kräftiger Mann mit einem intensiven Blick. Er wird in der Regel mit einem Schwert (Khadga) dargestellt, das sowohl auf seinen Namen als auch auf sein früheres Leben als Räuber verweist. Dieses Schwert hat jedoch eine doppelte Bedeutung - es symbolisiert nicht nur seine Vergangenheit als Dieb, sondern auch die "Weisheit, die Unwissenheit durchschneidet".

Körperhaltung und Gestik: Typischerweise wird er in einer dynamischen Pose dargestellt, oft tanzend oder in Bewegung, was seine energetische und unkonventionelle Natur symbolisiert. In manchen Darstellungen nimmt er die vajra-Haltung ein, die seine vollständige Verwirklichung der tantrischen Lehren signalisiert.

Attribute: Neben seinem charakteristischen Schwert wird Khadgapa manchmal mit einer Schädelschale (Kapala) dargestellt, die mit Nektar gefüllt ist - ein Symbol für die Transformation von Negativem in Positives. Gelegentlich trägt er auch Schmuck aus Knochen, der die tantrische Überwindung von Anhaftung und Abneigung repräsentiert.

Thangka-Malerei: In tibetischen Thangkas wird Khadgapa oft als Teil der Mahasiddha-Gruppe dargestellt, manchmal in Szenen, die Schlüsselmomente seines Lebens illustrieren. Besonders populär sind Darstellungen seiner Begegnung mit dem Yogi im Palast und der Moment seiner Erleuchtung.

Skulptur: In der tibetischen und nepalesischen Skulpturentradition gibt es Bronze- und Holzfiguren von Khadgapa, oft als Teil von Sets, die die wichtigsten Mahasiddhas darstellen. Diese Skulpturen betonen typischerweise seine muskulöse Statur und sein kraftvolles Auftreten.

Moderne Interpretationen: In der zeitgenössischen buddhistischen Kunst, besonders in Werken westlicher Künstler, die vom Vajrayana inspiriert sind, wird Khadgapa manchmal in einer moderneren Ästhetik dargestellt, die seine Relevanz für heutige spirituelle Sucher unterstreicht. Diese neueren Darstellungen behalten die traditionellen Attribute bei, interpretieren sie jedoch in einem zeitgenössischen Kontext neu.

Die künstlerischen Darstellungen von Khadgapa dienen nicht nur als religiöse Ikonen, sondern auch als Meditationshilfen für Praktizierende. Durch die Visualisierung seiner Gestalt und der mit ihm verbundenen Symbole können Meditierende sich mit den Qualitäten verbinden, die er verkörpert: Transformation, Furchtlosigkeit und die direkte Verwirklichung der Leerheit.

Schlussbetrachtung

Die Geschichte von Khadgapa, dem furchtlosen Dieb, der zum erleuchteten Meister wurde, ist mehr als nur eine faszinierende Erzählung aus der buddhistischen Tradition. Sie verkörpert zentrale Prinzipien des Vajrayana-Buddhismus und bietet tiefgründige Einsichten, die auch für zeitgenössische spirituelle Sucher relevant bleiben.

Die fundamentale Botschaft in Khadgapas Leben ist die radikale Möglichkeit der Transformation. Seine Geschichte demonstriert, dass kein vergangenes Handeln, keine Identität und keine gesellschaftliche Rolle ein unüberwindbares Hindernis auf dem Weg zur Erleuchtung darstellt. Diese Botschaft der Hoffnung und Inklusion ist ein wesentliches Merkmal des Mahamudra- und Dzogchen-Weges, der betont, dass die Buddha-Natur in allen Wesen vorhanden ist, unabhängig von äußeren Umständen oder früheren Handlungen.

Darüber hinaus illustriert Khadgapas Weg die besondere Methodik des Vajrayana: die Transformation negativer Energien, anstatt sie zu unterdrücken oder zu vermeiden. Statt seine Identität als Dieb zu verleugnen oder zu bereuen, nutzte Khadgapa die gleichen Qualitäten - Geschicklichkeit, Direktheit, Furchtlosigkeit - nun für sein spirituelles Streben. Diese Alchemie der Transformation ist ein zentrales Merkmal tantrischer Praxis.

In einer Zeit, in der viele Menschen mit konventionellen religiösen Institutionen und rigiden moralischen Vorschriften hadern, bietet Khadgapas Geschichte einen alternativen Zugang zur Spiritualität: einen Weg, der authentisch, direkt und transformativ ist, ohne durch dogmatische Einschränkungen belastet zu sein. Sein Beispiel erinnert uns daran, dass wahre spirituelle Praxis nicht in der äußeren Konformität mit religiösen Normen besteht, sondern in der tiefgreifenden inneren Transformation des Bewusstseins.

In der heutigen komplexen und oft widersprüchlichen Welt bleibt Khadgapa eine inspirierende Figur für alle, die nach einem spirituellen Pfad suchen, der ihre individuellen Stärken und Schwächen integrieren kann. Seine Geschichte ermutigt uns, unsere eigenen inneren "Diebe" zu erkennen - unsere verborgenen Talente, unkonventionellen Neigungen und sogar unsere scheinbaren Schwächen - und sie in Werkzeuge der Befreiung zu verwandeln.

Letztendlich lehrt uns der furchtlose Dieb Khadgapa, dass der wahre spirituelle Schatz nicht in äußeren Objekten oder Institutionen zu finden ist, sondern in der direkten Erkenntnis unserer eigenen Buddha-Natur - ein Schatz, der, einmal "gestohlen", niemals verloren gehen kann.

2.43 Kilakilapa - Das verbannte Großmaul

Herkunft

Kilakilapa wurde im 9. Jahrhundert in einer wohlhabenden Brahmanenfamilie in Nordindien geboren. Sein Geburtsname war Dharmakīrti, was "Ruhm des Dharma" bedeutet – eine Name, der ironischerweise im scharfen Kontrast zu seinem späteren Ruf als streitsüchtiger Schwätzer stand. Als Sohn eines angesehenen Brahmanen erhielt er eine umfassende Ausbildung in den vedischen Schriften, Rhetorik und Logik.

Schon in jungen Jahren zeigte er eine außergewöhnliche Redegewandtheit und Scharfsinnigkeit, die zunächst als Zeichen großer Gelehrsamkeit gedeutet wurden. Sein Vater hegte große Hoffnungen, dass er einmal ein bedeutender religiöser Gelehrter werden würde. Die Familie entstammte einer langen Tradition von Brahmanen, die am Hofe verschiedener Könige als Berater und Ritualspezialisten gedient hatten, und man erwartete von dem jungen Dharmakīrti, dass er diese Tradition fortführen würde.

Das Nordindien jener Zeit war geprägt von regem religiösem Austausch und philosophischen Debatten zwischen verschiedenen Schulen des Hinduismus, Buddhismus und Jainismus. In diesem intellektuell fruchtbaren Umfeld entwickelte der junge Mann seine rhetorischen Fähigkeiten zu einer beeindruckenden Schärfe – allerdings nicht immer zum Wohle seiner Mitmenschen oder seiner eigenen spirituellen Entwicklung.

Besondere Eigenschaften

Was Kilakilapa von anderen Mahasiddhas unterschied, war zunächst keineswegs spirituelle Einsicht, sondern seine ungewöhnliche Eigenschaft, in jeder Situation das letzte Wort haben zu wollen. Der Name "Kilakilapa" selbst – eine lautmalerische Bezeichnung, die in etwa mit "der Schwätzer" oder "der Plappermaul" übersetzt werden kann – verweist auf seine unaufhörliche Redseligkeit. Diese Eigenschaft, die später zu seinem Erkennungszeichen wurde, war zunächst sein größtes Hindernis.

Kilakilapa besaß ein phänomenales Gedächtnis, das es ihm ermöglichte, jedes gehörte Argument zu behalten und zu seinen Gunsten zu wenden. Er konnte stundenlang ohne Pause sprechen und verwickelte jeden, der ihm begegnete, in ermüdende Wortgefechte. Seine Zunge war scharf wie ein Rasiermesser, und er fand eine fast perverse Freude daran, die Argumente seiner Gesprächspartner zu zerpflücken und sie bloßzustellen.

Eine weitere bemerkenswerte Eigenschaft Kilakilapas war seine absolute Furchtlosigkeit in verbalen Auseinandersetzungen. Er scheute sich nicht, selbst hochrangige religiöse Würdenträger oder Adlige herauszufordern, was ihm sowohl Bewunderung als auch zahlreiche Feindschaften einbrachte. Diese Furchtlosigkeit sollte später, nach seiner Transformation, zu einem wichtigen Aspekt seiner spirituellen Praxis werden.

Physisch wird Kilakilapa in den überlieferten Texten als Mann von durchschnittlicher Statur beschrieben, dessen auffälligstes Merkmal seine lebhaften, stets wachsamen Augen waren. Er trug sein Haar in der traditionellen Weise der Brahmanen – teilweise rasiert mit einem Knoten am Hinterkopf – und war für seine ausladenden Gesten bekannt, die seine Rede begleiteten.

Geschichte der Erleuchtung

Der Wendepunkt in Kilakilapas Leben kam, als seine ungebremste Redseligkeit ihn schließlich ins Exil führte. Nach einer besonders hitzigen Debatte am Königshof, bei der er nicht nur den Hofgelehrten, sondern auch den König selbst beleidigt hatte, wurde er des Landes verwiesen. Mit nichts als seiner Kleidung am Leib fand er sich plötzlich als Ausgestoßener wieder, verbannt in eine abgelegene Bergregion fernab jeglicher menschlicher Siedlung.

In dieser erzwungenen Isolation erkannte Kilakilapa zum ersten Mal die Leere seiner endlosen Worte. Ohne Publikum für seine Reden, ohne jemanden, den er mit seiner Redekunst beeindrucken oder übertrumpfen konnte, war er mit sich selbst konfrontiert. Die anfängliche Verzweiflung wich einer tiefen Einsicht in die Natur seiner eigenen Anhaftung an Worte und Konzepte.

An diesem Punkt tritt in den Überlieferungen ein wandernder buddhistischer Yogi auf, der in Kilakilapas Einsamkeit eindringt. Dieser Yogi erkannte das Potential des verbannten Redners. Statt Kilakilapa zum Schweigen zu ermahnen, gab er ihm eine ungewöhnliche Anweisung: "Sprich weiter, aber richte deine Worte an die Natur, an die Berge, an den Himmel. Sprich, bis du verstehst, was jenseits der Worte liegt."

Kilakilapa folgte dieser Anweisung und begann, seine Reden an die Felsen und Bäume zu richten. Tag und Nacht debattierte er mit dem Echo seiner eigenen

Stimme, rezitierte Texte aus dem Gedächtnis und formulierte philosophische Abhandlungen – ohne je eine Antwort zu erhalten. Nach Monaten dieser scheinbar sinnlosen Übung begann er, die Grenzen der Sprache zu erkennen. Die Berge antworteten nicht mit Worten, sondern mit ihrer bloßen Präsenz. Der Himmel argumentierte nicht, er war einfach.

Der entscheidende Moment seiner Erleuchtung kam, als Kilakilapa mitten in einer langen Rede plötzlich verstummte. In diesem Moment vollkommener Stille erlebte er die direkte Erkenntnis der Leerheit (Shunyata) aller Phänomene. Die Worte, an die er sich so verzweifelt geklammert hatte, lösten sich auf und offenbarten die unmittelbare Wirklichkeit jenseits konzeptueller Konstrukte. In diesem Zustand verweilte er, Überlieferungen zufolge, sieben Tage und Nächte ohne Nahrung oder Schlaf.

Als er aus dieser tiefen Versenkung erwachte, brach er in Gelächter aus – ein Gelächter, das ebenso unaufhaltsam war wie zuvor seine Worte. Dieses Lachen, das sowohl die Absurdität seiner früheren Anhaftung als auch die Freude der Befreiung ausdrückte, wurde zu seinem neuen Markenzeichen.

Leben und Tod

Nach seiner Erleuchtung kehrte Kilakilapa nicht etwa in die Gesellschaft zurück, um Rache an jenen zu üben, die ihn verbannt hatten. Stattdessen wanderte er frei durch die Lande, ohne festen Wohnsitz oder Besitz. Er trug nun die äußeren Zeichen eines Siddha: verfilztes Haar, einfache Kleidung und oft ein breites Lächeln auf den Lippen.

Seine Begegnungen mit anderen Menschen wurden zu spontanen Lehrsituationen. Wenn jemand mit ihm debattieren wollte, ließ er ihn reden, bis der Gesprächspartner selbst die Begrenztheit seiner Worte erkannte. Manchmal antwortete er mit einem Wortschwall, der so überbordend und paradox war, dass er die konzeptuelle Vernunft überstieg und direkt auf die nicht-duale Natur der Wirklichkeit verwies.

Berichte über Kilakilapas Aktivitäten nach seiner Erleuchtung enthalten zahlreiche wundersame Elemente. Es heißt, er könne an mehreren Orten gleichzeitig erscheinen, seine Stimme könne über weite Entfernungen gehört werden, und sein Lachen besitze die Kraft, verhärtete Geisteszustände aufzulösen. Ob diese Berichte wörtlich oder symbolisch zu verstehen sind, bleibt der Interpretation des Lesers überlassen.

Über Kilakilapas Tod existieren verschiedene Überlieferungen. Die verbreitetste besagt, dass er nicht auf konventionelle Weise starb, sondern sich in einen Regenbogenkörper (jalus) auflöste. Gemäß dieser Tradition versammelte er seine Schüler um sich, hielt eine letzte, vollkommen stille Unterweisung und löste sich dann in strahlendes Licht auf, wobei nur seine Haare und Nägel zurückblieben. Eine andere Version berichtet, dass er mitten in einer ausschweifenden Rede plötzlich in schallendes Gelächter ausbrach und in diesem Zustand sein Bewusstsein in die Grundnatur des Geistes übertrug.

Lehren und Übertragungen

Obwohl Kilakilapa in erster Linie für seine unkonventionelle Persönlichkeit bekannt ist, hinterließ er auch substanzielle Lehren, die in der Vajrayana-Tradition bewahrt wurden. Seine Hauptlehre kreist um das Konzept des "sprechenden Schweigens" – eine paradoxe Praxis, bei der die Sprache selbst zum Werkzeug ihrer eigenen Transzendierung wird.

Kilakilapa lehrte, dass wahres Schweigen nicht im bloßen Unterlassen des Sprechens besteht, sondern in der Erkenntnis der letztendlichen Leerheit aller Worte und Konzepte. Gleichzeitig betonte er, dass Schweigen allein nicht ausreicht – es bedarf der vollständigen Durchdringung und Transformation der Sprache selbst. Diese dialektische Herangehensweise findet sich in seinem am häufigsten zitierten Vers:

"Spreche ich, so schweige ich. Schweige ich, so spreche ich. In der Mitte zwischen beidem liegt der Pfad zur Befreiung."

Eine weitere zentrale Lehre Kilakilapas ist die "Praxis des endlosen Sprechens" (anantajalpayoga), bei der der Praktizierende bewusst und ohne Unterbrechung spricht, bis der konzeptuelle Geist erschöpft ist und in einen Zustand jenseits von Sprache und Schweigen eintreten kann. Diese Methode ähnelt anderen erschöpfenden Praktiken in der tantrischen Tradition, wie etwa bestimmten Formen intensiver Visualisierung oder körperlicher Übungen.

Kilakilapa übertrug seine Lehren hauptsächlich mündlich, doch es werden ihm auch mehrere Texte zugeschrieben, darunter das "Jalpacakratantra" (Tantra des Rede-Kreislaufs) und die "Maujikasiddhi" (Vollendung durch Worte). Diese Texte wurden in Tibet bewahrt und in die große Sammlung tantrischer Schriften, den Tengyur, aufgenommen.

Die Übertragungslinie Kilakilapas wurde in Tibet hauptsächlich in der Kagyü-Tradition fortgeführt, wo seine Methoden in die Mahamudra-Lehren integriert wurden. Besonders seine Techniken zur Transformation obsessiver Gedankenmuster durch bewusste Übertreibung fanden Eingang in fortgeschrittene Mahamudra-Praktiken.

Bedeutung und Nachwirkung

Die Bedeutung Kilakilapas für die buddhistische Tradition liegt vor allem in seiner radikalen Demonstration der transformativen Kraft des spirituellen Pfades. Sein Leben veranschaulicht, wie selbst die stärksten Hindernisse – in seinem Fall die zwanghafte Anhaftung an Worte und Konzepte – in Werkzeuge der Befreiung verwandelt werden können.

In der buddhistischen Literatur wird Kilakilapa oft als Beispiel dafür angeführt, dass der Weg zur Erleuchtung nicht notwendigerweise durch die Unterdrückung unerwünschter Eigenschaften führt, sondern durch deren vollständige Annahme und Transformation. Diese Perspektive steht im Einklang mit dem tantrischen Prinzip, dass alle Aspekte der Erfahrung – auch die scheinbar negativen – Potenzial für spirituelles Wachstum enthalten.

Kilakilapas Einfluss erstreckt sich über die rein religiöse Sphäre hinaus. In Tibet und den Himalaya-Regionen wurde er zu einer beliebten Figur in Volkssagen und mündlichen Überlieferungen. Geschichten über seine schlagfertigen Antworten und paradoxen Lehrmethoden wurden von wandernden Geschichtenerzählern verbreitet und erfreuten sich großer Beliebtheit.

In der modernen Zeit hat Kilakilapas Geschichte eine gewisse Renaissance erfahren, besonders im Kontext der wachsenden Popularität des Vajrayana-Buddhismus im Westen. Seine Botschaft, dass spirituelle Transformation nicht durch Vermeidung, sondern durch bewusste Auseinandersetzung mit den eigenen Schwächen erreicht wird, resoniert mit zeitgenössischen psychologischen Ansätzen und dem allgemeinen Interesse an authentischer Spiritualität.

Darstellung in der Kunst

In der tibetischen Ikonographie wird Kilakilapa meist in der typischen Haltung eines Siddha dargestellt: sitzend, mit einem Bein ausgestreckt und einem angewinkelten Bein. Seine Hauptmerkmale in künstlerischen Darstellungen sind sein offener, lachender Mund und seine gestikulierenden Hände. Oft wird er mit einer übertrieben großen oder mehrfachen Zunge dargestellt, die seine Verbindung zur Sprache symbolisiert.

Ein häufiges ikonographisches Motiv zeigt ihn, wie er in eine Berglandschaft spricht, wobei aus seinem Mund Regenbogenfarben oder Lichtstrahlen strömen, die die transformative Kraft seiner Worte versinnbildlichen. In manchen Darstellungen sitzt er auch mit geschlossenen Augen und einem breiten Lächeln, was seinen Zustand nach der Erleuchtung repräsentiert.

In der tibetischen Thangka-Malerei wird Kilakilapa oft in einer Reihe mit anderen Mahasiddhas dargestellt, wobei er durch seine lebhafte Gestik und seinen lachenden Ausdruck hervorsticht. Seine Hautfarbe wird traditionell als dunkelrot oder rotbraun dargestellt, was seine leidenschaftliche Natur und die transformative Kraft des Feuers symbolisiert.

Neben Malereien existieren auch Skulpturen und Masken, die Kilakilapa darstellen und in rituellen Tänzen (Cham) verwendet werden. In diesen Tänzen verkörpert die Figur des Kilakilapa oft komische Elemente und dient als Gegenpol zu ernsteren, furchterregenden Gottheiten.

In der zeitgenössischen buddhistischen Kunst, besonders in den Werken tibetischer Künstler im Exil, findet Kilakilapa weiterhin Darstellung. Moderne Interpretationen betonen oft den psychologischen und transformativen Aspekt seiner Geschichte und setzen ihn in Bezug zu gegenwärtigen Themen wie Kommunikation, Authentizität und der Überwindung selbstbegrenzender Muster.

Schlussbetrachtung

Die Geschichte des Mahasiddha Kilakilapa bietet eine zeitlose Lehre über die Natur spiritueller Transformation. Sie zeigt, dass der Weg zur Erleuchtung nicht in der Flucht vor den eigenen Schwächen und Obsessionen liegt, sondern in deren vollständiger Durchdringung und Umwandlung. Kilakilapas Weg vom verbannten Großmaul zum erleuchteten Meister verdeutlicht, dass gerade unsere größten Herausforderungen das Potenzial für tiefgreifende Erkenntnis bergen.

In einer Zeit, die von einer Flut von Worten, Informationen und Kommunikation geprägt ist, erscheint Kilakilapas Lehre vom "sprechenden Schweigen" besonders relevant. Sie erinnert uns daran, dass wahre Kommunikation jenseits der bloßen

Anhäufung von Worten liegt und dass die tiefsten Wahrheiten oft in den Räumen zwischen den Worten zu finden sind.

Gleichzeitig warnt seine Geschichte vor der Gefahr spiritueller Selbstgefälligkeit. Kilakilapa erreichte die Erleuchtung nicht durch fromme Zurückhaltung oder konventionelle religiöse Praktiken, sondern durch radikale Selbstkonfrontation und die Bereitschaft, bis an die Grenzen seiner eigenen Besessenheit zu gehen. Diese Botschaft fordert uns heraus, unseren eigenen spirituellen Weg mit ähnlicher Radikalität und Ehrlichkeit zu beschreiten.

So bleibt Kilakilapa, das verbannte Großmaul, eine inspirierende und provokative Figur in der buddhistischen Tradition – ein lebendiges Symbol für die transformative Kraft authentischer spiritueller Praxis und die unerwarteten Wege, auf denen Erleuchtung gefunden werden kann.

2.44 Kirapalapa (Kilapa) - Der reuige Eroberer

Herkunft

Die historischen Quellen über Kirapalapas frühe Jahre sind, wie bei vielen der Mahasiddhas, spärlich und oft von legendenhaften Elementen durchzogen. Nach den traditionellen Überlieferungen wurde er im 9. oder 10. Jahrhundert in einer Region des heutigen Nordindiens geboren, die für ihre kriegerische Kultur bekannt war. Bereits in jungen Jahren zeigte er außergewöhnliche Begabung für Kriegskunst und Strategie, was ihm früh zu Macht und Einfluss verhalf.

Anders als viele andere Mahasiddhas, die aus unterschiedlichen sozialen Schichten stammten – vom hochkastigen Brahmanen bis zum Ausgestoßenen – kam Kirapalapa aus einer Familie mit militärischer Tradition. Er wuchs in einer Umgebung auf, in der Kriegsführung als ehrenhafte Beschäftigung galt und das Streben nach Macht und Territorium als natürliches Ziel eines ambitionierten Mannes angesehen wurde.

Die tibetischen Quellen berichten, dass Kirapalapa bereits in jungen Jahren die Führung über eine beträchtliche Armee übernahm, entweder durch Erbfolge oder durch seine eigenen militärischen Erfolge. Er soll in einer Zeit gelebt haben, die von politischer Instabilität und häufigen Konflikten zwischen rivalisierenden Reichen geprägt war, was ihm zahlreiche Gelegenheiten bot, seine kriegerischen Fähigkeiten unter Beweis zu stellen und seine Macht auszudehnen.

Es wird überliefert, dass Kirapalapa als Kriegsherr für seine Unbarmherzigkeit und strategische Brillanz gleichermaßen gefürchtet war. Sein Name soll Schrecken in den Herzen seiner Feinde ausgelöst haben, und sein Ruf als unbesiegbarer Feldherr eilte ihm voraus. Jahrelang führte er seine Truppen von Sieg zu Sieg, erweiterte sein Territorium und häufte Reichtümer an, während er einen Pfad der Verwüstung und des Leids hinterließ.

Besondere Eigenschaften

Was Kirapalapa von anderen Kriegsherren seiner Zeit unterschied, waren bestimmte charakterliche Eigenschaften, die später auch seine spirituelle Entwicklung prägen sollten. Trotz seiner kriegerischen Brutalität besaß er einen außergewöhnlich scharfen Intellekt und eine tiefe Fähigkeit zur Selbstreflexion. Er war ein Meister der Strategie, der nicht nur die physischen Bewegungen seiner Gegner, sondern auch deren psychologische Muster durchschauen konnte.

Eine weitere bemerkenswerte Eigenschaft Kirapalapas war seine absolute Entschlossenheit und unerschütterliche Willensstärke. Wenn er sich ein Ziel gesetzt hatte, verfolgte er es mit einer Intensität und Beharrlichkeit, die keine Hindernisse zu kennen schien. Diese Eigenschaft, die ihn anfangs zu einem erfolgreichen Eroberer machte, sollte sich später als entscheidend für seinen spirituellen Weg erweisen, als er dieselbe Hingabe und Entschlossenheit auf die buddhistische Praxis richtete.

Die Überlieferungen beschreiben Kirapalapa auch als einen Mann mit außergewöhnlicher Präsenz. Er besaß die natürliche Fähigkeit, die Aufmerksamkeit anderer auf sich zu ziehen und sie zu beeinflussen. Sein durchdringender Blick soll so intensiv gewesen sein, dass selbst seine härtesten Krieger davor zurückschreckten. Diese charismatische Ausstrahlung, die zunächst Furcht einflößte, verwandelte sich nach seiner spirituellen Transformation in eine Präsenz, die tiefes Vertrauen und Hingabe in seinen Schülern weckte.

Trotz seiner Grausamkeit auf dem Schlachtfeld zeigte Kirapalapa auch eine ungewöhnliche Fähigkeit zur Loyalität gegenüber jenen, die ihm treu dienten. Diese Eigenschaft deutete bereits auf eine latente Kapazität für Mitgefühl hin, die später durch seine spirituelle Praxis vollständig zum Erblühen kommen sollte.

Geschichte der Erleuchtung

Der Wendepunkt in Kirapalapas Leben kam nach Jahren des Krieges und der Eroberung. Die verschiedenen Überlieferungen erzählen unterschiedliche Versionen dieser entscheidenden Wende, doch in allen spielt ein Moment tiefer Erschütterung und Einsicht die zentrale Rolle.

Nach einer Version der Geschichte führte Kirapalapa einen besonders brutalen Feldzug gegen ein benachbartes Königreich. Nach einem entscheidenden Sieg befahl er die Hinrichtung aller gefangenen Krieger. Als er das Schlachtfeld betrachtete, übersät mit den Leichen seiner Feinde und auch seiner eigenen Männer, soll er plötzlich von einer überwältigenden Vision heimgesucht worden sein. Er sah nicht mehr anonyme Feinde, sondern erkannte in jedem Toten einen geliebten Menschen – einen Vater, einen Sohn, einen Bruder. In diesem Moment erkannte er die fundamentale Verbundenheit aller Wesen und das endlose Leid, das er verursacht hatte.

Eine andere Überlieferung berichtet, dass Kirapalapa auf dem Höhepunkt seiner Macht einen buddhistischen Meister gefangen nahm, der durch seine Gebiete reiste. Anstatt Angst zu zeigen, begegnete ihm der Meister mit vollkommener Gelassenheit und Mitgefühl. Als Kirapalapa ihn verhöhnte und fragte, ob er keine Angst vor dem Tod habe, antwortete der Meister: "Wie kann ich Angst vor dem Tod haben, wenn ich nie geboren wurde? Was du vor dir siehst, ist nur eine Illusion, wie all die Siege und Niederlagen, an denen du so festhältst." Diese Worte sollen Kirapalapa so tief getroffen haben, dass er zum ersten Mal die Leere und Sinnlosigkeit seines bisherigen Lebens erkannte.

Unabhängig von der genauen Ursache, beschreiben alle Überlieferungen eine tiefe existenzielle Krise, die Kirapalapa ergriff. Der Mann, der Tausende getötet hatte, wurde von einer überwältigenden Reue erfasst. Er legte seine Waffen nieder, entsagte seinem Königreich und all seinen Besitztümern und machte sich auf die Suche nach spiritueller Führung.

Seine Suche führte ihn schließlich zu einem tantrischen Meister, der in einer abgelegenen Höhle meditierte. Dieser Meister, dessen Name je nach Überlieferung variiert (häufig wird er als Vajradhara oder als eine Manifestation von Avalokiteshvara beschrieben), erkannte die außergewöhnliche Kapazität Kirapalapas für spirituelle Verwirklichung. Anstatt ihn wegen seiner Vergangenheit zurückzuweisen, gab er ihm Einweihungen in tantrische Praktiken, die besonders geeignet waren, um die starken Energien von Zorn und Aggression in Weisheit und Mitgefühl zu transformieren.

Kirapalapa widmete sich diesen Praktiken mit derselben Intensität und Entschlossenheit, mit der er früher Schlachten geschlagen hatte. Er zog sich in die Einsamkeit zurück und praktizierte unermüdlich, oft unter extremen Bedingungen. Es wird berichtet, dass er zwölf Jahre lang in einer Höhle meditierte, nur von wilden Früchten und Wasser lebend, während er die Visualisierungen und Mantras praktizierte, die ihm sein Meister gegeben hatte.

Der entscheidende Durchbruch kam, als Kirapalapa die direkte, nicht-konzeptuelle Erfahrung der Leerheit (Shunyata) machte – die Erkenntnis, dass alle Phänomene, einschließlich des Selbst, keine inhärente, unabhängige Existenz besitzen. In diesem Moment der Erleuchtung lösten sich all seine früheren Identifikationen als Krieger, Eroberer und später als Büßer auf. Was übrig blieb, war reine, ungetrübte Bewusstheit, durchdrungen von spontanem Mitgefühl für alle fühlenden Wesen.

Leben und Tod

Nach seiner Erleuchtung kehrte Kirapalapa in die Welt zurück, jedoch nicht als Kriegsherr, sondern als spiritueller Lehrer. Die Überlieferungen berichten, dass er die Länder, die er einst mit Gewalt heimgesucht hatte, nun barfuß und nur mit einer einfachen Robe bekleidet durchquerte, um Heilung und spirituelle Führung anzubieten.

Seine ersten Schüler waren, ironischerweise, einige seiner früheren Soldaten, die von der tiefgreifenden Transformation ihres ehemaligen Anführers fasziniert waren. Bald schlossen sich ihnen Menschen aus allen Gesellschaftsschichten an – von einfachen Bauern bis zu Königshausmitgliedern, die von Kirapalapas tiefem Mitgefühl und seiner direkten, unkonventionellen Lehrmethode angezogen wurden.

Kirapalapa entwickelte einen einzigartigen Lehrstil, der stark von seiner eigenen Erfahrung als Krieger und Eroberer geprägt war. Er benutzte oft Metaphern aus dem Kriegswesen, um spirituelle Konzepte zu erklären, sprach von der "Eroberung der Illusion" und dem "Kampf gegen die Unwissenheit". Doch im Gegensatz zu seinem früheren Leben waren seine "Waffen" nun Weisheit und Mitgefühl, und sein "Schlachtfeld" die Herzen und Geister der Menschen.

Besonders bekannt wurde Kirapalapa für seine Fähigkeit, mit den "schwierigsten Fällen" zu arbeiten – mit Menschen, die von intensiven Emotionen wie Wut, Hass oder Gier beherrscht wurden. Da er selbst diese dunklen Seiten der menschlichen Natur durchlebt und transformiert hatte, konnte er anderen auf diesem Weg authentische Führung anbieten.

Über sein Lebensende gibt es verschiedene Überlieferungen. Nach einigen Berichten erreichte Kirapalapa das "Regenbogenlicht" – eine Form des Todes, bei der der physische Körper sich in reines Licht auflöst und keine materiellen Überreste zurücklässt. Diese Transformation soll in Anwesenheit zahlreicher Schüler stattgefunden haben und wurde von außergewöhnlichen Himmelszeichen begleitet.

Andere Quellen berichten, dass Kirapalapa bewusst einen gewöhnlichen Tod wählte, um seinen Schülern die Vergänglichkeit aller zusammengesetzten Phänomene zu demonstrieren. Nach dieser Version starb er friedlich im Alter von etwa achtzig Jahren, umgeben von seinen engsten Schülern, denen er seine letzten Unterweisungen gab.

Eine dritte Überlieferung behauptet, dass Kirapalapa nie im konventionellen Sinne starb, sondern den Status eines "Vidyadhara" (Wissenshalter) erreichte – eines Wesens, das die vollständige Kontrolle über Leben und Tod erlangt hat und nach Belieben einen physischen Körper annehmen oder ablegen kann, um zum Wohle der fühlenden Wesen zu wirken.

Lehren und Übertragungen

Kirapalapas spirituelles Vermächtnis umfasst mehrere bedeutende Lehren und Übertragungslinien, die bis heute in verschiedenen Schulen des tibetischen Buddhismus fortbestehen. Sein besonderer Beitrag liegt in der Integration kriegerischer Archetypen und Energien in den spirituellen Pfad.

Die zentrale Lehre Kirapalapas wird oft als "Der Weg des reuigen Eroberers" bezeichnet und besteht aus einer Reihe tantrischer Praktiken, die speziell für die Transformation aggressiver Energien konzipiert sind. Diese Praktiken beinhalten Visualisierungen von zornvollen Gottheiten, die jedoch nicht als externe Wesenheiten, sondern als Manifestationen der eigenen erleuchteten Natur verstanden werden.

Eine der bekanntesten von Kirapalapa überlieferten Meditationspraktiken ist die "Meditation des umgekehrten Schwertes", bei der der Praktizierende sein eigenes destruktives Handeln visualisiert, das sich gegen ihn selbst richtet, um dann im entscheidenden Moment das "Schwert der Weisheit" zu ergreifen, das alle Illusionen von Täter und Opfer, Freund und Feind durchschneidet und die fundamentale Leerheit offenbart.

Kirapalapa betonte auch die Bedeutung der "vier unbegrenzten Geisteshaltungen" (Brahmaviharas): Liebende Güte, Mitgefühl, Mitfreude und Gleichmut. Er lehrte, dass diese Qualitäten nicht durch Unterdrückung negativer Emotionen, sondern durch deren bewusste Transformation kultiviert werden.

Eine weitere wichtige Übertragung von Kirapalapa ist die "Lehre von den drei Kriegern": 1. Der äußere Krieger, der die physischen Herausforderungen des Lebens mit Mut und Geschick meistert 2. Der innere Krieger, der die eigenen negativen Emotionen und Verblendungen besiegt 3. Der geheime Krieger, der die Illusion eines inhärent existierenden Selbst durchschaut und die nicht-duale Natur der Wirklichkeit erkennt

Diese Lehre wurde später in verschiedenen tibetischen Traditionen aufgegriffen und weiterentwickelt, insbesondere in den Schulen, die mit der Praxis des "Chöd"

(Abschneiden) verbunden sind, einer Meditationstechnik, die darauf abzielt, das Ego "abzuschneiden" und in Mitgefühl für alle Wesen zu transformieren.

Kirapalapas Lehrüberlieferungen wurden zunächst mündlich weitergegeben und erst später schriftlich fixiert. Die wichtigsten Texte, die ihm zugeschrieben werden, sind "Das Lied des reuigen Eroberers" und "Die essentiellen Unterweisungen zur Transformation der Leidenschaften", die in den Kanon der tibetischen "Schätze" (Termas) aufgenommen wurden.

Bedeutung und Nachwirkung

Kirapalapas Einfluss auf die Entwicklung des tibetischen Buddhismus ist tiefgreifend und vielschichtig. Er wird in allen Schulen des tibetischen Buddhismus verehrt, besonders jedoch in der Kagyu- und Nyingma-Tradition.

Seine besondere Bedeutung liegt in der Demonstration, dass spirituelle Verwirklichung nicht an monastische Regeln oder moralische Perfektion gebunden ist, sondern dass sogar die dunkelsten Aspekte der menschlichen Natur durch die richtige Praxis in den Pfad zur Erleuchtung integriert werden können. Diese Perspektive steht im Einklang mit dem tantrischen Prinzip, dass Gifte in Medizin verwandelt werden können und dass je stärker die Leidenschaft, desto größer das Potenzial für Weisheit ist, wenn sie richtig transformiert wird.

Kirapalapas Lebensgeschichte diente vielen späteren Praktizierenden als Inspiration, besonders jenen, die mit intensiven Emotionen oder einer schwierigen Vergangenheit zu kämpfen hatten. Seine Wandlung vom Kriegsherrn zum Mahasiddha verkörpert das transformative Potenzial des tantrischen Buddhismus und die Möglichkeit tiefgreifender spiritueller Erneuerung, unabhängig von früheren Handlungen.

In der tibetischen Tradition wird Kirapalapa oft angerufen, um Schutz vor inneren und äußeren Feinden zu erbitten, wobei "innere Feinde" als die eigenen negativen Emotionen und Verblendungen verstanden werden. Einige Überlieferungen betrachten ihn als eine Manifestation des Bodhisattva Vajrapani, der die transformative Kraft der erleuchteten Energie verkörpert.

Kirapalapas Lehren haben auch außerhalb des traditionellen buddhistischen Kontexts Resonanz gefunden. In der modernen Zeit haben verschiedene therapeutische Ansätze, die mit der Transformation von Wut und aggressiven

Impulsen arbeiten, Elemente seiner Methoden adaptiert, wenn auch oft ohne expliziten Bezug zur buddhistischen Quelle.

Die von Kirapalapa begründeten Übertragungslinien wurden über die Jahrhunderte hinweg von bedeutenden Meistern weitergeführt und sind bis heute lebendig. Besonders in Zeiten gesellschaftlicher Konflikte und Kriege werden seine Lehren zur Transformation von Gewalt und Hass als besonders relevant angesehen.

Darstellung in der Kunst

In der tibetischen Kunst wird Kirapalapa auf charakteristische Weise dargestellt, die seine einzigartige spirituelle Transformation symbolisiert. Typischerweise wird er in einer Mischung aus kriegerischen und asketischen Attributen gezeigt, die seine Wandlung vom Kriegsherrn zum spirituellen Meister verdeutlichen.

Die häufigste Darstellungsform zeigt ihn mit dem Körper eines Yogins – schlank, aber muskulös, mit langem, ungepflegtem Haar und einer einfachen Robe oder manchmal nur mit einem Lendenschurz bekleidet. Sein Gesichtsausdruck ist intensiv und durchdringend, aber nicht bedrohlich. Oft wird er in einer dynamischen Pose dargestellt, mit einem Bein vorgestellt und einem Arm erhoben, als würde er eine Lehre vermitteln oder eine Schutzgeste ausführen.

Ein charakteristisches Merkmal in Darstellungen Kirapalapas ist das zerbrochene oder umgewandelte Schwert. In manchen Abbildungen hält er ein zerbrochenes Schwert in der Hand, dessen Spitze zu Boden zeigt, symbolisch für die Aufgabe des Krieges. In anderen Darstellungen ist das Schwert in einen Vajra (rituelles Zepter, das Unzerstörbarkeit symbolisiert) oder eine Gebetskette transformiert, was die Umwandlung kriegerischer Energie in spirituelle Kraft darstellt.

Häufig wird Kirapalapa auch mit einem Schädelbecher (Kapala) in der linken Hand dargestellt, ein traditionelles tantrisches Symbol, das die Überwindung des Ego und die Akzeptanz der Vergänglichkeit repräsentiert. In seiner rechten Hand hält er oft einen Ritualdolch (Phurba), der die Durchschneidung der Illusion symbolisiert.

In komplexeren Thangka-Gemälden wird Kirapalapa manchmal in verschiedenen Lebensphasen dargestellt: als furchteinflößender Kriegsherr in voller Rüstung, als reuiger Asket in ärmlicher Kleidung und schließlich als erleuchteter Mahasiddha, umgeben von einem Strahlenkranz, der seine spirituelle Verwirklichung anzeigt.

Eine besonders eindrucksvolle Darstellungsform zeigt Kirapalapa in der Mitte eines Mandalas, umgeben von Szenen aus seinem Leben und seinen Schülern. Diese Art von Darstellung dient nicht nur der Verehrung, sondern auch als Meditationshilfe, bei der der Praktizierende die verschiedenen Aspekte von Kirapalapas Transformation kontempliert.

In einigen Klöstern, besonders jenen, die mit den von Kirapalapa begründeten Übertragungslinien verbunden sind, finden sich Wandgemälde, die seine gesamte Lebensgeschichte in einer sequentiellen Narration darstellen. Diese Fresken dienen sowohl der Inspiration für Praktizierende als auch der Bewahrung und Weitergabe seiner Lebensgeschichte.

In der modernen buddhistischen Kunst wird Kirapalapa gelegentlich in zeitgenössischen Stilen dargestellt, wobei die traditionelle Symbolik beibehalten, aber in einer für heutige Betrachter zugänglicheren visuellen Sprache ausgedrückt wird.

Schlussbetrachtung

Die Geschichte des Mahasiddha Kirapalapa, des "reuigen Eroberers", ist weit mehr als eine historische oder religiöse Überlieferung. Sie verkörpert fundamentale Wahrheiten über die menschliche Natur und das transformative Potenzial des spirituellen Weges, die über kulturelle und zeitliche Grenzen hinweg Relevanz besitzen.

Kirapalapas Wandlung illustriert eindrucksvoll, dass es nie zu spät für eine grundlegende Neuausrichtung des Lebens ist und dass selbst die destruktivsten Energien und Handlungen durch Einsicht und Praxis in Weisheit und Mitgefühl transformiert werden können. Diese Botschaft bietet Hoffnung für eine Welt, die nach wie vor von Gewalt und Konflikten geprägt ist.

Die zentrale Lehre, die aus seinem Leben gezogen werden kann, ist die Erkenntnis, dass Erleuchtung nicht durch Flucht vor oder Unterdrückung unserer dunkleren Seiten erreicht wird, sondern durch deren bewusste Integration und Transformation. In diesem Sinne steht Kirapalapa für einen spirituellen Weg, der nichts ausschließt, sondern alles einbezieht – ein Weg, der nicht von der Welt wegführt, sondern mitten durch sie hindurch.

Ein weiterer wichtiger Aspekt von Kirapalapas Vermächtnis ist die Betonung der Reue als transformative Kraft. Seine tiefe Reue über seine kriegerische

Vergangenheit wurde nicht zu lähmender Schuld, sondern zum Katalysator für spirituelles Erwachen. Dies unterstreicht die buddhistische Perspektive, dass nicht unsere vergangenen Handlungen, sondern unsere gegenwärtige Bewusstheit und Intention letztendlich entscheidend sind.

Für den zeitgenössischen Betrachter mag Kirapalapas Geschichte wie ein exotischer Mythos erscheinen, doch ihre psychologische und spirituelle Wahrheit bleibt aktuell. In einer Zeit, in der viele Menschen mit inneren Konflikten, Aggressionen und dem Gefühl der Entfremdung kämpfen, bietet sein Beispiel einen Weg zur Integration und Heilung.

Die Tatsache, dass Kirapalapas Lehren und Übertragungen über mehr als tausend Jahre hinweg bewahrt und praktiziert wurden, zeugt von ihrer zeitlosen Wirksamkeit. In ihrem Kern steht eine tiefe Einsicht in die fundamentale Einheit allen Lebens und das Verständnis, dass wahre Stärke nicht in der Beherrschung anderer, sondern in der Meisterung des eigenen Geistes liegt.

In diesem Sinne ist Kirapalapa nicht nur eine historische oder legendäre Figur, sondern ein zeitloses Symbol für die menschliche Fähigkeit zur Transformation und das Erwachen zur eigenen Buddha-Natur – ein Prozess, der für jeden möglich ist, unabhängig von Vergangenheit oder gegenwärtigen Umständen.

2.45 Kokilipa - Der selbstgefällige Ästhet

Herkunft

Über die genaue Herkunft Kokilipas ist wenig Gesichertes überliefert. Nach verschiedenen Quellen soll er im 9. oder 10. Jahrhundert in Nordindien geboren worden sein, vermutlich in einer wohlhabenden Familie. Sein Name "Kokilipa" bedeutet wörtlich übersetzt etwa "Herr der Kuckucke" oder "Meister der Vögel", was auf seine tiefe Verbundenheit mit der Natur und besonders mit Vögeln hindeuten könnte. In einigen Überlieferungen wird berichtet, dass er am kö-niglichen Hof tätig war, möglicherweise als Berater oder Künstler, was seinen späteren Ruf als Ästhet begründete.

Die historischen Aufzeichnungen über die Mahasiddhas sind oft mit legen-denhaften Elementen durchwoben, die mehr die spirituelle Bedeutung ihrer Transformation als historisch präzise Biografien darstellen sollen. So ist auch bei Kokilipa die Grenze zwischen historischen Fakten und symbolischer Erzählung fließend.

Besondere Eigenschaften

Kokilipa wurde vor seiner spirituellen Transformation als Mann von außerge-wöhnlicher Schönheit und Eleganz beschrieben. Er besaß einen ausgeprägten Sinn für Ästhetik und war bekannt für seine Liebe zu feinen Stoffen, wohlrie-chenden Düften und harmonischen Klängen. Diese Eigenschaften brachten ihm den Beinamen "der selbstgefällige Ästhet" ein.

Seine besondere Gabe lag in der Fähigkeit, Schönheit in allen Dingen zu erkennen und zu kultivieren. Er soll ein Meister der Musik gewesen sein, insbesondere des Flötenspiels, mit dem er die Herzen seiner Zuhörer berührte. Zudem wird ihm eine außergewöhnliche Kenntnis der Dichtkunst und Kalligraphie zugeschrieben.

Trotz dieser Begabungen war Kokilipa vor seiner spirituellen Wandlung von einer tiefen Selbstbezogenheit und Eitelkeit geprägt. Er verbrachte Stunden damit, sein Erscheinungsbild zu perfektionieren und umgab sich ausschließlich mit Menschen und Dingen, die seinem hohen ästhetischen Anspruch genügten. Diese Fixierung auf äußere Schönheit und Perfektion sollte später zum Ausgangspunkt seiner spirituellen Krise und Transformation werden.

Geschichte der Erleuchtung

Die Geschichte von Kokilipas Erleuchtung beginnt mit einer tiefen existenziellen Krise. Der Überlieferung nach erblickte er eines Tages zufällig sein Spiegelbild in einem klaren Bergsee und bemerkte die ersten Anzeichen des Alterns – einige graue Haare, feine Linien um seine Augen. Diese Konfrontation mit der Vergänglichkeit erschütterte sein Selbstbild zutiefst.

In dieser Phase der Verunsicherung begegnete Kokilipa einem wandernden Yogi, der ihn mit den Worten ansprach: "Deine Schönheit ist wie der Morgentau auf einer Blüte – bezaubernd, aber vergänglich. Was bleibt, wenn die Sonne sie austrocknet?" Diese Worte trafen Kokilipa ins Mark. Er begann zu verstehen, dass all sein Streben nach äußerer Perfektion letztlich vergeblich war angesichts der unausweichlichen Realität von Alter, Krankheit und Tod.

Der Yogi, der später als ein Schüler des berühmten Mahasiddha Virupa identifiziert wurde, nahm Kokilipa als Schüler an und führte ihn in die tantrischen Lehren ein. Er lehrte ihn die Praxis des "Chöd" (Abschneiden), eine Meditation, bei der der Praktizierende symbolisch seinen eigenen Körper als Opfergabe darbringt, um die Anhaftung an das Ego zu überwinden.

Die entscheidende Wendung in Kokilipas spiritueller Praxis kam, als sein Lehrer ihm auftrug, sich für sieben Jahre in einen verfallenen Tempel zurückzuziehen und dort zu meditieren. Der einst so elegante Ästhet lebte nun inmitten von Verfall und Zerfall, umgeben von Spinnen, Ratten und anderen Kreaturen, die er früher verabscheut hätte.

Während dieser intensiven Zurückgezogenheit erfuhr Kokilipa eine tiefgreifende Transformation. Die Legenden berichten, dass er in seiner Meditation die illusorische Natur aller Erscheinungen erkannte. Er verstand, dass Schönheit und Hässlichkeit, Reinheit und Unreinheit letztlich nur Konzepte des dualistischen Geistes sind. In einem Moment tiefer Einsicht, als er eine sterbende Ratte betrachtete, erkannte er die fundamentale Leerheit aller Phänomene und erlangte die vollständige Erleuchtung.

Leben und Tod

Nach seiner Erleuchtung kehrte Kokilipa in die Gesellschaft zurück, jedoch als völlig verwandelter Mensch. Statt feiner Kleidung trug er nun einfache, oft schmutzige Gewänder. Sein einst gepflegtes Äußeres war vernachlässigt, und er verhielt sich auf eine Weise, die konventionelle soziale Normen missachtete. Diese scheinbar exzentrische Lebensweise war jedoch Ausdruck seiner tiefen Verwirklichung der Nicht-Dualität – für ihn existierten keine Unterschiede mehr zwischen schön und hässlich, rein und unrein.

Kokilipa zog als Wanderlehrer durch Nordindien und später auch durch Teile Tibets. Er lehrte durch sein eigenes Beispiel die Überwindung von Anhaftungen und die Erkenntnis der wahren Natur des Geistes. Oft bediente er sich unkonventioneller Methoden, um seine Schüler zur Einsicht zu führen. So soll er einmal einem eitlen Prinzen eine wunderschöne Blume geschenkt haben, die sich vor dessen Augen in einen verwesenden Kadaver verwandelte – eine drastische Demonstration der Vergänglichkeit und der illusorischen Natur äußerer Erscheinungen.

Über Kokilipas Tod existieren verschiedene Überlieferungen. Nach einigen Quellen soll er seinen physischen Körper noch zu Lebzeiten in reines Licht transformiert haben – ein Phänomen, das im tantrischen Buddhismus als "Regenbogenkörper" bekannt ist. Andere Berichte deuten an, dass er in hohem Alter friedlich starb, während er in Meditation saß. Eine weitere Legende besagt, dass er seinen Tod selbst voraussagte und in Anwesenheit seiner Schüler bewusst seinen Körper verließ, indem er sein Bewusstsein in den Himmel transferierte – eine Praxis, die als "Phowa" bekannt ist.

Unabhängig von den Details seines physischen Todes wird Kokilipa in der buddhistischen Tradition als ein Wesen betrachtet, das vollständige Befreiung erlangt hat und somit jenseits von Geburt und Tod steht.

Lehren und Übertragungen

Kokilipas Lehren konzentrierten sich auf die Überwindung von Anhaftung und Abneigung durch die direkte Erkenntnis der Leerheit (Shunyata) aller Phänomene. Er betonte besonders die Transformation von Begierde und Stolz in Weisheit – ein zentrales Konzept des tantrischen Buddhismus.

Seine wichtigsten Übertragungen umfassen:

1. Die Praxis des "Schönheit-in-Hässlichkeit-Erkennens": Eine Meditationstechnik, bei der der Praktizierende bewusst das als abstoßend Empfundene betrachtet und darin die gleiche essentielle Natur erkennt wie im als schön Erachteten.

2. Das "Kokilipa-Tantra": Eine Sammlung von Lehren über die Transformation der fünf Sinneswahrnehmungen in die fünf transzendenten Weisheiten. Diese Lehren wurden später in die Chakrasamvara-Tradition integriert.

3. Die "Flötenlied-Instruktionen": Eine Serie von mystischen Liedern, die Kokilipa auf seiner Bambusflöte spielte und die tiefe Meditationszustände hervorrufen konnten. Diese Lieder wurden von seinen Schülern transkribiert und als Meditationstexte überliefert.

Kokilipa wird zudem als einer der Haupthalter der Lamdre-Übertragungslinie betrachtet, die später in der Sakya-Tradition des tibetischen Buddhismus eine zentrale Rolle spielte. Seine direkten Schüler, darunter der berühmte Übersetzer Drogmi Lotsawa, trugen seine Lehren nach Tibet, wo sie bis heute praktiziert werden.

Ein besonderes Merkmal von Kokilipas pädagogischem Ansatz war seine Fähigkeit, die ästhetische Sensibilität seiner Schüler als Tor zur spirituellen Erkenntnis zu nutzen. Anders als viele asketische Traditionen, die Schönheit und sinnlichen Genuss vollständig ablehnten, lehrte Kokilipa einen Weg der Transformation, bei dem die ästhetische Erfahrung selbst zum Pfad der Befreiung werden konnte.

Bedeutung und Nachwirkung

Kokilipas Bedeutung für die buddhistische Tradition liegt vor allem in seiner einzigartigen Verbindung von ästhetischer Sensibilität und spiritueller Tiefe. Er verkörpert das Prinzip der Transformation – die Möglichkeit, selbst starke weltliche Anhaftungen in Werkzeuge der Befreiung zu verwandeln.

Seine Lehren hatten besonderen Einfluss auf die Entwicklung der Vajrayana-Traditionen, die nach Tibet, Nepal und später in den Westen gelangten. Insbesondere in der Sakya-Schule des tibetischen Buddhismus wird Kokilipa als wichtiger Linienhalter verehrt.

Die Geschichte von Kokilipas Transformation vom selbstgefälligen Ästheten zum verwirklichten Meister dient bis heute als kraftvolles Beispiel für die Möglichkeit fundamentaler spiritueller Veränderung. Sie zeigt, dass gerade jene Eigenschaften, die zunächst als Hindernisse erscheinen – in seinem Fall die Fixierung auf Schönheit und Form – zu Toren der Befreiung werden können, wenn sie richtig verstanden und transformiert werden.

In der zeitgenössischen buddhistischen Praxis werden Kokilipas Lehren über die Nicht-Dualität von Schönheit und Hässlichkeit, Form und Leerheit besonders in künstlerisch orientierten spirituellen Kreisen geschätzt. Seine Betonung der transformativen Kraft der Ästhetik bietet einen wertvollen Gegenpol zu rein asketischen oder intellektuellen Ansätzen der spirituellen Praxis.

Darstellung in der Kunst

In der traditionellen buddhistischen Ikonographie wird Kokilipa typischerweise in einer von zwei Formen dargestellt:

1. Als eleganter Ästhet in feinen Gewändern, eine Bambusflöte spielend, oft umgeben von lauschenden Vögeln – diese Darstellung repräsentiert sein früheres Leben und seine Transformation der Kunst in einen spirituellen Pfad.

2. Als verwirklichter Yogi mit wildem Haar und einfacher Kleidung, einen Schädel als Trinkgefäß (Kapala) haltend und mit einer Kette aus menschlichen Knochen (Kangling) geschmückt – dies symbolisiert seine vollständige Überwindung konventioneller Vorstellungen von Reinheit und Unreinheit.

In tibetischen Thangka-Malereien wird Kokilipa oft als Teil der Gruppe der 84 Mahasiddhas abgebildet. Dabei trägt er charakteristische Attribute wie eine Flöte und einen Spiegel – Symbole für seine Transformation der sinnlichen Wahrnehmung und die Erkenntnis der illusorischen Natur der Erscheinungen.

Bemerkenswert sind auch die Darstellungen Kokilipas in den Höhlenmalereien von Dunhuang und Alchi, die seine kulturübergreifende Bedeutung entlang der Seidenstraße bezeugen. Hier wird er häufig in einem Moment der Transformation gezeigt, mit einem Gesicht, das halb dem eines verfeinerten Ästheten und halb dem eines wilden Yogis entspricht.

In der zeitgenössischen buddhistischen Kunst wird Kokilipas Geschichte gelegentlich in modernen Interpretationen aufgegriffen, die seine Relevanz für die heutige Zeit unterstreichen – als Symbol für die Überwindung von Oberflächlichkeit und die Entdeckung tieferer Werte jenseits äußerer Erscheinungen.

Schlussbetrachtung

Die Geschichte des Mahasiddha Kokilipa lehrt uns, dass wahrer spiritueller Fortschritt nicht in der Verleugnung unserer natürlichen Neigungen und Talente liegt, sondern in ihrer Transformation und Vertiefung. Seine Reise vom selbstgefälligen Ästheten zum verwirklichten Meister zeigt exemplarisch den buddhistischen Pfad der Überwindung dualistischer Konzepte.

Kokilipas Beispiel bleibt besonders relevant in einer Zeit, die von Oberflächlichkeit und der Überbetonung äußerer Erscheinungen geprägt ist. Er erinnert uns daran, dass Schönheit an sich nicht das Problem ist, sondern unsere Anhaftung daran und die trennenden Urteile, die wir auf ihrer Grundlage fällen.

Die tiefste Lehre, die in Kokilipas Leben zum Ausdruck kommt, ist vielleicht die Erkenntnis, dass wahre Schönheit nicht in der Perfektion der Form liegt, sondern in der Fähigkeit, die essentielle Natur in allen Erscheinungen zu erkennen – eine Schönheit, die unvergänglich ist und jenseits aller Dualitäten existiert. In diesem Sinne verkörpert er nicht die Ablehnung der Ästhetik, sondern ihre Transzendierung und Vertiefung zu einer spirituellen Dimension.

Kokilipas Vermächtnis lädt uns ein, unseren eigenen Weg der Transformation zu finden – nicht durch Ablehnung unserer tiefsten Neigungen, sondern durch ihre Integration in einen umfassenderen Pfad der Weisheit und des Mitgefühls. So kann selbst der selbstgefälligste Ästhet den Weg zur Erleuchtung finden und anderen dabei helfen, ihre eigenen Anhaftungen zu überwinden.

2.46 Kotalipa - Der Bauern-Guru

Herkunft

Kotalipa wurde vermutlich im 10. oder 11. Jahrhundert in Nordindien geboren. Über seine frühen Jahre ist wenig bekannt, doch die Überlieferungen berichten, dass er aus einer Brahmanenfamilie stammte und eine traditionelle Ausbildung in den vedischen Schriften erhielt. Anders als viele seiner Zeitgenossen, die aus einfachen Verhältnissen kamen und zu Mahasiddhas wurden, begann Kotalipa sein Leben als hochgebildeter Gelehrter. Er war mit den sanskritischen Texten vertraut und beherrschte die Künste der Rhetorik und Logik.

In manchen Überlieferungen wird berichtet, dass er zunächst als Lehrer an einer bedeutenden Klosteruniversität tätig war, möglicherweise in Nalanda oder Vikramashila. Er galt als brillanter Logiker und Debattierer, der in theologischen Diskussionen unübertroffen war. Sein Ruf als Gelehrter verbreitete sich in ganz Nordindien, was seinen intellektuellen Stolz und seine Selbstgewissheit nur weiter verstärkte.

Besondere Eigenschaften

Was Kotalipa von vielen anderen Mahasiddhas unterscheidet, ist der dramatische Kontrast zwischen seinem früheren Leben als stolzer Gelehrter und seiner späteren Existenz als demütiger Bauer. Diese Transformation bildet das Herzstück seiner Lehre und seines spirituellen Erbes.

Kotalipa zeichnete sich durch folgende Eigenschaften aus:

1. Intellektuelle Brillanz: Vor seiner Transformation war er ein Mann von außergewöhnlicher Gelehrsamkeit und scharfem Verstand.

2. Demut: Nach seiner Begegnung mit seinem Guru entwickelte er eine tiefe Demut, die ihn dazu brachte, die einfachste Arbeit als Weg zur Erleuchtung zu akzeptieren.

3. Ausdauer: Seine Hingabe an die landwirtschaftliche Arbeit über viele Jahre hinweg zeigt eine außergewöhnliche Beharrlichkeit.

4. Einfachheit: Kotalipa verkörperte die Tugend der Einfachheit in allen Aspekten seines Lebens – von seiner Kleidung und Nahrung bis hin zu seiner direkten Lehrmethode.

5. Präsenz im Moment: Seine Fähigkeit, vollständig in der gegenwärtigen
   Tätigkeit aufzugehen, ohne an vergangenen Errungenschaften oder zu-
   künftigen Zielen zu haften, ist ein zentrales Merkmal seiner spirituellen
   Praxis.

In den Geschichten über sein Leben wird Kotalipa oft als Mann mittleren Alters
dargestellt, mit wettergegerbter Haut von der Feldarbeit und Händen, die von
jahrelanger körperlicher Arbeit gezeichnet sind – ein starker Kontrast zu seinem
früheren Erscheinungsbild als gepflegter Gelehrter.

Geschichte der Erleuchtung

Die Transformation Kotalipas von einem stolzen Gelehrten zu einem erleuchteten
Meister beginnt mit einer schicksalhaften Begegnung. Die Legende erzählt, dass
Kotalipa eines Tages, auf dem Höhepunkt seines Ruhms als Gelehrter, einen
wandernden Yogi traf. In manchen Überlieferungen wird dieser Yogi als der große
Mahasiddha Nagarjuna identifiziert, in anderen als ein unbekannter Meister.

Als Kotalipa den einfach gekleideten Yogi sah, fragte er ihn herablassend nach
seinen spirituellen Kenntnissen. Der Yogi antwortete schlicht: "Ich kenne nichts
von Wert für einen großen Gelehrten wie dich. Aber wenn du wirklich nach
Weisheit suchst, solltest du einen Bauern namens Kotalipa aufsuchen, der in
einem bestimmten Dorf lebt."

Von Neugier getrieben, machte sich Kotalipa auf den Weg zu diesem Dorf,
nur um zu entdecken, dass die Dorfbewohner keinen Gelehrten oder Heiligen
kannten, sondern nur einen einfachen Bauern, der seine Felder bestellte. Verwirrt
beobachtete Kotalipa den Bauern bei der Arbeit und sah nichts Besonderes an
ihm.

Als er zum Yogi zurückkehrte und von seiner erfolglosen Suche berichtete,
lächelte der Yogi und erklärte: "Der wahre Kotalipa, den du werden sollst,
ist jener Bauer. Deine Gelehrsamkeit hat dir Stolz gebracht, aber keine wahre
Erkenntnis. Gehe und werde wie dieser Bauer – kultiviere das Land und kultiviere
gleichzeitig deinen Geist."

Diese Offenbarung erschütterte Kotalipas Selbstverständnis zutiefst. Nach eini-
gem inneren Ringen entschied er sich, den Rat des Yogis anzunehmen. Er gab
seine Position als Gelehrter auf, verließ die Klosteruniversität und ließ sich in

einem abgelegenen Dorf nieder, wo er begann, als einfacher Bauer zu leben und
zu arbeiten.

Jahr um Jahr bestellte Kotalipa seine Felder, säte und erntete im Rhythmus
der Jahreszeiten. Bei jeder Tätigkeit praktizierte er vollkommene Achtsamkeit
– beim Pflügen betrachtete er, wie sein Geist den Boden des Bewusstseins
umgrub; beim Säen sah er, wie er die Samen des Mitgefühls pflanzte; beim
Jäten erkannte er das Entfernen schädlicher Gedanken; und bei der Ernte erfuhr
er das Einbringen der Früchte der Praxis.

Die Überlieferung berichtet, dass Kotalipa nach zwölf Jahren hingebungsvoller
Arbeit auf dem Feld eines Tages eine tiefgreifende Erkenntnis erlangte. Als
er den Pflug führte und spürte, wie der Boden unter seinen Füßen nachgab,
erlebte er plötzlich die Leerheit aller Phänomene und die Einheit von relativem
und absolutem Dasein. In diesem Moment der vollständigen Hingabe an die
einfache Handlung des Pflügens verwirklichte er die Mahamudra – die Große
Vollendung.

Leben und Tod

Nach seiner Erleuchtung setzte Kotalipa sein Leben als Bauer fort, doch nun
strahlte seine Präsenz eine solche Ruhe und Weisheit aus, dass Menschen aus der
Umgebung begannen, ihn aufzusuchen. Ohne seine Feldarbeit zu unterbrechen,
gab er Unterweisungen und zeigte durch sein eigenes Beispiel, wie spirituelle
Praxis in das alltägliche Leben integriert werden kann.

Es heißt, dass Kotalipa seinen Schülern oft direkt auf dem Feld Unterweisungen
gab. Während er pflügte, säte oder erntete, erklärte er die tiefgründigen Prinzipien des Dharma in einfacher, direkter Sprache, die selbst ungebildete Bauern
verstehen konnten. Seine Lehrmethode war so unkonventionell wie wirksam –
er verwendete die Landwirtschaft als Metapher für den spirituellen Pfad und
machte abstrakte Konzepte durch den Bezug zur täglichen Arbeit greifbar.

Über Kotalipas Tod gibt es verschiedene Überlieferungen. Eine Tradition besagt,
dass er in hohem Alter friedlich auf seinem Feld starb, während er den Boden
für eine neue Aussaat vorbereitete. Eine andere Version erzählt, dass er seinen
physischen Körper transzendierte und in einem Regenbogenkörper aufging,
ein Zeichen höchster tantrischer Verwirklichung. In beiden Versionen wird
betont, dass sein Tod, wie sein Leben, ein Ausdruck vollkommener Präsenz und
Akzeptanz war.

In manchen tibetischen Quellen wird berichtet, dass Kotalipa vor seinem Tod mehrere seiner fortgeschrittenen Schüler zu sich rief und ihnen seine letzten Unterweisungen gab. Diese konzentrierten sich auf die Essenz seiner Lehre: dass die wahre Natur des Geistes in jeder Handlung, sei sie noch so weltlich, erfahren werden kann, wenn sie mit vollständiger Achtsamkeit und ohne konzeptuelle Anhaftung ausgeführt wird.

Lehren und Übertragungen

Die zentrale Lehre Kotalipas kann in einem einfachen, aber tiefgründigen Prinzip zusammengefasst werden: Die Erleuchtung ist nicht in komplexen philosophischen Systemen oder elaborierten rituellen Praktiken zu finden, sondern in der vollständigen Hingabe an die gegenwärtige Tätigkeit, unabhängig davon, wie gewöhnlich sie erscheinen mag.

Seine spezifischen Lehren umfassten:

1. Die Umwandlung alltäglicher Arbeit in spirituelle Praxis: Kotalipa lehrte, dass jede Handlung – vom Pflügen des Feldes bis zum Kochen einer Mahlzeit – ein Vehikel für spirituelle Transformation sein kann, wenn sie mit der richtigen Geisteshaltung ausgeführt wird.

2. Die Überwindung intellektuellen Stolzes: Durch sein eigenes Beispiel zeigte er, wie akademisches Wissen, wenn es nicht von Weisheit begleitet wird, zu einem Hindernis auf dem spirituellen Pfad werden kann.

3. Die Integration von Meditation und Handlung: Anders als Traditionen, die Meditation als separate Aktivität betrachten, lehrte Kotalipa, die meditative Geisteshaltung in alle Lebensbereiche zu integrieren.

4. Die Einfachheit der Wahrheit: Seine Lehre betonte, dass die tiefste Wahrheit oft in den einfachsten Erfahrungen zu finden ist, nicht in komplexen philosophischen Konstrukten.

Kotalipa hinterließ keine schriftlichen Texte, aber seine Lehren wurden mündlich überliefert und später in verschiedenen tantrischen Sammlungen aufgezeichnet. Besonders in der Tradition der Mahamudra, wie sie in der Kagyü-Schule des tibetischen Buddhismus gelehrt wird, hat sein Ansatz einen bedeutenden Einfluss hinterlassen.

Im tibetischen Buddhismus wird Kotalipa als einer der Übermittler der "Arbeiter-Linie" (bya rgyud) der Mahamudra angesehen, die betont, dass Erleuchtung durch gewöhnliche Aktivitäten erlangt werden kann. Diese Linie steht im Kontrast zur "Praktizierenden-Linie" (sgrub rgyud), die formelle Meditationspraktiken betont, und zur "Erfahrungs-Linie" (nyams rgyud), die die direkte Erfahrung der Natur des Geistes hervorhebt.

Bedeutung und Nachwirkung

Kotalipas Einfluss auf die buddhistische Tradition geht weit über seine persönlichen Schüler hinaus. Seine Geschichte und Lehren haben mehrere wichtige Aspekte der buddhistischen Praxis geprägt und verstärkt:

1. Demokratisierung der spirituellen Praxis: Kotalipa demonstrierte, dass Erleuchtung nicht den Gelehrten, Mönchen oder Asketen vorbehalten ist, sondern für jeden erreichbar ist, unabhängig von Bildung oder sozialem Status. Diese Botschaft hatte besondere Resonanz in einer Gesellschaft, die von strengen Kastenhierarchien geprägt war.

2. Dignität der Arbeit: In einer Zeit, in der körperliche Arbeit oft als minderwertig gegenüber intellektuellen oder religiösen Beschäftigungen angesehen wurde, erhob Kotalipa die einfache Feldarbeit zu einem spirituellen Pfad. Dieser Aspekt seiner Lehre hatte erheblichen Einfluss auf spätere buddhistische Traditionen, insbesondere auf den Zen-Buddhismus mit seiner Betonung alltäglicher Tätigkeiten als spirituelle Praxis.

3. Integration von Weltlichem und Spirituellem: Kotalipas Lehre überbrückt die vermeintliche Kluft zwischen weltlichem und spirituellem Leben, zwischen Samsara und Nirvana. Diese nicht-dualistische Perspektive ist ein Kernaspekt der Mahamudra- und Dzogchen-Traditionen.

4. Kritik am Intellektualismus: Seine Geschichte dient als kraftvolle Warnung vor den Gefahren intellektuellen Stolzes und der Anhaftung an konzeptuelle Systeme, ein Thema, das in vielen buddhistischen Schulen widerhallt.

In Tibet und im Himalaya-Raum wird Kotalipa bis heute verehrt. Seine Geschichte wird in Klöstern erzählt, um Mönche an die Gefahren des spirituellen Stolzes zu erinnern und die Bedeutung echter Praxis über bloßes Wissen zu betonen. In Bhutan und Ladakh gibt es lokale Traditionen, die Kotalipa als Schutzpatron der Bauern verehren und spezielle Rituale zu seinen Ehren durchführen, besonders zu Beginn der Pflanz- und Erntezeit.

In der modernen Zeit hat Kotalipas Botschaft eine neue Relevanz gewonnen. In einer Welt, in der intellektuelle Leistungen hoch geschätzt werden und viele Menschen eine Trennung zwischen Arbeit und spirituellem Leben erfahren, bietet seine Geschichte eine kraftvolle Alternative: die Möglichkeit, jeden Aspekt des Lebens, einschließlich der alltäglichsten Arbeit, als Teil des spirituellen Pfades zu betrachten.

Darstellung in der Kunst

In der buddhistischen Kunst wird Kotalipa typischerweise als einfacher Bauer dargestellt, oft in gebückter Haltung beim Pflügen oder Säen. Im Gegensatz zu vielen anderen Mahasiddhas, die mit exotischen Attributen oder in dramatischen Posen dargestellt werden, ist Kotalipas Ikonographie bewusst schlicht gehalten, um seine Lehre der Einfachheit zu reflektieren.

In den traditionellen Thangka-Gemälden erscheint Kotalipa in einfacher Bauernkleidung, meistens barfuß und mit wettergegerbter Haut. Oft hält er einen Pflug oder eine Hacke als Symbol seiner Tätigkeit und seines spirituellen Pfades. Sein Gesichtsausdruck ist ruhig und konzentriert, ein Hinweis auf seine vollständige Präsenz in der gegenwärtigen Tätigkeit.

In einigen Darstellungen ist sein Körper von einem subtilen Lichtschein umgeben, der seine innere Erleuchtung symbolisiert, die im Kontrast zu seinem äußeren Erscheinungsbild als einfacher Arbeiter steht. Diese visuelle Dualität vermittelt die zentrale Botschaft seiner Geschichte: dass hinter der scheinbar weltlichen Tätigkeit eine tiefe spirituelle Verwirklichung verborgen sein kann.

In tibetischen Klöstern findet man gelegentlich Wandgemälde, die Szenen aus Kotalipas Leben darstellen, insbesondere seine Begegnung mit dem Yogi, der ihm seinen zukünftigen Pfad offenbart, und den Moment seiner Erleuchtung während des Pflügens. Diese narrativen Darstellungen dienen als visuelle Lehrmittel, die die Transformation vom stolzen Gelehrten zum erleuchteten Bauern veranschaulichen.

In der zeitgenössischen buddhistischen Kunst, besonders in Nepal und Westtibet, erlebt die Darstellung von Kotalipa eine Renaissance. Moderne Künstler finden in seiner Geschichte eine kraftvolle Metapher für die Integration spiritueller Praxis in das tägliche Leben – ein Thema, das in der heutigen hektischen Welt besondere Resonanz findet.

Schlussbetrachtung

Die Geschichte des Mahasiddha Kotalipa ist mehr als eine historische Überlieferung oder religiöse Legende – sie ist eine zeitlose Lehre über die Essenz spiritueller Praxis. In einer Welt, die zunehmend von Spezialisierung, Intellektualismus und der Trennung verschiedener Lebensbereiche geprägt ist, erinnert uns Kotalipa daran, dass wahre Weisheit nicht in der Anhäufung von Wissen liegt, sondern in der vollständigen Präsenz in jedem Moment des Lebens.

Seine Transformation vom stolzen Gelehrten zum demütigen Bauern illustriert einen fundamentalen Aspekt des buddhistischen Pfades: dass Erleuchtung nicht durch das Streben nach außergewöhnlichen Erfahrungen oder durch die Flucht aus dem Alltag erreicht wird, sondern durch die radikale Akzeptanz und vollständige Durchdringung genau dieses gewöhnlichen Lebens.

Kotalipas Lehre hat eine besondere Relevanz für die moderne Gesellschaft, in der viele Menschen unter dem Druck stehen, Arbeit und spirituelles Leben als getrennte Bereiche zu betrachten. Sein Beispiel zeigt uns, dass jede Tätigkeit, sei sie noch so weltlich oder gewöhnlich, ein Vehikel für spirituelles Wachstum und letztendlich für Erleuchtung sein kann, wenn sie mit der richtigen Geisteshaltung ausgeführt wird.

In einer Zeit, in der Erfolg oft an äußeren Errungenschaften gemessen wird, erinnert uns Kotalipa daran, dass wahre Erfüllung nicht von äußerer Anerkennung oder intellektuellem Prestige abhängt, sondern von der inneren Transformation, die durch hingebungsvolle Praxis im Hier und Jetzt erreicht wird.

So bleibt der Bauern-Guru Kotalipa auch Jahrhunderte nach seinem Leben eine inspirierende Figur, die uns einlädt, die künstlichen Grenzen zwischen spiritueller Praxis und alltäglichem Leben zu überwinden und in jedem Moment, in jeder Handlung die Möglichkeit zur Verwirklichung unserer wahren Natur zu erkennen.

2.47 Kucipa - Der Yogin mit Kropfhals

Herkunft

Kucipa wurde vermutlich im 9. Jahrhundert in Nordindien geboren, wobei die genauen historischen Daten, wie bei vielen Mahasiddhas, im Nebel der Geschichte und hagiographischen Überlieferung verschwimmen. Sein Name "Kucipa" leitet sich von seinem auffälligsten körperlichen Merkmal ab - einem Kropf am Hals, der in den Sanskrit-Quellen als "kuci" bezeichnet wird.

In einigen Überlieferungen wird berichtet, dass er als Sohn einer Brahmanenfamilie geboren wurde, in anderen Quellen wird er als einfacher Mann aus niedriger Kaste beschrieben. Diese Unterschiede in der Überlieferung könnten darauf hindeuten, dass seine Herkunft für seinen spirituellen Weg letztlich keine entscheidende Rolle spielte - ein Konzept, das im tantrischen Buddhismus häufig betont wird, wo die soziale Herkunft hinter die spirituelle Verwirklichung zurücktritt.

Kucipa lebte in einer Zeit großer religiöser und kultureller Blüte in Indien, als der tantrische Buddhismus seinen Höhepunkt erreichte. Dies war eine Epoche intensiver spiritueller Innovation, in der alte Konzepte hinterfragt und neue Pfade zur Erleuchtung erforscht wurden. Die Mahasiddha-Tradition mit ihren unorthodoxen Praktiken und der Betonung direkter Erfahrung entstand als Gegenbewegung zu einem zunehmend ritualistischen und institutionalisierten Buddhismus.

Besondere Eigenschaften

Die auffälligste Eigenschaft Kucipas war zweifelsohne sein Kropf, eine Schwellung am Hals, die in damaligen Zeiten oft mit Jodmangel in Verbindung stand und in bestimmten Regionen Indiens und des Himalayas verbreitet war. In vielen Darstellungen wird dieser Kropf besonders hervorgehoben, da er zum definierenden Merkmal seiner Identität wurde.

Jenseits dieser körperlichen Besonderheit zeichnete sich Kucipa durch außergewöhnliche spirituelle Qualitäten aus. Er besaß eine natürliche Neigung zur Meditation und eine intuitive Verbindung zu den tieferen Ebenen des Bewusstseins. Berichten zufolge hatte er die Fähigkeit, komplexe tantrische Visualisierungen mühelos zu meistern und lange Zeiträume in tiefster meditativer Versenkung zu verbringen.

Charakterlich wird Kucipa als bescheiden und zurückgezogen beschrieben, ein Mensch, der die Einsamkeit und Abgeschiedenheit suchte. Gleichzeitig besaß er einen scharfen Intellekt und die Fähigkeit, die komplexesten philosophischen Konzepte des Vajrayana-Buddhismus zu durchdringen. Seine Schüler beschrieben ihn als jemanden mit großer Geduld und Mitgefühl, der die Lehre durch sein eigenes Beispiel vermittelte, statt durch lange Vorträge.

Eine weitere bemerkenswerte Eigenschaft Kucipas war seine Fähigkeit, scheinbare Gegensätze zu vereinen: Er verkörperte sowohl tiefe Gelehrsamkeit als auch direkte mystische Erfahrung, sowohl strenge Disziplin als auch spontane Freiheit des Geistes.

Geschichte der Erleuchtung

Die Geschichte von Kucipas Erleuchtung ist eng mit seiner körperlichen Besonderheit verbunden und illustriert ein zentrales Prinzip des tantrischen Buddhismus: die Transformation von Hindernissen in Pfade zur Befreiung.

Der Überlieferung nach litt Kucipa unter gesellschaftlicher Ausgrenzung aufgrund seines Kropfes. Als junger Mann suchte er verschiedene Ärzte und Heilkundige auf, doch niemand konnte ihm helfen. Diese Erfahrung von Leid und Zurückweisung führte zu einer tiefen Enttäuschung mit dem weltlichen Leben und weckte in ihm den Wunsch nach spiritueller Befreiung.

Auf seiner Suche nach spiritueller Führung traf er schließlich einen verwirklichten tantrischen Meister, der in ihm das Potential für tiefe Verwirklichung erkannte. Dieser Guru initiierte ihn in die Praxis der Cakrasamvara-Tantra, einer wichtigen tantrischen Tradition, die auf die Transformation des Bewusstseins durch die Vereinigung von Weisheit und Mitgefühl abzielt.

Der Meister gab ihm eine ungewöhnliche Anweisung: Anstatt seinen Kropf als Makel zu betrachten und zu versuchen, ihn zu verbergen, sollte er ihn zum Fokus seiner Meditation machen. Der Lehrer erklärte ihm, dass sein Kropf in Wirklichkeit ein Zeichen karmischer Verbindung zu bestimmten tantrischen Gottheiten sei und dass er durch die richtige Praxis diese scheinbare Behinderung in einen Segen verwandeln könne.

Kucipa folgte dieser Anweisung mit großer Hingabe. Er zog sich in eine abgelegene Höhle zurück und meditierte zwölf Jahre lang intensiv. Er visualisierte seinen Kropf als Gefäß göttlicher Nektar (Amrita) und als Sitz des subtilen

Energiezentrums der Kehle (Visuddha-Chakra), das mit reiner Kommunikation und höherem Wissen assoziiert wird.

Während dieser intensiven Praxisperiode erlebte er zahlreiche mystische Visionen und entwickelte tiefe Einsichten in die Natur des Geistes. Die Überlieferung berichtet, dass er eines Tages während seiner Meditation plötzlich einen Durchbruch erlebte: Er erkannte die illusorische Natur aller Erscheinungen und die grundlegende Einheit von Samsara und Nirvana. In diesem Moment transformierte sich sein Kropf von einem Objekt der Scham zu einem sichtbaren Zeichen seiner Verwirklichung - er begann zu leuchten und wurde zum äußeren Symbol seiner inneren Transformation.

Nach dieser Erleuchtungserfahrung erlangte Kucipa die acht großen Siddhis (übernatürlichen Fähigkeiten), darunter die Fähigkeit zu fliegen, Gedanken zu lesen und seinen Körper zu transformieren. Er hatte die höchste Verwirklichung des Mahamudra erreicht - die direkte Erkenntnis der absoluten Natur des Geistes.

Leben und Tod

Nach seiner Erleuchtung kehrte Kucipa in die Gesellschaft zurück, jedoch nicht als der ausgestoßene Mann mit einer Behinderung, sondern als verehrter spiritueller Meister. Er begann zu lehren und zog Schüler aus verschiedenen sozialen Schichten an, die in ihm nicht mehr den Mann mit dem Kropf sahen, sondern einen vollständig verwirklichten Meister.

Kucipa bevorzugte ein einfaches Leben. Er lebte weiterhin vorwiegend in Höhlen und abgelegenen Orten, wo er zwischen intensiven Meditationsperioden Schüler empfing und unterwies. Er verzichtete auf materielle Besitztümer und lebte von Almosen, die ihm dargebracht wurden.

Die Überlieferung berichtet von zahlreichen Wundern, die er während dieser Zeit vollbrachte. Es heißt, er habe Kranke geheilt, insbesondere solche mit Kropfleiden und anderen Halserkrankungen. Er soll in der Lage gewesen sein, durch bloße Berührung Leiden zu lindern und durch seinen Segen spirituelle Erfahrungen bei seinen Schülern auszulösen.

In einigen Geschichten wird auch beschrieben, wie er scheinbar unlösbare Konflikte zwischen verschiedenen Gemeinschaften schlichtete und durch seine bloße Präsenz Frieden stiftete. Seine Lehrtätigkeit erstreckte sich über mehrere Jahrzehnte, in denen er zahlreiche Schüler zur Verwirklichung führte.

Über Kucipas Tod existieren verschiedene Überlieferungen. Die häufigste Version berichtet, dass er, als er spürte, dass seine Zeit auf Erden zu Ende ging, seine Schüler um sich versammelte und ihnen letzte Unterweisungen gab. Dann setzte er sich in Meditationshaltung, ging in tiefe Versenkung und löste seinen Körper in einem Regenbogenlicht auf - eine Art des Sterbens, die im tibetischen Buddhismus als "Regenbogenkörper" oder "Körper des Lichts" bekannt ist und als Zeichen höchster Verwirklichung gilt.

Eine andere Version erzählt, dass er nicht starb, sondern als "Vidyadhara" (Wissenshalter) mit seinem physischen Körper in reine Buddha-Bereiche einging und dort bis heute verweilt, um Praktizierende zu inspirieren und zu führen.

Lehren und Übertragungen

Die Lehren des Kucipa sind eng mit der Tradition des Cakrasamvara-Tantra verbunden, einem der wichtigsten Yidam-Praktiken (Meditationsgottheiten) des tibetischen Buddhismus. Seine spezifischen Beiträge zu dieser Tradition beinhalteten besondere Visualisierungstechniken und Mantras, die mit der Transformation körperlicher Energie verbunden sind.

Kucipa betonte in seinen Lehren besonders die Transformation von Hindernissen und Leiden. Seine eigene Geschichte diente als lebendiges Beispiel dafür, wie das, was zunächst als Behinderung erscheint, durch die richtige geistige Einstellung und spirituelle Praxis zu einem Katalysator für Erleuchtung werden kann. Dieses Prinzip der Transformation (statt Verleugnung oder Bekämpfung) von schwierigen Umständen ist ein Kernkonzept des tantrischen Buddhismus.

Ein weiteres zentrales Element seiner Lehre war die Einheit von Form und Leerheit (Sanskr.: rupa und sunyata). Er lehrte, dass der physische Körper mit all seinen Besonderheiten und die absolute Leerheit nicht getrennt, sondern zwei Aspekte derselben Realität sind. Durch spezielle Visualisierungspraktiken lehrte er seine Schüler, ihren Körper als Mandala von Gottheiten zu sehen und somit die Dualität von "unreinem" Körper und "reinem" Geist zu überwinden.

Kucipa entwickelte auch spezielle Atemtechniken, die mit dem Kehlchakra verbunden waren und seinen Schülern halfen, Blockaden im Energiesystem zu lösen und die subtilen Energiekanäle (Nadis) zu reinigen. Diese Praktiken wurden später in verschiedene Traditionen des tibetischen Buddhismus integriert.

Die Übertragungslinie von Kucipas Lehren gelangte durch seine direkten Schüler nach Tibet, als der Buddhismus dort im 11. und 12. Jahrhundert eine neue Blüte erlebte. Besonders in der Kagyu-Schule des tibetischen Buddhismus wurden seine Lehren bewahrt und weitergegeben. Der große tibetische Übersetzer Marpa, der Lehrer des berühmten Yogins Milarepa, erhielt einige Übertragungen, die auf Kucipa zurückgingen, während seiner Studienreisen in Indien.

Auch in der Sakya-Tradition finden sich Spuren von Kucipas Lehren, insbesondere in bestimmten Aspekten der Lamdre ("Pfad und Frucht") Lehren, die Visualisierungstechniken für die Transformation des Körpers beinhalten.

Bedeutung und Nachwirkung

Die Bedeutung Kucipas geht weit über seine historische Person hinaus. Er repräsentiert einen wichtigen Aspekt des tantrischen Buddhismus: die Möglichkeit der Erleuchtung für jeden Menschen, unabhängig von körperlichen Besonderheiten oder sozialer Stellung.

Sein Vermächtnis lebt vor allem in den tantrischen Praktiken fort, die er entwickelte und die bis heute in verschiedenen buddhistischen Schulen praktiziert werden. Die besondere Art der Kropf-Visualisierung, die er lehrte, wird manchmal noch von Praktizierenden angewendet, die mit Erkrankungen oder Besonderheiten des Halses zu tun haben.

In der tibetischen Medizin gibt es Behandlungsmethoden für Kropfleiden, die auf Kucipas Erkenntnisse zurückgeführt werden. Diese verbinden körperliche Heilmittel mit Visualisierungen und Mantras, die eine ganzheitliche Heilung fördern sollen.

Kucipas Geschichte dient bis heute als inspirierendes Beispiel für Menschen mit körperlichen Besonderheiten oder Behinderungen. Sie zeigt, dass spirituelle Verwirklichung nicht von körperlicher Perfektion abhängt, sondern von der inneren Einstellung und der Fähigkeit, Hindernisse als Teil des Pfades zu integrieren.

In der zeitgenössischen buddhistischen Praxis wird Kucipa oft als Schutzpatron für Menschen angerufen, die mit gesellschaftlicher Ausgrenzung oder Diskriminierung konfrontiert sind. Seine Geschichte ermutigt Praktizierende, ihre eigenen scheinbaren Nachteile als potenzielle Quellen spiritueller Kraft zu betrachten.

Darüber hinaus hat Kucipas Lehre von der Transformation von Hindernissen auch Einfluss auf moderne therapeutische Ansätze im Bereich der buddhistisch inspirierten Psychologie genommen. Der Grundgedanke, dass Schwierigkeiten nicht vermieden oder bekämpft, sondern durch Achtsamkeit und Mitgefühl transformiert werden können, findet sich in verschiedenen zeitgenössischen Achtsamkeitspraktiken wieder.

Darstellung in der Kunst

In der buddhistischen Kunst wird Kucipa durch seinen markanten Kropf unverkennbar dargestellt. In tibetischen Thangkas erscheint er meist als schlanker Mann mittleren Alters mit einer deutlichen Schwellung am Hals. Er wird oft in Meditationshaltung gezeigt, manchmal auch stehend oder in der "Tänzerhaltung" (ardhaparyanka), die für tantrische Meister typisch ist.

Seine Hautfarbe wird in verschiedenen Darstellungen unterschiedlich wiedergegeben - manchmal mit der natürlichen Hautfarbe eines Inders, manchmal mit einem bläulichen Ton, der seine Verbindung zu tantrischen Gottheiten symbolisiert. Sein Gesichtsausdruck ist meist friedvoll und leicht lächelnd, was seine innere Verwirklichung widerspiegelt.

In den meisten Darstellungen trägt Kucipa einfache Kleidung, oft nur einen Lendenschurz oder eine dünne Robe, manchmal auch die typischen Knochenornamente eines tantrischen Yogins. Sein Haar ist entweder zu einem Knoten auf dem Kopf gebunden oder fällt frei über seine Schultern. In einigen Darstellungen trägt er auch eine Kopfbedeckung, die ihn als verwirklichten Siddha kennzeichnet.

Ein häufiges Element in künstlerischen Darstellungen ist ein subtiles Leuchten oder ein Heiligenschein um seinen Kropf, der symbolisiert, dass dieser nicht mehr ein Zeichen von Krankheit ist, sondern ein Gefäß spiritueller Kraft. In manchen Abbildungen berührt er seinen Kropf mit einer Hand in einer Mudra (symbolische Handgeste), die Transformation bedeutet.

Kucipa wird oft in der Reihe der 84 Mahasiddhas dargestellt, die in großen Wandmalereien in tibetischen Klöstern oder auf speziellen Thangkas zu sehen sind. In diesen Gruppenbildern ist er durch seinen Kropf leicht zu identifizieren und erscheint meist in der unteren Hälfte der Komposition, was seine Verbindung zur irdischen Welt symbolisiert.

In Nepal und Tibet gibt es auch Statuen von Kucipa, meist aus Metall gegossen, die als Fokus für Verehrung und Meditation dienen. Diese dreidimensionalen Darstellungen betonen oft die würdevolle Haltung des Meisters und stellen seinen Kropf als integralen Teil seiner spirituellen Identität dar, nicht als Makel.

In zeitgenössischen buddhistischen Kunstwerken wird Kucipa gelegentlich in einem moderneren Stil dargestellt, wobei jedoch die wesentlichen ikonographischen Elemente - insbesondere der Kropf und die meditative Haltung - beibehalten werden, um seine Identität zu wahren.

Schlussbetrachtung

Die Geschichte des Mahasiddha Kucipa verkörpert einige der tiefgründigsten Lehren des buddhistischen Pfades. Seine Transformation eines körperlichen Leidens in ein Werkzeug der spirituellen Verwirklichung illustriert das fundamentale tantrische Prinzip, dass Erleuchtung nicht durch die Flucht vor oder die Unterdrückung von schwierigen Aspekten des Lebens erreicht wird, sondern durch deren bewusste Integration und Transformation.

Kucipas Leben erinnert uns daran, dass wahre spirituelle Freiheit nicht von äußeren Umständen abhängt, sondern von der inneren Einstellung. Seine Geschichte inspiriert dazu, vermeintliche Hindernisse als potenzielle Quellen der Weisheit zu betrachten und die Dualität von "perfekt" und "mangelhaft" zu überwinden.

In einer Zeit, in der körperliche Perfektion und Konformität oft überbewertet werden, bietet Kucipas Vermächtnis eine tiefgreifende Alternative: die Möglichkeit, gerade in unseren Besonderheiten und scheinbaren Mängeln unsere einzigartige Kraft zu finden. Seine Lehre von der Transformation des Leidens durch bewusste Praxis bleibt zeitlos relevant und bietet einen Weg zur Befreiung, der nicht auf Verleugnung, sondern auf Akzeptanz und Transformation beruht.

Die Integration von Kucipas Lehren in verschiedene buddhistische Traditionen über die Jahrhunderte hinweg zeugt von ihrer universellen Anwendbarkeit und Tiefe. Sein Beitrag zur buddhistischen Praxis, insbesondere im Bereich der tantrischen Visualisierungstechniken und der Arbeit mit subtilen Energien, hat zahllose Praktizierende inspiriert und unterstützt.

Letztendlich lehrt uns Kucipa, der Yogin mit dem Kropfhals, dass der Pfad zur Erleuchtung nicht durch Perfektion, sondern durch authentische Selbstannahme und tiefgreifende Transformation führt. In dieser Erkenntnis liegt vielleicht sein wichtigstes Vermächtnis für die heutige Zeit.

2.48 Kukkuripa - Der Hundeliebhaber

Herkunft

Über die historische Person Kukkuripas ist vergleichsweise wenig bekannt. Die meisten Berichte über sein Leben stammen aus hagiographischen Texten, die zwischen dem 11. und 13. Jahrhundert entstanden sind. Nach diesen Quellen soll Kukkuripa im 9. oder 10. Jahrhundert in Ostindien, wahrscheinlich in der Region Bengal, gelebt haben.

Wie bei vielen Mahasiddhas ist sein Geburtsname nicht überliefert. Der Name "Kukkuripa" ist ein Beiname, der sich aus dem Sanskrit-Wort "kukkura" (Hund) und dem Suffix "-pa" (Mann/Person) zusammensetzt, also etwa "der Hundemann" oder "der Hundeliebhaber" bedeutet. Diese Bezeichnung erhielt er aufgrund seiner besonderen Beziehung zu einem Hund, die im Zentrum seiner spirituellen Transformation steht.

Einige Überlieferungen deuten darauf hin, dass Kukkuripa vor seiner spirituellen Suche ein König oder ein wohlhabender Mann gewesen sein könnte, der seinen Reichtum und seine gesellschaftliche Stellung aufgab, um den Dharma zu suchen. Andere Quellen beschreiben ihn als einen einfachen Mann, der bereits in jungen Jahren mit der buddhistischen Lehre in Kontakt kam. In beiden Versionen wird jedoch seine außergewöhnliche Hingabe und sein Streben nach spiritueller Verwirklichung betont.

Besondere Eigenschaften

Kukkuripa zeichnete sich durch mehrere bemerkenswerte Eigenschaften aus, die ihn unter den Mahasiddhas hervorstechen lassen:

Zunächst war da seine unerschütterliche Hingabe zur Meditation. Überlieferungen berichten, dass er zwölf Jahre in Abgeschiedenheit meditierte, ohne sich von äußeren Umständen ablenken zu lassen. Diese Beharrlichkeit ist charakteristisch für viele Mahasiddhas, doch bei Kukkuripa verband sie sich mit einer weiteren besonderen Eigenschaft: seinem grenzenlosen Mitgefühl, das sich nicht nur auf Menschen, sondern auch auf Tiere erstreckte.

Besonders bemerkenswert war Kukkuripas Fähigkeit, weltliche Versuchungen zu überwinden. Legenden berichten, dass er sogar den Verlockungen des Götterhimmels widerstand, um zu seinem treuen Hund zurückzukehren - eine Tat, die sein tiefes Verständnis der buddhistischen Lehre von Anhaftung und Nicht-Anhaftung offenbart.

Nicht zuletzt verfügte Kukkuripa über die für Mahasiddhas typische Fähigkeit, komplexe spirituelle Wahrheiten in einfachen, alltäglichen Handlungen und Beziehungen zu verkörpern. Seine Verbindung zum Hund wurde zu einer lebendigen Metapher für bedingungslose Liebe und authentische spirituelle Praxis jenseits konventioneller religiöser Normen.

Geschichte der Erleuchtung

Die zentrale Geschichte von Kukkuripas Erleuchtung ist eng mit seinem vierbeinigen Gefährten verbunden. Der Legende nach hatte sich Kukkuripa in eine verlassene Höhle zurückgezogen, um dort in Einsamkeit zu meditieren. Eines Tages fand er einen ausgehungerten, streunenden Hund. Trotz seiner eigenen knappen Ressourcen teilte er sein Essen mit dem Tier, das daraufhin bei ihm blieb und sein treuer Begleiter wurde.

Zwölf Jahre verbrachte Kukkuripa in tiefer Meditation in dieser Höhle, stets in Gemeinschaft mit dem Hund. Seine spirituelle Praxis brachte ihm schließlich außergewöhnliche Fortschritte, die die Aufmerksamkeit der Dakinis - weibliche Verkörperungen erleuchteter Energie - erregten. Diese luden ihn ein, sie in ihrem Himmelreich zu besuchen, um dort seine Verwirklichung zu vertiefen.

Kukkuripa nahm die Einladung an und stieg in den Himmel der Dakinis auf, wo er von ihrer Gesellschaft und den himmlischen Freuden gefesselt war. In diesem Zustand der Glückseligkeit verbrachte er einige Zeit, bis er sich plötzlich an seinen zurückgelassenen Hund erinnerte. Die Dakinis versuchten, ihn zum Bleiben zu überreden, und warnten ihn, dass er, wenn er einmal den Himmel verlassen hätte, möglicherweise nicht zurückkehren könne.

In diesem entscheidenden Moment offenbarte sich Kukkuripas wahres Verständnis des Dharma. Er erkannte, dass wahre Erleuchtung nicht in der Flucht vor der Welt oder im Aufgehen in himmlischen Freuden besteht, sondern in der Verkörperung von Mitgefühl und Weisheit im Hier und Jetzt. Er entschied sich, zum Hund zurückzukehren.

Als er zur Erde zurückkehrte und seine Höhle betrat, stellte er fest, dass der Hund in Wahrheit eine Manifestation der Vajrayogini, einer wichtigen weiblichen Buddha-Gestalt, gewesen war. Der Hund verwandelte sich vor seinen Augen in ihre glorreiche Form, und in diesem Moment erreichte Kukkuripa die vollständige Erleuchtung. Diese Transformation symbolisiert die tantrische Einsicht, dass das Gewöhnliche und das Heilige, das Weltliche und das Transzendente nicht getrennt, sondern in ihrer Essenz identisch sind.

Leben und Tod

Nach seiner Erleuchtung kehrte Kukkuripa nicht zu einem konventionellen Leben zurück, sondern wurde zu einem wandernden Lehrer, der die tantrischen Lehren verbreitete. Er verkörperte den Archetyp des "verrückten Weisen" (skt. avadhuta), der jenseits sozialer Konventionen lebte und durch sein exzentrisches Verhalten die Begrenzungen des gewöhnlichen Denkens herausforderte.

Überlieferungen berichten, dass er oft in Begleitung des Hundes gesehen wurde, der nun als seine spirituelle Gefährtin bekannt war. Diese ungewöhnliche Partnerschaft wurde zu einem lebendigen Symbol für die tantrische Vereinigung von Methode (Mitgefühl) und Weisheit, die beiden grundlegenden Aspekte des Pfades zur Erleuchtung.

Über Kukkuripas Tod existieren verschiedene Legenden. Einige behaupten, er habe die Fähigkeit erlangt, seinen Körper beim Tod in reines Licht aufzulösen (skt. rainbow body) - ein Zeichen höchster spiritueller Verwirklichung im tibetischen Buddhismus. Andere Überlieferungen besagen, er sei gemeinsam mit seinem Hund in das reine Land der Dakinis eingegangen. In allen Versionen wird jedoch betont, dass Kukkuripa die Unsterblichkeit im spirituellen Sinne erlangte, indem er vollständig die illusorische Natur der gewöhnlichen Existenz transzendierte.

Lehren und Übertragungen

Obwohl Kukkuripa selbst keine schriftlichen Werke hinterlassen hat, werden ihm wichtige Beiträge zur Übertragung tantrischer Lehren, insbesondere im Bereich der Mahamudra und der Chakrasamvara-Praktiken, zugeschrieben. Seine Hauptlehre war jedoch in seinem Leben selbst verkörpert: die Erkenntnis, dass spirituelle Verwirklichung nicht durch Flucht vor der Welt, sondern durch bedingungslose Liebe und Mitgefühl gegenüber allen Wesen erreicht wird.

Kukkuripa ist besonders für die Übertragung der "Hunde-Praxis" bekannt, eine spezielle Form der Meditation, die die Hingabe und bedingungslose Treue eines Hundes als Modell für die Beziehung des Praktizierenden zu seinem spirituellen

Lehrer und zur Buddha-Natur verwendet. Diese Praxis betont die Qualitäten der Loyalität, des Vertrauens und der Unvoreingenommenheit - Eigenschaften, die im Hund verkörpert sind und die der spirituell Suchende kultivieren sollte.

Darüber hinaus ist Kukkuripa in der Übertragungslinie der Mahamudra-Lehren von Bedeutung, insbesondere in der Kagyu-Schule des tibetischen Buddhismus. Seine Erfahrungen werden als lebendiges Beispiel für die Mahamudra-Einsicht zitiert, dass die wahre Natur des Geistes in gewöhnlichen Erfahrungen zu finden ist, wenn man sie mit Achtsamkeit und Bewusstheit erlebt.

Bedeutung und Nachwirkung

Kukkuripas Vermächtnis lebt in verschiedenen Traditionen des tibetischen Buddhismus fort, besonders in den Schulen der Kagyu und Sakya. Seine Geschichte wird oft erzählt, um grundlegende Prinzipien des Vajrayana-Buddhismus zu illustrieren:

1. Die Erkenntnis, dass das Heilige im Profanen zu finden ist - symbolisiert durch die Transformation des gewöhnlichen Hundes in die erleuchtete Dakini.

2. Die Bedeutung des Mitgefühls gegenüber allen Wesen als Grundlage des spirituellen Pfades - gezeigt durch Kukkuripas Fürsorge für den Hund.

3. Die Überwindung dualistischen Denkens - dargestellt durch Kukkuripas Entscheidung, die himmlischen Freuden aufzugeben, um zu seinem irdischen Gefährten zurückzukehren.

4. Die Erkenntnis, dass wahre spirituelle Erfüllung nicht in der Flucht vor der Welt, sondern im mitfühlenden Engagement mit ihr liegt.

In der Gegenwart inspiriert Kukkuripas Geschichte weiterhin buddhistische Praktizierende, besonders jene, die einen Weg suchen, der Spiritualität mit alltäglichem Leben verbindet. Seine Lehre vom Wert der Beziehung zu Tieren hat auch moderne Buddhisten beeinflusst, die Tierschutz und Tierrechte als natürliche Erweiterung des buddhistischen Mitgefühls betrachten.

Darstellung in der Kunst

Kukkuripa wird in der tibetischen religiösen Kunst typischerweise als asketischer Yogi dargestellt, stets in Begleitung eines Hundes. Er trägt oft nur einen einfachen Lendenschurz oder Yogiroben und hat langes, ungepflegtes Haar - Zeichen seiner Abkehr von weltlichen Konventionen. Sein Gesichtsausdruck ist meist freundlich und mitfühlend, was seine herzliche Natur widerspiegelt.

In Thangkas wird Kukkuripa häufig in einer Höhle oder vor einem Bergmassiv sitzend dargestellt, was seine Vorliebe für die Einsamkeit symbolisiert. Der Hund liegt typischerweise zu seinen Füßen oder schmiegt sich an ihn an. In manchen Darstellungen ist eine Transformation angedeutet, bei der der Hund teilweise die Züge der Dakini Vajrayogini trägt oder von ihrem roten Licht umgeben ist.

Ein besonders bemerkenswertes ikonographisches Element in Kukkuripas Darstellungen ist das gleichzeitige Vorhandensein von Symbolen der Abgeschiedenheit (Höhle, Berge) und der Verbundenheit (der Hund) - eine visuelle Repräsentation der zentralen Spannung in seiner Geschichte zwischen Weltflucht und mitfühlendem Engagement.

In der Serie der 84 Mahasiddhas, die in tibetischen Tempeln und Klöstern häufig als Gruppe dargestellt werden, ist Kukkuripa durch seinen Hundegefährten sofort erkennbar und gehört zu den am leichtesten identifizierbaren Figuren.

Schlussbetrachtung

Die Geschichte des Mahasiddha Kukkuripa bietet uns einen tiefen Einblick in die Essenz des tibetischen Buddhismus, insbesondere des Vajrayana-Pfades. Sie zeigt uns, dass spirituelle Verwirklichung nicht in der Ablehnung der Welt, sondern in ihrer Transformation durch Mitgefühl und Weisheit besteht.

In einer Zeit, in der die Beziehung zwischen Mensch und Tier zunehmend als bedeutungsvoll anerkannt wird, gewinnt Kukkuripas Geschichte zusätzliche Relevanz. Sie erinnert uns daran, dass authentische spirituelle Praxis nicht auf Tempel, Klöster oder formelle Rituale beschränkt ist, sondern in jeder mitfühlenden Handlung, sogar in der Fürsorge für ein hilfloses Tier, gefunden werden kann.

Die Legende von Kukkuripa fordert uns heraus, unsere eigenen Vorstellungen von spirituellem Fortschritt zu überdenken. Sie fragt uns, ob wir bereit wären, himmlische Freuden aufzugeben, um einem leidenden Wesen zu helfen. Sie erinnert uns daran, dass das Heilige nicht jenseits des Alltäglichen zu finden ist, sondern in seiner Mitte, wenn wir nur die Augen haben, es zu sehen.

In diesem Sinne bleibt Kukkuripa, der Hundeliebhaber, nicht nur eine historische oder legendäre Figur, sondern ein zeitloser Lehrer, dessen einfache, aber tiefgründige Botschaft über die Jahrhunderte hinweg zu uns spricht: Wahre Erleuchtung findet sich nicht in der Flucht vor der Welt, sondern in der bedingungslosen Liebe zu allen Wesen, die sie bewohnen.

2.49 Kumbharipa - Der Töpfer

Herkunft

Über die genaue Herkunft Kumbharipas ist wenig bekannt, was typisch für viele der Mahasiddhas ist, deren historische Details oft von legendenhaften Elementen überlagert werden. Die Überlieferungen deuten jedoch darauf hin, dass er im östlichen Indien, möglicherweise in der Region des heutigen Bengal oder Bihar, geboren wurde. Er stammte vermutlich aus einer niederen Kaste der indischen Gesellschaft, wie es für Handwerker und insbesondere Töpfer üblich war.

Als Töpfer gehörte Kumbharipa zur produktiven Schicht der Gesellschaft, die für die Herstellung alltäglicher Gebrauchsgegenstände verantwortlich war. Die Töpferkunst hatte in Indien eine lange Tradition und war ein wesentlicher Bestandteil des täglichen Lebens, da Tongefäße für die Aufbewahrung von Lebensmitteln, Wasser und anderen Notwendigkeiten unerlässlich waren. Trotz der Wichtigkeit dieses Handwerks genossen Töpfer in der hierarchischen Kastengesellschaft Indiens kein hohes Ansehen und lebten oft am Rande der Dörfer oder Städte.

Kumbharipa wuchs vermutlich in diesem bescheidenen Umfeld auf und erlernte das Töpferhandwerk von frühester Jugend an, wie es in den traditionellen Familienbetrieben üblich war. Die Ausbildung eines Töpfers umfasste nicht nur technische Fertigkeiten wie das Formen und Brennen von Ton, sondern auch ein tiefes Verständnis für die Eigenschaften der Materialien und die künstlerischen Aspekte der Gestaltung.

Es wird angenommen, dass Kumbharipa sein Handwerk meisterhaft beherrschte und für die Qualität und Schönheit seiner Töpferwaren bekannt war. Diese handwerkliche Meisterschaft sollte später zu einem wesentlichen Element seiner spirituellen Praxis werden und symbolische Bedeutung in seiner Erleuchtungsgeschichte erlangen.

Besondere Eigenschaften

Was Kumbharipa von anderen Handwerkern seiner Zeit unterschied, waren seine besonderen charakterlichen Eigenschaften, die ihn für den spirituellen Weg prädestinierten. Überlieferungen beschreiben ihn als einen Mann von außergewöhnlicher Konzentrationsfähigkeit und Hingabe an seine Arbeit. Wenn er an seiner Töpferscheibe saß und Gefäße formte, ging er vollständig in seiner Tätigkeit auf, ein Zustand tiefer Versenkung, der bereits Elemente meditativer Praxis enthielt.

Besonders hervorgehoben wird auch Kumbharipas natürliche Großzügigkeit und Mitgefühl. Trotz seiner eigenen bescheidenen Verhältnisse soll er niemals gezögert haben, Bedürftigen zu helfen, sei es durch Geschenke seiner Töpferwaren oder durch praktische Unterstützung. Diese Qualitäten des Herzens – Mitgefühl, Großzügigkeit und Freundlichkeit – sind im Buddhismus als wesentliche Voraussetzungen für spirituelles Wachstum angesehen.

Eine weitere bemerkenswerte Eigenschaft Kumbharipas war seine Offenheit und Empfänglichkeit für neue Ideen und Lehren. In einer Zeit und Gesellschaft, die stark von traditionellen Vorstellungen und starren religiösen Dogmen geprägt war, zeigte er eine ungewöhnliche geistige Flexibilität und Bereitschaft, konventionelle Annahmen zu hinterfragen. Diese Qualität ermöglichte ihm später, die tiefgründigen und manchmal paradoxen Lehren des tantrischen Buddhismus zu verstehen und zu verinnerlichen.

Nicht zuletzt zeichnete sich Kumbharipa durch seine außerordentliche Beharrlichkeit und Ausdauer aus. Die Kunst des Töpferns erfordert nicht nur Geschicklichkeit, sondern auch Geduld und die Fähigkeit, Rückschläge zu überwinden – Eigenschaften, die sich als entscheidend für seinen spirituellen Weg erweisen sollten. Die Legenden berichten, dass er einmal gesagt haben soll: "So wie ich aus einfachem Ton kostbare Gefäße forme, so kann auch der Geist durch beständige Übung zu einem Gefäß der Erleuchtung werden."

Geschichte der Erleuchtung

Die Geschichte von Kumbharipas Erleuchtung ist tief symbolisch und illustriert die zentrale Bedeutung der direkten Erfahrung im tantrischen Buddhismus. Der Überlieferung nach arbeitete Kumbharipa eines Tages konzentriert an seiner Töpferscheibe, als ein wandernder Yogi sein bescheidenes Atelier betrat. Dieser Yogi war in Wirklichkeit ein verwirklichter Meister, möglicherweise der Mahasiddha Nagarjuna oder einer seiner Schüler.

Der Meister beobachtete Kumbharipa bei seiner Arbeit und erkannte in dem einfachen Töpfer ein großes spirituelles Potenzial. Er sprach ihn an und fragte: "Wie lange willst du noch vergängliche Gefäße aus Ton formen? Wäre es nicht besser, dein eigenes Bewusstsein zu formen, das unvergängliche Gefäß der Erleuchtung?"

Diese Frage traf Kumbharipa wie ein Blitz. In diesem Moment erlebte er eine tiefe Einsicht in die Vergänglichkeit aller materiellen Dinge, einschließlich seiner eigenen Schöpfungen, die trotz aller Kunstfertigkeit letztlich dem Zerfall unterworfen waren. Er bat den Yogi um Unterweisung, und dieser initiierte ihn in die tantrischen Lehren und gab ihm eine spezielle Meditationspraxis.

Die entscheidende Anweisung des Meisters lautete: "Betrachte jeden Topf, den du formst, als leer von inhärenter Existenz. Erkenne, dass seine Form nur vorübergehend ist, abhängig von unzähligen Bedingungen – dem Ton, deinen Händen, dem Feuer, dem Wasser. Und ebenso betrachte deinen eigenen Geist als leer von inhärenter Existenz, als formbar wie Ton und doch in seiner Essenz unberührt von allen Formen."

Kumbharipa nahm diese Anweisung ernst und begann, seine tägliche Arbeit als spirituelle Praxis zu nutzen. Jeder Handgriff beim Töpfern wurde zu einer Meditation über die Leerheit (Shunyata) und die abhängige Entstehung aller Phänomene. Die Töpferscheibe wurde zum Mandala, der Ton zum Symbol für die formbare Natur des Geistes, das Brennen der Töpfe zum Transformationsprozess der spirituellen Alchemie.

Nach einigen Jahren intensiver Praxis, während er weiterhin als einfacher Töpfer lebte und arbeitete, erlangte Kumbharipa die vollständige Erleuchtung. Der Moment seiner Verwirklichung wird in den Legenden auf verschiedene Weise beschrieben. Eine Version erzählt, dass er eines Tages beim Betrachten eines frisch gebrannten Topfes plötzlich die vollkommene Einheit von Form und Leerheit erkannte, wodurch alle konzeptuellen Schleier fielen und er die wahre Natur der Realität unmittelbar erfuhr.

Eine andere Version berichtet, dass er in tiefer Meditation die Illusion der Dualität zwischen Subjekt und Objekt, zwischen dem Töpfer und seinen Töpfen, transzendierte und so die nicht-duale Natur des Bewusstseins verwirklichte. In beiden Versionen ist das zentrale Element die Transformation des alltäglichen Handwerks in einen Weg zur höchsten Erkenntnis – eine charakteristische Lehre des tantrischen Buddhismus, die betont, dass Erleuchtung nicht durch Weltflucht, sondern durch die Transformation des Alltäglichen erreicht wird.

Leben und Tod

Nach seiner Erleuchtung setzte Kumbharipa sein Leben als Töpfer fort, nun jedoch mit einem vollkommen transformierten Bewusstsein. Diese Kontinuität zwischen seinem Leben vor und nach der Erleuchtung ist bedeutsam, denn sie unterstreicht eine zentrale Lehre des Mahayana- und Vajrayana-Buddhismus: Die Erleuchtung manifestiert sich nicht in der Flucht aus dem gewöhnlichen Leben, sondern in der Transformation der Wahrnehmung und des Verhältnisses zur Welt.

Obwohl Kumbharipa äußerlich weiterhin als einfacher Töpfer erschien, erkannten spirituell Suchende bald seine außergewöhnliche Verwirklichung. Menschen begannen, sein bescheidenes Atelier aufzusuchen, nicht nur um Töpferwaren zu kaufen, sondern auch um spirituelle Unterweisung zu erhalten. Kumbharipa lehrte durch sein Beispiel und durch einfache, direkte Unterweisungen, die oft mit seinem Handwerk verbunden waren.

Eine berühmte Anekdote erzählt, wie ein gelehrter buddhistischer Mönch zu Kumbharipa kam, um seine Weisheit zu testen. Der Mönch fragte ihn nach komplexen philosophischen Konzepten des Buddhismus. Anstatt eine theoretische Antwort zu geben, lud Kumbharipa den Mönch ein, ihm beim Töpfern zuzusehen. Als der Mönch beobachtete, wie der Meister mit vollkommener Präsenz und Geschicklichkeit den Ton formte, erlebte er plötzlich eine tiefe Einsicht in die Natur des Geistes, die über alle Konzepte hinausging.

Über Kumbharipas Tod existieren verschiedene Überlieferungen, die alle stark symbolischen Charakter tragen. Eine Version berichtet, dass er in hohem Alter, während er an seiner Töpferscheibe arbeitete, bewusst seinen Körper verließ und in den "Regenbogenkörper" einging — eine fortgeschrittene tantrische Verwirklichung, bei der der physische Körper in reines Licht aufgelöst wird. Eine andere Erzählung besagt, dass er in tiefer Meditation sein Bewusstsein bewusst in das Dharmakaya, den ultimativen Seinszustand jenseits aller Formen, übertrug.

Unabhängig von den legendenhaften Elementen dieser Berichte betonen sie alle die vollständige Meisterschaft Kumbharipas über Leben und Tod, die ein zentrales Merkmal der Mahasiddha-Tradition darstellt. Nach buddhistischer Auffassung ist die Überwindung der Furcht vor dem Tod und die Fähigkeit, den Todesprozess bewusst zu durchlaufen, ein Zeichen höchster spiritueller Verwirklichung.

Lehren und Übertragungen

Die Lehren Kumbharipas, wie sie in den tantrischen Überlieferungen bewahrt wurden, sind geprägt von der Unmittelbarkeit direkter Erfahrung und der Verwendung alltäglicher Aktivitäten als Pfad zur Erleuchtung. Sie repräsentieren einen charakteristischen Aspekt des Vajrayana-Buddhismus: die Transformation weltlicher Tätigkeiten in spirituelle Praxis.

Zentral in Kumbharipas Lehre ist die Analogie zwischen dem Töpferhandwerk und dem spirituellen Weg. Der Ton symbolisiert den formbaren Geist, die Töpferscheibe die beständige Praxis, die Hände des Töpfers die geschickten Mittel (Upaya), und das Feuer des Brennofens die transformative Kraft der Weisheit (Prajna). Diese Analogie ermöglicht es, abstrakte buddhistische Konzepte in konkrete, erfahrbare Realität zu übersetzen.

Besonders betont wird in seinen Unterweisungen die Einheit von Form und Leerheit, ein zentrales Konzept des Mahayana-Buddhismus, das im Herz-Sutra mit den Worten "Form ist Leerheit, Leerheit ist Form" ausgedrückt wird. Für Kumbharipa war diese philosophische Einsicht keine abstrakte Theorie, sondern eine lebendige Erfahrung in jedem Moment des Töpferns: Der Ton hat keine inhärente, eigenständige Existenz (Leerheit), nimmt aber dennoch unendlich viele Formen an.

Eine weitere wichtige Lehre Kumbharipas betrifft die Nicht-Dualität von Samsara (dem Kreislauf bedingter Existenz) und Nirvana (dem Zustand der Befreiung). Durch seine eigene Erfahrung zeigte er, dass Erleuchtung nicht in einer anderen Welt oder einem besonderen Zustand jenseits des gewöhnlichen Lebens zu finden ist, sondern in der transformierten Wahrnehmung der gegenwärtigen Realität.

Kumbharipa wird auch eine besondere Übertragungslinie zugeschrieben, die als "Der Pfad des geschickten Handelns" oder "Die Yoga des Handwerks" bekannt ist. Diese Praxis integriert körperliche Arbeit, Achtsamkeit und tiefgründige Einsicht in einer Weise, die besonders für Laien und arbeitende Menschen zugänglich ist. Die Übertragung dieser Lehre erfolgte nicht nur durch formale Unterweisungen, sondern oft durch direkte Demonstration und unmittelbare Erfahrung.

In der tibetischen Tradition wurde Kumbharipas Lehre hauptsächlich innerhalb der Kagyu-Schule bewahrt, einer der vier Hauptschulen des tibetischen Buddhismus, die für ihre Betonung der direkten Erfahrung und der Meditationspraxis bekannt ist. Seine Lehren fanden auch Eingang in die "Doha"-Tradition, eine Form spiritueller Lieder, die von den Mahasiddhas verwendet wurden, um tiefgründige Wahrheiten in einfacher, zugänglicher Sprache auszudrücken.

Bedeutung und Nachwirkung

Die Bedeutung Kumbharipas reicht weit über seine historische Person hinaus. Als einer der 84 Mahasiddhas hat er einen wichtigen Platz in der Übertragungslinie des Vajrayana-Buddhismus, der später in Tibet, Nepal, Bhutan und der Mongolei zu einer dominierenden spirituellen Tradition wurde. Sein Leben und seine Lehren verkörpern zentrale Aspekte dieser Tradition und haben Generationen von Praktizierenden inspiriert.

Besonders signifikant ist Kumbharipas Beitrag zur Demokratisierung des spirituellen Weges. In einer Zeit, als religiöse Praxis oft als Privileg von Mönchen, Asketen oder Brahmanen angesehen wurde, demonstrierte er, dass Erleuchtung für jeden zugänglich ist, unabhängig von sozialem Status, Bildung oder Lebensstil. Diese Botschaft war revolutionär und steht im Einklang mit der grundlegenden buddhistischen Lehre von der Buddha-Natur, die in allen fühlenden Wesen vorhanden ist.

Kumbharipas Beispiel hat auch die Integration von spiritueller Praxis und alltäglichem Leben gefördert. Anstatt Spiritualität als einen separaten Bereich zu betrachten, der in Klöstern oder Retreats kultiviert wird, zeigte er, wie jede Tätigkeit, wenn sie mit Bewusstheit und richtiger Motivation ausgeführt wird, zum Pfad der Befreiung werden kann. Diese Sichtweise hat besondere Relevanz in der modernen Welt, in der viele Menschen nach Wegen suchen, Spiritualität in ihr geschäftiges Leben zu integrieren.

In der tibetischen Tradition wurde Kumbharipas Erbe hauptsächlich in Form von Hagiographien (Lebensgeschichten heiliger Personen) und spirituellen Liedern bewahrt. Seine Geschichte wird oft im Kontext der "Namthar" erzählt, Biographien der Mahasiddhas, die nicht nur historische Fakten vermitteln sollen, sondern als Inspirationsquellen und Lehrmittel dienen. Diese Erzählungen betonen die transformative Kraft des spirituellen Weges und die Möglichkeit, Erleuchtung inmitten gewöhnlicher Umstände zu erlangen.

In jüngerer Zeit hat Kumbharipas Botschaft neue Relevanz gewonnen, da immer mehr Menschen im Westen sich für buddhistische Praktiken interessieren, aber keine Mönche oder Nonnen werden möchten. Sein Beispiel bietet ein Modell für eine integrierte Spiritualität, die nicht auf Rückzug aus der Welt basiert, sondern auf der Transformation des Verhältnisses zur Welt durch Achtsamkeit, Mitgefühl und Weisheit.

Darstellung in der Kunst

Kumbharipa wird in der buddhistischen Kunst häufig dargestellt, besonders in Tibet, Nepal und Bhutan. Diese Darstellungen folgen bestimmten ikonographischen Konventionen, sind aber auch von regionalen Stilen und historischen Perioden beeinflusst.

In der klassischen tibetischen Thangka-Malerei wird Kumbharipa typischerweise als Yogin mit halbnacktem Körper dargestellt, der die Freiheit von weltlichen Konventionen symbolisiert. Er trägt oft nur einen einfachen Lendenschurz und Schmuck aus Knochen oder anderen einfachen Materialien, was die tantrische Überwindung dualistischer Konzepte wie "rein" und "unrein" repräsentiert.

Das charakteristische Attribut in Darstellungen Kumbharipas ist natürlich der Tontopf oder die Töpferscheibe. Oft wird er sitzend an seiner Töpferscheibe gezeigt, vollkommen versunken in seine Arbeit, was seine meditation in action symbolisiert. In anderen Darstellungen hält er einen fertiggestellten Topf als Symbol der Transformation und Vollendung.

Eine wichtige ikonographische Konvention betrifft die Körperhaltung und Gesichtsausdruck: Kumbharipa wird meist mit leicht lächelndem Gesicht dargestellt, was innere Freude und Verwirklichung ausdrückt, und sein Körper zeigt eine natürliche, entspannte Haltung anstelle der strengen Meditationspositionen, die oft bei Buddha-Darstellungen zu sehen sind. Diese Entspanntheit symbolisiert die mühelose Verwirklichung, die nicht durch Anstrengung, sondern durch tiefes Verständnis erreicht wird.

In den "Mahasiddha-Serien", Thangkas, die alle 84 Mahasiddhas darstellen, nimmt Kumbharipa einen festen Platz ein. Diese Darstellungen folgen oft den Beschreibungen aus den "Grub thob brgyad bcu tsa bzhi'i lo rgyus", einer tibetischen Sammlung von Mahasiddha-Biographien aus dem 12. Jahrhundert.

Neben Malereien findet man Kumbharipa auch in Skulpturen und Reliefs, besonders an den Wänden buddhistischer Tempel und Klöster. In Nepal und einigen Regionen Tibets gibt es sogar kleine Schreine, die speziell Kumbharipa gewidmet sind und von Handwerkern und Künstlern verehrt werden, die in ihm einen Schutzpatron sehen.

Eine interessante moderne Entwicklung ist die Wiederentdeckung Kumbharipas als Inspirationsquelle für zeitgenössische buddhistische Künstler, besonders jene, die in der Keramik arbeiten. Diese Künstler sehen in ihm nicht nur einen historischen Heiligen, sondern ein lebendiges Beispiel für die Integration von künstlerischem Schaffen und spiritueller Praxis – eine Integration, die im heutigen kunsttheoretischen Diskurs oft als "kontemplative Kunst" bezeichnet wird.

Schlussbetrachtung

Die Geschichte des Mahasiddha Kumbharipa, des Töpfers, der durch die Transformation seiner alltäglichen Arbeit zur Erleuchtung gelangte, bleibt auch heute, mehr als tausend Jahre nach seiner Zeit, eine kraftvolle Inspiration. Sie erinnert uns daran, dass der spirituelle Weg nicht notwendigerweise Weltflucht oder außergewöhnliche Umstände erfordert, sondern in der bewussten Transformation unserer gewöhnlichen Erfahrungen gefunden werden kann.

Kumbharipas Beispiel lädt uns ein, unsere eigenen täglichen Aktivitäten – sei es Arbeit, Kunst, Handwerk oder selbst einfache Haushaltstätigkeiten – mit neuen Augen zu betrachten. Wie der Töpfer seinen Ton, so können wir unser Leben formen, mit Bewusstheit, Geduld und einer tiefen Wertschätzung für den Prozess selbst, nicht nur für das Ergebnis.

In einer Zeit, die von Hektik, Ablenkung und einer zunehmenden Entfremdung von manueller Arbeit geprägt ist, erinnert uns Kumbharipa an den Wert des vollständigen Eintauchens in das, was wir tun – ein Zustand, den der Psychologe Mihaly Csikszentmihalyi als "Flow" bezeichnet hat und der erstaunliche Parallelen zur meditativen Versenkung aufweist.

Darüber hinaus bietet Kumbharipas Lehre von der Einheit von Form und Leerheit eine tiefgründige Perspektive auf die Natur der Realität und unserer eigenen Existenz. Sie erinnert uns daran, dass wir, wie der Ton in den Händen des Töpfers, formbar und ständig im Wandel sind, ohne dabei unsere essentielle Natur zu verlieren.

Vielleicht liegt die größte Weisheit in Kumbharipas Beispiel in der Erkenntnis, dass das Außergewöhnliche im Gewöhnlichen gefunden werden kann, dass das Heilige nicht vom Profanen getrennt ist, und dass der Weg zur Befreiung nicht woanders, sondern genau hier beginnt, in diesem Moment, in dieser Tätigkeit, mit dieser Atemzug.

In der Welt des 21. Jahrhunderts, die oft von Materialismus, Überkonsum und spiritueller Verarmung geprägt ist, hat die Botschaft des einfachen Töpfers, der in seinem Handwerk das Geheimnis des Universums entdeckte, nichts von ihrer

Relevanz und Kraft verloren. Sie erinnert uns daran, dass wahre Erfüllung nicht im Besitz oder Status liegt, sondern in der Art und Weise, wie wir präsent sind in dem, was wir tun – eine zeitlose Weisheit, die in den Händen eines Töpfers Form annahm und über Jahrhunderte hinweg Menschen inspiriert hat, ihren eigenen Weg zur Verwirklichung zu finden.

2.50 Laksminkara - Die verrückte Prinzessin

Herkunft

Laksminkara wurde im 8. Jahrhundert n. Chr. als Prinzessin im Königreich Oddiyana geboren, einem Gebiet, das im heutigen Pakistan und Afghanistan verortet wird. Oddiyana gilt in der buddhistischen Tradition als mystisches Land und Ursprungsort vieler tantrischer Lehren. Als Tochter von König Indrabhuti und Schwester des Prinzen Indrabhuti (der später selbst ein bedeutender buddhistischer Meister wurde), wuchs sie in königlichem Wohlstand auf.

Die historischen Quellen zu Laksminkaras Leben sind hauptsächlich in den "Geschichten der vierundachtzig Mahasiddhas" überliefert, einer Sammlung von Hagiographien, die etwa im 11. und 12. Jahrhundert zusammengestellt wurden. Diese Texte beschreiben sie als außergewöhnlich intelligent und mit einer tiefen spirituellen Neigung von früher Kindheit an. Schon als junges Mädchen zeigte sie wenig Interesse an weltlichen Vergnügungen und widmete sich stattdessen der Kontemplation und religiösen Studien.

Die königliche Herkunft Laksminkaras ist bedeutsam, da sie den dramatischen Kontrast zu ihrem späteren Leben als vermeintlich wahnsinnige Asketin unterstreicht. Ihre Geschichte beginnt in den Palästen von Oddiyana, umgeben von Luxus und Privilegien, nur um später alle gesellschaftlichen Normen und Erwartungen zu durchbrechen.

Besondere Eigenschaften

Laksminkara zeichnete sich durch mehrere herausragende Eigenschaften aus, die sie von anderen Mitgliedern des königlichen Hofes unterschieden. Von besonderer Bedeutung war ihre außergewöhnliche Intelligenz und spirituelle Intuition. Die Überlieferungen beschreiben sie als eine Frau mit scharfem Verstand, die komplexe philosophische Konzepte schnell erfassen konnte und eine natürliche Neigung zur Meditation besaß.

Eine weitere bemerkenswerte Eigenschaft war ihr unbeugsamer Wille und ihre Entschlossenheit, dem eigenen spirituellen Weg zu folgen, ungeachtet gesellschaftlicher Erwartungen. Diese Unabhängigkeit zeigte sich bereits früh, als sie sich gegen die für Frauen ihrer Zeit üblichen Beschäftigungen und Verhaltensweisen wandte.

Darüber hinaus besaß Laksminkara ein tiefes Mitgefühl. Trotz ihrer privilegierten Stellung war sie sich des Leidens anderer bewusst und entwickelte eine starke

Abneigung gegen die Ungleichheiten und Ungerechtigkeiten der Gesellschaft. Diese Empathie prägte später ihren spirituellen Weg und ihre Lehren.

Was Laksminkara jedoch am deutlichsten von anderen unterschied, war ihre Bereitschaft, konventionelle Vorstellungen von Anstand, Vernunft und sozialem Status vollständig zu verwerfen. Ihr Name "die Verrückte" deutet auf ihr exzentrisches Verhalten hin, das für ihre Umgebung unverständlich erschien. Doch hinter dieser scheinbaren Verrücktheit verbarg sich eine tiefe spirituelle Methode, die als "verrücktes Weisheitsverhalten" (sanskrit: avadhuti-carya) bekannt ist – eine Praxis, bei der der Praktizierende bewusst gesellschaftliche Normen durchbricht, um die Illusion sozialer Konstrukte zu entlarven und die wahre Natur der Realität zu erkennen.

Geschichte der Erleuchtung

Laksminkaras Weg zur Erleuchtung begann mit einem einschneidenden Ereignis in ihrem Leben: ihrer Zwangsverheiratung. Als Prinzessin wurde sie aus politischen Gründen mit dem König von Lankapuri verheiratet und in ein fremdes Land geschickt. Diese arrangierte Ehe markierte einen Wendepunkt, der ihre spirituelle Transformation einleitete.

In Lankapuri fand sie sich in einer Situation wieder, die ihren spirituellen Neigungen zuwiderlief. Der königliche Hof mit seinen weltlichen Vergnügungen und Intrigen verstärkte ihre Abneigung gegen das weltliche Leben. Während dieser Zeit erhielt sie heimlich tantrische Einweihungen und Unterweisungen von einem wandernden Yogi, der möglicherweise mit ihrem Bruder Indrabhuti in Verbindung stand.

Nach einer Zeit der verdeckten spirituellen Praxis kam der entscheidende Moment ihrer Transformation. Die Überlieferungen berichten, dass Laksminkara eines Tages ihre königlichen Gewänder ablegte, sich mit Asche beschmierte und begann, sich wie eine Wahnsinnige zu verhalten. Sie verließ den Palast und ließ sich in einer Leichenstätte nieder – ein Ort, der in der tantrischen Tradition als besonders kraftvoll für spirituelle Praxis gilt, da er die Vergänglichkeit des Lebens unmittelbar vor Augen führt.

In dieser abschreckenden Umgebung vertiefte Laksminkara ihre Meditation. Sie praktizierte die "Einheit von Erscheinung und Leerheit" (sanskrit: rupa-sunyata), eine fortgeschrittene Kontemplation, die die konventionelle Wahrnehmung der

Realität auflöst. Ihre unkonventionelle Lebensweise diente dabei als äußerer Ausdruck ihres inneren Prozesses: So wie sie die gesellschaftlichen Konventionen aufgab, löste sie innerlich die konzeptuellen Konstrukte auf, die das gewöhnliche Bewusstsein begrenzen.

Die Erleuchtung selbst wird in den Überlieferungen als plötzliches Ereignis beschrieben. Während einer tiefen Meditation erlangte sie die direkte Erkenntnis der Mahamudra – der "Großen Vollendung" oder "Großen Geste", die als höchste Verwirklichung im tantrischen Buddhismus gilt. In diesem Zustand erkannte sie die wahre Natur aller Phänomene jenseits von konzeptuellen Zuschreibungen und dualistischem Denken.

Was ihre Erleuchtungsgeschichte besonders bemerkenswert macht, ist die Tatsache, dass sie den Zustand höchster Verwirklichung erreichte, während sie äußerlich den Anschein völliger Verrücktheit erweckte. Dies verkörpert ein zentrales Prinzip des tantrischen Buddhismus: Die äußere Erscheinung kann trügerisch sein, und wahre spirituelle Verwirklichung kann sich in unerwarteten Formen manifestieren.

Leben und Tod

Nach ihrer Erleuchtung setzte Laksminkara ihr Leben als scheinbar verrückte Asketin fort. Sie wanderte durch die Straßen von Lankapuri, sprach in Rätseln und Paradoxa und verhielt sich auf eine Weise, die für gewöhnliche Menschen unverständlich war. Hinter dieser Fassade der Verrücktheit verbarg sich jedoch eine tiefe Weisheit, die sie in einer speziellen Sprache vermittelte, die nur von jenen verstanden werden konnte, die spirituell empfänglich waren.

Interessanterweise kehrte sie nie zu ihrem früheren Status als Königin zurück. Stattdessen lebte sie am Rande der Gesellschaft, oft in der Nähe von Verbrennungsstätten oder anderen unreinen Orten, die von der konventionellen Gesellschaft gemieden wurden. Diese Orte symbolisieren im tantrischen Buddhismus die Überwindung dualistischer Konzepte wie "rein" und "unrein".

Mit der Zeit sammelte sich eine kleine Gruppe von Schülern um sie – Menschen, die hinter ihrer scheinbaren Verrücktheit die tiefe Weisheit erkannten. Für diese Schüler war Laksminkara eine direkte Verkörperung der tantrischen Lehre, dass die höchste Wahrheit jenseits konventioneller Konzepte und Verhaltensweisen liegt.

Über Laksminkaras Tod gibt es verschiedene Überlieferungen. Eine Version berichtet, dass sie ihren physischen Körper in reines Licht auflöste – ein Phänomen, das als "Regenbogenkörper" bekannt ist und als höchstes Zeichen spiritueller Verwirklichung gilt. Eine andere Überlieferung besagt, dass sie einfach eines Tages verschwand, ohne eine Spur zu hinterlassen, was als Hinweis auf ihre Fähigkeit interpretiert wird, sich zwischen verschiedenen Realitätsebenen zu bewegen.

Unabhängig von den Details ihres physischen Todes lebt Laksminkara in der buddhistischen Tradition als unsterbliche Dakini weiter – eine erleuchtete weibliche Energieform, die weiterhin zum Wohle der fühlenden Wesen wirkt und jenen erscheinen kann, die eine karmische Verbindung zu ihr haben.

Lehren und Übertragungen

Die Lehren Laksminkaras sind eng mit dem Pfad des "verrückten Weisheitsverhaltens" (avadhuti-carya) verbunden. Dieses unkonventionelle Verhalten diente als lebendige Demonstration der Lehre, dass wahre Befreiung die Überwindung aller konzeptuellen Konstrukte erfordert – einschließlich gesellschaftlicher Normen, religiöser Konventionen und selbst der Unterscheidung zwischen "spirituell" und "weltlich".

Ihr zentraler Lehrfokus lag auf der direkten Erkenntnis der Mahamudra, der "Großen Vollendung". Diese Lehre betont die unmittelbare Erfahrung der wahren Natur des Geistes jenseits aller Konzeptualisierungen. Laksminkara lehrte, dass der Geist in seinem natürlichen Zustand bereits vollkommen und erleuchtet ist; spirituelle Praxis besteht lediglich darin, die Verschleierungen zu entfernen, die diese Erkenntnis verhindern.

Ein besonderer Aspekt ihrer Lehre war die Betonung der "Einheit von Erscheinung und Leerheit". Sie vermittelte, dass die phänomenale Welt weder vollständig real noch völlig illusorisch ist, sondern vielmehr wie ein Traum oder eine Spiegelung – leer von inhärenter Existenz, aber dennoch erscheinend und funktional.

Im Bereich der Praxis ist Laksminkara mit bestimmten Meditationstechniken verbunden, die als "Sahaja-Yoga" bekannt sind – Methoden, die auf die spontane und natürliche Erkenntnis der wahren Natur des Geistes abzielen. Diese Praktiken vermeiden komplizierte Rituale zugunsten direkter Methoden, die zur unmittelbaren Erfahrung führen.

Die Übertragungslinie Laksminkaras wurde hauptsächlich innerhalb der Tradition des buddhistischen Tantra bewahrt. Ihre Lehren wurden zunächst mündlich von Lehrer zu Schüler weitergegeben und später in verschiedenen tantrischen Texten kodifiziert. Besonders in der Kagyu-Schule des tibetischen Buddhismus, die für ihre Betonung der Mahamudra bekannt ist, wird Laksminkara als wichtige Figur in der Übertragungslinie verehrt.

Auch in der indisch-buddhistischen Sahajiya-Bewegung, die synkretistische Elemente aus Buddhismus und Hinduismus verbindet, finden sich Spuren ihrer Lehren. Diese Tradition betont ebenfalls die unmittelbare Erfahrung der Einheit aller Phänomene jenseits konzeptueller Konstrukte.

Bedeutung und Nachwirkung

Die Bedeutung Laksminkaras erstreckt sich über mehrere Dimensionen der buddhistischen Tradition. Als weibliche Mahasiddha in einer überwiegend von Männern dominierten spirituellen Landschaft repräsentiert sie die weibliche Weisheit und das Prinzip der Dakini – der erleuchteten weiblichen Energie, die im tantrischen Buddhismus als wesentlich für spirituelle Verwirklichung gilt.

Ihre Geschichte dient als kraftvolles Symbol für spirituelle Freiheit jenseits sozialer Konventionen. Indem sie ihre königliche Identität aufgab und einen Pfad extremer Nonkonformität wählte, verkörpert sie die tantrische Lehre, dass wahre Befreiung die Überwindung aller konzeptuellen Grenzen erfordert – einschließlich sozialer Rollen und Identitäten.

In der tibetisch-buddhistischen Tradition wird Laksminkara als bedeutende Figur in der Übertragungslinie verschiedener tantrischer Praktiken verehrt. Insbesondere in der Kagyu-Schule, die für ihre Betonung der Mahamudra-Lehren bekannt ist, wird sie als wichtige Linienhalterin angesehen.

Darüber hinaus hat ihre Geschichte eine besondere Bedeutung für weibliche Praktizierende. Als Beispiel einer Frau, die die höchsten spirituellen Verwirklichungen erreichte, dient sie als Inspiration und Beweis dafür, dass das Geschlecht kein Hindernis auf dem Weg zur Erleuchtung darstellt. Dies war besonders in traditionellen buddhistischen Gesellschaften wichtig, in denen Frauen oft mit zusätzlichen Hindernissen auf dem spirituellen Pfad konfrontiert waren.

In der zeitgenössischen buddhistischen Praxis wird Laksminkara oft in Visualisierungsmeditationen angerufen, besonders von Praktizierenden, die mit

Hindernissen oder konzeptuellen Blockaden kämpfen. Ihre energetische Präsenz wird als hilfreich angesehen, um festgefahrene Muster zu durchbrechen und direkte Einsicht zu erlangen.

Auch außerhalb des buddhistischen Kontexts hat ihre Geschichte Relevanz im breiteren Diskurs über Spiritualität, Geschlecht und soziale Normen. Ihr radikaler Bruch mit gesellschaftlichen Erwartungen spricht moderne Sucher an, die nach authentischen spirituellen Wegen jenseits institutioneller Strukturen suchen.

Darstellung in der Kunst

In der buddhistischen Kunst wird Laksminkara typischerweise in zwei verschiedenen Darstellungsformen abgebildet, die unterschiedliche Aspekte ihres Wesens betonen.

Die erste und häufigere Darstellung zeigt sie als Dakini in tanzender Pose. In dieser Form erscheint sie mit einem Gesicht und zwei Armen, ihr Körper ist schlank und von blauer oder weißer Hautfarbe. Sie trägt Schmuck aus Knochen und eine Kette aus Schädeln, die die Überwindung des Ego symbolisieren. In ihrer rechten Hand hält sie oft ein Ritualmesser (Kartrika), das die Durchschneidung konzeptueller Verwicklungen symbolisiert, und in ihrer linken Hand eine Schädelschale (Kapala), die für die Leerheit und die Transformation negativer Emotionen in Weisheit steht. Ihr Haar ist aufgelöst und fliegend dargestellt, was ihre Befreiung von konventionellen Beschränkungen symbolisiert. Sie tanzt auf einem Leichnam, der die Überwindung des Ego repräsentiert.

Die zweite Darstellungsweise zeigt sie in ihrer historischen Erscheinung als "verrückte" Asketin. In diesen Darstellungen erscheint sie mit zerzaustem Haar, halbnackt oder in Lumpen gekleidet, oft mit Asche beschmiert. Diese Darstellungen betonen ihren radikalen Bruch mit gesellschaftlichen Konventionen und ihre Verkörperung des "verrückten Weisheitsverhaltens".

In tibetischen Thangkas wird Laksminkara häufig als Teil der Gruppe der vierundachtzig Mahasiddhas dargestellt. In diesen Gruppenbildern kann sie durch bestimmte Attribute identifiziert werden, wie ihre königlichen Insignien, die sie abgelegt hat, und ihre unkonventionelle Erscheinung.

Statuen von Laksminkara sind weniger häufig als Malereien, aber in einigen tantrischen Tempeln und Klostern finden sich Bronzefiguren, die sie in meditativer

Pose zeigen, mit einem Ausdruck transzendenter Weisheit trotz ihrer äußerlich "verrückten" Erscheinung.

In zeitgenössischen künstlerischen Darstellungen wird Laksminkara zunehmend als Symbol weiblicher spiritueller Ermächtigung interpretiert. Moderne buddhistische Künstlerinnen haben ihre Figur aufgegriffen, um Themen wie die Überwindung patriarchaler Strukturen und die Befreiung von gesellschaftlichen Erwartungen zu erforschen.

Interessanterweise variieren die künstlerischen Darstellungen Laksminkaras zwischen verschiedenen buddhistischen Kulturen. In Tibet wird ihre königliche Herkunft oft betont, während in nepalesischen Darstellungen ihr Aspekt als wilde Yogini im Vordergrund steht. Diese Vielfalt der Darstellungen spiegelt die verschiedenen Aspekte ihres Lebens und Wirkens wider und zeigt, wie ihre Geschichte in unterschiedlichen kulturellen Kontexten Resonanz gefunden hat.

Schlussbetrachtung

Die Geschichte der Mahasiddha Laksminkara – der verrückten Prinzessin – verkörpert zentrale Paradoxien des tantrischen Buddhismus: die Einheit von konventioneller und ultimativer Wahrheit, die Überwindung dualistischer Konzepte und die Erkenntnis, dass wahre Weisheit oft in unerwarteten Formen erscheint. Ihr Lebensweg von der königlichen Prinzessin zur scheinbar wahnsinnigen Asketin und schließlich zur erleuchteten Meisterin veranschaulicht die tantrische Lehre der Transformation – die Fähigkeit, alle Lebensumstände, selbst schwierige oder unkonventionelle, in Mittel zur Erleuchtung zu verwandeln.

In einer Zeit, in der spirituelle Autorität fast ausschließlich bei Männern lag, steht Laksminkara als leuchtendes Beispiel für weibliche spirituelle Souveränität. Ihre Geschichte durchbricht nicht nur gesellschaftliche Konventionen, sondern auch Geschlechternormen und zeigt, dass der Pfad zur höchsten Verwirklichung für alle offen ist, unabhängig von Geschlecht oder sozialem Status.

Die Aktualität von Laksminkaras Lehren liegt in ihrer radikalen Infragestellung etablierter Normen und Strukturen. In einer modernen Welt, die von sozialen Medien, Konformitätsdruck und oberflächlichen Werten geprägt ist, erinnert ihre Geschichte daran, dass wahre Freiheit oft die Bereitschaft erfordert, gegen den Strom zu schwimmen und den Mut zu haben, als "verrückt" zu gelten.

Gleichzeitig warnt ihre Geschichte vor einer oberflächlichen Interpretation spiritueller Nonkonformität. Laksminkaras scheinbare Verrücktheit war nicht bloße

Rebellion oder Exzentrizität, sondern Ausdruck tiefer Weisheit und Mitgefühl. In einer Zeit, in der spirituelle Nonkonformität manchmal zu einer neuen Form von Konformität oder zu narzisstischer Selbstdarstellung werden kann, erinnert ihre Geschichte daran, dass wahre spirituelle Freiheit auf tiefem Verständnis und authentischer Verwirklichung beruht.

Letztendlich bleibt Laksminkara eine faszinierende und inspirierende Figur, deren Leben und Lehren die zeitlose Botschaft vermitteln, dass der Weg zur Befreiung oft durch das Unkonventionelle, das Unerwartete und das scheinbar Verrückte führt. In einer Welt, die zunehmend von Algorithmen, Vorhersagbarkeit und Standardisierung geprägt ist, erinnert die verrückte Prinzessin daran, dass wahre Weisheit manchmal die Bereitschaft erfordert, die gewohnten Pfade zu verlassen und das Unbekannte zu umarmen.

2.51 Lilapa - Der königliche Hedonist

Herkunft

Die historischen Quellen zu Lilapas Herkunft sind, wie bei vielen Mahasiddhas, von legendenhaften Elementen durchdrungen. Die meisten Überlieferungen verorten seine Geburt in das Indien des 9. oder 10. Jahrhunderts. Lilapa soll in eine königliche Familie im heutigen nordöstlichen Indien, möglicherweise in der Region Bengal oder Odisha, hineingeboren worden sein. Sein weltlicher Name ist nicht sicher überliefert.

Andere Traditionen beschreiben ihn als Sohn einer wohlhabenden Kaufmannsfamilie, was seinen späteren verschwenderischen Lebensstil erklären würde. Die tibetischen Quellen sind sich jedoch einig, dass Lilapa von Geburt an mit außergewöhnlichen Privilegien ausgestattet war und in Wohlstand und Luxus aufwuchs – Umstände, die üblicherweise als Hindernisse auf dem spirituellen Pfad betrachtet wurden, die er jedoch in sein Streben nach Erleuchtung integrierte.

Die Unklarheit über seine exakte Herkunft spiegelt ein wichtiges Prinzip in der Tradition der Mahasiddhas wider: Die äußere Biographie tritt hinter der spirituellen Bedeutung zurück. Was zählt, ist nicht die familiäre Abstammung, sondern die spirituelle Linie und die erlangten Verwirklichungen.

Besondere Eigenschaften

Lilapa zeichnete sich durch eine bemerkenswerte Kombination scheinbar widersprüchlicher Eigenschaften aus. Einerseits war er bekannt für seine Vorliebe für sinnliche Genüsse – köstliche Speisen, berauschende Getränke und die Gesellschaft schöner Frauen. Diese Neigungen pflegte er nicht heimlich, sondern demonstrativ und mit einer Unbekümmertheit, die konventionelle religiöse Autoritäten provozierte.

Andererseits verfügte er über tiefes philosophisches Verständnis und außergewöhnliche meditative Fähigkeiten. Lilapa beherrschte die komplexesten tantrischen Visualisierungspraktiken und konnte spontan in tiefe Samadhi-Zustände eintreten. Er besaß die Gabe, die subtilsten philosophischen Konzepte in einfache, oft schockierende Handlungen zu übersetzen, die ihre Essenz unmittelbar offenbarten.

Eine seiner herausragendsten Eigenschaften war die völlige Furchtlosigkeit. Lilapa scherte sich nicht um gesellschaftliche Konventionen oder religiöse Tabus. Er trat

Königen und Bettlern mit der gleichen ungezwungenen Haltung entgegen. Diese Furchtlosigkeit wurzelte nicht in Arroganz, sondern in der tiefen Erkenntnis der letztendlichen Natur aller Phänomene – der Leerheit (Shunyata).

Seine außergewöhnlichen Siddhis (übernatürlichen Kräfte) umfassten der Überlieferung nach die Fähigkeit, die Sonne am Himmel anzuhalten, Wasser in Wein zu verwandeln, große Mengen Alkohol zu konsumieren ohne berauscht zu werden, und mit bloßen Händen Tigermilch zu melken. Diese Wundertaten demonstrierte er jedoch nie aus Eitelkeit, sondern stets um spirituelle Lehren zu vermitteln oder Suchende auf den Pfad zu führen.

Geschichte der Erleuchtung

Lilapas Weg zur Erleuchtung verlief ungewöhnlich. Anders als viele andere Mahasiddhas durchlief er zunächst eine konventionelle monastische Ausbildung. Einigen Quellen zufolge war er sogar Abt des berühmten Klosters Nalanda, wo er unter dem Namen Sthiramati bekannt war und als Gelehrter der Yogachara-Philosophie Ansehen genoss.

Der entscheidende Wendepunkt in seinem Leben ereignete sich, als er nach Jahren strenger monastischer Disziplin und intellektuellen Studiums erkannte, dass er trotz seines umfangreichen Wissens keine echte Verwirklichung erlangt hatte. In dieser existenziellen Krise erschien ihm der Buddha Vajravarahi (in manchen Quellen Vajrayogini) in einer Vision und initiierte ihn in die geheimen tantrischen Praktiken.

Daraufhin verließ Lilapa das Kloster, legte seine Mönchsroben ab und begann ein Leben als tantrischer Yogi. Er praktizierte intensiv die ihm offenbarten Meditationen, insbesondere die des Hevajra-Tantras. Nach zwölf Jahren tiefster Meditation in Abgeschiedenheit erlangte er schließlich die vollständige Erleuchtung – die direkte, unmittelbare Erkenntnis der wahren Natur des Geistes und aller Phänomene.

Nach seiner Erleuchtung kehrte Lilapa nicht zu einem Leben in Isolation zurück, sondern begab sich unter die Menschen, wo er durch sein unkonventionelles Verhalten die dualistische Wahrnehmung seiner Mitmenschen herausforderte. Seine Form der Erleuchtung manifestierte sich nicht als weltabgewandte Heiligkeit, sondern als vollkommene Freiheit inmitten weltlicher Aktivitäten – ein lebendes Beispiel für die tantrische Maxime, dass Samsara und Nirvana letztlich nicht verschieden sind.

Leben und Tod

Nach seiner Erleuchtung führte Lilapa ein Wanderleben, das von zahlreichen legendären Episoden geprägt war. Eine der bekanntesten Geschichten berichtet, wie er in einer Taverne einkehrte und exzessiv trank und aß, ohne zu bezahlen. Als der Wirt die Rechnung verlangte, hielt Lilapa die Sonne am Himmel an und erklärte, er würde sie erst wieder freigeben, wenn man ihm seine Schulden erließe. König und Beamte wurden herbeigerufen, und tatsächlich bewegte sich die Sonne erst wieder, als man seinen Forderungen nachgab.

In einer anderen Episode soll er einen Ochsenkopf, der ihm als Speise vorgesetzt wurde, wieder zum Leben erweckt haben, um zu demonstrieren, dass Leben und Tod illusorische Konzepte sind. Zahlreiche weitere Geschichten berichten von seiner ungewöhnlichen Art zu lehren: Er trank Wein aus Schädeln, tanzte nackt auf Marktplätzen oder sprach in paradoxen Rätseln, die den rationalen Verstand überforderten.

Lilapa lebte der Überlieferung nach ungewöhnlich lange – einige Quellen sprechen von mehreren hundert Jahren. Dies wird seinen tantrischen Praktiken zugeschrieben, durch die er Kontrolle über die subtilen Energien seines Körpers erlangt hatte. Über seinen Tod existieren verschiedene Überlieferungen. Nach einigen Berichten verließ er seinen physischen Körper bewusst und ging direkt in einen Regenbogenkörper über, ohne die gewöhnlichen Prozesse des Sterbens zu durchlaufen. Andere Quellen berichten, dass er seinen Tod öffentlich ankündigte und in Anwesenheit seiner Schüler in einem Lichtblitz verschwand, ohne eine Leiche zurückzulassen.

Lehren und Übertragungen

Die Lehren Lilapas bilden einen wesentlichen Bestandteil der Sakya-Tradition des tibetischen Buddhismus. Sein wichtigster Beitrag war die Übertragung des "Pfad und Frucht" (Lamdre)-Systems, einer umfassenden Anleitung zur tantrischen Praxis, die sowohl Sutra- als auch Tantra-Elemente integriert.

Im Zentrum seiner Lehren stand die Einheit von Weisheit und Mitgefühl, von Leerheit und Erscheinung. Lilapa lehrte, dass die absolute Wahrheit nicht durch Verzicht auf sinnliche Erfahrungen zu finden sei, sondern durch deren vollständige Integration in den spirituellen Pfad. Für ihn waren Vergnügungen keine Hindernisse, sondern potenzielle Katalysatoren für die Erleuchtung, wenn sie mit dem richtigen Bewusstsein erfahren werden.

Er betonte die Notwendigkeit, über intellektuelles Verständnis hinauszugehen und direkte Erfahrung zu kultivieren. Seine Unterweisungen waren oft nonverbal – durch Gesten, symbolische Handlungen oder provokative Verhaltensweisen vermittelte er Einsichten, die jenseits konzeptuellen Denkens lagen.

Zu seinen wichtigsten Schülern zählten Krishna Samayapada und Dombi Heruka, die seine Lehren weitergaben und eigene Linien gründeten. Die Übertragungslinie seiner Lehren gelangte im 11. Jahrhundert nach Tibet, wo sie durch den indischen Meister Gayadhara an den tibetischen Übersetzer Drogmi Shakya Yeshe weitergegeben wurden. Dieser wurde zum Lehrer von Sachen Kunga Nyingpo, dem Gründer der Sakya-Tradition.

Bedeutung und Nachwirkung

Lilapas Einfluss auf den tibetischen Buddhismus kann kaum überschätzt werden. Als einer der Hauptlinienhalter des Hevajra-Tantras und Begründer des Lamdre-Systems legte er den Grundstein für die Sakya-Schule, eine der vier Haupttraditionen des tibetischen Buddhismus.

Seine unkonventionelle Art zu lehren inspirierte Generationen von Praktizierenden, die konventionelle Vorstellungen von Spiritualität in Frage stellten. Lilapa verkörperte das Ideal des "verrückten Weisen" (tib. nyönpa), der durch scheinbar irrationales Verhalten tiefe spirituelle Wahrheiten offenbart. Diese Tradition der "verrückten Weisheit" beeinflusste später auch Figuren wie Drukpa Kunley, den "göttlichen Verrückten" des 15./16. Jahrhunderts.

Lilapas Methode, weltliche Vergnügungen als Pfad zur Erleuchtung zu nutzen, wurde zu einem zentralen Element des Vajrayana-Buddhismus. Sie bildete einen Gegenpol zu asketischen Strömungen und betonte, dass Erleuchtung nicht durch Flucht vor der Welt, sondern durch tiefes Engagement mit ihr zu finden sei.

In der zeitgenössischen buddhistischen Praxis dient Lilapas Geschichte als Erinnerung daran, dass spirituelle Verwirklichung nicht an äußere Formen gebunden ist. Seine Lebensgeschichte ermutigt Praktizierende, über starre Konzepte von "richtig" und "falsch" hinauszugehen und die eigene direkte Erfahrung zu kultivieren.

Darstellung in der Kunst

In der tibetisch-buddhistischen Kunst wird Lilapa meist als korpulenter Mann mit üppigem Bauch dargestellt – ein Symbol für seinen Genuss weltlicher Freuden. Er trägt oft königliche Gewänder oder Schmuck, manchmal aber auch nur einen einfachen Lendenschurz, was seine Gleichgültigkeit gegenüber äußerem Erscheinungsbild symbolisiert.

Charakteristische Attribute in seinen Darstellungen sind ein Weinbecher oder ein Schädelgefäß (Kapala) in der Hand, das mit Wein oder Nektar gefüllt ist. Manchmal wird er auch mit einer Sonne über seiner ausgestreckten Hand abgebildet, was auf die Geschichte verweist, in der er die Sonne anhielt.

In Thangka-Malereien erscheint Lilapa oft in dynamischen Posen – tanzend, trinkend oder in Gesellschaft von Dakinis (weiblichen Weisheitswesen). Seine Darstellungen strahlen eine Lebendigkeit und Unmittelbarkeit aus, die im Kontrast zu den oft statischen Darstellungen anderer Meister steht.

In der Ikonographie der 84 Mahasiddhas nimmt Lilapa eine prominente Stellung ein. Er wird häufig als Teil dieser Gruppe dargestellt, die die Vielfalt der Wege zur Erleuchtung verkörpert. Bemerkenswert ist, dass er in diesen Darstellungen oft größer als die anderen Mahasiddhas abgebildet wird – ein Hinweis auf seine besondere Bedeutung.

Moderne künstlerische Interpretationen betonen oft die paradoxe Natur seiner Persönlichkeit, indem sie klassische ikonographische Elemente mit zeitgenössischen Ausdrucksformen kombinieren. Sein Bild dient auch heute noch als kraftvolles Symbol für die Überwindung dualistischer Konzepte und die Integration scheinbarer Gegensätze.

Schlussbetrachtung

Die Gestalt des Mahasiddha Lilapa verkörpert die transformative Kraft des tantrischen Buddhismus in ihrer radikalsten Form. Sein Leben und Wirken zeigen, dass spirituelle Verwirklichung nicht durch Verleugnung der Welt, sondern durch ihre tiefgreifende Transformation erreicht wird. Indem er weltliche Vergnügungen nicht mied, sondern sie bewusst als Pfad nutzte, stellte er die konventionelle Vorstellung auf den Kopf, dass Spiritualität Verzicht und Weltflucht erfordert.

Lilapas Vermächtnis ist von zeitloser Relevanz. In einer Welt, die zunehmend von Dualismen und Polarisierungen geprägt ist, erinnert seine Geschichte daran, dass wahre Weisheit jenseits von Extremen liegt. Seine Fähigkeit, in scheinbaren Widersprüchen zu leben – gleichzeitig königlicher Hedonist und verwirklichter Meister zu sein – fordert uns heraus, unsere eigenen begrenzenden Vorstellungen zu hinterfragen.

Die Übertragungslinien seiner Lehren, die bis heute lebendig sind, bezeugen die Kraft seiner Methoden. Sie bieten einen Weg, der nicht auf Ablehnung weltlicher Erfahrung basiert, sondern auf ihrer bewussten Integration. In diesem Sinne erscheint Lilapa nicht als weltfremder Heiliger, sondern als Vorbild für eine Spiritualität, die mitten im Leben steht.

In einer Zeit, in der spirituelle Traditionen oft als Gegensatz zur modernen Lebenswelt verstanden werden, zeigt Lilapas Geschichte, dass tiefe spirituelle Verwirklichung und Lebensbejahung keine Gegensätze sein müssen. Seine provokative Botschaft – dass der Pfad zur Erleuchtung durch die Welt führt, nicht von ihr weg – bleibt eine kraftvolle Inspiration für Suchende aller Traditionen.

2.52 Lucikapa - Der Eskapist

Herkunft

Lucikapa wurde im 9. Jahrhundert in einer wohlhabenden Familie in der Region des heutigen östlichen Indiens, wahrscheinlich in Bengal, geboren. Die historischen Quellen über sein frühes Leben sind spärlich und oft von legendenhaften Elementen durchdrungen, was typisch für die Überlieferungen der Mahasiddhas ist. Es wird berichtet, dass er als Sohn eines Kaufmanns aufwuchs und früh eine Neigung zur Kontemplation und eine Abneigung gegen die weltlichen Beschäftigungen zeigte, die seine Familie von ihm erwartete.

In seiner Jugend soll Lucikapa bereits ein tiefes Unbehagen mit dem konventionellen Leben empfunden haben. Während seine Zeitgenossen nach Reichtum, Status und familiären Bindungen strebten, fühlte er sich zu einem anderen Pfad hingezogen. Diese innere Unruhe manifestierte sich in seinem häufigen Rückzug aus sozialen Verpflichtungen – ein Verhalten, das ihm den Spitznamen "der Eskapist" einbrachte, lange bevor er als spiritueller Meister bekannt wurde.

Die Überlieferungen berichten, dass Lucikapa in seinen frühen Zwanzigern heimlich sein Elternhaus verließ, um sich auf eine spirituelle Suche zu begeben. Diese Handlung des "Entkommens" aus den sozialen Erwartungen sollte später zu einem zentralen Thema seiner Lehren werden.

Besondere Eigenschaften

Lucikapa zeichnete sich durch mehrere bemerkenswerte Eigenschaften aus, die ihn unter den Mahasiddhas hervorhoben. Zunächst war da seine außergewöhnliche Fähigkeit, sich vollständig von seiner Umgebung zu lösen – nicht nur physisch, sondern auch mental. Zeitzeugenberichte beschreiben, wie er stundenlang in tiefe Meditation versinken konnte, selbst inmitten von Lärm und Chaos. Diese Fähigkeit zur Introversion und Konzentration wurde zu seinem Markenzeichen.

Weiterhin besaß Lucikapa eine natürliche Begabung für das Verständnis komplexer philosophischer Konzepte. Während viele seiner Zeitgenossen Jahre des Studiums benötigten, um die subtilen Aspekte der buddhistischen Lehre zu erfassen, wird berichtet, dass Lucikapa ein intuitives Verständnis für die Leerheit (Shunyata) und die Natur des Geistes besaß. Seine Lehrer waren oft erstaunt über die Tiefe seiner Einsichten trotz seines vergleichsweise geringen formalen Studiums.

Eine weitere bemerkenswerte Eigenschaft war Lucikapas charakteristische Art des Lehrens durch Paradoxa und scheinbar widersprüchliche Aussagen. Er nutzte die Verwirrung seiner Schüler als Werkzeug, um ihre konzeptuellen Denkmuster zu durchbrechen. Wenn jemand glaubte, die Wahrheit begriffen zu haben, stellte Lucikapa diese Annahme mit einer unerwarteten Frage oder Handlung auf den Kopf. Diese Methode wurde später als typisch für seinen Lehrstil bekannt.

Schließlich wird Lucikapa eine ungewöhnliche Beziehung zur natürlichen Welt zugeschrieben. Es wird berichtet, dass wilde Tiere keine Furcht vor ihm zeigten und dass er tagelang in Wäldern oder Bergen verbringen konnte, ohne Nahrung oder Schutz zu benötigen. Diese enge Verbindung zur Natur spiegelte seine Lehre wider, dass wahre spirituelle Freiheit die Überwindung der Abhängigkeit von materiellen Bedürfnissen einschließt.

Geschichte der Erleuchtung

Die Geschichte von Lucikapas Erleuchtung ist eine der faszinierendsten Erzählungen in der Tradition der Mahasiddhas. Nach Jahren des Wanderns und Studierens bei verschiedenen Meistern traf er schließlich auf den Mahasiddha Minapa, der sein Hauptlehrer werden sollte. Minapa erkannte Lucikapas einzigartiges Potenzial und unterwies ihn in fortgeschrittenen tantrischen Praktiken, insbesondere in den Techniken des Illusionskörpers (Mayadeha) und der Traumyoga-Praxis.

Die entscheidende Wendung in Lucikapas spiritueller Reise kam, als er sich für ein dreijähriges Retreat in eine Höhle in der Nähe des heutigen Odisha zurückzog. Während dieses Retreats praktizierte er intensiv die Techniken, die Minapa ihm gelehrt hatte, besonders die Praxis des "Entkommens" aus den Grenzen des gewöhnlichen Bewusstseins durch Traumyoga.

Der Überlieferung nach erreichte Lucikapa in der zweiten Hälfte seines Retreats einen Punkt tiefer Frustration. Trotz seiner intensiven Praxis schien er keine Fortschritte zu machen. In einem Moment der Verzweiflung soll er seine Meditationshöhle verlassen haben, entschlossen, seine spirituelle Suche aufzugeben. Als er jedoch aus der Höhle trat, hatte er eine tiefgreifende Erfahrung: Er realisierte, dass die Höhle, aus der er zu "entkommen" versuchte, und die Welt, in die er zurückkehren wollte, beide gleichermaßen Manifestationen des Geistes waren. In diesem Moment des Erkennens löste sich die vermeintliche Grenze zwischen innen und außen, zwischen Gefangenschaft und Freiheit auf.

Diese Einsicht löste eine tiefe Transformation in Lucikapa aus. Er verstand plötzlich, dass wahre Freiheit nicht darin besteht, von einem Zustand in einen anderen zu fliehen, sondern in der Erkenntnis der grundlegenden Offenheit und Grenzenlosigkeit des Geistes selbst. Diese Erkenntnis markierte seine Erleuchtung und formte die Grundlage seiner späteren Lehren.

Nach seiner Erleuchtung kehrte Lucikapa für das letzte Jahr seines Retreats in die Höhle zurück, nun aber mit einem völlig neuen Verständnis seiner Praxis. Als er schließlich aus seinem Retreat hervortrat, war er sichtlich verändert. Die Überlieferungen berichten, dass sein Körper einen subtilen Lichtglanz ausstrahlte und dass seine Augen eine außergewöhnliche Klarheit und Tiefe besaßen.

Leben und Tod

Nach seiner Erleuchtung führte Lucikapa ein Leben als wandernder Lehrer. Im Gegensatz zu vielen anderen Mahasiddhas gründete er kein festes Kloster oder Zentrum, sondern reiste durch verschiedene Regionen Indiens und später auch Tibets. Seine unkonventionelle Lehrmethode und sein einfacher Lebensstil zogen Schüler aus allen Gesellschaftsschichten an – von gewöhnlichen Dorfbewohnern bis hin zu gelehrten Mönchen und sogar Königen.

Besonders bemerkenswert war Lucikapas Fähigkeit, seine Lehren an die Bedürfnisse und das Verständnisvermögen seiner verschiedenen Schüler anzupassen. Für diejenigen mit einer philosophischen Neigung konnte er tiefgründige Diskussionen über die Natur der Wirklichkeit führen. Für praktischer veranlagte Menschen bot er konkrete Meditationstechniken an. Und für diejenigen, die in weltlichen Angelegenheiten verstrickt waren, verwendete er oft Geschichten und Parabeln, um die Essenz seiner Lehren zu vermitteln.

Lucikapa war bekannt dafür, konventionelle religiöse Praktiken in Frage zu stellen. Er kritisierte ritualistisches Verhalten ohne inneres Verständnis und betonte, dass wahre spirituelle Transformation aus direkter Erfahrung, nicht aus blindem Glauben oder mechanischer Wiederholung von Ritualen entstehe. Diese Haltung brachte ihm gelegentlich Kritik von etablierten religiösen Autoritäten ein, gewann ihm aber auch den Respekt derer, die nach einem authentischeren spirituellen Pfad suchten.

Die Umstände von Lucikapas Tod sind, wie vieles in seinem Leben, von legendenhaften Elementen umgeben. Der Überlieferung nach hatte er im Alter von etwa siebzig Jahren ein Vorherwissen über seinen bevorstehenden Tod. Er versammelte seine nächsten Schüler um sich und gab letzte Unterweisungen. Anstatt auf konventionelle Weise zu sterben, soll Lucikapa dann in einen tiefen Meditationszustand eingetreten sein. Während seine Schüler zusahen, begann sein physischer Körper angeblich zu verblassen und in Licht aufzugehen, bis er vollständig verschwand – ein Phänomen, das in der tantrischen Tradition als die Erlangung des "Regenbogenkörpers" bekannt ist und als höchste Manifestation spiritueller Verwirklichung gilt.

Lehren und Übertragungen

Lucikapas Lehren waren fest in der tantrischen Tradition verankert, zeichneten sich jedoch durch ihre einzigartige Betonung des Konzepts des "Entkommens" oder der "Befreiung" aus. Im Kern seiner Philosophie stand die Idee, dass die meisten Menschen in selbstgeschaffenen mentalen Gefängnissen leben – in begrenzenden Überzeugungen, Identifikationen und Anhaftungen. Wahre spirituelle Praxis bestand für Lucikapa nicht darin, diese Gefängnisse zu verschönern oder komfortabler zu gestalten, sondern darin, die illusorische Natur ihrer Mauern zu erkennen und dadurch fundamental zu transzendieren.

Lucikapa entwickelte spezifische Meditationstechniken, die als "Die sechs Tore des Entkommens" bekannt wurden:

1. Das Entkommen aus der Identifikation mit dem Körper – durch Praktiken, die die flüchtige, zusammengesetzte Natur des physischen Körpers enthüllen

2. Das Entkommen aus der Tyrannei der Emotionen – durch Techniken zur Transformation negativer Emotionen in Weisheitsenergien

3. Das Entkommen aus den Begrenzungen des konzeptuellen Denkens – durch Praktiken, die die Natur des Geistes jenseits von Gedanken offenbaren

4. Das Entkommen aus der Dualität von Selbst und Anderen – durch Mitgefühlsmeditationen, die die fundamentale Verbundenheit aller Wesen erkennen lassen

5. Das Entkommen aus der Illusion der Zeit – durch Techniken, die das ewige Jetzt enthüllen

6. Das Entkommen aus dem Kreislauf von Tod und Wiedergeburt – durch
   die Erkenntnis der unsterblichen Natur des reinen Gewahrseins

Diese Lehren wurden in einer Reihe von Texten kodifiziert, von denen die
bekanntesten "Das Licht der Befreiung" und "Der Schlüssel zu den sechs Toren"
sind. Diese Texte wurden zunächst mündlich überliefert und erst Generationen
später niedergeschrieben.

Lucikapa übertrug seine Lehren an mehrere Hauptschüler, die seine Tradition
weiterführten. Der bedeutendste unter ihnen war Jalandhara, der Lucikapas
Lehren nach Tibet brachte, wo sie in die Kagyu-Tradition integriert wurden.
Ein weiterer wichtiger Schüler war Krishnacharya, der Lucikapas Methoden
mit Elementen des Yogini-Tantra verband und eine eigenständige Unterlinie
gründete.

Die Übertragungslinien von Lucikapas Lehren flossen schließlich in verschiedene
Schulen des tibetischen Buddhismus ein, besonders in die Kagyu- und Nyingma-
Traditionen, wo seine Techniken des Traumyogas und der Illusionskörper-Praxis
noch heute gelehrt werden. Seine Betonung der direkten Erfahrung und der
Überwindung konzeptueller Grenzen findet sich auch in der Dzogchen- und
Mahamudra-Praxis wieder.

Bedeutung und Nachwirkung

Die Bedeutung von Lucikapa geht weit über seine unmittelbare historische
Epoche hinaus. Er hat einen bleibenden Einfluss auf die Entwicklung des
tantrischen Buddhismus hinterlassen, insbesondere auf die Traditionen, die
später in Tibet, Nepal und Bhutan florierten.

Lucikapas einzigartiger Beitrag liegt in seiner radikalen Neuinterpretation des
Konzepts der spirituellen Befreiung. Während viele religiöse Traditionen Befreiung als einen Zustand beschreiben, der durch lange Praxis und Anstrengung
erreicht wird, lehrte Lucikapa, dass wahre Befreiung in der Erkenntnis besteht,
dass wir nie wirklich gefangen waren. Diese paradoxe Perspektive hatte einen tiefgreifenden Einfluss auf die spätere Entwicklung von Mahamudra und Dzogchen,
zwei der höchsten Meditationssysteme des tibetischen Buddhismus.

Lucikapas Betonung der direkten Erfahrung gegenüber intellektuellem Verständnis oder blinder Befolgung von Ritualen hat auch dazu beigetragen, ein
Gegengewicht zu den mehr scholastischen Aspekten des Buddhismus zu schaffen.

Seine Lehrmethoden, die oft paradox und unkonventionell waren, inspirierten eine Tradition von "verrückter Weisheit" (yeshe cholwa), die von späteren Meistern wie Drukpa Kunley und dem 6. Dalai Lama verkörpert wurde.

In neuerer Zeit haben Lucikapas Lehren über die illusorische Natur mentaler Begrenzungen und die Möglichkeit, durch direktes Erkennen darüber hinauszugehen, Resonanz bei westlichen Suchenden gefunden, die von der unmittelbaren, nicht-dogmatischen Qualität seines Ansatzes angezogen werden. Seine Techniken zur Arbeit mit Träumen und zur Kultivierung von Gewahrsein in verschiedenen Bewusstseinszuständen haben auch Aufmerksamkeit im Bereich der transpersonalen Psychologie erhalten.

Obwohl Lucikapa oft im Schatten bekannterer Mahasiddhas wie Tilopa, Naropa oder Saraha steht, wächst die Anerkennung seines einzigartigen Beitrags zur buddhistischen Tradition. In den letzten Jahrzehnten haben mehrere tibetische Meister, insbesondere aus der Kagyu-Tradition, begonnen, Lucikapas Lehren wieder stärker zu betonen und seine Meditationstechniken einem breiteren Publikum zugänglich zu machen.

Darstellung in der Kunst

In der traditionellen buddhistischen Kunst wird Lucikapa meist mit bestimmten ikonografischen Merkmalen dargestellt, die seine Identität und spirituellen Eigenschaften symbolisieren. Er wird typischerweise als schlanker Mann mittleren Alters mit langen, ungepflegten Haaren dargestellt, was seine Ablehnung weltlicher Konventionen symbolisiert. Seine Kleidung ist einfach, oft nur ein weißes Baumwolltuch, das seinen Körper teilweise bedeckt, und manchmal trägt er eine Kette aus Rudraksha-Samen, die seine Verbindung zur asketischen Tradition symbolisiert.

Ein charakteristisches Element in den Darstellungen Lucikapas ist seine Körperhaltung: Er wird oft gezeigt, wie er aus einer Höhle oder einem geschlossenen Raum heraustritt, eine visuelle Darstellung seines Namens und seiner Lehre des "Entkommens". In einigen Darstellungen schwebt sein Körper leicht über dem Boden, was seine Überwindung materieller Begrenzungen andeutet.

Lucikapa wird häufig mit zwei symbolischen Attributen dargestellt: In seiner rechten Hand hält er oft einen Kristall, der die klare, durchdringende Natur des reinen Gewahrseins symbolisiert. In seiner linken Hand trägt er manchmal einen

Spiegel, der die reflexive Qualität des Geistes repräsentiert – die Fähigkeit, sich selbst zu erkennen.

In den thangkas wird Lucikapa gelegentlich in einer Komposition mit seinen Hauptschülern gezeigt, wobei Jalandhara und Krishnacharya zu seiner Rechten und Linken platziert sind. Über ihm wird oft sein Lehrer Minapa dargestellt, was die Kontinuität der Übertragungslinie symbolisiert.

Eine besonders faszinierende Darstellungstradition zeigt Szenen aus Lucikapas Leben, insbesondere seine Erleuchtungserfahrung. In diesen Bildern wird die Höhle oft transparent dargestellt, so dass der Betrachter gleichzeitig Lucikapa innerhalb und außerhalb der Höhle sehen kann – eine kunstvolle Darstellung seiner Erkenntnis der illusorischen Grenzen zwischen innen und außen.

In der zeitgenössischen buddhistischen Kunst, besonders in Nepal und Bhutan, erlebt die Darstellung Lucikapas eine Wiederbelebung. Moderne Künstler experimentieren mit neuen Stilen und Medien, bewahren aber die wesentlichen ikonografischen Elemente, die mit ihm verbunden sind. Einige zeitgenössische Interpretationen betonen den psychologischen Aspekt seiner Lehren, indem sie surreale oder traumähnliche Qualitäten in ihre Darstellungen einbringen – ein Hinweis auf Lucikapas Betonung der Traumarbeit als spiritueller Praxis.

Schlussbetrachtung

Die Gestalt des Mahasiddha Lucikapa verkörpert einen zeitlosen Aspekt der spirituellen Suche: das Streben nach Freiheit von selbstauferlegten Begrenzungen. In einer Welt, die zunehmend von materiellen Werten und äußeren Errungenschaften dominiert wird, erinnern uns Lucikapas Leben und Lehren daran, dass wahre Befreiung nicht durch Flucht vor äußeren Umständen, sondern durch die Transformation unserer inneren Wahrnehmung und Erfahrung erreicht wird.

Die paradoxe Natur seiner zentralen Einsicht – dass wir versuchen zu entkommen, ohne zu erkennen, dass wir nie wirklich gefangen waren – spricht Menschen über kulturelle und zeitliche Grenzen hinweg an. In einer Zeit, in der viele Menschen sich in ihren eigenen mentalen und emotionalen Gefängnissen gefangen fühlen, bieten Lucikapas Methoden des "Entkommens" durch direktes Erkennen einen radikal einfachen, wenn auch nicht leichten Weg zur Befreiung.

Die Tatsache, dass Lucikapas Lehren über mehr als tausend Jahre hinweg überlebt haben und weiterhin praktiziert werden, zeugt von ihrer zeitlosen Relevanz. Seine Betonung der direkten Erfahrung über dogmatischen Glauben, seine integrative Haltung gegenüber verschiedenen Lebenswegen und sein Beharren darauf, dass spirituelle Freiheit hier und jetzt verfügbar ist, machen ihn zu einer inspirierenden Figur für spirituelle Suchende aller Traditionen.

In der heutigen Welt, die oft von Spaltung, Materialismus und oberflächlichem Verständnis geprägt ist, erinnert uns Lucikapa daran, dass die tiefsten Wahrheiten jenseits von Worten und Konzepten liegen und dass der direkteste Weg zur Befreiung darin besteht, die illusorische Natur unserer wahrgenommenen Begrenzungen zu erkennen. Sein Leben als "Eskapist" lehrt uns paradoxerweise, dass es letztendlich nichts gibt, wovor man fliehen müsste, und nirgendwohin zu gehen – sondern nur die Wahrheit des gegenwärtigen Moments zu erkennen, in all seiner grenzenlosen Offenheit.

Die Lehren des Mahasiddha Lucikapa laden uns ein, über die konventionellen Grenzen hinauszuschauen, die wir um unser Leben und unseren Geist gezogen haben, und die inhärente Freiheit zu entdecken, die schon immer unsere wahre Natur war. In dieser Entdeckung liegt vielleicht die größte Relevanz seiner Botschaft für die heutige Welt – eine Welt, die nach authentischer Befreiung hungert, während sie oft vergeblich nach äußeren Lösungen für innere Begrenzungen sucht.

2.53 Luipa - Der Fischeingeweide-Esser

Herkunft

Die historischen Quellen zu Luipas Herkunft zeichnen das Bild eines Mannes von höchstem weltlichen Status, dessen Lebensweg eine radikale Wendung nahm. Nach den überlieferten Hagiographien war Luipa ursprünglich ein Prinz aus Sri Lanka (dem damaligen Ceylon) oder, nach anderen Quellen, aus Oddiyana (im heutigen Pakistan/Afghanistan). Als Mitglied der königlichen Familie genoss er alle Privilegien und Annehmlichkeiten, die mit dieser Position verbunden waren.

Die genauen Lebensdaten Luipas sind schwer zu bestimmen, da die Überlieferungen mehr Wert auf die spirituelle Bedeutung seiner Geschichte als auf historische Präzision legen. Die meisten Quellen datieren ihn jedoch in das 9. oder 10. Jahrhundert, eine Zeit, in der der tantrische Buddhismus in Indien in voller Blüte stand.

Sein Geburtsname ist nicht überliefert – der Name "Luipa" (manchmal auch als "Lohipa" bezeichnet) erhielt er erst später auf seinem spirituellen Weg. Der Name leitet sich vom Sanskrit-Wort "lupta" ab, was "abgeschnitten" oder "losgelöst" bedeutet, oder bezieht sich auf seine Praxis, Fischeingeweide (in Sanskrit "lūhya") zu verzehren.

Was Luipa von vielen anderen Mahasiddhas unterscheidet, ist der extreme Kontrast zwischen seinem Ausgangspunkt als privilegierter Aristokrat und seinem späteren Leben als Asket, der sich von Abfällen ernährte. Dieser radikale Statuswechsel bildet einen zentralen Aspekt seiner Transformationsgeschichte und verdeutlicht die buddhistische Lehre von der Vergänglichkeit weltlicher Positionen und der Notwendigkeit, Anhaftungen zu überwinden.

Besondere Eigenschaften

Luipa verkörpert in besonderem Maße die paradoxe Natur der Mahasiddha-Tradition, die weltliche Konventionen herausfordert und transzendiert. Zu seinen herausragenden Eigenschaften zählen:

- Radikale Entschlossenheit: Luipas Weg zeichnet sich durch eine kompromisslose Hingabe an die spirituelle Praxis aus. Einmal von einem Lehrer oder einer Vision auf seinen Pfad gewiesen, verfolgte er diesen mit äußerster Konsequenz, ungeachtet körperlicher Entbehrungen oder gesellschaftlicher Ächtung.

- Überwindung von Dualität: In der tantrischen Tradition ist die Überwindung dualistischer Konzepte wie rein/unrein, angenehm/unangenehm oder erstrebenswert/abstoßend von zentraler Bedeutung. Luipa verkörpert diese Überwindung durch seine Praxis des Verzehrs von Fischeingeweiden – eine Substanz, die normalerweise als höchst unrein gilt.

- Transformative Kraft: Die Fähigkeit, negative Emotionen und Anhaftungen in Weisheit zu verwandeln, ist ein Kernaspekt tantrischer Praxis. Luipa demonstrierte diese Fähigkeit, indem er seinen Ekel und seine Anhaftung an Reinheit in direkte Erkenntnis der wahren Natur der Realität transformierte.

- Nicht-konzeptuelle Weisheit: Luipa verkörpert die direkte, erfahrungsbasierte Weisheit, die jenseits intellektueller Konzepte liegt. Seine Praxis war nicht theoretisch, sondern unmittelbar und verkörpert – eine direkte Konfrontation mit dem Abstoßenden, die zu tieferer Einsicht führte.

- Mitgefühl und Selbstlosigkeit: Trotz seines unkonventionellen Verhaltens war Luipa von tiefem Mitgefühl für alle Wesen geprägt. Seine Überwindung des Ekels und der Anhaftung an Status diente nicht nur seinem eigenen spirituellen Fortschritt, sondern befähigte ihn, anderen ohne Vorurteile oder Unterscheidung zu begegnen.

Diese Eigenschaften machten Luipa zu einem exemplarischen Vertreter der Mahasiddha-Tradition und zu einem kraftvollen Symbol für die Möglichkeit radikaler spiritueller Transformation selbst unter extremen Umständen.

Geschichte der Erleuchtung

Die Geschichte von Luipas Erleuchtungsweg beginnt mit einer entscheidenden Begegnung, die sein Leben für immer verändern sollte. Als Prinz unternahm er eine Reise, während der er auf eine Dakini traf – eine weibliche Verkörperung erleuchteter Energie. Diese Dakini erkannte sein spirituelles Potential, sah aber auch, dass er noch von starken Anhaftungen, insbesondere bezüglich Reinheit und Status, gefesselt war.

In einigen Überlieferungen wird berichtet, dass die Dakini ihn zu einem Festmahl einlud, bei dem sie ihm zwei Schüsseln servierte – eine mit köstlichen Speisen und eine mit abstoßenden Fischeingeweiden. Als der Prinz nur von den erlesenen Speisen aß und die Eingeweide verschmähte, konfrontierte sie ihn mit seiner dualistischen Wahrnehmung und seinen Anhaftungen. Sie erklärte ihm, dass er trotz seiner intellektuellen Kenntnisse buddhistischer Lehren noch weit von wahrer Erkenntnis entfernt sei, solange er zwischen angenehm und unangenehm unterscheide.

Von dieser Einsicht tief getroffen, verließ der Prinz seinen Palast, gab seinen königlichen Status auf und begab sich an die Ufer des Ganges bei Varanasi. Dort lebte er zwölf Jahre lang als Bettler unter einer Brücke und ernährte sich ausschließlich von Fischeingeweiden, die Fischer als Abfall zurückließen. Diese extreme Praxis diente dazu, seine Anhaftung an Reinheit und seinen Ekel zu überwinden.

Während dieser intensiven Praxisperiode meditierte Luipa unablässig. Die Fischeingeweide wurden für ihn zu mehr als nur einer physischen Herausforderung – sie wurden zu einem tantrischen Sadhana, einer spirituellen Praxis, die darauf abzielte, die Illusion dualistischer Konzepte zu durchbrechen. Durch diese konsequente Konfrontation mit dem gesellschaftlich als unrein Definierten gelang es ihm schließlich, die Natur der Wirklichkeit jenseits konzeptueller Zuschreibungen direkt zu erfahren.

Nach diesen zwölf Jahren intensiver Praxis erlangte Luipa die vollständige Erleuchtung. Es wird berichtet, dass er die Siddhis (übernatürliche Fähigkeiten) erlangte und in der Lage war, gewöhnliche Substanzen in Nektar zu verwandeln, auf dem Wasser zu gehen und andere Wundertaten zu vollbringen. Wichtiger als diese äußeren Zeichen war jedoch seine innere Transformation – die vollständige Überwindung dualistischer Wahrnehmung und die direkte Erkenntnis der Leerheit (Shunyata).

Luipas Erleuchtungsgeschichte verkörpert einen zentralen Aspekt der tantrischen Praxis: Die Transformation von Gift in Medizin, von Unreinheit in Weisheit. Sie demonstriert, dass der spirituelle Pfad nicht nur in der Vermeidung des Negativen liegt, sondern in dessen direkter Konfrontation und Transformation.

Leben und Tod

Nach seiner Erleuchtung verbrachte Luipa sein weiteres Leben als wandernder Yogi, der die tantrischen Lehren verbreitete und Schüler unterwies. Er ließ sich nicht dauerhaft an einem Ort nieder, sondern reiste durch verschiedene Regionen Indiens und möglicherweise darüber hinaus.

Als Mahasiddha demonstrierte Luipa die Freiheit, die aus der Überwindung gesellschaftlicher Konventionen und dualistischer Konzepte erwächst. Er lebte als Beispiel für den "verrückten Weisen" (sanskrit: avadhuta), dessen scheinbar irrationales Verhalten in Wirklichkeit tiefe spirituelle Weisheit verkörpert. Diese Lebensweise diente nicht nur seiner eigenen spirituellen Verwirklichung, sondern stellte auch eine lebendige Lehre für andere dar – eine Verkörperung der Möglichkeit, jenseits gesellschaftlicher Normen und Konzepte zu leben.

Luipa soll zahlreiche Schüler gehabt haben, darunter sowohl gewöhnliche Menschen als auch Könige und Gelehrte. Seine Lehrmethoden waren oft unkonventionell und direkt, darauf ausgerichtet, die konzeptuellen Barrieren seiner Schüler zu durchbrechen und ihnen direkte Erfahrungen zu ermöglichen.

Über Luipas Tod existieren verschiedene Überlieferungen. Nach einigen Berichten erlangte er den "Regenbogenkörper" – eine vollständige Auflösung seines physischen Körpers in Licht, was als höchste Verwirklichung in bestimmten tantrischen Traditionen gilt. Andere Quellen berichten, dass er seinen Körper bewusst verließ und direkt in ein reines Buddha-Land einging.

Unabhängig von den spezifischen Details seines Todes wird Luipa in der tibetischen Tradition als jemand verehrt, der die vollständige Befreiung erlangt hat und nun als erleuchtetes Wesen existiert, das weiterhin zum Wohl aller Wesen wirkt.

Die zentrale Botschaft von Luipas Leben und Tod liegt in der Möglichkeit vollständiger Transformation – von einem an Status und Reinheit verhafteten Prinzen zu einem vollständig befreiten Wesen, das die wahre Natur der Realität erkannt hat und in völliger Freiheit existiert.

Lehren und Übertragungen

Luipas Lehren sind tief in der tantrischen Tradition verwurzelt und umfassen sowohl philosophische Konzepte als auch praktische Methoden zur spirituellen Transformation. Obwohl keine direkten schriftlichen Werke von ihm überliefert sind, finden sich seine Lehren in verschiedenen tantrischen Überlieferungslinien, besonders im Chakrasamvara-Tantra und im Hevajra-Tantra.

Zu den wichtigsten Lehren, die mit Luipa assoziiert werden, gehören:

1. Die Einheit von Samsara und Nirvana: Luipa lehrte, dass die gewöhnliche Welt (Samsara) und der erleuchtete Zustand (Nirvana) nicht zwei getrenn-

te Realitäten sind, sondern zwei Perspektiven auf dieselbe Wirklichkeit. Durch die richtige Praxis kann man erkennen, dass die wahre Natur aller Phänomene bereits vollkommen rein ist.

2. Transformation durch direkte Konfrontation: Statt unangenehme Erfahrungen zu vermeiden, lehrte Luipa, diese direkt zu konfrontieren und als Werkzeuge zur Transformation zu nutzen. Seine eigene Praxis des Verzehrs von Fischeingeweiden dient als kraftvolles Symbol für diesen Ansatz.

3. Die Überwindung konzeptueller Grenzen: Luipa betonte die Notwendigkeit, über intellektuelles Verständnis hinauszugehen und direkte, nicht-konzeptuelle Erfahrung der Wirklichkeit zu erlangen. Konzepte wie "rein" und "unrein" sind letztlich geistige Konstruktionen, die überwunden werden müssen.

4. Die Bedeutung von Hingabe und Ausdauer: Luipas eigene zwölfjährige intensive Praxis unterstreicht die Wichtigkeit von Entschlossenheit und Ausdauer auf dem spirituellen Weg. Wahre Transformation erfordert kontinuierliches Engagement über lange Zeiträume.

In Bezug auf Übertragungslinien ist Luipa besonders bekannt als einer der Haupthalter des Chakrasamvara-Tantra, eines der wichtigsten Tantras der Sarma- oder "neuen" Übersetzungstradition des tibetischen Buddhismus. Er gilt als einer der frühen Meister, die diese Praxis von direkten visionären Erfahrungen empfingen und an Schüler weitergaben.

Die von Luipa begründete Übertragungslinie des Chakrasamvara-Tantra wurde in Tibet besonders von der Kagyu-Schule bewahrt und praktiziert. Innerhalb dieser Tradition wird sie als "Luipa-Tradition des Chakrasamvara" bezeichnet, um sie von anderen Übertragungslinien desselben Tantra zu unterscheiden.

Ein wichtiger Aspekt seiner Übertragung ist die Integration von Theorie und Praxis – nicht nur intellektuelles Verständnis, sondern verkörperte Erfahrung der tantrischen Prinzipien. Diese ganzheitliche Herangehensweise spiegelt Luipas eigenen Weg wider, auf dem die direkte Erfahrung im Mittelpunkt stand.

Bedeutung und Nachwirkung

Luipas Einfluss auf den tibetischen Buddhismus ist tiefgreifend und weitreichend. Seine Geschichte und Lehren haben über die Jahrhunderte hinweg zahlreiche

Praktizierende inspiriert und wichtige Aspekte des Vajrayana-Pfades verdeutlicht.

In der tibetischen Tradition wird Luipa verehrt. Seine radikale Praxis und Transformationsgeschichte dienen als kraftvolle Erinnerung daran, dass spirituelle Verwirklichung oft unkonventionelle Wege erfordert und mit der Überwindung tief verwurzelter Anhaftungen verbunden ist.

Die von Luipa überlieferte Chakrasamvara-Praxis bleibt eine zentrale tantrische Praxis in verschiedenen tibetischen Schulen, besonders in der Kagyu-Tradition. Zahlreiche bedeutende tibetische Meister, darunter Marpa, Milarepa und die Karmapas, haben diese Praxis kultiviert und weitergegeben.

Über den formalen religiösen Kontext hinaus hat Luipas Geschichte eine tiefere kulturelle Bedeutung erlangt. Sie steht symbolisch für mehrere grundlegende buddhistische Prinzipien:

- Die Möglichkeit radikaler Transformation, unabhängig von der Ausgangssituation - Die Überwindung gesellschaftlicher Konventionen zugunsten tieferer Wahrheit - Die tantrische Methode der Transformation von Gift in Medizin - Die Bedeutung direkter Erfahrung gegenüber theoretischem Wissen

In der modernen Zeit bleibt Luipas Geschichte relevant als Gegenmittel gegen den weit verbreiteten Materialismus und die Fixierung auf äußeren Status. In einer Welt, die von Konsum und sozialer Anerkennung geprägt ist, erinnert sein Beispiel daran, dass wahre Erfüllung nicht durch äußere Umstände, sondern durch innere Transformation erlangt wird.

Auch für zeitgenössische Praktizierende bietet Luipas Geschichte wertvolle Inspiration, insbesondere hinsichtlich der Überwindung subtiler Formen von spirituellem Materialismus und der Integration spiritueller Prinzipien in alle Lebensbereiche. Seine radikale Praxis mag in ihrer extremen Form für die meisten modernen Menschen nicht nachvollziehbar sein, doch das zugrundeliegende Prinzip – die direkte Konfrontation mit dem, was wir vermeiden oder ablehnen – bleibt ein kraftvolles Werkzeug auf dem spirituellen Weg.

Darstellung in der Kunst

Luipa hat einen festen Platz in der tibetischen und nepalesischen religiösen Kunst. Seine ikonographische Darstellung ist charakteristisch und leicht erkennbar, wobei bestimmte Attribute seine spezifische spirituelle Praxis und Verwirklichung symbolisieren.

In bildlichen Darstellungen wird Luipa typischerweise als asketischer Yogi mit dünnem, manchmal ausgemergeltem Körper gezeigt, was seine Jahre der entbehrungsreichen Praxis widerspiegelt. Er ist oft spärlich bekleidet oder trägt nur einen einfachen Lendenschurz, was seinen vollständigen Verzicht auf weltlichen Status symbolisiert.

Das auffälligste und konstanteste Attribut in Luipas Darstellungen sind die Fischeingeweide, die er entweder in der Hand hält oder die neben ihm liegen. Manchmal wird er auch beim Verzehr dieser Eingeweide dargestellt, als direkte Referenz auf seine transformative Praxis. In einigen Darstellungen sitzt er an einem Flussufer, was auf seinen Aufenthalt am Ganges verweist.

Luipa wird meist in einer meditativen Haltung dargestellt, oft mit Anzeichen erleuchteter Verwirklichung wie einem Heiligenschein oder einer leicht leuchtenden Körperdarstellung. Sein Gesichtsausdruck ist in der Regel friedvoll und konzentriert, was seinen erleuchteten Geisteszustand widerspiegelt.

In der Thangka-Malerei erscheint Luipa häufig in zwei Kontexten:

1. Als Teil von Darstellungen der 84 Mahasiddhas, wo jeder Mahasiddha mit seinen charakteristischen Attributen abgebildet ist

2. In spezifischen Thangkas, die dem Chakrasamvara-Tantra gewidmet sind, wo er als wichtiger Linienhalter dargestellt wird

In skulpturalen Darstellungen, insbesondere in Bronze- oder Kupferstatuen, werden die gleichen ikonographischen Elemente bewahrt, mit besonderem Fokus auf seine asketische Erscheinung und die Fischeingeweide als zentrales Symbol.

Die kunsthistorische Bedeutung von Luipas Darstellungen liegt in ihrer Verkörperung des tantrischen Prinzips der Transformation. Sie dienen nicht nur als Erinnerung an einen historischen Meister, sondern als visuelle Meditation über die Möglichkeit, das scheinbar Unreine in einen Pfad zur Erleuchtung zu verwandeln. Für Praktizierende fungieren diese Darstellungen als "Fenster" zur Kontemplation und als Inspirationsquelle für die eigene Praxis.

Schlussbetrachtung

Die Geschichte des Mahasiddha Luipa ist mehr als nur ein historisches Narrativ oder eine religiöse Legende – sie ist ein zeitloses Beispiel für die transformative

Kraft spiritueller Praxis und die Möglichkeit radikaler Veränderung. Von seinen königlichen Anfängen bis zu seinem Leben als Fischeingeweide verzehrender Yogi verkörpert Luipa einen Weg, der fundamentale Anhaftungen und Konzepte herausfordert und überwindet.

In einer Welt, die zunehmend von materiellen Werten und oberflächlichen Unterscheidungen geprägt ist, bietet Luipas Geschichte eine kraftvolle Gegenperspektive. Sie erinnert uns daran, dass wahre Freiheit nicht durch Anhäufung von Besitz oder Status, sondern durch Überwindung konzeptueller Begrenzungen und direktes Erfahren der Wirklichkeit erreicht wird.

Die tantrische Tradition, die Luipa exemplarisch verkörpert, betont die Möglichkeit, die gewöhnliche Welt nicht zu verlassen, sondern neu zu sehen. Statt das Unreine zu meiden, wird es direkt konfrontiert und in Weisheit transformiert. Diese Perspektive bietet einen tiefgreifenden ökologischen und existentiellen Ansatz, der auch für moderne Menschen relevant bleibt – die Möglichkeit, inmitten der Welt zu leben und sie dennoch anders zu erfahren.

Für spirituell Praktizierende bleibt Luipa ein inspirierendes Beispiel für kompromisslose Hingabe und die Bereitschaft, über konventionelle Grenzen hinauszugehen. Seine Geschichte ermutigt dazu, die eigenen Anhaftungen und Abneigungen direkt zu konfrontieren, statt sie zu vermeiden oder zu verdrängen.

Letztendlich liegt die bleibende Bedeutung von Luipas Geschichte in ihrer Verkörperung einer universellen Wahrheit: Transformation ist möglich, unabhängig von den Ausgangsbedingungen, wenn wir bereit sind, uns vollständig auf den Prozess einzulassen. In dieser zeitlosen Botschaft liegt vielleicht der größte Wert seiner bemerkenswerten Lebensgeschichte – ein Wert, der über kulturelle, religiöse und zeitliche Grenzen hinweg Bestand hat.

2.54 Mahipa - Der Größte

Herkunft

Mahipa, auch als "der Löwenfüßige" bekannt, wurde im mittelalterlichen Indien in einer wohlhabenden Brahmanenfamilie geboren. Die genauen Daten seines Lebens sind, wie bei vielen Mahasiddhas, in historischer Ungewissheit gehüllt, doch Forscher datieren sein Wirken auf das 10. Jahrhundert. Sein Geburtsort wird in den traditionellen Quellen als die Region Bengal im östlichen Indien angegeben, ein Zentrum der damaligen buddhistischen Gelehrsamkeit.

Als Sohn einer privilegierten Familie erhielt Mahipa eine umfassende Ausbildung in den vedischen Schriften, Philosophie und rituellen Praktiken des Brahmanismus. Seine frühe Bildung legte den Grundstein für sein tiefes Verständnis der spirituellen Traditionen Indiens. Doch trotz seiner bevorzugten Stellung und seiner Brillanz in den traditionellen Studien spürte er eine innere Leere und Unzufriedenheit mit dem konventionellen religiösen Leben.

Die historischen Berichte deuten an, dass Mahipa in seiner Jugend ein ruheloses und suchendes Wesen war. Er hinterfragte die starren Kasten- und Ritualsysteme seiner Zeit und sehnte sich nach einer direkteren, erfahrungsbasierten spirituellen Praxis. Diese innere Unruhe trieb ihn schließlich dazu, sein privilegiertes Leben aufzugeben und sich auf eine spirituelle Suche zu begeben, die ihn letztendlich zum tantrischen Buddhismus führen sollte.

Besondere Eigenschaften

Mahipa zeichnete sich durch mehrere bemerkenswerte Eigenschaften aus, die ihn zu einer einzigartigen Figur unter den Mahasiddhas machten. Zunächst besaß er eine außergewöhnliche intellektuelle Begabung, die es ihm ermöglichte, komplexe philosophische Konzepte nicht nur zu verstehen, sondern auch in zugängliche Lehren für seine Schüler zu transformieren. Diese Fähigkeit, das Abstrakte mit dem Praktischen zu verbinden, machte ihn zu einem besonders effektiven Lehrer.

Eine weitere hervorstechende Eigenschaft Mahipas war seine kompromisslose Hingabe an die spirituelle Praxis. Nachdem er den konventionellen Pfad verlassen hatte, widmete er sich mit völliger Entschlossenheit der tantrischen Sadhana (spirituellen Übung). Seine Biographien berichten von jahrelangen Meditationsretreats in abgelegenen Höhlen und Wäldern, wo er die grundlegenden buddhistischen Konzepte der Leerheit und des Mitgefühls direkt erfuhr und verwirklichte.

Besonders bemerkenswert war Mahipas unkonventionelle und oft provokative Art des Lehrens. Wie viele Mahasiddhas nutzte er antinomisches Verhalten, um die starren gesellschaftlichen Normen und konzeptuellen Begrenzungen seiner Schüler zu durchbrechen. Er lehrte oft durch paradoxe Aussagen, unerwartete Handlungen und symbolische Gesten, die darauf abzielten, seine Schüler aus ihren gewohnten Denkmustern zu reißen und sie zu einer direkten Erfahrung der Wirklichkeit zu führen.

Mahipa wird auch eine besondere Verbindung zu Tieren, insbesondere zu Löwen, zugeschrieben. Legenden berichten, dass wilde Tiere in seiner Gegenwart zahm wurden und dass er die Fähigkeit besaß, mit ihnen zu kommunizieren. Diese Eigenschaft symbolisiert seine Verwirklichung der grundlegenden Einheit allen Lebens und sein grenzenloses Mitgefühl für alle Wesen.

Nicht zuletzt zeichnete sich Mahipa durch seine Fähigkeit aus, sich an die individuellen Bedürfnisse und Kapazitäten seiner verschiedenen Schüler anzupassen. Er konnte sowohl gelehrte Diskurse für intellektuell orientierte Praktizierende halten als auch durch einfache, direkte Methoden jene erreichen, die einen praktischeren Zugang benötigten.

Geschichte der Erleuchtung

Die Geschichte von Mahipas Erleuchtung ist tief in der tantrischen Tradition verwurzelt und vermischt historische Elemente mit symbolischen und legendären Aspekten. Nach seiner Abkehr vom konventionellen brahmanischen Weg wanderte Mahipa durch verschiedene Regionen Indiens auf der Suche nach authentischer spiritueller Führung.

Der Wendepunkt in seinem Leben kam, als er seinem Guru, dem Mahasiddha Savari, begegnete. In den traditionellen Biographien wird beschrieben, wie Mahipa zunächst Savaris unkonventionelles Auftreten als Jäger und seine scheinbare Missachtung buddhistischer Vorschriften missbilligte. Doch Savari durchschaute Mahipas spirituellen Hochmut und stellte ihn vor eine Reihe von Herausforderungen und Prüfungen.

Die entscheidende Initiation erhielt Mahipa, als Savari ihn in die Praxis des Hevajra-Tantras einweihte, einer komplexen Meditationspraxis, die die Transformation von gewöhnlichen Bewusstseinszuständen in erleuchtete Weisheit zum Ziel hat. Nach dieser Einweihung zog sich Mahipa für zwölf Jahre in eine abgelegene Berghöhle zurück, wo er in intensiver Meditation die tantrischen Praktiken vervollkommnete.

Die Legende berichtet, dass Mahipa während dieser Zeit extremen Entbehrungen ausgesetzt war und verschiedene Hindernisse und Versuchungen überwinden musste. In der kritischsten Phase seiner Praxis, als Zweifel und Erschöpfung ihn zu überwältigen drohten, soll ihm Dakini Vajrayogini erschienen sein, eine weibliche erleuchtete Wesenheit, die im tantrischen Buddhismus als Verkörperung der höchsten Weisheit verehrt wird. Durch ihre Anleitung und Segen konnte Mahipa schließlich die dualistischen Konzepte überwinden und die Natur des Geistes direkt erkennen.

Der Moment seiner vollständigen Erleuchtung wird in den traditionellen Texten als eine tiefgreifende Erfahrung der Nicht-Dualität beschrieben, in der Mahipa die illusionäre Natur aller Phänomene und die inhärente Reinheit und Klarheit des Geistes erkannte. Es wird gesagt, dass er in diesem Moment die vollständige Kontrolle über die subtilen Energien seines Körpers erlangte und verschiedene außergewöhnliche Fähigkeiten (Siddhis) manifestierte, darunter die Fähigkeit zu fliegen und seinen Körper zu transformieren.

Nach seiner Erleuchtung verließ Mahipa seine Einsiedelei und begann, als wandernder Yogi zu lehren, wobei er seine Weisheit an Schüler aus allen Gesellschaftsschichten weitergab und dabei oft konventionelle religiöse Normen herausforderte.

Leben und Tod

Nach seiner Erleuchtung führte Mahipa das Leben eines Vajrayana-Meisters, der die Essenz der tantrischen Lehren verkörperte. Er lehnte feste Wohnsitze ab und wanderte durch verschiedene Regionen Indiens, von den Gangesebenen bis zu den Himalaya-Ausläufern, wobei er überall dort lehrte, wo er auf empfängliche Schüler traf.

Mahipas Lebensstil war bewusst unkonventionell. In Übereinstimmung mit der Mahasiddha-Tradition überschritt er oft gesellschaftliche Normen und religiöse Konventionen, um die Anhaftung seiner Schüler an dualistische Konzepte zu durchbrechen. Er könnte in königlichen Palästen genauso wie in Leichenstätten oder unter Ausgestoßenen anzutreffen sein. Diese "verrückte Weisheit" (Sanskrit:

caṇḍālī) war nicht Ausdruck von Respektlosigkeit gegenüber der Tradition, sondern ein geschicktes Mittel, um die Grenzen des konzeptuellen Denkens seiner Schüler zu erweitern.

Trotz seiner manchmal provokanten Methoden wird Mahipa als ein Meister mit tiefem Mitgefühl beschrieben. Er widmete sein Leben nach der Erleuchtung vollständig dem Wohl anderer Wesen. Die Hagiographien berichten von zahlreichen Wundertaten: Heilungen, Befriedung von Konflikten und sogar die Abwendung von Naturkatastrophen durch seine spirituellen Kräfte.

Über Mahipas Tod existieren verschiedene Überlieferungen. Die am weitesten verbreitete Erzählung berichtet, dass er, nachdem er seine wichtigsten Schüler in die tiefsten Lehren eingeführt hatte, beschloss, seinen physischen Körper zu transzendieren. In Anwesenheit einer Versammlung von Schülern soll er seinen Körper in reines Licht aufgelöst haben – ein Phänomen, das im tibetischen Buddhismus als "Regenbogenkörper" (Tibetisch: ja' lus) bekannt ist und als höchste Demonstration der Verwirklichung gilt.

Eine andere Überlieferung berichtet, dass Mahipa, als er spürte, dass sein irdisches Wirken vollendet war, sich in eine abgelegene Höhle zurückzog und dort in tiefe Meditation eintrat. Es heißt, dass er seinen Körper zurückließ, aber sein Bewusstsein direkt in ein reines Buddha-Land transferierte, ohne den gewöhnlichen Prozess des Todes und der Wiedergeburt durchlaufen zu müssen. Diese Errungenschaft wird im Tantra als "Große Übertragung" bezeichnet und gilt als eines der höchsten spirituellen Ziele.

Unabhängig von den verschiedenen Überlieferungen stimmen alle darin überein, dass Mahipas Übergang vom physischen Leben ein außergewöhnliches Ereignis war, das seine vollständige Meisterschaft über Leben und Tod demonstrierte und seinen Status als verwirklichter Mahasiddha bestätigte.

Lehren und Übertragungen

Mahipas Lehren waren tief in der Vajrayana-Tradition verankert, enthielten aber auch einzigartige Elemente, die seine persönliche Verwirklichung widerspiegelten. Im Zentrum seiner Unterweisungen stand die direkte Erfahrung der Buddha-Natur – der inhärenten Reinheit und Klarheit des Geistes, die unter den Schleiern der Unwissenheit und konzeptuellen Gedanken verborgen liegt.

Eine seiner wichtigsten Lehren war die "Pfadlose Methode" (Sanskrit: amārga), ein Ansatz, der die Unterscheidung zwischen spiritueller Praxis und Verwirklichung transzendiert. Mahipa lehrte, dass die wahre Natur des Geistes bereits vollkommen und frei ist und dass der spirituelle Weg letztlich darin besteht, die Hindernisse zu erkennen und aufzulösen, die diese inhärente Vollkommenheit verschleiern. Diese Lehre war besonders einflussreich für die spätere Entwicklung der Mahamudra-Tradition im tibetischen Buddhismus.

Mahipa ist auch bekannt für seine systematische Darstellung der "Drei Körper" (Sanskrit: trikāya) – der unterschiedlichen Dimensionen der Buddhaschaft. Er betonte, dass diese drei Aspekte – Dharmakaya (die absolute Dimension), Sambhogakaya (die subtile Energiedimension) und Nirmanakaya (die physische Manifestation) – nicht getrennte Einheiten, sondern untrennbare Facetten der erleuchteten Natur sind.

In Bezug auf die tantrische Praxis ist Mahipa besonders mit den Übertragungslinien des Hevajra- und des Chakrasamvara-Tantras verbunden. Er entwickelte spezifische Visualisierungs- und Energietechniken innerhalb dieser Traditionen und schuf einzigartige Sadhanas (spirituelle Übungstexte), die die essentiellen Punkte der Praxis verdichten.

Ein charakteristisches Merkmal von Mahipas Lehrmethode war die Verwendung von "direkten Anweisungen" (Sanskrit: upadesha), prägnanten mündlichen Instruktionen, die direkt auf die Erfahrung des Schülers abzielen. Diese Anweisungen wurden oft in Form von Dohas vermittelt – spontanen spirituellen Liedern, die in einfacher Sprache tiefgründige Wahrheiten ausdrücken.

Mahipa gründete keine institutionalisierte Schule oder Kloster, sondern übertrug seine Lehren in einer direkten Meister-Schüler-Beziehung. Seine Hauptschüler, darunter Saraha und Krishnacharya, wurden selbst zu bedeutenden Mahasiddhas und setzten seine Übertragungslinie fort. Diese Linie gelangte schließlich nach Tibet, wo sie in verschiedene Schulen des tibetischen Buddhismus integriert wurde, insbesondere in die Kagyu- und Sakya-Traditionen.

Die mündlichen Übertragungen Mahipas wurden in Textsammlungen wie der "Großen Schatzkammer der Mahasiddha-Dohas" und dem "Zyklus der essenziellen Anweisungen" bewahrt. Diese Texte wurden im 11. und 12. Jahrhundert von tibetischen Übersetzern ins Tibetische übertragen und bilden bis heute einen wichtigen Teil des tibetischen buddhistischen Kanons.

Bedeutung und Nachwirkung

Die Bedeutung und Nachwirkung Mahipas erstreckt sich weit über seine eigene Lebenszeit hinaus und hat verschiedene Aspekte der buddhistischen Tradition nachhaltig geprägt. Sein Einfluss ist besonders in der Entwicklung des Vajrayana-Buddhismus in Indien und seiner späteren Übertragung nach Tibet spürbar.

Als einer der herausragenden Mahasiddhas trug Mahipa wesentlich zur Systematisierung und Verbreitung der tantrischen Praktiken bei. Seine einzigartigen Interpretationen und Methoden halfen, komplexe esoterische Lehren für eine breitere Gruppe von Praktizierenden zugänglich zu machen, ohne deren tiefgründige Essenz zu verwässern. Diese Demokratisierung des Tantra, die den spirituellen Weg nicht nur Mönchen und Asketen, sondern auch Laien und Menschen aller sozialen Schichten öffnete, ist ein wichtiger Teil seines Vermächtnisses.

In Tibet wurde Mahipas Einfluss besonders durch die "Übertragungslinie der Anweisungen" (Tibetisch: man ngag brgyud) fortgeführt. Seine Lehren wurden in die Grundlagen verschiedener tibetischer Schulen integriert, insbesondere in die Kagyu-Tradition, wo sie die Basis für die Mahamudra-Praxis bildeten. Die von ihm entwickelten meditativen Techniken und konzeptuellen Rahmenbedingungen wurden zu wesentlichen Bestandteilen der tibetischen spirituellen Praxis.

Mahipas antikonventioneller Ansatz beeinflusste auch die Entwicklung des "verrückten Yogis" (Tibetisch: smyon pa) als spirituelles Ideal in Tibet. Diese Tradition, die von Meistern wie Milarepa und später von den "verrückten Weisen" (Tibetisch: smyon pa'i sprul sku) verkörpert wurde, betont die Freiheit von sozialen Konventionen und konzeptuellen Einschränkungen als Ausdruck spiritueller Verwirklichung.

In der zeitgenössischen buddhistischen Welt werden Mahipas Lehren weiterhin studiert und praktiziert, sowohl innerhalb traditioneller Übertragungslinien als auch im Kontext des modernen globalen Buddhismus. Seine Betonung der direkten Erfahrung, seine integrative Sichtweise und sein Fokus auf die inhärente Buddha-Natur aller Wesen resonieren mit vielen gegenwärtigen spirituellen Suchenden.

Akademisch gesehen hat das Interesse an Mahipa und anderen Mahasiddhas in den letzten Jahrzehnten zugenommen. Wissenschaftler erforschen die historischen, kulturellen und philosophischen Dimensionen seines Lebens und seiner Lehren, was zu einem tieferen Verständnis dieser faszinierenden Figur und ihrer Bedeutung für die Entwicklung des Buddhismus beiträgt.

Mahipas Einfluss erstreckt sich auch über den rein buddhistischen Kontext hinaus. Seine Betonung der Nicht-Dualität, sein ganzheitlicher Ansatz zur spirituellen Praxis und seine Wertschätzung der inhärenten Weisheit aller Wesen haben Parallelen in verschiedenen spirituellen Traditionen und sprechen universelle Aspekte der menschlichen spirituellen Suche an.

Darstellung in der Kunst

Mahipa hat in der buddhistischen Kunst eine bedeutende Präsenz, besonders in der ikonographischen Tradition der 84 Mahasiddhas, die in Tibet, Nepal und den Himalaya-Regionen weit verbreitet ist. Seine Darstellungen folgen gewissen ikonographischen Konventionen, weisen aber auch regionale und zeitliche Variationen auf.

In der klassischen tibetischen Thangka-Malerei wird Mahipa typischerweise als Yogi mit asketischen Zügen dargestellt. Er hat einen schlanken, aber kraftvollen Körper, der seine jahrelange meditative Praxis widerspiegelt. Sein Gesicht zeigt oft eine Mischung aus Strenge und Mitgefühl – Ausdruck seiner kompromisslosen Hingabe an die Wahrheit und seiner grenzenlosen Fürsorge für alle Wesen.

Ein charakteristisches Merkmal in Mahipas Ikonographie ist seine Darstellung mit "Löwenfüßen" oder in Begleitung eines Löwen. Dies bezieht sich auf seinen Beinamen "der Löwenfüßige" und symbolisiert seine furchtlose Natur und spirituelle Kraft. In einigen Darstellungen sitzt er auf einem Löwenthron oder hat einen Löwen als Begleiter zu seinen Füßen.

Die Kleidung Mahipas in künstlerischen Darstellungen variiert. Manchmal wird er in einfacher Yogikleidung gezeigt, was seine Abkehr von weltlichem Luxus symbolisiert. In anderen Darstellungen trägt er königliche Gewänder und Schmuck, was seine Verwirklichung der Nicht-Dualität zwischen weltlicher und spiritueller Existenz zum Ausdruck bringt. Diese doppelte Darstellung spiegelt das tantrische Prinzip wider, dass Samsara (der Kreislauf der weltlichen Existenz) und Nirvana (Erleuchtung) letztendlich nicht getrennt sind.

In seiner Hand hält Mahipa oft eine Damaru (rituelle Trommel) und eine Glocke – Instrumente, die im tantrischen Ritual verwendet werden und die Einheit von Methode (Mitgefühl) und Weisheit symbolisieren. In manchen Darstellungen hält er auch eine Kapala (Schädelschale), die die Transzendierung des Ego und die Vergänglichkeit aller Phänomene repräsentiert.

In komplexeren Thangkas wird Mahipa oft im Kontext seiner Lebensgeschichte dargestellt, mit Szenen seiner Begegnung mit seinem Guru Savari, seiner Meditationsperiode in der Berghöhle und seiner Lehrtätigkeit nach der Erleuchtung. Diese narrativen Elemente dienen nicht nur der Illustration seiner Biographie, sondern auch als Meditation für Praktizierende, die seinem spirituellen Pfad folgen.

Neben Malereien existieren auch Bronzeskulpturen und Holzschnitzereien von Mahipa, besonders in den Klöstern der Kagyu- und Sakya-Traditionen in Tibet und Nepal. Diese dreidimensionalen Darstellungen folgen ähnlichen ikonographischen Prinzipien wie die Thangkas, bieten aber zusätzliche künstlerische Dimensionen durch ihre räumliche Präsenz.

In der zeitgenössischen buddhistischen Kunst wird Mahipa weiterhin dargestellt, wobei traditionelle ikonographische Elemente oft mit modernen künstlerischen Sensibilitäten kombiniert werden. Diese fortlaufende künstlerische Auseinandersetzung mit seiner Gestalt zeugt von der anhaltenden Inspiration, die sein Leben und seine Lehren bieten.

Schlussbetrachtung

Die Gestalt des Mahasiddha Mahipa verkörpert die transformative Kraft des tantrischen Buddhismus und die Möglichkeit der vollständigen spirituellen Verwirklichung im menschlichen Leben. Sein Weg von einem privilegierten Brahmanen zu einem erleuchteten Meister, der konventionelle Grenzen transzendierte, illustriert einen universellen spirituellen Prozess — die Reise von der Anhaftung an weltliche Identitäten und konzeptuelle Konstrukte zur Erkenntnis der grundlegenden Freiheit und Reinheit des Geistes.

Mahipas Vermächtnis ist vielschichtig und tiefgründig. Als historische Figur trug er wesentlich zur Entwicklung und Übertragung des Vajrayana-Buddhismus bei. Seine innovativen Lehrmethoden und seine Fähigkeit, komplexe esoterische Lehren in zugängliche Formen zu übersetzen, haben Generationen von Praktizierenden inspiriert und geleitet. Die von ihm begründeten Übertragungslinien sind bis heute lebendig und bieten einen direkten Zugang zu den Erfahrungen und Einsichten, die er vor über tausend Jahren kultivierte.

Als symbolische Figur verkörpert Mahipa zentrale Aspekte des buddhistischen Pfades: die Möglichkeit der Transformation, die Überwindung dualistischer

Konzepte und die Integration spiritueller Einsicht in alle Aspekte des Lebens. Seine Geschichte, die in Kunst, Literatur und mündlichen Überlieferungen bewahrt wurde, dient als Inspiration und als Landkarte für die eigene spirituelle Reise der Praktizierenden.

In der heutigen globalen Welt, in der buddhistische Traditionen auf neue kulturelle Kontexte treffen, bietet Mahipas Leben und Lehre wichtige Perspektiven. Seine Betonung der direkten Erfahrung jenseits dogmatischer Formeln, sein integrativer Ansatz, der sowohl weltliche als auch spirituelle Dimensionen umfasst, und sein Mitgefühl, das alle Wesen einschließt, sind Qualitäten, die in unserer Zeit besonders relevant erscheinen.

Letztendlich erinnert uns Mahipas Beispiel daran, dass der spirituelle Pfad nicht in der Flucht vor der Welt besteht, sondern in der Transformation unserer Beziehung zu ihr. Seine Verwirklichung der Nicht-Dualität zwischen Samsara und Nirvana, zwischen weltlicher Existenz und spiritueller Transzendenz, zeigt einen Weg, der weder in weltlicher Anhaftung noch in weltabgewandter Askese, sondern in einer tiefgreifenden Integration aller Aspekte der menschlichen Erfahrung besteht.

In diesem Sinne bleibt Mahipa - "der Größte" - ein zeitloser Lehrer, dessen Leben und Lehre uns einladen, über unsere selbstgesetzten Grenzen hinauszuwachsen und die inhärente Freiheit und Klarheit zu entdecken, die unsere wahre Natur ist.

2.55 Manibhadra - Die glückliche Hausfrau

Herkunft

Manibhadra wurde vermutlich im 9. oder 10. Jahrhundert in Nordindien geboren, in einer Zeit, als die tantrischen Lehren des Vajrayana-Buddhismus florierten. Die historischen Quellen zu ihrer genauen Herkunft sind spärlich, was typisch für viele der Mahasiddhas ist, deren Lebensgeschichten oft mehr durch hagiographische Überlieferungen als durch historische Dokumente bekannt sind.

Manibhadra stammte aus einer gewöhnlichen Familie und führte ein Leben ohne besondere Privilegien. Im Gegensatz zu vielen anderen spirituellen Meistern ihrer Zeit erhielt sie keine formale monastische Ausbildung. Sie war verheiratet und führte den Haushalt ihrer Familie, was ihr den Beinamen "die Hausfrau" einbrachte. Ihre einfache Herkunft und ihr alltägliches Leben unterstreichen einen zentralen Aspekt der Mahasiddha-Tradition: Erleuchtung ist nicht auf eine Elite beschränkt, sondern für alle zugänglich, unabhängig von sozialem Status, Geschlecht oder Bildung.

Besondere Eigenschaften

Was Manibhadra von anderen spirituellen Praktizierenden ihrer Zeit unterschied, war ihre Fähigkeit, die gewöhnlichen Tätigkeiten des häuslichen Lebens in eine tiefgründige spirituelle Praxis zu transformieren. Sie besaß eine außergewöhnliche Präsenz im gegenwärtigen Moment und die Gabe, in der Routine des Alltags das Außergewöhnliche zu erkennen.

Manibhadra war bekannt für ihre unerschütterliche Fröhlichkeit und innere Zufriedenheit, die sie selbst bei den monotonsten Hausarbeiten ausstrahlte. Diese Eigenschaft verlieh ihr den Beinamen "die glückliche Hausfrau". Ihre Zeitgenossen berichteten, dass sie eine besondere Ausstrahlung besaß, die jeden Raum, den sie betrat, mit Wärme und Freude erfüllte.

Eine weitere bemerkenswerte Eigenschaft war ihre tiefe Intuition und Weisheit, die sich nicht aus intellektuellen Studien, sondern aus direkter Erfahrung und Kontemplation speiste. Sie verstand es, komplexe spirituelle Konzepte in einfachen, alltäglichen Metaphern zu vermitteln, was ihre Lehren besonders zugänglich machte.

Trotz ihres spirituellen Fortschritts blieb Manibhadra bescheiden und bodenständig. Sie sah keine Notwendigkeit, ihre Rolle als Hausfrau aufzugeben oder ein asketisches Leben zu führen. Vielmehr nutzte sie genau diese Lebensumstände als Vehikel für ihre spirituelle Entwicklung, was sie zu einem lebendigen Beispiel für die Vereinbarkeit von weltlichem und spirituellem Leben machte.

Geschichte der Erleuchtung

Die Erleuchtungsgeschichte von Manibhadra ist ein faszinierendes Beispiel für den unkonventionellen Charakter des Mahasiddha-Pfades. Anders als bei vielen spirituellen Meistern gab es in ihrem Leben keinen dramatischen Wendepunkt oder eine plötzliche Entsagung weltlicher Angelegenheiten.

Der Überlieferung nach begegnete Manibhadra eines Tages einem wandernden Yogi, der sie in den grundlegenden Lehren des Buddhismus unterwies. Beeindruckt von ihrer natürlichen Offenheit und Intelligenz, gab er ihr eine scheinbar einfache Meditationsanweisung: Sie solle bei jeder Hausarbeit ihren Geist vollständig auf die jeweilige Tätigkeit richten, ohne Ablenkung durch Vergangenheit oder Zukunft.

Manibhadra nahm diese Anweisung mit großem Ernst und begann, jede häusliche Tätigkeit als Meditationspraxis zu betrachten. Beim Kehren beobachtete sie aufmerksam die Bewegungen des Besens und den aufgewirbelten Staub. Beim Kochen widmete sie ihre volle Aufmerksamkeit den Farben, Gerüchen und Texturen der Zutaten. Beim Wasserholen spürte sie das Gewicht des Kruges, das Fließen des Wassers und die Anstrengung ihres Körpers.

Durch diese beharrliche Praxis der Achtsamkeit im Alltag erlangte Manibhadra nach und nach tiefe Einsichten in die Natur der Realität. Sie erkannte die Vergänglichkeit aller Phänomene im ständigen Wechsel der häuslichen Aufgaben. Sie verstand die Leere (Shunyata) in der substanzlosen Natur des Staubes, den sie täglich fegte. Sie erfuhr die wechselseitige Abhängigkeit aller Dinge in der Zubereitung von Mahlzeiten, bei der verschiedene Elemente zusammenkommen, um etwas Neues zu schaffen.

Der Höhepunkt ihrer Erleuchtung wird in einer bekannten Geschichte beschrieben: Eines Tages, als Manibhadra Wasser aus einem Brunnen schöpfte, sah sie ihr Spiegelbild auf der Wasseroberfläche. In diesem Moment erlebte sie eine tiefgreifende Erkenntnis der illusorischen Natur des Selbst. Sie verstand, dass das Selbst, wie ihr Spiegelbild im Wasser, keine inhärente Existenz besitzt, sondern aus zahllosen Ursachen und Bedingungen entsteht. Diese Einsicht führte zu ihrer vollständigen Befreiung.

Was ihre Erleuchtungsgeschichte besonders bemerkenswert macht, ist die Tatsache, dass Manibhadra nie ihre Rolle als Hausfrau aufgab. Sie demonstrierte damit, dass spirituelle Verwirklichung nicht von äußeren Umständen abhängt, sondern von der inneren Einstellung und Präsenz, mit der man diesen Umständen begegnet.

Leben und Tod

Nach ihrer Erleuchtung setzte Manibhadra ihr Leben als Hausfrau fort, nun jedoch mit einer transformierten Perspektive. Äußerlich änderte sich wenig – sie erledigte weiterhin ihre täglichen Pflichten, kümmerte sich um ihre Familie und führte den Haushalt. Doch innerlich war sie vollkommen frei geworden, losgelöst von Anhaftung und Abneigung gegenüber ihren Lebensumständen.

Ihr Haus wurde allmählich zu einem informellen Treffpunkt für Menschen, die spirituelle Unterweisung suchten. Manibhadra empfing sie, während sie ihre Hausarbeit verrichtete, und teilte ihre Weisheit in Form von einfachen Gesprächen und praktischen Demonstrationen. Sie lehrte nicht durch formelle Unterweisungen, sondern durch ihr lebendiges Beispiel und alltägliche Metaphern.

Über Manibhadras Tod berichten die Überlieferungen verschiedene Versionen. Eine populäre Erzählung besagt, dass sie in hohem Alter, umgeben von ihrer Familie und Schülern, friedlich starb, während sie Wasser aus einem Brunnen schöpfte – dieselbe Tätigkeit, bei der sie einst die entscheidende Einsicht erlangt hatte. Im Moment ihres Todes soll sich ihr Körper in Licht aufgelöst haben, ein Phänomen, das in der tibetischen Tradition als "Regenbogenkörper" bekannt ist und als Zeichen höchster spiritueller Verwirklichung gilt.

Eine andere Überlieferung berichtet, dass Manibhadra nie im konventionellen Sinne starb, sondern als Dakini, eine erleuchtete weibliche Energieform, in die subtilen Bereiche der Existenz einging, von wo aus sie weiterhin zum Wohl aller Wesen wirkt.

Unabhängig von den verschiedenen Überlieferungen symbolisiert Manibhadras Tod die Vollendung eines spirituellen Pfades, der die konventionelle Trennung zwischen weltlichem und spirituellem Leben, zwischen Alltagspflichten und religiöser Praxis, aufhebt.

Lehren und Übertragungen

Obwohl Manibhadra keine formalen Schriften hinterließ, wurden ihre Lehren durch mündliche Überlieferung und später durch schriftliche Hagiographien bewahrt. Der Kern ihrer Lehre lässt sich in einigen zentralen Prinzipien zusammenfassen:

1. Achtsamkeit im Alltag: Manibhadra lehrte, dass jede alltägliche Handlung, wenn sie mit voller Aufmerksamkeit und Präsenz ausgeführt wird, zu einem Tor zur Erleuchtung werden kann. Sie betonte, dass es nicht notwendig ist, den Alltag zu verlassen, um spirituelle Verwirklichung zu erlangen.

2. Die Transformation des Gewöhnlichen: In Manibhadras Lehre wird das Gewöhnliche zum Außergewöhnlichen, wenn es mit der richtigen Einstellung betrachtet wird. Sie zeigte, wie selbst die monotonsten Tätigkeiten zu tiefen spirituellen Einsichten führen können.

3. Freude als spiritueller Pfad: Anders als viele asketische Traditionen, die Entsagung und Strenge betonten, lehrte Manibhadra einen Pfad der Freude und des Wohlbefindens. Sie demonstrierte, dass spirituelle Praxis nicht düster oder entbehrungsreich sein muss, sondern natürliche Zufriedenheit hervorbringen kann.

4. Die Einheit von Form und Leere: Durch praktische Beispiele aus dem Haushalt vermittelte Manibhadra komplexe philosophische Konzepte wie die Leerheit aller Phänomene. So verglich sie etwa das Kehren des Bodens mit dem Reinigen des Geistes von konzeptuellen Konstrukten.

Manibhadras Lehren wurden in verschiedene tantrische Linien des tibetischen Buddhismus integriert, insbesondere in die Tradition der Mahamudra, die die unmittelbare Erkenntnis der Natur des Geistes betont. Ihre Methode der Achtsamkeit im Alltag findet sich auch in den Lehren des Dzogchen wieder, besonders im Konzept der "Selbstbefreiung" von Gedanken und Emotionen durch bloßes Erkennen ihrer wahren Natur.

In einigen Linien des Vajrayana-Buddhismus gibt es spezifische Meditationspraktiken, die mit Manibhadra assoziiert werden. Diese beinhalten oft Visualisierungen von häuslichen Tätigkeiten als symbolische Darstellungen spiritueller Prozesse, wie das Fegen als Reinigung von Verunreinigungen oder das Kochen als Transformation von Erfahrungen.

Bedeutung und Nachwirkung

Manibhadras Bedeutung für die buddhistische Tradition geht weit über ihre individuellen Lehren hinaus. Als eine der wenigen weiblichen Mahasiddhas repräsentiert sie einen wichtigen Gegenpol zu den überwiegend männlich dominierten spirituellen Hierarchien ihrer Zeit. Ihre Geschichte bekräftigt, dass Erleuchtung unabhängig von Geschlecht oder sozialer Rolle möglich ist.

Besonders bemerkenswert ist Manibhadras Beitrag zur Demokratisierung spiritueller Praxis. Durch ihr Beispiel zeigte sie, dass der Pfad zur Erleuchtung nicht elitären Mönchen oder Yogis vorbehalten ist, sondern allen offensteht, die bereit sind, ihr alltägliches Leben mit Achtsamkeit und Präsenz zu leben. Diese Botschaft hat bis heute eine besondere Relevanz für Laien-Praktizierende, die spirituelle Praxis mit familiären und beruflichen Verpflichtungen verbinden müssen.

In der modernen buddhistischen Praxis wird Manibhadra oft als Inspiration für die Integration von Meditation in den Alltag zitiert. Ihre Methode der Achtsamkeit bei alltäglichen Tätigkeiten findet Widerhall in zeitgenössischen Ansätzen der Achtsamkeitspraxis, die nicht auf formelle Meditation beschränkt ist, sondern alle Lebensbereiche durchdringt.

Darüber hinaus hat Manibhadras Betonung der Freude und des Wohlbefindens als legitimer spiritueller Pfad zur Entwicklung einer positiveren und lebensbejahenden Interpretation des Buddhismus beigetragen, die sich von streng asketischen oder weltverneinenden Ansätzen unterscheidet.

In feministischen Interpretationen des Buddhismus wird Manibhadra oft als Vorbild für die spirituelle Ermächtigung von Frauen angeführt. Ihre Geschichte zeigt, dass traditionell weibliche Tätigkeiten und Rollen nicht als Hindernis für spirituelle Entwicklung betrachtet werden sollten, sondern als vollwertige Pfade zur Erleuchtung.

Darstellung in der Kunst

In der buddhistischen Kunst wird Manibhadra typischerweise als einfache Hausfrau in traditioneller indischer Kleidung dargestellt. Im Gegensatz zu vielen anderen Mahasiddhas, die oft in exzentrischen Posen oder mit ungewöhnlichen Attributen abgebildet werden, erscheint sie in alltäglichen Situationen, meist bei häuslichen Tätigkeiten.

In tibetischen Thangkas wird sie häufig beim Wasserholen dargestellt, mit einem Wasserkrug auf dem Kopf oder in der Hand, in Anspielung auf den Moment ihrer Erleuchtung. Ihr Gesichtsausdruck ist in diesen Darstellungen oft von strahlendem Glück und innerem Frieden geprägt, was ihren Beinamen "die glückliche Hausfrau" widerspiegelt.

Eine weitere häufige Darstellung zeigt Manibhadra beim Fegen oder Reinigen ihres Hauses, als Symbol für die Reinigung des Geistes von Verunreinigungen. In einigen Abbildungen ist sie von einem subtilen Lichtschein umgeben, der ihre erleuchtete Natur andeutet, während sie gleichzeitig in vollkommen weltlichen Aktivitäten engagiert ist.

In der nepalesischen und nordindischen Kunsttradition findet man gelegentlich Bronzestatuen von Manibhadra, die sie in meditativer Haltung zeigen, aber mit Attributen einer Hausfrau wie einem Besen, einem Wasserkrug oder Kochutensilien.

Bemerkenswert an diesen künstlerischen Darstellungen ist die Spannung zwischen dem Gewöhnlichen und dem Außergewöhnlichen, zwischen weltlicher Tätigkeit und spiritueller Transzendenz, die das Wesen von Manibhadras Lehre und Leben ausmacht. Die Kunst vermittelt die paradoxe Botschaft, dass die tiefste spirituelle Verwirklichung nicht jenseits des Alltäglichen zu finden ist, sondern genau darin.

In zeitgenössischen buddhistischen Kunstwerken und Illustrationen wird Manibhadra zunehmend als Symbol für die Vereinbarkeit von spiritueller Praxis und modernem Alltagsleben interpretiert. Dabei werden traditionelle Darstellungen oft in einen aktuellen Kontext übersetzt, etwa durch die Abbildung moderner Haushaltsgeräte oder zeitgenössischer Kleidung, um die zeitlose Relevanz ihrer Lehre zu betonen.

Schlussbetrachtung

Die Geschichte der Mahasiddha Manibhadra bietet eine zeitlose Inspiration für alle, die nach spiritueller Verwirklichung streben, ohne ihr weltliches Leben aufgeben zu müssen. Ihr Beispiel verdeutlicht, dass der Weg zur Erleuchtung nicht notwendigerweise durch Klöster, Höhlen oder abgeschiedene Einsiedeleien führt, sondern durch die achtsame Begegnung mit dem Leben, wie es sich von Moment zu Moment entfaltet.

Manibhadras Vermächtnis ermutigt uns, die künstliche Trennung zwischen "spirituell" und "weltlich" zu überwinden und zu erkennen, dass jeder Moment und jede Handlung, egal wie gewöhnlich sie erscheinen mag, das Potenzial für tiefe Einsicht und Transformation birgt. Ihre Lehre erinnert uns daran, dass wahre spirituelle Praxis nicht in besonderen Zuständen oder außergewöhnlichen Erfahrungen besteht, sondern in der vollständigen Präsenz und Akzeptanz des gegenwärtigen Augenblicks.

In einer Zeit, die von Hektik, Multitasking und konstanter Ablenkung geprägt ist, erscheint Manibhadras Botschaft der Achtsamkeit und Präsenz im Alltag aktueller denn je. Ihr Beispiel lädt uns ein, die scheinbar banalen Tätigkeiten unseres täglichen Lebens – sei es das Zubereiten einer Mahlzeit, das Reinigen unseres Zuhauses oder das Erledigen von Routineaufgaben – als Gelegenheiten für spirituelles Wachstum zu betrachten.

Die glückliche Hausfrau Manibhadra führt uns vor Augen, dass der Pfad zur Befreiung nicht kompliziert oder esoterisch sein muss. Er liegt direkt vor uns, in den einfachen Handlungen und Begegnungen unseres alltäglichen Lebens. Die Herausforderung besteht lediglich darin, diese Handlungen mit der gleichen Achtsamkeit, Präsenz und Freude zu erfüllen, die das Leben dieser bemerkenswerten Mahasiddha kennzeichneten.

2.56 Medhini - Der müde Bauer

Herkunft

Medhini wurde im 9. Jahrhundert in einer abgelegenen ländlichen Region Nordindiens geboren, in einem kleinen Dorf in der Nähe von Bodhgaya, dem Ort der Erleuchtung Buddhas. Als Sohn einer armen Bauernfamilie wurde er in eine Welt hineingeboren, die von harter Arbeit und dem ständigen Kampf ums Überleben geprägt war. Schon in jungen Jahren musste er auf den Feldern arbeiten, um seine Familie zu unterstützen. Seine Kindheit war gekennzeichnet von Entbehrungen und körperlicher Anstrengung, ohne Zugang zu formaler Bildung oder religiösen Unterweisungen.

Das Umfeld, in dem Medhini aufwuchs, war geprägt von einer Mischung aus volkstümlichen hinduistischen Praktiken und buddhistischen Einflüssen, die in dieser Region Indiens noch immer präsent waren, obwohl der Buddhismus zu jener Zeit bereits an Bedeutung verlor. Die Menschen in seinem Dorf lebten in enger Verbindung mit der Natur und den Jahreszeiten, deren Zyklen ihren Alltag und ihre spirituellen Vorstellungen bestimmten.

Als junger Mann heiratete Medhini und gründete eine eigene Familie, für die er sorgen musste. Die Verantwortung für seine Frau und später für seine Kinder verstärkte den Druck, unter dem er täglich stand. Die Landwirtschaft in dieser Region war stark von den Monsunregen abhängig, und Dürreperioden oder Überschwemmungen konnten die Existenz ganzer Familien bedrohen. In diesem unsicheren und mühevollen Leben entwickelte Medhini eine tiefe, wenn auch unbewusste Verbindung zu den grundlegenden Wahrheiten des Buddhismus: der Unbeständigkeit allen Seins und dem allgegenwärtigen Leiden, das aus dem Festhalten an Wünschen und Erwartungen entsteht.

Besondere Eigenschaften

Was Medhini von seinen Zeitgenossen unterschied, war nicht etwa außergewöhnliches Wissen oder besondere Fähigkeiten, sondern vielmehr eine einzigartige Kombination aus scheinbar widersprüchlichen Eigenschaften. Einerseits war er bekannt für seine unermüdliche Arbeitsamkeit – trotz seiner sprichwörtlichen "Müdigkeit" arbeitete er vom Morgengrauen bis zum Sonnenuntergang auf seinen Feldern. Andererseits besaß er eine bemerkenswerte Gelassenheit und innere Ruhe, die selbst in Zeiten größter Not nicht zu erschüttern war.

Medhini zeichnete sich durch eine tiefe Verbundenheit mit der Erde aus, die er bearbeitete. Er behandelte den Boden mit Respekt und Fürsorge, als wäre er ein lebendiges Wesen. Diese Haltung erstreckte sich auch auf seine Beziehungen zu anderen Menschen und zu allen fühlenden Wesen. Trotz seiner eigenen Armut war er bekannt für seine Großzügigkeit und teilte bereitwillig seine spärliche Ernte mit Bedürftigen und Wanderasketen.

Eine weitere bemerkenswerte Eigenschaft Medhinis war seine Fähigkeit, vollkommen im gegenwärtigen Moment zu verweilen. Während er pflügte, säte oder erntete, war er mit seinem ganzen Sein bei dieser Tätigkeit, ohne sich in Gedanken über Vergangenheit oder Zukunft zu verlieren. Diese natürliche Präsenz, die er nicht durch formale Meditation erlangt hatte, sondern die aus seiner tiefen Verbindung mit seiner Arbeit und der Natur erwachsen war, wurde später zu einem zentralen Element seiner spirituellen Lehre.

Trotz seiner mangelnden formalen Bildung besaß Medhini eine intuitive Weisheit und ein tiefes Verständnis für die Zusammenhänge des Lebens. Er konnte komplexe philosophische Konzepte in einfache, aus dem bäuerlichen Alltag gegriffene Bilder und Gleichnisse übersetzen, die selbst für die Ungebildeten verständlich waren. Diese Gabe, das Tiefgründige im Alltäglichen sichtbar zu machen, machte ihn später zu einem wirksamen und beliebten Lehrer.

Geschichte der Erleuchtung

Die Erleuchtungsgeschichte Medhinis ist bemerkenswert in ihrer Schlichtheit und zugleich in ihrer tiefgreifenden Symbolik. Der Überlieferung nach ereignete sich seine spirituelle Transformation nicht durch dramatische Visionen oder außergewöhnliche Erfahrungen, sondern durch einen Moment vollkommener Präsenz inmitten seiner täglichen Arbeit.

An einem besonders heißen Sommertag, nach Monaten der Dürre, arbeitete Medhini unermüdlich auf seinem ausgetrockneten Feld. Die Sonne brannte unbarmherzig, und seine Kräfte schwanden zusehends. Erschöpft und verzweifelt brach er zusammen und sank zu Boden. In diesem Moment vollkommener physischer und geistiger Erschöpfung – der ultimativen "Müdigkeit", die ihm seinen Beinamen geben sollte – erlebte er eine tiefgreifende Einsicht.

Als er dort lag, spürte er plötzlich eine tiefe Verbindung zur Erde unter ihm, zum Himmel über ihm und zu allen Wesen um ihn herum. Die Grenzen zwischen seinem erschöpften Körper und der Welt begannen sich aufzulösen. In diesem Zustand vollkommener Offenheit erkannte er intuitiv die grundlegende Leerheit aller Phänomene und gleichzeitig ihre wechselseitige Abhängigkeit. Er verstand, dass sein Leiden nicht aus der Arbeit selbst entstand, sondern aus seinem Festhalten an Vorstellungen darüber, wie die Dinge sein sollten, und aus seiner Identifikation mit dem Erfolg oder Misserfolg seiner Bemühungen.

In der Tradition wird berichtet, dass Medhini in diesem Moment das erschien, was als sein Yidam oder persönliche Meditationsgottheit bezeichnet wird – eine Manifestation von Manjushri, dem Bodhisattva der Weisheit. Diese Erscheinung soll ihm die tiefgründigen Lehren des Madhyamaka, des "Mittleren Weges", offenbart haben – nicht in Form komplexer philosophischer Abhandlungen, sondern als direkte Einsicht in die Natur der Realität.

Als Medhini schließlich aufstand und seine Arbeit wieder aufnahm, war er ein verwandelter Mensch. Äußerlich setzte er sein Leben als Bauer fort, doch innerlich hatte er die vollständige Befreiung erlangt. Von diesem Tag an arbeitete er mit einer neuen Leichtigkeit und Freude, frei von dem Gefühl der Last, das ihn zuvor niedergedrückt hatte. Seine Arbeit wurde zu einer Form der Meditation, jede Bewegung zu einem Ausdruck seines erwachten Geistes.

Leben und Tod

Nach seiner Erleuchtung setzte Medhini sein Leben als Bauer fort, brach nicht mit seiner Familie oder seinem Gemeinwesen, wie es bei vielen anderen spirituellen Meistern der Fall war. Diese unkonventionelle Entscheidung verkörperte eine zentrale Einsicht seiner Verwirklichung: dass Nirvana nicht jenseits von Samsara zu finden ist, sondern in der vollkommenen Akzeptanz und Durchdringung des Alltagslebens.

In den Jahren nach seiner Transformation begann Medhini, auf natürliche Weise zu lehren. Menschen aus seinem Dorf und später aus der weiteren Umgebung wurden auf die außergewöhnliche Präsenz und Weisheit dieses einfachen Bauern aufmerksam. Sie kamen, um ihn bei der Arbeit zu beobachten oder um seinen einfachen, aber tiefgründigen Worten zu lauschen. Oft lehrte er durch sein Beispiel – durch die Art, wie er pflügte, säte oder erntete, durch seine Beziehung zum Land und zu den Tieren, durch seine Freundlichkeit gegenüber allen Wesen.

Bemerkenswert ist, dass Medhinis Felder nach seiner Erleuchtung ungewöhnlich fruchtbar wurden, selbst in Zeiten der Dürre oder bei widrigen Wetterbedingungen. Dieses Phänomen wurde von seinen Zeitgenossen als Zeichen seiner spirituellen Verwirklichung angesehen, könnte aber auch auf sein vertieftes Verständnis der natürlichen Zusammenhänge und seine daraus resultierende verbesserte landwirtschaftliche Praxis zurückzuführen sein.

Im Laufe der Zeit versammelte Medhini eine Gemeinschaft von Schülern um sich, die nicht in einem formalen Kloster, sondern auf seinen Feldern und in seinem Haus lebten und lernten. Diese ungewöhnliche Sangha bestand aus Menschen aller Gesellschaftsschichten – von anderen Bauern über Handwerker bis hin zu einigen wenigen gelehrten Mönchen, die von der Authentizität seiner Verwirklichung angezogen wurden.

Über Medhinis Tod existieren verschiedene Überlieferungen. Die bekannteste besagt, dass er in hohem Alter, nachdem er die Ernte eingebracht hatte, sich unter einen Bodhi-Baum am Rande seines Feldes setzte, in tiefe Meditation versank und bewusst seinen Körper verließ. Der Legende nach verwandelte sich sein Körper in einen Regenbogen, der sich am Himmel auflöste – ein Zeichen vollkommener Verwirklichung in der tantrischen Tradition. Eine andere, weniger wundersame Version berichtet, dass er friedlich im Kreise seiner Familie und Schüler starb, nachdem er seine letzten Unterweisungen gegeben hatte.

Unabhängig von den Details seines Todes wird Medhini als jemand verehrt, der den Tod vollständig in seinen spirituellen Pfad integriert hatte und ihm daher ohne Furcht begegnen konnte. Seine letzten Worte sollen gewesen sein: "Das Leben ist wie ein Feld – wir bereiten den Boden, säen die Saat und ernten die Früchte. Der Tod ist nur ein weiteres Pflügen, um Platz für neue Saat zu schaffen."

Lehren und Übertragungen

Die Lehren Medhinis, die mündlich überliefert und erst später schriftlich festgehalten wurden, zeichnen sich durch ihre Einfachheit, Direktheit und praktische Anwendbarkeit aus. Im Zentrum seiner Unterweisung stand die Integration spiritueller Praxis in das alltägliche Leben und die Transformation gewöhnlicher Tätigkeiten in Wege zur Befreiung.

Ein zentrales Konzept in Medhinis Lehre war das, was er als "müde Achtsamkeit" bezeichnete – ein Zustand vollkommener Präsenz, der nicht durch angestrengte Konzentration, sondern durch das Loslassen aller unnötigen geistigen Aktivität

entsteht. Er lehrte, dass wahre Meditation nicht in formellen Sitzungen stattfindet, sondern in jedem Moment des Lebens – beim Pflügen, Säen, Ernten,
Essen, Schlafen und in allen anderen alltäglichen Handlungen.

Medhini entwickelte eine Reihe von Praktiken, die auf landwirtschaftlichen
Tätigkeiten basierten:

1. Das Pflügen als Weg der Reinigung: Er lehrte, wie das Pflügen des Feldes
   als Metapher und Praxis für die Reinigung des Geistes von Hindernissen
   verstanden werden kann.

2. Das Säen als Kultivierung heilsamer Qualitäten: Die sorgfältige Auswahl
   und das Säen von Samen wurde zu einer Übung in der Kultivierung
   positiver Geisteszustände.

3. Die Ernte als Einsicht in Vergänglichkeit und Nicht-Selbst: Der Erntepro-
   zess diente als lebendige Lehre über die Natur von Ursache und Wirkung,
   Vergänglichkeit und die Illusion eines getrennten Selbst.

Medhini übertrug seine Lehren in drei Hauptlinien, die jeweils unterschiedliche
Aspekte seiner Verwirklichung betonten:

1. Die "Feld-Linie" (Kshetra-krama): Diese Übertragungslinie konzentrierte
   sich auf die Transformation alltäglicher Arbeit in spirituelle Praxis und
   die Entdeckung der Buddha-Natur in gewöhnlichen Tätigkeiten.

2. Die "Müdigkeits-Linie" (Klama-krama): Diese Tradition betonte den Zustand vollkommener Erschöpfung als Tor zur Erleuchtung – wenn der
   diskursive Geist zu müde ist, um seine gewohnten Muster aufrechtzuer-
   halten, kann die wahre Natur des Geistes aufscheinen.

3. Die "Boden-Linie" (Bhumi-krama): Diese Linie konzentrierte sich auf die
   direkte Erfahrung der Leerheit (Shunyata) durch die Verbindung mit der
   Erde und allen Elementen.

Bemerkenswert ist, dass Medhini seine Lehren nicht als neue oder separate
Tradition präsentierte, sondern sie als praktische Anwendung und Erweiterung
bestehender buddhistischer Lehren verstand. Seine Unterweisungen waren kom-
patibel mit verschiedenen buddhistischen Schulen und wurden später sowohl in
Mahayana- als auch in Vajrayana-Traditionen integriert.

Bedeutung und Nachwirkung

Die Bedeutung Medhinis liegt vor allem in seiner radikalen Demokratisierung und Säkularisierung des spirituellen Pfades. In einer Zeit, in der der Buddhismus zunehmend institutionalisiert und von komplexen rituellen und philosophischen Systemen geprägt war, stellte er einen Gegenpol dar – einen lebendigen Beweis dafür, dass Erleuchtung für jeden erreichbar ist, unabhängig von Bildung, sozialem Status oder ritueller Einweihung.

Medhinis Einfluss verbreitete sich nach seinem Tod zunächst in Nordindien und später in Tibet, Nepal und Teilen Zentralasiens. Besonders in der Kagyu-Tradition des tibetischen Buddhismus wird er als wichtiger Vorläufer der Mahamudra-Lehren verehrt, die ebenfalls die direkte Erkenntnis der Natur des Geistes betonen, jenseits konzeptueller Elaborationen.

In der Nyingma-Tradition wird Medhini mit der Dzogchen-Praxis in Verbindung gebracht, insbesondere mit dem Konzept der "mühelosen Natürlichkeit" (lhun grub). Seine Betonung der inhärenten Buddhanatur in allen Wesen und Aktivitäten resoniert stark mit den grundlegenden Dzogchen-Lehren.

Für die Entwicklung des Buddhismus in Asien hatte Medhini eine wichtige Brückenfunktion: Er half, die esoterischen Lehren des tantrischen Buddhismus mit dem alltäglichen Leben der Laien zu verbinden und zeigte Wege auf, wie spirituelle Praxis außerhalb monastischer Strukturen möglich ist. Dies trug zur Verbreitung und Zugänglichkeit des Buddhismus in ländlichen und nicht-elitären Kontexten bei.

In der modernen Zeit erlebt Medhinis Lehre eine bemerkenswerte Renaissance. In einer Welt, die von Hektik, Entfremdung und Umweltzerstörung geprägt ist, erscheint seine Botschaft von der Heiligkeit alltäglicher Arbeit, der Verbindung mit der Erde und der Integration spiritueller Praxis in das gewöhnliche Leben besonders relevant. Ökologische Bewegungen, gemeinschaftsorientierte Spiritualität und säkulare Achtsamkeitspraktiken finden in Medhini einen historischen Vorläufer und eine Inspirationsquelle.

Darstellung in der Kunst

Die künstlerische Darstellung Medhinis folgt bestimmten ikonographischen Konventionen, weist aber auch eine bemerkenswerte Vielfalt auf, die seine universelle Bedeutung und Adaptierbarkeit in verschiedenen kulturellen Kontexten widerspiegelt.

In der klassischen indischen und tibetischen Ikonographie wird Medhini typischerweise als kräftiger Mann mittleren Alters dargestellt, mit der dunklen Hautfarbe eines Menschen, der viel Zeit unter freiem Himmel verbringt. Im Gegensatz zu vielen anderen Mahasiddhas, die oft mit exotischen Attributen oder in dramatischen Posen dargestellt werden, erscheint Medhini in einfacher Bauernkleidung, barfüßig und mit einem Pflug oder einer Sichel als Attribut.

Eine häufige Darstellungsform zeigt ihn in einer entspannten Sitzhaltung auf einem Feld, umgeben von Pflanzen in verschiedenen Wachstumsstadien – eine visuelle Metapher für die verschiedenen Stufen des spirituellen Pfades. Oft wird er mit einem leichten Lächeln gezeigt, das seine innere Freude und Gelassenheit ausdrückt.

In der tibetischen Tradition wird Medhini manchmal mit einem subtilen Heiligenschein aus Regenbogenlicht dargestellt, der seine vollständige Verwirklichung symbolisiert, während er äußerlich weiterhin als einfacher Bauer erscheint. Diese Darstellung verkörpert das zentrale Paradoxon seiner Lehre: die Einheit von weltlicher Erscheinung und transzendenter Realität.

Besonders interessant sind die Thangkas, die Szenen aus seinem Leben zeigen. Diese Bilder folgen oft einem narrativen Format und stellen verschiedene Episoden dar: seine frühen Kämpfe als armer Bauer, den Moment seiner Erleuchtung unter der sengenden Sonne, seine Lehrtätigkeit inmitten landwirtschaftlicher Arbeit und schließlich seinen Tod unter dem Bodhi-Baum.

In Nepal und einigen Regionen Tibets existieren auch Skulpturen von Medhini, oft aus Holz oder Ton gefertigt – Materialien, die seine Verbundenheit mit der Erde symbolisieren. Diese Skulpturen sind meist kleiner und weniger elaboriert als die anderer buddhistischer Figuren, was seiner Einfachheit und Bodenständigkeit entspricht.

In der zeitgenössischen buddhistischen Kunst hat Medhini eine Renaissance erlebt. Moderne Künstler schätzen die Zugänglichkeit seiner Geschichte und die Relevanz seiner Botschaft für heutige spirituelle Sucher. In diesen neueren Darstellungen wird oft seine ökologische Dimension betont – Medhini als Verkörperung einer harmonischen, nachhaltigen Beziehung zur Erde.

Bemerkenswert ist auch die Darstellung Medhinis in der performativen Kunst, insbesondere in rituellen Tänzen in Nepal und Tibet. Diese Tänze, die seine

Transformation vom erschöpften Bauern zum erwachten Meister darstellen, dienen nicht nur der Unterhaltung, sondern auch als verkörperte spirituelle Lehre und Erinnerung an die Möglichkeit der Befreiung inmitten des gewöhnlichen Lebens.

Schlussbetrachtung

Die Geschichte und Lehre des Mahasiddha Medhini – des müden Bauern – bietet eine zeitlose Inspiration und Herausforderung für spirituelle Sucher aller Traditionen. In einer Welt, die zunehmend von Technologie, Urbanisierung und Entfremdung von natürlichen Rhythmen geprägt ist, erinnert uns Medhini daran, dass der Weg zur Befreiung nicht in der Flucht vor dem Alltäglichen, sondern in seiner vollständigen Durchdringung und Transformation liegt.

Medhinis Vermächtnis lädt uns ein, die künstliche Trennung zwischen spiritueller Praxis und alltäglichem Leben zu überwinden. Seine Geschichte ermutigt uns, Erleuchtung nicht als exotisches, fernes Ziel zu betrachten, sondern als eine Möglichkeit, die in jedem Moment, in jeder Handlung gegenwärtig ist – selbst in den scheinbar profansten und mühsamsten Tätigkeiten.

Besonders relevant erscheint Medhinis Lehre in Bezug auf drei Herausforderungen unserer Zeit:

Erstens bietet er ein Modell für eine ökologisch bewusste Spiritualität, die die Verbindung zur Erde nicht als Hindernis, sondern als Weg zur Befreiung versteht. In einer Zeit der ökologischen Krise kann seine respektvolle Beziehung zum Land als Inspiration für nachhaltige Lebensweisen dienen.

Zweitens zeigt Medhini einen Weg der spirituellen Praxis, der ohne institutionelle Strukturen, komplizierte Rituale oder exklusive Einweihungen auskommt. In einer zunehmend säkularen Gesellschaft, in der viele Menschen traditionellen religiösen Institutionen skeptisch gegenüberstehen, bietet er ein Modell für eine authentische, direkte und integrative Spiritualität.

Drittens verkörpert Medhini die Möglichkeit der Transformation durch vollständige Akzeptanz der gegenwärtigen Umstände. Seine "müde Erleuchtung" zeigt, dass gerade in Momenten größter Erschöpfung und scheinbarer Niederlage die tiefsten Einsichten möglich sind – eine tröstliche Botschaft für alle, die mit Schwierigkeiten und Leid konfrontiert sind.

Als Abschluss sei eine der überlieferten Aussagen Medhinis zitiert, die die Essenz seiner Lehre zusammenfasst: "Der Weg ist nicht anders als das Feld, das du bestellst. Die Erleuchtung ist nicht anders als der Regen, der fällt, und die Sonne, die scheint. Der Buddha ist nicht anders als der müde Bauer, der am Ende des Tages nach Hause geht, wissend, dass die Arbeit nie endet und genau darin die Freiheit liegt."

In der Einfachheit und Tiefe dieser Worte liegt vielleicht das größte Geschenk, das Medhini, der müde Bauer, der Welt hinterlassen hat: die Erkenntnis, dass das Außergewöhnliche im Gewöhnlichen verborgen liegt, wartend darauf, von jedem entdeckt zu werden, der bereit ist, mit offenen Augen zu sehen und mit offenem Herzen zu leben.

2.57 Mekhala - Die ältere der zwei kopflosen Schwestern

Herkunft

Die historischen Quellen zur genauen Herkunft von Mekhala sind spärlich und oft von mythologischen Elementen durchdrungen. Nach den traditionellen Überlieferungen stammte Mekhala aus Südindien, vermutlich aus dem Königreich der Chola oder Pandya, das im frühen Mittelalter (ca. 8.-11. Jahrhundert) florierte. Sie wurde in eine wohlhabende Familie hineingeboren, was ihr und ihrer jüngeren Schwester Kanakhala Bildung und gesellschaftliche Privilegien ermöglichte, die für Frauen dieser Zeit ungewöhnlich waren.

Einige Quellen berichten, dass die Schwestern Töchter eines Brahmanen waren, andere verbinden sie mit der Kaufmannsklasse. In manchen Überlieferungen werden sie auch als Prinzessinnen beschrieben. Diese Variationen spiegeln die verschiedenen kulturellen Kontexte wider, in denen ihre Geschichte überliefert wurde – vom hinduistischen Indien über das buddhistische Tibet bis nach Ostasien. Was in allen Versionen übereinstimmt, ist ihre tiefe spirituelle Verbindung zueinander und ihr gemeinsames Schicksal.

Besondere Eigenschaften

Mekhala wird in den Hagiographien als die ältere und weisere der beiden Schwestern beschrieben. Sie besaß der Überlieferung nach einen scharfen, analytischen Verstand und große Entschlossenheit. Diese Eigenschaften sollten ihr später auf dem spirituellen Pfad von großem Nutzen sein. Vor ihrer Transformation wird sie als stolz und selbstbewusst charakterisiert, mit einer besonderen Begabung für Heilkünste und alchemistische Praktiken.

Die auffälligste Eigenschaft, die in den Legenden betont wird, ist natürlich die "Kopflosigkeit" der Schwestern. Diese metaphorische oder tatsächliche (je nach Interpretation) Besonderheit wird unterschiedlich gedeutet:

- Als Symbol für die Überwindung des konzeptuellen Denkens und des Ego - Als Hinweis auf ihre Fähigkeit, in höhere Bewusstseinszustände einzutreten - Als mythologische Überhöhung einer körperlichen Besonderheit - Als Manifestation ihrer yogischen Kräfte (Siddhis)

In der tantrischen Tradition symbolisiert die Kopflosigkeit oft die Transzendenz des dualistischen Denkens und die Verwirklichung der Leerheit (Shunyata). Mekhala verkörpert somit die lebendige Manifestation dieser tiefen philosophischen Konzepte.

Geschichte der Erleuchtung

Die Erleuchtungsgeschichte von Mekhala folgt einem für die Mahasiddha-Traditionen typischen Muster der Transformation durch unerwartete Begegnungen und unkonventionelle Praktiken. Der Legende nach führten Mekhala und ihre Schwester zunächst ein Leben in Wohlstand und Privilegien. Sie waren in weltliche Vergnügungen verstrickt und wandten ihre intellektuellen Fähigkeiten hauptsächlich für eigennützige Zwecke an.

Der Wendepunkt in ihrem Leben kam, als sie einen wandernden Yogi trafen – in manchen Versionen identifiziert als der große Mahasiddha Kanhapa (oder Krishnacharya). Dieser erkannte ihr spirituelles Potential und konfrontierte sie mit der Vergänglichkeit und Sinnlosigkeit ihres bisherigen Lebens. In einer dramatischen Demonstration soll er seinen eigenen Kopf abgetrennt und wieder aufgesetzt haben, um die Illusion der festen Form und die Möglichkeit der Transformation zu demonstrieren.

Tief beeindruckt baten die Schwestern um Unterweisung. Der Meister gab ihnen tantrische Einweihungen und lehrte sie die Praxis des "Chöd", eine Meditationstechnik, bei der das Ego symbolisch "abgeschnitten" wird. In einigen Versionen erhielten sie auch Unterweisungen in der "inneren Alchemie" (rasayana) und der Yogini-Tantra-Praxis.

Nach Jahren intensiver Praxis in Waldeinsamkeit erreichten die Schwestern einen Zustand der Verwirklichung, in dem sie fähig waren, ihre Köpfe abzunehmen und wieder aufzusetzen – ein Symbol für ihre vollständige Überwindung der Ich-Anhaftung und ihrer Meisterschaft über die subtilen Energien des Körpers. In diesem Zustand erlangten sie die höchste Erleuchtung und wurden zu Mahasiddhas.

Leben und Tod

Nach ihrer Erleuchtung lebten Mekhala und ihre Schwester ein Leben als wandernde Yoginis. Sie durchstreiften verschiedene Regionen Indiens, besonders den Süden und Osten des Landes. Ungebunden an konventionelle gesellschaftliche Normen verkörperten sie die Freiheit des erleuchteten Zustands und demonstrierten ihre spirituellen Kräfte durch verschiedene Wundertaten.

Die Überlieferungen berichten, dass Mekhala besonders für ihre Fähigkeit bekannt war, Krankheiten zu heilen und Verstorbene zum Leben zu erwecken.

Sie soll auch die Gabe besessen haben, in die Zukunft zu sehen und die Gedanken anderer zu lesen. Diese übermenschlichen Fähigkeiten (Siddhis) werden in den tantrischen Traditionen als natürliche Nebenprodukte spiritueller Verwirklichung betrachtet, obwohl die Mahasiddhas selbst sie oft als sekundär zur eigentlichen Befreiung ansahen.

Über Mekhalas Tod existieren verschiedene Überlieferungen. Nach einer Version verließen die Schwestern ihre physischen Körper gleichzeitig in einem Akt bewusster Transformation und gingen als "Himmelswandlerinnen" (Dakinis) in reine Buddha-Bereiche ein. Eine andere Überlieferung berichtet, dass sie physische Unsterblichkeit erlangten und bis heute in verborgenen Orten leben. Eine dritte Version erzählt, dass sie ihre Körper in reines Licht auflösten – ein Phänomen, das im tibetischen Buddhismus als "Regenbogenkörper" bekannt ist.

Unabhängig von der spezifischen Version wird ihr Tod nicht als Ende, sondern als Transformation verstanden – als ultimative Demonstration der Überwindung aller dualistischen Konzepte, einschließlich Leben und Tod.

Lehren und Übertragungen

Obwohl Mekhala nicht für ausführliche schriftliche Werke bekannt ist, werden ihr und ihrer Schwester wichtige Beiträge zur tantrischen Tradition zugeschrieben. Ihre Lehren wurden hauptsächlich mündlich überliefert und später in verschiedene tantrische Linien integriert, besonders in:

1. Die Praxis des Chöd: Ihre Methoden zur Überwindung der Ego-Anhaftung durch die Visualisierung des eigenen Körpers als Opfergabe wurden in die tibetische Chöd-Tradition eingearbeitet.

2. Yogini-Tantra: Ihre Techniken der Arbeit mit den subtilen Energien des Körpers beeinflussten die Entwicklung verschiedener Yogini-Tantra-Systeme.

3. Sahajayoga: Ihre Verwirklichung des natürlichen, angeborenen Zustands der Erleuchtung (Sahaja) wurde zu einem zentralen Konzept in mehreren tantrischen Schulen.

Eine der wichtigsten Übertragungen, die mit Mekhala verbunden wird, ist die "Praxis der kopflosen Yogini" – eine fortgeschrittene Meditationstechnik, bei der der Praktizierende die vollständige Auflösung des konzeptuellen Denkens erfährt und direkt in den Zustand jenseits aller Dualitäten eintritt. Diese Praxis wurde in verschiedenen esoterischen Kreisen bewahrt und nur an fortgeschrittene Schüler weitergegeben.

In der tibetischen Tradition werden Mekhala und ihre Schwester manchmal mit der "Severed Head Tradition" in Verbindung gebracht, einer seltenen, aber kraftvollen Linie von Praktiken zur direkten Erkenntnis der Nicht-Dualität.

Bedeutung und Nachwirkung

Die Bedeutung von Mekhala geht weit über ihre persönliche Geschichte hinaus. Als weibliche Mahasiddha repräsentiert sie einen wichtigen Gegenpol zum männlich dominierten religiösen Establishment ihrer Zeit. Ihre Geschichte zeigt, dass spirituelle Verwirklichung unabhängig von Geschlecht oder sozialer Stellung möglich ist.

Die symbolische Dimension ihrer "Kopflosigkeit" hat mehrere Interpretationsebenen in der buddhistischen Philosophie gefunden:

- Als Symbol für Prajnaparamita (die Vollkommenheit der Weisheit), die jenseits konzeptueller Erfassung liegt

- Als Verkörperung des Madhyamaka-Konzepts der Leerheit

- Als lebendiges Beispiel für die Überwindung dualistischer Denkmuster

In verschiedenen tantrischen Traditionen werden Mekhala und Kanakhala als Schutzgottheiten angerufen, besonders von Praktizierenden, die mit Hindernissen auf dem spirituellen Weg konfrontiert sind. Sie gelten als mächtige Helferinnen bei der Überwindung von Anhaftung und Ego-Fixierung.

Im modernen Kontext hat die Geschichte der Schwestern eine neue Relevanz gewonnen, besonders in feministischen Interpretationen des Buddhismus. Ihre Fähigkeit, die körperlichen und gesellschaftlichen Beschränkungen zu transzendieren, wird als kraftvolle Metapher für weibliche spirituelle Autorität gesehen.

Darstellung in der Kunst

In der religiösen Kunst des Himalaya-Raums und Ostasiens werden Mekhala und ihre Schwester in verschiedenen ikonographischen Formen dargestellt:

1. Thangkas: Hier erscheinen sie oft als Dakinis mit abtrennbaren Köpfen, meist in Tanzpositionen. Mekhala wird traditionell in roter oder orangener Farbe dargestellt, mit verschiedenen tantrischen Attributen wie Kapala (Schädelschale) und Kartrika (Schneidemesser).

2. Tempelmalereien: In den Wandgemälden tibetischer und nepalesischer Tempel finden sich Darstellungen der Schwestern innerhalb der Versammlungen der 84 Mahasiddhas.

3. Skulpturen: Seltener, aber dennoch vorhanden, sind Bronzefiguren, die die Schwestern in ihrer "kopflosen" Form zeigen – entweder mit abgenommenen Köpfen in den Händen oder mit einer besonderen Darstellung, bei der der Kopf durch einen Lichtstrahl oder eine Lotosblüte ersetzt wird.

Besonders bemerkenswert ist die ikonographische Variante, in der Mekhala ihren Kopf in der Hand hält und gleichzeitig einen strahlenden Lichtkreis anstelle des Kopfes auf dem Hals trägt – eine visuelle Darstellung der Überwindung der gewöhnlichen körperlichen Grenzen und der Manifestation des erleuchteten Bewusstseins.

In modernen künstlerischen Interpretationen wird die Geschichte der Schwestern manchmal in einen psychologischen Kontext gesetzt, wobei die "Kopflosigkeit" als Metapher für die Überwindung des rationalen Egos und die Verbindung mit tieferen Bewusstseinsebenen verstanden wird.

Schlussbetrachtung

Die Geschichte von Mekhala, der älteren der kopflosen Schwestern, verkörpert viele zentrale Aspekte des tantrischen Buddhismus: die Transformation des Gewöhnlichen ins Außergewöhnliche, die Überwindung gesellschaftlicher und konzeptueller Grenzen und die Möglichkeit der vollständigen Befreiung unabhängig von äußeren Umständen.

Ihre Biographie, so legendär sie auch sein mag, enthält tiefe philosophische und psychologische Wahrheiten. Die "Kopflosigkeit" als Symbol für die Transzendenz des dualistischen Denkens erinnert uns daran, dass wahre spirituelle Verwirklichung jenseits der Grenzen des konzeptuellen Verstandes liegt. Mekhalas Reise von einer privilegierten, aber begrenzten Existenz zur grenzenlosen Freiheit des erleuchteten Zustands zeigt den transformativen Weg, den der tantrische Buddhismus anbietet.

In einer Zeit, in der spirituelle Autorität fast ausschließlich männlich war, stehen Mekhala und ihre Schwester als kraftvolle Beispiele weiblicher spiritueller Verwirklichung. Ihre Geschichte fordert uns heraus, unsere eigenen Vorstellungen von Körper, Geist und Identität zu hinterfragen und die Möglichkeit einer Existenz jenseits gewohnter Grenzen zu betrachten.

Die Überlieferung der kopflosen Schwestern bleibt ein faszinierendes Beispiel dafür, wie die buddhistische Tradition scheinbare Paradoxa verwendet, um tiefe Wahrheiten zu vermitteln – Wahrheiten, die durch rationales Denken allein nicht erfasst werden können, sondern durch direkte Erfahrung realisiert werden müssen. Genau wie Mekhala ihren Kopf ablegen musste, um wahre Weisheit zu finden, lädt ihre Geschichte uns ein, unsere gewohnten Denkmuster zu überwinden und eine tiefere Dimension der Existenz zu erforschen.

2.58 Mekopa - Der Guru mit dem furchterregenden Blick

Herkunft

Die historischen Quellen über Mekopas Herkunft sind, wie bei vielen Mahasiddhas, von einer Mischung aus Legende und historischen Fragmenten geprägt. Nach den traditionellen Überlieferungen wurde Mekopa im 11. Jahrhundert in einer Region des heutigen Indiens, möglicherweise in Bengalen oder Ostindien, geboren. Einige Quellen deuten darauf hin, dass er aus einer Familie der Brahmanenkaste stammte, was ihm Zugang zu religiöser Bildung und Ritualen des hinduistischen Glaubens ermöglichte.

Sein ursprünglicher Name ist nicht eindeutig überliefert. Der Name "Mekopa" selbst ist ein Titel oder ein Beiname, der sich von seinem berühmten "furchterregenden Blick" ableitet. In tibetischen Quellen wird er manchmal als "Mig gtums pa" bezeichnet, was wörtlich "der mit dem wilden Blick" oder "der mit den zornvollen Augen" bedeutet.

Vor seiner Begegnung mit dem Buddhismus soll Mekopa ein Leben als Gelehrter oder Asket geführt haben. Einige Legenden berichten, dass er bereits in jungen Jahren eine tiefe Unzufriedenheit mit den konventionellen religiösen Praktiken seiner Zeit verspürte und nach einer tieferen spirituellen Erfahrung suchte. Diese innere Unruhe führte ihn schließlich auf den Pfad des tantrischen Buddhismus, wo er sein wahres Potential entfalten konnte.

Die historischen Zusammenhänge, in denen Mekopa lebte, waren geprägt von einer Zeit intensiven religiösen Austauschs und philosophischer Debatten zwischen hinduistischen und buddhistischen Traditionen in Nordindien. Es war eine Periode, in der tantrische Praktiken in beiden Religionen florierten und sich gegenseitig beeinflussten. Diese dynamische spirituelle Landschaft bildete den Nährboden für Mekopas einzigartigen Ansatz zur spirituellen Praxis.

Besondere Eigenschaften

Die herausragendste Eigenschaft Mekopas, die ihm auch seinen Namen einbrachte, war sein durchdringender, intensiver Blick. Dieser Blick war jedoch weit mehr als ein physisches Merkmal – er war ein Ausdruck seiner tiefen spirituellen Verwirklichung und seiner Fähigkeit, direkt in das Wesen der Dinge zu schauen. Legenden berichten, dass sein Blick so mächtig war, dass er die verborgenen Gedanken und karmischen Verschleierungen seiner Schüler durchdringen konnte, was bei ihnen tiefe Ehrfurcht und manchmal sogar Furcht auslöste.

Mekopa zeichnete sich durch eine unkonventionelle, direkte Herangehensweise an die spirituelle Praxis aus. Er lehnte formelle religiöse Rituale und abstraktes philosophisches Theoretisieren ab und betonte stattdessen die unmittelbare Erfahrung. Seine Lehrmethoden waren oft provokativ und zielten darauf ab, seine Schüler aus ihrer geistigen Bequemlichkeit herauszureißen und sie mit der ultimativen Realität zu konfrontieren.

Eine weitere bemerkenswerte Eigenschaft war seine Furchtlosigkeit und sein Gleichmut angesichts gesellschaftlicher Normen und Konventionen. Wie viele Mahasiddhas führte Mekopa ein Leben, das den gesellschaftlichen Erwartungen widersprach. Er lebte als Wanderyogi, ohne festen Wohnsitz und materielle Besitztümer, was seine Freiheit von weltlichen Anhaftungen symbolisierte.

Mekopa besaß zudem ein tiefes Verständnis der tantrischen Visualisierungspraktiken und der subtilen Energien des Körpers. Er soll Meisterschaft über die inneren Winde (prana) und Energiekanäle (nadis) erlangt haben, was ihm außergewöhnliche spirituelle Fähigkeiten (siddhis) verlieh. Diese Fähigkeiten nutzte er jedoch nicht zur Selbstdarstellung, sondern als Werkzeuge, um anderen auf ihrem spirituellen Weg zu helfen.

Seine Persönlichkeit wird in den Überlieferungen als eine einzigartige Mischung aus ernsthafter Entschlossenheit und spielerischer Spontaneität beschrieben. Er konnte streng und fordernd sein, wenn es darum ging, seine Schüler zu inspirieren, ihre Begrenzungen zu überwinden, aber auch mitfühlend und verständnisvoll gegenüber ihren Schwierigkeiten. Diese scheinbar widersprüchlichen Qualitäten spiegelten seine Verwirklichung der nicht-dualistischen Natur der Realität wider.

Geschichte der Erleuchtung

Die Erleuchtungsgeschichte Mekopas ist, wie bei vielen Mahasiddhas, von transformativen Begegnungen und unerwarteten Wendungen geprägt. Nach den traditionellen Überlieferungen begann sein Weg zur Erleuchtung mit einer tiefgreifenden Unzufriedenheit mit seinem bisherigen Leben und spirituellen Verständnis. Diese existentielle Krise führte ihn dazu, seinen konventionellen Lebensstil aufzugeben und sich auf die Suche nach einem authentischen spirituellen Pfad zu begeben.

Der entscheidende Wendepunkt in Mekopas Leben war seine Begegnung mit einem verwirklichten tantrischen Meister, dessen Name in verschiedenen Quellen unterschiedlich angegeben wird. Einige Überlieferungen nennen Shavaripa oder Saraha als seinen Hauptlehrer. Diese Begegnung war keine gewöhnliche Lehrer-Schüler-Interaktion, sondern eine direkte Übertragung von Geist zu Geist, die Mekopas Verständnis der Realität fundamental veränderte.

Der Legende nach erkannte der Meister das spirituelle Potential in Mekopa und unterwies ihn in den tiefgründigen Praktiken des Vajrayana, insbesondere in den Lehren des Mahamudra, die direkt auf die Erkenntnis der wahren Natur des Geistes abzielen. Mekopa praktizierte mit außergewöhnlicher Hingabe und Intensität, oft an abgelegenen Orten wie Friedhöfen oder Waldgebieten, wo er sich vollständig auf seine Meditation konzentrieren konnte.

Nach Jahren intensiver Praxis erlebte Mekopa einen entscheidenden Durchbruch während einer besonders tiefen Meditationssitzung. Es wird berichtet, dass er in diesem Moment direkt die leere, klare Natur des Geistes erkannte und alle dualistischen Konzepte von Selbst und anderen, von Samsara und Nirvana, transzendierte. Diese direkte Erfahrung der nicht-dualistischen Natur der Realität markierte seine Erleuchtung.

Eine bekannte Anekdote erzählt, wie sich Mekopas äußere Erscheinung nach seiner Erleuchtung veränderte. Sein Blick, der zuvor gewöhnlich gewesen war, wurde durchdringend und kraftvoll, als würde die innere Transformation nun auch äußerlich sichtbar. Es heißt, dass sein Blick so intensiv war, dass er direkt die illusorische Natur der konventionellen Realität durchschauen und in anderen die gleiche Erkenntnis wecken konnte.

Nach seiner Erleuchtung begann Mekopa, seine Erfahrungen und Einsichten mit anderen zu teilen, jedoch nicht durch formelle Lehren oder Predigten, sondern durch direkte, oft unkonventionelle Methoden, die darauf abzielten, seine Schüler zu einer unmittelbaren Erfahrung der Wirklichkeit zu führen. Seine Erleuchtungsgeschichte dient als kraftvolles Beispiel für den transformativen Weg des Vajrayana, der durch direktes Erleben und nicht durch intellektuelles Verstehen zur Befreiung führt.

Leben und Tod

Nach seiner Erleuchtung führte Mekopa ein Leben, das die Prinzipien des Vajrayana-Pfades verkörperte: frei von konventionellen Einschränkungen, doch tief in Mitgefühl und Weisheit verwurzelt. Als verwirklichter Mahasiddha gab er seinen festen Wohnsitz auf und lebte als Wanderyogi, der verschiedene Regionen Indiens und möglicherweise auch angrenzende Gebiete bereiste.

Mekopa lebte bewusst an den Rändern der Gesellschaft, oft an Orten, die von anderen gemieden wurden, wie Leichenverbrennungsplätze, verlassene Tempel oder Wälder. Diese Wahl der Umgebung symbolisierte seine Transzendenz gesellschaftlicher Normen und seine Freiheit von gewöhnlichen Ängsten und Anhaftungen. Es heißt, dass er häufig in der "charya" oder dem "verrückten Verhalten" praktizierte, einer tantrischen Praxis, bei der scheinbar unlogische oder gesellschaftlich inakzeptable Handlungen ausgeführt werden, um die konzeptionellen Grenzen des Geistes zu durchbrechen.

Als Lehrer zog Mekopa Schüler aus verschiedenen gesellschaftlichen Schichten an, die von seiner direkten, unverblümten Art und seiner tiefen Verwirklichung angezogen wurden. Anders als traditionelle religiöse Meister gründete er kein formelles Kloster oder Institut, sondern unterwies seine Schüler direkt, oft in spontanen Begegnungen. Seine Lehrmethoden waren auf die individuellen Bedürfnisse und karmischen Dispositionen seiner Schüler zugeschnitten und konnten von sanfter Führung bis zu schockierender Direktheit reichen.

Über Mekopas Tod existieren verschiedene Überlieferungen, die alle von der außergewöhnlichen Natur seines Hinscheidens berichten. Nach einigen Legenden verließ er seinen Körper bewusst durch den Prozess des "phowa" oder der Bewusstseinsübertragung, demonstrierend, dass er vollständige Kontrolle über die Prozesse von Leben und Tod erlangt hatte. Andere Berichte sprechen davon, dass er seinen Körper in reines Licht auflöste, ohne physische Überreste zu hinterlassen – ein Phänomen, das im tibetischen Buddhismus als "Regenbogenkörper" bekannt ist und als höchstes Zeichen spiritueller Verwirklichung gilt.

Unabhängig von der spezifischen Form seines Todes betonen alle Überlieferungen, dass Mekopas Sterben kein gewöhnlicher Tod war, sondern eine letzte Lehre an seine Schüler über die illusorische Natur des physischen Körpers und die Möglichkeit, Tod und Wiedergeburt zu transzendieren. Sein Tod wird nicht als Ende, sondern als Transformation und Fortsetzung seines Wirkens auf subtileren Ebenen verstanden.

In der Tradition wird angenommen, dass Mekopa als verwirklichter Meister die Fähigkeit erlangt hatte, bewusst zu entscheiden, ob und wie er wiedergeboren werden würde. Es gibt Hinweise auf spätere Inkarnationen oder auf sein fortgesetztes spirituelles Wirken als Schutzdivnität oder Inspiration für nachfolgende Praktizierende. So lebt er in der Tradition nicht nur als historische Figur, sondern als zeitlose Verkörperung des erleuchteten Geistes weiter.

Lehren und Übertragungen

Die Lehren Mekopas waren tief in der Tradition des Vajrayana verwurzelt, unterschieden sich jedoch durch ihre direkte, unkomplizierte Natur von den oft komplexen und ritualistischen Aspekten des tantrischen Buddhismus seiner Zeit. Im Zentrum seiner Lehre stand das unmittelbare Erkennen der wahren Natur des Geistes – klar, leer und unbegrenzt.

Mekopa legte besonderen Wert auf die Praxis des Mahamudra, einer tiefgründigen Meditationstradition, die direkt auf die Erfahrung der letztendlichen Natur der Realität abzielt. Er lehrte, dass der Geist in seinem Grundzustand bereits vollkommen erleuchtet ist und dass alle Verblendungen und Leiden aus der Nichterkenntnis dieser angeborenen Buddhanatur resultieren. Seine Anweisungen waren darauf ausgerichtet, seinen Schülern zu helfen, die konzeptionellen Schleier zu durchbrechen, die diese grundlegende Wahrheit verdecken.

Ein charakteristisches Merkmal von Mekopas Lehransatz war seine Betonung der Einheit von Methode und Weisheit (upaya und prajna). Er vertrat die Ansicht, dass spirituelle Verwirklichung nicht nur durch Verstehen oder Kontemplation erlangt werden kann, sondern durch die Integration von Mitgefühl, Weisheit und geschickten Mitteln in allen Lebensbereichen. Für ihn waren alltägliche Erfahrungen, selbst scheinbar negative Emotionen oder herausfordernde Situationen, potentielle Pfade zur Erleuchtung, wenn sie mit Bewusstheit und Verständnis erfahren wurden.

Besonders bekannt war Mekopa für seine Lehre des "furchterregenden Blicks", der mehr als eine physische Technik war – er symbolisierte die direkte, unverfälschte Wahrnehmung der Realität, frei von konzeptionellen Überprägungen. Dieser "Blick" war eine Praxis, bei der der Geist in seinem natürlichen, unveränderten Zustand ruht, während er gleichzeitig die Phänomene direkt und klar wahrnimmt. Es war eine Methode, um die Dualität zwischen Subjekt und Objekt, zwischen Beobachter und Beobachtetem, aufzulösen.

Die Übertragungslinie von Mekopas Lehren floss hauptsächlich in die Kagyü-Tradition des tibetischen Buddhismus ein, obwohl sein Einfluss auch in anderen Schulen spürbar ist. Seine Lehren wurden von direkten Schülern bewahrt und weitergegeben, zunächst mündlich und später auch in schriftlichen Aufzeichnungen.

Besonders in den "dohas" oder spirituellen Liedern und in den Hagiographien der Mahasiddhas wurden Fragmente seiner Lehren und Lebensgeschichte bewahrt.

Mekopas Übertragungslinie zeichnet sich durch ihre Betonung der direkten Erfahrung aus, im Gegensatz zu rein intellektuellem Verstehen oder ritueller Praxis. Seine Lehren ermutigen den Praktizierenden, den Geist in seinem natürlichen Zustand zu erkennen und zu ruhen, frei von künstlichen Konstrukten oder Elaborationen. Diese Essenz seiner Lehre wurde über die Jahrhunderte bewahrt und inspiriert noch heute Praktizierende auf dem Pfad des Vajrayana.

Bedeutung und Nachwirkung

Die Bedeutung und Nachwirkung Mekopas erstreckt sich weit über seine Lebenszeit hinaus und hat tiefe Spuren in der Entwicklung des Vajrayana-Buddhismus hinterlassen. Er verkörpert einen archetypischen Pfad zur Erleuchtung, der die Transformation alltäglicher Erfahrungen in spirituelle Verwirklichung betont.

Mekopas Einfluss ist besonders in der Kagyü-Schule des tibetischen Buddhismus spürbar, wo seine direkten Methoden und seine Betonung der unmittelbaren Erfahrung der Natur des Geistes wesentliche Elemente der Mahamudra-Übertragungslinie formten. Seine Lehrtechniken, die darauf abzielten, konzeptionelle Grenzen zu durchbrechen und direkte Einsicht zu fördern, haben die pädagogischen Ansätze vieler nachfolgender Meister beeinflusst.

Die Vorstellung des "furchterregenden Blicks" als Symbol für die direkte, unverfälschte Wahrnehmung der Realität hat sich zu einem wichtigen Konzept in der tantrischen Praxis entwickelt. Es steht für die Fähigkeit, die konventionellen Erscheinungen zu durchschauen und die zugrundeliegende Leerheit und Klarheit direkt zu erkennen. Diese Perspektive hat spätere Meditationspraktiken und philosophische Verständnisse im tibetischen Buddhismus geprägt.

Mekopas Leben und Lehren dienen auch als kraftvolles Beispiel für die Möglichkeit spiritueller Verwirklichung außerhalb konventioneller religiöser Strukturen. Seine Existenz als Wanderyogi, frei von institutionellen Bindungen und gesellschaftlichen Normen, hat viele spirituell Suchende inspiriert, die eigenen inneren Erfahrungen zu priorisieren und nicht bloß externen Autoritäten zu folgen. Dieser Aspekt seines Vermächtnisses ist besonders relevant in der modernen Zeit, in der viele Menschen nach authentischen spirituellen Wegen jenseits traditioneller religiöser Institutionen suchen.

In der zeitgenössischen buddhistischen Praxis werden Mekopas Lehren und sein Beispiel weiterhin als Inspiration für Praktizierende angeführt, die nach direkten Methoden der spirituellen Verwirklichung suchen. Seine Betonung der Integration von spiritueller Praxis in alle Lebensbereiche und die Transformation alltäglicher Erfahrungen in Pfade zur Erleuchtung resoniert mit modernen Ansätzen, die die Trennung zwischen spiritueller Praxis und alltäglichem Leben überwinden wollen.

Darüber hinaus hat die Figur des Mekopa als furchterregender, doch mitfühlender Guru eine archetypische Qualität angenommen, die in der buddhistischen und allgemeinen spirituellen Kultur weiterlebt. Er verkörpert die Idee, dass wahre spirituelle Transformation manchmal mit der Konfrontation unbequemer Wahrheiten und der Überwindung tief verwurzelter Verblendungen einhergeht – ein Prozess, der sowohl herausfordernd als auch letztendlich befreiend sein kann.

Darstellung in der Kunst

In der buddhistischen Kunst wird Mekopa auf eine Weise dargestellt, die seine einzigartigen Eigenschaften und seine spirituelle Verwirklichung zum Ausdruck bringt. Er erscheint in verschiedenen Sammlungen von Darstellungen dieser verwirklichten Meister, sei es in Form von Thangkas, Wandmalereien, Skulpturen oder illuminierten Manuskripten.

Die ikonographische Darstellung Mekopas folgt bestimmten charakteristischen Merkmalen, die ihn von anderen Mahasiddhas unterscheiden. Am auffälligsten sind seine Augen, die entsprechend seinem Beinamen "der mit dem furchterregenden Blick" oft übergroß, weit geöffnet und durchdringend dargestellt werden. Dieser intensive Blick soll seine Fähigkeit symbolisieren, die illusorische Natur der Erscheinungen zu durchschauen und direkt die ultimative Realität zu erkennen.

In den traditionellen Darstellungen wird Mekopa meist als asketischer Yogi gezeigt, mit halbnacktem Körper, der nur mit einem Lendentuch oder einfachen Gewändern bekleidet ist. Sein Körper ist schlank, aber kraftvoll, was seine Beherrschung der inneren Energien und seine Überwindung physischer Begrenzungen andeutet. Oft wird er mit verfilztem Haar oder in einem wilden, ungepflegten Zustand dargestellt, was seine Freiheit von gesellschaftlichen

Konventionen und seine Konzentration auf die innere Verwirklichung statt auf äußere Erscheinung unterstreicht.

Ein weiteres häufiges Attribut in Darstellungen Mekopas ist eine Meditationsgeste (Mudra), die seine tiefe Versenkung und Verwirklichung symbolisiert. Manchmal wird er auch mit Attributen dargestellt, die seine tantrischen Praktiken repräsentieren, wie einer Schädelschale (Kapala), die die Überwindung des Ego und die Vergänglichkeit allen Lebens symbolisiert, oder einer Damaru (Handtrommel), die den rhythmischen Fluss der tantrischen Praxis repräsentiert.

Der künstlerische Stil, in dem Mekopa dargestellt wird, variiert je nach Zeit und Region. In frühen indo-tibetischen Darstellungen erscheint er oft in einem realistischeren Stil, während spätere tibetische Darstellungen stilisierter und mit mehr symbolischen Elementen angereichert sind. In nepalesischen und ostindischen Traditionen kann Mekopa auch mit Elementen lokaler künstlerischer Stile dargestellt werden.

Neben eigenständigen Darstellungen erscheint Mekopa auch in größeren Kompositionen, wie in Mandalas bestimmter tantrischer Gottheiten oder in Lineage-Thangkas, die die Übertragungslinie bestimmter Lehren visualisieren. In diesen Kontexten wird er als wichtiges Glied in der Kette der spirituellen Übertragung gezeigt, oft in einer Position, die seine Bedeutung für bestimmte tantrische Traditionen unterstreicht.

Die künstlerischen Darstellungen Mekopas dienen nicht nur der Illustration oder Erinnerung an einen historischen Meister, sondern sind selbst Werkzeuge der spirituellen Praxis. Sie dienen als Fokus für Kontemplation und Visualisierung und sollen im Betrachter die Qualitäten und Einsichten wecken, die Mekopa verkörperte. So lebt er nicht nur in Texten und mündlichen Überlieferungen, sondern auch in der visuellen Kultur des Vajrayana-Buddhismus weiter.

Schlussbetrachtung

Die Figur des Mahasiddha Mekopa, des Gurus mit dem furchterregenden Blick, verkörpert zentrale Aspekte des Vajrayana-Buddhismus und bietet tiefe Einsichten in die Natur des spirituellen Weges. Sein Leben und seine Lehren stehen als Zeugnis für die transformative Kraft direkter spiritueller Erfahrung und die Möglichkeit, konventionelle Grenzen zu transzendieren, um zu einer tieferen Verwirklichung zu gelangen.

Mekopas Vermächtnis erinnert uns daran, dass wahre spirituelle Verwirklichung nicht von äußeren Formen, Ritualen oder intellektuellem Wissen abhängt, sondern von der direkten Erkenntnis der wahren Natur des Geistes. Sein "furchterregender Blick" symbolisiert die Fähigkeit, durch die Schleier der Illusion zu schauen und die Realität so zu sehen, wie sie ist – leer von inhärenter Existenz, doch strahlend in ihrer phänomenalen Manifestation.

Die Geschichte von Mekopas Lebensweg von einem suchenden Individuum zu einem verwirklichten Meister bietet eine Inspiration für alle, die auf dem spirituellen Pfad unterwegs sind. Sie zeigt, dass Erleuchtung keine unerreichbare, mythische Erfahrung ist, sondern eine reale Möglichkeit, die durch aufrichtige Praxis und tiefes Engagement erlangt werden kann. Gleichzeitig erinnert sein unkonventioneller Lebensstil daran, dass der Weg zur Verwirklichung oft bedeutet, vertraute Muster und Überzeugungen zu hinterfragen und bereit zu sein, neue Perspektiven einzunehmen.

In der heutigen Zeit, in der viele Menschen nach authentischen spirituellen Wegen suchen, die über dogmatische Religiosität hinausgehen, können Mekopas direkte Methoden und seine Betonung der persönlichen Erfahrung besonders relevant sein. Sie bieten einen Ansatz zum spirituellen Leben, der weder blind traditionelle Autoritäten akzeptiert noch in einen nihilistischen Relativismus verfällt, sondern auf der direkten Erfahrung der eigenen Natur des Geistes basiert.

Die fortdauernde Präsenz Mekopas in der buddhistischen Tradition, sei es in Texten, künstlerischen Darstellungen oder in der lebendigen Übertragungslinie seiner Lehren, zeugt von der zeitlosen Relevanz seiner Botschaft. Er erinnert uns daran, dass der wahre Zweck spiritueller Praxis nicht darin besteht, einem äußeren Ideal zu entsprechen oder bestimmte Zustände zu erreichen, sondern das zu erkennen, was bereits vorhanden, doch durch Unwissenheit und konzeptionelle Schleier verborgen ist – die klare, unbegrenzte Natur des eigenen Geistes.

So bleibt Mekopa, der Guru mit dem furchterregenden Blick, nicht nur eine faszinierende historische Figur, sondern ein lebendiges Symbol für die transformative Kraft des Vajrayana-Pfades und eine Inspiration für alle, die den Mut haben, direkt in die Natur der Realität zu blicken.

2.59 Minapa - Der Fischer auf dem Weg zur Erleuchtung

Herkunft

Über Minapas genaue Herkunft gibt es unterschiedliche Überlieferungen, was typisch für die Hagiographien der Mahasiddhas ist, bei denen historische Fakten und legendäre Elemente oft ineinander übergehen. Die meisten Quellen verorten seine Geburt im östlichen Indien, in der Region Bengal, die für ihre Flüsse, Seen und die Nähe zum Meer bekannt ist. Geboren wurde er vermutlich im 9. oder 10. Jahrhundert in eine Familie von Fischern.

Anders als viele andere Mahasiddhas, die oft aus privilegierten Gesellschaftsschichten stammten oder zumindest eine klassische buddhistische Ausbildung genossen hatten, wuchs Minapa in einfachen Verhältnissen auf. Er erlernte das Handwerk des Fischens von Kindheit an und führte das traditionelle Leben seiner Vorfahren fort, ohne zunächst in Kontakt mit buddhistischen Lehren zu kommen. Diese Umstände seiner Herkunft sind bedeutsam, da sie den außergewöhnlichen Charakter seiner späteren spirituellen Transformation unterstreichen.

Die Tätigkeit als Fischer, die im Buddhismus aufgrund des Tötens von Lebewesen eigentlich als problematisch gilt, bildet in Minapas Geschichte einen interessanten Kontrast zu seinem späteren spirituellen Weg. Diese Spannung zwischen weltlicher Existenz und spirituellem Streben ist ein wiederkehrendes Thema in den Geschichten der Mahasiddhas und reflektiert einen zentralen Aspekt des Vajrayana-Buddhismus: die Transformation des Alltäglichen in einen Pfad zur Erleuchtung.

Besondere Eigenschaften

Minapa wird in den überlieferten Texten als ein Mann von einfachem Gemüt, aber mit außergewöhnlicher Entschlossenheit und Hingabe beschrieben. Seine hervorstechendsten Eigenschaften waren keine akademische Brillanz oder rhetorische Gewandtheit, sondern vielmehr seine tiefe Verbundenheit mit dem Element Wasser, seine Ausdauer und seine Fähigkeit, selbst in den widrigsten Umständen einen Weg zur spirituellen Praxis zu finden.

Besonders bemerkenswert war Minapas intuitive Fähigkeit, die Natur des Geistes zu ergründen. Obwohl er keine formale Ausbildung in buddhistischer Philosophie genossen hatte, entwickelte er durch seine direkte Erfahrung mit den tantrischen Praktiken ein tiefes Verständnis für die Leerheit (Shunyata) und die nichtduale Natur der Realität. Diese intuitive Erkenntnis manifestierte sich später in seiner Fähigkeit, komplexe spirituelle Konzepte durch einfache, aus dem Fischereihandwerk entlehnte Metaphern zu vermitteln.

Eine weitere herausragende Eigenschaft Minapas war seine unerschütterliche Hingabe an seinen spirituellen Lehrer. In der tantrischen Tradition spielt die Guru-Schüler-Beziehung eine zentrale Rolle, und Minapas absolute Treue und sein Vertrauen in die Anweisungen seines Meisters werden in den Überlieferungen besonders hervorgehoben. Diese Hingabe ermöglichte es ihm, Praktiken zu meistern, die für andere unzugänglich blieben.

Nach seiner Erleuchtung entwickelte Minapa außergewöhnliche spirituelle Kräfte (Siddhis), darunter die Fähigkeit, über Wasser zu gehen, das Wetter zu kontrollieren und das Bewusstsein anderer Wesen zu lesen. Diese übernatürlichen Fähigkeiten werden in den Hagiographien zwar erwähnt, jedoch stets als Nebenprodukte seiner spirituellen Verwirklichung dargestellt, nicht als deren Ziel.

Geschichte der Erleuchtung

Die Wendung in Minapas Leben kam, als er auf einen wandernden Yogi traf, der in einigen Quellen als eine Emanation des Bodhisattva Avalokiteshvara (des Bodhisattva des Mitgefühls) identifiziert wird. Dieser Yogi erkannte das spirituelle Potential in dem einfachen Fischer und initiierte ihn in die grundlegenden tantrischen Praktiken.

Die zentrale Geschichte seiner Erleuchtung beginnt damit, dass Minapa eines Tages beim Fischen einen besonderen Fisch fing, der in seinem Bauch eine mysteriöse Schriftrolle trug. Diese Schriftrolle enthielt Anweisungen zu einer tantrischen Meditation, die auf die Visualisierung und Identifikation mit der Gottheit Chakrasamvara fokussiert war. Ohne die Bedeutung vollständig zu verstehen, aber mit tiefem Vertrauen, begann Minapa, diese Praktiken auszuführen.

Die Überlieferung berichtet, dass Minapa sieben Jahre lang meditierte, während er weiterhin seinem Beruf als Fischer nachging. Seine Meditationspraxis bestand darin, mit jedem Atemzug, mit jedem Wurf des Netzes und mit jedem gefangenen Fisch die Göttlichkeit zu visualisieren und die Mantras zu rezitieren. Dabei transformierte er die alltägliche Handlung des Fischens in eine tiefgreifende spirituelle Praxis.

Der entscheidende Moment seiner Erleuchtung ereignete sich, als er eines Tages während des Fischens in einen tiefen meditativen Zustand versank. In dieser Versenkung erlebte er die direkte Erfahrung der nicht-dualen Natur der Realität. Er erkannte, dass der Fänger, der Akt des Fangens und der Gefangene letztendlich eins sind – eine Erkenntnis, die die fundamentale Einsicht des Vajrayana-Buddhismus verkörpert. In diesem Moment löste sich seine gewöhnliche Wahrnehmung auf, und er verwirklichte die Mahamudra, den "Großen Siegel" – den Zustand vollkommener Erleuchtung.

Nach dieser Erfahrung manifestierte Minapa verschiedene übernatürliche Fähigkeiten. Besonders bemerkenswert war seine Fähigkeit, Fische zu fangen und sie wieder zum Leben zu erwecken, was als Symbol für seine Fähigkeit interpretiert werden kann, Wesen aus dem Kreislauf von Samsara zu befreien.

Leben und Tod

Nach seiner Erleuchtung setzte Minapa sein Leben als Fischer fort, jedoch mit einem transformierten Bewusstsein. Anders als viele andere spirituelle Meister zog er sich nicht in Klöster oder Einsiedeleien zurück, sondern blieb in seiner Gemeinschaft, wo er durch sein Beispiel und seine Lehren wirkte. Diese Entscheidung reflektiert ein zentrales Prinzip des Mahayana-Buddhismus: das Bodhisattva-Ideal, bei dem der Erleuchtete in der Welt bleibt, um anderen Wesen zu helfen.

Minapas Leben nach der Erleuchtung war geprägt von einer tiefen Verbindung zur natürlichen Welt und insbesondere zum Element Wasser. Er lehrte seine Schüler, in den alltäglichen Erfahrungen die tieferen spirituellen Wahrheiten zu erkennen. Für ihn war das Fischen nicht länger ein Akt des Tötens, sondern eine symbolische Handlung der Befreiung – er "fischte" die Wesen aus dem Ozean des Leidens.

Über Minapas Tod gibt es verschiedene Überlieferungen. Eine verbreitete Version berichtet, dass er seinen physischen Körper in einem Akt der spirituellen Vollendung auflöste und in einen "Regenbogenkörper" transformierte – ein Phänomen, das in der tibetischen Tradition als höchstes Zeichen spiritueller Verwirklichung gilt. Andere Quellen berichten, dass er mit seinem physischen Körper in das reine Land von Chakrasamvara einging.

Unabhängig von der spezifischen Form seines Todes stimmen die Überlieferungen darin überein, dass Minapa die vollständige Kontrolle über seinen Sterbeprozess hatte und sein Tod selbst eine Manifestation seiner spirituellen Verwirklichung war. Damit verkörpert sein Tod die tantrische Vorstellung, dass ein verwirklichter Meister den Tod nicht erleidet, sondern ihn als Übergang in eine höhere Form der Existenz meistert.

Lehren und Übertragungen

Minapas Lehren waren, entsprechend seiner Herkunft und Erfahrung, von einer direkten, praktischen und unakademischen Natur. Im Zentrum stand die Übertragung der Chakrasamvara-Praxis, einer der wichtigsten tantrischen Meditationsformen im Vajrayana-Buddhismus. Diese Praxis umfasst komplexe Visualisierungen, Mantra-Rezitationen und die Arbeit mit den subtilen Energien des Körpers.

Ein besonderer Aspekt von Minapas Lehrtradition war die Integration der spirituellen Praxis in alltägliche Aktivitäten. Er lehrte seine Schüler, dass die Erleuchtung nicht jenseits des gewöhnlichen Lebens zu finden sei, sondern in der Transformation der alltäglichen Erfahrung. Diese Betonung der Nicht-Trennung von spiritueller Praxis und weltlichem Leben ist charakteristisch für den Ansatz der Mahasiddhas und wurde später zu einem zentralen Element des tibetischen Buddhismus.

Minapa entwickelte auch spezifische Meditationstechniken, die auf der Symbolik des Wassers und des Fischens basieren. Er lehrte seine Schüler, den Geist wie einen ruhigen See zu betrachten, in dem die Gedanken wie Fische auftauchen und verschwinden. Durch das "Fangen" dieser Gedanken in der Meditation — nicht um sie zu unterdrücken, sondern um ihre wahre Natur zu erkennen — könne der Meditierende zur Erkenntnis der Leerheit gelangen.

Die Übertragungslinie Minapas, bekannt als die "Minapas Fisch-Netz-Lehren", wurde zunächst in Indien weitergegeben und gelangte später nach Tibet, wo sie in verschiedene Schulen des tibetischen Buddhismus integriert wurde. Besonders in der Kagyu-Schule haben Minapas Lehren einen starken Einfluss hinterlassen und sind bis heute Teil der mündlichen Übertragungen der Mahamudra-Tradition.

Bedeutung und Nachwirkung

Minapas Bedeutung für die buddhistische Tradition liegt weniger in philosophischen Innovationen oder institutionellen Gründungen als vielmehr in der

Verkörperung eines radikalen spirituellen Ideals. Seine Geschichte demonstriert, dass die Erleuchtung nicht an soziale Stellung, formale Bildung oder monastische Disziplin gebunden ist, sondern durch aufrichtige Praxis und tiefes Verständnis der tantrischen Methoden für jeden erreichbar sein kann.

In der Entwicklung des Vajrayana-Buddhismus repräsentiert Minapa die Strömung der "direkten Verwirklichung", die im Kontrast zu den stärker akademisch orientierten Richtungen stand. Sein Beispiel unterstützte die demokratisierende Tendenz innerhalb des tantrischen Buddhismus, die auch Praktizierenden außerhalb der etablierten religiösen Institutionen den Weg zur Erleuchtung öffnete.

In Tibet wird Minapa verehrt, und seine Geschichten wurden Teil des spirituellen und kulturellen Erbes. Besonders in der Kagyu-Tradition, die einen starken Fokus auf die Mahamudra-Praxis legt, wird Minapa als wichtiger Linienhalter angesehen. Seine Lehrmethoden haben die Entwicklung der "Alltagspraxis" im tibetischen Buddhismus beeinflusst, die darauf abzielt, spirituelle Verwirklichung nicht jenseits, sondern innerhalb der gewöhnlichen Lebenserfahrung zu finden.

In der modernen Zeit hat Minapas Geschichte eine neue Relevanz gewonnen, da sie die Möglichkeit einer spirituellen Praxis außerhalb institutioneller Rahmen aufzeigt. In einer Welt, in der traditionelle religiöse Strukturen oft an Bedeutung verlieren, bietet Minapas Weg ein Modell für eine direkte, erfahrungsbasierte Spiritualität, die in den Alltag integriert werden kann.

Darstellung in der Kunst

In der tibetischen und nepalesischen Kunst wird Minapa typischerweise als einfacher Mann in Fischerkleidung dargestellt, oft mit nacktem Oberkörper und einem Lendenschurz. Seine ikonographischen Attribute sind Fischernetze, Angelhaken und manchmal ein oder mehrere Fische. In einigen Darstellungen trägt er auch die Schriftrolle, die er im Bauch des Fisches gefunden hat.

Ein charakteristisches Element in den bildlichen Darstellungen Minapas ist sein direkter, offener Blick, der die Unmittelbarkeit seiner spirituellen Erfahrung symbolisiert. Anders als bei Darstellungen von Gelehrten oder monastischen Meistern, die oft in meditativer Haltung oder mit Büchern gezeigt werden, betonen die Abbildungen Minapas seine weltliche Erscheinung und die Integration seiner spirituellen Praxis in die alltägliche Tätigkeit.

In den Tangkas der 84 Mahasiddhas nimmt Minapa einen festen Platz ein. Minapa wird typischerweise am Ufer eines Gewässers dargestellt, entweder beim Auswerfen seines Netzes oder bei der Betrachtung eines gefangenen Fisches.

Besonders bemerkenswert sind die Darstellungen Minapas in den tibetischen Klöstern der Kagyu-Tradition, wo er als wichtiger Linienhalter verehrt wird. Hier wird er oft in Verbindung mit anderen Mahasiddhas der Mahamudra-Übertragung gezeigt, was seine Bedeutung für diese spezifische Meditationstradition unterstreicht.

In der zeitgenössischen buddhistischen Kunst hat die Figur des Minapa eine Renaissance erlebt, wobei moderne Künstler oft die symbolischen Aspekte seiner Geschichte betonen. Der Fisch wird dabei zum Symbol für die verborgenen spirituellen Schätze, die im Alltäglichen zu finden sind, und das Fischernetz zum Symbol für die Meditationspraxis, die den Geist "einfängt" und seine wahre Natur erkennt.

Schlussbetrachtung

Die Geschichte des Mahasiddha Minapa verkörpert einige der zentralen Prinzipien des Vajrayana-Buddhismus: die Transformation des Gewöhnlichen in das Außergewöhnliche, die Nicht-Dualität von weltlicher und spiritueller Erfahrung und die Möglichkeit der Erleuchtung durch direkte Erfahrung statt durch intellektuelles Studium.

In einer Zeit, in der spirituelle Autorität oft an institutionelle Zugehörigkeit oder akademische Bildung gebunden war, stellte Minapas Weg eine radikale Alternative dar. Seine Geschichte erinnert daran, dass die tiefsten spirituellen Wahrheiten nicht in Büchern oder Klöstern, sondern in der unmittelbaren Erfahrung der Realität zu finden sind. Diese Botschaft hat über die Jahrhunderte hinweg nichts von ihrer Relevanz verloren.

Minapa lehrt uns, dass die spirituelle Praxis nicht vom Leben getrennt werden muss, sondern dass jede Handlung, jeder Beruf und jede alltägliche Erfahrung zum Pfad der Verwirklichung werden kann, wenn sie mit der richtigen Einstellung und dem richtigen Verständnis angegangen wird. Diese Integration von Spiritualität und Alltag bleibt eine der wichtigsten Lehren des Vajrayana-Buddhismus und eine der wertvollsten Einsichten, die wir aus der Geschichte dieses außergewöhnlichen Fischers gewinnen können.

In einer modernen Welt, die oft von Hektik, Materialismus und spiritueller Entfremdung geprägt ist, bietet Minapas Geschichte eine zeitlose Erinnerung: Die Erleuchtung ist nicht ein fernes Ziel, das nur durch außergewöhnliche Umstände oder besondere Fähigkeiten erreicht werden kann, sondern eine Möglichkeit, die in jedem Moment unseres gewöhnlichen Lebens präsent ist – so wie der kostbare Text im Bauch des Fisches, der nur darauf wartet, entdeckt zu werden.

2.60 Nagabodhi - Der rothörnige Dieb

Herkunft

Nagabodhi wurde in einer abgelegenen Region Ostindiens geboren, vermutlich im heutigen Bihar oder Bengalen. Über seine genaue Herkunft gibt es unterschiedliche Überlieferungen, doch die meisten Quellen stimmen darin überein, dass er aus einfachen Verhältnissen stammte. Einige Texte berichten, dass er in eine niedrige Kaste hineingeboren wurde, während andere andeuten, dass er einer verarmten Brahmanenfamilie entstammte, die ihren Status verloren hatte.

Der Beiname "der rothörnige Dieb" (in manchen Übersetzungen auch "der rotgesichtige Dieb") weist auf sein Erscheinungsbild hin – möglicherweise hatte er rötliches Haar oder trug eine auffällige Kopfbedeckung. Die Bezeichnung "Dieb" bezieht sich auf seinen Lebenswandel vor seiner spirituellen Transformation. Es wird überliefert, dass Nagabodhi schon in jungen Jahren zum Dieb wurde, nachdem seine Familie durch Hungersnöte oder politische Unruhen ihren Besitz verloren hatte.

In einer Zeit, die von sozialer Ungleichheit und religiöser Starrheit geprägt war, lebte Nagabodhi am Rande der Gesellschaft. Diese Position als Außenseiter ermöglichte ihm später jedoch einen unvoreingenommenen Blick auf die gesellschaftlichen und religiösen Konventionen seiner Zeit – eine Perspektive, die für seinen späteren spirituellen Weg von entscheidender Bedeutung sein sollte.

Besondere Eigenschaften

Nagabodhi zeichnete sich durch mehrere bemerkenswerte Eigenschaften aus, die sowohl seine Zeit als Dieb als auch seine spätere Rolle als spiritueller Meister prägten. Überlieferungen beschreiben ihn als außergewöhnlich intelligent und scharfsinnig. Diese Intelligenz nutzte er zunächst, um ausgeklügelte Diebstähle zu planen und durchzuführen, später jedoch, um die tiefgründigsten buddhistischen Lehren zu erfassen und zu vermitteln.

Eine weitere hervorstechende Eigenschaft war seine Furchtlosigkeit. Als Dieb scheute er keine Gefahr und drang selbst in die am besten bewachten Paläste und Tempel ein. Diese Furchtlosigkeit transformierte sich später in spirituellen Mut – die Bereitschaft, sich vollständig auf den spirituellen Pfad einzulassen und alle konventionellen Sicherheiten hinter sich zu lassen.

Trotz seines Lebens als Dieb wird Nagabodhi in den Überlieferungen nicht als grausam oder gewalttätig dargestellt. Vielmehr betonen die Texte seine

Geschicklichkeit und List, durch die er Konfrontationen vermied. Diese Fähigkeit zur Vermeidung von Gewalt deutet auf eine grundlegende moralische Integrität hin, die später durch die buddhistische Praxis weiter verfeinert wurde.

Bemerkenswert war auch Nagabodhis Fähigkeit zur vollständigen Transformation. Im Gegensatz zu anderen Mahasiddhas, die bereits vor ihrer Erleuchtung ein spirituelles Leben führten, vollzog Nagabodhi einen radikalen Wandel vom Gesetzlosen zum spirituellen Meister. Diese Transformationsfähigkeit wurde später zu einem zentralen Element seiner Lehre – die Überzeugung, dass jeder Mensch, unabhängig von seiner Vergangenheit, das Potential zur Erleuchtung in sich trägt.

Geschichte der Erleuchtung

Nagabodhis Weg zur Erleuchtung begann mit einer schicksalhaften Begegnung. Die meisten Überlieferungen berichten, dass er eines Nachts in die Behausung eines buddhistischen Yogis eindrang, um wertvolle Gegenstände zu stehlen. Zu seinem Erstaunen fand er dort jedoch nichts von materiellem Wert. Der Yogi, der in tiefer Meditation versunken war, erwachte und konfrontierte Nagabodhi nicht mit Angst oder Zorn, sondern mit tiefer Gelassenheit und Mitgefühl.

Diese unerwartete Reaktion erschütterte Nagabodhis Weltbild. Zum ersten Mal begegnete er jemandem, der trotz materieller Armut eine innere Ruhe und Zufriedenheit ausstrahlte, die ihm selbst trotz seiner erfolgreichen Diebstähle stets verwehrt geblieben war. Der Yogi erkannte Nagabodhis spirituelles Potential und bot ihm an, sein Schüler zu werden.

Nach anfänglichem Zögern willigte Nagabodhi ein und erhielt von seinem Meister, der in manchen Quellen als direkter Schüler des großen Meisters Nagarjuna identifiziert wird, die Einweihung in die tantrischen Praktiken. Besonders bedeutsam war die Einweihung in die Praxis des Cakrasamvara-Tantra, eines wichtigen Tantra-Systems des Vajrayana-Buddhismus.

Die Überlieferungen berichten, dass Nagabodhi mit außergewöhnlicher Hingabe praktizierte. Er zog sich in eine abgelegene Höhle zurück und meditierte dort zwölf Jahre lang. Während dieser Zeit vertiefte er sich in die Praktiken der inneren Hitze (tummo) und des klaren Lichts – fortgeschrittene Meditationstechniken, die darauf abzielen, die subtilste Ebene des Bewusstseins zu erkennen und zu transformieren.

Nach dieser intensiven Praxisperiode erlangte Nagabodhi die vollständige Erleuchtung. Die Texte beschreiben, wie er in einem Moment tiefer Einsicht die wahre Natur der Realität erkannte – die Leerheit (Shunyata) aller Phänomene und die nicht-duale Natur des Bewusstseins. Mit dieser Erkenntnis manifestierte er die Fähigkeiten eines Mahasiddha, darunter übernatürliche Kräfte (siddhis) wie Hellsichtigkeit, die Fähigkeit zu fliegen und die Macht, Materie zu transformieren.

Leben und Tod

Nach seiner Erleuchtung kehrte Nagabodhi in die Gesellschaft zurück, jedoch nicht mehr als Dieb, sondern als spiritueller Lehrer. Er reiste durch verschiedene Regionen Indiens und später auch nach Tibet, um die tantrischen Lehren zu verbreiten. Dabei traf er bevorzugt Menschen am Rande der Gesellschaft – Ausgestoßene, Verbrecher und andere, die von den etablierten religiösen Institutionen vernachlässigt wurden.

Nagabodhis Lehrstil war unkonventionell und direkt. Anstatt abstrakte philosophische Konzepte zu vermitteln, verwendete er praktische Beispiele und Metaphern aus dem alltäglichen Leben. Besonders bekannt wurde seine Methode, die Erfahrungen eines Diebes – wie Wachsamkeit, Präzision und die Fähigkeit, unbemerkt zu bleiben – als Analogien für die spirituelle Praxis zu nutzen.

Über Nagabodhis Lebensspanne gibt es unterschiedliche Berichte. Einige Quellen deuten an, dass er durch seine tantrischen Praktiken ein außergewöhnlich hohes Alter erreichte und mehrere Jahrhunderte lebte. Andere berichten, dass er, nachdem er zahlreiche Schüler ausgebildet hatte, bewusst seinen physischen Körper aufgab und in einen "Regenbogenkörper" transformierte – eine Manifestation, bei der der physische Körper in reines Licht aufgelöst wird.

Eine besonders faszinierende Überlieferung berichtet, dass Nagabodhi seinen Tod inszenierte, um einen besonders arroganten Schüler zu lehren. Nachdem er scheinbar gestorben war, erschien er dem trauernden Schüler in einer Vision und offenbarte, dass sowohl Leben als auch Tod letztendlich illusorisch sind – eine direkte Demonstration der buddhistischen Lehre von der Nicht-Dualität.

Unabhängig von den verschiedenen Überlieferungen zu seinem Tod stimmen die Quellen darin überein, dass Nagabodhi sein Bewusstsein vollständig befreit hatte und den Kreislauf von Geburt und Tod (samsara) transzendierte. In diesem Sinne "starb" er nicht im konventionellen Sinne, sondern erreichte den Zustand eines vollständig Erwachten, der jenseits der gewöhnlichen Kategorien von Existenz und Nicht-Existenz liegt.

Lehren und Übertragungen

Nagabodhis Lehren waren tief in der Vajrayana-Tradition verwurzelt, enthielten jedoch einzigartige Elemente, die seine persönliche Erfahrung und seinen ungewöhnlichen Hintergrund widerspiegelten. Im Zentrum seiner Unterweisung stand die Überzeugung, dass die Erleuchtung nicht durch asketische Selbstkasteiung oder intellektuelle Studien allein erreicht werden kann, sondern durch die direkte Erfahrung der wahren Natur des Geistes.

Eine seiner wichtigsten Lehren war die "Methode des rothörnigen Diebes" – ein System von Meditationspraktiken, das darauf abzielte, die gewöhnlichen dualistischen Gedankenmuster zu "stehlen" oder zu überwinden. Diese Methode umfasste spezifische Visualisierungstechniken, bei denen der Praktizierende sich als Gottheit (yidam) visualisiert und dadurch die Grenzen des gewöhnlichen Ich-Bewusstseins transzendiert.

Nagabodhi war auch bekannt für seine Lehren über die "drei Körper" (trikāya) des Buddha – den Dharmakāya (Wahrheitskörper), den Sambhogakāya (Freudenkörper) und den Nirmāṇakāya (Erscheinungskörper). Er betonte, dass diese drei Aspekte nicht getrennt, sondern unterschiedliche Manifestationen desselben erleuchteten Bewusstseins sind.

Eine besondere Übertragungslinie, die auf Nagabodhi zurückgeht, ist die "Praxis des klaren Lichtes" (ösel). Diese fortgeschrittene Meditationstechnik zielt darauf ab, die subtilste Ebene des Bewusstseins – das klare Licht – zu erkennen und zu stabilisieren. Diese Praxis wurde später ein wichtiger Bestandteil der Dzogchen- und Mahamudra-Traditionen des tibetischen Buddhismus.

Nagabodhi übertrug seine Lehren an zahlreiche Schüler, darunter sowohl Mönche und Nonnen als auch Laien aus allen gesellschaftlichen Schichten. Besonders bemerkenswert war seine Fähigkeit, die Lehren an die individuellen Bedürfnisse und Fähigkeiten seiner Schüler anzupassen. Für intellektuell orientierte Schüler verwendete er philosophische Erklärungen, während er für praktisch veranlagte Menschen direkte Meditationsanweisungen gab.

Die von Nagabodhi begründete Übertragungslinie wurde später in Tibet fortgeführt, wo sie Teil der Kagyü- und Nyingma-Traditionen wurde. Besonders in der Kagyü-Tradition werden seine Lehren über die Mahamudra-Meditation bis heute bewahrt und praktiziert.

Bedeutung und Nachwirkung

Nagabodhis Bedeutung für die buddhistische Tradition geht weit über seine spezifischen Lehren hinaus. Er verkörpertdas Ideal des Tantrayana – die Überzeugung, dass die Erleuchtung in einem einzigen Leben erreicht werden kann, unabhängig von der persönlichen Vorgeschichte.

Seine Geschichte dient als machtvolles Beispiel für die transformative Kraft des buddhistischen Pfades. Wenn selbst ein Dieb wie Nagabodhi die Erleuchtung erreichen kann, so die Botschaft, dann ist dies für jeden Menschen möglich. Diese Botschaft war besonders relevant in einer Zeit, in der religiöse Praktiken oft auf bestimmte Kasten oder soziale Gruppen beschränkt waren.

In der tibetischen Tradition wird Nagabodhi als wichtiger Linienhalter verehrt, besonders in Bezug auf die Übertragung des Cakrasamvara-Tantra. Seine Lehrmethoden haben die Entwicklung des tibetischen Buddhismus nachhaltig beeinflusst, insbesondere die Praxis, spirituelle Unterweisungen durch Lebensgeschichten und anschauliche Beispiele zu vermitteln.

In der modernen Zeit hat Nagabodhis Geschichte eine erneuerte Relevanz gewonnen. In einer Welt, die von sozialer Ungleichheit und Vorurteilen geprägt ist, erinnert seine Transformation vom Ausgestoßenen zum spirituellen Meister daran, dass das menschliche Potential zur Entwicklung und Transformation keine Grenzen kennt.

Darüber hinaus spricht seine pragmatische, nicht-dogmatische Herangehensweise an spirituelle Praxis moderne Suchende an, die sich von starren religiösen Strukturen abwenden und nach direkten, erfahrungsbezogenen spirituellen Wegen suchen. Die Betonung der direkten Erfahrung über intellektuelles Verständnis und die Integration spiritueller Prinzipien in das alltägliche Leben sind Aspekte von Nagabodhis Lehre, die heute besonders relevant erscheinen.

Darstellung in der Kunst

Nagabodhi hat in der buddhistischen Kunst eine markante ikonographische Tradition inspiriert. In tibetischen Thangkas und Skulpturen wird er typischerweise mit rötlichem Haar oder einer roten Kopfbedeckung dargestellt – ein Verweis auf seinen Beinamen "der rothörnige Dieb". Seine Hautfarbe wird oft in einem dunklen Rot- oder Kupferton dargestellt, was sowohl seine indische Herkunft als auch seine transformative spirituelle Energie symbolisiert.

In traditionellen Darstellungen sitzt Nagabodhi häufig in der Meditationsposition, trägt jedoch keine Mönchsrobe, sondern die einfache Kleidung eines Yogis oder sogar die eines Diebes – oft mit einem Tuch um die Hüften und Schmuckstücken, die seinen Status als tantrischer Meister symbolisieren. Bemerkenswert ist auch, dass er oft mit den typischen Insignien eines Siddha dargestellt wird – einer Schädelschale (kapala) in der linken Hand, die die Überwindung des Ego symbolisiert, und einem Vajra (ritueller Donnerkeil) in der rechten Hand, der die unzerstörbare Natur des erleuchteten Geistes repräsentiert.

Eine charakteristische Darstellung zeigt Nagabodhi mit einem dritten Auge auf der Stirn, das seine erwachte Einsicht in die wahre Natur der Realität symbolisiert. Manchmal wird er auch in Umarmung mit seiner tantrischen Gefährtin (Dakini) dargestellt, was die Integration von Weisheit und Mitgefühl im tantrischen Buddhismus repräsentiert.

In den narrativen Thangkas, die die Lebensgeschichten der Mahasiddhas illustrieren, wird Nagabodhis Transformation vom Dieb zum Erleuchteten in verschiedenen Szenen dargestellt: sein Einbruch in die Behausung des Yogis, seine Initiation in die tantrischen Praktiken, seine Meditationsperiode in der Höhle und schließlich seine Aktivitäten als spiritueller Lehrer.

Interessanterweise variieren die künstlerischen Darstellungen Nagabodhis je nach Region und Schule. In den früheren indischen Darstellungen wird er oft dynamischer und wilder dargestellt, während die tibetischen Darstellungen tendenziell formalisierter und stilisierter sind. Diese Unterschiede spiegeln nicht nur ästhetische Präferenzen wider, sondern auch unterschiedliche Interpretationen seiner spirituellen Bedeutung.

In der zeitgenössischen buddhistischen Kunst wird Nagabodhi gelegentlich in moderneren Stilen dargestellt, wobei jedoch die traditionellen ikonographischen Elemente beibehalten werden. Diese zeitgenössischen Interpretationen betonen oft die universellen Aspekte seiner Geschichte – die Möglichkeit der Transformation und die Überwindung gesellschaftlicher Beschränkungen.

Schlussbetrachtung

Die Geschichte des Mahasiddha Nagabodhi, des rothörnigen Diebes, ist mehr als nur eine faszinierende Erzählung aus der buddhistischen Tradition. Sie verkörpert zentrale Prinzipien des tantrischen Buddhismus: die Möglichkeit vollständiger Transformation, die Überwindung sozialer und religiöser Konventionen und die Erreichung der Erleuchtung durch direkte Erfahrung statt durch bloße intellektuelle Analyse.

Nagabodhis Lebensweg vom Ausgestoßenen zum spirituellen Meister unterstreicht die buddhistische Überzeugung, dass die Buddha-Natur – das Potential zur Erleuchtung – in jedem Wesen vorhanden ist, unabhängig von Herkunft, sozialem Status oder vergangenen Handlungen. Seine Geschichte dient als kraftvolle Erinnerung daran, dass spirituelle Verwirklichung nicht von äußeren Umständen abhängt, sondern von der inneren Transformation des Bewusstseins.

Die Lehren und Praktiken, die Nagabodhi entwickelte und weitergab, haben die Entwicklung des tibetischen Buddhismus bedeutend beeinflusst und bieten auch heute noch wertvolle Einsichten für spirituelle Praktizierende. Seine pragmatische, nicht-dualistische Herangehensweise an spirituelle Übung, seine Betonung direkter Erfahrung und seine Fähigkeit, weltliche Erfahrungen in den spirituellen Pfad zu integrieren, machen seine Lehren besonders relevant für die moderne Welt.

In einer Zeit, in der soziale Spaltungen und Vorurteile weiterhin vorherrschen, erinnert Nagabodhis Geschichte daran, dass wahre spirituelle Verwirklichung jenseits gesellschaftlicher Kategorien und Bewertungen liegt. Sein Leben demonstriert, dass der Pfad zur Befreiung allen offen steht, die den Mut haben, sich ihm zu widmen.

So bleibt Nagabodhi, der rothörnige Dieb, eine inspirierende Gestalt, deren Lebensgeschichte und Lehren weiterhin Menschen auf dem spirituellen Pfad ermutigen und führen. Sein Erbe lebt nicht nur in der buddhistischen Tradition fort, sondern in allen, die an die Möglichkeit tiefgreifender persönlicher Transformation glauben und danach streben, die höchsten menschlichen Potentiale zu verwirklichen.

2.61 Nagarjuna: Philosoph und Alchemist

Herkunft

Die historischen Quellen zu Nagarjunas Herkunft sind spärlich und oft von legendenhaften Elementen durchdrungen. Nach den gängigsten Überlieferungen wurde er in Südindien, vermutlich im heutigen Andhra Pradesh, in eine brahmanische Familie geboren. Der Name "Nagarjuna" selbst gibt Hinweise auf seine Verbindung zu Schlangen (Nagas): "Naga" bezeichnet die mythischen Schlangenwesen, und "Arjuna" ist ein Name, der aus der hinduistischen Tradition stammt.

Eine verbreitete Legende besagt, dass Nagarjuna bei seiner Geburt von Astrologen ein kurzes Leben prophezeit wurde. Um diesem Schicksal zu entgehen, sandten ihn seine Eltern in jungen Jahren in ein buddhistisches Kloster. Dort entwickelte er sich rasch zu einem brillanten Schüler und meisterte nicht nur die buddhistischen Lehren, sondern auch medizinisches Wissen, Alchemie und andere Wissenschaften seiner Zeit.

Eine andere Überlieferung, besonders in der tibetischen Tradition, verbindet seine Herkunft direkt mit den Nagas. Demzufolge erhielt Nagarjuna seine tiefgründigsten Lehren – die Prajnaparamita-Sutras (Sutras der vollkommenen Weisheit) – von den Naga-Königen, die diese Texte seit Buddhas Zeiten in ihrem unterwasserischen Reich aufbewahrt hatten. Diese Geschichte symbolisiert die tiefe Verbindung Nagarjunas zu verborgenen Weisheitslehren und unterstreicht seinen Status als Mittler zwischen verschiedenen Welten.

Die chinesische Tradition wiederum berichtet, dass Nagarjuna ursprünglich ein Meister tantrischer Praktiken war, der magische Kräfte erlangte, um unsichtbar zu werden. Diese Fähigkeit nutzte er zunächst, um in königliche Paläste einzudringen und sich an den Frauen des Hofes zu vergehen. Als er jedoch mit zwei Freunden in einen Palast eindrang und diese erkannt und hingerichtet wurden, erkannte er die Vergänglichkeit des Lebens und wandte sich dem buddhistischen Pfad zu.

Was auch immer der historische Kern dieser Erzählungen sein mag – sie alle deuten auf Nagarjunas außergewöhnliche intellektuelle Begabung, seine Verbindung zu esoterischem Wissen und seine tiefgreifende spirituelle Transformation hin.

Besondere Eigenschaften

Als Mahasiddha wird Nagarjuna eine Reihe außergewöhnlicher Eigenschaften und Fähigkeiten zugeschrieben. Diese umfassen sowohl seine intellektuellen Gaben als auch übernatürliche Kräfte (Siddhis), die er durch seine spirituelle Praxis erlangt haben soll.

Nagarjunas herausragendste Eigenschaft war zweifellos sein scharfsinniger Intellekt. Er besaß die einzigartige Fähigkeit, komplexe philosophische Konzepte zu durchdringen und zu artikulieren. Seine dialektische Methode, mit der er systematisch alle philosophischen Standpunkte dekonstruierte, zeugt von einem Geist, der konventionelle Denkweisen transzendierte. Gleichzeitig besaß er die poetische Begabung, tiefgründige Wahrheiten in prägnante Verse zu fassen, die noch heute Studierende des Buddhismus inspirieren.

Als Alchemist wird Nagarjuna besondere Kenntnis der Transformation von Substanzen zugeschrieben. Der Legende nach soll er die Fähigkeit besessen haben, unedle Metalle in Gold zu verwandeln. Diese Fähigkeit nutzte er jedoch nicht für persönlichen Reichtum, sondern um Bedürftige zu unterstützen und den Dharma zu fördern. Die alchemistischen Praktiken Nagarjunas können auch metaphorisch verstanden werden als Symbol für die Transformation des Geistes von Unwissenheit zu Weisheit, von Leid zu Befreiung.

Eine weitere bemerkenswerte Eigenschaft Nagarjunas war seine Lebensspanne. Nach einigen Überlieferungen soll er durch seine alchemistischen Künste ein Elixier der Unsterblichkeit hergestellt haben, das ihm ein Leben von mehreren hundert Jahren ermöglichte. Obwohl diese Behauptung aus historischer Sicht problematisch ist, deutet sie auf Nagarjunas Ruf als Meister der Lebensverlängerung hin.

Die tibetische Tradition schreibt Nagarjuna auch die Fähigkeit zu, mit Gottheiten und anderen nicht-menschlichen Wesen zu kommunizieren. Seine bereits erwähnte Verbindung zu den Nagas ist ein Beispiel dafür. Diese Fähigkeit unterstreicht seine Rolle als Brückenbauer zwischen verschiedenen Realitätsebenen.

Nicht zuletzt zeichnete sich Nagarjuna durch sein tiefes Mitgefühl aus. Trotz seiner brillanten intellektuellen Fähigkeiten verlor er nie das Hauptziel buddhistischer Praxis aus den Augen: die Befreiung aller Wesen vom Leiden. Seine philosophischen Abhandlungen dienten stets diesem höchsten Ziel und waren nie Selbstzweck. Diese Integration von Weisheit und Mitgefühl macht ihn zu einem exemplarischen Vertreter des Bodhisattva-Ideals des Mahayana-Buddhismus.

Geschichte der Erleuchtung

Die Erleuchtungsgeschichte Nagarjunas ist, wie viele Aspekte seines Lebens, von legendenhaften Elementen durchdrungen, die seine spirituelle Reise symbolisch darstellen. Sie illustriert den buddhistischen Pfad als Prozess der Überwindung konzeptueller Grenzen und der direkten Erkenntnis der letztendlichen Realität.

Der entscheidende Wendepunkt in Nagarjunas spiritueller Entwicklung war der Kontakt mit den Prajnaparamita-Sutras (Sutren der vollkommenen Weisheit). Der Überlieferung nach erhielt Nagarjuna diese Texte von den Naga-Königen, nachdem er durch seine spirituellen Verdienste ihre Aufmerksamkeit erregt hatte. In einer Version der Geschichte tauchte Nagarjuna in den Ozean hinab zum Palast der Nagas, wo ihm diese Schriften übergeben wurden, die seit Buddhas Zeiten verborgen geblieben waren, weil die Menschen damals noch nicht reif für diese tiefgründigen Lehren waren.

Als Nagarjuna die Prajnaparamita-Sutras las und kontemplierte, erlebte er eine tiefgreifende Erkenntnis der Leerheit (Shunyata) aller Phänomene. Diese Einsicht war nicht bloß intellektuell, sondern eine direkte, nicht-konzeptuelle Erfahrung der wahren Natur der Realität. In diesem Moment transzendierte er die dualistische Sichtweise, die zwischen Existenz und Nicht-Existenz unterscheidet, und verwirklichte die Mittlere Sicht (Madhyamaka), die später zum Kernstück seiner Philosophie wurde.

Eine andere Tradition beschreibt Nagarjunas Erleuchtung als Ergebnis intensiver Meditation über die Natur des Geistes. Nach Jahren der Praxis soll er einen Punkt erreicht haben, an dem alle konzeptuellen Konstrukte sich auflösten und er direkt die klare, leuchtende Qualität des Geistes erkannte, die jenseits aller Beschreibungen liegt.

Die tibetische Tradition berichtet auch von Nagarjunas Begegnung mit dem Bodhisattva Manjushri, der Verkörperung der transzendenten Weisheit. In einer Vision soll Manjushri ihm erschienen sein und ihn in die tiefsten Geheimnisse der Leerheit eingeweiht haben. Diese mystische Begegnung symbolisiert die direkte Übertragung der Weisheit jenseits von Worten und Konzepten.

Unabhängig davon, welcher Version man folgt, ist klar, dass Nagarjunas Erleuchtungserfahrung die Grundlage für sein revolutionäres philosophisches System bildete. Seine Erkenntnis der Leerheit war nicht nihilistisch, sondern befreiend — sie offenbarte die grenzenlose Natur des Geistes und die gegenseitige Abhängigkeit aller Phänomene. Diese Einsicht ermöglichte es ihm, die Madhyamaka-

Philosophie zu formulieren, die noch heute als einer der Höhepunkte buddhistischen Denkens gilt.

Leben und Tod

Das Leben Nagarjunas war geprägt von seiner Rolle als Gelehrter, Lehrer und spiritueller Praktizierender. Nach seiner Erleuchtungserfahrung widmete er sich der Verbreitung der Mahayana-Lehren und insbesondere der Prajnaparamita-Sutras. Er soll in verschiedenen Teilen Indiens gelehrt haben, wobei sein Hauptwirkungsort vermutlich die buddhistische Universität Nalanda im heutigen Bihar war.

Als Berater des Satavahana-Königs Gautamiputra Satakarni (oder möglicherweise dessen Nachfolgers Yajna Sri Satakarni) hatte Nagarjuna auch politischen Einfluss. Der Briefwechsel zwischen ihm und dem König, bekannt als "Freundschaftsbrief" (Suhrllekha), enthält Ratschläge zu ethischer Regierungsführung und zeigt Nagarjunas Bemühen, buddhistische Prinzipien in die politische Sphäre einzubringen.

Nagarjunas alchemistische Tätigkeiten bildeten einen weiteren wichtigen Aspekt seines Lebens. Er soll nicht nur an der Umwandlung von Metallen gearbeitet haben, sondern auch Heilmittel entwickelt haben, die Krankheiten heilen und das Leben verlängern konnten. Die indische medizinische Tradition kennt ihn als wichtigen Arzt und Pharmakologen, der das ayurvedische Wissen bereicherte.

Über Nagarjunas Tod existieren verschiedene Überlieferungen. Eine besonders bewegende Geschichte verbindet sein Ende mit seinem Schüler und Freund, dem König. Der Legende nach hatte Nagarjuna durch seine alchemistischen Künste ein so langes Leben erreicht, dass der Sohn des Königs ungeduldig auf den Thron wartete. Als der Prinz erfuhr, dass Nagarjuna durch magische Mittel praktisch unsterblich geworden war, bat er den Meister, aus Mitgefühl sein Leben zu beenden, damit er selbst König werden könne.

Nagarjuna, der das Prinzip des Mitgefühls verkörperte, stimmte zu – allerdings mit der Bedingung, dass niemand ihm den Kopf abschlagen könne, da er durch seine spirituellen Errungenschaften unverwundbar geworden sei. Die einzige Ausnahme sei ein Grashalm des Kusha-Grases, das in spirituellen Ritualen verwendet wird. Der Prinz fand einen solchen Grashalm, und Nagarjuna bot freiwillig seinen Hals dar. Mit dem Grashalm wurde sein Kopf vom Körper getrennt.

Eine alternative Überlieferung besagt, dass Nagarjuna seinen Körper bewusst aufgab, indem er in tiefe Meditation eintrat und seinen Geist direkt in den Zustand des Nirvana überführte. Diese Version betont die vollständige Kontrolle des Mahasiddhas über Leben und Tod.

Die tibetische Tradition geht noch weiter und behauptet, dass Nagarjuna nicht wirklich gestorben sei, sondern sich in einen reinen Lichtkörper transformiert habe und in dieser Form weiterhin zum Wohle der Wesen wirke. Diese Sichtweise spiegelt den Glauben an die Möglichkeit der vollständigen Transzendenz des physischen Todes durch fortgeschrittene spirituelle Praktiken wider.

Unabhängig davon, welcher Version man Glauben schenkt, symbolisiert Nagarjunas Tod, wie sein Leben, die Überwindung konventioneller Grenzen und die Verwirklichung eines Bewusstseins, das über die gewöhnlichen Konzepte von Existenz und Nicht-Existenz hinausgeht.

Lehren und Übertragungen

Nagarjunas philosophisches Erbe ist umfangreich und tiefgründig. Seine wichtigsten Lehren kreisen um das Konzept der Leerheit (Shunyata) und die Mittlere Sicht (Madhyamaka), die er in seinem Hauptwerk, den "Mūlamadhyamakakārikā" (Grundverse des Mittleren Weges), systematisch darlegte.

Die Kernlehre des Madhyamaka ist die Lehre von der Leerheit aller Phänomene. Damit ist nicht gemeint, dass nichts existiert, sondern dass nichts inhärent, unabhängig oder unveränderlich existiert. Alle Phänomene existieren in Abhängigkeit voneinander und sind daher ohne eigenständige, unabhängige Essenz. Diese Erkenntnis ist nicht nihilistisch, sondern befreiend, da sie die Möglichkeit des Mittleren Weges zwischen den Extremen von Eternalismus (der Glaube an ewige, unveränderliche Entitäten) und Nihilismus (der Glaube, dass nichts existiert) eröffnet.

Nagarjunas dialektische Methode, bekannt als "prasaṅga" oder "reductio ad absurdum", zielt darauf ab, alle möglichen philosophischen Standpunkte zu untersuchen und ihre Inkonsistenzen aufzuzeigen. Durch diesen Prozess der Negation führt er den Leser zu einer direkten Erkenntnis der letztendlichen Wahrheit, die jenseits aller Konzepte liegt.

Ein weiteres zentrales Konzept in Nagarjunas Philosophie ist das der "zwei Wahrheiten": der konventionellen Wahrheit (saṃvṛti-satya) und der ultimativen

Wahrheit (paramārtha-satya). Die konventionelle Wahrheit bezieht sich auf die Alltagsrealität, in der Dinge zu existieren scheinen und praktische Funktionen erfüllen. Die ultimative Wahrheit hingegen erkennt die Leerheit aller Phänomene. Nagarjuna betont, dass beide Wahrheiten nicht getrennt voneinander verstanden werden können – die ultimative Wahrheit ist nicht etwas, das "hinter" oder "jenseits" der konventionellen Wahrheit liegt, sondern ist genau die Leerheit der konventionellen Phänomene.

Neben seinen philosophischen Werken verfasste Nagarjuna auch Texte zu ethischen und praktischen Aspekten des Buddhismus. Sein "Ratnamālā" (Juwelenkette) enthält Ratschläge für ein ethisches Leben und die Praxis des Bodhisattva-Pfades. Der bereits erwähnte "Freundschaftsbrief" an König Gautamiputra bietet Anleitungen zur gerechten Regierungsführung basierend auf buddhistischen Prinzipien.

Nagarjuna wird auch die Autorschaft verschiedener tantrischer Texte zugeschrieben, insbesondere solcher, die sich mit alchemistischen Praktiken und der Transformation des Körpers befassen. Diese Texte, die in der späteren Tradition des Vajrayana eine wichtige Rolle spielen, zeigen eine andere Facette seiner Lehre, die auf direkte Transformation durch fortgeschrittene Meditationspraktiken abzielt.

Die Übertragungslinie von Nagarjunas Lehren verzweigte sich in verschiedene Traditionen. In Indien wurden seine philosophischen Ideen von Schülern wie Aryadeva, Buddhapalita, Bhavaviveka und später Candrakirti weiterentwickelt, die unterschiedliche Interpretationen des Madhyamaka begründeten. In China und Japan wurde Nagarjunas Denken besonders in der Tiantai (Tendai) und der Sanlun (Sanron) Schule kultiviert. Im tibetischen Buddhismus schließlich gilt Nagarjuna als einer der wichtigsten Patriarchen, und seine Madhyamaka-Philosophie bildet das theoretische Fundament für alle tibetisch-buddhistischen Schulen.

Bedeutung und Nachwirkung

Nagarjunas Einfluss auf die Entwicklung des Buddhismus kann kaum überschätzt werden. Als einer der wichtigsten Systematiker des Mahayana-Buddhismus prägte er nachhaltig das philosophische Denken in Asien und später weltweit.

In Indien selbst führte Nagarjunas Madhyamaka-Philosophie zu einer intellektuellen Renaissance des Buddhismus. Seine klare Artikulation der Leerheitslehre und seine meisterhafte Verwendung logischer Argumentation machten den Buddhismus zu einem ernstzunehmenden Gesprächspartner im philosophischen Diskurs des klassischen Indiens. Die von ihm begründete Madhyamaka-Schule beeinflusste nicht nur andere buddhistische Traditionen, sondern auch hinduistische Philosophen, die sich mit seinen Argumenten auseinandersetzen mussten.

In China, Korea und Japan wurden Nagarjunas Werke intensiv studiert und kommentiert. Besonders in China entwickelte sich mit der Sanlun-Schule (Schule der drei Abhandlungen) eine Tradition, die sich ausschließlich auf die Studienbasis von Nagarjunas Hauptwerken und den Schriften seines Schülers Aryadeva stützte. Auch der chinesische Zen-Buddhismus (Chan) wurde stark von Nagarjunas Leerheitskonzeption beeinflusst, insbesondere in seiner Betonung der Transzendenz dualistischer Konzepte.

Im tibetischen Buddhismus nimmt Nagarjuna eine zentrale Stellung ein. Er wird als einer der "Sechs Ornamente" des Mahayana verehrt – sechs indische Meister, die für ihre außergewöhnlichen Beiträge zum buddhistischen Denken geehrt werden. Seine Madhyamaka-Philosophie wurde zur Grundlage für die philosophischen Systeme aller tibetischen Schulen, wenn auch mit unterschiedlichen Interpretationen. Besonders die Gelug-Schule, begründet von Tsongkhapa im 14. Jahrhundert, legte großen Wert auf das präzise Verständnis von Nagarjunas Philosophie als Basis für die höchsten Meditationspraktiken.

In der modernen Zeit hat Nagarjunas Denken auch westliche Philosophen beeinflusst. Seine Kritik an essentialistischen Ontologien und seine Betonung der Relationalität aller Phänomene finden Widerhall in postmodernen philosophischen Strömungen. Denker wie Jacques Derrida haben Parallelen zwischen Nagarjunas Dekonstruktion und ihren eigenen philosophischen Ansätzen erkannt.

Nagarjunas alchemistische Traditionen hatten ebenfalls eine nachhaltige Wirkung, insbesondere in der Entwicklung tantrischer Praktiken im Vajrayana-Buddhismus. Seine Verbindung von spiritueller Transformation mit physischen Praktiken ebnete den Weg für komplexe Systeme der Körper-Geist-Integration, wie sie in den fortgeschrittenen Yoga-Praktiken des tibetischen Buddhismus zu finden sind.

Die ökologischen Implikationen von Nagarjunas Lehre der gegenseitigen Abhängigkeit werden in der Gegenwart zunehmend gewürdigt. Seine Philosophie bietet eine konzeptuelle Grundlage für ein Verständnis der tiefen Verflechtung aller Lebensformen und natürlichen Prozesse und kann somit zu einem ganzheitlichen ökologischen Bewusstsein beitragen.

Nicht zuletzt ist Nagarjunas Einfluss in der modernen Meditationspraxis spürbar. Seine Einsicht, dass die letztendliche Natur des Geistes jenseits aller Konzepte liegt, inspiriert Meditierende auf der ganzen Welt, direkte Erfahrungen jenseits konzeptueller Konstrukte anzustreben.

Darstellung in der Kunst

Als bedeutende Figur in der buddhistischen Tradition wurde Nagarjuna in verschiedenen Kunstformen dargestellt, insbesondere in der religiösen Kunst Ostasiens und des Himalaya-Raums. Diese Darstellungen reflektieren sowohl seinen Status als Mahasiddha und Philosoph als auch die verschiedenen Legenden, die sich um sein Leben ranken.

In der tibetischen Ikonographie wird Nagarjuna typischerweise als indischer Gelehrter mit dunkler Hautfarbe dargestellt. Er trägt oft die Roben eines buddhistischen Mönchs und sitzt in der Meditationshaltung. Charakteristisch für viele seiner Darstellungen ist ein Nimbus aus Naga-Schlangen, die seinen Kopf umgeben – ein Verweis auf seinen Namen und die Legende seiner Verbindung zu den Naga-Königen. In manchen Darstellungen hält er einen Text, der die Prajnaparamita-Sutras symbolisiert, die er der Überlieferung nach von den Nagas erhielt.

In der Tradition der Mahasiddha-Darstellungen wird Nagarjuna manchmal auch mit den Attributen eines Yogis oder Tantrikers gezeigt, mit halbnacktem Körper, Knochenschmuck und wildem Haar. Diese Darstellungen betonen seine Rolle als verwirklichter Meister tantrischer Praktiken und seine Transzendenz konventioneller sozialer Normen.

Die chinesische buddhistische Kunst kennt Nagarjuna als "Lung-shu" (wörtlich: Drachen-Baum), eine Übersetzung seines Sanskrit-Namens, und stellt ihn oft als würdevollen Patriarchen des Mahayana-Buddhismus dar. In der Kunst der Sanlun-Schule wird er besonders verehrt und erscheint in Linien-Darstellungen der Übertragung dieser Lehrtradition.

Nagarjunas legendäre Reise zum Palast der Nagas unter dem Ozean ist ein beliebtes Motiv in narrativen Darstellungen, insbesondere in Wandmalereien tibetischer Klöster. Diese Szenen zeigen ihn oft im Gespräch mit den Naga-Königen oder beim Empfang der heiligen Texte. In einigen Darstellungen ist er von einem Luftblasen-Nimbus umgeben, der seine Fähigkeit symbolisiert, unter Wasser zu atmen.

Die Geschichte von Nagarjunas Tod durch einen Grashalm findet sich ebenfalls in der buddhistischen Kunst, besonders in narrativen Zyklen zu seinem Leben. Diese Szenen illustrieren sein letztendliches Mitgefühl und seine Bereitschaft, seinen eigenen Körper aufzugeben.

In der japanischen Kunst wird Nagarjuna (japanisch: Ryūjū) oft in Verbindung mit der Tendai-Schule dargestellt, die stark von seinem philosophischen Denken beeinflusst wurde. In einigen japanischen Tempeln finden sich Statuen, die ihn als einen der wichtigen Patriarchen dieser Tradition zeigen.

Moderne Künstler haben Nagarjunas philosophische Ideen auf neue Weise interpretiert. Zeitgenössische tibetische Thangka-Maler stellen ihn manchmal in abstrakterer Form dar, um seine Lehre der Leerheit visuell zu vermitteln. Auch in der westlichen buddhistischen Kunst hat Nagarjuna Eingang gefunden, wobei moderne Künstler versuchen, seine subtilen philosophischen Konzepte in visuelle Form zu übersetzen.

In der Literatur und Poesie ist Nagarjuna ebenfalls präsent. Tibetische spirituelle Lieder (Dohas) beziehen sich oft auf seine Einsichten in die Natur der Realität, und moderne buddhistische Dichter in Asien und im Westen lassen sich von seiner sprachlichen Präzision und konzeptuellen Tiefe inspirieren.

Schlussbetrachtung

Nagarjuna steht als monumentale Figur an der Schnittstelle von Philosophie, Spiritualität und Alchemie. Sein Lebenswerk verkörpert die Integration von intellektueller Brillanz, spiritueller Tiefe und praktischem Engagement – eine Kombination, die ihn zu einer der faszinierendsten Gestalten der buddhistischen Geschichte macht.

Die bleibende Bedeutung von Nagarjunas Denken liegt in seiner Fähigkeit, die tiefsten Einsichten des Buddhismus auf eine Weise zu artikulieren, die sowohl intellektuell befriedigend als auch spirituell transformativ ist. Seine Madhyamaka-Philosophie bietet einen konzeptuellen Rahmen, der es ermöglicht, jenseits der Extreme von Eternalismus und Nihilismus zu navigieren – ein zeitloses Werkzeug für spirituell Suchende aller Epochen.

Aus historischer Perspektive steht Nagarjuna am Beginn einer fundamentalen Transformation des Buddhismus. Seine systematische Interpretation und Weiterentwicklung der Prajnaparamita-Literatur legte den Grundstein für die

Entfaltung des Mahayana-Buddhismus als umfassendes philosophisches und spirituelles System. Ohne sein Wirken wäre der Buddhismus, wie wir ihn heute kennen, kaum vorstellbar.

Die Vielschichtigkeit seiner Persönlichkeit – als Philosoph, Yogi, Alchemist und Bodhisattva – spiegelt die Multidimensionalität des buddhistischen Pfades wider. Nagarjuna zeigt, dass tiefe philosophische Einsicht nicht im Widerspruch zu praktischer Verwirklichung steht, sondern dass beide Aspekte sich gegenseitig befruchten können.

Für den heutigen spirituellen Sucher bietet Nagarjunas Leben und Werk mehrere wertvolle Lektionen: die Wichtigkeit, konzeptuelle Grenzen zu transzendieren; die Einheit von Weisheit und Mitgefühl; die Möglichkeit, intellektuelle Klarheit mit direkter spiritueller Erfahrung zu verbinden; und nicht zuletzt die Erkenntnis, dass die tiefste Wahrheit oft in der Dekonstruktion unserer liebgewonnenen Konzepte liegt.

Beim Studium von Nagarjunas Leben und Lehre begegnen wir einem Geist, der die konventionellen Grenzen zwischen Philosophie und Religion, zwischen Analyse und Meditation, zwischen Intellekt und Intuition überwindet. In dieser Grenzüberschreitung liegt vielleicht seine größte Lektion: dass wahre Weisheit letztendlich alle konzeptuellen Kategorien transzendiert und in einen Raum jenseits von Worten und Begriffen führt – genau den Raum der Leerheit, den er so meisterhaft beschrieben hat.

So bleibt Nagarjuna bis heute nicht nur eine historische Figur, sondern ein lebendiges Symbol für die zeitlose Möglichkeit, die höchste Wahrheit zu erkennen und zu verwirklichen. Sein Erbe fordert uns auf, über die Grenzen unseres gewohnten Denkens hinauszugehen und die befreiende Natur der Leerheit direkt zu erfahren – eine Einladung, die heute so relevant ist wie vor fast zwei Jahrtausenden.

2.62 Nalinapa - Der selbständige Prinz

Herkunft

Nalinapa wurde als Prinz in einem wohlhabenden Königreich im alten Indien geboren. Die genauen Daten seines Lebens sind, wie bei vielen Mahasiddhas, in mystische Überlieferungen gehüllt und schwer mit historischer Präzision zu bestimmen. Die meisten Quellen verorten ihn zwischen dem 8. und 11. Jahrhundert unserer Zeitrechnung, einer Periode, in der der tantrische Buddhismus in Nordindien florierte.

Als Sohn eines mächtigen Königs wuchs Nalinapa in außerordentlichem Luxus auf. Von Kindheit an wurde er mit allem versorgt, was sein Herz begehrte – exquisite Speisen, feinste Kleider, erstklassige Bildung und die ständige Aufmerksamkeit von Dienern und Beratern. Sein Name "Nalinapa" leitet sich von "Nalina" ab, was im Sanskrit "Lotus" bedeutet, ein Symbol für Reinheit und spirituelles Erwachen, das sich aus dem Schlamm des gewöhnlichen Lebens erhebt – eine passende Metapher für seinen späteren spirituellen Weg.

Als Thronerbe wurde erwartet, dass er die Verantwortung für das Königreich übernehmen und die Tradition seiner Familie fortführen würde. Er wurde in allen königlichen Künsten ausgebildet – Kriegsführung, Staatskunst, Literatur und Philosophie. Doch trotz seiner privilegierten Stellung und umfassenden Bildung spürte der junge Prinz eine tiefe innere Leere und Unzufriedenheit mit dem weltlichen Leben am Hof.

Besondere Eigenschaften

Was Nalinapa von anderen Prinzen seiner Zeit unterschied, war sein ungewöhnlich kontemplatives Wesen und seine natürliche Neigung zur Spiritualität. Schon in jungen Jahren zeigte er wenig Interesse an den üblichen Vergnügungen und Zerstreuungen des höfischen Lebens. Stattdessen verbrachte er viel Zeit in Reflexion und suchte nach einem tieferen Sinn jenseits der vergänglichen Freuden, die ihm sein königlicher Status bot.

Besonders bemerkenswert war Nalinapas tiefes Mitgefühl und seine Sensibilität gegenüber dem Leid anderer. Trotz seiner abgeschirmten Existenz im Palast entwickelte er ein scharfes Bewusstsein für die Ungerechtigkeit und das Leid in der Welt außerhalb der Palastmauern. Diese Empathie sollte später zu einem entscheidenden Element auf seinem spirituellen Weg werden.

Eine weitere herausragende Eigenschaft Nalinapas war seine außergewöhnliche Intelligenz und analytische Fähigkeit. Er besaß die seltene Gabe, die Natur der Realität zu hinterfragen und über die konventionellen Weisheiten seiner Zeit hinauszudenken. Diese intellektuelle Neugier führte ihn dazu, sich mit verschiedenen philosophischen und spirituellen Traditionen zu beschäftigen, lange bevor er sich dem Buddhismus zuwandte.

Vielleicht am bemerkenswertesten war jedoch Nalinapas unerschütterliche Entschlossenheit und sein Mut, sobald er sich einmal für einen Weg entschieden hatte. Diese Eigenschaft erlaubte es ihm später, drastische Entscheidungen zu treffen und den bequemen Pfad des königlichen Lebens zu verlassen, um den herausfordernden Weg eines spirituellen Suchers einzuschlagen.

Geschichte der Erleuchtung

Die Wendung in Nalinapas Leben kam, als er eines Tages beim Spaziergang in den königlichen Gärten einen wandernden Yogi traf. Dieser unscheinbare, in einfache Gewänder gekleidete Mann strahlte eine innere Ruhe und Freude aus, die den Prinzen tief beeindruckte. Neugierig geworden, begann Nalinapa ein Gespräch mit dem Yogi und erfuhr von den Lehren des Buddha und dem Pfad zur Befreiung vom Leiden.

Dieses Treffen veränderte Nalinapas Leben grundlegend. Er erkannte, dass all sein Reichtum und seine Privilegien ihm nicht die tiefe Erfüllung bringen konnten, nach der er sich sehnte. Nach mehreren geheimen Treffen mit dem Yogi bat er diesen um Einweihung in die buddhistischen Lehren und erhielt erste Unterweisungen in Meditation.

Die Überlieferungen berichten, dass Nalinapa bald darauf eine radikale Entscheidung traf. In einer mondlosen Nacht legte er seine königlichen Gewänder und Insignien ab, verließ heimlich den Palast und folgte dem Yogi in die Wildnis. Dort, fern von den Ablenkungen und Verpflichtungen des höfischen Lebens, begann er seine intensive spirituelle Praxis.

Der Yogi, dessen Name in einigen Überlieferungen als Vajraghanta erwähnt wird, führte Nalinapa in die tantrischen Praktiken ein, insbesondere in die Meditation über die Natur des Geistes und die Visualisierung von Gottheiten. Nach Jahren intensiver Praxis in abgeschiedenen Wäldern und Höhlen erlebte Nalinapa schließlich sein Erwachen.

Die zentrale Geschichte seiner Erleuchtung berichtet, dass Nalinapa während einer tiefen Meditationssitzung an einem Lotusteich saß. Während er die Lotusblumen betrachtete, die sich aus dem schlammigen Wasser erhoben und in vollkommener Schönheit blühten, hatte er eine tiefgreifende Erkenntnis: Wie der Lotus, der aus dem Schlamm wächst, aber nicht von diesem verunreinigt wird, kann der menschliche Geist inmitten der Verwirrungen und Leidenschaften des weltlichen Lebens zur Reinheit und Weisheit erwachen.

In diesem Moment durchschaute er die wahre Natur aller Phänomene und erkannte die Leerheit (Shunyata) als die grundlegende Eigenschaft der Realität. Gleichzeitig erfuhr er die untrennbare Einheit von Mitgefühl und Weisheit. Diese tiefe Erkenntnis befreite ihn von allen Anhaftungen und Illusionen und ließ ihn als verwirklichten Mahasiddha hervorgehen.

Leben und Tod

Nach seiner Erleuchtung kehrte Nalinapa nicht zu seinem früheren Leben als Prinz zurück. Stattdessen lebte er als wandernder Yogi, der durch verschiedene Regionen Indiens reiste und die tantrischen Lehren an würdige Schüler weitergab. Er wurde bekannt für seine unkonventionellen Lehrmethoden und seine Fähigkeit, die tiefsten spirituellen Wahrheiten in einer einfachen, direkten Sprache zu vermitteln, die auch für gewöhnliche Menschen zugänglich war.

Die Legenden berichten, dass Nalinapa oft an Lotusweihern meditierte und Menschen unterrichtete, die zu ihm kamen. Er lebte in vollkommener Einfachheit, nahm nur das Nötigste an Nahrung und Unterkunft an und verkörperte das Ideal eines völlig losgelösten, selbstgenügsamen Praktizierenden.

Über Nalinapas Tod existieren verschiedene Überlieferungen. Eine Version berichtet, dass er nach vielen Jahren des Wanderns und Lehrens schließlich in eine tiefe Meditation eintrat und seinen physischen Körper bewusst auflöste, um in den "Regenbogenkörper" einzugehen – einen Zustand, in dem der physische Körper in reines Licht transformiert wird. Andere Berichte erzählen, dass er noch im hohen Alter Schüler unterrichtete und friedlich inmitten einer Meditation starb, wobei sein Körper von einem sanften Lichtschein umgeben war.

Unabhängig von den Details seines Todes sind sich die Überlieferungen einig, dass Nalinapa durch seine Praxis und Verwirklichung die vollständige Kontrolle über den Prozess von Leben und Tod erlangt hatte und sein Ableben ein letzter

Akt des Lehrens war – eine Demonstration der ultimativen Freiheit, die durch spirituelle Praxis erreichbar ist.

Lehren und Übertragungen

Nalinapas Lehren sind tief in der tantrischen Tradition des Buddhismus verwurzelt, zeichnen sich jedoch durch einige besondere Aspekte aus. Sein zentrales Unterrichtsprinzip war die Idee der "selbständigen Verwirklichung" – die Erkenntnis, dass jeder Mensch, unabhängig von seiner Herkunft oder seinen Lebensumständen, das Potenzial zur vollständigen Erleuchtung in sich trägt.

Ein wesentliches Element seiner Lehren war die Integration von weltlicher Erfahrung und spiritueller Praxis. Anders als einige andere spirituelle Meister, die völlige Zurückgezogenheit von der Welt predigten, lehrte Nalinapa, dass wahre Befreiung nicht in der Flucht vor der Welt, sondern in der Transformation der Wahrnehmung liegt. Diese Sichtweise spiegelt vermutlich seine eigene Erfahrung wider – vom privilegierten Prinzen zum befreiten Yogi.

Nalinapa wird auch die Entwicklung spezieller Meditationstechniken zugeschrieben, insbesondere solcher, die die Symbolik des Lotus nutzen. Diese Praktiken konzentrieren sich auf die Visualisierung eines Lotus im Herzzentrum, der sich allmählich öffnet und das innere Licht der Weisheit offenbart. Diese Technik wird bis heute in verschiedenen tibetischen Meditationsschulen praktiziert.

Ein weiterer wichtiger Aspekt seiner Lehren war die Betonung des Mitgefühls (Karuna) als untrennbarer Begleiter der Weisheit (Prajna). Nalinapa lehrte, dass wahre Erleuchtung niemals egoistisch sein kann, sondern stets von einem tiefen Wunsch begleitet sein muss, alle Wesen vom Leiden zu befreien.

Seine Lehren wurden zunächst mündlich von Meister zu Schüler weitergegeben. Mit der Zeit wurden sie in verschiedenen tantrischen Texten kodifiziert und später, als der Buddhismus nach Tibet gelangte, in die Überlieferungslinien verschiedener tibetischer Schulen integriert, besonders in die Kagyu- und Nyingma-Traditionen.

Bedeutung und Nachwirkung

Die Bedeutung Nalinapas in der Tradition des tantrischen Buddhismus geht weit über seine persönliche Geschichte hinaus. Er repräsentiert ein wichtiges Glied in der Übertragungskette der tantrischen Lehren vom indischen Buddhismus zum tibetischen Buddhismus.

Seine Geschichte dient als kraftvolles Symbol für die Möglichkeit radikaler Transformation – von weltlichem Reichtum und Macht zu spiritueller Verwirklichung und Freiheit. Diese Erzählung hat über die Jahrhunderte hinweg unzählige Praktizierende inspiriert, besonders jene, die mit den Versuchungen und Ablenkungen eines privilegierten Lebens kämpfen.

Nalinapas besonderer Beitrag zur buddhistischen Tradition liegt in seiner Betonung der inneren Autonomie. Seine Lehre, dass jeder Mensch die Fähigkeit besitzt, sich unabhängig von äußeren Umständen zu verwirklichen, hat den demokratischen Aspekt des tantrischen Buddhismus verstärkt und dazu beigetragen, diese Praktiken über Kasten- und Klassengrenzen hinweg zugänglich zu machen.

In Tibet wurde Nalinapa besonders in den Nicht-Gelug-Schulen verehrt, und seine Lehren und Meditationstechniken wurden in verschiedene Praxiszyklen integriert. Sein Einfluss lässt sich bis heute in den Lotusvisualisierungspraktiken verschiedener tibetischer Meditationslinien erkennen.

Mit der Verbreitung des tibetischen Buddhismus im Westen seit dem 20. Jahrhundert hat auch Nalinapas Geschichte ein neues Publikum gefunden. Seine Botschaft der Transformation und inneren Freiheit resoniert stark mit westlichen Suchenden, die oft inmitten materiellen Überflusses nach tieferem Sinn streben.

Darstellung in der Kunst

In der buddhistischen Kunst wird Nalinapa typischerweise als schlanker Mann mittleren Alters mit den traditionellen Merkmalen eines Yogis dargestellt. Er trägt einfache Kleidung oder manchmal nur ein Lendentuch, hat langes, ungepflegtes Haar und sitzt meist in Meditationshaltung an einem Lotusteich.

Ein charakteristisches Attribut in Darstellungen Nalinapas ist die Lotusblume, die er oft in der Hand hält oder die neben ihm blüht. Dieser Lotus symbolisiert sowohl seinen Namen als auch den zentralen Moment seiner Erleuchtung und seine Lehren.

In tibetischen Thangkas wird Nalinapa häufig als Teil der Gruppe der 84 Mahasiddhas dargestellt. In diesen Darstellungen ist er durch seinen Lotus und manchmal durch subtile königliche Insignien identifizierbar, die auf seine fürstliche Herkunft hinweisen.

Bemerkenswert ist, dass in einigen Darstellungen Nalinapa mit einem halben Lächeln gezeigt wird – ein künstlerisches Element, das seine innere Freude und die Erkenntnis der letztendlichen Natur der Realität andeutet. Seine Augen werden oft als halb geschlossen dargestellt, was auf seinen meditativen Zustand hinweist.

In moderneren künstlerischen Interpretationen, besonders in westlichen Kontexten, wird Nalinapa manchmal in einer Weise dargestellt, die den Kontrast zwischen seiner königlichen Vergangenheit und seiner yogischen Gegenwart betont – etwa durch Bilder, die ihn beim Ablegen seiner königlichen Gewänder oder bei der Meditation in einfacher Kleidung inmitten luxuriöser Überreste zeigen.

Diese künstlerischen Darstellungen dienen nicht nur der Verehrung, sondern fungieren auch als visuelle Lehrmittel, die wichtige Aspekte seiner Geschichte und Lehren vermitteln und Praktizierende zu ähnlicher Transformation inspirieren sollen.

Schlussbetrachtung

Die Geschichte des Mahasiddha Nalinapa, des selbständigen Prinzen, verkörpert viele der zentralen Lehren und Ideale des tantrischen Buddhismus. Seine Reise vom privilegierten Königssohn zum verwirklichten Meister illustriert die buddhistische Überzeugung, dass wahres Glück und Erfüllung nicht durch äußeren Reichtum oder Status, sondern durch innere Transformation und spirituelle Verwirklichung erlangt werden.

Nalinapas Leben lehrt uns, dass die wertvollsten Schätze nicht in Palästen oder Schatzkammern zu finden sind, sondern in der Tiefe unseres eigenen Geistes. Seine Geschichte erinnert uns daran, dass Mut und Entschlossenheit nötig sind, um den bequemen, aber letztlich unbefriedigenden Pfad der weltlichen Vergnügungen zu verlassen und den herausfordernden, aber lohnenden Weg der spirituellen Suche einzuschlagen.

Besonders relevant erscheint Nalinapas Botschaft in unserer heutigen Zeit des materiellen Überflusses und der ständigen Ablenkung. In einer Welt, die zunehmend von Konsum und äußerlichen Statussymbolen dominiert wird, erinnert uns seine Geschichte daran, dass wahre Erfüllung nicht durch Anhäufung von Besitz oder Erfahrungen, sondern durch innere Kultivierung und spirituelles Wachstum erlangt wird.

Die Metapher des Lotus, die so zentral für Nalinapas Leben und Lehren ist, bleibt ein kraftvolles Symbol für die Möglichkeit der Transformation: Wie der Lotus, der im Schlamm wurzelt, aber zu makelloser Schönheit erblüht, können auch wir, trotz unserer Verstrickungen und Verwirrungen, zur Reinheit und Weisheit erwachen.

Letztendlich liegt die bleibende Bedeutung Nalinapas vielleicht nicht so sehr in den historischen Details seines Lebens, sondern in der zeitlosen Botschaft, die seine Geschichte vermittelt: dass jeder von uns, unabhängig von seinen Lebensumständen, das Potenzial zur vollständigen Befreiung und Erleuchtung in sich trägt – eine Botschaft, die auch nach mehr als tausend Jahren nichts von ihrer Kraft und Relevanz verloren hat.

2.63 Nirgunapa - Der erleuchtete Idiot

Herkunft

Nirgunapa wurde im 9. Jahrhundert in einer wohlhabenden Brahmanenfamilie in Nordindien geboren, vermutlich in der Region des heutigen Bihar oder Bengalen. Über seine frühen Jahre ist wenig bekannt, doch überlieferte Texte berichten, dass er bereits als Kind durch seine ungewöhnliche Geisteshaltung auffiel. Entgegen der Erwartungen seiner Familie zeigte er wenig Interesse an der traditionellen brahmanischen Gelehrsamkeit und den Ritualwissenschaften. Stattdessen verbrachte er seine Zeit damit, scheinbar ziellos umherzuwandern und sich in Verhaltensweisen zu ergehen, die von seiner Umgebung als töricht oder närrisch angesehen wurden.

Seine Familie, besorgt um seinen Zustand und seinen Ruf, versuchte zunächst, ihn durch strenge Disziplin und Bildung zu "heilen". Als diese Bemühungen scheiterten, wurde er schließlich als hoffnungsloser Fall betrachtet. Traditionelle Quellen berichten, dass er als junger Mann sein Elternhaus verließ oder möglicherweise verstoßen wurde und fortan ein Leben als wandernder Bettler führte, der in den Augen der Gesellschaft als geistig verwirrt galt.

Der Name "Nirgunapa" selbst gibt Hinweise auf seine Identität. "Nirguna" bedeutet im Sanskrit "ohne Eigenschaften" oder "attributlos", was sowohl auf seinen vermeintlichen Mangel an positiven Qualitäten in den Augen der konventionellen Gesellschaft hindeuten könnte als auch, in tieferer Bedeutung, auf seine Verwirklichung der attributlosen Natur der ultimativen Realität. Die Endung "pa" ist eine ehrerbietende Bezeichnung, die in der tibetischen Übersetzung hinzugefügt wurde und "Vater" oder "Ehrwürdiger" bedeutet.

Besondere Eigenschaften

Was Nirgunapa von anderen Mahasiddhas unterschied, war seine scheinbare Einfältigkeit, die jedoch als Ausdruck seiner besonderen spirituellen Realisierung verstanden werden kann. Er verkörperte das Prinzip der "heiligen Torheit", ein Konzept, das in verschiedenen spirituellen Traditionen zu finden ist – vom russisch-orthodoxen "Narr in Christo" bis zum Zen-buddhistischen "Verrückten Weisen".

Augenzeugenberichte und Legenden beschreiben Nirgunapa als jemanden, der sich jeglicher Kategorisierung entzog. Er sprach oft in Rätseln oder absurden

Äußerungen, die auf den ersten Blick keinen Sinn ergaben, bei tieferer Betrachtung jedoch als direkte Zeiger auf die Natur des Geistes verstanden werden konnten. Seine Handlungen erschienen spontan und unberechenbar, folgten aber einer inneren Logik, die konventionelle Dualitäten transzendierte.

Eine bemerkenswerte Eigenschaft Nirgunapas war seine vollkommene Abwesenheit von Selbstbewusstsein oder Sorge um sein gesellschaftliches Ansehen. Er aß, was ihm gegeben wurde, kleidete sich in Lumpen oder ging nackt und verhielt sich ohne Rücksicht auf soziale Konventionen. Diese Freiheit von gesellschaftlichen Zwängen wurde als Ausdruck seiner vollständigen Befreiung von den Fesseln des Ego interpretiert.

Trotz seines scheinbar verwirrten Zustands besaß Nirgunapa die Fähigkeit, direkt in das Herz spiritueller Wahrheiten vorzudringen. Menschen, die mit ihm interagierten, berichteten von Momenten plötzlicher Klarheit, in denen seine Worte oder Gesten ihre tiefsten Annahmen erschütterten und ihnen einen Blick auf die wahre Natur der Realität ermöglichten. Es wird gesagt, dass er die Fähigkeit besaß, die spezifischen geistigen Blockaden seiner Gesprächspartner zu erkennen und genau die Lehren zu geben, die notwendig waren, um diese aufzulösen.

Geschichte der Erleuchtung

Die Geschichte von Nirgunapas Erleuchtung ist, wie so vieles in seinem Leben, von paradoxen Elementen durchdrungen. Der Überlieferung nach hatte er nie einen formellen spirituellen Lehrer und durchlief keine strukturierte Ausbildung oder Praxis. Stattdessen wird berichtet, dass seine Erleuchtung durch ein scheinbar banales Ereignis ausgelöst wurde.

Eine verbreitete Version der Geschichte erzählt, dass Nirgunapa eines Tages auf dem Marktplatz eines nordindischen Dorfes stand und beobachtete, wie ein Händler Töpferwaren verkaufte. Als ein Kunde einen Topf fallen ließ, der daraufhin zerbrach, erlebte Nirgunapa einen Moment plötzlicher Erkenntnis. Das Zerbrechen des Topfes offenbarte ihm die fundamentale Vergänglichkeit aller zusammengesetzten Phänomene und die illusorische Natur dessen, was als dauerhaft erscheint.

In diesem Moment des Zerbrechens sah er die Wahrheit der Leerheit (Shunyata) – dass alle Erscheinungen keine inhärente, unabhängige Existenz besitzen, sondern durch Bedingungen entstehen und vergehen. Diese Erkenntnis vertiefte sich zu einer direkten, nicht-konzeptuellen Erfahrung der wahren Natur des Geistes und der Realität.

Eine andere Version berichtet, dass Nirgunapa seine Erleuchtung erlangte, als er von Dorfbewohnern verspottet und mit Steinen beworfen wurde. Anstatt mit Ärger oder Flucht zu reagieren, soll er in diesem Moment die Einheit von Subjekt und Objekt, von Selbst und Anderem erkannt haben, was zu einer tiefgreifenden Transformation seines Bewusstseins führte.

Was diese Geschichten verbindet, ist die Vorstellung, dass Nirgunapas Erleuchtung nicht das Ergebnis methodischer Praxis oder intellektuellen Studiums war, sondern einer unmittelbaren, direkten Erkenntnis entsprang, die in einem gewöhnlichen Moment des Alltags auftrat. Diese Unmittelbarkeit der Erkenntnis, frei von konzeptuellen Überlegungen oder spirituellem Ehrgeiz, wird als charakteristisch für seinen Weg angesehen.

Leben und Tod

Nach seiner Erleuchtung setzte Nirgunapa sein Leben als Wanderer fort, nun jedoch mit einem klaren spirituellen Zweck. Er reiste durch verschiedene Regionen Indiens und später möglicherweise auch nach Tibet und Nepal, wo er direkte Lehren an diejenigen weitergab, die bereit waren, über Erscheinungen hinauszublicken und seine wahre Natur zu erkennen.

Sein Leben nach der Erleuchtung war von einer tiefen Spontaneität geprägt. Er lebte vollständig im gegenwärtigen Moment, ohne Anhaftung an die Vergangenheit oder Sorge um die Zukunft. Die Grenze zwischen "weltlich" und "spirituell" existierte für ihn nicht mehr – jede Handlung, sei es Essen, Schlafen oder mit anderen Interagieren, war ein Ausdruck seiner Verwirklichung.

Geschichten von Nirgunapa berichten von seiner Fähigkeit, Menschen durch scheinbar unsinnige Handlungen zu lehren. Er könnte mitten auf einem belebten Marktplatz in Ekstase tanzen oder stundenlang regungslos auf einem Müllhaufen sitzen, wobei jede dieser Handlungen als direkter Ausdruck seines verwirklichten Zustands verstanden wurde. Menschen, die ihn beobachteten, wurden oft mit ihren eigenen Vorurteilen und Konzepten konfrontiert, was einige zu tiefen Einsichten führte.

Über Nirgunapas Tod gibt es verschiedene Überlieferungen. Eine Version besagt, dass er eines Tages einfach verschwand, ohne eine Spur zu hinterlassen –

ein Symbol für seine vollständige Transzendenz der physischen Existenz. Eine andere Geschichte erzählt, dass er vor den Augen einer Menschenmenge seinen Körper in reines Licht auflöste, ein Phänomen, das im tantrischen Buddhismus als "Regenbogenkörper" bezeichnet wird und als höchstes Zeichen spiritueller Verwirklichung gilt.

Unabhängig von der genauen Art seines Todes stimmen die Überlieferungen darin überein, dass Nirgunapa seine vollständige Befreiung vom Kreislauf der Wiedergeburten (Samsara) erreichte und den Zustand eines vollkommenen Buddha verwirklichte.

Lehren und Übertragungen

Obwohl Nirgunapa keine systematischen Lehren im konventionellen Sinne hinterließ, werden ihm bedeutende Beiträge zur Mahamudra- und Dzogchen-Tradition zugeschrieben – fortgeschrittene Meditationssysteme, die auf die direkte Erkenntnis der Natur des Geistes abzielen.

Seine Lehrmethode zeichnete sich durch Direktheit und Unkonventionalität aus. Anstatt elaborierte philosophische Erklärungen zu geben, verwendete er oft Paradoxa, unerwartete Handlungen oder kryptische Aussagen, um seine Schüler jenseits konzeptueller Verstrickungen zu führen. Diese Methode ähnelt dem späteren Zen-buddhistischen Koan-System, das darauf abzielt, den analytischen Verstand zu umgehen und direkte Einsicht zu ermöglichen.

Eine zentrale Lehre, die Nirgunapa zugeschrieben wird, ist die Idee der "natürlichen Vollkommenheit" – die Erkenntnis, dass die Buddha-Natur bereits vollständig in jedem Wesen vorhanden ist und nicht etwas ist, das erlangt oder entwickelt werden muss. Diese nicht-dualistische Sichtweise betont, dass Erleuchtung nicht das Ergebnis eines graduellen Prozesses ist, sondern die Erkenntnis dessen, was bereits ist.

Seine Lehren wurden zunächst mündlich überliefert und später in verschiedenen tantrischen Texten kodifiziert.

Nirgunapa wird auch eine besondere Übertragungslinie der "verrückten Weisheit" (Ye-shes 'chol-ba) zugeschrieben, die später von tibetischen Meistern wie Drugpa Kunleg und bestimmten Linien der Kagyu- und Nyingma-Traditionen fortgeführt wurde. Diese Übertragungslinie betont die Überschreitung konventioneller Grenzen als Mittel zur Verwirklichung und die vollständige Integration spiritueller Einsicht in alle Lebensbereiche.

Bedeutung und Nachwirkung

Nirgunapas Bedeutung liegt nicht nur in seinen spezifischen Lehren, sondern in der Art und Weise, wie er den spirituellen Weg verkörperte. Er repräsentiert einen Ansatz zur Erleuchtung, der konventionelle Vorstellungen von Spiritualität herausfordert und zeigt, dass wahre Weisheit oft in unerwarteten Formen erscheint.

In der buddhistischen Tradition dient er als Symbol für die Möglichkeit unmittelbarer Befreiung, unabhängig von akademischem Wissen oder formeller Praxis. Er erinnert daran, dass spirituelle Verwirklichung nicht an intellektuelle Fähigkeiten oder soziale Stellung gebunden ist, sondern jedem offensteht, der bereit ist, die konventionellen Beschränkungen des Geistes zu überschreiten.

Nirgunapas Erbe lebt in verschiedenen spirituellen Traditionen weiter. In Tibet beeinflusste er die Entwicklung der "verrückten Yogis" (smyon pa), Praktizierende, die konventionelle Normen überschritten und oft in exzentrischen oder provokanten Weisen lehrten. Sein Einfluss ist auch in der chinesischen Chan- und japanischen Zen-Tradition spürbar, wo ähnliche Figuren "verrückter Weiser" erschienen.

In der modernen Zeit spricht Nirgunapas Geschichte Menschen an, die nach authentischen spirituellen Wegen suchen, die nicht von institutionellen Strukturen oder dogmatischen Lehren eingeschränkt sind. Seine Botschaft der unmittelbaren Freiheit und der inhärenten Vollkommenheit resoniert mit zeitgenössischen spirituellen Suchenden, die traditionelle Hierarchien und formalisierte Praktiken in Frage stellen.

Darüber hinaus bietet Nirgunapas Leben eine wichtige Perspektive auf das Thema geistiger Gesundheit und Neurodiversität. In einer Zeit, in der nicht-konforme Geisteszustände oft pathologisiert werden, erinnert seine Geschichte daran, dass das, was als "Verrücktheit" erscheint, manchmal eine tiefere Weisheit verbergen kann, die konventionelle Realitätsauffassungen transzendiert.

Darstellung in der Kunst

In der buddhistischen Ikonographie wird Nirgunapa typischerweise als einfacher, oft halbnackter Mann dargestellt, mit wirrem Haar und einem exzentrischen Ausdruck. In tibetischen Thangka-Gemälden erscheint er häufig inmitten der 84 Mahasiddhas, erkennbar an seiner unkonventionellen Haltung und Erscheinung.

Eine bekannte Darstellung zeigt ihn lachend, mit einem zerbrochenen Topf in der Hand – eine Referenz auf den Moment seiner Erleuchtung. Andere Darstellungen zeigen ihn in einer Tanzhaltung, als Symbol für die spontane und ekstatische Natur seiner spirituellen Verwirklichung.

In Skulpturen wird Nirgunapa oft mit übertriebenen Gesichtszügen dargestellt, die seine Exzentrizität betonen, aber gleichzeitig eine tiefe innere Ruhe und Klarheit ausstrahlen. Diese Darstellungen sollen die paradoxe Natur des "erleuchteten Idioten" vermitteln – äußerlich chaotisch, innerlich vollkommen klar.

Besonders in der tibetischen Tradition wurden Geschichten über Nirgunapa in Wandgemälden in Tempeln und Klöstern dargestellt. Diese narrativen Szenen zeigen Episoden aus seinem Leben, einschließlich seiner Begegnungen mit Schülern und der verschiedenen unkonventionellen Methoden, die er verwendete, um spirituelle Wahrheiten zu vermitteln.

In den letzten Jahrzehnten hat Nirgunapa auch zeitgenössische Künstler inspiriert, die in seinem Leben und seinen Lehren Resonanz mit modernen Fragen nach Authentizität, Nonkonformität und der Suche nach direkter Erfahrung jenseits konzeptueller Konstrukte finden. In diesen neueren Interpretationen wird er oft als Symbolfigur für eine Art von Spiritualität dargestellt, die soziale Masken ablegt und eine radikale Ehrlichkeit und Präsenz verkörpert.

Schlussbetrachtung

Die Geschichte des Mahasiddha Nirgunapa, des "erleuchteten Idioten", fordert uns heraus, unsere grundlegenden Annahmen über Weisheit, Intelligenz und spirituellen Fortschritt zu überdenken. In einer Welt, die zunehmend intellektuelle Brillanz, Effizienz und messbaren Erfolg wertschätzt, erinnert uns Nirgunapa daran, dass wahre Weisheit manchmal in den einfachsten und unerwarteten Quellen gefunden werden kann.

Seine Lebensgeschichte ist ein kraftvolles Gegenmittel gegen spirituellen Materialismus – die Tendenz, spirituelle Praktiken und Erkenntnisse als Mittel zur Selbstverbesserung oder zum Statusgewinn zu betrachten. Nirgunapa verkörpert einen Weg, der Einfachheit, Spontaneität und direkte Erfahrung über komplexe Theorien und ausgefeilte Praktiken stellt.

In der heutigen Zeit, in der viele Menschen nach authentischen spirituellen Wegen suchen, die nicht von institutionellen Strukturen oder kommerzialisierten

Angeboten vereinnahmt werden, bietet Nirgunapas Geschichte eine inspirierende Alternative. Sie zeigt, dass wahre Befreiung nicht von äußeren Autoritäten oder komplexen Systemen abhängt, sondern aus der direkten Erkenntnis der eigenen innewohnenden Natur entspringt.

Letztendlich lädt uns die Figur des Nirgunapa ein, die Masken abzulegen, die wir tragen, um gesellschaftliche Erwartungen zu erfüllen, und den Mut zu finden, unsere eigene authentische Stimme zu entdecken. Seine Geschichte erinnert uns daran, dass Erleuchtung nicht ein fernes Ziel ist, das durch anstrengende Bemühungen erreicht wird, sondern die natürliche Entfaltung dessen, was bereits in uns ist – wenn wir nur den "Idiot" in uns selbst zu umarmen wagen, den Teil, der frei von konzeptuellen Konstrukten und sozialen Konditionierungen ist.

In diesem Sinne bleibt Nirgunapa, der erleuchtete Idiot, ein zeitloser Lehrer, dessen Botschaft in einer Welt zunehmender Komplexität und Entfremdung vielleicht relevanter ist denn je.

2.64 Naropa - Der Unerschrockene

Herkunft

Naropa wurde im Jahr 1016 n. Chr. in Ostindien geboren, in einer hochrangigen Brahmanenfamilie im Königreich Bengalen. Als Sohn königlicher Minister erhielt er eine ausgezeichnete Ausbildung in allen klassischen indischen Wissenschaften und Künsten. Sein Geburtsname war Samantabhadra, und schon in jungen Jahren zeigte er außergewöhnliche intellektuelle Fähigkeiten. Die frühen buddhistischen Biografien berichten, dass er bereits als Kind eine natürliche Neigung zur Spiritualität besaß und tiefes Mitgefühl für alle Wesen empfand.

Im Alter von acht Jahren begann er mit dem Studium der buddhistischen Philosophie, beherrschte schnell die Grundlagen und vertiefte sich in komplexe philosophische Abhandlungen. Als junger Mann heiratete er gemäß den Erwartungen seiner Familie, führte jedoch nur acht Jahre ein weltliches Leben. Im Alter von 25 Jahren trennte er sich im gegenseitigen Einverständnis von seiner Frau, die selbst den spirituellen Pfad einschlug und Nonne wurde, während Naropa in die berühmte buddhistische Universität Nalanda eintrat, die zu jener Zeit das führende Zentrum buddhistischer Gelehrsamkeit in Indien war.

Besondere Eigenschaften

Naropa zeichnete sich durch mehrere bemerkenswerte Eigenschaften aus, die ihn als außergewöhnlichen spirituellen Praktizierenden kennzeichneten:

1. Intellektuelle Brillanz: An der Universität Nalanda stieg Naropa schnell zu einem der angesehensten Gelehrten auf. Er meisterte alle Bereiche des buddhistischen Wissens – von Logik und Erkenntnistheorie bis hin zu tantrischen Praktiken – und wurde schließlich zum Nordtor-Wächter ernannt, einer der prestigeträchtigsten Positionen an der Universität. In dieser Rolle besiegte er in philosophischen Debatten zahlreiche nicht-buddhistische Gelehrte und festigte so den Ruf von Nalanda als intellektuelles Zentrum.

2. Unerschütterliche Entschlossenheit: Seine vielleicht bemerkenswerteste Eigenschaft war seine unbeugsame Entschlossenheit auf dem spirituellen Pfad. Die zwölf "großen Prüfungen", die er unter der Anleitung seines Meisters Tilopa durchlief, zeugen von einer außergewöhnlichen Bereitschaft, physische und emotionale Extreme zu ertragen, um spirituelle Verwirklichung zu erlangen. Wo andere aufgegeben hätten, blieb Naropa standhaft.

3. Demut und Hingabe: Trotz seines Status als hochrangiger Gelehrter gab
   Naropa seine Position und seinen Ruf bereitwillig auf, als er erkann-
   te, dass sein intellektuelles Verständnis des Buddhismus seine direkte
   Erfahrung überstieg. Seine bedingungslose Hingabe an seinen Meister
   Tilopa illustriert die im tibetischen Buddhismus zentrale Bedeutung der
   Guru-Schüler-Beziehung.

4. Visionäre Fähigkeiten: Naropa besaß außergewöhnliche meditative und
   visionäre Fähigkeiten. Die Überlieferungen berichten von zahlreichen
   mystischen Erfahrungen und direkten Visionen von Dakinis (weibliche
   erleuchtete Wesen) und Gottheiten, die seinen spirituellen Weg lenkten.

Geschichte der Erleuchtung

Naropas Weg zur Erleuchtung ist eine der dramatischsten und inspirierends-
ten Geschichten in der buddhistischen Tradition. Obwohl er als angesehener
Gelehrter und Abt an der Universität Nalanda tätig war, erlebte er einen ent-
scheidenden Wendepunkt, als ihm während seiner Studien eine Dakini erschien.
Diese weibliche Weisheitsverkörperung fragte ihn, ob er den Worten oder dem
Sinn der buddhistischen Lehren folge. Als Naropa antwortete, er verstehe die
Worte, lachte die Dakini und offenbarte ihm, dass er trotz seiner Gelehrsamkeit
den tieferen Sinn der Lehren nicht erfasst habe. Sie wies ihn an, seinen Meister
Tilopa zu suchen, wenn er wahre Verwirklichung erlangen wolle.

Diese Begegnung erschütterte Naropas Selbstverständnis zutiefst. Er verließ
seine prestigeträchtige Position an der Universität und begab sich auf eine
beschwerliche Suche nach Tilopa, die ihn durch ganz Indien führte. Nach
monatelanger Suche fand er schließlich seinen Meister, der als einfacher Fischer
lebte und zunächst keinerlei Interesse zeigte, Naropa zu unterrichten.

Was folgte, war eine Reihe von zwölf großen Prüfungen, die als die "zwölf
kleinen Leiden" bekannt wurden. Tilopa unterzog Naropa extremen körperlichen
und psychischen Herausforderungen:

- Er befahl Naropa, von einem hohen Gebäude zu springen, was zu schweren
  Verletzungen führte.

- Er ließ ihn sich selbst verbrennen und ins Wasser stürzen.

- Er verlangte von ihm, ein königliches Hochzeitsfest zu stören und die
  Braut zu entführen, was in einer schweren Bestrafung resultierte.

Nach jeder Prüfung heilte Tilopa Naropas Wunden durch seine spirituellen Kräfte und gab ihm schrittweise Unterweisungen. Diese Methode des "verrückten Weisheitsverhaltens" (tib. "thrul-shug") sollte Naropas Ego und konzeptuelle Begrenzungen durchbrechen.

Die Klimax dieser Reise ereignete sich, als Tilopa nach der zwölften Prüfung Naropa mit seiner Sandale ins Gesicht schlug. Dieser scheinbar gewaltsame Akt führte zu Naropas unmittelbarer Erleuchtungserfahrung – sein Geist öffnete sich vollständig, und er erlangte die direkte Erkenntnis der Natur der Wirklichkeit. In diesem Moment wurden alle Lehren, die Tilopa ihm gegeben hatte, vollständig in seinem Bewusstsein integriert.

Leben und Tod

Nach seiner Erleuchtung verbrachte Naropa viele Jahre als wandernder Yogi in Nordindien. Er praktizierte intensiv die sechs Yogas (bekannt als die "Sechs Yogas von Naropa") und entwickelte und systematisierte diese Praktiken weiter. Während dieser Zeit hatte er zahlreiche Schüler, der bedeutendste unter ihnen war der tibetische Übersetzer Marpa, der später diese Lehren nach Tibet brachte.

Naropa gründete kein formelles Kloster oder Zentrum, sondern lehrte vorwiegend in einer direkten Guru-Schüler-Beziehung. Er lebte als Siddha – ein verwirklichter Meister, der jenseits konventioneller sozialer Normen existiert und die Einheit von Weisheit und Mitgefühl in allen Lebenssituationen verkörpert. Seine Lebensweise demonstrierte die Freiheit eines vollständig verwirklichten Geistes, der ohne konzeptuelle Begrenzungen funktioniert.

Über Naropas Tod existieren verschiedene Überlieferungen. Die meisten Quellen berichten, dass er im Alter von 84 Jahren (um 1100 n. Chr.) starb und dabei den "Regenbogenkörper" manifestierte – eine fortgeschrittene Verwirklichung, bei der der physische Körper sich in Licht auflöst und nur Haare, Nägel und Kleidung zurückbleiben. Andere Traditionen berichten, dass er mit seinem physischen Körper in reine Bereiche einging und daher keinen konventionellen Tod erfuhr. Unabhängig von der genauen Art seines Todes stimmen alle Überlieferungen darin überein, dass Naropa vollständige Befreiung erlangt hatte und als vollendeter Buddha verstarb.

Lehren und Übertragungen

Naropas wichtigstes Vermächtnis sind die "Sechs Yogas von Naropa" (Tib. "Na-ro-chos-drug"), eine Sammlung fortgeschrittener tantrischer Praktiken, die einen direkten Weg zur Erleuchtung bieten:

1. Innere Hitze Yoga (Tummo): Erzeugt spirituelle Wärme durch Visualisierung und Atemtechniken, um subtile Energien im Körper zu transformieren.

2. Illusorischer Körper Yoga (Gyulu): Erkennt die traumähnliche Natur aller Phänomene, indem der eigene Körper als illusorisch wahrgenommen wird.

3. Traumyoga (Milam): Entwickelt Bewusstheit in Traumzuständen und nutzt diese für spirituelle Praxis.

4. Klares Licht Yoga (Ösel): Erkennt und verweilt in der grundlegenden Natur des Geistes, dem "klaren Licht".

5. Bardo Yoga: Bereitet auf den Moment des Todes und die Zwischenzustände vor, um Befreiung in diesen Übergängen zu erlangen.

6. Bewusstseinsübertragung Yoga (Phowa): Ermöglicht die bewusste Übertragung des Bewusstseins zum Zeitpunkt des Todes.

Diese Praktiken wurden später als "Pfad der Mittel" oder "Vollendungsphase" bekannt und bilden einen Kernaspekt der Kagyü-Tradition. Naropa empfing diese Lehren von seinem Meister Tilopa und systematisierte sie in einer Form, die für nachfolgende Generationen zugänglich wurde.

Darüber hinaus übermittelte Naropa wichtige Lehren des Mahamudra (der "Großen Siegelpraxis"), die direkt auf die letztendliche Natur des Geistes abzielen. Diese Lehren betonen, dass die Buddhanatur jedem Wesen innewohnt und durch direkte Erkenntnis realisiert werden kann.

Eine weitere bedeutsame Übertragung war die des Chakrasamvara-Tantra, eines der wichtigsten Yidam-Praktiken (Meditationsgottheit) in der tibetischen Tradition. Naropa entwickelte spezifische Sadhanas (Meditationsanleitungen) für diese Praxis, die bis heute verwendet werden.

Bedeutung und Nachwirkung

Naropas Einfluss auf den tibetischen Buddhismus kann kaum überschätzt werden. Durch seinen Hauptschüler Marpa gelangten seine Lehren nach Tibet und bildeten die Grundlage für die Kagyü-Schule, eine der vier Haupttraditionen des tibetischen Buddhismus. Diese Übertragungslinie wird oft als die "Übertragungslinie der Verwirklichung" bezeichnet, da sie besondere Betonung auf direkte meditative Erfahrung legt.

Die durch Naropa systematisierten Praktiken, insbesondere die Sechs Yogas, wurden zu essentiellen Elementen der höchsten Yoga-Tantra-Praxis in Tibet. Sie beeinflussten nicht nur die Kagyü-Tradition, sondern auch andere Schulen wie Gelug, Sakya und Nyingma, die ihre eigenen Variationen dieser Praktiken entwickelten.

Darüber hinaus verkörpert Naropas Lebensgeschichte ein zentrales Prinzip des tibetischen Buddhismus: die Notwendigkeit, vom intellektuellen Verständnis zur direkten Erfahrung überzugehen. Sein Weg vom gelehrten Akademiker zum verwirklichten Yogi illustriert die Begrenzungen rein konzeptuellen Wissens und die transformative Kraft direkter spiritueller Praxis unter der Anleitung eines qualifizierten Meisters.

In der zeitgenössischen Welt wurde Naropas Vermächtnis durch die Gründung der Naropa University in Boulder, Colorado, gewürdigt – einer vom tibetischen Meister Chögyam Trungpa Rinpoche gegründeten Institution, die westliche akademische Bildung mit kontemplativer Praxis verbindet. Diese Universität verkörpert Naropas Integration von scharfem Intellekt und tiefgreifender meditativer Erfahrung.

Darstellung in der Kunst

In der tibetischen buddhistischen Kunst wird Naropa typischerweise als verwirklichter Siddha mit charakteristischen ikonographischen Merkmalen dargestellt:

Er wird meist als Mann mittleren Alters mit einem kräftigen Körperbau gezeigt, was seine indische Herkunft widerspiegelt. Sein Gesichtsausdruck ist intensiv und fokussiert, oft mit leicht geöffneten Augen, die seinen Zustand höherer Wahrnehmung symbolisieren.

Naropa trägt üblicherweise die Attribute eines tantrischen Yogis: - Ein Knochenschmuck (Ruchenmala), bestehend aus menschlichen Knochen, der die Vergänglichkeit symbolisiert - Eine Schädelschale (Kapala) in seiner linken Hand, die das Überwinden des Ego repräsentiert - Eine Handtrommel (Damaru) in seiner rechten Hand, die die Einheit von Weisheit und Mitgefühl symbolisiert -

Ein Meditation-Band (Yogapatta) um seine Arme oder Knie, das seine intensive Meditationspraxis andeutet

Er wird meist halbnackt dargestellt, nur mit einem Lendentuch (Dhoti) bekleidet, manchmal auch mit einer Tigerhaut, die seine Überwindung von Angst und Aggression symbolisiert. Seine Haare sind oft zu einem Knoten auf dem Kopf gebunden, ein Zeichen seiner yogischen Kräfte.

In der Thangka-Malerei wird Naropa häufig zusammen mit seinem Lehrer Tilopa und seinem Schüler Marpa abgebildet, um die ungebrochene Übertragungslinie zu betonen. Manchmal wird er auch in Meditationshaltung dargestellt, umgeben von den sechs symbolischen Darstellungen der von ihm gelehrten Yogas.

Eine besonders interessante Darstellung zeigt Naropa während einer seiner zwölf Prüfungen, oft in dem Moment, als er von einem Tempelgebäude springt oder andere extreme Handlungen ausführt – eine Darstellung, die die Intensität und Kompromisslosigkeit seines spirituellen Weges illustriert.

In Nepal, besonders in der Kathmandu-Tal-Region, finden sich Statuen und Reliefs von Naropa oft in Verbindung mit seiner spirituellen Gefährtin Niguma, die ebenfalls eine verwirklichte Meisterin war.

Schlussbetrachtung

Naropas Leben und Lehren verkörpern einen zeitlosen Aspekt des spirituellen Weges: die notwendige Balance zwischen intellektuellem Verständnis und direkter Erfahrung. Als jemand, der den Gipfel akademischer Gelehrsamkeit erreicht hatte, erkannte er die Begrenzungen des konzeptuellen Denkens und suchte eine tiefere Wahrheit jenseits von Worten und Konzepten. Seine Geschichte erinnert uns daran, dass wahre Weisheit nicht allein durch Studium, sondern durch die Integration von Wissen in direkter Erfahrung entsteht.

Die zwölf Prüfungen, denen Naropa sich unterzog, illustrieren ein weiteres wesentliches Prinzip: Spiritueller Fortschritt erfordert oft die Bereitschaft, aus der Komfortzone herauszutreten und etablierte Muster zu durchbrechen. Naropas "Unerschrockenheit" bestand nicht in Furchtlosigkeit, sondern in seiner Bereitschaft, trotz Furcht voranzuschreiten, getragen von Vertrauen in seinen Meister und den Dharma-Weg.

In einer Zeit, in der buddhistische Praktiken zunehmend in westlichen Gesellschaften Anklang finden, bietet Naropas Vermächtnis wertvolle Perspektiven.

Seine Geschichte warnt vor der Versuchung, spirituelle Praxis zu intellektualisieren oder zu domestizieren. Sie erinnert uns daran, dass authentische spirituelle Transformation herausfordernd sein kann und manchmal erfordert, tief verwurzelte Annahmen und Selbstbilder loszulassen.

Gleichzeitig demonstriert Naropas systematischer Ansatz zur tantrischen Praxis, verkörpert in den Sechs Yogas, die methodische Natur des buddhistischen Pfades. Trotz ihrer fortgeschrittenen Natur folgen diese Praktiken einer klaren Progression und bauen auf grundlegenden Prinzipien auf – ein Beispiel für die praktische, erfahrungsorientierte Methodologie des tibetischen Buddhismus.

Naropas Vermächtnis lebt nicht nur in Texten und Überlieferungen weiter, sondern in der lebendigen Praxis zahlloser Meditierender, die seinem Beispiel folgen – vom akademischen Wissen zur direkten Erfahrung, vom konzeptuellen Verständnis zur unmittelbaren Verwirklichung. In diesem Sinne bleibt Naropa, der Unerschrockene, ein zeitloser Wegweiser für alle, die den Pfad zur Befreiung beschreiten.

2.65 Pacaripa - Der Konditor

Herkunft

Über Pacaripas genaue geografische Herkunft gibt es unterschiedliche Überlieferungen. Die meisten Quellen verorten seine Geburt in Nordindien, in der Region des heutigen Bihar oder Bengalen, wo der Buddhismus im frühen Mittelalter eine Blütezeit erlebte. Er soll in eine Familie von Konditoren geboren worden sein, was sein späteres Handwerk vorbestimmte. Andere Traditionen sprechen davon, dass er aus einer wohlhabenden Familie stammte und erst später das Handwerk des Konditors erlernte, nachdem er sein privilegiertes Leben aufgegeben hatte.

Die Zeit seines Wirkens wird allgemein auf das 9. oder 10. Jahrhundert datiert, eine Periode, in der tantrische Praktiken in Nordindien weit verbreitet waren und die großen buddhistischen Universitäten wie Nalanda und Vikramashila als Zentren der Gelehrsamkeit und spirituellen Praxis florierten. In diesem kulturellen Umfeld, das von religiösem Pluralismus und intellektuellem Austausch geprägt war, entfaltete sich Pacaripas ungewöhnlicher spiritueller Weg.

Besondere Eigenschaften

Was Pacaripa von anderen Mahasiddhas unterscheidet, ist seine Fähigkeit, das Gewöhnliche in etwas Außergewöhnliches zu verwandeln. Er besaß eine tiefe Intuition für die Verbindung zwischen Sinnesfreuden und spiritueller Erfahrung – ein zentrales Konzept im tantrischen Buddhismus. Seine Süßspeisen waren nicht nur kulinarische Meisterwerke, sondern wurden zu Vehikeln der Transformation für jene, die sie konsumierten.

Pacaripa zeichnete sich durch eine außergewöhnliche Präsenz und Achtsamkeit in seinem Handwerk aus. Jede Bewegung beim Kneten des Teigs, jedes Abmessen der Zutaten, jedes Formen der Süßigkeiten wurde zu einer meditativen Handlung. Es wird berichtet, dass er während seiner Arbeit in einem Zustand tiefer Versenkung verweilte, in dem die Grenzen zwischen dem Selbst, der Handlung und dem Produkt verschwammen – eine lebendige Demonstration des buddhistischen Konzepts der Nicht-Dualität.

Eine weitere bemerkenswerte Eigenschaft Pacaripas war seine Fähigkeit, durch seine Süßspeisen die spirituelle Reife seiner Kunden zu erkennen und zu fördern. Es heißt, dass er intuitiv wusste, welche Art von Süßigkeit für welche Person am besten geeignet war, um deren spirituelles Wachstum zu unterstützen. Diese

Gabe machte ihn zu einem "heimlichen Guru", der unter dem Deckmantel eines einfachen Konditors wirkte.

Geschichte der Erleuchtung

Die Geschichte von Pacaripas Erleuchtung ist eng mit seinem Handwerk verbunden. Der Überlieferung nach hatte er viele Jahre als gewöhnlicher Konditor gearbeitet, erfolgreich und geschätzt, aber ohne tiefere spirituelle Ambitionen. Die Wendung in seinem Leben kam, als ein wandernder Yogi seinen Laden betrat und eine Süßigkeit verlangte. Der Yogi, der in Wirklichkeit ein verwirklichter Meister war, erkannte das spirituelle Potenzial in dem Konditor.

Nach dem Verzehr der Süßigkeit sprach der Yogi: "Deine Süßigkeiten erfreuen den Gaumen, aber können sie auch den Geist nähren?" Diese einfache Frage löste in Pacaripa eine tiefe Krise aus. Er begann zu hinterfragen, welchen wahren Wert seine Arbeit hatte, wenn sie nur vorübergehende Sinnesfreuden bereitete.

Der Yogi, der Pacaripas aufrichtige Suche erkannte, gab ihm daraufhin eine Einweihung und Unterweisung in tantrische Praktiken, insbesondere in die Meditation über die Natur der Sinneserfahrungen. Er lehrte Pacaripa, dass die Zubereitung und der Genuss von Süßigkeiten als Pfad zur Erleuchtung dienen könnten, wenn sie mit vollem Bewusstsein und der richtigen Motivation praktiziert würden.

Pacaripa nahm diese Lehren mit großem Ernst auf und begann, sein Handwerk als spirituelle Praxis zu betrachten. Er experimentierte mit verschiedenen Zutaten und Techniken, nicht nur um den Geschmack zu verbessern, sondern um subtile energetische Wirkungen zu erzielen. Es wird berichtet, dass er nach Jahren intensiver Praxis während der Zubereitung einer besonders komplexen Süßspeise plötzlich die vollständige Erleuchtung erlangte. In einem Moment vollkommener Präsenz erkannte er die wahre Natur der Realität – dass Form nicht verschieden von Leere ist und Leere nicht verschieden von Form, wie es im Herz-Sutra heißt.

Von diesem Moment an wurden seine Süßigkeiten zu mehr als nur Nahrung; sie wurden zu "Geschmacksmandalas", die in jenen, die sie mit Achtsamkeit genossen, tiefe meditative Zustände auslösen konnten.

Leben und Tod

Nach seiner Erleuchtung setzte Pacaripa seine Tätigkeit als Konditor fort, nun jedoch mit einer tieferen Dimension. Sein Laden wurde zu einem Ort, an dem Menschen nicht nur kamen, um Süßigkeiten zu kaufen, sondern auch um spirituelle Führung zu erhalten. Viele erkannten nicht sofort, dass der freundliche Konditor in Wirklichkeit ein verwirklichter Meister war. Diese Verborgenheit erlaubte es Pacaripa, Menschen aller sozialen Schichten und religiösen Hintergründe zu erreichen, die vielleicht einen formellen spirituellen Lehrer gemieden hätten.

Es wird berichtet, dass Pacaripa ein einfaches Leben führte, frei von Übertreibungen oder Selbstdarstellung. Er lebte im Einklang mit den buddhistischen Prinzipien der Mäßigung und des Mitgefühls, ohne jedoch die asketischen Extreme zu praktizieren, die in manchen spirituellen Traditionen üblich waren. Seine Verwirklichung zeigte sich in der natürlichen Leichtigkeit seines Seins und in der transformativen Wirkung, die er auf andere hatte.

Über Pacaripas Tod gibt es verschiedene Überlieferungen. Eine der bekanntesten besagt, dass er nicht auf gewöhnliche Weise starb, sondern in einem Zustand tiefer Meditation seinen physischen Körper in reines Licht auflöste – ein Phänomen, das im tibetischen Buddhismus als "Regenbogenkörper" bekannt ist. Andere Berichte erzählen, dass er eines Tages einfach verschwand, nachdem er seinem letzten Schüler eine besonders kraftvolle Süßigkeit überreicht hatte, die diesem zur unmittelbaren Erleuchtung verhalf.

Unabhängig von den Details seines physischen Endes lebt Pacaripa in der buddhistischen Tradition als zeitloses Symbol für die Möglichkeit der Transformation des Alltäglichen in das Außergewöhnliche weiter.

Lehren und Übertragungen

Pacaripas Lehren, obwohl nicht in formellen Texten kodifiziert, wurden durch mündliche Überlieferungen und die symbolische Sprache seiner Süßspeisen weitergegeben. Im Zentrum seiner Lehre stand die Idee, dass jede alltägliche Handlung, wenn sie mit vollem Bewusstsein und der richtigen Intention ausgeführt wird, zum Pfad der Befreiung werden kann. Diese Perspektive steht im Einklang mit dem Grundprinzip des Vajrayana-Buddhismus, dass Samsara (der Kreislauf des Leidens) und Nirvana (die Befreiung) nicht zwei getrennte Realitäten sind, sondern zwei Aspekte derselben Wirklichkeit.

Pacaripa entwickelte spezifische Meditationstechniken, die mit dem Prozess des Backens und dem Genuss von Süßigkeiten verbunden waren. Diese beinhalteten:

1. Die "Mandala des Geschmacks" - eine Praxis, bei der die verschiedenen Geschmacksrichtungen als Manifestationen der fünf Weisheiten der Buddhas betrachtet werden.

2. Die "Meditation der transformierenden Zutaten" - eine Visualisierung, bei der die Umwandlung einfacher Zutaten in komplexe Süßspeisen als Metapher für die spirituelle Transformation des Praktizierenden dient.

3. Die "Praxis des achtsamen Genießens" - eine Technik, bei der der Konsum einer Süßigkeit zu einer vollständigen Sinneserfahrung wird, die das Tor zur Erkenntnis der Leerheit öffnet.

Diese Praktiken wurden in der Tradition der "Sahaja-Yoga" (des natürlichen Yoga) oder des "Phowa Chidö" (der Übertragung durch Geschmack) weitergegeben. Es wird berichtet, dass Pacaripa eine Linie von Schülern hatte, die sein Handwerk und seine spirituellen Techniken erlernten und weitergaben. Diese Übertragungslinie soll bis nach Tibet und Nepal reicht haben, wo sie sich mit lokalen Traditionen vermischte und neue Formen annahm.

Bedeutung und Nachwirkung

Pacaripas Vermächtnis geht weit über seine historische Existenz hinaus. Er repräsentiert einen wichtigen Aspekt der tantrischen Tradition: die Integration spiritueller Praxis in weltliche Aktivitäten. Seine Geschichte dient als kraftvolle Erinnerung daran, dass Erleuchtung nicht nur durch formelle Meditation oder Askese erreicht werden kann, sondern durch die Transformation des Alltäglichen.

In der tibetischen Tradition wird Pacaripa besonders in den Nyingma- und Kagyu-Schulen verehrt, die einen starken Fokus auf die Mahasiddha-Tradition legen. Seine Lehren haben auch Einfluss auf die Entwicklung bestimmter "Terma" (verborgene Lehren) gehabt, die Jahrhunderte nach seinem Leben entdeckt wurden und sich mit der spirituellen Dimension von Nahrung und Geschmack befassen.

In der modernen Zeit findet Pacaripas Ansatz der Achtsamkeit und Präsenz in alltäglichen Handlungen Resonanz in verschiedenen zeitgenössischen spirituellen

Bewegungen. Sein Beispiel inspiriert Menschen, die nach Wegen suchen, ihre beruflichen und alltäglichen Aktivitäten mit spiritueller Bedeutung zu erfüllen. In einer Zeit, in der viele nach Möglichkeiten suchen, Spiritualität in ein geschäftiges Leben zu integrieren, bietet Pacaripas Geschichte wertvolle Einsichten.

Darüber hinaus hat Pacaripas Betonung der Verbindung zwischen Sinneserfahrung und spiritueller Erkenntnis Einfluss auf moderne Interpretationen des tantrischen Buddhismus genommen, die versuchen, den Dualismus zwischen weltlichen Freuden und spirituellem Streben zu überwinden.

Darstellung in der Kunst

In der buddhistischen Ikonographie wird Pacaripa typischerweise als ein Mann mittleren Alters mit kräftigem Körperbau dargestellt, oft mit einem leichten Lächeln, das seine innere Freude widerspiegelt. Er trägt gewöhnlich die einfache Kleidung eines Handwerkers, manchmal mit einer Schürze, und wird mit verschiedenen Attributen seines Handwerks gezeigt: Schüsseln mit Teig, Backutensilien oder dekorativ angerichtete Süßspeisen.

In den tibetischen Thangkas erscheint er oft in einer Reihe mit anderen Mahasiddhas, erkennbar an seinen spezifischen Attributen. Manchmal wird er in meditativer Haltung dargestellt, umgeben von einem Kranz aus Süßigkeiten, die symbolisch für die verschiedenen Aspekte des Dharma stehen.

Eine besonders bemerkenswerte Darstellung findet sich in den Höhlen von Ajanta in Indien, wo ein Wandgemälde einen Konditor bei der Arbeit zeigt, der von einem subtilen Lichtschein umgeben ist – eine Darstellung, die von einigen Gelehrten als Pacaripa identifiziert wird.

In Nepal und Tibet gibt es auch rituelle Tänze, in denen Pacaripa als eine der Figuren auftritt, typischerweise dargestellt durch eine Maske mit einem freundlichen, runden Gesicht und Gesten, die das Kneten von Teig und das Formen von Süßigkeiten nachahmen.

In der zeitgenössischen buddhistischen Kunst hat Pacaripas Symbolik neue Ausdrucksformen gefunden. Moderne Künstler haben seine Geschichte in verschiedenen Medien interpretiert, von traditionellen Thangkas bis hin zu digitaler Kunst. Dabei wird oft die Transformation des Alltäglichen in das Heilige betont, ein Thema, das in der postmodernen Spiritualität besondere Resonanz findet.

Schlussbetrachtung

Die Geschichte des Mahasiddha Pacaripa, des Konditors, steht exemplarisch für einen der grundlegendsten Aspekte des Vajrayana-Buddhismus: die Möglichkeit, die gewöhnlichsten Aspekte des Lebens in Werkzeuge der spirituellen Transformation zu verwandeln. In einer Welt, die zunehmend von Geschwindigkeit, Effizienz und Oberflächlichkeit geprägt ist, erinnert uns Pacaripa daran, dass tiefe spirituelle Erfahrungen nicht in der Flucht vor dem Alltäglichen, sondern in dessen vollständiger Durchdringung gefunden werden können.

Seine Lehre der achtsamen Präsenz im Handwerk und des bewussten Genusses findet in unserer Zeit besondere Relevanz, wo Bewegungen wie "Slow Food" und Achtsamkeitspraxis wachsende Aufmerksamkeit erfahren. Pacaripa zeigt uns, dass spirituelle Praxis nicht auf bestimmte Zeiten oder Orte beschränkt sein muss, sondern in jeden Moment unseres Lebens integriert werden kann.

Die Tatsache, dass ein einfacher Konditor zu einem der verehrten Mahasiddhas wurde, unterstreicht auch die demokratische Natur des tantrischen Buddhismus, der die Möglichkeit der Erleuchtung für Menschen aller sozialen Schichten und Berufe anerkennt. In Pacaripas Geschichte liegt eine tiefe Ermutigung für alle, die ihren eigenen spirituellen Weg in den scheinbar profanen Aktivitäten ihres täglichen Lebens suchen.

So bleibt Pacaripa, der Konditor, nicht nur eine historische oder legendäre Figur, sondern ein lebendiges Symbol für die zeitlose Weisheit, dass das Außergewöhnliche im Gewöhnlichen zu finden ist, dass das Heilige im Alltäglichen wohnt und dass der Pfad zur Erleuchtung direkt durch die Mitte unseres täglichen Lebens führt.

2.66 Pankajapa - Der lotusgeborene Brahmane

Herkunft

Pankajapa wurde im 9. Jahrhundert in Südindien in eine hochrangige Brahmanen-familie hineingeboren. Sein Name "Pankajapa" bedeutet wörtlich "Lotustrinker" oder "der vom Lotus Genährte", was auf seine edle Herkunft sowie auf seine spätere spirituelle Entwicklung hindeutet. Als Sohn einer Familie, die für ihre Gelehrsamkeit in den Vedas und Shastras bekannt war, erhielt er eine umfassende traditionelle Ausbildung im brahmanischen Wissen. Seine Heimatregion war ein Zentrum sowohl brahmanischer Gelehrsamkeit als auch buddhistischer Klosteruniversitäten, was ihm die Möglichkeit gab, mit verschiedenen philosophischen Traditionen in Kontakt zu kommen.

Die Texte berichten, dass Pankajapa schon früh außergewöhnliche intellektuelle Fähigkeiten zeigte und rasch zum angesehenen Gelehrten aufstieg. Im alten indischen Kontextsystem der Brahmanenkaste bedeutete dies nicht nur Prestige, sondern auch materielle Sicherheit und soziale Privilegien. Als hochrangiger Brahmane genoss er den Respekt der Gesellschaft und leitete religiöse Rituale für Könige und andere Mitglieder der Elite. Seine Meisterschaft der vedischen Texte und rituellen Praktiken machte ihn zu einem der angesehensten religiösen Autoritäten seiner Region.

Besondere Eigenschaften

Was Pankajapa vor seiner Begegnung mit dem Buddhismus auszeichnete, war sein außergewöhnliches Gedächtnis und seine Fähigkeit, komplexe philosophische Argumente zu formulieren. Die Überlieferungen beschreiben ihn als einen Mann von außergewöhnlicher Intelligenz, der in der Lage war, umfangreiche Texte nach einmaligem Hören zu memorieren. Diese Begabung machte ihn zu einem gefürchteten Debattierer, der in philosophischen Auseinandersetzungen kaum zu besiegen war.

Gleichzeitig wird Pankajapa als stolz und arrogant beschrieben. Er war von seiner Überlegenheit überzeugt und verachtete andere Traditionen, insbesondere den Buddhismus, den er als niedrigere Lehre betrachtete. Die Texte berichten, dass er regelmäßig buddhistische Mönche und Gelehrte in Debatten herausforderte und besiegte, wodurch sein Ego weiter genährt wurde.

Eine weitere bemerkenswerte Eigenschaft war sein rituelles Geschick. Als Brahmane führte er komplexe vedische Rituale durch, die als Mittel zur Verbindung mit den Göttern und zur Erlangung weltlicher Vorteile angesehen wurden. Diese rituelle Kompetenz würde später, nach seiner Bekehrung zum Buddhismus, eine wichtige Grundlage für seine tantrische Praxis bilden.

Trotz seiner Arroganz besaß Pankajapa eine natürliche Neugier und einen scharfen, analytischen Geist. Es war diese intellektuelle Redlichkeit, die ihn letztendlich für eine tiefgreifende Transformation öffnete, als er mit einer überlegenen Weisheit konfrontiert wurde.

Geschichte der Erleuchtung

Die Wendung in Pankajapcas Leben kam durch eine unerwartete Begegnung mit einem buddhistischen Meister namens Indrabhuti (in einigen Quellen auch als Vajraghanta bezeichnet). Die Überlieferung erzählt, dass Pankajapa mit seiner üblichen Arroganz diesen unscheinbar wirkenden Yogin zu einer Debatte herausforderte, in der Erwartung, einen leichten Sieg zu erringen.

Der buddhistische Meister akzeptierte die Herausforderung, stellte aber eine Bedingung: Der Verlierer würde der Schüler des Siegers werden. Pankajapa stimmte selbstbewusst zu, überzeugt von seinem Sieg. Die Debatte begann mit Pankajapcas eloquenten Darstellungen der brahmanischen Philosophie, doch zu seiner Überraschung widerlegte der buddhistische Meister jedes seiner Argumente mit erstaunlicher Klarheit und Tiefe.

Der entscheidende Moment kam, als Indrabhuti nicht nur Pankajapcas intellektuelle Argumente entkräftete, sondern auch die Grenzen des diskursiven Denkens selbst aufzeigte. Er erklärte, dass die höchste Wahrheit jenseits von Worten und Konzepten liege und direkt erfahren werden müsse. Um dies zu demonstrieren, gab er Pankajapa eine spezielle Meditationsanweisung - die Visualisierung einer Lotusblume im Herzen, aus der alle Phänomene entstehen und in die sie zurückkehren.

Tief beeindruckt von der Weisheit des Meisters und seiner Niederlage in der Debatte, hielt Pankajapa sein Versprechen und wurde Schüler des buddhistischen Meisters. Er erhielt die Einweihung in die Hevajra-Tantra-Praxis, eine der wichtigsten tantrischen Lehren des Vajrayana-Buddhismus.

Pankajapa zog sich zurück und praktizierte intensiv die erhaltenen Anweisungen. Nach sieben Jahren strenger Meditation, so berichten die Texte, erlangte er schließlich die vollständige Erleuchtung. Der Legende nach manifestierte sich seine Verwirklichung, als ein realer Lotus aus seinem Herzen entsprang - ein Symbol seiner vollständigen Transformation und spirituellen Wiedergeburt. Dieser Moment markierte seine Anerkennung als Mahasiddha, als einer, der die höchste Verwirklichung erreicht hatte.

Leben und Tod

Nach seiner Erleuchtung kehrte Pankajapa in die Gesellschaft zurück, jedoch in einer völlig neuen Rolle. Er gab seinen brahmanischen Status und seine Privilegien auf und lebte als wandernder Yogin. Die Texte beschreiben, wie er konventionelle Normen herausforderte, indem er das "verrückte Verhalten" (Sanskrit: avadhuti-carya) eines Siddha annahm - eine Lebensweise, die soziale Konventionen bewusst durchbricht, um die Freiheit von konzeptuellen Einschränkungen zu demonstrieren.

Pankajapa lehrte nun sowohl brahmanische als auch nicht-brahmanische Schüler ohne Unterschied. Er wird oft beschrieben, wie er auf Verbrennungsplätzen meditierte, mit Ausgestoßenen Umgang pflegte und andere Handlungen vollzog, die für einen Brahmanen als rituell unrein galten. Diese Handlungen waren nicht bloß symbolisch, sondern demonstrierten seine vollständige Überwindung sozialer Konditionierung und dualistischer Konzepte von rein und unrein.

In dieser Zeit soll Pankajapa zahlreiche tantrische Siddhis (übernatürliche Fähigkeiten) manifestiert haben. Die Überlieferungen berichten von seiner Fähigkeit, seinen Körper zu transformieren, große Entfernungen in kurzer Zeit zurückzulegen, und andere wundersame Taten zu vollbringen. Diese Kräfte nutzte er jedoch nicht für persönlichen Ruhm, sondern als Mittel, um anderen zu helfen und die Wirksamkeit der tantrischen Praxis zu demonstrieren.

Über Pankajapcas Tod gibt es verschiedene Überlieferungen. Die populärste Version besagt, dass er seinen physischen Tod überwand und mit seinem Körper in das Reine Land der Dakinis einging - ein Zustand, der im tantrischen Buddhismus als "Regenbogenkörper" bezeichnet wird, bei dem der physische Körper in reines Licht transformiert wird. Andere Berichte erzählen, dass er noch mehrere Jahrhunderte lebte und weiterhin Schüler unterwies, bevor er schließlich seinen physischen Körper aufgab.

Lehren und Übertragungen

Pankajapcas Hauptbeitrag zur buddhistischen Tradition liegt in seiner Übertragung und Interpretation des Hevajra-Tantra, eines der wichtigsten Texte des Yogini-Tantra-Systems. Seine besondere Lehrweise bestand darin, brahmanische Konzepte und Terminologie zu verwenden, um tantrische buddhistische Prinzipien zu erklären - eine Methode, die es traditionellen Brahmanen erleichterte, die tiefgründigen Lehren des Vajrayana zu verstehen und anzunehmen.

Die von ihm überlieferte Praxis, bekannt als "Pankaja-Sadhana" (Lotus-Meditation), integrierte Elemente der vedischen Visualisierung mit buddhistischer Nicht-Dualität. Diese Praxis betont die Visualisierung einer Lotusblume im Herzen als Symbol des erleuchteten Geistes, der sowohl leer als auch strahlend klar ist. Der Praktizierende identifiziert sich schrittweise mit dieser Lotusessenz und erkennt schließlich, dass alle Phänomene Manifestationen dieses ursprünglichen, reinen Bewusstseins sind.

Eine weitere wichtige Lehre Pankajapcas war die "Vier Lotusblätter der Verwirklichung" - ein Stufenweg zur Erleuchtung, der folgende Aspekte betont:

1. Das Lotusblatt der Entsagung: Die Erkenntnis der Vergänglichkeit aller weltlichen Errungenschaften und Status.

2. Das Lotusblatt des Mitgefühls: Die Entwicklung universellen Mitgefühls für alle Wesen.

3. Das Lotusblatt der Weisheit: Die direkte Erkenntnis der Leerheit aller Phänomene.

4. Das Lotusblatt der Integration: Die Vereinigung von Mitgefühl und Weisheit im alltäglichen Leben.

Pankajapcas Übertragungslinie wurde zunächst in Südindien fortgeführt und erreichte später Tibet, wo sie besonders in der Sakya-Schule des tibetischen Buddhismus bewahrt wurde. Seine Kommentare zum Hevajra-Tantra und seine spezifischen Meditationstechniken wurden von nachfolgenden Meistern hochgeschätzt und bilden bis heute einen wichtigen Bestandteil bestimmter tantrischer Übertragungslinien.

Bedeutung und Nachwirkung

Die Bedeutung von Pankajapa liegt vor allem in seiner exemplarischen Transformation vom stolzen brahmanischen Gelehrten zum verwirklichten buddhistischen Meister. Seine Geschichte dient als kraftvolles Beispiel für die Möglichkeit tiefgreifender spiritueller Veränderung und die Überwindung sozialer und intellektueller Konditionierung.

Für die buddhistische Tradition repräsentiert Pankajapa die erfolgreiche Integration vedischer Elemente in die tantrische Praxis – ein wichtiger Aspekt der Entwicklung des indischen Vajrayana. Durch seine Lehrtätigkeit trug er zur Verbreitung des Buddhismus unter den brahmanischen Eliten bei und schuf Brücken zwischen verschiedenen religiösen Traditionen Indiens.

In der Entwicklung des tibetischen Buddhismus spielte seine Übertragungslinie eine wichtige Rolle bei der Formation bestimmter Hevajra-Praktiken innerhalb der Sakya-Schule. Sein Einfluss ist auch in der Kagyu-Tradition spürbar, wo ähnliche Visualisierungstechniken verwendet werden.

Darüber hinaus wurde Pankajapa zu einem Symbol für die Überwindung intellektuellen Stolzes zugunsten direkter spiritueller Erfahrung – ein Thema, das in der gesamten buddhistischen Tradition eine zentrale Rolle spielt. Seine Geschichte lehrt, dass wahre Weisheit nicht durch bloßes Anhäufen von Wissen, sondern durch tiefe Transformation des eigenen Geistes erlangt wird.

Darstellung in der Kunst

In der buddhistischen ikonographischen Tradition wird Pankajapa typischerweise mit bestimmten charakteristischen Merkmalen dargestellt. Die häufigste Darstellung zeigt ihn als schlanken Mann mittleren Alters mit der hohen Stirn eines Gelehrten, sitzend in der Meditationshaltung auf einem Lotusthron. Ein besonderes Kennzeichen ist die Lotusblüte, die entweder aus seinem Herzen entspringt oder die er in seiner Hand hält.

In tibetischen Thangkas wird Pankajapa oft mit folgenden ikonographischen Elementen dargestellt:

- Er trägt sowohl brahmanische als auch yogische Attribute: die heilige Schnur (Yajnopavita) eines Brahmanen, aber auch die Ohrschmuckstücke und die Asche eines tantrischen Yogins, was seine Transformation symbolisiert. - Oft wird er mit einem Lotussee im Hintergrund dargestellt, der seine Verbindung zum Lotusmotiv unterstreicht. - Seine Hautfarbe wird in den Darstellungen meist als weiß oder hellblau wiedergegeben, was seine Verbindung zur Hevajra-Praxis symbolisiert. - Manchmal hält er in seiner rechten Hand einen Ritualgegenstand (vajra oder kartrika) und in seiner linken eine Schädelschale (kapala) - typische Attribute eines Mahasiddha.

In Nepal und Tibet ist er manchmal Teil von Darstellungen der 84 Mahasiddhas, wo er durch seine brahmanischen Merkmale und den charakteristischen Lotus identifiziert werden kann. Seine Darstellungen sind besonders in Heiligtümern der Sakya-Tradition zu finden, wo seine Übertragungslinie am stärksten bewahrt wurde.

Interessanterweise gibt es auch einige ungewöhnliche Darstellungen, die Pankajapa in seiner "verrückten Weisheit" zeigen – tanzend, mit wildem Haar und ekstatischem Gesichtsausdruck, womit die befreiende Qualität seiner Verwirklichung symbolisiert wird.

Schlussbetrachtung

Die Geschichte des Mahasiddha Pankajapa verkörpert zentrale Aspekte des Vajrayana-Buddhismus: die Transformation von Stolz in Weisheit, die Integration scheinbar gegensätzlicher religiöser Traditionen und die Möglichkeit vollständiger Befreiung innerhalb eines menschlichen Lebens. Seine Reise vom gelehrten Brahmanen zum verwirklichten Mahasiddha zeigt, dass wahre spirituelle Entwicklung oft die Bereitschaft erfordert, liebgewonnene Überzeugungen und soziale Identitäten aufzugeben.

Pankajapas besonderer Beitrag liegt in seiner Fähigkeit, Brücken zwischen verschiedenen spirituellen Welten zu bauen. Er demonstrierte, dass die tiefsten Erkenntnisse verschiedener Traditionen auf eine gemeinsame Wahrheit hinweisen können, wenn man bereit ist, über konzeptuelle Grenzen hinauszugehen. Seine Lotusmethodik, die brahmanische Symbolik mit buddhistischer Nicht-Dualität verband, zeigt einen Weg spiritueller Integration, der auch für den modernen Suchenden relevant bleibt.

In einer Zeit zunehmender spiritueller Fragmentierung und intellektueller Spezialisierung erinnert uns Pankajapcas Geschichte daran, dass wahre Weisheit jenseits von Worten und Konzepten liegt und dass der Weg zur Erkenntnis oft die Überwindung unserer tiefsten intellektuellen und sozialen Konditionierungen erfordert. Wie der Lotus, der im Schlamm wurzelt, aber zu makelloser Schönheit erblüht, veranschaulicht Pankajapcas Leben die Möglichkeit, aus den Begrenzungen unserer gewöhnlichen Existenz zu einer transformierten, erleuchteten Seinsweise aufzusteigen.

Die Übertragungslinie des "lotusgeborenen Brahmanen" lebt in verschiedenen Schulen des tibetischen Buddhismus fort, und seine Methoden der Integration verschiedener spiritueller Ansätze können auch heute noch als Inspiration für einen ganzheitlichen spirituellen Weg dienen. Seine Geschichte erinnert uns daran, dass selbst der stolzeste Intellekt durch direkte spirituelle Erfahrung transformiert werden kann, und dass wahre Weisheit letztendlich nicht im Wissen, sondern in der Transformation des Herzens besteht.

2.67 Putalipa - Der bettelnde Ikonenträger

Herkunft

Die historischen Quellen über Putalipas genaue Herkunft sind spärlich und oft von legendenhaften Elementen durchdrungen, wie es bei vielen Mahasiddhas der Fall ist. Den Überlieferungen nach lebte er vermutlich zwischen dem 8. und 11. Jahrhundert n. Chr. in Nordindien, einer Zeit, in der der tantrische Buddhismus (Vajrayana) florierte und sich von seinem Ursprungsland nach Tibet und andere Teile Asiens ausbreitete.

Putalipa wurde Berichten zufolge in eine Brahmanenfamilie in der Region Bengal geboren, was ihm eine fundierte Bildung und Kenntnis der vedischen Schriften ermöglichte. Einige Quellen deuten darauf hin, dass er zunächst als Tempelpriester tätig war, bevor er seinen konventionellen religiösen Pfad verließ. Andere Überlieferungen platzieren seine Geburt in der Nähe von Oddiyana (im heutigen Pakistan oder Afghanistan), einer Region, die als Geburtsort vieler tantrischer Lehren gilt.

Unabhängig von seinem genauen Geburtsort wird Putalipa als jemand beschrieben, der in privilegierten Umständen aufwuchs, mit Zugang zu religiöser Bildung und einer gesicherten Position in der gesellschaftlichen Hierarchie seiner Zeit - ein Hintergrund, der seinen späteren radikalen Bruch mit konventionellen religiösen Praktiken umso bemerkenswerter macht.

Besondere Eigenschaften

Putalipa zeichnete sich durch mehrere bemerkenswerte Eigenschaften aus, die ihn unter den Mahasiddhas hervorhoben. Die auffälligste war zweifellos seine Praxis, heilige Bildnisse (Ikonen) auf seinem Rücken zu tragen, während er gleichzeitig als Bettler lebte - eine scheinbar widersprüchliche Kombination aus tiefster Verehrung und völliger Loslösung von materiellen und sozialen Normen.

Seine außergewöhnliche Fähigkeit, extreme Gegensätze in sich zu vereinen, wurde als direkter Ausdruck seiner Verwirklichung der "Nicht-Zweiheit" (Advaita) angesehen. Während er äußerlich als verarmter Bettler erschien, strahlte er eine innere Würde und Gelassenheit aus, die selbst hochrangige Gelehrte und Könige in Erstaunen versetzte.

Zeitzeugenberichte beschreiben Putalipa als einen Mann mit durchdringendem Blick, der die Fähigkeit besaß, die verborgenen Gedanken und karmischen

Verstrickungen anderer zu erkennen. Trotz seiner manchmal exzentrischen Handlungen wird er als außerordentlich mitfühlend beschrieben, mit einem feinen Gespür für das richtige Timing und die angemessene Methode, um anderen auf ihrem spirituellen Weg zu helfen.

Eine weitere bemerkenswerte Eigenschaft war seine Eloquenz. Obwohl er oft in Rätseln und Paradoxen sprach, konnte er komplexe philosophische Konzepte in einfache, kraftvolle Bilder übersetzen, die direkt das Herz seiner Zuhörer berührten. Diese Fähigkeit, die Essenz der Lehre jenseits intellektueller Konstrukte zu vermitteln, machte ihn zu einem wirksamen Lehrer, dessen Worte oft unmittelbare Einsicht auslösten.

Geschichte der Erleuchtung

Putalipas Weg zur Erleuchtung begann mit einer tiefen Krise. Als Tempelpriester führte er jahrelang gewissenhaft rituelle Verehrungen durch, bis er eines Tages eine erschütternde Erkenntnis hatte: Trotz seiner äußerlichen Hingabe und seines umfangreichen Wissens fühlte er sich innerlich leer und von wahrer spiritueller Erfüllung entfernt.

Der Wendepunkt in seinem Leben kam der Legende nach, als er einen wandernden Yogi traf, der später als sein Guru identifiziert wurde – in einigen Quellen wird er als der Mahasiddha Saraha genannt. Als Putalipa den zerlumpten Yogi beim Verzehr von Fleisch und Alkohol sah – Verhaltensweisen, die für einen spirituellen Praktizierenden als tabu galten – war er zunächst entsetzt. Der Yogi lachte und sagte: "Du verehrst tote Götterbilder, während du die lebendige Gottheit in dir selbst ignorierst. Wessen Unwissenheit ist größer?"

Diese Begegnung erschütterte Putalipas Weltbild und führte zu einer tiefen Kontemplation über die Natur wahren spirituellen Strebens. Nach Tagen intensiver innerer Auseinandersetzung suchte er den Yogi erneut auf und bat um Unterweisung. Der Meister initiierte ihn in die tantrischen Praktiken und gab ihm eine paradoxe Anweisung: Er solle weiterhin die heiligen Bilder verehren, aber sie auf seinem Rücken tragen und als Bettler leben.

Diese ungewöhnliche Praxis wurde zum Katalysator für Putalipas Transformation. Indem er die heiligen Ikonen physisch trug, während er sein Ego durch das Bettlerleben demütigte, überwand er schrittweise die Dualität zwischen Heiligem und Profanem, zwischen Verehrung und Transzendenz. Nach sieben Jahren intensiver Praxis, so wird berichtet, erlangte er während einer Vollmondnacht die vollständige Erleuchtung. In diesem Moment erkannte er die wahre Natur des Geistes – leer von inhärenter Existenz, doch gleichzeitig strahlend vor Klarheit und grenzenlosem Mitgefühl.

Leben und Tod

Nach seiner Erleuchtung führte Putalipa ein wanderndes Leben als Ikonenträger und Lehrer. Er reiste durch verschiedene Regionen Indiens, von den heiligen Stätten am Ganges bis zu den abgelegenen Bergtälern des Himalayas. Überall, wo er hinging, zog sein ungewöhnliches Erscheinungsbild – der Bettler mit kostbaren Ikonen auf dem Rücken – Aufmerksamkeit auf sich, was ihm Gelegenheit gab, die Lehre zu verbreiten.

Putalipa lehnte feste Wohnsitze und institutionelle Bindungen ab. Er bevorzugte es, unter freiem Himmel zu leben oder temporär in Höhlen, verlassenen Tempeln oder Leichenverbrennungsstätten zu verweilen – Orte, die in der tantrischen Tradition als besonders kraftvoll für spirituelle Praxis gelten. Seine Schüler kamen aus allen Gesellschaftsschichten: Könige und Bettler, Gelehrte und Analphabeten fanden gleichermaßen Zugang zu seinen Lehren.

Zahlreiche Geschichten ranken sich um seine unkonventionellen Methoden, Schüler zu unterweisen. Einmal soll er einen stolzen Prinzen gezwungen haben, ihn tagelang durch die Stadt zu tragen, um dessen Ego zu brechen. Ein anderes Mal brachte er einen intellektuellen Mönch zur Einsicht, indem er vor dessen Augen eine wertvolle Ikone zerbrach und sagte: "So zerbricht die Wahrheit deine Konzepte."

Über Putalipas Tod existieren verschiedene Überlieferungen. Die bekannteste besagt, dass er im fortgeschrittenen Alter von etwa 120 Jahren bewusst seinen Todeszeitpunkt wählte. Nachdem er seine letzten Unterweisungen gegeben hatte, soll er sich in Meditation versetzt haben und in einem Zustand vollkommener Absorption verschieden sein. Einigen Berichten zufolge manifestierte sich dabei ein Regenbogenlicht um seinen Körper – ein Zeichen höchster tantrischer Verwirklichung. Andere Quellen berichten, dass sein Körper sich in Licht auflöste und keine physischen Überreste zurückblieben.

Eine alternative Überlieferung erzählt, dass er einfach eines Tages weiterzog und nie wieder gesehen wurde, was zu Spekulationen führte, er habe einen

"Regenbogenkörper" erlangt – eine vollständige Transformation des physischen Körpers in reines Licht, die höchste Verwirklichung im Dzogchen und anderen tantrischen Systemen.

Lehren und Übertragungen

Putalipas Lehren waren tief in der tantrischen Tradition verwurzelt, brachten jedoch eine einzigartige Perspektive ein, die später als "Der Pfad des Ikonenträgers" (Pratima-vahana-marga) bekannt wurde. Im Zentrum seiner Lehre stand die Vereinigung scheinbarer Gegensätze: Form und Leere, Verehrung und Transzendenz, konventionelle und absolute Wahrheit.

Seine Hauptlehre lässt sich in drei Prinzipien zusammenfassen:

1. Verkörperte Transzendenz: Im Gegensatz zu asketischen Traditionen, die den Körper ablehnten, lehrte Putalipa, dass der Körper selbst ein Vehikel der Erleuchtung sei. Das Tragen der Ikonen symbolisierte die Integration des Heiligen in den Alltag, während das gleichzeitige Betteln die Loslösung von materieller Identifikation darstellte.

2. Paradoxe Weisheit: Putalipa nutzte oft widersprüchliche Anweisungen und Handlungen, um seine Schüler über die konzeptuelle Denkweise hinauszuführen. Ein berühmtes Zitat lautet: "Verehre die Ikone mit vollkommener Hingabe und erkenne gleichzeitig, dass weder die Ikone noch du selbst existierst."

3. Unmittelbare Erkenntnis: Er betonte die direkte Erfahrung der Natur des Geistes über intellektuelles Studium. Seine Meditationsanweisungen waren prägnant und direkt: "Schau in den Spiegel deines Geistes und erkenne, dass der Betrachter und das Betrachtete eins sind."

Putalipa übertrug seine Lehren sowohl durch formelle Initiationen als auch durch spontane, situationsbezogene Unterweisungen. Seine Übertragungslinie florierte zunächst in Nordindien und verzweigte sich später nach Tibet, Nepal und Bhutan. Besonders in der Kagyu-Tradition des tibetischen Buddhismus wird sein Einfluss anerkannt, wo einige seiner Meditationstechniken in die Mahamudra-Praxis integriert wurden.

Von seinen direkten Schülern sind mehrere namentlich bekannt, darunter Darikapa, der später selbst ein bedeutender Mahasiddha wurde, und die Yogini Manibhadra, die seine Lehren in weiblichen Praktizierendenkreisen verbreitete.

Diese Schüler kompilierten seine mündlichen Unterweisungen in Texten wie dem "Pratimavahana Tantra" und dem "Doha des Ikonenträgers" – Werke, die heute größtenteils nur noch in tibetischen Übersetzungen existieren.

Bedeutung und Nachwirkung

Putalipas Einfluss auf die Entwicklung des tantrischen Buddhismus war tiefgreifend und vielschichtig. Sein Vermächtnis wirkt auf mehreren Ebenen fort:

In der philosophischen Dimension trug er wesentlich zur Entwicklung der "nicht-dualistischen" Perspektive bei, die das Heilige und das Weltliche nicht als getrennte Bereiche betrachtet. Diese Sichtweise beeinflusste spätere Traditionen wie Mahamudra und Dzogchen, die ebenfalls die unmittelbare Erkenntnis der Natur des Geistes betonen.

In der praxisorientierten Dimension inspirierte sein Beispiel Generationen von Praktizierenden, konventionelle religiöse Formen zu hinterfragen und direkte Erfahrung über bloße Rituale zu stellen. Seine Integration von Hingabe und Transzendenz diente als Modell für den "mittleren Weg" zwischen blinder Verehrung und nihilistischer Ablehnung religiöser Symbole.

In der kulturellen Dimension wurde Putalipa zu einer ikonischen Figur, die in Kunst, Literatur und Volkstraditionen fortlebt. Seine paradoxe Erscheinung – der Bettler mit kostbaren Ikonen – wurde zu einem kraftvollen Symbol für die buddhistische Lehre von der Leerheit und dem gleichzeitigen Mitgefühl.

In Tibet wurde Putalipa besonders in der Kagyu-Tradition verehrt, wo er als einer der Vorfahren in der Übertragungslinie verschiedener Meditationstechniken gilt. Der große tibetische Meister Milarepa, der ebenfalls einen unkonventionellen Weg ging, wird manchmal mit Putalipa verglichen. In Nepal wird er unter dem Namen "Citravahana" (Bildträger) verehrt und gilt als Schutzpatron der Thangka-Maler.

Ein faszinierender Aspekt seiner Nachwirkung ist die Entstehung einer speziellen Praxis namens "Tashigomang" in Tibet – mobile Schreine mit heiligen Bildern, die von Pilgern auf dem Rücken getragen werden. Diese Tradition, die bis heute in abgelegenen Regionen Tibets und des Himalayas fortbesteht, wird direkt auf Putalipas Beispiel zurückgeführt.

In der gegenwärtigen Zeit gewinnt Putalipas Lehre vom Überwinden scheinbarer Gegensätze neue Relevanz in interreligiösen Dialogen und bei spirituell

Suchenden, die traditionelle Formen mit zeitgenössischem Bewusstsein vereinen möchten.

Darstellung in der Kunst

Die künstlerische Darstellung Putalipas folgt bestimmten ikonografischen Konventionen, enthält jedoch je nach Region und Zeit unterschiedliche Elemente. In der klassischen tibetischen Thangka-Malerei wird er typischerweise mit folgenden Attributen dargestellt:

Er erscheint als hagerer Mann mittleren Alters mit einem Bart und wildem, ungepflegtem Haar – Zeichen seiner Loslösung von weltlichen Konventionen. Seine Kleidung ist die eines Bettlers: zerlumpt und minimal, oft nur ein Lendentuch und ein dünner Umhang, manchmal aus Stoff, der Leichenverbrennungsstätten entnommen wurde (eine tantrische Praxis, die die Vergänglichkeit symbolisiert).

Das definierendste Element seiner Ikonografie ist die Sammlung von kleinen Götterstatuen und Bildnissen, die er in einem Rahmen oder Korb auf seinem Rücken trägt. Diese werden oft detailliert dargestellt und zeigen verschiedene Buddhas und Bodhisattvas. In manchen Darstellungen trägt er zusätzlich eine einzelne, besonders kostbare Ikone in seiner Hand.

Sein Gesichtsausdruck vereint Intensität und tiefe Ruhe – ein künstlerischer Versuch, die Verschmelzung von Leidenschaft und Gelassenheit darzustellen, die für verwirklichte tantrische Meister charakteristisch ist. Oft wird er mit dem "verrückten Blick" (unmatta-drishti) gezeigt, der die Transzendenz gewöhnlicher Wahrnehmung symbolisiert.

In der nepalesischen Tradition wird Putalipa manchmal in einer dynamischeren Pose dargestellt, tanzend oder in Bewegung, was seine Freiheit von Konventionen unterstreicht. In bhutanischen Darstellungen erscheint er häufig in Begleitung seiner Hauptschülerin Manibhadra.

Bemerkenswert sind auch die Hintergrundszenen in manchen Thangkas, die Episoden aus seinem Leben illustrieren: seine Begegnung mit dem Guru, seine Erleuchtungserfahrung oder Szenen, in denen er andere unterweist. Diese narrativen Elemente bieten einen Einblick in die unterschiedlichen Geschichten, die mit seiner Legende verbunden sind.

In zeitgenössischen künstlerischen Interpretationen wird Putalipas paradoxe Natur oft betont, indem moderne Elemente mit traditionellen Darstellungen kombiniert werden. So gibt es beispielsweise Darstellungen, die ihn in urbanen Umgebungen zeigen, was die fortdauernde Relevanz seiner Lehre von der Integration des Heiligen und des Alltäglichen unterstreicht.

Die künstlerische Darstellung Putalipas dient nicht nur der Verehrung, sondern auch als visuelles Lehrmittel, das Praktizierende an die zentrale Botschaft seines Lebens erinnert: die Überwindung dualistischer Konzepte auf dem Weg zur Befreiung.

Schlussbetrachtung

Die Geschichte des Mahasiddha Putalipa, des bettelnden Ikonenträgers, verkörpert ein zentrales Paradoxon des spirituellen Weges: die gleichzeitige Notwendigkeit von Hingabe und Transzendenz, von Form und Formlosigkeit. In einer Zeit, in der religiöse Praktiken oft entweder zu starrer Ritualität oder zu abstrakter Philosophie tendierten, bot Putalipa einen Mittelweg – eine lebendige Demonstration, wie spirituelle Symbole gleichzeitig verehrt und überschritten werden können.

Seine Lehre erinnert uns daran, dass wahre Spiritualität nicht in äußeren Formen oder intellektuellen Konzepten zu finden ist, sondern in der direkten Erkenntnis der Natur des Geistes. Gleichzeitig zeigt sein Beispiel, dass diese Erkenntnis nicht durch Ablehnung des Weltlichen erreicht wird, sondern durch dessen tiefere Durchdringung und Integration.

In der heutigen Zeit, in der spirituell Suchende oft zwischen traditionellen religiösen Formen und modernen säkularen Ansätzen hin- und hergerissen sind, bietet Putalipas Lebensgeschichte eine inspirierende Perspektive: Die tiefste Spiritualität ist weder an Konventionen gebunden noch lehnt sie diese völlig ab. Sie durchdringt und transformiert das Alltägliche, während sie gleichzeitig dessen letztendliche Natur erkennt.

Das Bild des Bettlers, der kostbare Ikonen trägt, bleibt ein kraftvolles Symbol für den spirituellen Weg selbst – ein Weg, der uns einlädt, alles zu verehren und gleichzeitig nichts festzuhalten, alles zu verkörpern und gleichzeitig alle Identifikationen zu transzendieren. In dieser paradoxen Einheit liegt vielleicht die zeitlose Botschaft, die Putalipa uns hinterlassen hat – eine Botschaft, die auch nach Jahrhunderten nichts von ihrer transformativen Kraft eingebüßt hat.

2.68 Rahula - Der verjüngte alte Trottel

Herkunft

Rahula wurde in Indien als Sohn einer Brahmanenfamilie geboren. Als Brahmane genoss er höchstes Ansehen in der damaligen Gesellschaft und erhielt eine umfassende Ausbildung in den vedischen Schriften. Quellen berichten, dass er in der Region Magadha (im heutigen Bundesstaat Bihar) zur Zeit des späten ersten Jahrtausends lebte. Aufgewachsen in privilegierten Verhältnissen, entwickelte Rahula einen ausgeprägten Intellekt und galt als brillanter Gelehrter, der die vedischen Texte und philosophischen Abhandlungen meisterhaft beherrschte.

Was Rahula von vielen anderen Gelehrten seiner Zeit unterschied, war sein außergewöhnlich langes Leben. Die Überlieferungen berichten, dass er über hundert Jahre alt wurde, bevor seine spirituelle Transformation begann. In dieser langen Zeit sammelte er enormes Wissen an, entwickelte jedoch auch eine tiefe Anhaftung an seinen Status und intellektuellen Stolz, der später zu seinem größten Hindernis werden sollte.

Besondere Eigenschaften

Zu Rahulas besonderen Eigenschaften gehörte zunächst sein phänomenales Gedächtnis und seine analytische Brillanz. Er konnte komplexe philosophische Konzepte mit Leichtigkeit erfassen und debattieren. Seine Eloquenz und rhetorische Gewandtheit machten ihn zu einem gefürchteten Gegner in philosophischen Debatten, und er nutzte sein Wissen oft, um andere zu übertrumpfen und seinen eigenen Ruf zu festigen.

Trotz seiner intellektuellen Fähigkeiten war Rahula jedoch von einer tiefen inneren Unzufriedenheit geprägt. Mit fortschreitendem Alter wurde ihm zunehmend bewusst, dass sein angesammeltes Wissen ihm keine Antworten auf die existenziellen Fragen des Lebens geben konnte. Sein alternder Körper und die damit verbundenen Einschränkungen verstärkten sein Gefühl der Vergänglichkeit und Hilflosigkeit.

Eine weitere besondere Eigenschaft Rahulas war seine Sturheit und sein Stolz, die sich mit dem Alter verstärkten. Er hielt verbissen an seinen Überzeugungen fest und war zunächst nicht bereit, seine eigenen Beschränkungen zu erkennen. Diese Eigenschaften, die zunächst als Hindernisse erschienen, wurden später – nach seiner Transformation – zu Tugenden umgewandelt: Seine Beharrlichkeit wurde zu unerschütterlicher Hingabe an die Praxis, und sein scharfer Verstand wurde zu durchdringender Weisheit.

Geschichte der Erleuchtung

Rahulas Weg zur Erleuchtung begann mit einer tiefen Krise. Im hohen Alter von über hundert Jahren war er körperlich gebrechlich geworden, und sein einst brillanter Geist begann nachzulassen. Diese Erfahrung der Vergänglichkeit und des Verfalls stürzte ihn in tiefe Verzweiflung.

Die Legende berichtet, dass Rahula in dieser Phase seines Lebens einer jungen Yogini begegnete, die trotz ihres jugendlichen Alters tiefe spirituelle Verwirklichung ausstrahlte. Beschämt und verzweifelt über seinen eigenen Zustand, fragte er sie nach dem Geheimnis ihrer inneren Kraft und Ausgeglichenheit. Die Yogini lachte über den alten, stolzen Brahmanen und sagte ihm, dass all sein Wissen nutzlos sei, solange er nicht die wahre Natur seines Geistes erkenne.

Diese Begegnung markierte einen Wendepunkt in Rahulas Leben. Von Demut ergriffen, bat er die Yogini, ihn als Schüler anzunehmen. Sie willigte ein, stellte jedoch eine Bedingung: Er müsse alle seine bisherigen Überzeugungen aufgeben und wie ein Kind neu beginnen. Um dies zu symbolisieren, gab sie ihm Anweisungen für eine spezielle alchemistische Praxis der Verjüngung, verbunden mit intensiven Visualisierungsübungen und Mantrarezitationen.

Rahula zog sich für mehrere Jahre in eine abgelegene Höhle zurück und praktizierte mit unerschütterlicher Hingabe die Anweisungen der Yogini. Durch seine intensive Praxis erfuhr er eine vollständige Transformation: Nicht nur sein Geist wurde klar und präsent, auch sein Körper verjüngte sich auf wundersame Weise. Die Überlieferungen berichten, dass er nach sieben Jahren intensiver Praxis wie ein junger Mann von sechzehn Jahren aussah – daher sein Beiname "der verjüngte alte Trottel".

Seine Erleuchtung erreichte Rahula schließlich durch die direkte Erkenntnis der leeren Natur aller Phänomene. In einem Moment tiefer Meditation lösten sich alle konzeptuellen Konstrukte auf, und er erkannte die wahre Natur des Geistes jenseits aller intellektuellen Formulierungen. Diese Erfahrung befreite ihn vollständig von den Fesseln des Ego und transformierte ihn in einen verwirklichten Mahasiddha.

Leben und Tod

Nach seiner Transformation lebte Rahula als wandernder Yogi. Befreit von den Beschränkungen des Alters und erfüllt von grenzenloser Energie, reiste er durch ganz Indien und später auch nach Tibet, um andere zu inspirieren und zu unterrichten. Seine äußere Erscheinung als jugendlicher Mann, kombiniert mit der Weisheit seiner langen Lebenserfahrung, machte ihn zu einer einzigartigen und faszinierenden Erscheinung.

Rahula lebte bewusst im Widerspruch zu konventionellen Erwartungen. Er kleidete sich manchmal wie ein junger Prinz, dann wieder wie ein Bettler, und sein Verhalten wechselte zwischen kindlicher Verspieltheit und tiefgründiger Weisheit. Diese scheinbaren Widersprüche dienten dazu, die dualistischen Konzepte seiner Schüler zu durchbrechen und sie zu einer direkteren Erfahrung der Wirklichkeit zu führen.

Über Rahulas Tod gibt es verschiedene Überlieferungen. Einige Quellen berichten, dass er seinen Körper willentlich auflöste und in einem Regenbogenkörper aufging – eine der höchsten Formen der Transformation im tantrischen Buddhismus. Andere Berichte erzählen, dass er einfach verschwand und in andere Reiche reiste, um dort zu lehren. Was auch immer die genauen Umstände seines physischen Endes waren, die Überlieferungen stimmen darin überein, dass Rahula die vollständige Kontrolle über Leben und Tod erlangt hatte und sein Übergang ein Ausdruck seiner vollkommenen Verwirklichung war.

Lehren und Übertragungen

Rahulas Lehren zeichneten sich durch ihre Direktheit und Unkonventionalität aus. Er verwarf komplizierte philosophische Konzepte und betonte stattdessen die unmittelbare Erfahrung der Wirklichkeit. Sein Hauptfokus lag auf der Einheit von Körper und Geist und der Transformation negativer Emotionen in Weisheit.

Die von ihm überlieferten Praktiken umfassen:

1. Die Praxis der alchemistischen Verjüngung: Diese Praxis verbindet Visualisierungen, Atemtechniken und die Arbeit mit subtiler Energie, um Körper und Geist zu transformieren. Sie zielt nicht primär auf physische Jugendlichkeit ab, sondern auf die Erneuerung der geistigen Flexibilität und die Überwindung festgefahrener Muster.

2. Die Meditation über die Leerheit intellektueller Konzepte: Rahula lehrte seine Schüler, wie sie ihr angesammeltes Wissen als Ausgangspunkt nehmen und es dann transzendieren können, um zur direkten Erkenntnis der Wirklichkeit jenseits von Konzepten zu gelangen.

3. Die Integration von Weisheit und Mitgefühl: Trotz seiner unkonventionellen Methoden betonte Rahula stets die Wichtigkeit des Mitgefühls. Er lehrte, dass wahre Weisheit niemals von Mitgefühl getrennt sein kann und dass die höchste Verwirklichung die vollständige Integration dieser beiden Aspekte ist.

Rahulas Übertragungslinie wurde insbesondere in Tibet innerhalb der Kagyu- und Nyingma-Traditionen bewahrt. Seine Lehren flossen in verschiedene Zyklen tantrischer Praktiken ein, besonders in jene, die mit Langlebigkeit und der Transformation negativer Emotionen verbunden sind. In der Kagyu-Tradition wird er als einer der Halter der "Sechs Yogas von Naropa" angesehen, insbesondere der Praktiken, die mit der inneren Hitze (Tummo) und dem illusorischen Körper verbunden sind.

Bedeutung und Nachwirkung

Rahulas Geschichte und Lehren haben bis heute eine tiefgreifende Bedeutung für praktizierende Buddhisten. Seine Transformation vom hochmütigen Gelehrten zum verwirklichten Meister symbolisiert den zentralen buddhistischen Pfad von der konzeptuellen Verstrickung zur direkten Erfahrung. Besonders relevant ist seine Geschichte für ältere Praktizierende, denen sie zeigt, dass das Alter kein Hindernis für spirituelle Verwirklichung darstellt.

In der heutigen schnelllebigen Zeit, in der Wissen leicht zugänglich ist, erinnert Rahulas Beispiel daran, dass wahre Weisheit nicht durch Anhäufung von Information, sondern durch direkte Erfahrung und Transformation entsteht. Seine Lehre von der "Verjüngung" kann metaphorisch als Aufforderung verstanden werden, geistige Flexibilität zu bewahren und offen für neue Erfahrungen zu bleiben.

Rahulas Nachwirkung zeigt sich auch in spezifischen Praktiken, die bis heute überliefert werden. In der tibetischen Tradition gibt es mehrere Langlebigkeitspraktiken, die ihm zugeschrieben werden, sowie Meditationstechniken zur Transformation von Stolz und intellektuellem Hochmut. Seine Lebensgeschichte wird oft als Beispiel dafür angeführt, wie selbst die stärksten Hindernisse in Werkzeuge der Befreiung umgewandelt werden können.

Darstellung in der Kunst

In der tibetischen religiösen Kunst wird Rahula auf charakteristische Weise dargestellt. Typischerweise erscheint er als jugendlicher Mann mit dem Gesichtsausdruck eines Weisen. Diese Kombination von jugendlichem Äußeren und tiefgründiger Weisheit symbolisiert seine besondere Transformation.

In Thangka-Malereien wird Rahula oft in der klassischen Siddha-Pose dargestellt: sitzend, mit einem Bein ausgestreckt und einem angewinkelten Bein, manchmal mit einer Vase des langen Lebens (Tse-bum) in seinen Händen. Seine Kleidung kann sowohl königlich als auch einfach sein, was seine Transzendenz sozialer Konventionen symbolisiert.

Ein wiederkehrendes Element in Darstellungen Rahulas ist die Kombination von Symbolen der Jugend und des Alters: Er mag jugendliche Gesichtszüge haben, aber seine Augen strahlen die Weisheit eines alten Mannes aus. Manchmal wird er auch mit einem Spiegel dargestellt, der sowohl seine Verwandlung symbolisiert als auch auf die tantrischen Praktiken des illusorischen Körpers hinweist.

In den Höhlen von Ajanta und Ellora in Indien finden sich einige frühe Darstellungen, die möglicherweise Rahula zeigen. Diese Figuren sind durch ihre ambivalente Altersdarstellung gekennzeichnet – eine künstlerische Herausforderung, die das Paradox seiner Transformation einfängt.

In moderneren künstlerischen Interpretationen wird Rahulas Geschichte oft als Symbol für die Überwindung altersbedingter Begrenzungen und die zeitlose Natur spiritueller Verwirklichung dargestellt. Zeitgenössische tibetische Künstler greifen dieses Thema auf, um die Relevanz seiner Geschichte für die moderne Welt zu unterstreichen.

Schlussbetrachtung

Die Geschichte des Mahasiddha Rahula bleibt eine zeitlose Inspiration für Suchende auf dem spirituellen Pfad. Sie erinnert uns daran, dass wahre Weisheit nicht durch intellektuelle Anstrengung allein, sondern durch tiefe Transformation und direkte Erfahrung entsteht. Rahulas Wandlung vom "alten Trottel" zum "verjüngten Meister" symbolisiert die Möglichkeit einer radikalen Erneuerung, die jedem offensteht, unabhängig von Alter oder Umständen.

In einer Zeit, in der Jugendlichkeit oft überbewertet und das Alter gefürchtet wird, bietet Rahulas Geschichte eine alternative Perspektive: Sie zeigt, dass Weisheit und Erfahrung des Alters mit der Vitalität und Offenheit der Jugend vereint werden können. Diese Integration von scheinbaren Gegensätzen ist ein zentrales Element tantrischer Praktiken und kann als Metapher für den spirituellen Weg insgesamt verstanden werden.

Rahulas Vermächtnis lehrt uns auch Demut angesichts unseres angesammelten Wissens. In einer Informationsgesellschaft, die intellektuelles Wissen hoch schätzt, erinnert seine Geschichte daran, dass wahre Weisheit oft mit dem Loslassen von Konzepten beginnt. Wie Rahula müssen wir manchmal "Trottel" werden – bereit, unsere festen Überzeugungen in Frage zu stellen – um wahre Erkenntnis zu erlangen.

Letztendlich bleibt Rahula eine paradoxe Figur: ein alter Mann, der zum Jüngling wurde; ein Gelehrter, der sein Wissen transzendierte; ein "Trottel", der zur Verkörperung höchster Weisheit wurde. In diesen Paradoxien liegt vielleicht seine größte Lehre: Die tiefsten Wahrheiten lassen sich nicht in logischen Kategorien erfassen, sondern müssen direkt erfahren werden. Diese zeitlose Botschaft macht Rahula zu einer relevanten und inspirierenden Figur für spirituell Suchende aller Traditionen.

2.69 Saraha - Der große Brahmane

Herkunft

Über Sarahas genaue historische Herkunft gibt es unterschiedliche Überlieferungen. Die meisten Quellen datieren sein Leben etwa ins 8. Jahrhundert n. Chr., während der Blütezeit des tantrischen Buddhismus in Indien. Er wurde vermutlich in einer Brahmanenfamilie in Ostindien, im heutigen Bundesstaat Orissa oder Bengalen, geboren. Sein ursprünglicher Name ist nicht überliefert. Der Name "Saraha" selbst ist ein spiritueller Titel und bedeutet "der Pfeilschütze" oder "der mit dem Pfeil" (aus dem Sanskrit: Sara = Pfeil, ha = schießen), was sich auf eine wichtige Episode in seinem Leben bezieht.

Als Brahmane erhielt er eine umfassende Ausbildung in den vedischen Schriften, der Philosophie und der rituellen Praxis des Hinduismus. Seine intellektuellen Fähigkeiten und sein Durst nach spiritueller Erkenntnis führten ihn jedoch über die Grenzen seiner traditionellen Ausbildung hinaus zum Buddhismus, wo er schließlich zum Mönch ordiniert wurde und an der berühmten Klosteruniversität Nalanda studierte.

Besondere Eigenschaften

Saraha zeichnete sich durch mehrere herausragende Eigenschaften aus, die ihn zu einer einzigartigen Figur in der buddhistischen Geschichte machen:

Erstens besaß er eine ungewöhnliche intellektuelle Brillanz, die es ihm ermöglichte, sowohl die komplexen philosophischen Systeme des Hinduismus als auch des Buddhismus zu durchdringen und zu transzendieren. Seine Fähigkeit, tiefgründige metaphysische Wahrheiten in einfacher, direkter Sprache auszudrücken, machte seine Lehren für Menschen aller Bildungsstufen zugänglich.

Zweitens zeigte er einen bemerkenswerten spirituellen Mut und die Bereitschaft, gesellschaftliche Konventionen zu durchbrechen. Er verließ seine privilegierte Stellung als gelehrter Mönch, um den Pfad eines Yogis einzuschlagen, der außerhalb der etablierten religiösen Institutionen praktizierte.

Drittens verkörperte er die Einheit von Mitgefühl und Weisheit, den beiden Grundpfeilern des Mahayana-Buddhismus. Seine Dohas und Unterweisungen betonen stets die Notwendigkeit, konzeptuelle Unterscheidungen zu überwinden und die inhärente Reinheit aller Erfahrungen zu erkennen.

Viertens besaß er die Fähigkeit, spirituelle Wahrheiten durch Symbolik und Metaphern zu vermitteln. Die Bilder des Pfeils, des Bogens und des Pfeilmachers, die in seinen Lehren häufig vorkommen, dienen als kraftvolle Werkzeuge, um die direkte Erfahrung der Geistesnatur zu vermitteln.

Geschichte der Erleuchtung

Die Erleuchtungsgeschichte Sarahas enthält eines der berühmtesten Beispiele für die unkonventionelle Natur des tantrischen Pfades. Der Überlieferung nach verließ Saraha, nachdem er bereits ein angesehener buddhistischer Gelehrter und Mönch war, das Kloster, nachdem er eine Vision von Vajrayogini (einer weiblichen Buddhaform) hatte. Diese wies ihn an, seine konzeptuelle Gelehrsamkeit aufzugeben und die unmittelbare Erfahrung der Wirklichkeit zu suchen.

Saraha folgte einer Pfeilmacherin oder Bogenmacherin (je nach Version der Geschichte) niedriger Kaste, die in Wirklichkeit eine Dakini (weibliche Verkörperung erleuchteter Energie) war. Diese ungewöhnliche Wahl eines spirituellen Führers skandalisierte die Gesellschaft und brach mit den brahmanischen Reinheitsvorschriften seiner Zeit.

Die entscheidende Wende in Sarahas spiritueller Reise kam, als die Pfeilmacherin ihm eines Tages gekochte Rüben anbot. Tief in Meditation versunken, lehnte Saraha das Essen ab mit der Begründung, dass er als Brahmane keine Rüben esse. Die Pfeilmacherin konfrontierte ihn daraufhin mit seiner Anhaftung an konzeptuelle Unterscheidungen und fragte ihn, wie er behaupten könne, die Nicht-Dualität verstanden zu haben, wenn er immer noch an solchen weltlichen Unterscheidungen festhalte.

Diese direkte Konfrontation löste eine tiefe Erkenntnis in Saraha aus. Er erkannte, dass wahre spirituelle Realisation nicht in intellektuellem Verständnis oder ritueller Reinheit liegt, sondern in der unmittelbaren, nicht-dualistischen Erfahrung der Wirklichkeit. Diese Erkenntnis markierte seine wahre Erleuchtung und wurde zum zentralen Thema seiner späteren Lehren.

Leben und Tod

Nach seiner Erleuchtungserfahrung lebte Saraha als Mahasiddha, ein verwirklichter Meister, der die konventionellen Grenzen zwischen weltlichem und spirituellem Leben transzendiert hatte. Er reiste durch verschiedene Regionen Indiens, lehrte und demonstrierte die Mahamudra-Sichtweise durch seine Lieder und sein Verhalten.

Saraha und seine Gefährtin lebten außerhalb der etablierten religiösen Strukturen, oft in abgelegenen Gebieten oder an Verbrennungsplätzen, die traditionell mit tantrischen Praktiken assoziiert werden. Sie verkörperten den Lebensstil der Yogis, die weltliche Besitztümer aufgegeben hatten, um sich vollständig der spirituellen Praxis zu widmen.

Über Sarahas Tod gibt es wenig historische Aufzeichnungen. Gemäß der tantrischen Tradition wird angenommen, dass er seinen physischen Körper in einen "Regenbogenkörper" transformiert hat - ein Zeichen höchster spiritueller Vollendung, bei dem der physische Körper in reines Licht aufgelöst wird. Diese Vorstellung symbolisiert die vollständige Integration von Körper und Geist, Form und Leere, die das ultimative Ziel des tantrischen Pfades darstellt.

In vielen tibetischen Darstellungen wird Saraha als unsterblicher Meister betrachtet, der in verschiedenen Formen erscheinen kann, um Schüler zu unterweisen. Diese Sichtweise reflektiert den Glauben, dass ein vollständig erleuchtetes Wesen jenseits der gewöhnlichen Konzepte von Leben und Tod existiert.

Lehren und Übertragungen

Sarahas Hauptbeitrag zur buddhistischen Tradition liegt in seinen poetischen Werken, den sogenannten Dohas (Gesängen oder Liedern der Verwirklichung), und seinen systematischen Abhandlungen über Mahamudra. Seine drei wichtigsten Werke sind:

1. Die Königliche Doha (Sanskrit: Raja Doha): Richtet sich an die allgemeine Öffentlichkeit und kritisiert religiöse Heuchelei und leere Rituale.

2. Die Doha für das Volk (Sanskrit: Jana Doha): Bietet praktische Anleitungen für Praktizierende des mittleren Niveaus.

3. Die Doha für die Frauen (Sanskrit: Stri Doha): Enthält fortgeschrittene Unterweisungen für erfahrene Yogis, die in symbolischer, oft erotischer Sprache kodiert sind.

Der Kern von Sarahas Lehre ist die direkte Erkenntnis der Natur des Geistes jenseits konzeptueller Elaborationen. Er betont, dass die ultimative Wahrheit nicht durch intellektuelle Analyse oder religiöse Rituale gefunden werden kann, sondern nur durch unmittelbare Erfahrung. Seine berühmten Verse illustrieren diesen Punkt:

"Wenn der Geist nicht wandert, braucht es keine Meditation. Wenn keine Verblendung besteht, wozu dann Meditation? Da die wahre Natur frei von Gedanken ist, Wer meditiert und worüber?"

Saraha lehrte auch die "Vier Yogas der Mahamudra" als Stufen des spirituellen Pfades:

1. Einspitzigkeit (ekagrata) - die Fähigkeit, den Geist zu fokussieren

2. Freiheit von Elaborationen (nisprapanca) - das Überwinden konzeptueller Konstrukte

3. Ein-Geschmack (ekarasa) - die Erkenntnis der Nicht-Dualität aller Phänomene

4. Nicht-Meditation (abhavana) - die mühelose Verwirklichung der Geistesnatur

Seine Lehren wurden durch direkte Übertragung an seine Schüler weitergegeben, wobei Shavaripa (oder Shavarisha) als sein Hauptschüler gilt. Diese Übertragungslinie bildete den Ausgangspunkt für die spätere Entwicklung der Mahamudra-Tradition im tibetischen Buddhismus, insbesondere in der Kagyu-Schule.

Bedeutung und Nachwirkung

Sarahas Einfluss auf die Entwicklung des Vajrayana-Buddhismus kann kaum überschätzt werden. Als einer der ersten und bedeutendsten Mahasiddhas legte er den Grundstein für die tantrische Revolution, die den indischen Buddhismus im 8. und 9. Jahrhundert transformierte.

In Tibet wird Saraha als einer der "Drei Indischen Meister der Mahamudra" verehrt, zusammen mit Maitripa und Naropa. Die von ihm begründete Mahamudra-Tradition wurde besonders in der Kagyu-Schule des tibetischen Buddhismus bewahrt und weiterentwickelt, wo seine Dohas bis heute studiert und rezitiert werden.

Seine kritische Haltung gegenüber institutionalisierter Religion und leeren Ritualen inspirierte Generationen von Praktizierenden, über die äußeren Formen religiöser Praxis hinauszugehen und die direkte Erfahrung der Geistesnatur zu suchen. Diese anti-institutionelle Tendenz wurde später in der Entwicklung des Zen-Buddhismus in China und Japan weitergeführt.

Sarahas Betonung der Nicht-Dualität von Samsara (Kreislauf des Leidens) und Nirvana (Befreiung) sowie seine Wertschätzung weltlicher Erfahrungen als Pfad zur Erleuchtung haben den Vajrayana-Buddhismus tiefgreifend geprägt. Seine Idee, dass Erleuchtung nicht in der Flucht vor der Welt, sondern in der vollständigen Durchdringung ihrer wahren Natur liegt, bleibt ein zentrales Thema im tantrischen Buddhismus.

Darstellung in der Kunst

In der tibetischen und nepalesischen religiösen Kunst wird Saraha in charakteristischer Weise dargestellt. Typischerweise erscheint er als:

- Ein Mann mit langem, offenem Haar (im Gegensatz zum rasierten Kopf eines Mönchs), was seinen Status als Yogi außerhalb der monastischen Tradition symbolisiert.

- Oft mit einem Pfeil in der rechten Hand, was auf seinen Namen und die berühmte Episode mit der Pfeilmacherin anspielt.

- In der Position des "königlichen Entspannens" (maharaja-lila) sitzend, mit einem Bein ausgestreckt und einem angewinkelten Bein, was seine Verwirklichung der mühelosen Natürlichkeit symbolisiert.

- Mit einer Schädelschale (kapala) in der linken Hand, die die Transzendenz von Leben und Tod repräsentiert.

- Oft begleitet von seiner Gefährtin, der Pfeilmacherin, die als Dakini dargestellt wird.

- Mit einer leicht rötlichen Hautfarbe, die seine leidenschaftliche Natur und die Transformation von Begierde in Erleuchtungsenergie symbolisiert.

In Thangkas wird Saraha häufig als zentraler Meister in Übertragungslinien der Mahamudra-Tradition dargestellt, umgeben von Lehrern der Kagyu-Tradition, die seine Lehren bewahrt haben.

Seine Ikonographie spiegelt die Vereinigung scheinbarer Gegensätze wider — weltlich und spirituell, leidenschaftlich und weise, individuell und universell — die den Kern seiner Lehre bildet.

Schlussbetrachtung

Saraha, der große Brahmane, verkörpert den revolutionären Geist des tantrischen Buddhismus, der konventionelle religiöse Normen herausfordert und die direkte Erfahrung über dogmatische Glaubenssätze stellt. Seine Geschichte und Lehren bleiben bis heute relevant für spirituelle Suchende, die nach authentischer Verwirklichung streben.

Was Sarahas Lehre besonders zeitlos macht, ist die universelle Wahrheit, dass echte spirituelle Transformation nicht durch das Befolgen äußerer Regeln oder intellektuelles Verständnis allein erreicht werden kann, sondern durch die direkte Erkenntnis der eigenen Geistesnatur. Seine Kritik an religiöser Heuchelei und leeren Ritualen erinnert uns daran, dass wahre Spiritualität in der authentischen inneren Erfahrung liegt, nicht in äußeren Formen.

In einer Zeit zunehmender religiöser Polarisierung und Dogmatismus bietet Sarahas integrative Vision einen Weg, der über sektiererische Unterschiede hinausgeht. Seine Betonung der Einheit von weltlicher und spiritueller Erfahrung zeigt, dass Erleuchtung nicht in der Ablehnung des Lebens, sondern in seinem vollständigen Umarmen liegt.

Letztendlich lehrt uns Saraha, dass der Pfeil der direkten Erkenntnis, wenn er vom Bogen des Vertrauens abgeschossen wird, direkt ins Herz der Wirklichkeit trifft, jenseits aller Konzepte und Konstrukte. In dieser zeitlosen Weisheit liegt sein bleibendes Vermächtnis als einer der größten spirituellen Meister der buddhistischen Tradition.

2.70 Sakara (Saroruha) - der vom Lotusteich Aufgestiegene

Herkunft

Die historischen Quellen über Sakaras Herkunft sind, wie bei vielen Mahasiddhas, von legendenhaften Elementen durchzogen. Nach den traditionellen Überlieferungen wurde Sakara im 9. Jahrhundert in Ostindien, im heutigen Bundesstaat Bihar oder Bengalen, geboren. Er stammte aus einer wohlhabenden Brahmanenfamilie und erhielt eine klassische vedische Ausbildung. Sein Geburtsname ist nicht eindeutig überliefert, und wie viele Mahasiddhas erhielt er seinen späteren Namen Sakara ("Der mit der Lotushand") oder Saroruha ("Der vom Lotusteich Aufgestiegene") aufgrund seiner spirituellen Errungenschaften.

Als junger Mann soll Sakara an der berühmten buddhistischen Universität Nalanda studiert haben, die zu jener Zeit ein Zentrum buddhistischer Gelehrsamkeit und Praxis war. Dort erwarb er umfassendes Wissen in buddhistischer Philosophie, Logik und rituellen Praktiken. Die Quellen berichten, dass er schon früh außergewöhnliche intellektuelle Fähigkeiten zeigte und die komplexesten philosophischen Texte mit Leichtigkeit durchdrang.

Trotz seines brahmanischen Hintergrunds fühlte sich Sakara zum Buddhismus hingezogen, was in einer Zeit starker religiöser Identifikation einen bedeutsamen Bruch mit seiner familiären Tradition darstellte. Diese Überschreitung sozialer und religiöser Grenzen sollte später zu einem wiederkehrenden Thema in seinem Leben und seinen Lehren werden.

Besondere Eigenschaften

Sakara zeichnete sich durch mehrere bemerkenswerte Eigenschaften aus, die ihn von anderen spirituellen Meistern seiner Zeit unterschieden. Eine seiner hervorstechendsten Qualitäten war sein außergewöhnliches Gedächtnis. Es wird berichtet, dass er einmal gehörte tantrische Anweisungen vollständig memorieren und ohne Fehler wiedergeben konnte - eine Fähigkeit, die in einer Zeit, in der die Übertragung spiritueller Lehren hauptsächlich mündlich erfolgte, von unschätzbarem Wert war.

Eine weitere bemerkenswerte Eigenschaft Sakaras war seine Fähigkeit, komplexe buddhistische Konzepte in einfache, alltägliche Sprache zu übersetzen. Anders als viele gelehrte Pandits seiner Zeit, die sich in abstrakter Terminologie verloren, konnte Sakara die tiefsten Einsichten in Bildern und Gleichnissen vermitteln, die auch für einfache Menschen zugänglich waren. Diese Gabe machte ihn zu einem besonders effektiven Lehrer für Menschen unterschiedlichster Herkunft und Bildung.

Sakara war auch für seinen unerschütterlichen Gleichmut bekannt. Traditionelle Quellen berichten, dass er in jeder Situation - sei es in extremer Hitze oder Kälte, in Reichtum oder Armut, bei Lob oder Kritik - dieselbe innere Ausgeglichenheit bewahrte. Diese Qualität wird in den buddhistischen Texten als Zeichen echter spiritueller Reife angesehen.

Vielleicht seine bemerkenswerteste Eigenschaft war jedoch sein Mitgefühl für alle Wesen. Sakara soll eine besondere Affinität zu Ausgestoßenen, Kranken und gesellschaftlich Marginalisierten gehabt haben. In einer Zeit strenger sozialer Hierarchien und Reinheitsvorstellungen war sein Umgang mit Menschen aller Kasten und Lebenssituationen revolutionär. Diese Haltung spiegelte sein tiefes Verständnis der buddhistischen Lehre wider, dass alle Wesen die Buddha-Natur besitzen und das Potenzial zur Erleuchtung haben.

Geschichte der Erleuchtung

Sakaras Weg zur Erleuchtung folgt einem Muster, das für viele Mahasiddha-Biografien charakteristisch ist: eine Phase intensiver konventioneller Praxis, gefolgt von einer Krise oder einem Bruch, der zu einer direkteren, unkonventionelleren Herangehensweise führt. Nach Jahren des Studiums und der Meditation in Nalanda fühlte Sakara, dass er trotz seines umfangreichen Wissens und seiner strengen Praxis die letzte Verwirklichung noch nicht erreicht hatte.

Die Wende in seinem spirituellen Leben kam der Überlieferung nach durch eine Begegnung mit einem weiblichen Tantra-Meister (einer Dakini) am Ufer eines Lotusteiches. Diese erschien ihm in der Gestalt einer einfachen Wasserträgerin und stellte ihm eine einfache Frage: "Was ist der Unterschied zwischen dem Wasser im Teich und dem Wasser in meinem Krug?" Als Sakara in eine komplexe philosophische Erklärung über Behälter und Inhalt, Form und Leere verfiel, lachte die Frau nur und sagte: "Du sprichst über das, was du nicht kennst. Wenn du die Wahrheit erfahren willst, suche meinen Meister auf."

Gedemütigt und gleichzeitig inspiriert, folgte Sakara ihrer Anweisung und fand ihren Meister, den Mahasiddha Saraha, der in einer abgelegenen Hütte lebte. Unter Sarahas Anleitung begann Sakara, die tantrischen Praktiken des Hevajra-Tantra zu studieren und zu praktizieren, insbesondere die fortgeschrittenen Yogas der inneren Hitze (Tummo) und der illusorischen Körper (Gyulu).

Der entscheidende Durchbruch in Sakaras Praxis kam nach einer dreimonatigen intensiven Retreat-Phase in einer Höhle am Ufer des Ganges. Während dieser Zeit soll er die vollständige Vereinigung von Glückseligkeit und Leerheit realisiert haben - die ultimative Verwirklichung im tantrischen Buddhismus. In diesem Zustand erkannte er die fundamentale Nicht-Dualität aller Phänomene und die illusorische Natur aller konzeptuellen Konstrukte. Diese Erfahrung markierte seine Transformation vom gelehrten Pandit zum verwirklichten Mahasiddha.

Nach seiner Erleuchtung verließ Sakara sein Retreat und begann ein Wanderleben als tantrischer Yogi. Er adoptierte die äußeren Zeichen eines Kapalika-Asketen, trug einen Khatvanga-Stab (einen rituellen Stab, geschmückt mit einem Schädel) und eine Schädelschale (Kapala) als Bettelschale. Diese Attribute symbolisierten seine Transzendenz konventioneller sozialer Normen und seine direkte Konfrontation mit der Vergänglichkeit.

Leben und Tod

Nach seiner Erleuchtung führte Sakara ein Leben, das äußerlich unkonventionell erschien, aber innerlich von tiefer Weisheit und Mitgefühl geprägt war. Er wanderte durch verschiedene Regionen Indiens, lehrte Schüler unterschiedlichster Herkunft und demonstrierte durch sein Beispiel die Freiheit, die aus echter spiritueller Verwirklichung entsteht.

Eine berühmte Episode aus seinem Leben erzählt, wie er in einer nordindischen Stadt als Fährmann arbeitete und Menschen über einen Fluss brachte. Jeder Passagier erhielt dabei nicht nur eine Überfahrt, sondern auch eine kurze Unterweisung, die genau auf seine oder ihre spirituellen Bedürfnisse zugeschnitten war. Dies veranschaulicht Sakaras Fähigkeit, als "geschicktes Mittel" (upaya) zu wirken und die Lehre in einer Weise zu vermitteln, die direkt mit dem Alltagsleben der Menschen verbunden war.

Ein weiteres bekanntes Ereignis war seine öffentliche Debatte mit einem berühmten nicht-buddhistischen Gelehrten an einem königlichen Hof. Anstatt sich auf abstrakte philosophische Argumente einzulassen, demonstrierte Sakara seine Verwirklichung durch die Manifestation verschiedener übernatürlicher Fähigkeiten (Siddhis), darunter das Schweben in der Luft und das gleichzeitige Erscheinen an mehreren Orten. Diese Demonstration überzeugte nicht nur den König, sondern auch viele Zuschauer von der Wirksamkeit des tantrischen Pfades.

Über Sakaras Tod existieren verschiedene Überlieferungen. Die häufigste Version berichtet, dass er im Alter von etwa 120 Jahren seinen physischen Tod bewusst herbeiführte, indem er in den "Klaren-Licht-Zustand" eintrat. Es wird gesagt, dass sein Körper in ein Regenbogenlicht zerfiel und keine physischen Überreste zurückblieben - ein Phänomen, das im tibetischen Buddhismus als "Regenbogenkörper" bekannt ist und als Zeichen höchster Verwirklichung gilt.

Andere Quellen berichten, dass er seinen Körper zurückließ, der dann von seinen Schülern eingeäschert wurde, wobei zahlreiche Reliquien zurückblieben, die später in verschiedenen Stupas in Nordindien und Tibet aufbewahrt wurden.

Lehren und Übertragungen

Sakaras Lehren sind tief in der tantrischen Tradition verwurzelt, zeichnen sich aber durch ihre Betonung der direkten Erfahrung und ihrer Zugänglichkeit für gewöhnliche Praktizierende aus. Im Zentrum seiner Lehre stand das Konzept der "Sahaja" (die angeborene oder ko-emergente Natur), die Idee, dass die erleuchtete Natur nicht etwas ist, das erworben werden muss, sondern etwas, das bereits in jedem Wesen vorhanden ist und nur entdeckt werden muss.

Sakara lehrte hauptsächlich im Kontext des Hevajra-Tantra, eines wichtigen buddhistischen Tantratextes, der im 8. Jahrhundert entstand. Seine spezifischen Beiträge umfassten:

1. Die Sechs Yogas von Saroruha: Eine systematische Darstellung fortgeschrittener tantrischer Praktiken, darunter innere Hitze (Tummo), illusorischer Körper (Gyulu), Traumyoga (Milam), Klares Licht (Ösel), Zwischenzustand (Bardo) und Bewusstheitsübertragung (Phowa).

2. Das Konzept der "vier Freuden": Eine Lehre über die verschiedenen Stufen spiritueller Ekstase, die durch tantrische Praktiken erfahren werden können, und wie diese als Pfad zur Verwirklichung der Leerheit genutzt werden können.

3. Die "Lotosteich-Methode": Eine Meditationstechnik, bei der der Praktizierende visualisiert, wie Gedanken und Emotionen wie Lotusblumen auf einem Teich entstehen und vergehen, ohne an ihnen festzuhalten.

4. Dohas (spirituelle Lieder): Sakara komponierte zahlreiche spontane Lieder, die tiefe spirituelle Einsichten in einfacher, poetischer Sprache ausdrückten

und oft paradoxe oder scheinbar widersprüchliche Aussagen enthielten, um die Grenzen des konzeptuellen Denkens zu durchbrechen.

Sakaras Lehren wurden durch eine Linie von Schülern überliefert, von denen viele selbst bedeutende Meister wurden. Die wichtigste Übertragungslinie führte über seinen Hauptschüler Vajrapani nach Tibet, wo sie in die Sakya- und später in die Gelug-Tradition integriert wurde. Seine Kommentare zum Hevajra-Tantra und seine Dohas wurden ins Tibetische übersetzt und sind bis heute Teil des tibetischen buddhistischen Kanons (Tengyur).

Bedeutung und Nachwirkung

Sakaras Bedeutung für die buddhistische Tradition lässt sich in mehreren Dimensionen erfassen. Zunächst war er ein wichtiger Überträger und Interpret des Hevajra-Tantra, eines der zentralen Texte des Yogini-Tantra-Systems. Seine Kommentare und praktischen Anleitungen trugen wesentlich dazu bei, diese komplexen Lehren zugänglich und praktikabel zu machen.

Darüber hinaus verkörperte Sakara ein Ideal spiritueller Praxis, das die Integration von Weisheit und Mitgefühl, von konventioneller Gelehrsamkeit und direkter Erfahrung betonte. Sein Leben demonstrierte, dass wahre spirituelle Verwirklichung nicht von äußeren Umständen oder sozialer Stellung abhängt, sondern von der inneren Transformation des Geistes.

In Tibet wurde Sakara als einer der "Acht großen Charya-Meister" verehrt, deren Lehren und Praxismethoden einen bedeutenden Einfluss auf die Entwicklung des tibetischen Buddhismus hatten. Seine Sechs Yogas wurden zu einem grundlegenden Bestandteil der fortgeschrittenen Praxis in verschiedenen tibetischen Traditionen, insbesondere in der Sakya- und der Gelug-Schule.

In der zeitgenössischen buddhistischen Praxis werden Sakaras Lehren weiterhin studiert und praktiziert, besonders von denjenigen, die sich für die tantrische Tradition interessieren. Seine Betonung der direkten Erfahrung und der Integration spiritueller Praxis in das alltägliche Leben resoniert mit modernen Praktizierenden, die nach Wegen suchen, spirituelle Praxis mit einem aktiven Leben in der Welt zu verbinden.

Sakaras Lehren über die nicht-duale Natur der Realität und die Überwindung konzeptueller Begrenzungen finden auch Anklang in interreligiösen Dialogen und in Gesprächen zwischen Buddhismus und moderner Wissenschaft, besonders in Bereichen wie Bewusstseinsforschung und Quantenphysik.

Darstellung in der Kunst

In der buddhistischen Ikonographie wird Sakara auf charakteristische Weise dargestellt, die seine spirituelle Identität und seine besonderen Attribute hervorhebt. Die häufigste Darstellungsform zeigt ihn als tantrischen Yogi mit den typischen Merkmalen eines Mahasiddha:

Er wird mit dunkler Hautfarbe dargestellt, was seine Verbindung zum Hevajra-Tantra symbolisiert, das oft mit dunkelblauen oder schwarzen Gottheiten assoziiert wird. Sein Haar ist zu einem hohen Knoten (Jata) gebunden, ein Zeichen seiner yogischen Kraft. Er trägt minimale Kleidung, oft nur einen Tigerfell- oder Leopardenfellschurz, was seine Transzendenz sozialer Konventionen und seine Freiheit von materiellen Bindungen symbolisiert.

In seinen Händen hält er charakteristische Objekte: In der rechten Hand einen Khatvanga-Stab (einen rituellen Stab mit einem Schädel am oberen Ende), der die Vereinigung von Methode und Weisheit repräsentiert. In seiner linken Hand hält er eine Kapala (Schädelschale), gefüllt mit Nektar, ein Symbol für die Transformation von Leiden in Erleuchtung.

Oft wird er in einer dynamischen Tanzpose dargestellt, die seine Verwirklichung der höchsten Freude und Freiheit ausdrückt. Er steht typischerweise auf einer Lotusblume, die aus einem Teich wächst - eine direkte Anspielung auf seinen Namen Saroruha ("der vom Lotusteich Aufgestiegene").

In tibetischen Thangkas wird Sakara häufig als Teil der Mahasiddha-Galerie oder in Darstellungen der Hevajra-Mandala abgebildet. Diese Kunstwerke dienen nicht nur als Erinnerung an den historischen Meister, sondern auch als Meditationshilfen für Praktizierende, die seine spirituellen Qualitäten verwirklichen möchten.

Eine besonders bemerkenswerte Darstellung Sakaras findet sich in den Wandmalereien des Klosters Ngor in Tibet (15. Jahrhundert), wo er als Teil einer Reihe von Mahasiddhas dargestellt ist, die verschiedene fortgeschrittene tantrische Praktiken demonstrieren. Diese Darstellungen zeichnen sich durch ihre lebendigen Details und ihre psychologische Tiefe aus.

In Nepal und Nordindien gibt es einige Bronzestatuen aus dem 11. und 12. Jahrhundert, die Sakara darstellen und vermutlich als Fokus für Verehrung und Meditation dienten. Diese Skulpturen betonen seine yogische Erscheinung und seine Verbindung zu den tantrischen Gottheiten.

Schlussbetrachtung

Sakara (Saroruha) verkörpert das Ideal des Mahasiddha - eines verwirklichten Meisters, der konventionelle Begrenzungen transzendiert und die höchsten spirituellen Errungenschaften durch unkonventionelle Methoden erreicht. Sein Leben und seine Lehren illustrieren zentrale Prinzipien des tantrischen Buddhismus: die transformative Kraft direkter Erfahrung, die Integration scheinbarer Gegensätze und die Möglichkeit, Erleuchtung inmitten des gewöhnlichen Lebens zu verwirklichen.

Die Überlieferungen über Sakara, ob historisch genau oder teilweise legendär, dienen als kraftvolle Inspiration für Praktizierende und als Erinnerung daran, dass der spirituelle Pfad nicht notwendigerweise einer vorgegebenen Formel folgen muss. Seine Geschichte ermutigt uns, über intellektuelle Konzepte hinauszugehen und nach direkter Erfahrung zu streben, Mitgefühl und Weisheit zu vereinen und die innewohnende Buddha-Natur in uns selbst und in allen Wesen zu erkennen.

In einer Zeit zunehmender globaler Vernetzung und interkultureller Begegnung bieten Sakaras Lehren über die Überwindung künstlicher Trennungen und die Erkenntnis der grundlegenden Einheit aller Phänomene wertvolle Einsichten. Seine Betonung der direkten Erfahrung erinnert uns daran, dass wahre Weisheit nicht durch bloßes Studium erlangt werden kann, sondern durch die tiefe Transformation des eigenen Geistes.

Obwohl Sakara vor mehr als tausend Jahren lebte, bleibt sein Vermächtnis lebendig in den fortdauernden Linien des tibetischen Buddhismus und in den Leben derjenigen, die durch seine Beispiel inspiriert werden. Er steht für die Möglichkeit vollständiger spiritueller Verwirklichung selbst unter den komplexen und oft widersprüchlichen Bedingungen des menschlichen Lebens.

2.71 Samudra - Der Perlentaucher

Herkunft

Die historischen Quellen zu Samudras Leben sind, wie bei vielen Mahasiddhas, mit legendären Elementen durchwoben. Geboren wurde er vermutlich im 9. Jahrhundert in einer Küstenregion Indiens, möglicherweise im heutigen Gujarat oder an der Ostküste Südindiens. Sein Name "Samudra" bedeutet auf Sanskrit "Ozean" oder "Meer", was bereits auf seine enge Verbindung zum Wasser hindeutet.

Samudra wurde in eine niedrige Kaste hineingeboren, in eine Familie von Fischern und Perlentauchern. In einer Gesellschaft, die stark von hierarchischen Strukturen geprägt war, bedeutete dies für ihn ein Leben am Rande der Gesellschaft. Diese soziale Marginalisierung sollte jedoch später zu einem wesentlichen Element seiner spirituellen Transformation werden. Obwohl außerhalb des brahmanischen Bildungssystems aufgewachsen, besaß er eine natürliche Intelligenz und Aufgeschlossenheit, die ihm später den Zugang zu tiefgründigen spirituellen Einsichten ermöglichten.

Als junger Mann erlernte er das gefährliche Handwerk des Perlentauchens von seinem Vater. Diese Tätigkeit, die höchste Konzentration, Atemkontrolle und Furchtlosigkeit erforderte, bildete die Grundlage für seine spätere spirituelle Praxis. Das Tauchen in die Tiefen des Ozeans wurde zur Metapher für sein Eintauchen in die Tiefen des Bewusstseins.

Besondere Eigenschaften

Samudra zeichnete sich durch mehrere bemerkenswerte Eigenschaften aus, die ihn bereits vor seiner spirituellen Transformation von anderen unterschieden. Zeitgenössische Berichte beschreiben ihn als einen Mann von außergewöhnlicher physischer Ausdauer und mentaler Fokussierung. Seine Fähigkeit, den Atem für lange Zeit anzuhalten und in große Tiefen zu tauchen, übertraf die seiner Kollegen bei weitem.

Eine weitere herausragende Eigenschaft war seine tiefe Verbundenheit mit dem Meer. Er soll ein intuitives Verständnis für die Strömungen, Gezeiten und das marine Leben besessen haben. Diese Naturverbundenheit manifestierte sich später in seiner Lehre, die oft natürliche Phänomene als Metaphern für spirituelle Wahrheiten nutzte.

Besonders bemerkenswert war Samudras Fähigkeit zur tiefen Konzentration. Während des Tauchens entwickelte er die Kunst, seinen Geist vollständig auf den gegenwärtigen Moment zu fokussieren – eine Praxis, die der meditativen Achtsamkeit sehr nahe kommt. Diese natürlich entwickelte Konzentrationsfähigkeit sollte sich später als entscheidend für seine spirituelle Praxis erweisen.

Trotz seiner harten Lebensumstände wird Samudra als ein Mensch mit großem Mitgefühl beschrieben. Er teilte seinen oft kargen Fang mit noch Bedürftigeren und zeigte eine ungewöhnliche Empathie für alle Lebewesen. Diese Eigenschaft ließ ihn später zu einem einflussreichen Lehrer werden, der die Essenz des Dharma auf eine Weise vermitteln konnte, die für gewöhnliche Menschen zugänglich war.

Geschichte der Erleuchtung

Die Transformation Samudras vom einfachen Perlentaucher zum erleuchteten Mahasiddha begann mit einer schicksalhaften Begegnung. Nach verschiedenen Überlieferungen traf er auf einen wandernden Yogi, der entweder der Mahasiddha Avalokiteshvara selbst oder einer seiner Schüler gewesen sein soll. Dieser Meister erkannte das spirituelle Potential in dem einfachen Fischer und gab ihm eine tiefgründige Unterweisung.

Der Yogi lehrte Samudra, seine tägliche Arbeit als spirituelle Praxis zu betrachten. Jedes Tauchmanöver sollte zu einer Meditation werden, jede Perle zu einem Objekt der Kontemplation. Der Meister gab ihm eine spezielle Visualisierungstechnik: Während des Tauchens sollte er sich vorstellen, dass er nicht nach Perlen, sondern nach der Perle der Weisheit sucht, die in den Tiefen seines eigenen Geistes verborgen liegt.

Die traditionellen Berichte erzählen, dass Samudra diese Anweisung mit außerordentlicher Hingabe befolgte. Mit jedem Tauchgang vertiefte sich seine Meditation. Das Auf und Ab seines Atems während des Tauchens wurde zum Fokus seiner Achtsamkeit. Die Perlen, die er fand, wurden zu Objekten der Kontemplation über Vergänglichkeit und die Natur der Realität.

Der entscheidende Moment seiner Erleuchtung wird in den Hagiographien dramatisch geschildert: Bei einem besonders tiefen Tauchgang, als er eine außergewöhnlich große Perle entdeckte, erfuhr er einen Moment vollkommener Klarheit. In diesem Augenblick erkannte er die wahre Natur seines Geistes und die Leerheit aller Phänomene. Als er an die Oberfläche zurückkehrte, war er nicht mehr derselbe Mensch – er war zu Samudra, dem Mahasiddha, geworden.

Eine alternative Version der Geschichte berichtet, dass Samudra beim Tauchen einen Schatz buddhistischer Texte entdeckte, die in einer wasserdichten Truhe versenkt worden waren, um sie vor Verfolgung zu schützen. Das Studium dieser Texte, kombiniert mit seiner natürlichen Meditationspraxis, führte zu seiner Erleuchtung.

Leben und Tod

Nach seiner Erleuchtung setzte Samudra sein Leben als Perlentaucher fort, jedoch mit einem transformierten Bewusstsein. Er lebte als ein "versteckter Yogi", der äußerlich sein gewöhnliches Leben weiterführte, während er innerlich die höchsten Stufen der Verwirklichung erreicht hatte. Diese Lebensweise verkörpert das Ideal des tantrischen Buddhismus, spirituelle Verwirklichung inmitten des weltlichen Lebens zu erlangen, anstatt sich in Klöster oder Einsiedeleien zurückzuziehen.

Samudra begann, seine Weisheit mit anderen zu teilen, zunächst mit seinen Kollegen und später mit Menschen aus allen Gesellschaftsschichten. Seine Lehrmethode war unkonventionell und direkt. Er nutzte die Alltagserfahrungen der Fischer und einfachen Leute, um tiefgründige Dharma-Lehren zu vermitteln. Seine Schüler kamen sowohl aus den niedrigsten Kasten als auch aus den Reihen gelehrter Brahmanen, die von seinem klaren Verständnis der Wirklichkeit angezogen wurden.

Die Berichte über Samudras Tod sind, wie bei vielen Mahasiddhas, von mystischen Elementen durchdrungen. Eine Überlieferung besagt, dass er bei seinem letzten Tauchgang den "Regenbogenkörper" erlangte – eine vollständige Auflösung des physischen Körpers in Licht, die als höchste Verwirklichung im tantrischen Buddhismus gilt. Eine andere Version erzählt, dass er mit seinem physischen Körper in das Reich der Dakinis einging, um dort direkte Unterweisungen von Avalokiteshvara zu empfangen und weiterhin zum Wohle aller Wesen zu wirken.

Unabhängig von den mystischen Elementen dieser Überlieferungen liegt die Bedeutung von Samudras Leben und Tod in der Botschaft, dass Erleuchtung nicht von äußeren Umständen oder sozialer Stellung abhängt, sondern von der Tiefe der spirituellen Praxis und der Reinheit der Motivation.

Lehren und Übertragungen

Die Kernlehre Samudras besteht in der Erkenntnis, dass jede Tätigkeit, selbst die scheinbar weltlichste, in eine spirituelle Praxis transformiert werden kann. Dies entspricht dem tantrischen Prinzip, dass nicht die äußere Handlung, sondern die innere Einstellung entscheidend ist. Sein eigenes Leben als Perlentaucher wurde zum lebendigen Beispiel dieser Lehre.

In den überlieferten Texten werden Samudra mehrere spezifische Lehren zugeschrieben:

1. Die Praxis der "Tauchmeditation": Eine Technik, bei der der Praktizierende seinen Geist wie ein Taucher in die Tiefe des Bewusstseins sinken lässt, um die "Perle der Klarheit" zu finden. Diese Meditation beginnt mit der Kontrolle des Atems, ähnlich wie bei der Pranayama-Praxis im Yoga, gefolgt von einer Phase tiefer Konzentration und mündet schließlich in einem Zustand offener Gewahrseinheit.

2. Die Lehre von den "Drei Ozeanen": Samudra lehrte, dass der Praktizierende drei "Ozeane" durchqueren muss: den Ozean des Leidens (Samsara), den Ozean der Praxis (Sadhana) und den Ozean der Weisheit (Prajna). Erst wenn alle drei durchquert sind, kann wahre Befreiung erreicht werden.

3. Das Prinzip der "schwimmenden Achtsamkeit": Eine Methode, bei der der Geist lernt, auf den Wellen der Gedanken und Emotionen zu ruhen, ohne von ihnen fortgespült zu werden – ähnlich wie ein erfahrener Schwimmer, der sich von den Wellen tragen lässt, anstatt gegen sie anzukämpfen.

Die Übertragungslinie von Samudras Lehren floss hauptsächlich in die Mahamudra-Tradition des tibetischen Buddhismus ein. Besonders in der Kagyu-Schule werden einige Meditationstechniken auf ihn zurückgeführt. Seine Methoden der Atemkontrolle und Visualisierung fanden auch Eingang in bestimmte Praktiken des Yantra-Yoga.

In Indien selbst blieb sein Einfluss besonders unter den Küstenbewohnern und Fischern lebendig, wo sich lokale spirituelle Traditionen entwickelten, die Elemente seiner Lehren bewahrten, oft vermischt mit hinduistischen Praktiken.

Bedeutung und Nachwirkung

Die Bedeutung Samudras liegt vor allem in seiner Verkörperung des Ideals, dass spirituelle Verwirklichung unabhängig von sozialen Umständen, formaler Bildung oder religiösen Institutionen möglich ist. Als Angehöriger einer niedrigen Kaste, der die höchsten spirituellen Erkenntnisse erlangte, wurde er zu einem Symbol für die demokratisierende Kraft des tantrischen Buddhismus, der traditionelle soziale Hierarchien in Frage stellte.

Seine Lebensgeschichte inspirierte zahlreiche spätere buddhistische Praktizierende, insbesondere jene, die keinen Zugang zu formalen religiösen Einrichtungen hatten oder ein weltliches Leben führten. Die Botschaft, dass jede Tätigkeit mit der richtigen Geisteshaltung zu einem spirituellen Pfad werden kann, blieb über die Jahrhunderte hinweg einflussreich.

In Tibet wurden Samudras Lehren durch die ersten Übersetzer buddhistischer Texte eingeführt und später in die systematisierte Praxis des Mahamudra integriert. Mehrere tibetische Meditationshandbücher beziehen sich auf seine Methoden der Atemkontrolle und Visualisierung. Besonders in der Kagyu-Tradition werden bestimmte Praktiken der "essentiellen Anweisung" (Upadesha) auf ihn zurückgeführt.

In der modernen Zeit hat Samudras Geschichte eine erneute Relevanz gewonnen. Seine Betonung der Transformation alltäglicher Aktivitäten in spirituelle Praxis resoniert mit dem zeitgenössischen Interesse an Achtsamkeit und der Integration von Spiritualität in den Alltag. Verschiedene moderne buddhistische Lehrer haben seine Geschichte als Beispiel dafür angeführt, wie spirituelle Praxis außerhalb traditioneller religiöser Strukturen möglich ist.

Darstellung in der Kunst

In der klassischen tibetischen Thangka-Malerei wird Samudra typischerweise als kräftiger Mann mit dunkler Hautfarbe dargestellt, oft nur mit einem Lendenschurz bekleidet, was seinen Status als einfacher Fischer und Taucher unterstreicht. Seine Haare sind meist zu einem Knoten gebunden oder fallen wild herab – ein Zeichen für seinen Status außerhalb der konventionellen Gesellschaft.

Charakteristische Attribute in seinen Darstellungen sind:

1. Die Perle: Als sein wichtigstes Symbol hält Samudra oft eine große, leuchtende Perle in der Hand oder trägt sie als Schmuck. Diese repräsentiert sowohl seinen Beruf als auch die "Perle der Weisheit", die er in der Tiefe entdeckt hat.

2. Wassersymbolik: Häufig wird er vor einem Hintergrund von Wellen oder einem Ozean dargestellt, manchmal auf einem Lotus sitzend, der aus dem Wasser emporsteigt.

3. Die Mudra des Tauchens: In einigen Darstellungen zeigt er eine spezielle Handgeste (Mudra), bei der die Hände in einer Position gehalten werden, die das Eintauchen ins Wasser symbolisiert.

In den Höhlentempeln von Ellora und Ajanta in Indien finden sich frühe Reliefs, die möglicherweise Samudra darstellen, obwohl die Identifikation nicht immer eindeutig ist. In Nepal und Tibet sind Darstellungen Samudras häufiger und folgen einer stärker standardisierten Ikonographie.

Besonders bemerkenswert sind die Darstellungen in den Thangka-Serien der 84 Mahasiddhas, die seit dem 12. Jahrhundert in Tibet entstanden. Hier wird Samudra oft als Teil einer größeren narrativen Komposition gezeigt, die Schlüsselmomente seines Lebens darstellt: seine Begegnung mit dem Yogi, sein Tauchen nach Perlen und seine Erleuchtungserfahrung.

In der zeitgenössischen buddhistischen Kunst wird Samudra gelegentlich in moderneren Interpretationen dargestellt, die seine Geschichte für heutige Praktizierende relevant machen. Diese neueren Darstellungen betonen oft die meditative Qualität seiner Haltung und den transformativen Aspekt seiner Geschichte.

Schlussbetrachtung

Die Geschichte des Mahasiddha Samudra veranschaulicht eindrucksvoll einige der zentralen Prinzipien des tantrischen Buddhismus: die Möglichkeit der Transformation des Alltäglichen in das Heilige, die Demokratisierung des spirituellen Pfades und die Erkenntnis, dass die tiefsten Wahrheiten oft in den einfachsten Erfahrungen zu finden sind.

Seine Lebensgeschichte durchbricht mehrere konventionelle Vorstellungen über Spiritualität. Als Angehöriger einer niedrigen Kaste widerlegt er die Annahme, dass spirituelle Verwirklichung ein Privileg der Gebildeten oder sozial Privilegierten sei. Als jemand, der seinen Beruf nicht aufgab, um sich in Askese zurückzuziehen, stellt er die Trennung zwischen weltlichem und spirituellem Leben in Frage. Und als Meister, der seine tiefsten Einsichten durch die Kontemplation seiner täglichen Arbeit erlangte, zeigt er, dass das Außergewöhnliche oft im Gewöhnlichen verborgen liegt.

In einer Zeit, in der viele Menschen nach Wegen suchen, Spiritualität in ihr alltägliches Leben zu integrieren, bietet Samudras Geschichte wertvolle Inspiration. Sie erinnert uns daran, dass jede Tätigkeit, mit Achtsamkeit und Hingabe ausgeführt, zu einem Pfad der Verwirklichung werden kann. Seine Metapher des Tauchens nach der Perle der Weisheit lädt uns ein, in die Tiefen unseres eigenen Bewusstseins einzutauchen und dort die Schätze zu entdecken, die bereits vorhanden sind.

Die Überlieferung von Samudras Leben und Lehren, die über mehr als tausend Jahre weitergegeben wurde, zeugt von der zeitlosen Relevanz seiner Botschaft. In einer Welt, die zunehmend von Ablenkungen und Oberflächlichkeit geprägt ist, erinnert er uns an die Möglichkeit der Tiefe – sowohl im Ozean als auch im menschlichen Geist.

So bleibt der Perlentaucher Samudra ein leuchtendes Beispiel dafür, dass wahre Spiritualität nicht von äußeren Umständen, sondern von der inneren Haltung abhängt – eine Botschaft, die heute vielleicht relevanter ist denn je.

2.72 Santipa (Ratnākaraśānti) - Der selbstgefällige Missionar

Herkunft

Ratnākaraśānti wurde im 10. Jahrhundert in einer Brahmanenfamilie in Ostindien, vermutlich im heutigen Bengalen, geboren. Als Sohn privilegierter Abstammung erhielt er bereits in jungen Jahren eine umfassende Ausbildung in den traditionellen Wissenschaften Indiens. Seine außergewöhnliche Intelligenz und sein Wissensdurst führten ihn schließlich zum Studium buddhistischer Philosophie an der berühmten Klosteruniversität Vikramashila, einem der bedeutendsten Zentren buddhistischer Gelehrsamkeit neben Nalanda.

Vikramashila war zu dieser Zeit ein Brennpunkt für das Studium und die Praxis des Vajrayana-Buddhismus, der tantrischen Form des Buddhismus, die sich in Indien entwickelt hatte und später in Tibet zur dominierenden Tradition wurde. Hier vertiefte Ratnākaraśānti sein Verständnis der buddhistischen Lehren und entwickelte sich zu einem herausragenden Gelehrten, der sowohl die Sutras (die exoterischen Lehren des Buddha) als auch die Tantras (die esoterischen Lehren) meisterhaft beherrschte.

Seine intellektuelle Brillanz und sein umfassendes Wissen machten ihn bald zu einem der angesehensten Panditas (Gelehrten) seiner Zeit. Er wurde zum Abt (Upadhyaya) von Vikramashila ernannt und erhielt den Ehrennamen "Śānti" (Frieden), der häufig hochrangigen buddhistischen Meistern verliehen wurde. Der Name Ratnākaraśānti bedeutet wörtlich "Ozean (ākara) der Juwelen (ratna) des Friedens (śānti)" – eine passende Bezeichnung für einen Mann von seinem intellektuellen Format.

Besondere Eigenschaften

Santipa zeichnete sich durch eine Kombination außergewöhnlicher Eigenschaften aus, die ihn als Mahasiddha charakterisierten:

Seine herausragende intellektuelle Begabung ermöglichte es ihm, die komplexesten philosophischen Konzepte des Buddhismus zu durchdringen und zu artikulieren. Als Autor zahlreicher Kommentare zu wichtigen tantrischen Texten trug er maßgeblich zur Systematisierung des Vajrayana bei. Seine Schriften zur Madhyamaka- und Yogācāra-Philosophie sowie zu verschiedenen Tantrasystemen zeugen von einem tiefen analytischen Verständnis.

Gleichzeitig verfügte Santipa über eine außergewöhnliche Fähigkeit zur Vermittlung dieser komplexen Lehren. Seine didaktischen Fähigkeiten machten ihn zu einem gesuchten Lehrer, der komplizierte tantrische Konzepte auf zugängliche Weise erklären konnte. Dies begründete seinen Ruf als "Missionar", da er die buddhistischen Lehren mit großem Erfolg verbreitete.

Was Santipa jedoch besonders auszeichnete, war die Spannung zwischen seinem immensen intellektuellen Wissen und der Herausforderung, dieses Wissen in direkte Erfahrung umzusetzen. Seine Geschichte illustriert den buddhistischen Grundsatz, dass intellektuelles Verständnis allein nicht ausreicht, um wahre Weisheit zu erlangen. Der Beiname "der selbstgefällige Missionar" deutet auf seinen ursprünglichen Stolz und seine Überheblichkeit hin, die er im Laufe seines spirituellen Weges überwinden musste.

Eine weitere bemerkenswerte Eigenschaft war seine Beharrlichkeit und Ausdauer. Trotz seines anfänglichen Stolzes war Santipa bereit, sich der Herausforderung zu stellen und den mühsamen Weg der tantrischen Praxis zu gehen, als er erkannte, dass sein theoretisches Wissen unvollständig war.

Geschichte der Erleuchtung

Die Transformation Santipas vom selbstgefälligen Gelehrten zum verwirklichten Mahasiddha ist eine der lehrreichsten Geschichten in der Tradition der 84 Mahasiddhas. Obwohl er als brillanter Intellektueller galt und zahlreiche tantrische Texte studiert und kommentiert hatte, fehlte ihm die direkte Erfahrung der Wahrheiten, die er so eloquent erklären konnte.

Der Wendepunkt in seinem Leben kam, als er einer Dakini (einer weiblichen tantrischen Weisheitsgottheit oder verwirklichten Yogini) begegnete. In einigen Versionen der Geschichte wird sie als einfache Frau beschrieben, die am Flussufer Wäsche wusch. Als Santipa an ihr vorbeiging, murmelte er stolz tantrische Mantras, um seinen spirituellen Status zu demonstrieren.

Die Dakini lachte und fragte ihn: "Verstehst du wirklich die Bedeutung dieser Mantras, oder rezitierst du sie nur wie ein Papagei?" Gekränkt durch diese Infragestellung seiner Autorität, antwortete Santipa, dass er natürlich die Bedeutung verstehe – er sei schließlich ein berühmter Gelehrter und Tantrameister.

Die Frau forderte ihn heraus: "Wenn du die Tantras wirklich verstehst, dann zeige mir die Mutter-Khand (das tantrische Symbol für die ultimative Weisheit)." Santipa begann, eine gelehrte Erklärung über die metaphorische Bedeutung dieses Symbols zu geben. Die Dakini unterbrach ihn und sagte: "Das ist nur leeres Gerede. Du hast die wahre Bedeutung nicht erfasst."

Um ihre Behauptung zu beweisen, hob die Dakini ihren Arm und zeigte auf den Himmel. In diesem Moment hatte Santipa eine Vision des Kosmos in seiner wahren Natur – die direkte Erfahrung der Leerheit (Shunyata) und der gegenseitigen Abhängigkeit aller Phänomene. Er erkannte plötzlich, dass sein intellektuelles Wissen im Vergleich zu dieser direkten Erfahrung oberflächlich war.

Gedemütigt und gleichzeitig inspiriert, bat Santipa die Dakini, seine Lehrerin zu werden. Sie wies ihn an, sich von seinem Stolz zu befreien und die tantrischen Praktiken mit aufrichtigem Engagement zu üben. Einigen Quellen zufolge schickte sie ihn zu einem Mahasiddha namens Jalandhari, um die tieferen Einweihungen und Anleitungen zu erhalten.

Santipa zog sich daraufhin in die Einsamkeit zurück und praktizierte intensiv die Meditation und die tantrischen Visualisierungsübungen. Nach Jahren hingebungsvoller Praxis erlangte er schließlich die direkte Erkenntnis der ultimativen Realität. Er verwirklichte die Einheit von Weisheit und Mitgefühl, von Form und Leerheit, und transformierte sein theoretisches Wissen in lebendige Erfahrung. So wurde aus dem "selbstgefälligen Missionar" ein echter Mahasiddha – ein verwirklichter Meister, der nun sowohl über intellektuelles Verständnis als auch über direkte Erfahrung verfügte.

Leben und Tod

Nach seiner spirituellen Transformation kehrte Santipa nach Vikramashila zurück, jedoch in völlig veränderter Gestalt. Der einst stolze Gelehrte war nun von tiefer Demut geprägt. Er lehrte weiterhin an der Klosteruniversität, aber sein Unterricht hatte sich grundlegend gewandelt. Statt trockener akademischer Vorträge vermittelte er nun die Lehren auf eine Weise, die direkt auf die Erfahrungsebene abzielte.

In dieser Phase seines Lebens wurde Santipa zu einem wichtigen Bindeglied zwischen der orthodoxen monastischen Tradition und der unkonventionellen Praxis der Mahasiddhas. Er zeigte, dass tiefe Gelehrsamkeit und direkte tantrische Erfahrung sich nicht ausschließen, sondern ergänzen können. Diese Integration verschiedener Aspekte des buddhistischen Pfades macht ihn zu einer besonders interessanten Figur in der Geschichte des indischen Buddhismus.

Als verwirklichter Meister verbrachte Santipa viele Jahre damit, Schüler zu unterrichten und die tantrischen Lehren zu verbreiten. Er soll übernatürliche Fähigkeiten (Siddhis) entwickelt haben, darunter die Fähigkeit, seinen Körper zu transformieren, große Entfernungen in kürzester Zeit zu überwinden und das Wetter zu beeinflussen. Diese Siddhis dienten ihm jedoch nicht zur Selbstdarstellung, sondern als Mittel, um das Dharma zu verbreiten und Wesen zu helfen.

Über Santipas Tod gibt es verschiedene Überlieferungen. Einigen Quellen zufolge erreichte er den "Regenbogenkörper" – eine vollständige Auflösung des physischen Körpers in reines Licht, die als höchstes Zeichen tantrischer Verwirklichung gilt. Andere Berichte deuten an, dass er bewusst seinen Todeszeitpunkt wählte und im Meditationssitz verstarb, wobei sein Körper mehrere Tage in perfekter Meditation verblieb, bevor er für die Bestattungszeremonien vorbereitet wurde.

Die meisten Überlieferungen stimmen jedoch darin überein, dass Santipa im fortgeschrittenen Alter starb, nachdem er sein Wissen an zahlreiche Schüler weitergegeben hatte, darunter mehrere bedeutende tibetische Übersetzer, die seine Lehren nach Tibet brachten und damit sein Vermächtnis sicherten.

Lehren und Übertragungen

Santipas Beitrag zur buddhistischen Tradition ist vielschichtig und tiefgreifend. Als Gelehrter verfasste er zahlreiche Kommentare zu wichtigen tantrischen Texten, darunter das Hevajra-Tantra, das Guhyasamaja-Tantra und das Kalachakra-Tantra. Seine exegetischen Werke zeichnen sich durch analytische Schärfe und systematische Darstellung aus.

Besonders bedeutsam sind seine Schriften zur Yogācāra-Philosophie und zur Synthese von Madhyamaka und Yogācāra. In seinem Werk "Madhyamakalamkara-vrtti" entwickelte er eine Position, die als "Vijñaptimādhyamaka" bekannt wurde – ein Ansatz, der die Leerheitsphilosophie des Madhyamaka mit der Bewusstseinsanalyse des Yogācāra verbindet.

Nach seiner Transformation ergänzte Santipa seine philosophischen Abhandlungen durch praktische Anleitungen zur tantrischen Meditation. Seine Lehren betonten die Notwendigkeit, theoretisches Wissen durch direkte Erfahrung zu vervollständigen. Er entwickelte Meditationstechniken, die intellektuelles

Verständnis mit Visualisierungspraktiken und subtilen Energieübungen kombinierten.

Ein zentrales Element seiner Lehre war die Warnung vor spirituellem Stolz und intellektueller Arroganz. Aus eigener Erfahrung wusste Santipa, wie diese Hindernisse den spirituellen Fortschritt blockieren können. Er lehrte, dass wahre Weisheit mit Demut einhergeht und dass selbst das umfassendste Wissen wertlos ist, wenn es nicht in authentische Erfahrung umgesetzt wird.

Santipas Übertragungslinien erreichten Tibet während der "späteren Verbreitung" (phyi dar) des Buddhismus im 11. Jahrhundert. Mehrere seiner Schüler, darunter der bekannte Übersetzer Drogmi Lotsawa, brachten seine Lehren nach Tibet, wo sie in verschiedene Schulen, insbesondere in die Sakya- und die Kagyu-Tradition, integriert wurden. Seine Kommentare zum Hevajra-Tantra wurden zu Grundlagentexten für die Sakya-Schule, während seine Erläuterungen zu den Mahamudra-Praktiken die Kagyu-Tradition beeinflussten.

Darüber hinaus trug Santipa maßgeblich zur Entwicklung des "Pfades und Frucht" (Lamdre)-Systems bei, einer umfassenden tantrischen Praxislinie, die später durch Sachen Kunga Nyingpo (1092-1158) systematisiert wurde und zum Herzstück der Sakya-Tradition wurde.

Bedeutung und Nachwirkung

Die Bedeutung Santipas für die Geschichte des Buddhismus liegt vor allem in seiner Rolle als Brückenbauer zwischen verschiedenen Aspekten der buddhistischen Tradition. Er verkörperte die Integration von Gelehrsamkeit und Praxis, von monastischer Disziplin und tantrischer Freiheit, von philosophischer Analyse und direkter Erfahrung.

Seine Geschichte dient als kraftvolles Beispiel für die buddhistische Lehre, dass intellektuelles Wissen allein nicht zur Befreiung führt. Sie illustriert den Unterschied zwischen dem Wissen über den Dharma und dem Erleben des Dharma – eine Unterscheidung, die in allen buddhistischen Traditionen betont wird.

In der indo-tibetischen Tradition wird Santipa bis heute als einer der maßgeblichen Kommentatoren tantrischer Texte verehrt. Seine exegetischen Werke werden nach wie vor in den traditionellen Shedras (buddhistischen Hochschulen) studiert, während seine Lebensgeschichte als Lehrstück über die Gefahren des spirituellen Stolzes dient.

Die von ihm begründeten Praxislinien wurden über Jahrhunderte hinweg bewahrt und weitergegeben. Besonders in der Sakya-Tradition wird sein Erbe lebendig gehalten, wo seine Kommentare zum Hevajra-Tantra nach wie vor als autoritative Texte gelten.

Darüber hinaus hat Santipas Integration verschiedener philosophischer Strömungen des Mahayana-Buddhismus einen bleibenden Einfluss auf die buddhistische Philosophie ausgeübt. Sein "Vijñaptimādhyamaka"-Ansatz, der die Leerheitslehre mit der Bewusstseinsanalyse verbindet, hat spätere philosophische Entwicklungen in Tibet beeinflusst, insbesondere die Shentong-Interpretation des Madhyamaka, die von Dolpopa Sherab Gyaltsen (1292-1361) und später von der Jonang-Schule vertreten wurde.

In der zeitgenössischen Welt, in der spirituelle Suche oft von intellektueller Aneignung geprägt ist, bleibt Santipas Geschichte hochaktuell. Sie erinnert uns daran, dass der spirituelle Weg nicht nur ein Sammeln von Informationen, sondern eine tiefgreifende Transformation des ganzen Wesens erfordert.

Darstellung in der Kunst

In der tibetisch-buddhistischen Ikonographie wird Santipa typischerweise als Gelehrter mit den Attributen eines Panditas dargestellt. Er trägt oft die charakteristische Kopfbedeckung eines indischen Gelehrten und ist mit den traditionellen Roben eines buddhistischen Mönches bekleidet. In manchen Darstellungen hält er ein Buch in den Händen, das seine Gelehrsamkeit symbolisiert.

In den Thangkas erscheint Santipa häufig mit einem nachdenklichen Gesichtsausdruck, der seine Wandlung vom stolzen Intellektuellen zum demütigen Weisen andeutet. Manchmal wird er auch in Meditationshaltung dargestellt, um seine letztendliche Verwirklichung durch Praxis zu betonen.

Eine besonders interessante ikonographische Variante zeigt Santipa in dem Moment seiner Transformation, als er der Dakini begegnet. In diesen Darstellungen steht er am Flussufer, während die Dakini mit erhobener Hand zum Himmel deutet – eine visuelle Darstellung des entscheidenden Moments, in dem sein intellektueller Stolz durchbrochen wurde.

In den Fresken buddhistischer Klöster, besonders in Tibet und Nepal, wird Santipa oft als Teil der Übertragungslinie des Lamdre-Systems oder des Hevajra-Tantras dargestellt. Diese Wandmalereien betonen seine historische Rolle als Übermittler wichtiger tantrischer Lehren.

Eine weitere künstlerische Tradition stellt die Mahasiddhas in ihrer "exzentrischen" Form dar, die ihre Befreiung von konventionellen Beschränkungen symbolisiert. In solchen Darstellungen erscheint Santipa manchmal mit wildem Haar und unorthodoxer Kleidung, um seine Transformation vom konventionellen Gelehrten zum befreiten Mahasiddha zu verdeutlichen.

In zeitgenössischen buddhistischen Kunstwerken wird Santipa gelegentlich in einem moderneren Stil dargestellt, wobei sein Lebensweg als Metapher für die Integration von intellektuellem Verständnis und spiritueller Praxis interpretiert wird. Diese neueren Darstellungen betonen oft den universellen Aspekt seiner Geschichte – die zeitlose Herausforderung, Wissen in Weisheit zu transformieren.

Schlussbetrachtung

Die Geschichte des Mahasiddha Santipa verkörpert einen zentralen Aspekt des buddhistischen Pfades: die notwendige Integration von intellektuellem Verständnis und direkter Erfahrung. Sein Lebensweg führt uns vor Augen, dass selbst das umfassendste Wissen unvollständig bleibt, wenn es nicht durch persönliche Erfahrung verifiziert und vertieft wird.

Als "selbstgefälliger Missionar", der zur Demut fand, erinnert uns Santipa daran, dass spiritueller Stolz eines der subtilsten und hartnäckigsten Hindernisse auf dem Weg zur Erleuchtung ist. Seine Transformation vom stolzen Gelehrten zum verwirklichten Weisen illustriert die buddhistische Einsicht, dass wahre Weisheit mit Demut einhergeht und dass das Loslassen von intellektueller Arroganz eine Voraussetzung für tiefere spirituelle Verwirklichung ist.

Darüber hinaus zeigt Santipas Geschichte die Komplementarität verschiedener Aspekte des buddhistischen Pfades. Sein Leben demonstriert, dass Gelehrsamkeit und Praxis, analytisches Denken und direkte Erfahrung, monastische Disziplin und tantrische Freiheit keine Gegensätze sind, sondern sich gegenseitig bereichern können. Diese Integration verschiedener Elemente macht ihn zu einer besonders interessanten und relevanten Figur für zeitgenössische spirituelle Sucher, die oft zwischen intellektuellem Studium und erfahrungsorientierter Praxis zu vermitteln suchen.

In einer Zeit, in der spirituelles Wissen leicht zugänglich ist und spirituelle Konzepte oft intellektuell angeeignet werden, ohne dass eine entsprechende Transformation des Bewusstseins stattfindet, bleibt Santipas Warnung vor dem "Papageien-Wissen" hochaktuell. Seine Geschichte erinnert uns daran, dass der spirituelle Weg letztlich eine Frage der direkten Erfahrung ist, nicht des angesammelten Wissens.

Gleichzeitig verdeutlicht sein Beispiel, dass intellektuelle Klarheit und systematisches Denken wertvolle Werkzeuge auf dem spirituellen Weg sein können, wenn sie richtig eingesetzt werden. Santipas Fähigkeit, komplexe philosophische Konzepte zu durchdringen und zu artikulieren, wurde nach seiner Transformation nicht verworfen, sondern in den Dienst einer tieferen Verwirklichung gestellt.

So steht Santipa für eine ganzheitliche Spiritualität, die den ganzen Menschen – Intellekt, Emotion und Intuition – einbezieht und transformiert. Seine Lebensgeschichte lädt uns ein, unseren eigenen spirituellen Weg mit Offenheit, Demut und der Bereitschaft zu gehen, sowohl zu lernen als auch direkt zu erfahren, sowohl zu verstehen als auch zu verkörpern.

2.73 Sarvabhaksha - Der Vielfraß

Herkunft

Die historischen Quellen zu Sarvabhakshas Leben sind, wie bei vielen Mahasiddhas, von legendenhaften Elementen durchdrungen und in verschiedenen Versionen überliefert. Die meisten Überlieferungen verorten seine Geburt im mittelalterlichen Indien, vermutlich zwischen dem 8. und 10. Jahrhundert n. Chr., einer Zeit intensiver tantrischer Aktivität und Innovation.

Geboren wurde er der Überlieferung nach in eine wohlhabende Familie in Nordindien, möglicherweise in der Region des heutigen Bihar oder Bengalen. Einige Quellen deuten darauf hin, dass er aus einer Brahmanenfamilie stammte und zunächst eine traditionelle religiöse Erziehung genoss, bevor sein ungewöhnlicher Lebensweg begann.

Schon in jungen Jahren zeigte sich seine außergewöhnliche Eigenart: Ein unstillbarer Hunger trieb ihn dazu, ständig und maßlos zu essen. Diese Eigenschaft grenzte ihn von seinen Mitmenschen ab und machte ihn zum Außenseiter. In einigen Überlieferungen wird berichtet, dass er aufgrund seiner Völlerei von seiner Familie verstoßen wurde und fortan als Bettler leben musste, stets auf der Suche nach Nahrung, um seinen schier endlosen Hunger zu stillen.

Diese frühe Phase seines Lebens wird in den Hagiographien oft als Sinnbild für das menschliche Begehren interpretiert, das niemals zufriedengestellt werden kann und zu einem Kreislauf endlosen Verlangens führt – eine zentrale Erkenntnis, die später in seiner spirituellen Transformation eine wichtige Rolle spielen sollte.

Besondere Eigenschaften

Sarvabhaksha zeichnete sich durch mehrere bemerkenswerte Eigenschaften aus, die ihn als einzigartigen Charakter unter den Mahasiddhas hervorheben.

Seine offensichtlichste Eigenschaft war natürlich sein enormer Appetit. Die Überlieferungen beschreiben, dass er Mengen an Nahrung verschlingen konnte, die für mehrere Menschen ausreichten, ohne jemals gesättigt zu sein. Dieser Hunger wird oft symbolisch als Manifestation eines tieferen spirituellen Hungers gedeutet – einer Sehnsucht nach Erfüllung, die durch weltliche Genüsse nicht befriedigt werden konnte.

Trotz seiner Völlerei wird Sarvabhaksha in den Überlieferungen nicht als korpulent beschrieben. Im Gegenteil, einige Texte berichten, dass er trotz der

ungeheuren Mengen an Nahrung, die er zu sich nahm, abgemagert und aus-
gehungert wirkte – ein Paradoxon, das die Unfähigkeit weltlicher Genüsse
symbolisiert, wahre innere Erfüllung zu bringen.

Eine weitere bemerkenswerte Eigenschaft war seine Fähigkeit, selbst in den widrigsten Umständen zu überleben. Durch seinen unstillbaren Hunger ständig zum
Betteln gezwungen, entwickelte er eine außergewöhnliche Anpassungsfähigkeit
und Resilienz. Diese Eigenschaft sollte später, nach seiner Transformation, als
Metapher für spirituelle Ausdauer und Beharrlichkeit auf dem Pfad gedeutet
werden.

Nicht zuletzt besaß Sarvabhaksha trotz seines scheinbar selbstsüchtigen Verlangens nach Nahrung eine natürliche Empathie und Offenheit. In verschiedenen
Überlieferungen wird berichtet, dass er, obwohl selbst stets hungrig, bereit war,
anderen zuzuhören und ihnen auf seine unkonventionelle Weise zu helfen – eine
Qualität, die nach seiner Erleuchtung zu einem tiefen Mitgefühl für alle Wesen
reifen sollte.

Geschichte der Erleuchtung

Die Wendung in Sarvabhakshas Leben kam der Überlieferung nach durch die
Begegnung mit einem tantrischen Meister, der seine besondere Veranlagung
erkannte. Die verschiedenen Versionen dieser Geschichte stimmen in ihrem Kern
überein, variieren jedoch in den Details.

Die häufigste Version berichtet, dass Sarvabhaksha eines Tages auf seinen
zukünftigen Guru traf, als er verzweifelt nach Nahrung suchte. Der Meister – in
einigen Quellen als der Mahasiddha Saraha oder Virupa identifiziert – erkannte
in Sarvabhakshas unstillbarem Hunger nicht nur eine Obsession, sondern auch
ein Potenzial für spirituelle Transformation.

Statt ihn für seine Gier zu verurteilen, gab der Guru ihm eine ungewöhnliche
Unterweisung: Er solle seinen Hunger nicht bekämpfen oder unterdrücken,
sondern ihn vollständig erfahren und bewusst erleben. Der Meister weihte ihn
in eine besondere tantrische Praxis ein, bei der er während des Essens seine
volle Aufmerksamkeit auf den Akt des Verzehrens und die damit verbundenen
Empfindungen richten sollte.

Diese Praxis entsprach dem tantrischen Prinzip, dass nicht die Vermeidung,
sondern die bewusste Transformation von Begierde der Schlüssel zur Befreiung

ist. Sarvabhaksha folgte diesen Anweisungen mit großer Hingabe. Mit jeder Mahlzeit vertiefte er seine Achtsamkeit, bis er schließlich begann, die wahre Natur seines Hungers zu erkennen.

Der entscheidende Durchbruch kam, als Sarvabhaksha in einem Moment vollkommener Präsenz die Leere in seinem Verlangen erkannte. Er verstand, dass sein Hunger – wie alle Formen des Begehrens – keine inhärente Existenz besaß, sondern aus dem Zusammenspiel von Ursachen und Bedingungen entstand. Diese Einsicht führte zu einer tiefgreifenden Transformation: Sein physischer Hunger blieb bestehen, wandelte sich aber von einem Zwang zu einem bewusst erlebten Phänomen, das ihn nicht mehr beherrschte.

In diesem Zustand tiefer Einsicht erlebte Sarvabhaksha die direkte Erkenntnis der Leerheit (Shunyata) und erlangte die Befreiung vom Kreislauf des bedingten Entstehens. Seine Erleuchtungserfahrung wird oft als Beispiel dafür angeführt, wie selbst die stärksten weltlichen Begierden, wenn sie mit Bewusstheit durchdrungen werden, zu Vehikeln der spirituellen Verwirklichung werden können.

Leben und Tod

Nach seiner Erleuchtung setzte Sarvabhaksha seinen unkonventionellen Lebensstil fort, nun jedoch aus einer völlig neuen Perspektive. Er wanderte weiterhin durch die Dörfer und Städte Indiens, aß nach wie vor große Mengen an Nahrung, doch nun war sein Essen zu einer Art spiritueller Praxis geworden – ein äußerer Ausdruck seiner inneren Verwandlung.

Seine ungewöhnliche Erscheinung – ein Mann, der ungeheure Mengen an Nahrung verschlang, dabei jedoch eine strahlende Präsenz und Weisheit ausstrahlte – zog viele Menschen an. Er begann, Schüler um sich zu sammeln und seine einzigartigen Lehren zu verbreiten, oft in Form von paradoxen Handlungen und kryptischen Aussagen, typisch für die Mahasiddha-Tradition.

Die Überlieferungen berichten von verschiedenen Wundertaten, die Sarvabhaksha vollbracht haben soll. So wird erzählt, dass er einmal vor den Augen seiner erstaunten Zuschauer giftige Substanzen verzehrte, ohne Schaden zu nehmen – eine Demonstration seiner vollkommenen Transformation des Konsums. In einer anderen Geschichte soll er eine Hungersnot beendet haben, indem er aus einer leeren Schale aß und sie dann allen Anwesenden reichte, die auf wundersame Weise gesättigt wurden.

Über seinen Tod existieren verschiedene Überlieferungen. Die verbreitetste Version berichtet, dass er seinen physischen Körper nicht auf konventionelle Weise verließ, sondern in einem Zustand tiefer Meditation in reines Licht transformierte. Einige Quellen beschreiben, dass dies während eines großen Festes geschah, bei dem er eine letzte, rituelle Mahlzeit zu sich nahm. Während des Verzehrs dieser Mahlzeit soll sein Körper allmählich in Licht übergegangen sein, bis nur noch ein Regenbogen am Himmel zu sehen war – ein Zeichen höchster tantrischer Verwirklichung.

Diese Art des Todes, bekannt als "Regenbogenkörper" (Jalü) in der tibetischen Tradition, symbolisiert die vollständige Transformation der physischen Existenz in reine Energie oder Bewusstsein – die ultimative Überwindung der Dualität zwischen Körper und Geist, Materie und Bewusstsein.

Lehren und Übertragungen

Die Lehren des Sarvabhaksha, wie sie in verschiedenen tantrischen Texten und mündlichen Überlieferungen bewahrt wurden, zeichnen sich durch ihre Direktheit und ihren transformativen Ansatz aus. Im Zentrum steht die Erkenntnis, dass Befreiung nicht durch Unterdrückung oder Vermeidung von Begierde erreicht wird, sondern durch ihre bewusste Transformation.

Seine Hauptlehre wird oft in der prägnanten Formel zusammengefasst: "Der Hunger selbst ist der Pfad." Damit vermittelt er die tiefe tantrische Einsicht, dass jede menschliche Erfahrung – selbst solche, die konventionell als Hindernisse betrachtet werden – zum Vehikel der Befreiung werden kann, wenn sie mit vollständiger Bewusstheit erfahren wird.

Sarvabhaksha entwickelte spezifische Meditationstechniken, die auf der bewussten Erfahrung des Essens und Trinkens basieren. Diese Praktiken, bekannt als "Bhaksha Yoga" (Yoga des Essens), wurden in verschiedenen tantrischen Linien überliefert und umfassen detaillierte Visualisierungen und Atemtechniken, die während des Essens praktiziert werden.

Eine zentrale Übung besteht darin, jeden Bissen als Opfergabe an die Gottheit im eigenen Inneren zu betrachten, wodurch der Akt des Essens zu einem sakralen Ritual wird. Eine andere Technik lehrt, die verschiedenen Geschmacksempfindungen als Manifestationen der fünf Weisheiten zu erkennen und so die dualistische Trennung zwischen Genuss und spiritueller Praxis aufzulösen.

Sarvabhakshas Lehren wurden in verschiedenen buddhistischen Traditionen überliefert und fanden besonders im tibetischen Buddhismus Resonanz, wo sie in die Kagyu- und Nyingma-Traditionen integriert wurden. Seine Techniken wurden Teil des Systems der "Sechs Yogas", einer Sammlung fortgeschrittener tantrischer Praktiken.

Die Übertragungslinie des Sarvabhaksha wurde besonders in Tibet lebendig gehalten, wo seine Lehren im Kontext der Mahamudra- und Dzogchen-Traditionen interpretiert wurden. Seine Methoden zur Transformation des Begehrens wurden als wertvolle Ergänzung zu den etablierteren Pfaden der Entsagung und Meditation angesehen, besonders für Praktizierende mit starken sinnlichen Neigungen.

Bedeutung und Nachwirkung

Die Bedeutung Sarvabhakshas liegt vor allem in seinem exemplarischen Lebensweg, der eine zentrale Botschaft des tantrischen Buddhismus verkörpert: die Möglichkeit, selbst die stärksten weltlichen Begierden in Werkzeuge der spirituellen Befreiung zu verwandeln. Seine Geschichte dient als kraftvolles Beispiel dafür, dass kein menschlicher Zustand, sei er noch so problematisch, ein unüberwindbares Hindernis auf dem Pfad zur Erleuchtung darstellt.

In der breiteren buddhistischen Tradition wird Sarvabhaksha oft als Schutzpatron für Menschen mit starken Begierden und Süchten angesehen. Seine Geschichte bietet Hoffnung und Inspiration für jene, die mit übermäßigen Verlangen kämpfen, indem sie einen Weg aufzeigt, der nicht auf Verleugnung oder Selbstverurteilung, sondern auf Transformation durch Bewusstheit basiert.

In Tibet wurden ihm verschiedene rituelle Texte und Meditationspraktiken gewidmet, die besonders für die Überwindung von Essstörungen und anderen zwanghaften Verhaltensweisen als wirksam angesehen wurden. Diese Praktiken haben in modifizierter Form auch im modernen westlichen Buddhismus Eingang gefunden, wo sie manchmal in therapeutische Ansätze zur Behandlung von Suchtverhalten integriert werden.

Sarvabhakshas Einfluss erstreckt sich auch auf die buddhistische Philosophie, wo sein Beispiel oft angeführt wird, um das Konzept der "geschickten Mittel" (upaya) zu illustrieren – die Idee, dass der Buddha seine Lehren an die individuellen Veranlagungen und Bedürfnisse der Schüler anpasst. Sarvabhakshas Weg zeigt, dass spirituelle Befreiung nicht einem einzigen, standardisierten Muster folgen muss, sondern die einzigartigen Eigenschaften jedes Individuums nutzen kann.

In der zeitgenössischen buddhistischen Praxis wird Sarvabhaksha oft im Zusammenhang mit Achtsamkeit beim Essen erwähnt. Seine Geschichte inspiriert moderne Praktizierende, den alltäglichen Akt des Essens als Gelegenheit für spirituelle Praxis zu nutzen – ein Ansatz, der in einer Zeit zunehmender Entfremdung von natürlichen Prozessen besondere Relevanz besitzt.

Darstellung in der Kunst

In der buddhistischen Ikonographie wird Sarvabhaksha in einer charakteristischen Pose dargestellt, die seine einzigartige Geschichte widerspiegelt. Typischerweise wird er als schlanker, fast asketisch wirkender Mann abgebildet, der jedoch im Akt des Essens begriffen ist – eine paradoxe Darstellung, die seine Transformation symbolisiert.

Die frühesten bekannten Darstellungen stammen aus indischen Manuskripten des 11. und 12. Jahrhunderts. In diesen Miniaturmalereien wird er oft sitzend dargestellt, mit einer großen Schale vor sich, aus der er isst, während sein Körper von einer subtilen Aura umgeben ist – ein Hinweis auf seine spirituelle Verwirklichung.

In der tibetischen Kunst erlangte seine Darstellung größere Verbreitung und Elaboration. In Thangkas (rollbaren Stoffgemälden) wird er häufig in blauer Hautfarbe dargestellt – eine Farbe, die im tantrischen Buddhismus Transformation und die Überwindung von Hindernissen symbolisiert. Seine Kleidung ist meist einfach, manchmal trägt er nur ein Lendentuch, was seine Entsagung weltlicher Eitelkeit andeutet.

Ein weiteres charakteristisches Element seiner Ikonographie ist die "Kapala" (Schädelschale), aus der er isst – ein tantrisches Ritualobjekt, das die Vergänglichkeit symbolisiert und in diesem Kontext auch auf die Transformation des Todes in Leben hindeutet. In einigen Darstellungen wird diese Schale als überquellend mit verschiedenen Speisen gezeigt, in anderen enthält sie symbolische Substanzen, die die fünf Weisheiten repräsentieren.

Sarvabhaksha wird in der Kunst oft in einer Gruppe mit anderen Mahasiddhas dargestellt, besonders in umfassenden Darstellungen der 84 Mahasiddhas. In solchen Gruppendarstellungen ist er durch seine Essensgeste und die vor ihm stehende Schale leicht zu identifizieren.

In zeitgenössischen buddhistischen Kunstwerken, besonders solchen, die für westliche Praktizierende geschaffen werden, wird Sarvabhaksha manchmal in einer modernisierten Form dargestellt, die seine Relevanz für heutige Probleme wie Essstörungen oder Konsumsucht betont. Diese neueren Interpretationen behalten die wesentlichen ikonographischen Elemente bei, setzen sie jedoch in einen zeitgenössischen Kontext.

Die künstlerischen Darstellungen Sarvabhakshas dienen nicht nur der Verehrung, sondern auch als Meditationsobjekte. In der tantrischen Praxis werden Praktizierende angeleitet, sich mit seinem Bild zu identifizieren und seine Transformation nachzuvollziehen – ein Prozess, der als "Deity Yoga" bekannt ist und zur Überwindung der eigenen unheilsamen Begierden führen soll.

Schlussbetrachtung

Die Geschichte des Mahasiddha Sarvabhaksha bietet eine zeitlose Lehre über die Transformation menschlicher Schwächen in Stärken auf dem spirituellen Pfad. Sein Leben illustriert ein zentrales Paradoxon spiritueller Entwicklung: dass der Weg zur Befreiung nicht notwendigerweise in der Verneinung unserer tiefsten Triebe liegt, sondern in ihrer bewussten Durchdringung und Transformation.

In einer Zeit, in der Essstörungen, Konsumsucht und andere Formen des unstillbaren Verlangens weit verbreitet sind, gewinnt Sarvabhakshas Botschaft besondere Aktualität. Seine Geschichte lädt uns ein, unseren eigenen "Hunger" – sei es nach Nahrung, Besitz, Anerkennung oder anderen Formen der Befriedigung – nicht als Hindernis, sondern als Ausgangspunkt für tiefere Selbsterkenntnis zu betrachten.

Die Lehre, die aus seinem Leben gezogen werden kann, ist nicht die Glorifizierung von Exzess, sondern die Erkenntnis, dass Achtsamkeit und bewusste Erfahrung jede menschliche Situation in eine Gelegenheit für spirituelles Wachstum verwandeln können. Sarvabhaksha lehrt uns, dass es keinen Aspekt des menschlichen Erlebens gibt, der von der Möglichkeit der Transformation ausgeschlossen ist.

In einer breiteren Perspektive repräsentiert Sarvabhaksha die reiche Tradition der indischen Mahasiddhas, die durch ihre unkonventionellen Lebenswege zeigen, dass spirituelle Verwirklichung nicht auf asketische Eliten beschränkt ist, sondern für Menschen aller Temperamente und Veranlagungen zugänglich sein kann. Diese demokratisierende Botschaft ist vielleicht sein wichtigstes Vermächtnis.

Während wir uns mit den Herausforderungen unserer eigenen Zeit konfrontiert sehen – einer Ära des Überflusses und gleichzeitig des unstillbaren Verlangens nach mehr – kann Sarvabhakshas Beispiel uns inspirieren, unsere eigenen Begierden nicht zu verdrängen oder ihnen blind zu folgen, sondern sie als Pfad zu tieferem Verständnis zu nutzen. In diesem Sinne bleibt der "Vielfraß" unter den Mahasiddhas ein zeitgemäßer Lehrer für die Kunst der Transformation durch bewusstes Erleben.

2.74 Savaripa - Der Jäger

Herkunft

Über Savaripas frühe Herkunft ist vergleichsweise wenig bekannt. Er wurde wahrscheinlich im 9. oder 10. Jahrhundert in einer ländlichen Region Nordindiens geboren. Überlieferungen zufolge entstammte er keiner höheren Kaste, sondern kam aus einfachen Verhältnissen. In einigen Texten wird erwähnt, dass er in einem Waldgebiet nahe dem heutigen Bundesstaat Bihar aufwuchs.

Von frühester Jugend an verdiente Savaripa seinen Lebensunterhalt als Jäger. In einer Gesellschaft, die vom Kastensystem geprägt war, gehörte die Jagd zu den niederen Tätigkeiten. Als Jäger führte er ein Leben, das im direkten Widerspruch zu einem der grundlegendsten buddhistischen Prinzipien stand: dem Nicht-Töten (Ahimsa). Er verbrachte seine Tage damit, Tiere zu jagen und zu töten, um sein Überleben zu sichern, unwissend über die karmischen Konsequenzen seiner Handlungen.

In manchen Überlieferungen wird berichtet, dass Savaripa besonders auf die Jagd von Wildschweinen spezialisiert war, während andere Quellen ihn als Bogenschützen beschreiben, der auf verschiedene Waldtiere Jagd machte. Was in allen Berichten übereinstimmt, ist, dass er vor seiner spirituellen Transformation ein Leben führte, das von Gewalt und der Tötung von Tieren geprägt war.

Besondere Eigenschaften

Trotz seiner Tätigkeit als Jäger besaß Savaripa bemerkenswerte Eigenschaften, die ihn für den spirituellen Pfad prädestinierten. Er verfügte über eine außergewöhnliche Beobachtungsgabe und ein tiefes Verständnis der Natur, die er durch sein Leben im Wald entwickelt hatte. Seine Fähigkeit, sich lautlos durch den Wald zu bewegen, spiegelte eine natürliche Achtsamkeit wider, die später auf dem spirituellen Pfad von großem Nutzen sein würde.

Besonders hervorzuheben ist Savaripas Direktheit und Offenheit. Im Gegensatz zu vielen spirituell Suchenden, die durch intellektuelle Konzepte oder religiöse Dogmen vorbelastet sind, näherte er sich dem Dharma unvoreingenommen. Diese Unvoreingenommenheit ermöglichte es ihm, die Lehren unmittelbar zu erfassen und umzusetzen, ohne durch vorgefasste Meinungen gehindert zu werden.

Eine weitere bemerkenswerte Eigenschaft war seine Ausdauer und Entschlossenheit. Als Jäger war er gewohnt, Tage und Nächte unter schwierigen Bedingungen in der Wildnis zu verbringen, geduldig auf seine Beute zu warten und Entbehrungen zu ertragen. Diese Qualitäten transformierte er später in spirituelle Ausdauer und Hingabe an die Praxis.

Nicht zuletzt verfügte Savaripa über eine natürliche Intelligenz und Intuition. Obwohl er keine formale Bildung genossen hatte, konnte er komplexe spirituelle Konzepte schnell erfassen und in seine Lebenserfahrung integrieren. Diese intuitive Weisheit, gepaart mit seiner direkten Lebenserfahrung, verlieh seinen späteren Lehren eine besondere Authentizität und Tiefe.

Geschichte der Erleuchtung

Die Transformation Savaripas vom Jäger zum erleuchteten Meister begann mit einer schicksalhaften Begegnung. Die meisten Überlieferungen berichten, dass er auf einen buddhistischen Meister traf – in einigen Versionen wird dieser als der große Mahasiddha Saraha identifiziert, in anderen als ein namenloser Yogi.

Die bekannteste Version der Geschichte erzählt, wie Savaripa eines Tages im Wald auf der Jagd war. Er entdeckte einen meditierenden Yogi und beobachtete ihn aus der Entfernung. Der Yogi saß vollkommen regungslos in tiefer Meditation. Savaripa, fasziniert von dieser ungewöhnlichen Erscheinung, wartete geduldig, um zu sehen, was der Yogi als nächstes tun würde. Stunde um Stunde verging, doch der Yogi verharrte in unveränderter Position.

Nach einiger Zeit – in manchen Überlieferungen werden drei Tage und Nächte genannt – wurde Savaripa unruhig. Er näherte sich dem Yogi und sprach ihn an. Als er keine Antwort erhielt, berührte er ihn leicht. Der Yogi öffnete langsam seine Augen und fragte Savaripa, warum er ihn gestört habe. Savaripa, erstaunt über die Fähigkeit des Yogis, so lange regungslos zu bleiben, fragte ihn, wie er diese Fertigkeit erlangt habe. Der Yogi antwortete, dass die Freude der Meditation so groß sei, dass Zeit keine Bedeutung mehr habe.

Diese Antwort berührte Savaripa tief. Zum ersten Mal begegnete ihm jemand, der eine Freude kannte, die nicht von äußeren Umständen oder sinnlichen Vergnügungen abhing. Er bat den Yogi, ihn zu unterweisen. Der Meister erkannte in Savaripa einen würdigen Schüler und erteilte ihm Belehrungen über die Natur des Geistes und die tantrische Praxis.

In einer alternativen Version der Geschichte wird berichtet, dass Savaripa eines Tages ein Wildschwein verfolgte, das in eine Höhle flüchtete. Als er der

Spur folgte, fand er statt des Wildschweins einen meditierenden Yogi. Dieser erklärte ihm, dass das Wildschwein eine Manifestation seiner eigenen geistigen Projektionen sei und lehrte ihn, statt äußerer Beute den eigenen Geist zu "jagen".

Unabhängig von der genauen Variante der Geschichte begann Savaripa unter der Anleitung seines Meisters zu meditieren. Er wendete die tantrischen Praktiken mit der gleichen Intensität und Hingabe an, mit der er zuvor gejagt hatte. Seine natürliche Fähigkeit zur Konzentration, die er als Jäger entwickelt hatte, erwies sich als wertvolle Grundlage für die Meditation.

Der entscheidende Durchbruch in Savaripas Praxis kam, als er die Natur seiner eigenen Gedanken und Emotionen zu "jagen" begann. Er erkannte, dass die wahre Beute nicht die Tiere im Wald waren, sondern die eigenen geistigen Verblendungen. Mit dieser Erkenntnis transformierte er seine Jagdfähigkeiten in spirituelle Werkzeuge.

Nach intensiver Praxis erlangte Savaripa die Verwirklichung der Mahamudra, der "Großen Siegelhaltung", die als höchste Verwirklichung in der Kagyu-Tradition des tibetischen Buddhismus gilt. In diesem Zustand erkannte er die wahre Natur des Geistes – leer von inhärenter Existenz, doch strahlend in seiner Klarheit und Mitgefühl.

Leben und Tod

Nach seiner Erleuchtung gab Savaripa sein Leben als Jäger vollständig auf. Er lebte fortan als Mahasiddha in der Wildnis, manchmal in Höhlen oder einfachen Hütten im Wald. Im Gegensatz zu vielen anderen spirituellen Meistern seiner Zeit zog er nicht in Klöster oder städtische Zentren, sondern blieb in der natürlichen Umgebung, die er so gut kannte.

Savaripa entwickelte einen einzigartigen Lehrstil, der stark von seiner früheren Erfahrung als Jäger geprägt war. Er nutzte Metaphern der Jagd, um spirituelle Konzepte zu vermitteln: Der Geist wurde zum Jäger, die Achtsamkeit zum Pfeil, und die geistigen Verblendungen zur Beute. Anstatt Tiere zu töten, "erlegte" er nun die Illusion der inhärenten Existenz und die Gifte des Geistes – Gier, Hass und Unwissenheit.

Überlieferungen berichten, dass Savaripa besondere Siddhis (übernatürliche Fähigkeiten) erlangte, darunter die Fähigkeit, mit Tieren zu kommunizieren. Es wird erzählt, dass wilde Tiere, sogar jene, die er früher gejagt hatte, keine Furcht vor ihm zeigten, sondern sich in seiner Nähe versammelten, um seinen Lehren zu lauschen. Diese Geschichten symbolisieren die vollständige Transformation vom Töten zum Schützen allen Lebens.

Über Savaripas Tod gibt es verschiedene Überlieferungen. Einige Texte berichten, dass er seinen physischen Körper in reines Licht auflöste, ein Phänomen, das im tibetischen Buddhismus als "Regenbogenkörper" bekannt ist. Andere Quellen erwähnen, dass er noch viele Jahre nach seiner Erleuchtung lebte und in hohem Alter friedlich starb, umgeben von seinen Schülern und den Waldtieren.

Eine besonders poetische Überlieferung erzählt, dass Savaripa, als er spürte, dass sein Tod nahte, einen letzten Pfeil in den Himmel schoss. Als der Pfeil herabfiel, löste sich sein Körper in Licht auf und verschmolz mit dem fallenden Pfeil, der nie den Boden berührte.

Lehren und Übertragungen

Savaripa hinterließ ein bedeutendes spirituelles Erbe, das in verschiedenen buddhistischen Traditionen bewahrt wurde. Seine Hauptlehren konzentrierten sich auf die Mahamudra-Meditation und die Transformation negativer Energien in Weisheit und Mitgefühl.

Ein zentrales Element in Savaripas Lehren war die "Umwandlung des Giftes in Medizin" – die Idee, dass selbst die schädlichsten Eigenschaften und Handlungen in Werkzeuge der Befreiung transformiert werden können. Seine eigene Lebensgeschichte diente als kraftvolles Beispiel für diese Transformation.

Savaripa entwickelte eine spezielle Meditationstechnik, die als "Jagd nach dem eigenen Geist" bekannt wurde. Diese Praxis beinhaltete die genaue Beobachtung der eigenen Gedanken und Emotionen, ähnlich wie ein Jäger seine Beute beobachtet, ohne jedoch einzugreifen oder zu urteilen. Durch diese kontinuierliche, nicht-wertende Beobachtung erkannte der Praktizierende schließlich die illusorische Natur der Gedanken und die Leerheit des Geistes.

Eine weitere bedeutende Lehre Savaripas war die "Doha" oder "Vajralieder" – spontane Gesänge spiritueller Verwirklichung, die er in einfacher, direkter Sprache verfasste. Diese Lieder, die oft Metaphern aus der Natur und der Jagd verwendeten, wurden mündlich überliefert und später in verschiedenen buddhistischen Sammlungen aufgezeichnet.

Savaripa hatte zahlreiche Schüler, darunter sowohl andere Jäger und einfache Menschen als auch fortgeschrittene Yogis. Die Überlieferungslinie seiner Lehren floss hauptsächlich in die Kagyu-Tradition des tibetischen Buddhismus ein, insbesondere in die Mahamudra-Übertragung. Seine Lehrmethoden beeinflussten auch die Entwicklung des Chöd, einer tantrischen Praxis, die das "Abschneiden" des Ego-Anhaftens betont.

Bedeutung und Nachwirkung

Savaripa nimmt in der buddhistischen Tradition eine besondere Stellung ein, da seine Geschichte exemplarisch die universelle Möglichkeit der Erleuchtung veranschaulicht. Sein Leben demonstriert, dass spirituelle Verwirklichung nicht von der sozialen Herkunft, Bildung oder früheren Handlungen abhängt, sondern von der Bereitschaft zur Transformation und der Hingabe an die Praxis.

Die Geschichte des Jägers, der zum erleuchteten Meister wurde, hatte besonders in Tibet eine starke Resonanz, wo der Buddhismus oft mit einheimischen, schamanistischen Traditionen verschmolz. In der tibetischen Kultur, in der die Jagd eine wichtige Rolle spielte, bot Savaripa ein Vorbild für die Integration von lokalen Lebensweisen und spirituellen Praktiken.

Savaripa wird oft in Verbindung mit anderen Mahasiddhas erwähnt, die ähnliche Transformationen durchliefen, wie Tilopa, der Fischer, oder Virupa, der Mönch, der seine Gelübde brach. Zusammen bilden sie ein Pantheon von Vorbildern, die verschiedene Wege zur Erleuchtung repräsentieren.

In der modernen Zeit hat Savaripas Geschichte eine neue Relevanz gewonnen. In einer Welt, die von Umweltzerstörung und der Ausbeutung natürlicher Ressourcen geprägt ist, erinnert sein Beispiel an die Möglichkeit einer tiefgreifenden Veränderung der Beziehung zwischen Mensch und Natur. Seine Transformation vom Jäger zum Beschützer der Tiere resoniert mit zeitgenössischen ökologischen Anliegen.

Für heutige Praktizierende bietet Savaripa ein inspirierendes Beispiel dafür, wie die eigenen Fähigkeiten und Lebenserfahrungen – selbst jene, die zunächst als Hindernisse erscheinen mögen – in Werkzeuge spirituellen Wachstums transformiert werden können. Seine Geschichte ermutigt dazu, den spirituellen Pfad nicht als Flucht vor dem Leben, sondern als dessen tiefere Verwirklichung zu betrachten.

Darstellung in der Kunst

In der tibetischen und nepalesischen Kunst wird Savaripa typischerweise als robuster Mann mit wildem Haar und Bart dargestellt, der Attribute eines Jägers trägt. Er wird meist mit einem Bogen und Pfeilen abgebildet, manchmal auch mit einem erlegten Tier – Symbole seiner früheren Tätigkeit, die nun als Metaphern für seinen spirituellen Pfad dienen.

Ein häufiges Bildmotiv zeigt Savaripa in Jagdkleidung, jedoch in meditativer Haltung sitzend, was die Synthese seiner beiden Lebensphasen symbolisiert. In manchen Darstellungen wird er von friedlichen Waldtieren umgeben gezeigt, die keine Furcht vor ihm zeigen – ein Hinweis auf seine vollständige Transformation und die Überwindung der Gewalt.

In Thangkas der 84 Mahasiddhas nimmt Savaripa oft einen prominenten Platz ein. Diese Darstellungen folgen meist einer standardisierten Ikonographie, die auf Texten wie dem "Grubthob Brgyad Cu Rtsa Bzhi'i Lo Rgyus" basiert, einer tibetischen Sammlung von Hagiographien der Mahasiddhas.

Bemerkenswert sind auch die künstlerischen Darstellungen von Savaripa in den Wandmalereien verschiedener Klöster in Tibet, Nepal und Bhutan. Besonders in den Klöstern der Kagyu-Tradition, wo seine Übertragungslinie bewahrt wurde, finden sich detaillierte Fresken, die Szenen aus seinem Leben zeigen.

In zeitgenössischen künstlerischen Interpretationen wird Savaripa oft als Symbol für ökologisches Bewusstsein und die Harmonie zwischen Mensch und Natur dargestellt. Moderne buddhistische Künstler haben seine Geschichte aufgegriffen, um Themen wie Umweltschutz und die Ethik der Mensch-Tier-Beziehung zu thematisieren.

Schlussbetrachtung

Die Geschichte des Mahasiddha Savaripa verkörpert einen der inspirierendsten Aspekte des buddhistischen Pfades: die Möglichkeit einer tiefgreifenden Transformation, unabhängig von der eigenen Vergangenheit. Von einem Jäger, dessen Leben vom Töten geprägt war, zu einem erleuchteten Meister, der die wahre Natur des Geistes erkannte – Savaripas Weg illustriert die buddhistische Überzeugung, dass jedes Wesen das Potential zur Erleuchtung in sich trägt.

Seine Lehren, die die Weisheit eines erfahrenen Waldbewohners mit den tiefgründigen Einsichten der Mahamudra-Tradition verbinden, bieten einen einzigartigen

Zugang zur buddhistischen Praxis. Die Metapher der "Jagd nach dem eigenen Geist" erinnert uns daran, dass spirituelle Praxis nicht weltabgewandt sein muss, sondern die eigenen Lebenserfahrungen integrieren und transformieren kann.

In einer Zeit, in der die Beziehung zwischen Mensch und Natur zunehmend gestört erscheint, bietet Savaripas Geschichte eine zeitlose Inspiration. Sie erinnert uns daran, dass wahre Harmonie mit der Natur nicht durch die Beherrschung oder Ausbeutung der natürlichen Welt entsteht, sondern durch ein tiefes Verständnis der gegenseitigen Abhängigkeit aller Lebewesen.

Letztendlich lehrt uns Savaripa, dass der spirituelle Pfad nicht darin besteht, unsere menschliche Natur zu verleugnen oder zu überwinden, sondern sie vollständig zu verstehen und zu transformieren. Wie der Jäger, der seine Fähigkeiten nutzte, um den eigenen Geist zu "erlegen", sind wir alle eingeladen, unsere einzigartigen Talente und Erfahrungen als Werkzeuge auf dem Weg zur Befreiung zu nutzen.

Die Geschichte des Jägers, der zum Heiligen wurde, bleibt eine zeitlose Erinnerung an die transformative Kraft des buddhistischen Pfades und an die universelle Möglichkeit der Erleuchtung – zugänglich für jeden, unabhängig von seiner Herkunft oder Vergangenheit.

2.75 Syalipa - Der Schakal-Yogin

Herkunft

Über die genaue Herkunft und das Geburtsdatum von Syalipa gibt es nur begrenzte historische Aufzeichnungen. Die meisten Quellen verorten sein Leben etwa im 9. oder 10. Jahrhundert n. Chr. in Nordindien, zur Blütezeit des tantrischen Buddhismus. Er wurde vermutlich in eine arme Familie geboren und lebte am Rande der Gesellschaft. Einige Überlieferungen berichten, dass er aus der Gegend des heutigen Bihar oder Bengalen stammte, Regionen, die damals Zentren buddhistischer Gelehrsamkeit und Praxis waren.

Im Gegensatz zu vielen anderen Mahasiddhas, die oft als Könige, Gelehrte oder Mönche begannen, wird Syalipa als jemand beschrieben, der von Anfang an in extremer Armut lebte. Diese Umstände prägten nicht nur seinen Namen, sondern auch seinen spirituellen Weg. In einer Gesellschaft, die stark vom Kastensystem geprägt war, repräsentierte Syalipa jene, die außerhalb der etablierten sozialen Ordnung standen und dennoch tiefe spirituelle Erkenntnisse erlangten.

Der Name "Syalipa" selbst leitet sich vom Sanskrit-Wort "Syala" (Schakal) ab, wobei "pa" ein Suffix ist, das "Person" oder "Meister" bedeutet. Dieser Name wurde ihm aufgrund seiner Lebensweise gegeben, da er, ähnlich einem Schakal, von Abfällen und Überresten lebte, die andere zurückgelassen hatten.

Besondere Eigenschaften

Syalipa zeichnete sich durch mehrere außergewöhnliche Eigenschaften aus, die ihn als Mahasiddha charakterisierten. Die vielleicht bemerkenswerteste war seine vollkommene Akzeptanz seiner Lebensumstände und die daraus resultierende Freiheit von weltlichen Anhaftungen. Während andere Praktizierende jahrelang meditieren mussten, um Gleichmut (Upeksha) zu entwickeln, lebte Syalipa diesen Gleichmut als direkte Folge seiner Lebensweise.

Eine weitere herausragende Eigenschaft war seine Fähigkeit, Nahrung zu transformieren. Die Überlieferungen berichten, dass er die Gabe besaß, selbst verdorbene Speisen und Abfälle in nährende Substanz zu verwandeln – sowohl physisch als auch spirituell. Diese Fähigkeit ist nicht nur als wörtliches Wunder zu verstehen, sondern auch als Metapher für die tantrische Transformation, bei der schädliche Emotionen und unreine Zustände in Weisheit umgewandelt werden.

Syalipa wird auch eine außergewöhnliche Widerstandsfähigkeit zugeschrieben. Trotz seiner kargen Ernährung und des harten Lebens am Rande der Gesellschaft soll er selten krank gewesen sein und ein hohes Alter erreicht haben. Dies wurde als Manifestation seiner spirituellen Kraft und seiner Fähigkeit betrachtet, Prana (Lebensenergie) zu kontrollieren.

In den Hagiographien wird er zudem als jemand beschrieben, der trotz seiner schwierigen Umstände stets eine innere Heiterkeit und Zufriedenheit ausstrahlte. Diese Eigenschaft beeindruckte viele seiner Zeitgenossen, darunter auch wohlhabende und mächtige Personen, die nicht verstehen konnten, wie jemand unter solch schwierigen Bedingungen glücklich sein konnte.

Geschichte der Erleuchtung

Die Geschichte von Syalipas Erleuchtung ist eng mit seiner ungewöhnlichen Ernährungsweise verbunden. Der Überlieferung nach war Syalipa so arm, dass er keine andere Wahl hatte, als sich von Abfällen zu ernähren, die andere weggeworfen hatten. Er sammelte Essensreste von den Müllhalden und Verbrennungsplätzen außerhalb der Städte und Dörfer.

Eines Tages, so wird berichtet, hatte er eine Begegnung mit einem wandernden Yogi, der in ihm ein großes spirituelles Potenzial erkannte. Dieser Lehrer, dessen Name in manchen Quellen als Kasoripa angegeben wird, unterwies ihn in einer besonderen Form der Meditation, die speziell auf Syalipas Lebensumstände zugeschnitten war.

Die Unterweisung bestand darin, jeden Bissen seiner Nahrung – so verdorben oder unappetitlich sie auch sein mochte – als Amrita (Nektar der Unsterblichkeit) zu visualisieren und mit vollkommener Achtsamkeit zu verzehren. Dabei sollte er die Grenzen zwischen rein und unrein, begehrenswert und abstoßend auflösen. Diese Praxis verband Elemente der Chöd-Tradition (einer Praxis, die auf die Überwindung des Ego-Anhaftens durch Konfrontation mit dem Abstoßenden abzielt) mit Aspekten der Achtsamkeitsmeditation beim Essen.

Syalipa praktizierte diese Methode mit außerordentlicher Hingabe. Nach Überlieferungen praktizierte er zwölf Jahre lang, wobei jeder Moment der Nahrungsaufnahme zu einer tiefen Meditationspraxis wurde. Während dieser Zeit begann er, die Natur der Realität direkt zu erfahren – die Leerheit (Sunyata) aller Phänomene und die Nicht-Dualität von Samsara und Nirvana.

Der Moment seiner endgültigen Erleuchtung wird in verschiedenen Versionen überliefert. Eine Erzählung beschreibt, wie er eines Tages besonders verdorbene

Nahrung zu sich nahm und plötzlich die vollkommene Durchdringung der Realität erfuhr. Eine andere Version berichtet, dass sein Lehrer zurückkehrte und ihn testete, indem er ihm golddurchwirkte Speisen anbot. Syalipa soll keinen Unterschied zwischen dieser köstlichen Nahrung und seinen gewohnten Abfällen empfunden haben – ein Zeichen seiner vollständigen Überwindung dualistischer Konzepte.

Nach seiner Erleuchtung wird berichtet, dass Syalipa die Siddhi (übernatürliche Fähigkeit) erlangte, jegliche Substanz in Nahrung umzuwandeln. Diese Fähigkeit demonstrierte er, indem er öffentlich Dinge aß, die normalerweise als ungenießbar galten, und dadurch viele Menschen anzog, die von diesem Wunder angezogen wurden. Dies nutzte er als Mittel, um den Dharma zu lehren und zu zeigen, dass die Natur aller Phänomene rein ist, wenn man sie aus der Perspektive der Erleuchtung betrachtet.

Leben und Tod

Nach seiner Erleuchtung änderte sich Syalipas äußeres Leben kaum. Im Gegensatz zu anderen Mahasiddhas, die Könige wurden oder große Klöster gründeten, blieb er seinem einfachen Lebensstil treu. Er wanderte durch verschiedene Regionen Nordindiens, lebte weiterhin von dem, was andere zurückließen, und lehrte jene, die bereit waren, zuzuhören.

Es wird überliefert, dass er trotz seines scheinbar niederen Status von anderen Mahasiddhas und spirituellen Meistern seiner Zeit hoch geachtet wurde. Besonders geschätzt wurde seine direkte und unverblümte Art zu lehren, die frei von intellektuellem Ballast und philosophischer Komplexität war. Sein Leben selbst wurde zur Lehre – eine verkörperte Demonstration der Möglichkeit, höchste spirituelle Verwirklichung unter den schwierigsten Umständen zu erlangen.

Die Überlieferungen berichten von zahlreichen Begegnungen zwischen Syalipa und Menschen aus allen Gesellschaftsschichten. Besonders bemerkenswert waren seine Interaktionen mit wohlhabenden Brahmanen und buddhistischen Gelehrten, die oft mit Skepsis oder Verachtung kamen, aber nach Gesprächen mit ihm als Schüler zurückkehrten. Seine Fähigkeit, komplexe Dharma-Konzepte durch einfache, direkte Erfahrungen zu vermitteln, machte ihn zu einem einzigartigen Lehrer.

Über Syalipas Tod gibt es verschiedene Berichte. Eine Version erzählt, dass er seinen physischen Körper in einer Höhle im Himalaya zurückließ, nachdem er seinen Schülern letzte Unterweisungen gegeben hatte. Eine andere Überlieferung berichtet, dass er seinen Körper in reines Licht auflöste, während er auf einer Verbrennungsstätte meditierte – einem Ort, der seine spirituelle Praxis symbolisch widerspiegelte.

Manche Quellen behaupten auch, dass er nie wirklich starb, sondern als einer der verborgenen Unsterblichen weiterlebt und in verschiedenen Zeiten und Orten erscheint, um jene zu unterweisen, die bereit sind. Diese Vorstellung steht im Einklang mit der tantrischen Auffassung, dass ein vollständig verwirklichter Mahasiddha die vollkommene Kontrolle über Leben und Tod erlangt.

Lehren und Übertragungen

Obwohl Syalipa keinen eigenen buddhistischen Orden oder eine formelle Schule gründete, haben seine Lehren und Praktiken verschiedene tantrische Traditionen beeinflusst. Seine zentrale Lehre konzentrierte sich auf die Transformation des Unreinen in das Reine – ein fundamentales Prinzip des Vajrayana-Buddhismus.

Die von ihm übertragene Hauptpraxis wird manchmal als "Syalipas Essenz-Extraktion" bezeichnet. Diese Technik beinhaltet die Fähigkeit, die nährende Essenz aus jeder Substanz zu extrahieren, unabhängig von ihrem scheinbaren Zustand. Auf einer tieferen Ebene symbolisiert diese Praxis die Fähigkeit, die Buddha-Natur in allen Phänomenen zu erkennen, selbst in jenen, die oberflächlich betrachtet als unrein oder wertlos erscheinen.

Syalipa lehrte auch eine besondere Form der Atemmeditation, bei der die Praktizierende visualisiert, wie sie nicht nur Sauerstoff, sondern auch die subtile Essenz aller umgebenden Elemente einatmet. Diese Praxis wurde später in verschiedene Prana-Übungen innerhalb des tibetischen Buddhismus integriert.

Seine Lehren über die Nicht-Dualität von rein und unrein, wertvoll und wertlos, wurden besonders in der Mahamudra-Tradition bewahrt. Hier dient seine Geschichte oft als Beispiel dafür, wie die direkte Erfahrung der Realität jenseits konzeptueller Konstrukte zu tiefem Verständnis führen kann.

Im tibetischen Buddhismus wurden einige von Syalipas Praktiken in den Chöd-Linien bewahrt, insbesondere in jenen Aspekten, die sich mit der Überwindung von Ekel und Anhaftung beschäftigen. Seine Methoden zur Transformation negativer Emotionen wurden auch in verschiedene Yidam-Praktiken (Meditationen auf Gottheiten) integriert, besonders in jene, die mit Umwandlungsprozessen verbunden sind.

Die direkte Übertragungslinie von Syalipa soll über verschiedene indische Mahasiddhas nach Tibet gelangt sein, wo sie hauptsächlich in den Kagyu- und Nyingma-Schulen des tibetischen Buddhismus bewahrt wurde. Einige Texte erwähnen, dass Marpa, der Übersetzer und Lehrer von Milarepa, Unterweisungen erhalten hatte, die auf Syalipas Methoden basierten.

Bedeutung und Nachwirkung

Die Bedeutung von Syalipa liegt weniger in der Gründung einer spezifischen Schule oder der Verbreitung komplexer philosophischer Systeme, sondern vielmehr in der lebendigen Verkörperung zentraler tantrischer Prinzipien. Seine Geschichte dient als kraftvolles Beispiel dafür, dass spirituelle Verwirklichung nicht von äußeren Umständen abhängt, sondern von innerer Transformation.

In der buddhistischen Tradition repräsentiert Syalipa den Archetyp des "heiligen Bettlers" oder "göttlichen Verrückten" – eine Figur, die gesellschaftliche Konventionen transzendiert und durch ihr bloßes Sein die Illusion sozialer Hierarchien und materieller Werte entlarvt. Diese Tradition findet sich in verschiedenen spirituellen Kulturen, von den Avadhuta im Hinduismus bis zu den Narren in Christus in der orthodoxen christlichen Tradition.

Für moderne Praktizierende bietet Syalipas Geschichte eine besonders relevante Lehre: Sie zeigt, dass spirituelle Praxis nicht von idealen Bedingungen abhängt, sondern genau dort stattfinden kann und soll, wo man sich befindet – mit den Mitteln, die zur Verfügung stehen. In einer Welt, die zunehmend von Konsumismus und materiellen Idealen geprägt ist, erinnert Syalipa daran, dass wahres Glück und tiefe Einsicht nicht von äußeren Umständen abhängen.

Seine Methode der Transformation hat auch ökologische Implikationen. In einer Zeit, in der Ressourcenverschwendung ein globales Problem darstellt, bietet Syalipas Ansatz, Wert in dem zu finden, was andere verwerfen, eine tiefgründige Lektion. Seine Praxis könnte als spirituelles Modell für Nachhaltigkeit und achtsamen Konsum betrachtet werden.

In der zeitgenössischen buddhistischen Praxis wird Syalipas Vermächtnis oft in Retreats und Schulungen zur Achtsamkeit beim Essen angeführt. Seine radikale Akzeptanz und Transformation sind auch für moderne psychologische

Ansätze relevant, die sich mit der Überwindung von Aversion und Anhaftung beschäftigen.

Darstellung in der Kunst

In der tibetischen und nepalesischen religiösen Kunst wird Syalipa in einer charakteristischen Weise dargestellt, die seine Lebensgeschichte und spirituelle Verwirklichung widerspiegelt. Typischerweise wird er als hagere Gestalt mit zerzaustem Haar und einfacher, oft zerlumpter Kleidung gezeigt. Seine Haut wird oft in einer dunklen oder aschfahlen Farbe dargestellt, was sowohl seine ärmliche Lebensweise als auch seine Verbindung zu Verbrennungsstätten symbolisiert.

Ein charakteristisches Merkmal in seinen Darstellungen ist ein Gefäß oder eine Schale, die er in den Händen hält. Diese Schale ist oft mit unidentifizierbaren Substanzen gefüllt, die seine unkonventionelle Ernährung und seine Fähigkeit zur Transformation symbolisieren. In manchen Darstellungen wird die Schale mit einer leuchtenden Aura umgeben, die andeutet, dass der Inhalt in Amrita oder Nektar verwandelt wurde.

In Thangkas wird Syalipa häufig in der Nähe von Verbrennungsstätten oder Müllhalden dargestellt, mit Schakalen oder Hunden in seiner Umgebung. Diese Tiere, von denen er seinen Namen ableitet, symbolisieren seine Fähigkeit, von dem zu leben, was andere verwerfen, aber auch die tantrische Sichtweise, dass selbst das scheinbar Unreine oder Gefährliche Aspekte der erleuchteten Natur enthält.

In einigen künstlerischen Traditionen wird Syalipa mit einem besonderen Handzeichen (Mudra) dargestellt: Seine rechte Hand ist zu seiner Schale hin ausgestreckt, als würde er einen Segen über den Inhalt sprechen, während seine linke Hand oft in einer Geste der Meditation ruht. Diese Darstellung betont den transformativen Aspekt seiner Praxis.

Interessanterweise wird Syalipa in der Kunst oft in der Nähe anderer Mahasiddhas gezeigt, insbesondere jener, die ebenfalls unkonventionelle Praktiken verkörperten. In Gruppendarstellungen der 84 Mahasiddhas nimmt er häufig eine Position am Rand ein, was sowohl seine historische Randstellung in der Gesellschaft als auch die spirituelle Bedeutung der Peripherie im tantrischen Buddhismus symbolisiert.

In zeitgenössischen Darstellungen, besonders in westlichen buddhistischen Kontexten, wird Syalipa manchmal in modernerer Form interpretiert, wobei der

Fokus stärker auf seiner inneren Transformation als auf den äußeren Aspekten seiner Askese liegt. Diese Neuinterpretationen spiegeln das fortdauernde Interesse an seinen Lehren und ihre Relevanz für die moderne spirituelle Praxis wider.

Schlussbetrachtung

Die Geschichte des Mahasiddha Syalipa verkörpert einige der tiefgründigsten Aspekte des Vajrayana-Buddhismus: die Transformation des Unreinen in das Reine, die Überwindung dualistischer Konzepte und die Erkenntnis, dass Erleuchtung unabhängig von äußeren Umständen möglich ist. Sein Leben und seine Lehren fordern uns heraus, unsere eigenen Vorstellungen von Wert, Reinheit und spiritueller Praxis zu überdenken.

In einer Welt, die zunehmend von materiellem Überfluss und gleichzeitig von tiefgreifender spiritueller Entfremdung geprägt ist, bietet Syalipas Beispiel eine kraftvolle Alternative. Er erinnert uns daran, dass wahre Erfüllung nicht durch Anhäufung von Besitz oder Streben nach idealen Umständen erreicht wird, sondern durch die Transformation unserer Wahrnehmung und unseres Verhältnisses zur Welt.

Die Praxis des Schakal-Yogins lädt uns ein, die Grenzen zwischen heilig und profan, wertvoll und wertlos neu zu betrachten. In gewissem Sinne enthält seine Lebensgeschichte eine radikale ökologische und spirituelle Botschaft: Nichts ist wirklich Abfall; alles kann transformiert werden. Diese Einsicht hat tiefgreifende Implikationen nicht nur für unsere persönliche spirituelle Praxis, sondern auch für unseren kollektiven Umgang mit der Welt und ihren Ressourcen.

Syalipas Vermächtnis erinnert uns schließlich daran, dass der Pfad zur Erleuchtung nicht notwendigerweise durch Tempel und Klöster führt, sondern genau dort beginnt, wo wir uns befinden – mit dem, was wir haben. Seine Geschichte enthält die zeitlose Weisheit, dass die tiefste spirituelle Transformation oft an den unwahrscheinlichsten Orten und unter den herausforderndsten Umständen stattfindet. In diesem Sinne bleibt der Schakal-Yogin ein zeitloser Lehrer, dessen Beispiel auch heute noch inspiriert und erhellt.

2.76 Tantepa - Der Spieler

Herkunft

Über die frühen Jahre Tantepas ist verhältnismäßig wenig bekannt. Die Hagiographien berichten, dass er in Nordindien etwa im 8. oder 9. Jahrhundert geboren wurde. Er stammte aus einer wohlhabenden Familie, möglicherweise aus dem Kaufmannsstand oder niedrigem Adel. Diese privilegierte Herkunft ermöglichte ihm eine umfassende Bildung und ein Leben in relativem Wohlstand. Die meisten Überlieferungen deuten darauf hin, dass er in der Region Bengal oder im heutigen Bihar geboren wurde, obwohl einige Quellen auch andere Regionen Nordindiens als seinen Geburtsort nennen.

Die relative Unschärfe seiner biografischen Details ist typisch für die Mahasiddha-Tradition, in der die symbolische und didaktische Bedeutung der Lebensgeschichten oft wichtiger ist als ihre historische Genauigkeit. Was jedoch in allen Überlieferungen konsistent bleibt, ist sein früher Hang zum Glücksspiel und wie diese Leidenschaft sein Leben bestimmte, bevor er den Pfad der spirituellen Transformation entdeckte.

Besondere Eigenschaften

Tantepa zeichnete sich durch mehrere charakteristische Eigenschaften aus, die sowohl sein weltliches Leben als auch seinen späteren spirituellen Weg prägten. Die hervorstechendste Eigenschaft war zweifellos seine Besessenheit vom Glücksspiel. Diese Leidenschaft war so intensiv, dass sie seinen Beinamen prägte – "der Spieler". In den traditionellen Darstellungen wird er oft mit Würfeln oder anderen Spielgeräten abgebildet.

Neben seiner Spielleidenschaft besaß Tantepa einen außergewöhnlich scharfen Intellekt und eine bemerkenswerte analytische Fähigkeit. Diese Eigenschaften, die ihn zunächst zu einem geschickten, wenn auch letztlich erfolglosen Spieler machten, wurden später auf seinem spirituellen Weg zu wertvollen Werkzeugen. Seine Fähigkeit, Muster zu erkennen und komplexe Situationen zu analysieren, half ihm beim Verständnis der buddhistischen Lehren und bei der Entwicklung seiner eigenen spirituellen Einsichten.

Eine weitere bemerkenswerte Eigenschaft war seine Beharrlichkeit. Die gleiche Hartnäckigkeit, mit der er trotz wiederholter Verluste am Spieltisch blieb, zeigte sich später in seiner spirituellen Praxis. Nach seiner Bekehrung widmete er sich mit der gleichen Intensität der Meditation und dem Studium der Lehren, die er zuvor dem Glücksspiel gewidmet hatte.

Schließlich besaß Tantepa eine tiefe Fähigkeit zur Transformation. Seine Geschichte ist ein besonders eindrucksvolles Beispiel für die buddhistische Überzeugung, dass negative Eigenschaften nicht ausgerottet, sondern umgewandelt werden müssen. Die Energie seiner Obsession wurde nicht unterdrückt, sondern in spirituelles Streben umgelenkt – ein Prozess, der ihn schließlich zur Erleuchtung führte.

Geschichte der Erleuchtung

Die Erleuchtungsgeschichte Tantepas beginnt mit seinem Tiefpunkt. Nach Jahren der Spielsucht hatte er sein gesamtes Vermögen verloren und war zu einem gesellschaftlichen Ausgestoßenen geworden. Die Überlieferungen berichten, dass er selbst seinen wertvollsten Besitz, ein Familienerbstück in Form einer goldenen Götterstatue, verspielt hatte. Obdachlos und verzweifelt, fand er sich an einem Verbrennungsplatz wieder – in der indischen Tradition ein Ort, der mit Tod, Vergänglichkeit und gesellschaftlicher Ausgrenzung assoziiert wird.

An diesem Ort der Verzweiflung traf Tantepa auf einen wandernden Yogi – in einigen Überlieferungen wird dieser als der Mahasiddha Shavaripa identifiziert, in anderen bleibt er namenlos. Dieser Yogi erkannte in Tantepa ein spirituelles Potenzial, das unter seiner Spielsucht verborgen lag. Mit tiefer Einsicht in Tantepas Charakter bot er ihm eine besondere Herausforderung an: ein letztes Spiel, in dem der ultimative Einsatz nicht Gold oder Besitz, sondern Tantepas eigenes Leben und seine zukünftige spirituelle Entwicklung sein sollte.

Der Yogi lehrte Tantepa eine meditative Praxis, die auf den Prinzipien des Glücksspiels basierte. Anstatt zu versuchen, Tantepas Sucht zu unterdrücken, nutzte er sie als Vehikel für spirituelle Transformation. Er wies ihn an, mit jedem Atemzug "zu setzen", mit seiner vollen Aufmerksamkeit präsent zu sein und die Natur des Geistes selbst als das ultimative Spielfeld zu betrachten.

Diese Praxis, die Tantepas Obsession mit Glücksspiel in einen meditativen Fokus umwandelte, führte zu einer tiefgreifenden Transformation. Nach intensiver Praxis, die in einigen Überlieferungen als sieben Tage und Nächte ununterbrochener Meditation beschrieben wird, erlebte Tantepa einen Durchbruch – eine direkte Erkenntnis der leeren, illusorischen Natur aller Phänomene, einschließlich seiner eigenen Identität als "Spieler".

In diesem Moment der Erleuchtung verstand Tantepa, dass das wahre "Spiel" nicht jenes mit Würfeln oder Karten war, sondern das kosmische Spiel der Erscheinungen, die aus der leeren Natur des Geistes entstehen. Er erkannte, dass sein Leben als obsessiver Spieler selbst eine Form von Meditation gewesen war – wenn auch eine fehlgeleitete – und dass die gleiche Intensität und Konzentration, die er dem Glücksspiel gewidmet hatte, nun zur Verwirklichung der höchsten Wahrheit führen konnte.

Leben und Tod

Nach seiner Erleuchtung wanderte Tantepa als Yogi durch Nordindien. Frei von seiner früheren Abhängigkeit, aber die Symbolik des Spiels beibehaltend, lehrte er durch das Beispiel eines transformierten Lebens. Er kehrte an Orte zurück, an denen er einst als Spieler bekannt war, nicht um Revanche zu nehmen oder seinen neuen Status zur Schau zu stellen, sondern um anderen den Weg zur Befreiung zu zeigen.

Die Überlieferungen beschreiben, wie er in Spielhallen und an Versammlungsorten ehemaliger Spielgefährten erschien, manchmal erkannt, manchmal als wandernder Bettler ignoriert. Denen, die bereit waren zu hören, bot er Lehren an, oft in Form von Rätseln oder Parabeln, die die Sprache des Glücksspiels verwendeten, um tiefe spirituelle Wahrheiten zu vermitteln.

Über die genauen Umstände seines Todes gibt es verschiedene Überlieferungen. Einige Quellen deuten an, dass er, ähnlich wie andere Mahasiddhas, seinen physischen Körper transzendierte und in reiner Energie-Form aufging – ein Zustand, der im tantrischen Buddhismus als "Regenbogenkörper" bekannt ist. Andere Berichte besagen, dass er ein hohes Alter erreichte und friedlich starb, umgeben von Schülern, die seine Lehren fortführten.

Unabhängig von den genauen Umständen seines Todes hinterließ Tantepa ein Vermächtnis, das über seinen physischen Tod hinausreicht. Seine Geschichte und Lehren wurden Teil der mündlichen und später schriftlichen Tradition der Mahasiddhas und inspirierten Generationen von Praktizierenden, insbesondere jene, die mit ihren eigenen Abhängigkeiten und Obsessionen zu kämpfen hatten.

Lehren und Übertragungen

Die zentralen Lehren Tantepas drehen sich um das Konzept der Transformation statt der Unterdrückung. Seine eigene Erfahrung demonstrierte, dass selbst die stärksten Leidenschaften und Abhängigkeiten in Werkzeuge der Befreiung umgewandelt werden können. Diese Idee steht im Einklang mit dem tantrischen Prinzip, dass die Energien, die gewöhnlich als negativ oder störend angesehen werden, nicht abgelehnt, sondern umgewandelt werden sollten.

Eine der bekanntesten Lehren, die Tantepa zugeschrieben werden, ist die "Meditation des höchsten Einsatzes". Diese Praxis fordert den Praktizierenden auf, sein gesamtes Selbstverständnis, seine Identität und seine Anhaftungen als Einsatz in der Meditation zu "setzen". Durch diesen totalen Einsatz wird die Meditation zu einem transformativen Akt, der über bloße Beruhigung des Geistes hinausgeht und zu einer vollständigen Neuorientierung des Seins führt.

Tantepa lehrte auch, dass das Leben selbst ein Glücksspiel sei, aber eines, dessen Regeln verstanden und letztendlich transzendiert werden können. Er wies darauf hin, dass das Verstehen der Wahrscheinlichkeiten und Muster – sei es im Glücksspiel oder im Leben – zwar nützlich sei, aber letztendlich durch die Erkenntnis der grundlegenden Leerheit aller Phänomene übertroffen werden müsse.

Seine Übertragungslinie, bekannt als die "Spielerlinie" oder manchmal als "Pfad der transformierten Leidenschaft", wurde Teil des größeren Geflechts tantrischer Übertragungen, die den tibetischen Buddhismus formten. Insbesondere in den Kagyu- und Nyingma-Traditionen des tibetischen Buddhismus finden sich Spuren seiner Lehren, oft integriert in umfassendere Systeme der Meditation und spirituellen Praxis.

Ein bemerkenswerter Aspekt seiner Übertragungslinie ist ihr Fokus auf direkte Erfahrung statt intellektuelles Verständnis. Tantepa betonte, dass wahre Erkenntnis nicht durch das Studium von Texten oder das Befolgen von Regeln erreicht wird, sondern durch direktes Engagement mit der eigenen Erfahrung – ein Ansatz, der in der Mahamudra- und Dzogchen-Tradition des tibetischen Buddhismus widerhallt.

Bedeutung und Nachwirkung

Die Bedeutung Tantepas in der buddhistischen Tradition geht weit über seine persönliche Geschichte hinaus. Er repräsentiert einen wichtigen Aspekt des tantrischen Buddhismus – die Idee, dass spirituelle Erleuchtung nicht durch Rückzug von der Welt oder Unterdrückung menschlicher Leidenschaften erreicht wird, sondern durch deren Transformation.

Seine Geschichte dient als kraftvolles Symbol für die Möglichkeit der Erlösung selbst aus den tiefsten Verstrickungen. Für Praktizierende, die mit ihren eigenen Abhängigkeiten oder destruktiven Verhaltensmustern kämpfen, bietet Tantepas Beispiel Hoffnung und einen praktischen Weg zur Transformation.

In der tibetischen Tradition wurde Tantepa zu einer wichtigen Figur in der Ikonographie und den Lehren verschiedener Schulen. Seine Methoden der Transformation von Leidenschaft wurden in größere meditative Systeme integriert, insbesondere in die Mahamudra-Tradition der Kagyu-Schule und die Dzogchen-Lehren der Nyingma.

Darüber hinaus hat Tantepas Geschichte eine kulturelle Resonanz, die über den streng religiösen Kontext hinausgeht. Als Archetyp des "erlösten Sünders" oder des "transformierten Suchtmenschen" spricht seine Geschichte universelle Themen der menschlichen Erfahrung an – den Kampf mit Abhängigkeit, die Möglichkeit der Veränderung und die transformative Kraft der Selbsterkenntnis.

In der modernen buddhistischen Praxis, insbesondere in westlichen Kontexten, wird Tantepas Geschichte oft als Beispiel für einen nicht-dualistischen Ansatz zur spirituellen Entwicklung zitiert. Seine Lehre, dass die Energien der Leidenschaft nicht unterdrückt, sondern umgeleitet werden sollten, findet Resonanz in zeitgenössischen psychologischen und spirituellen Ansätzen, die Integration statt Verdrängung betonen.

Darstellung in der Kunst

In der tibetischen und nepalesischen Kunst wird Tantepa typischerweise als muskulöser Mann mit nacktem Oberkörper dargestellt, oft nur mit einer einfachen Lendenschürze bekleidet. Diese Darstellung symbolisiert seinen Status als Yogi, der weltliche Besitztümer und Konventionen hinter sich gelassen hat. Ein charakteristisches Merkmal seiner Ikonographie sind die Spielwürfel oder andere Glücksspielgeräte, die er in den Händen hält oder die zu seinen Füßen liegen.

In den Thangkas wird er oft in einer dynamischen Pose dargestellt, manchmal tanzend oder in einer Haltung, die seine transformierte Energie ausdrückt. Sein Gesichtsausdruck ist typischerweise intensiv und fokussiert, ein Hinweis auf die gerichtete Aufmerksamkeit, die sowohl seine frühere Spielsucht als auch seine spätere meditative Praxis kennzeichnete.

Ein bemerkenswertes Element in vielen Darstellungen Tantepas ist der Kontrast zwischen Symbolen des Spiels und Symbolen der Spiritualität. So werden Würfel oder Spielbretter oft neben Gebetsketten, Ritualgegenständen oder symbolischen Handgesten (Mudras) dargestellt – eine visuelle Repräsentation der Transformation, die das Zentrum seiner spirituellen Reise bildet.

In größeren Darstellungen der 84 Mahasiddhas nimmt Tantepa oft einen besonderen Platz ein, manchmal in der Nähe anderer Mahasiddhas, deren Geschichten ebenfalls Themen der Transformation beinhalten. In einigen Traditionen wird er auch in Verbindung mit bestimmten Schutzgottheiten dargestellt, insbesondere solchen, die mit der Umwandlung negativer Energien assoziiert werden.

Moderne künstlerische Interpretationen haben neue Dimensionen zu Tantepas Darstellung hinzugefügt. Zeitgenössische buddhistische Künstler haben seine Geschichte in verschiedenen Medien neu interpretiert, von traditionellen Thangkas bis hin zu digitaler Kunst. Diese modernen Darstellungen betonen oft die psychologischen Aspekte seiner Transformation und stellen Verbindungen zu zeitgenössischen Themen wie Suchtbekämpfung und psychischer Gesundheit her.

Schlussbetrachtung

Die Geschichte des Mahasiddha Tantepa bietet einen faszinierenden Einblick in die transformative Kraft des tantrischen Buddhismus. Von einem besessenen Spieler, der alles verloren hatte, zu einem erleuchteten Meister, der seine früheren Leidenschaften in Werkzeuge der spirituellen Befreiung umwandelte – sein Leben verkörpert die zentrale tantrische Lehre, dass nichts abgelehnt oder unterdrückt werden muss, sondern alles durch Bewusstheit und richtige Führung transformiert werden kann.

In einer Zeit, in der Abhängigkeiten und zwanghafte Verhaltensweisen weit verbreitet sind, bietet Tantepas Geschichte eine inspirierende Alternative zu Ansätzen, die auf Schuld, Scham oder strenger Abstinenz basieren. Seine Lehre, dass die Energie der Leidenschaft selbst der Schlüssel zur Befreiung sein kann, ist eine kraftvolle Botschaft für Menschen, die mit ihren eigenen inneren Dämonen ringen.

Darüber hinaus erinnert uns Tantepas Geschichte daran, dass spirituelle Verwirklichung nicht ein Privileg der reinen und untadeligen ist, sondern ein Potenzial, das in jedem Menschen existiert, unabhängig von seinen vergangenen Handlungen oder gegenwärtigen Verstrickungen. Diese demokratisierende Botschaft steht im Herzen des tantrischen Buddhismus und bleibt eine seiner wichtigsten Beiträge zur spirituellen Landschaft der Menschheit.

Tantepa hat seinen Platz in der Geschichte des Buddhismus gesichert. Aber vielleicht ist sein größtes Vermächtnis die zeitlose Botschaft, dass selbst unsere tiefsten Abhängigkeiten und Obsessionen, wenn sie mit Bewusstheit und Mitgefühl betrachtet werden, zu Pfaden der Befreiung werden können. In einer Welt, die oft von Extremen der Indulgenz oder der Unterdrückung geprägt ist, bietet Tantepas mittlerer Weg der Transformation eine heilsame und nachhaltige Alternative.

2.77 Tantipa - Der senile Weber

Herkunft

Über die genaue Herkunft Tantipas gibt es wenige historisch gesicherte Quellen. Die meisten Überlieferungen verorten ihn im östlichen Indien, vermutlich in Bengalen, wo er als einfacher Weber in einem Dorf lebte. Geboren wurde er wahrscheinlich im frühen 9. Jahrhundert. Als Weber gehörte er einer niedrigen Kaste an und hatte keinen Zugang zu formaler Bildung oder religiösen Unterweisungen. Seine Existenz war geprägt von harter Arbeit und den alltäglichen Mühen eines einfachen Handwerkers. In manchen Quellen wird berichtet, dass er bereits in jungen Jahren das Weben erlernte und diesem Handwerk sein Leben lang nachging, bis ins hohe Alter, als seine geistigen Fähigkeiten nachzulassen begannen.

Die spärlichen biografischen Details seiner frühen Jahre unterstreichen einen wichtigen Aspekt der Mahasiddha-Tradition: Die Betonung liegt nicht auf der weltlichen Biografie, sondern auf der spirituellen Transformation und den Lehren, die aus dieser Verwandlung hervorgehen.

Besondere Eigenschaften

Tantipa wird in den Überlieferungen vor allem durch zwei charakteristische Eigenschaften gekennzeichnet: sein hohes Alter und seine damit einhergehende Vergesslichkeit oder "Senilität". Diese beiden Merkmale, die in weltlicher Hinsicht als Defizite gelten würden, werden in seiner Geschichte zu entscheidenden Faktoren für seine spirituelle Verwirklichung.

Als alter Mann litt Tantipa unter nachlassender Gedächtniskraft. Er vergaß häufig, was er gerade tat, und konnte sich oft nicht an einfache Abläufe erinnern. Diese Vergesslichkeit, die im Alltag ein Hindernis darstellte, wurde jedoch zu einem unerwarteten Segen auf seinem spirituellen Weg. Seine Unfähigkeit, an Konzepten und Ideen festzuhalten, machte ihn empfänglich für direkte Erfahrungen jenseits mentaler Konstrukte.

Eine weitere bemerkenswerte Eigenschaft Tantipas war seine Beharrlichkeit und Geduld. Trotz seiner Vergesslichkeit gab er seine Arbeit als Weber nicht auf und bemühte sich stets, seine Aufgaben zu erfüllen. Diese Ausdauer übertrug sich später auf seine spirituelle Praxis, bei der er trotz anfänglicher Schwierigkeiten nicht aufgab und schließlich zur Erleuchtung gelangte.

In manchen Überlieferungen wird Tantipa auch eine natürliche Offenheit und Demut zugeschrieben. Ohne intellektuelle Vorurteile oder spirituellen Stolz nahm er die Lehren seines Gurus direkt und unverstellt auf. Diese Qualitäten – Vergesslichkeit, Beharrlichkeit und Offenheit – bilden den Kern seines Charakters und spielen eine entscheidende Rolle in seiner Erleuchtungsgeschichte.

Geschichte der Erleuchtung

Die Erleuchtungsgeschichte Tantipas beginnt damit, dass er in seinem hohen Alter einem wandernden Yogin begegnete, der in seinem Dorf Halt machte. Dieser Yogin, in manchen Quellen als der Mahasiddha Jalandhari identifiziert, erkannte in dem alten Weber ein geeignetes Gefäß für die tantrischen Lehren.

Als Tantipa den Yogin um Unterweisung bat, gab dieser ihm eine scheinbar einfache Meditationspraxis: Er sollte den Geist auf einen Punkt konzentrieren und dabei das Mantra "Nicht vergessen, nicht vergessen" rezitieren. Die Ironie dieser Anweisung an einen vergesslichen alten Mann war offensichtlich, doch der Guru wusste genau, was er tat.

Tantipa nahm die Unterweisung ernst und versuchte, sie in seinen Alltag zu integrieren. Während er am Webstuhl arbeitete, murmelte er ständig: "Nicht vergessen, nicht vergessen." Doch trotz seiner Bemühungen vergaß er immer wieder, woran er eigentlich nicht vergessen sollte. In seiner Verzweiflung kehrte er zum Yogin zurück und gestand sein Versagen.

Der Meister lächelte und gab ihm eine zweite, noch einfachere Anweisung: "Achte auf das, was du tust." Tantipa sollte einfach bei jeder Handlung vollkommen präsent sein – beim Weben, Essen, Gehen oder Ruhen. Diese Praxis der Achtsamkeit oder Präsenz entsprach seiner natürlichen Veranlagung und seinem einfachen Lebensstil.

Nach einiger Zeit der Übung begann Tantipa, Momente tiefer Klarheit zu erleben. Sein vergesslicher Geist, der nicht an Konzepten festhalten konnte, wurde paradoxerweise zu einem klaren Spiegel der Wirklichkeit. Während er am Webstuhl saß und die Fäden kreuzte, erkannte er plötzlich die Natur des Geistes und die Leere aller Phänomene. Die Bewegung der Webfäden – das Kreuzen, Verbinden und Trennen – wurde zu einem lebendigen Symbol für die wechselseitige Abhängigkeit aller Erscheinungen.

In einem Moment vollkommener Präsenz, als er weder an der Vergangenheit noch an der Zukunft festhielt, erfuhr Tantipa die Natur der Wirklichkeit. Seine

Erleuchtung manifestierte sich nicht als dramatisches Ereignis, sondern als natürliches Erwachen inmitten seiner alltäglichen Arbeit. Der Webstuhl wurde zum Altar seiner Verwirklichung, das einfache Handwerk des Webens zur höchsten Meditation.

Leben und Tod

Nach seiner Erleuchtung setzte Tantipa sein Leben als Weber fort, doch mit einem grundlegend veränderten Bewusstsein. Äußerlich blieb er der vergessliche alte Mann, innerlich war er zu einem Mahasiddha geworden – einem verwirklichten Meister, der die höchste Wahrheit verkörperte.

Tantipa machte keinen Unterschied mehr zwischen weltlicher Arbeit und spiritueller Praxis. Das Weben wurde zu seinem Yoga, jede Bewegung am Webstuhl zu einem Ausdruck seiner Erleuchtung. In dieser Einheit von Alltag und Erleuchtung verkörperte er ein zentrales Prinzip des tantrischen Buddhismus: die Nicht-Dualität von Samsara und Nirvana, von weltlichem Leben und spiritueller Verwirklichung.

Mit der Zeit sprach sich seine Verwirklichung herum, und Menschen kamen zu ihm, um seine Weisheit zu erfahren. Tantipa unterwies sie nicht durch komplexe philosophische Erklärungen, sondern durch sein einfaches Sein und Handeln. Seine Lehrmethode bestand darin, auf den Webstuhl zu deuten und zu sagen: "Sieh, wie sich die Fäden kreuzen und verbinden. So ist die Natur aller Dinge."

Über Tantipas Tod existieren verschiedene Überlieferungen. Nach einigen Berichten verließ er seinen Körper bewusst während der Meditation und manifestierte dabei Regenbogenlicht – ein Zeichen höchster tantrischer Verwirklichung. Nach anderen Quellen starb er einfach in hohem Alter, während er am Webstuhl saß, ununterscheidbar von seinem Leben als Weber und Yogi.

Eine poetische Überlieferung berichtet, dass sein Körper im Moment des Todes zu einem Netz aus Licht wurde, ähnlich einem feinen Gewebe, bevor er sich vollständig in den Raum auflöste. Dieses Bild symbolisiert die Vollendung seines Lebenswerks: Wie er Fäden zu Stoff verwoben hatte, hatte er die scheinbar getrennten Aspekte der Existenz zur Einheit verwoben.

Lehren und Übertragungen

Die Lehren Tantipas, wie sie in den Mahasiddha-Sammlungen und späteren tibetischen Quellen überliefert sind, zeichnen sich durch ihre Einfachheit und Direktheit aus. Sie lassen sich in mehrere Kernaspekte gliedern:

1. Die Praxis der natürlichen Achtsamkeit: Tantipa lehrte, dass wahre Meditation nicht in komplizierten Visualisierungen oder Ritualen besteht, sondern in vollkommener Präsenz bei allem, was man tut. Die einfache Anweisung "Achte auf das, was du tust" enthält die Essenz seiner Methode.

2. Die Weisheit der Vergesslichkeit: Paradoxerweise wurde Tantipas Vergesslichkeit zu einem Schlüssel für seine Erleuchtung. Indem er nicht an Konzepten und Gedanken festhielt, konnte er die Natur des Geistes direkt erfahren. Diese "heilige Vergesslichkeit" steht im Zentrum seiner Lehre und erinnert an fortgeschrittene Meditationstechniken, die das Loslassen aller geistigen Konstrukte betonen.

3. Die Symbolik des Webens: Tantipa nutzte die Metapher des Webens, um tiefe philosophische Konzepte zu vermitteln. Die sich kreuzenden Fäden symbolisieren die wechselseitige Abhängigkeit aller Phänomene; der Webstuhl repräsentiert den Raum, in dem alle Erfahrungen entstehen; der Weber steht für das Bewusstsein, das die Erfahrungen wahrnimmt.

Seine Lehren wurden zunächst mündlich weitergegeben und später in verschiedenen Mahasiddha-Sammlungen festgehalten, insbesondere in Abhayadattas "Biographien der vierundachtzig Mahasiddhas" (Sanskrit: Caturasiti-siddha-pravrtti) aus dem 11./12. Jahrhundert.

In der tibetischen Tradition wurde Tantipa vor allem in der Kagyu-Linie verehrt, wo seine Lehren in die sogenannten "Mahamudra"-Unterweisungen integriert wurden. Die Praxis der natürlichen Präsenz, wie Tantipa sie verkörperte, findet sich in den Mahamudra-Meditationen wieder, die auf direkte Erkenntnis der Natur des Geistes abzielen.

Darüber hinaus wird Tantipa eine besondere Übertragungslinie für Praktiken zugeschrieben, die mit dem "Yoga des klaren Lichts" verbunden sind – Techniken, die darauf abzielen, die subtilste Ebene des Bewusstseins zu erkennen, die sich im Moment des Einschlafens und des Sterbens manifestiert.

Bedeutung und Nachwirkung

Die Bedeutung Tantipas geht weit über seine historische Person hinaus. Er verkörpert einen archetypischen spirituellen Weg, der für viele Praktizierende über die Jahrhunderte hinweg inspirierend wirkte und weiterhin wirkt.

Tantipas Geschichte ist besonders bedeutsam, weil sie zeigt, dass spirituelle Verwirklichung nicht an Jugend, Bildung oder besondere Fähigkeiten gebunden ist. Als alter, vergesslicher Mann aus einer niedrigen Kaste verkörpert er die demokratische Dimension des tantrischen Buddhismus, der lehrt, dass die Buddha-Natur in jedem Wesen vorhanden ist und unter den richtigen Bedingungen erweckt werden kann.

In der tibetischen Tradition wurde Tantipa zu einer wichtigen Referenz für den Ansatz der "Einfachheit" in der spirituellen Praxis. Wenn tibetische Meister die Essenz der Meditation erklären wollten, bezogen sie sich oft auf Tantipa und seine direkte Methode der natürlichen Präsenz.

Die Nachwirkung Tantipas zeigt sich auch in verschiedenen meditativen Traditionen, die betonen, dass alltägliche Aktivitäten – wie das Weben in seinem Fall – zum Pfad der Erleuchtung werden können. Dieser Ansatz findet sich in der Zen-Tradition ebenso wie in bestimmten Strömungen des tibetischen Buddhismus.

In der modernen Zeit hat Tantipas Geschichte eine neue Relevanz gewonnen, da sie ein Gegengewicht zu technologisch und intellektuell orientierten Ansätzen der Spiritualität bildet. Seine Betonung der direkten Erfahrung und des Loslassens konzeptueller Konstrukte resoniert mit zeitgenössischen spirituellen Suchern, die nach Authentizität und unmittelbarer Erfahrung streben.

Darstellung in der Kunst

In der tibetischen und himalayischen Kunst wird Tantipa auf charakteristische Weise dargestellt, die seine Identität als "der senile Weber" unterstreicht. Typischerweise wird er als alter Mann mit faltigem Gesicht abgebildet, der an einem traditionellen Webstuhl sitzt. Oft ist sein Kopf leicht geneigt, sein Blick konzentriert auf die Arbeit oder in meditativer Versunkenheit nach innen gerichtet.

Die ikonografischen Attribute Tantipas umfassen:

1. Den Webstuhl, sein wichtigstes Symbol, das sowohl sein weltliches Handwerk als auch seine spirituelle Praxis repräsentiert.

2. Die Webfäden, die oft in lebendigen Farben dargestellt werden und die Vielfalt der Erscheinungen symbolisieren, die in der Einheit des Geistes verwoben sind.

3. Einfache Kleidung, die seinen Status als gewöhnlicher Handwerker kenntlich macht, im Gegensatz zu den königlichen oder aristokratischen Gewändern anderer Mahasiddhas.

In Thangka-Malereien wird Tantipa häufig im Kontext der 84 Mahasiddhas dargestellt, wobei jeder Mahasiddha mit seinen charakteristischen Attributen und in seiner typischen Haltung erscheint. In solchen Gruppenbildern ist Tantipa durch seinen Webstuhl leicht zu identifizieren.

Bemerkenswert ist auch, dass Tantipa in der Kunst oft mit einem leicht verwirrten oder vergesslichen Gesichtsausdruck dargestellt wird, der jedoch gleichzeitig tiefe innere Weisheit ausstrahlt – eine visuelle Darstellung des Paradoxons, dass seine weltliche Schwäche zu seiner spirituellen Stärke wurde.

In Nepal und Tibet finden sich auch Bronzestatuen von Tantipa, die ihn in meditativer Haltung am Webstuhl zeigen. Diese Skulpturen dienten als Fokus für die Verehrung und als Erinnerung daran, dass Erleuchtung in der einfachsten Tätigkeit gefunden werden kann.

Die künstlerischen Darstellungen Tantipas haben nicht nur religiöse, sondern auch didaktische Bedeutung: Sie vermitteln die Lehre, dass spirituelle Praxis nicht vom Alltag getrennt ist, sondern diesen durchdringen und transformieren sollte.

Schlussbetrachtung

Die Geschichte des Mahasiddha Tantipa, des senilen Webers, verkörpert einige der tiefsten Einsichten des tantrischen Buddhismus in einer einfachen, zugänglichen Form. Sie zeigt uns, dass spirituelle Verwirklichung nicht an äußere Bedingungen gebunden ist, sondern aus der Transformation des gewöhnlichen Bewusstseins im Hier und Jetzt entsteht.

Tantipas Weg zur Erleuchtung durch die Praxis natürlicher Achtsamkeit bei seiner täglichen Arbeit ist eine zeitlose Inspiration für spirituell Suchende. Er erinnert uns daran, dass die höchste Weisheit nicht in esoterischem Wissen oder komplexen Ritualen liegt, sondern in der vollkommenen Präsenz in jedem Moment.

Die Paradoxie seines Lebens – dass seine Vergesslichkeit zum Tor der Einsicht wurde – unterstreicht eine zentrale Wahrheit: Oft sind es gerade unsere vermeintlichen Schwächen oder Begrenzungen, die, wenn wir sie vollständig annehmen, zu Katalysatoren für spirituelles Wachstum werden können.

In einer Zeit, die von Informationsüberflutung und ständiger Ablenkung geprägt ist, gewinnt Tantipas einfache Anweisung "Achte auf das, was du tust" eine neue, dringliche Relevanz. Seine Geschichte lädt uns ein, die Weisheit in der Einfachheit zu entdecken und die transformative Kraft vollkommener Präsenz zu erfahren.

Letztlich steht Tantipa für die demokratische Vision des tantrischen Buddhismus: Jeder Mensch, unabhängig von Alter, Bildung oder sozialem Status, trägt das Potenzial zur vollständigen Erleuchtung in sich. Diese Vision, verkörpert im Leben eines vergesslichen alten Webers, der zum verwirklichten Meister wurde, bleibt eine kraftvolle Inspiration für spirituelle Sucher aller Traditionen.

2.78 Thaganapa - Der zwanghafte Lügner

Herkunft

Thaganapa lebte vermutlich im 8. oder 9. Jahrhundert in Nordindien, einer Zeit, in der der tantrische Buddhismus in voller Blüte stand. Über seine genaue Herkunft gibt es unterschiedliche Überlieferungen. Einigen Quellen zufolge stammte er aus einer angesehenen Brahmanenfamilie in Bengalen, andere berichten, dass er aus einfachen Verhältnissen in der Region des heutigen Bihar kam. Was jedoch in allen Überlieferungen übereinstimmt, ist, dass er von Kindheit an eine unwiderstehliche Neigung zum Lügen zeigte.

Diese Charaktereigenschaft machte ihn in seiner Gemeinschaft berüchtigt. Als Sohn einer Brahmanenfamilie hätte er eigentlich ein Leben in Wahrheit und Reinheit führen sollen, doch seine Unfähigkeit, bei der Wahrheit zu bleiben, führte dazu, dass er zunehmend isoliert und gemieden wurde. Thaganapa selbst schien unfähig, seine Lügensucht zu kontrollieren – jedes Gespräch, jede Interaktion wurde zur Bühne für neue Unwahrheiten, die er selbst dann erzählte, wenn sie ihm keinen ersichtlichen Vorteil brachten.

Besondere Eigenschaften

Thaganapa zeichnete sich durch eine paradoxe Mischung aus Eigenschaften aus. Einerseits besaß er einen scharfen Intellekt und eine außergewöhnliche Auffassungsgabe, andererseits schien er vollkommen von seiner Neigung zum Lügen beherrscht zu sein. Bemerkenswert war, dass seine Lügen nicht primär der Täuschung oder dem persönlichen Vorteil dienten – vielmehr schien er in einem komplexen Netz aus Unwahrheiten zu leben, das für ihn selbst zur Realität geworden war.

Interessanterweise beschreiben die Überlieferungen ihn als charismatische Persönlichkeit mit natürlicher Führungskraft. Menschen fühlten sich trotz seines Rufes zu ihm hingezogen, vielleicht aufgrund seiner Fähigkeit, durch seine Geschichten Welten zu erschaffen, die faszinierender waren als die Wirklichkeit. Er besaß zudem eine tiefe Intuition für die menschliche Psyche und konnte die Wünsche und Ängste anderer mit erstaunlicher Präzision erkennen – eine Fähigkeit, die er sowohl für seine Lügen als auch später auf seinem spirituellen Weg nutzen sollte.

Eine weitere bemerkenswerte Eigenschaft war seine Fähigkeit zur Selbstreflexion. Trotz seiner zwanghaften Lügerei war er sich seiner Konditionierung bewusst und litt unter ihr, was ihn schließlich empfänglich für die spirituelle Transformation machte, die sein Leben verändern sollte.

Geschichte der Erleuchtung

Die Wendung in Thaganapas Leben kam, als er einem Vajrayana-Meister begegnete, der seine besondere Veranlagung erkannte. Unterschiedliche Überlieferungen nennen verschiedene Meister – einige sprechen von einer direkten Begegnung mit dem großen Tantriker Saraha, andere von einem weniger bekannten Guru namens Kripanatha.

Die bekannteste Version der Geschichte erzählt, wie der Meister Thaganapa nach seinem Ruf fragte, und dieser – in einem seltenen Moment der Wahrheit – zugab: "Ich bin bekannt als pathologischer Lügner. Jedes Wort, das ich spreche, ist unwahr." Der Meister lachte und erwiderte: "Wenn jedes Wort, das du sprichst, eine Lüge ist, dann ist auch diese Aussage eine Lüge – was bedeutet, dass du manchmal die Wahrheit sprichst. In dieser Paradoxie liegt dein Pfad zur Befreiung."

Diese Konfrontation mit dem logischen Widerspruch seiner eigenen Aussage wurde zum Durchbruch für Thaganapa. Der Meister gab ihm daraufhin eine ungewöhnliche Praxis: Er sollte sich seiner Lügen vollkommen bewusst werden, sie beobachten, ohne sie zu unterdrücken, und gleichzeitig kontemplieren: "Wenn meine Worte nicht wahr sind, was ist dann die wahre Natur der Realität?"

Thaganapa zog sich für mehrere Jahre in Einsamkeit zurück und praktizierte intensiv. Die Überlieferung berichtet, dass er anfangs versuchte, überhaupt nicht mehr zu sprechen, um nicht zu lügen. Doch sein Meister korrigierte ihn und betonte, dass es nicht um Unterdrückung gehe, sondern um tiefe Einsicht in die Natur von Wahrheit und Täuschung.

Nach sieben Jahren intensiver Meditation hatte Thaganapa eine tiefgreifende Erkenntnis: Er verstand, dass alle konzeptuellen Konstrukte – Wahrheit und Lüge eingeschlossen – letztlich leer von inhärenter Existenz sind. Die dualistische Unterscheidung zwischen "wahr" und "falsch" löste sich in der Erkenntnis der ultimativen Realität auf. In diesem Moment erreichte er die Verwirklichung der Mahamudra, der "Großen Siegelkraft", die direkte Erfahrung der wahren Natur des Geistes.

Leben und Tod

Nach seiner Erleuchtung kehrte Thaganapa in die Gesellschaft zurück, jedoch nicht als geläuterter Heiliger im konventionellen Sinne. Vielmehr verkörperte er nun bewusst die Rolle des "heiligen Narren" oder des "verrückten Weisen" (avadhuta), der durch sein paradoxes Verhalten die konzeptuellen Begrenzungen seiner Mitmenschen herausforderte.

Er begann zu lehren, indem er absichtlich widersprüchliche Aussagen machte und seine Schüler dazu brachte, über die Grenzen von wahr und falsch hinauszugehen. Seine Methode war radikal und für viele verstörend: Er könnte die tiefsten Wahrheiten des Dharma lehren und im nächsten Atemzug absurde Geschichten erfinden. Diese Methode zwang seine Schüler, nicht auf die Worte zu vertrauen, sondern auf die direkte Erfahrung.

Thaganapa reiste durch Nordindien und später auch nach Tibet, wo er eine bedeutende Rolle bei der Übertragung tantrischer Lehren spielte. Er wurde bekannt für seine unkonventionellen Methoden, mit denen er Menschen half, ihre eigenen Täuschungen zu durchschauen.

Über seinen Tod existieren ebenso widersprüchliche Berichte wie über sein Leben. Eine Überlieferung besagt, dass er in hohem Alter in einer Höhle im Himalaya starb, wobei sein Körper sich in Licht auflöste und nur seine Haare, Nägel und Gewänder zurückblieben – ein Zeichen höchster Verwirklichung. Eine andere Geschichte erzählt, dass er seinen Tod mehrmals ankündigte und dann lachend erklärte, es sei nur ein weiterer seiner Scherze gewesen, bis er eines Tages tatsächlich verschwand und niemand sagen konnte, ob er wirklich gestorben war oder in einen anderen Bereich gewechselt hatte.

Lehren und Übertragungen

Thaganapas Lehre war eng mit der Mahamudra-Tradition des Vajrayana verbunden, betonte jedoch besonders die Überwindung dualistischer Konzepte. Sein zentrales Anliegen war es, seinen Schülern zu helfen, die fundamentale Natur aller Erscheinungen zu erkennen: dass sie weder vollständig wahr noch vollständig falsch sind, sondern abhängig vom Kontext und der Perspektive entstehen.

Zu seinen wichtigsten Lehren gehörten:

1. Die Lehre vom "lügenden Wahrheitssucher": Thaganapa lehrte, dass das Streben nach absoluter Wahrheit selbst eine Form der Täuschung sein kann, wenn es zur dogmatischen Fixierung wird. Wahre Erkenntnis liegt jenseits konzeptueller Kategorien.

2. Die Praxis der "bewussten Fabrikation": Eine Methode, bei der Schüler absichtlich Geschichten erfinden und dann ihre Anhaftung an diese selbstgeschaffenen Realitäten beobachten, um zu erkennen, wie der Geist ständig "Wahrheiten" konstruiert.

3. Das Prinzip der "doppelten Negation": Weder die Behauptung "alles ist wahr" noch "alles ist falsch" trifft den Kern der Realität. Die ultimative Wahrheit liegt in der Transzendenz dieser Dualität.

Thaganapa wird auch eine Reihe von Tantras und Sadhanas (spirituellen Übungen) zugeschrieben, insbesondere solche, die mit der Gottheit Manjushri verbunden sind, dem Buddha der Weisheit, der die scharfe Klinge der Erkenntnis symbolisiert, die Unwissenheit durchschneidet.

Seine Übertragungslinie wurde vor allem in Tibet weitergeführt, wo sie Einfluss auf die Kagyu- und teilweise auch auf die Nyingma-Schule hatte. Besonders seine Methoden zur Überwindung konzeptueller Fixierungen wurden in die sogenannten "verrückten Weisheits"-Traditionen integriert, die später von Meistern wie Drukpa Kunley fortgeführt wurden.

Bedeutung und Nachwirkung

Thaganapas Bedeutung liegt vor allem in der radikalen Herausforderung konventioneller spiritueller Vorstellungen. Er verkörpert ein zentrales Paradox des Mahayana-Buddhismus: dass die tiefsten Wahrheiten oft jenseits von Sprache und Konzepten liegen und manchmal am besten durch scheinbare Widersprüche ausgedrückt werden können.

Seine Geschichte dient als kraftvolles Beispiel dafür, dass spirituelle Transformation nicht durch Unterdrückung unerwünschter Eigenschaften, sondern durch deren Transformation geschieht. In der Vajrayana-Tradition wird dies als die Umwandlung von "Gift in Nektar" bezeichnet – die Fähigkeit, selbst scheinbar negative Eigenschaften als Brennstoff für die Erleuchtung zu nutzen.

Thaganapas Lehrmethoden haben besonders in der tibetischen Tradition Spuren hinterlassen, wo die Figur des "verrückten Yogi" (smyon pa) zu einem anerkannten spirituellen Archetyp wurde. Diese Tradition der "heiligen Narren" setzte sich in Figuren wie Milarepa und später Drukpa Kunley fort – Meister, die konventionelle Vorstellungen herausforderten und oft widersprüchliche oder schockierende Methoden einsetzten, um ihre Schüler zur Erkenntnis zu führen.

In der modernen Welt, in der "Fake News" und "alternative Fakten" zu gesellschaftlichen Problemen geworden sind, gewinnt Thaganapas Geschichte eine neue Relevanz. Sie erinnert daran, dass wahre Weisheit nicht in der dogmatischen Verteidigung einer bestimmten "Wahrheit" liegt, sondern in der tieferen Erkenntnis der komplexen Natur von Realität und wie unser Geist sie konstruiert.

Darstellung in der Kunst

In der tibetischen und nepalesischen Kunst wird Thaganapa typischerweise als unkonventioneller Yogi dargestellt. Im Gegensatz zu vielen anderen Mahasiddhas, die oft mit spezifischen Attributen abgebildet werden, variieren die Darstellungen Thaganapas erheblich – was als künstlerische Reflexion seiner flüchtigen, widersprüchlichen Natur interpretiert werden kann.

Die häufigsten Darstellungen zeigen ihn in einfacher Kleidung, manchmal mit einem listigen Lächeln und einer Hand in einer Geste, die als "Täuschungsmudra" bezeichnet wird – Zeige- und Mittelfinger gekreuzt, was im westlichen Kontext interessanterweise ebenfalls mit Lügen assoziiert wird. In einigen Thankas wird er mit zwei Gesichtern oder mit einer Maske dargestellt, die er halb abgenommen hat – Symbole für die Dualität von Erscheinung und Wirklichkeit.

Eine besonders interessante Darstellungstradition zeigt Thaganapa in Begleitung der Weisheitsgottheit Manjushri, wobei aus seinem Mund gleichzeitig Feuer und Wasser kommen – ein Symbol für die paradoxe Vereinigung von Gegensätzen, die seine Lehre charakterisiert.

In zeitgenössischen künstlerischen Interpretationen wird Thaganapa manchmal in Verbindung mit dem Trickster-Archetyp gesehen, der in vielen Kulturtraditionen vorkommt – eine Figur, die durch Täuschung und Regelbruch letztlich tiefere Wahrheiten offenbart.

Schlussbetrachtung

Die Geschichte des Mahasiddha Thaganapa bietet einen faszinierenden Einblick in die transformative Kraft des Vajrayana-Buddhismus. Sie zeigt, wie selbst tief verwurzelte problematische Eigenschaften nicht unterdrückt, sondern durch spirituelle Praxis in Weisheit umgewandelt werden können.

Thaganapas Weg erinnert uns daran, dass wahre spirituelle Praxis nicht in moralischer Perfektion oder dogmatischer Wahrheitssuche besteht, sondern in der tiefen Erkenntnis der Natur unseres eigenen Geistes. Seine Geschichte fordert uns heraus, unsere eigenen Gewissheiten zu hinterfragen und die oft widersprüchliche, paradoxe Natur der Realität anzuerkennen.

In einer Zeit, in der die Grenzen zwischen Wahrheit und Unwahrheit zunehmend verschwimmen und digitale Technologien neue Formen der Realitätskonstruktion ermöglichen, gewinnt Thaganapas Lehre von der Notwendigkeit, hinter die Oberfläche von "wahr" und "falsch" zu blicken, neue Relevanz. Seine radikale Botschaft, dass ultimative Weisheit jenseits dualistischer Konzepte liegt, bietet eine tiefgründige Perspektive auf die Herausforderungen unserer "postfaktischen" Ära.

Die Tradition der Mahasiddhas, zu denen Thaganapa gehört, erinnert uns daran, dass spirituelle Transformation oft an unerwarteten Orten und durch unkonventionelle Methoden geschieht. In der Erkenntnis, dass selbst ein "zwanghafter Lügner" den Pfad zur höchsten Wahrheit finden kann, liegt eine tiefe Ermutigung für alle, die mit ihren eigenen Unvollkommenheiten ringen: Es ist nicht die Abwesenheit von Fehlern, sondern die tiefe Einsicht in ihre Natur, die zur Befreiung führt.

2.79 Tilopa - Der Große Entsagende

Herkunft

Die historischen Quellen über Tilopas frühe Jahre sind spärlich und oft von legendenhaften Elementen durchdrungen. Nach traditionellen Überlieferungen wurde er Ende des 10. Jahrhunderts in einer Region des östlichen Indiens geboren, die heute zum Bundesstaat Bengalen gehört. Einige Quellen berichten, dass er in eine Brahmanenfamilie hineingeboren wurde, andere wiederum, dass er aus einfachen Verhältnissen stammte.

Die Hagiographien beschreiben Tilopa oft als einen Mann, der bereits in jungen Jahren außergewöhnliche spirituelle Neigungen zeigte. Es wird berichtet, dass er zunächst eine konventionelle religiöse Ausbildung als buddhistischer Mönch im Kloster Somapuri erhielt, wo er sich intensiv mit den Sutras und tantrischen Texten beschäftigte. Dort soll er den Mönchsnamen Prajñābhadra erhalten haben.

Trotz seiner umfassenden Gelehrsamkeit und seiner Position als angesehener Mönch spürte er eine tiefe Unzufriedenheit mit dem rein intellektuellen Studium der buddhistischen Lehren. Die Überlieferungen berichten, dass er nach Jahren des Studiums und der Meditation eine Vision der Dakini Vajrayogini hatte, die ihn aufforderte, seine Mönchsgelübde aufzugeben und sich auf den Pfad der direkten Erfahrung zu begeben.

Diese Aufforderung führte zu einem radikalen Bruch in seinem Leben: Er verließ das Kloster, gab seine Mönchsroben auf und begab sich auf einen unkonventionellen spirituellen Weg, der ihn durch verschiedene Regionen Indiens führen sollte. Dieser Schritt markierte den Beginn seiner Transformation vom gelehrten Mönch zum Mahasiddha – einem verwirklichten Meister, der jenseits gesellschaftlicher Normen und religiöser Konventionen lebte.

Besondere Eigenschaften

Was Tilopa von anderen spirituellen Meistern seiner Zeit unterschied, war sein radikaler Ansatz der unmittelbaren Erfahrung und seine kompromisslose Hingabe an die spirituelle Praxis. Er verkörperte den Archetypus des "verrückten Weisen" (skt. avadhūta) – eines Praktizierenden, der alle äußeren religiösen Formalitäten abgelegt hatte, um in vollkommener Freiheit zu leben.

Zu seinen hervorstechendsten Eigenschaften gehörte sein unerschütterliches Vertrauen in die direkte Erfahrung der Natur des Geistes. Für Tilopa war die unmittelbare Erkenntnis der Wirklichkeit wichtiger als intellektuelles Wissen oder die Einhaltung religiöser Rituale. Diese Haltung spiegelt sich in seinem berühmten Rat wider: "Betrachte nicht, erinnere nicht, denke nicht, untersuche nicht, meditiere nicht, behalte den Geist natürlich."

Tilopa zeichnete sich auch durch seine Furchtlosigkeit und Unkonventionalität aus. Er scheute sich nicht, gesellschaftliche Tabus zu brechen und in Bereichen zu leben und zu wirken, die von der orthodoxen Gesellschaft als unrein oder niedrig angesehen wurden. So verbrachte er lange Zeit als Sesamölpresser, als Fischer und als Begleiter von Prostituierten – Tätigkeiten, die für einen ehemaligen Mönch als besonders entwürdigend galten.

Eine weitere bemerkenswerte Eigenschaft Tilopas war seine außergewöhnliche Fähigkeit, seine Lehren an die Bedürfnisse und Kapazitäten seiner Schüler anzupassen. Während er mit einigen Schülern in tiefgründigen philosophischen Diskussionen über die Natur der Wirklichkeit verweilte, verwendete er bei anderen harte, direkte Methoden, um deren geistige Blockaden zu durchbrechen.

Auch seine meditative Meisterschaft war legendär. Es wird berichtet, dass er die Fähigkeit besaß, seinen Geist vollkommen zu beherrschen und in tiefen meditativen Zuständen zu verweilen, während er gleichzeitig alltäglichen Tätigkeiten nachging – eine Verkörperung des Ideals des "Karma-Yogis", der Handlung und Meditation vereint.

Nicht zuletzt zeichnete sich Tilopa durch sein tiefes Mitgefühl aus. Obwohl er oft streng und unkonventionell in seinen Lehrmethoden war, entsprang diese Strenge einem tiefen Wunsch, seine Schüler zur Befreiung zu führen. Seine kompromisslose Art war nicht Ausdruck von Härte, sondern von bedingungsloser Liebe und dem Wunsch, anderen zu helfen, ihre eigene Buddha-Natur zu erkennen.

Geschichte der Erleuchtung

Tilopas Weg zur Erleuchtung ist eng mit einer Reihe von spirituellen Meistern verbunden, von denen er verschiedene tantrische Übertragungslinien empfing. Die tibetische Tradition berichtet, dass Tilopa von vier menschlichen Gurus und vier mystischen Übermittlern unterrichtet wurde.

Zu seinen menschlichen Lehrern gehörten:

1. Saryapa, der ihn in die Praxis des inneren Feuers (tib. tummo) einweihte

2. Nagarjuna (nicht zu verwechseln mit dem berühmten Philosophen des Madhyamika), der ihn in der Praxis des illusionären Körpers unterwies

3. Lawapa (oder Luipa), der ihm die Traumyoga-Praktiken vermittelte

4. Dakini Kalpabhadra, die ihn in den Lehren des Klaren Lichts unterrichtete

Darüber hinaus soll Tilopa direkte Übertragungen von transzendenten Meistern erhalten haben, insbesondere vom Buddha Vajradhara, der im tantrischen Buddhismus als die Verkörperung des Dharmakaya, des Wahrheitskörpers eines Buddha, angesehen wird.

Die entscheidende Phase seiner spirituellen Entwicklung begann, als er das Klosterleben hinter sich ließ und sich auf den Pfad des direkten Erlebens begab. Die Überlieferungen berichten, dass er viele Jahre als Sesamöl-Presser arbeitete – eine niedere Tätigkeit, die ihm erlaubte, in vollkommener Anonymität zu leben und gleichzeitig seine Meditation zu vertiefen. In dieser Zeit soll er das äußere Handwerk des Ölpressens mit der inneren Praxis der Reinigung des Geistes verbunden haben.

Ein Wendepunkt in seinem Leben war die Zeit, die er als Fischer verbrachte. Während dieser Phase lebte er am Ufer des Ganges und ernährte sich vom Fischfang – eine Tätigkeit, die im traditionellen indischen Kontext als besonders unrein galt. Es war während dieser Zeit, dass er die berühmte "Praxis des Übertragenden" entwickelte, bei der er die gefangenen Fische nicht tötete, sondern sie durch eine spezielle Methode von ihrem Leiden befreite und ihnen spirituelle Unterweisungen übermittelte.

Nach Jahren intensiver Praxis und des Lebens am Rande der Gesellschaft erlangte Tilopa schließlich die vollkommene Erleuchtung. Die Traditionen berichten, dass diese Verwirklichung nicht in einem dramatischen Moment geschah, sondern als natürliche Frucht seiner jahrelangen kompromisslosen Praxis. Es wird erzählt, dass er in dem Moment der vollständigen Erkenntnis der Natur des Geistes die Fähigkeit erlangte, über die physischen Gesetze hinauszugehen, was sich in verschiedenen übernatürlichen Fähigkeiten (skt. siddhis) manifestierte, wie dem Fliegen durch die Luft, dem Gehen durch feste Materie und der Fähigkeit, seinen Körper zu vervielfältigen.

Tilopas Verwirklichung war jedoch weit mehr als nur die Beherrschung übernatürlicher Kräfte. Sie bestand in der vollständigen Durchdringung der Natur der Wirklichkeit, in der Erkenntnis der Einheit von Leerheit und Erscheinung, und in der Verwirklichung des Mahamudra – der "Großen Siegelgebärde", die das Wesen aller Phänomene enthüllt.

Leben und Tod

Nach seiner Erleuchtung widmete Tilopa sein Leben der Übermittlung seiner tiefen Erkenntnisse an geeignete Schüler. Obwohl er zahlreiche Anhänger hatte, ist seine Beziehung zu seinem Hauptschüler Naropa besonders bedeutsam. Ihre Begegnung und Beziehung ist eine der berühmtesten Lehrer-Schüler-Geschichten im tibetischen Buddhismus.

Naropa, ein hochrangiger Gelehrter der renommierten buddhistischen Universität Nalanda, gab seinen prestigeträchtigen Posten auf, nachdem er in einer Vision von Tilopa erfuhr. Er machte sich auf die Suche nach dem Meister und fand ihn schließlich in Gestalt eines unscheinbaren Fischers am Ufer des Ganges. Was folgte, war eine zwölfjährige Periode intensiver Prüfungen und Unterweisungen. Tilopa unterzog Naropa einer Reihe von extremen Herausforderungen – den berühmten "Zwölf Großen Prüfungen" – die darauf abzielten, sein Ego zu brechen und ihn für die direkte Übertragung der höchsten Lehren vorzubereiten.

Diese Beziehung illustriert Tilopas unkonventionelle Lehrmethode: Er vermittelte Weisheit nicht primär durch intellektuelle Diskussionen oder formale Unterweisungen, sondern durch direkte Erfahrung, oft in Form von scheinbar sinnlosen oder gar gefährlichen Aufgaben, die den Schüler an die Grenzen seiner physischen und psychischen Ausdauer brachten.

Neben Naropa hatte Tilopa weitere bedeutende Schüler, darunter Lalitavajra und Dharmamarpa. Durch diese Schüler setzte sich seine Übertragungslinie fort und breitete sich später in Tibet aus, wo sie zur Grundlage der Kagyü-Schule des tibetischen Buddhismus wurde.

Über Tilopas letzte Lebensjahre und seinen Tod gibt es verschiedene Überlieferungen. Einige Quellen berichten, dass er seinen physischen Körper in reines Licht auflöste – eine Manifestation des "Regenbogenkörpers", die höchste Form des Todes im tantrischen Buddhismus. Andere Berichte erzählen, dass er seinen Körper bewusst verließ und in das Reine Land von Khecara (das "Land der Dakinis") einging, ohne die gewöhnlichen Prozesse des Todes zu durchlaufen.

Unabhängig von den verschiedenen Darstellungen seines physischen Endes besteht die Tradition darauf, dass Tilopa die vollständige Befreiung vom Kreislauf von Geburt und Tod erlangte und den Zustand der Buddhaschaft verwirklichte. In diesem Sinne wird sein "Tod" nicht als Ende, sondern als vollkommene Transformation betrachtet – als die ultimative Frucht seines außergewöhnlichen Lebens und seiner kompromisslosen spirituellen Praxis.

Lehren und Übertragungen

Das Herzstück von Tilopas Lehren ist die Mahamudra-Tradition, ein direkter Pfad zur Erkenntnis der wahren Natur des Geistes. Der Begriff "Mahamudra" (tib. Chagya Chenpo) bedeutet wörtlich "Großes Siegel" und bezeichnet die umfassende Natur der Wirklichkeit, die alles durchdringt und "besiegelt". Diese Tradition betont die direkte Erfahrung der Natur des Geistes jenseits von Konzepten und intellektuellen Konstrukten.

Tilopas berühmteste Unterweisung, die "Gangesfluß-Mahamudra" (tib. Phyag Chen Gangga Ma), wurde am Ufer des Ganges an Naropa übermittelt und fasst die Essenz seiner Lehre in wenigen, kraftvollen Versen zusammen. Darin betont er die Bedeutung des natürlichen Zustands des Geistes, frei von künstlichen Anstrengungen und konzeptuellen Elaborationen:

"Mahamudra ist jenseits aller Worte und Symbole, Aber für dich, Naropa, der du ergeben bist, Muss diese Essenz gesagt werden: Der Raum ist keine Sache, und so ist auch der Geist – Nicht ein Ding, worüber meditiert werden kann."

Neben Mahamudra war Tilopa ein Meister der Sechs Yogas (oder Sechs Doktrinen), die später als die "Sechs Yogas von Naropa" bekannt wurden, da Naropa sie systematisierte und weitergab. Diese Praktiken umfassen:

1. Tummo (inneres Feuer): Eine Praktik zur Erzeugung mystischer Hitze, die sowohl physische Hindernisse überwindet als auch subtile Energiekanäle reinigt.

2. Gyulü (illusionärer Körper): Die Erkenntnis der traumhaften Natur der physischen Existenz und die Fähigkeit, mit dieser Illusionskraft zu arbeiten.

3. Milam (Traumyoga): Die Entwicklung der Bewusstheit im Traumzustand, die zur Erkenntnis der illusorischen Natur sowohl des Wach- als auch des Traumzustands führt.

4. Ösel (Klares Licht): Das Erkennen der fundamentalen Natur des Geistes in seiner reinsten Form, besonders im Moment des Einschlafens und potentiell im Moment des Todes.

5. Bardo (Zwischenzustand): Praktiken, die darauf abzielen, im Zwischenzustand zwischen Tod und Wiedergeburt bewusst zu bleiben und die
   Befreiung zu erlangen.

6. Phowa (Bewusstseinsübertragung): Die Fähigkeit, das eigene Bewusstsein
   zum Zeitpunkt des Todes bewusst aus dem Körper zu leiten.

Was Tilopas Lehren besonders auszeichnet, ist ihre Direktheit und Praxisorien-
tierung. Im Gegensatz zu vielen philosophischen Abhandlungen seiner Zeit, die
sich in komplexen theoretischen Konstrukten verloren, betonte er die unmittelbare Erfahrung und die praktische Anwendung. Seine Unterweisungen waren
nicht für intellektuelle Debatten gedacht, sondern als direkte Anleitungen zur
Transformation des Bewusstseins.

Ein weiteres wichtiges Element seiner Lehre war die Betonung der Guru-Schüler-
Beziehung. Für Tilopa war die direkte Übertragung von Geist zu Geist (tib.
Thugje) zwischen Meister und Schüler von zentraler Bedeutung für die au-
thentische Weitergabe der tiefsten Erkenntnisse. Diese Übertragung geht über
Worte und Konzepte hinaus und ermöglicht es dem Schüler, direkt an der
Verwirklichung des Meisters teilzuhaben.

Tilopas Lehren sind nicht nur für ihre spirituelle Tiefe bemerkenswert, sondern
auch für ihre zeitlose Relevanz. Obwohl sie vor über tausend Jahren in einem
anderen kulturellen Kontext entstanden, sprechen sie direkt zu den grundlegenden existentiellen Fragen, mit denen Menschen aller Zeiten und Kulturen
konfrontiert sind: die Natur des Geistes, die Überwindung des Leidens und die
Möglichkeit der vollständigen Befreiung.

Bedeutung und Nachwirkung

Tilopas größtes Vermächtnis ist zweifellos die Kagyü-Linie des tibetischen
Buddhismus, die oft als die "mündliche Überlieferungslinie" bezeichnet wird.
Durch seinen Hauptschüler Naropa und dessen Schüler Marpa den Übersetzer
gelangte seine Tradition nach Tibet, wo sie bis heute lebendig ist. Die vier
großen und acht kleineren Kagyü-Schulen, die sich aus dieser Linie entwickelten,
betrachten alle Tilopa als ihren ultimativen menschlichen Ursprung.

Die von Tilopa übermittelten Mahamudra-Lehren haben den tibetischen Buddhismus tiefgreifend beeinflusst und sind zu einem integralen Bestandteil verschiedener Schulen geworden. Obwohl die Kagyü-Tradition diese Lehren am

stärksten betont, finden sich Mahamudra-Praktiken auch in den Traditionen der Gelug, Sakya und Nyingma.

Die Sechs Yogas von Naropa, die auf Tilopas Unterweisungen zurückgehen, sind ebenfalls zu einem wesentlichen Element des tibetischen Buddhismus geworden. Diese fortgeschrittenen Praktiken werden noch heute in verschiedenen Retreats und Drei-Jahres-Klausuren gelehrt und praktiziert.

Tilopas unkonventioneller Lebensstil und seine radikale Lehrmethode haben auch das Ideal des Mahasiddha im tibetischen Buddhismus geprägt – des verwirklichten Meisters, der jenseits gesellschaftlicher Konventionen lebt und lehrt. Diese Tradition der "verrückten Weisen" stellt ein wichtiges Gegengewicht zum institutionalisierten Klosterbuddhismus dar und erinnert daran, dass wahre spirituelle Verwirklichung nicht von äußeren Formen und Titeln abhängt.

In der modernen Zeit hat Tilopas Erbe durch prominente tibetische Meister wie Chögyam Trungpa Rinpoche und den 16. Karmapa auch im Westen Verbreitung gefunden. Seine direkten, erfahrungsbasierten Lehren haben bei vielen westlichen Praktizierenden Anklang gefunden, die nach einer authentischen spirituellen Praxis jenseits von Dogmen und religiösen Formalitäten suchen.

Die zeitlose Relevanz von Tilopas Lehren liegt in ihrer Universalität. Seine Betonung der direkten Erfahrung der Natur des Geistes, frei von kulturellen und religiösen Überlagerungen, macht sie für Menschen verschiedener Hintergründe und Traditionen zugänglich. In einer Zeit, in der viele Menschen nach authentischer spiritueller Erfahrung jenseits religiöser Institutionen suchen, bietet Tilopas Ansatz einen radikalen, aber zutiefst transformativen Pfad.

Darüber hinaus haben moderne neurowissenschaftliche Forschungen begonnen, die Wirksamkeit von Praktiken wie Mahamudra und den Sechs Yogas zu untersuchen, was zu einem wachsenden Dialog zwischen buddhistischer Kontemplation und westlicher Wissenschaft geführt hat. Dieser Dialog eröffnet neue Perspektiven auf Tilopas Lehren im Kontext des zeitgenössischen Verständnisses von Bewusstsein und mentaler Gesundheit.

Darstellung in der Kunst

In der tibetischen religiösen Kunst wird Tilopa typischerweise als Mahasiddha mit charakteristischen ikonographischen Merkmalen dargestellt. Die häufigste Darstellung zeigt ihn als bärtigen Mann mit langen, ungepflegten Haaren –

ein Zeichen seiner Entsagung von weltlichen Konventionen. Im Gegensatz zu Darstellungen von Mönchen, die in ordentliche Roben gekleidet sind, wird Tilopa oft mit einfacher Kleidung oder sogar halbnackt abgebildet, was seinen Status als Yogi jenseits monastischer Regeln unterstreicht.

Ein häufig wiederkehrendes Element in seinen Darstellungen ist der Fisch, der auf seine Zeit als Fischer und seine berühmte Praxis der "Übertragung" an die Fische hinweist. In manchen Thangkas wird er am Ufer eines Flusses sitzend dargestellt, oft mit einem oder mehreren Fischen in der Hand.

Ein weiteres charakteristisches Attribut in vielen Darstellungen ist der Sesamstößel, der an seine Jahre als Sesamölpresser erinnert. Diese alltäglichen Gegenstände in seiner Ikonographie betonen die zentrale Botschaft seines Lebens: dass spirituelle Verwirklichung nicht von äußeren Umständen abhängt, sondern in jeder Tätigkeit und Lebenssituation möglich ist.

In der Tradition der Kagyü-Schule wird Tilopa oft in Lineage-Thangkas dargestellt, die die Übertragungslinie der Lehren von Buddha Vajradhara über die verschiedenen Meister bis zum jeweiligen gegenwärtigen Linienhalter zeigen. In diesen Darstellungen nimmt er einen Ehrenplatz ganz oben in der Hierarchie der menschlichen Lehrer ein, direkt unterhalb der transzendenten Buddhas und Bodhisattvas.

Die künstlerischen Darstellungen Tilopas variieren je nach Zeit und Region. In einigen frühen tibetischen Thangkas wird er in einem realistischeren, indischen Stil dargestellt, während spätere Werke oft stärker stilisiert sind und tibetische ästhetische Elemente aufweisen. In mongolischen und bhutanischen Darstellungen finden sich wiederum regionale Besonderheiten in Stil und Farbgebung.

Neben visuellen Darstellungen ist Tilopa auch Gegenstand zahlreicher literarischer und poetischer Werke in der tibetischen Tradition. Seine Lebensgeschichte wurde in verschiedenen Hagiographien festgehalten, die oft mit wundersamen Elementen angereichert sind. Besonders bemerkenswert ist die Darstellung seiner Beziehung zu Naropa, die in der "Biographie des Naropa" (tib. Naro Namthar) ausführlich beschrieben wird und zu einem der bekanntesten Lehrer-Schüler-Narrative des tibetischen Buddhismus geworden ist.

In der zeitgenössischen buddhistischen Kunst, sowohl in Asien als auch im Westen, bleibt Tilopa eine inspirierende Figur. Moderne Künstler interpretieren seine Ikonographie oft auf neue Weise, die seine zeitlose Botschaft der direkten spirituellen Erfahrung jenseits kultureller und religiöser Konventionen betont.

Diese fortgesetzte künstlerische Auseinandersetzung mit seiner Figur zeugt von der anhaltenden Relevanz seiner Lehren und seines Lebensbeispiels in der heutigen Zeit.

Schlussbetrachtung

Tilopa verkörpert in einzigartiger Weise das Ideal des verwirklichten Meisters, der jenseits von Konventionen und Formalitäten die direkte Erfahrung der wahren Natur des Geistes vermittelt. Sein Leben und sein Lehren stellen einen radikalen Gegenpol zur institutionalisierten Religion dar und erinnern daran, dass wahre spirituelle Verwirklichung nicht von äußeren Formen abhängt, sondern in der unmittelbaren Erkenntnis der Wirklichkeit besteht.

Die Essenz seiner Lehre – die Betonung der direkten Erfahrung, die Einheit von Alltagsleben und spiritueller Praxis, und der Mut, konventionelle Grenzen zu überschreiten – bleibt auch in unserer Zeit hochaktuell. In einer Welt, die zunehmend von Technologie, Konsum und oberflächlicher Kommunikation geprägt ist, bietet Tilopas kompromisslose Suche nach authentischer Erfahrung eine kraftvolle Alternative.

Sein Leben illustriert einen paradoxen Aspekt des spirituellen Pfades: dass wahre Freiheit oft durch radikale Disziplin und Hingabe entsteht. Tilopa gab alles auf – seinen Status als Gelehrter, seinen Platz in der Gesellschaft, seinen Komfort – um die höchste Freiheit zu erlangen. Diese Bereitschaft zum vollständigen Loslassen, zur "großen Entsagung", die ihm seinen Beinamen gab, enthält eine tiefe Weisheit, die über religiöse und kulturelle Grenzen hinausreicht.

Gleichzeitig erinnert uns Tilopas Geschichte daran, dass der spirituelle Pfad letztlich höchst individuell ist. Seine unkonventionellen Methoden mögen für seine Schüler transformativ gewesen sein, sind aber nicht als allgemeingültige Vorlagen zu verstehen. Vielmehr lehrt uns sein Beispiel, den Mut zu finden, unseren eigenen authentischen Weg zu gehen und die Wahrheit in unserer eigenen direkten Erfahrung zu suchen.

In einer Zeit globaler Vernetzung und interreligiösen Dialogs gewinnen Tilopas Lehren eine neue Dimension. Seine Betonung der direkten Erfahrung jenseits dogmatischer Systeme bietet eine Grundlage für einen spirituellen Ansatz, der kulturelle und religiöse Grenzen überschreitet. Das wachsende Interesse an kontemplativen Praktiken in verschiedenen Bereichen – von der klinischen

Psychologie bis zur Neurowissenschaft – eröffnet neue Perspektiven auf das Potenzial dieser alten Weisheitstraditionen.

Letztendlich liegt Tilopas bleibendes Vermächtnis vielleicht weniger in spezifischen Lehren oder Praktiken als in der zeitlosen Einladung, die Natur des eigenen Geistes direkt zu erfahren. Seine berühmten Worte "Betrachte den Geist selbst" sind eine einfache, aber tiefgründige Aufforderung, die jenseits aller kulturellen und historischen Besonderheiten direkt zum Kern menschlicher Existenz spricht.

In diesem Sinne bleibt Tilopa, der große Entsagende, nicht nur eine historische Figur oder ein religiöses Idol, sondern ein zeitloser Wegweiser für alle, die den Mut haben, über die Grenzen des Bekannten hinauszugehen und die Freiheit in der direkten Erfahrung der Wirklichkeit zu suchen.

2.80 Udhilipa - Der Vogelmann

Herkunft

Über Udhilipas genaue geografische Herkunft und zeitliche Einordnung existieren verschiedene Überlieferungen, wie es bei vielen der Mahasiddhas der Fall ist. Die meisten Quellen verorten ihn im mittelalterlichen Indien, vermutlich zwischen dem 8. und 11. Jahrhundert. Er soll in einer Region im Nordosten Indiens geboren worden sein, möglicherweise im heutigen Bihar oder Bengalen, Gebiete, die damals Zentren buddhistischer Gelehrsamkeit und Praxis waren.

Udhilipa stammte der Überlieferung nach aus einfachen Verhältnissen. Anders als einige Mahasiddhas, die als Könige, Gelehrte oder Mönche begannen, wird Udhilipa oft als einfacher Jäger oder Vogelfänger beschrieben. Diese Herkunft unterstreicht einen zentralen Aspekt der Mahasiddha-Tradition: Dass spirituelle Verwirklichung nicht an soziale Stellung, formale Bildung oder institutionelle Einbindung gebunden ist, sondern jedem zugänglich sein kann, der mit Hingabe und Aufrichtigkeit praktiziert.

Die Bedeutung seines Namens weist bereits auf seine spätere Verwirklichung hin: "Udhi" wird oft mit "Vogel" oder "Flug" in Verbindung gebracht, während "lipa" auf "der Geschickte" oder "der Meister" hindeutet. Sein Name kann also als "Meister des Vogelflugs" oder "der im Vogelflug Geschickte" verstanden werden, was seine spätere spirituelle Praxis und Erleuchtungserfahrung vorwegnimmt.

Besondere Eigenschaften

Udhilipa zeichnete sich durch mehrere bemerkenswerte Eigenschaften aus, die ihn als Mahasiddha charakterisieren:

Zunächst besaß er eine außergewöhnliche Beobachtungsgabe und Konzentrationsfähigkeit. Seine Fähigkeit, den Flug der Vögel mit ungeteilter Aufmerksamkeit zu studieren und darin tiefere Muster und Wahrheiten zu erkennen, bildet den Kern seiner spirituellen Biografie. Diese natürliche Neigung zur konzentrierten Beobachtung wurde später zum Fundament seiner meditativen Praxis.

Zweitens verfügte Udhilipa über eine tiefe Verbundenheit mit der Natur. Anders als viele spirituelle Sucher, die sich in Klöster oder Höhlen zurückzogen, fand er seinen Weg zur Erleuchtung mitten in der Natur, durch die Beobachtung ihrer Phänomene. Diese Naturverbundenheit spiegelt das tantrische Prinzip wider, dass Erleuchtung nicht durch Weltflucht, sondern durch ein tieferes Verständnis der Welt und ihrer Erscheinungen erreicht wird.

Drittens zeigte Udhilipa eine bemerkenswerte Ausdauer und Beharrlichkeit. Überlieferungen berichten, dass er über Jahre hinweg den Vogelflug studierte, ohne in seiner Hingabe nachzulassen. Diese Eigenschaft des unermüdlichen Strebens (virya) gilt im Buddhismus als eine der sechs Vollkommenheiten (paramitas) auf dem Weg zur Erleuchtung.

Schließlich wird Udhilipa eine intuitive Fähigkeit zugeschrieben, hinter den äußeren Erscheinungen tiefere Wahrheiten zu erkennen. Wo andere nur Vögel am Himmel sahen, erkannte er Manifestationen universeller Prinzipien – eine Fähigkeit, die in der tantrischen Tradition als "reine Wahrnehmung" (dag snang) bezeichnet wird.

Geschichte der Erleuchtung

Die Erleuchtungsgeschichte Udhilipas ist ebenso ungewöhnlich wie tiefgründig. Der Überlieferung nach verbrachte Udhilipa viele Jahre seines Lebens als Vogelfänger oder -jäger. Eines Tages begegnete er einem wandernden buddhistischen Meister, der in ihm das Potenzial für tiefe spirituelle Verwirklichung erkannte.

Als Udhilipa den Meister nach dem Weg zur Befreiung fragte, gab dieser ihm eine scheinbar einfache Anweisung: "Beobachte den Flug der Vögel mit ungeteilter Aufmerksamkeit, bis du ihre wahre Natur erkennst." Was zunächst wie eine leichte Aufgabe erschien, wurde zu einer jahrelangen Praxis der intensiven Kontemplation.

Tag für Tag, Jahreszeit für Jahreszeit saß Udhilipa auf einem Hügel und beobachtete den Flug der Vögel am Himmel. Anfangs sah er nur ihre äußeren Bewegungen – ihre Flugbahnen, ihre Formation, ihr Gleiten und Schweben. Doch mit der Zeit begann sich seine Wahrnehmung zu vertiefen. Er erkannte Muster und Rhythmen, die mit den Zyklen der Natur, den Winden und Strömungen in Verbindung standen.

Nach Jahren unermüdlicher Beobachtung geschah der entscheidende Durchbruch: Udhilipa erkannte, dass der Flug der Vögel nicht von den Vögeln selbst, den Winden oder anderen äußeren Faktoren bestimmt wurde, sondern von einer tieferen Realität, die allen Erscheinungen zugrunde liegt. Er sah, wie die Vögel mühelos mit den Naturkräften im Einklang waren, weder gegen sie ankämpfend noch von ihnen getrennt.

In dieser Erkenntnis offenbarte sich ihm die Leerheit (sunyata) aller Phänomene – die Einsicht, dass nichts aus sich selbst heraus existiert, sondern alles in wechselseitiger Abhängigkeit entsteht. Der Flug der Vögel wurde für ihn zur direkten Manifestation des Dharma, der universellen Wahrheit.

In dem Moment, als Udhilipa die ultimative Natur des Vogelflugs erkannte, erlangte er die Befreiung vom Leiden. Die Grenzen zwischen Beobachter und Beobachtetem lösten sich auf, und er verwirklichte die nicht-duale Natur der Wirklichkeit. Es wird überliefert, dass er in diesem Moment die Fähigkeit erlangte, sich selbst wie ein Vogel in die Lüfte zu erheben – ein Symbol für die spirituelle Freiheit, die er erreicht hatte.

Leben und Tod

Nach seiner Erleuchtung veränderte sich Udhilipas Leben grundlegend. Er gab seine frühere Tätigkeit als Vogelfänger auf und wurde zu einem wandernden Lehrer. Anstatt Vögel zu fangen, "fing" er nun die Herzen und Geister der Menschen mit seiner tiefen Weisheit und seinem lebendigen Beispiel.

Udhilipa soll nach seiner Erleuchtung ein einfaches Leben geführt haben, frei von materiellen Bindungen und gesellschaftlichen Konventionen. Die Mahasiddha-Traditionen berichten, dass er häufig in der Nähe von Wäldern und Bergen lebte, wo er weiterhin die Natur beobachtete und als Inspiration für seine Lehre nutzte.

Er soll die Fähigkeit besessen haben, sich wie ein Vogel in die Lüfte zu erheben – eine Siddhi (übernatürliche Fähigkeit), die als Manifestation seiner spirituellen Verwirklichung angesehen wurde. Diese Fähigkeit wird in den Texten sowohl wörtlich als auch symbolisch verstanden: als tatsächliches Fliegen wie auch als Symbol für die Freiheit von weltlichen Bindungen und die Erhebung über die dualistischen Konzepte von Samsara und Nirvana.

Über Udhilipas Tod existieren verschiedene Überlieferungen. Nach einer Version verließ er seinen physischen Körper willentlich und ging als "Regenbogenkörper" (jalu) in das reine Land ein – ein Phänomen, bei dem der physische Körper im Moment des Todes in reines Licht transformiert wird. Nach einer anderen Version blieb er über Jahrhunderte hinweg in menschlicher Gestalt am Leben und unterrichtete verschiedene Generationen von Schülern.

Unabhängig von den verschiedenen Überlieferungen wird sein Tod in der buddhistischen Tradition nicht als Ende, sondern als Transformation verstanden – als endgültige Befreiung von den Beschränkungen der physischen Existenz und Eintritt in einen Zustand jenseits von Geburt und Tod.

Lehren und Übertragungen

Udhilipas Lehren waren eng mit seiner eigenen Erleuchtungserfahrung verbunden und zeichneten sich durch ihre Direktheit und Naturbezogenheit aus. Zentral für seine Unterweisung war die Idee, dass die natürliche Welt – in seinem Fall besonders der Flug der Vögel – ein perfekter Spiegel der höchsten Wahrheit ist.

Seine Hauptlehre kann als "Yoga des Vogelflugs" oder "Weg des mühelosen Fliegens" bezeichnet werden. Diese Praxis umfasste:

1. Konzentration (dhyana): Die Fähigkeit, die Aufmerksamkeit über lange Zeit auf ein Objekt – in diesem Fall den Vogelflug – zu richten, ohne abgelenkt zu werden.

2. Einsichtsmeditation (vipashyana): Das tiefe Eindringen in die Natur des Beobachteten, um die zugrunde liegenden Muster und letztendlich die Leerheit zu erkennen.

3. Nicht-Handeln (akarma): Die Kunst, im Einklang mit dem natürlichen Fluss der Dinge zu sein, ohne künstlichen Anstrengungen zu unterliegen – ähnlich wie Vögel mit dem Wind fliegen, statt gegen ihn anzukämpfen.

4. Die Einheit von Beobachter und Beobachtetem: Die Erkenntnis, dass keine letztendliche Trennung zwischen dem Meditierenden und dem Meditationsobjekt besteht.

Udhilipas Lehren wurden zunächst mündlich überliefert und später in verschiedenen Texten der Mahasiddha-Tradition festgehalten. Seine Methoden wurden in verschiedene tantrische Linien des tibetischen Buddhismus integriert, besonders in die Kagyu- und Nyingma-Schulen, wo sie Teil der "Sechs Yogas" oder ähnlicher Praktiken wurden.

Obwohl er keine eigene formale Schule gründete, hatte Udhilipa zahlreiche Schüler, die seine Lehren weitergaben. Seine Übertragungslinie wird in einigen tibetischen Texten bis zu wichtigen Meistern wie Tilopa und Naropa zurückverfolgt, die wiederum entscheidend für die Entwicklung der Kagyu-Schule waren.

Seine wichtigste Hinterlassenschaft war jedoch nicht ein formales System von Lehren, sondern die grundlegende Einsicht, dass spirituelle Verwirklichung durch tiefe Beobachtung und Einstimmung auf die natürliche Welt erreicht werden kann.

Bedeutung und Nachwirkung

Udhilipas Bedeutung für die buddhistische Tradition geht weit über seine Person hinaus. Er verkörpert mehrere zentrale Aspekte des tantrischen Buddhismus:

Erstens steht er für den unkonventionellen Ansatz des Vajrayana, der besagt, dass Erleuchtung auf vielfältigen Wegen erreicht werden kann – selbst durch scheinbar weltliche Tätigkeiten wie die Beobachtung von Vögeln. Dies unterstreicht die tantrische Idee, dass nichts an sich unrein oder unheilig ist, sondern alles zum Pfad der Befreiung werden kann, wenn es mit der richtigen Geisteshaltung praktiziert wird.

Zweitens verkörpert Udhilipa das Ideal des "verrückten Weisheitspraktizierenden" (ye shes kyi myos pa), der konventionelle Vorstellungen von religiöser Praxis transzendiert. Seine Geschichte ermutigt Praktizierende, ihre eigenen einzigartigen Pfade zu finden, anstatt bloß etablierte Muster zu imitieren.

Drittens ist seine Lehre ein Beispiel für die direkte Übertragung von Erfahrung statt abstrakter Theorie – ein Kernprinzip der Mahamudra- und Dzogchen-Traditionen, die die unmittelbare Erkenntnis der Natur des Geistes betonen.

In der tibetischen Tradition wird Udhilipa bis heute als Inspiration für Praktizierende zitiert, besonders in Lehren über:

- Die Verbindung von Natur und Spiritualität
- Die Praxis der reinen Wahrnehmung (dag snang)
- Die Entwicklung von Leichtigkeit und Mühelosigkeit in der Meditation
- Die Überwindung konzeptuellen Denkens zugunsten direkter Erfahrung

Seine Lehren haben auch moderne buddhistische Bewegungen beeinflusst, die Naturverbundenheit und Umweltbewusstsein betonen. Zeitgenössische Meister verweisen oft auf Udhilipa, wenn sie die Bedeutung der Harmonie mit der natürlichen Welt als spirituellen Weg hervorheben.

Darstellung in der Kunst

In der buddhistischen Ikonographie wird Udhilipa mit charakteristischen Attributen dargestellt, die seine einzigartige Geschichte und spirituelle Verwirklichung symbolisieren:

Typischerweise wird er als schlanker Mann mittleren Alters abgebildet, oft mit leicht wildem Haar und einfacher Kleidung, was seine Herkunft als gewöhnlicher Mensch und seine Abkehr von weltlichen Konventionen symbolisiert. Seine Körperhaltung ist häufig leicht und schwebend, als sei er im Begriff, sich in die Lüfte zu erheben.

Das auffälligste Merkmal in seinen Darstellungen sind die Vögel, die ihn umgeben oder auf seinen Schultern und Armen sitzen. Diese symbolisieren nicht nur den Fokus seiner Meditation, sondern auch die Freiheit und Leichtigkeit, die er durch seine spirituelle Praxis erlangt hat.

In einigen Darstellungen wird Udhilipa mit ausgestreckten Armen gezeigt, die Flügeln ähneln – eine visuelle Metapher für seinen Spitznamen "der Vogelmann" und seine Fähigkeit, sich wie ein Vogel in die Lüfte zu erheben. Sein Gesichtsausdruck ist typischerweise friedvoll und konzentriert, mit einem subtilen Lächeln, das seine Freude an der Befreiung ausdrückt.

In der tibetischen Thangka-Malerei erscheint Udhilipa oft in der traditionellen Darstellung der 84 Mahasiddhas, wo er zusammen mit den anderen verwirklichten Meistern abgebildet wird. Diese Gruppenporträts, die alle Mahasiddhas mit ihren jeweiligen Attributen zeigen, dienen als visuelle Lehrmittel, um die Vielfalt spiritueller Wege und Verwirklichungen zu illustrieren.

Seine Figur erscheint auch in Mandala-Darstellungen bestimmter tantrischer Gottheiten, besonders solcher, die mit der Kagyu-Übertragungslinie verbunden sind. Dort wird er als einer der Linienhalter dargestellt, der die Kontinuität der Lehre symbolisiert.

In zeitgenössischen buddhistischen Kunstwerken wird Udhilipa gelegentlich in moderneren Stilen dargestellt, wobei seine Verbindung zur Natur und seine Verkörperung ökologischen Bewusstseins betont werden.

Schlussbetrachtung

Die Geschichte und Lehre des Mahasiddha Udhilipa bietet auch heute noch wertvolle Einsichten und Inspirationen. In einer Zeit zunehmender Entfremdung von der Natur erinnert uns sein Beispiel an die tiefe Weisheit, die in der aufmerksamen Beobachtung natürlicher Phänomene liegen kann. Seine Praxis des "Vogelflugs" lehrt uns, dass spirituelle Verwirklichung nicht notwendigerweise an komplexe Rituale oder intellektuelle Konzepte gebunden ist, sondern durch direkte Erfahrung und tiefe Präsenz erreicht werden kann.

Udhilipas Leben veranschaulicht zudem die transformative Kraft der Achtsamkeit – wie die beharrliche, konzentrierte Beobachtung eines scheinbar alltäglichen Phänomens zu tiefgreifenden Einsichten führen kann. In einer Welt, die von Ablenkungen und oberflächlicher Aufmerksamkeit geprägt ist, erinnert uns seine Geschichte an den Wert tiefer Konzentration und geduldiger Kontemplation.

Darüber hinaus verkörpert Udhilipa einen ökologischen Aspekt buddhistischer Spiritualität, der in der heutigen Zeit besondere Relevanz besitzt. Seine tiefe Verbundenheit mit der Vogelwelt und sein Verständnis der natürlichen Ordnung spiegeln eine Haltung wider, die nicht Beherrschung, sondern Harmonie mit der Natur anstrebt – ein Prinzip, das angesichts der globalen Umweltkrise zunehmend an Bedeutung gewinnt.

Letztendlich lehrt uns der Vogelmann, dass der Weg zur Befreiung nicht in der Flucht vor der Welt, sondern in einem tieferen Verständnis ihrer wahren Natur liegt. Wie Vögel, die mühelos mit dem Wind fliegen, können wir lernen, mit dem Fluss des Lebens zu gleiten, anstatt gegen ihn anzukämpfen – eine zeitlose Weisheit, die über kulturelle und religiöse Grenzen hinweg Resonanz findet.

Udhilipa mag eine historisch schwer fassbare Figur sein, doch sein symbolisches Vermächtnis als "der Vogelmann" bleibt ein kraftvolles Beispiel dafür, wie unkonventionelle Wege zu höchster spiritueller Verwirklichung führen können.

2.81 Upanaha: Der Schuhmacher

Herkunft

Upanaha wurde in einer Handwerkerfamilie im mittelalterlichen Indien geboren, vermutlich zwischen dem 8. und 10. Jahrhundert n. Chr. Der genaue Geburtsort ist nicht eindeutig überliefert, doch die meisten Quellen verorten seine Herkunft in der Region des heutigen nordöstlichen Indiens, möglicherweise in der Nähe von Pataliputra (dem heutigen Patna).

Als Sohn eines Schuhmachers wuchs er in einfachen Verhältnissen auf und erlernte von früher Jugend an das Handwerk seines Vaters. In der strengen Kastenhierarchie des damaligen Indiens gehörte die Familie der Schuhmacher zu den niedrigeren Kasten, da sie mit Tierhäuten arbeiteten, was als unrein betrachtet wurde. Diese niedrige soziale Stellung bedeutete erhebliche Einschränkungen für Upanahas Leben und begrenzte seine Möglichkeiten zur Bildung und gesellschaftlichen Teilhabe.

Dennoch war diese Zeit in Indien von religiöser Vielfalt und spiritueller Suche geprägt. Das tantrische Buddhismus und Hinduismus blühten, und Wanderlehrer, Yogis und spirituelle Meister durchzogen das Land. In diesem Umfeld entwickelte auch Upanaha trotz seiner einfachen Herkunft eine tiefe Sehnsucht nach spiritueller Erkenntnis und Befreiung vom Kreislauf der Wiedergeburten.

Besondere Eigenschaften

Upanaha zeichnete sich durch mehrere bemerkenswerte Eigenschaften aus, die ihn später zu einem herausragenden spirituellen Meister werden ließen. Schon früh zeigte er eine außergewöhnliche Hingabefähigkeit und Konzentration bei der Ausübung seines Handwerks. Bei der Herstellung von Schuhen versenkte er sich vollständig in die Tätigkeit, sodass sein Geist ruhig und klar wurde. Diese natürliche Fähigkeit zur Achtsamkeit und Präsenz bildete später die Grundlage für seine spirituelle Praxis.

Eine weitere herausragende Eigenschaft war seine tiefe Empathie gegenüber allen Lebewesen. Der Überlieferung nach behandelte er das Leder, mit dem er arbeitete, mit größtem Respekt und sprach Gebete für die Tiere, von denen es stammte. Diese mitfühlende Haltung erstreckte sich auch auf seine Mitmenschen. Trotz der Diskriminierung, die er aufgrund seiner Kaste erfuhr, hegte er keinen Groll, sondern begegnete allen Wesen mit Güte und Verständnis.

Upanaha besaß zudem eine ungewöhnliche Offenheit des Geistes, die es ihm ermöglichte, tiefe spirituelle Lehren auch ohne formale Bildung zu verstehen und zu integrieren. Sein pragmatischer Ansatz, spirituelle Wahrheiten direkt in seiner alltäglichen Arbeit zu erfahren, anstatt sich in theoretischen Konzepten zu verlieren, wurde zu seinem Markenzeichen und später zum Kern seiner Lehren.

Eine weitere bemerkenswerte Eigenschaft war seine Beharrlichkeit. Einmal auf dem spirituellen Pfad, ließ er sich durch keine Hindernisse entmutigen. Diese Ausdauer spiegelte sich in seiner täglichen Arbeit wider – so wie er einen Schuh nicht unvollendet ließ, gab er auch seine spirituelle Praxis nicht auf, bis er die vollständige Verwirklichung erreicht hatte.

Geschichte der Erleuchtung

Die Überlieferung berichtet, dass Upanahas Weg zur Erleuchtung durch eine schicksalhafte Begegnung mit einem wandernden buddhistischen Meister begann. Als dieser Meister – in manchen Quellen als der Mahasiddha Nagarjuna identifiziert – ein Paar Schuhe bei ihm bestellte, bemerkte er die außergewöhnliche Konzentration und Hingabe des Schuhmachers bei seiner Arbeit.

Der Meister erkannte in Upanaha einen würdigen Schüler und erteilte ihm eine ungewöhnliche Unterweisung. Anstatt ihn aufzufordern, sein Handwerk aufzugeben und ein asketisches Leben zu führen, lehrte er ihn, seine tägliche Arbeit als Meditation zu nutzen. Er gab Upanaha eine tantrische Einweihung und unterwies ihn in der Visualisierungspraxis der Göttin Nairatmya, der "Nicht-Selbst-Göttin", die die Leerheit aller Phänomene symbolisiert.

Die entscheidende Anweisung des Meisters lautete: "Betrachte jedes Stück Leder als die Haut der Unwissenheit, jeden Schnitt als das Durchschneiden von Verblendung, jeden Stich als die Verbindung von Mitgefühl und Weisheit, und jeden fertigen Schuh als Schutz für alle Wesen auf ihrem Weg zur Befreiung."

Upanaha folgte diesen Anweisungen mit größter Hingabe. Über Jahre hinweg praktizierte er diese kontemplative Schuhmacherkunst, wobei er jeden Handgriff mit tiefem Gewahrsein ausführte. Die traditionellen Berichte erzählen, dass er besonders auf den Rhythmus seiner Arbeit achtete – den Rhythmus des Schneidens, des Nähens, des Klopfens – und diesen als Mantra nutzte, das seinen Geist in einen meditativen Zustand versetzte.

Der Wendepunkt kam, als Upanaha eines Tages ein Paar besonders feine Schuhe anfertigte. In völliger Konzentration versunken, erlebte er plötzlich, wie die

Grenzen zwischen ihm, seiner Tätigkeit und den Materialien verschwanden. In diesem Moment der vollkommenen Präsenz durchbrach er die Illusion des getrennten Selbst und erkannte die wahre Natur des Geistes. Der Überlieferung nach schwebte er in diesem Moment der Erleuchtung einige Handbreit über dem Boden, während er weiterarbeitete – ein symbolischer Ausdruck für die Transzendenz des Weltlichen, ohne es zu verlassen.

Leben und Tod

Nach seiner Erleuchtung setzte Upanaha sein Leben als Schuhmacher fort, doch sein Wirken hatte sich fundamental verändert. Die Menschen, die zu seiner Werkstatt kamen, bemerkten etwas Besonderes an ihm und an den Schuhen, die er herstellte. Es wird überliefert, dass seine Schuhe nicht nur außergewöhnlich haltbar und bequem waren, sondern auch heilende und transformierende Eigenschaften besaßen. Wer sie trug, fühlte sich geerdet und gleichzeitig leichter, als würde jeder Schritt zu einer Form der Meditation.

Upanaha begann, während seiner Arbeit zu lehren. Menschen aus allen Gesellschaftsschichten – von einfachen Bauern bis zu Gelehrten und Adeligen – kamen zu ihm, um Schuhe zu kaufen und gleichzeitig seine Weisheit zu empfangen. Ohne formale Belehrungen zu geben, vermittelte er durch sein Sein und Handeln tiefe Einsichten in die Natur des Geistes und die Praxis des Dharma im Alltag.

Die Berichte über sein Leben nach der Erleuchtung sind von wundersamen Ereignissen durchzogen. Es heißt, dass er über besondere Fähigkeiten (Siddhis) verfügte, wie das Durchdringen von Materie, das Heilen von Krankheiten und das Lesen der Gedanken anderer. Doch er nutzte diese Fähigkeiten nur zurückhaltend und stets zum Wohle anderer. Seine wichtigste "magische" Fähigkeit blieb seine transformative Präsenz, die anderen half, ihr eigenes Potential zu erkennen.

Über sein Lebensende existieren verschiedene Überlieferungen. Die verbreitetste besagt, dass Upanaha in hohem Alter, während er an einem Paar Schuhe arbeitete, seinen Tod voraussah. Er rief seine engsten Schüler zusammen, gab ihnen letzte Unterweisungen und löste dann seinen Körper in einen Regenbogen auf – die höchste Form des Sterbens in der tantrischen Tradition, die als "Regenbogenkörper" bekannt ist. Andere Quellen berichten, dass er seinen Körper zurückließ, der jedoch nicht verweste, sondern sich in eine Reliquie verwandelte.

In allen Überlieferungen wird betont, dass Upanaha den Tod nicht als Ende, sondern als Transformation betrachtete und im Moment des Sterbens vollkommene Freiheit manifestierte – so wie er es bereits in jedem Moment seines Lebens getan hatte.

Lehren und Übertragungen

Die Essenz von Upanahas Lehre liegt in der Erkenntnis, dass spirituelle Verwirklichung nicht durch Weltflucht, sondern durch vollkommene Präsenz im Hier und Jetzt erreicht wird. Seine zentrale Botschaft war, dass jede noch so weltliche Tätigkeit zum Pfad der Befreiung werden kann, wenn sie mit entsprechendem Bewusstsein ausgeführt wird.

Upanaha entwickelte einen pragmatischen Ansatz, der folgende Kernelemente umfasste:

1. Die Einheit von Handwerk und Meditation: Er lehrte, dass die sorgfältige Ausführung eines Handwerks alle Elemente der Meditation beinhaltet – Konzentration, Achtsamkeit, Rhythmus und die Integration von Körper und Geist.

2. Die Transformation des Alltäglichen: Jede gewöhnliche Handlung kann durch die richtige Intention und Wahrnehmung zu einer heiligen Handlung werden. So wie er Leder in Schuhe verwandelte, können wir die Rohstoffe unseres Lebens in spirituelle Erfüllung transformieren.

3. Das Prinzip der Nicht-Dualität: Die künstliche Trennung zwischen "spirituell" und "weltlich", zwischen "heilig" und "profan" zu überwinden, war ein zentrales Element seiner Lehre. In seiner Werkstatt demonstrierte er, dass diese Gegensätze in Wahrheit eine Einheit bilden.

4. Die direkte Erfahrung: Upanaha betonte die Bedeutung der unmittelbaren Erfahrung gegenüber theoretischem Wissen. Die Wahrheit ist nicht in Büchern zu finden, sondern in der direkten Erkenntnis der Natur des Geistes während alltäglicher Tätigkeiten.

Diese Lehren wurden zunächst mündlich weitergegeben, doch später in verschiedenen Sammlungen der Mahasiddha-Traditionen schriftlich festgehalten. Besonders in der Kagyu-Tradition des tibetischen Buddhismus wurden Upanahas Unterweisungen als Teil der "Mahamudra"-Lehren bewahrt, die den direkten Weg zur Erkenntnis der Natur des Geistes beschreiben.

Seine Übertragungslinie setzte sich durch mehrere Generationen von Schülern fort, die selbst zu verwirklichten Meistern wurden. Einige von ihnen blieben Handwerker, während andere zu Mönchen, Yogis oder Lehrern wurden. Gemeinsam war ihnen die Betonung der Integration spiritueller Praxis in alle Lebensbereiche – ein Ansatz, der als "Yoga des täglichen Lebens" bezeichnet werden könnte.

Bedeutung und Nachwirkung

Upanahas Einfluss auf die buddhistische Tradition, insbesondere auf den Vajrayana-Buddhismus, ist bedeutsam und vielschichtig. Er repräsentiert einen wichtigen Aspekt der tantrischen Tradition – die Demokratisierung der spirituellen Praxis und die Möglichkeit der Erleuchtung für Menschen aller Gesellschaftsschichten.

Seine Geschichte durchbricht mehrere Barrieren:

1. Soziale Barrieren: Als Angehöriger einer niedrigen Kaste demonstrierte er, dass spirituelle Verwirklichung nicht an soziale Privilegien gebunden ist.

2. Methodische Barrieren: Er zeigte, dass der Weg zur Erleuchtung nicht notwendigerweise durch formale Meditation oder klösterliches Leben führen muss, sondern in jeder Lebenssituation möglich ist.

3. Konzeptuelle Barrieren: Seine Praxis überwand die Trennung zwischen sakral und profan, zwischen Handwerk und Meditation.

Upanahas Lehren hatten einen nachhaltigen Einfluss auf die Entwicklung verschiedener buddhistischer Schulen. In Tibet fanden seine Methoden Eingang in die Kagyu- und Nyingma-Traditionen, wo sie zur Entwicklung von Praktiken beitrugen, die Meditation mit alltäglichen Aktivitäten verbinden. Auch in der Zen-Tradition des ostasiatischen Buddhismus finden sich Parallelen zu seinem Ansatz, etwa in der Betonung der Achtsamkeit bei alltäglichen Tätigkeiten und der Idee, dass gewöhnliche Arbeit ein Weg zur Erleuchtung sein kann.

In der modernen Zeit erlebt Upanahas Lehre eine Renaissance, da viele Menschen nach Wegen suchen, spirituelle Praxis mit einem aktiven Lebensstil zu verbinden. Seine Geschichte inspiriert heute Menschen weltweit, die ihre Arbeit – sei es als Handwerker, Künstler, Angestellte oder in anderen Berufen – als spirituellen Pfad betrachten wollen. Die wachsende Achtsamkeitsbewegung und das Interesse an "engagiertem Buddhismus" spiegeln Aspekte seiner Lehre wider.

Darstellung in der Kunst

In der tibetischen und nepalesischen Kunst wird Upanaha traditionell als schlanker Mann mittleren Alters dargestellt, der in Handwerkskleidung auf einem niedrigen Schemel sitzt. Er trägt meist ein einfaches Gewand und hat ein friedvolles, konzentriertes Gesicht. Seine Hände sind mit der Herstellung oder Reparatur von Schuhen beschäftigt, wobei er häufig von Werkzeugen wie Ahlen, Messern und Fäden umgeben ist.

Bemerkenswert ist, dass er – anders als viele andere Mahasiddhas – nicht in yogischer Pose, sondern in seiner alltäglichen Arbeitshaltung dargestellt wird. Dies unterstreicht die zentrale Botschaft seines Lebens: die Einheit von Arbeit und spiritueller Praxis.

In Thangkas wird Upanaha oft in einer Reihe mit anderen Mahasiddhas gezeigt, wobei er durch seine Handwerksattribute leicht zu identifizieren ist. Manchmal wird er mit einem leichten Heiligenschein oder einer Aura dargestellt, die seine spirituelle Verwirklichung symbolisiert, während er gleichzeitig in seiner weltlichen Tätigkeit verbleibt – eine visuelle Darstellung der Nicht-Dualität.

Eine besondere ikonographische Tradition zeigt ihn in dem Moment seiner Erleuchtung, schwebend über dem Boden, während er weiterhin an einem Schuh arbeitet. Diese Darstellung verkörpert die paradoxe Natur seiner Verwirklichung – gleichzeitig geerdet und transzendent.

In einigen späteren künstlerischen Traditionen wird Upanaha auch mit der Göttin Nairatmya in Vereinigung dargestellt, was die tantrische Dimension seiner Praxis symbolisiert – die Vereinigung von Weisheit (verkörpert durch die weibliche Gottheit) und geschickten Mitteln (verkörpert durch den männlichen Praktizierenden).

Neben bildlichen Darstellungen existieren auch poetische und literarische Werke, die sein Leben und seine Lehren verherrlichen. In den "Dohas" (spirituellen Liedern) der Mahasiddha-Tradition finden sich Verse, die ihm zugeschrieben werden und in denen er die Metapher des Schuhmachers nutzt, um spirituelle Wahrheiten zu vermitteln.

Schlussbetrachtung

Die Geschichte des Mahasiddha Upanaha ist mehr als eine faszinierende Erzählung aus einer längst vergangenen Zeit – sie ist eine zeitlose Inspiration für jeden spirituell Suchenden. In einer Welt, die zunehmend von Hektik, Ablenkung und der Trennung verschiedener Lebensbereiche geprägt ist, erinnert uns Upanaha daran, dass wahre spirituelle Praxis nicht in der Flucht vor dem Alltäglichen, sondern in dessen vollständiger Durchdringung besteht.

Sein Leben verkörpert den Kern des Vajrayana-Buddhismus: die Transformation statt der Verneinung. Anstatt die weltlichen Aspekte des Lebens zu verneinen, zeigte er, wie sie zu Elementen des spirituellen Pfades transformiert werden können. Diese Botschaft ist heute vielleicht relevanter denn je, da viele Menschen nach Wegen suchen, ein spirituell erfülltes Leben inmitten der Komplexität der modernen Welt zu führen.

Upanahas Vermächtnis lehrt uns, dass jeder Moment, jede Handlung und jede Tätigkeit – sei sie noch so gewöhnlich – zum Tor der Erleuchtung werden kann, wenn wir sie mit vollkommener Präsenz, klarer Intention und offenem Herzen ausführen. Der Weg zur Befreiung führt nicht notwendigerweise über Klöster, Retreats oder formale Meditationspraktiken, sondern kann in der Tiefe unseres alltäglichen Lebens gefunden werden.

So wie Upanaha in jedem Stich, in jedem Schnitt und in jeder Berührung des Leders die Essenz des Dharma fand, können auch wir in unseren täglichen Handlungen die Tiefen der Wirklichkeit erfahren. Seine Geschichte ermutigt uns, die künstlichen Grenzen zwischen "spirituellem Leben" und "weltlichem Leben" zu überwinden und zu erkennen, dass wahre Spiritualität keine besondere Kategorie des Lebens ist, sondern die Art und Weise, wie wir jede Dimension unseres Daseins erfahren und gestalten.

In diesem Sinne bleibt der einfache Schuhmacher Upanaha ein zeitloser Lehrer, dessen stilles Beispiel lauter spricht als viele Worte und dessen Leben uns zeigt, dass der Pfad der Verwirklichung nicht irgendwo anders, sondern genau hier, in diesem Moment und in dieser Tätigkeit, zu finden ist.

2.82 Vinapa - Der Musiker

Herkunft

Obwohl die historischen Details über Vinapas frühes Leben spärlich sind, weisen die Überlieferungen darauf hin, dass er in Ostindien, vermutlich in der Region Bengal oder Odisha, im 9. oder 10. Jahrhundert geboren wurde. Er stammte aus einer Familie von Musikern, die der Tradition der Veena (vina) – eines der ältesten Saiteninstrumente Indiens – verbunden war. Seine Familie gehörte wahrscheinlich einer niedrigeren Kaste an, was typisch für Musiker im damaligen Indien war.

Von jungen Jahren an wurde Vinapa in die Kunst des Veena-Spiels eingeführt. Die Veena, ein Instrument mit langem Hals und einem hohlen, kürbisförmigen Resonanzkörper, wurde traditionell bei religiösen Zeremonien und höfischen Veranstaltungen gespielt. Es heißt, dass Vinapa ein außergewöhnliches musikalisches Talent besaß und bald über die Grenzen seiner Heimatregion hinaus für seine virtuosen Fähigkeiten bekannt wurde. Diese frühe Bindung an die Musik sollte später eine entscheidende Rolle auf seinem spirituellen Weg spielen.

Einige Quellen deuten an, dass Vinapa in seiner Jugend ein wandernder Musiker war, der von Hof zu Hof, von Tempel zu Tempel zog und seine Kunst darbot. Diese Wanderjahre brachten ihn mit verschiedenen spirituellen Traditionen in Kontakt und weckten sein Interesse an den tieferen Dimensionen des Daseins, jenseits der weltlichen Vergnügungen, die seine Musik oft begleiteten.

Besondere Eigenschaften

Was Vinapa von anderen Musikern seiner Zeit unterschied, war seine außergewöhnliche Fähigkeit, durch Musik tiefe emotionale und spirituelle Zustände sowohl in sich selbst als auch in seinen Zuhörern zu erzeugen. Er besaß ein intuitives Verständnis dafür, wie Klänge und Melodien das Bewusstsein beeinflussen können.

Vinapa war bekannt für seine Improvisationsgabe. Anders als viele traditionelle Musiker, die sich streng an überlieferte Kompositionen hielten, ließ er sich oft von dem Moment inspirieren und schuf spontan neue Melodien und Rhythmen. Diese Fähigkeit zur Spontaneität und Präsenz im Augenblick spiegelte später auch seinen spirituellen Ansatz wider.

Eine weitere bemerkenswerte Eigenschaft Vinapas war seine tiefe Empathie. Er konnte die Stimmung und die Bedürfnisse seines Publikums erspüren und seine

Musik entsprechend anpassen. Diese Sensibilität für die Gefühlswelt anderer verband sich später mit seiner buddhistischen Praxis des Mitgefühls (Karuna) und der liebenden Güte (Metta).

Trotz seines wachsenden Ruhms blieb Vinapa bescheiden und unprätentiös. Legenden berichten, dass er oft in einfacher Kleidung reiste und manchmal sogar vorgab, ein gewöhnlicher Bettler zu sein, um die wahre Natur der Menschen zu ergründen, die ihm begegneten. Diese Eigenschaft der Bescheidenheit und das Fehlen von Eitelkeit sollten sich als wichtige Grundlagen für seinen späteren spirituellen Weg erweisen.

Geschichte der Erleuchtung

Die entscheidende Wende in Vinapas Leben kam, als er mit den tantrischen Lehren des Vajrayana-Buddhismus in Berührung kam. Überlieferungen zufolge traf er auf einen buddhistischen Meister, einen Siddha namens Buddhapa (in einigen Quellen auch Vajraghanta genannt), während er an einem königlichen Hof auftrat.

Nach dem Konzert sprach Buddhapa Vinapa an und fragte ihn: "Deine Musik ist wunderschön und bewegt die Herzen der Menschen. Aber kennst du auch die Musik, die die Grenzen des Geistes auflöst?" Diese Frage verwirrte und faszinierte Vinapa zugleich. Er bat den Meister um Erklärung, woraufhin dieser ihm eine erste Einführung in die tantrischen Lehren gab.

Buddhapa erklärte Vinapa, dass die wahre Natur des Geistes wie Musik sei - fließend, ohne feste Substanz, gleichzeitig leer und reich an Ausdrucksmöglichkeiten. Er lehrte ihn, dass seine tiefe Verbindung zur Musik ein perfektes Vehikel für den spirituellen Weg sein könnte, wenn er lernte, seine Kunst mit meditativer Achtsamkeit und der Erkenntnis der Leerheit (Shunyata) zu verbinden.

Vinapa wurde Schüler von Buddhapa und erhielt Einweihungen in verschiedene tantrische Praktiken, insbesondere in die Yoga-Tantras, die mit Klang und Vibration arbeiten. Er lernte, die verschiedenen Töne und Melodien seiner Veena als Manifestationen der verschiedenen Aspekte der erleuchteten Weisheit zu betrachten.

Die entscheidende Verwirklichung kam für Vinapa, als er eines Tages allein in der Wildnis meditierte und spielte. Während er die Saiten seiner Veena zupfte, begann er, die Klänge nicht mehr als separate Phänomene wahrzunehmen, sondern als Manifestationen des universellen Klangs (Nada Brahma), der die Grundlage aller Erscheinungen ist. In diesem Moment verschmolz sein Bewusstsein mit dem Klang, und die Grenzen zwischen Musiker, Musik und Hörer lösten sich auf.

Diese tiefgreifende Erfahrung führte zu seiner vollständigen Erleuchtung. Vinapa erkannte die wahre Natur aller Phänomene als leer von inhärenter Existenz, gleichzeitig aber voll von unbegrenztem Potential - genau wie Musik, die aus der Stille kommt und in die Stille zurückkehrt, aber in ihrem Entstehen und Vergehen unendliche Schönheit und Bedeutung offenbaren kann.

Leben und Tod

Nach seiner Erleuchtung setzte Vinapa seine Wanderungen fort, nun aber nicht mehr als gewöhnlicher Musiker, sondern als Mahasiddha, der seine Kunst als Mittel zur Befreiung anderer einsetzte. Er reiste durch ganz Indien und vermutlich auch nach Nepal und Tibet, wo er durch seine Musik und seine Lehren Menschen aller Gesellschaftsschichten berührte.

Vinapa lehrte nicht in konventionellen Klöstern oder Tempeln. Stattdessen versammelte er Schüler an natürlichen Orten – in Wäldern, an Flussufern oder in Berghöhlen. Dort spielte er seine Veena und vermittelte tiefe spirituelle Einsichten durch die Kombination von Musik, Gesang und direkten Unterweisungen.

Legenden berichten von den wundersamen Fähigkeiten, die Vinapa nach seiner Erleuchtung entwickelte. Es heißt, dass wilde Tiere friedlich wurden, wenn er spielte, dass Kranke durch die heilenden Vibrationen seiner Musik genesen konnten und dass selbst die Götter und Naturgeister herbeikamen, um seinen himmlischen Melodien zu lauschen.

Über Vinapas Tod gibt es verschiedene Überlieferungen. Eine verbreitete Version besagt, dass er sein physisches Ableben selbst wählte, indem er in eine tiefe Samadhi-Meditation eintrat, während er ein letztes, transzendentes Stück auf seiner Veena spielte. Als der letzte Ton verklang, löste sich sein Körper in Licht auf und er ging in den "Regenbogenkörper" (Jalus) ein - einen Zustand vollkommener Verschmelzung mit der ultimativen Wirklichkeit, der in der tibetischen Tradition als höchste Verwirklichung gilt.

Andere Überlieferungen berichten, dass Vinapa nie wirklich starb, sondern als "Vidyadhara" (Wissenshalter) in verborgenen Bereichen weiterlebt und von dort aus die spirituelle Entwicklung seiner Anhänger unterstützt. Diese Vorstellung eines unsterblichen Meisters, der jenseits der Grenzen von Zeit und Raum existiert, ist ein wiederkehrendes Motiv in den Legenden über die Mahasiddhas.

Lehren und Übertragungen

Die zentralen Lehren Vinapas verbanden die Kunst der Musik mit den tiefgründigen Konzepten des Vajrayana-Buddhismus. Sein Hauptbeitrag zur buddhistischen Tradition bestand in der Entwicklung einer einzigartigen Form der Klangmeditation, die als "Nada Yoga" bekannt wurde – die Yoga-Praxis des inneren Klangs.

Vinapa lehrte, dass jeder Ton drei Aspekte hat: seine Entstehung, sein Verweilen und sein Vergehen. Diese drei Aspekte spiegeln die buddhistische Sicht der Vergänglichkeit (Anitya) wider und können als Tor zur Einsicht in die wahre Natur der Realität dienen. Indem der Meditierende seine Aufmerksamkeit vollständig auf diese drei Phasen des Klangs richtet, kann er direkt die Leerheit aller Phänomene erfahren.

Eine weitere zentrale Lehre Vinapas war die Idee der "Klangmandala". Er zeigte seinen Schülern, wie sie verschiedene Töne und Melodien visualisieren konnten, die sich zu komplexen Mandalas formten – heiligen Diagrammen, die die erleuchteten Qualitäten des Geistes repräsentieren. Diese synästhetische Praxis verband Hören, Sehen und konzeptfreies Gewahrsein zu einer kraftvollen Meditationstechnik.

Vinapa betonte auch die Bedeutung des "Zuhörens ohne Zuhörer". Er lehrte, dass wahres Hören stattfindet, wenn das Ego-Bewusstsein, das sich als separate Entität wahrnimmt, in der Erfahrung des Klangs aufgelöst wird. Diese Lehre war eine praktische Anwendung der buddhistischen Doktrin des Nicht-Selbst (Anatman).

Die Übertragungslinien von Vinapas Lehren flossen in verschiedene tantrische Traditionen ein, insbesondere in die Chakrasamvara- und Hevajra-Tantras, die in Tibet große Bedeutung erlangten. Seine Methoden wurden in die Traditionen der Kagyu- und Sakya-Schulen des tibetischen Buddhismus integriert, wo sie bis heute praktiziert werden.

Im Rahmen der "Nyingtig" oder "Herzessenz"-Lehren der Nyingma-Tradition werden einige Meditationspraktiken auf Vinapa zurückgeführt, insbesondere jene, die mit der Transformation von Klang und Emotionen in Weisheit arbeiten. Diese Praktiken sind Teil der fortgeschrittenen "Thögal"-Methoden, die zur Verwirklichung des Regenbogenkörpers führen können.

Bedeutung und Nachwirkung

Vinapas Einfluss auf die buddhistische Tradition geht weit über seine spezifischen Lehrmethoden hinaus. Er verkörperte das Ideal des tantrischen Yogi, der weltliche Kunst in einen spirituellen Pfad verwandelt. Dadurch wurde er zu einem wichtigen Vorbild für spätere Generationen von Praktizierenden, besonders für jene, die nicht den konventionellen Weg der monastischen Disziplin einschlagen wollten oder konnten.

In der tibetischen Tradition wird Vinapa verehrt. Seine Geschichte wird oft zitiert, um zu zeigen, dass spirituelle Verwirklichung nicht von äußeren Umständen oder formellen religiösen Strukturen abhängt, sondern von der inneren Transformation des Geistes.

Vinapas Verbindung von Kunst und Spiritualität hatte auch einen tiefgreifenden Einfluss auf die Entwicklung der sakralen Musik in Asien. In Tibet inspirierten seine Lehren die Entwicklung verschiedener musikalischer Traditionen, darunter die Verwendung von Glocken, Trommeln und anderen Instrumenten in rituellen Kontexten. Seine Betonung der transformativen Kraft des Klangs findet sich auch in der Tradition des Chanting (rhythmisches Rezitieren) wieder, das ein zentrales Element buddhistischer Praxis in vielen asiatischen Kulturen ist.

Darüber hinaus hat Vinapas Beispiel Generationen von Künstlern inspiriert, ihre kreative Praxis als spirituellen Weg zu betrachten. Seine Lehre, dass künstlerischer Ausdruck und spirituelle Suche nicht getrennt sein müssen, sondern sich gegenseitig bereichern können, resoniert besonders stark in der heutigen Zeit, in der viele Menschen nach Wegen suchen, ihre kreativen und spirituellen Bestrebungen zu integrieren.

In neuerer Zeit hat das wachsende Interesse an den Mahasiddhas und ihren unkonventionellen Methoden zu einer Wiederbelebung von Vinapas Lehren geführt, insbesondere im Kontext von Sound-Healing und therapeutischen Anwendungen von Musik. Seine Ideen über die heilende und transformative Kraft des Klangs finden Anklang in verschiedenen Bereichen, von der Musiktherapie bis hin zu neurowissenschaftlichen Untersuchungen über die Wirkung von Klang auf das Gehirn.

Darstellung in der Kunst

In der traditionellen buddhistischen Kunst wird Vinapa typischerweise als schlanker Mann mittleren Alters dargestellt, mit langem Haar, das oft zu einem Knoten gebunden ist - ein Zeichen seines Status als Yogi außerhalb der monastischen Tradition. Seine Kleidung ist einfach, manchmal trägt er nur einen Lendenschurz und ein Schultertuch, was seine Askese symbolisiert.

Das zentrale und unverwechselbare Attribut in allen Darstellungen Vinapas ist seine Veena. Das Instrument wird meist in einer Spielposition gezeigt, wobei Vinapas Finger die Saiten berühren, als ob er gerade mitten im Spiel wäre. In einigen Darstellungen scheinen die Saiten tatsächlich zu vibrieren, dargestellt durch wellenförmige Linien, die von ihnen ausgehen und die transformative Kraft seiner Musik symbolisieren.

Ein häufiges Motiv in den Thangkas zeigt Vinapa meditierend unter einem Baum sitzend, während himmlische Wesen – Dakas und Dakinis – um ihn herum schweben und seiner Musik lauschen. Diese Szene repräsentiert die Fähigkeit seiner Kunst, alle Bewusstseinsebenen zu durchdringen und sowohl gewöhnliche Menschen als auch erleuchtete Wesenheiten zu berühren.

In manchen Darstellungen erscheint Vinapa mit leicht geöffneten Augen, die nach innen gerichtet zu sein scheinen – eine visuelle Darstellung seines Zustands tiefer meditativer Versenkung während des Musizierens. Sein Gesichtsausdruck ist oft ruhig und konzentriert, manchmal mit einem leichten Lächeln, das die ekstatische Natur seiner spirituellen Erfahrung andeutet.

In der tibetischen Tradition wird Vinapa manchmal in Gruppen-Thangkas der 84 Mahasiddhas dargestellt, wo er leicht an seinem Musikinstrument zu erkennen ist. In diesen Darstellungen sitzt er oft in einer Reihe mit anderen Mahasiddhas, die für ihre Kunst oder ihr Handwerk bekannt sind, wie Saraha der Bogenschütze oder Tantipa der Weber – eine visuelle Bestätigung der tantrischen Ansicht, dass weltliche Tätigkeiten in Pfade zur Erleuchtung transformiert werden können.

Eine besonders interessante Variante der Vinapa-Ikonographie findet sich in Nepal, wo er manchmal mit Elementen verschmolzen wird, die an lokale Musikgottheiten erinnern. Diese synkretistischen Darstellungen zeugen von der Fähigkeit der buddhistischen Tradition, lokale Kulturelemente zu integrieren und zu transformieren.

In der zeitgenössischen buddhistischen Kunst, besonders in westlichen Kontexten, wird Vinapa zunehmend als Symbol für die Integration von Kreativität und

Spiritualität dargestellt. Moderne Künstler betonen oft die fließenden, dynamischen Aspekte seines Wesens, indem sie ihn in Bewegung zeigen oder abstrakte Darstellungen von Klangwellen in ihre Bilder integrieren.

Schlussbetrachtung

Die Geschichte des Mahasiddha Vinapa bietet tiefe Einblicke in die transformative Kraft der Kunst und die unkonventionellen Wege zur spirituellen Verwirklichung, die im tantrischen Buddhismus geschätzt werden. Als Musiker, der seine Kunst in einen Weg zur Erleuchtung verwandelte, verkörpert Vinapa die zentrale tantrische Einsicht, dass nichts in der phänomenalen Welt von seiner inneren spirituellen Natur getrennt ist.

Vinapas Vermächtnis erinnert uns daran, dass spirituelle Praxis nicht auf formelle Rituale oder asketische Entsagung beschränkt sein muss, sondern in den Aktivitäten gefunden werden kann, die uns am tiefsten berühren und inspirieren. Seine Geschichte ermutigt uns, unsere eigenen Leidenschaften und Talente nicht als Hindernisse auf dem spirituellen Weg zu betrachten, sondern als potenzielle Vehikel für tiefe Transformation und Erwachen.

In einer Zeit, in der viele Menschen nach Wegen suchen, ihre kreativen und spirituellen Bestrebungen zu integrieren, bietet Vinapas Beispiel eine zeitlose Inspiration. Er zeigt uns, dass die Grenze zwischen sakral und profan, zwischen Kunst und Meditation, letztlich eine künstliche Konstruktion ist, die durch tiefe Achtsamkeit und authentische Praxis überwunden werden kann.

Darüber hinaus unterstreicht Vinapas Betonung der transformativen Kraft des Klangs die universelle Bedeutung der Musik als Medium, das direkt zum Herzen spricht und Grenzen überschreitet – zwischen Kulturen, zwischen Verstehen und Nicht-Verstehen, zwischen dem Ausdrückbaren und dem Unausdrückbaren. In diesem Sinne verkörpert er nicht nur einen historischen buddhistischen Meister, sondern auch ein zeitloses Prinzip: dass Kunst, wenn sie mit vollem Bewusstsein und offenem Herzen praktiziert wird, ein Weg zur Erkenntnis der tiefsten Wahrheiten des Daseins sein kann.

Vielleicht liegt die größte Relevanz von Vinapas Geschichte für die heutige Zeit in seiner Botschaft der Integration – der Idee, dass spirituelles Wachstum nicht durch Ablehnung oder Unterdrückung unserer menschlichen Natur erreicht wird, sondern durch ihre Transformation und Sublimierung. In einer Welt, die oft

von Dualismen und falschen Dichotomien geprägt ist, erinnert uns der Musiker-
Heilige daran, dass wahre Weisheit in der Harmonie der scheinbaren Gegensätze
liegt – genau wie die schönste Musik aus dem Zusammenspiel unterschiedlicher
Töne entsteht.

2.83 Virupa - Der Dakini-Meister

681

Herkunft

Virupa wurde im 7. oder 8. Jahrhundert n. Chr. in Ostindien, im Königreich Tripura (im heutigen Bangladesch), geboren. Über seine frühe Kindheit und Jugend ist wenig bekannt, was typisch für die Biografien vieler Mahasiddhas ist, bei denen der Fokus meist auf ihrer spirituellen Entwicklung und Verwirklichung liegt. Seinen weltlichen Namen kennen wir nicht; "Virupa" ist ein spiritueller Name, der ihm später verliehen wurde und soviel wie "der Formlose" oder auch "der Missgestaltete" bedeuten kann – eine Anspielung auf seine Fähigkeit, die gewöhnlichen Formen und Konventionen zu transzendieren.

In jungen Jahren trat er dem buddhistischen Kloster Somapuri (oder Nalanda, je nach Quelle) bei, wo er als Mönch ordiniert wurde und den Namen Dharmapala erhielt. Dort studierte er intensiv die buddhistischen Schriften und erlangte bald den Ruf eines herausragenden Gelehrten. Seine Mitbrüder schätzten sein Wissen so sehr, dass sie ihn zum Abt ernannten. In dieser Position verbrachte er viele Jahre mit dem Studium und der Praxis der Sutras sowie der Tantras, insbesondere widmete er sich der Praxis des Chakrasamvara-Tantra und der Meditation auf die Dakini Vajravarahi.

Besondere Eigenschaften

Virupa zeichnete sich durch mehrere außergewöhnliche Eigenschaften aus, die ihn von anderen spirituellen Praktizierenden seiner Zeit unterschieden. Zunächst besaß er einen außerordentlich scharfen Intellekt, der es ihm ermöglichte, die komplexesten philosophischen Konzepte des Mahayana und Vajrayana zu durchdringen. Diese intellektuelle Brillanz war jedoch nur die Grundlage für seine eigentliche Größe.

Was Virupa wirklich auszeichnete, war seine Fähigkeit, die Grenzen zwischen konventioneller religiöser Praxis und direkter spiritueller Verwirklichung zu überschreiten. Er verkörperte das Ideal des tantrischen Yogi, der die Dualität von Samsara und Nirvana, von weltlicher Erscheinung und letzter Wirklichkeit transzendiert hatte. Diese tiefe Verwirklichung manifestierte sich in seinem unkonventionellen Verhalten, das oft im direkten Widerspruch zu den äußeren Normen monastischer Disziplin stand.

Virupa besaß zudem eine charismatische Ausstrahlung und die Gabe, seine Lehren an die Bedürfnisse und Fähigkeiten seiner Schüler anzupassen. Er konnte sowohl durch gelehrte Abhandlungen als auch durch direkte, manchmal schockierende Demonstrationen lehren. Seine berühmtesten Unterweisungen vermittelte er jedoch nicht durch Worte, sondern durch symbolische Handlungen, die die konventionellen Vorstellungen seiner Schüler erschütterten und sie direkt mit der Natur der Wirklichkeit konfrontierten.

Eine weitere bemerkenswerte Eigenschaft Virupas war seine Furchtlosigkeit. Er schreckte nicht davor zurück, in Gegenwart mächtiger Könige und religiöser Autoritäten seine spirituelle Kraft zu demonstrieren, wenn es darum ging, die Überlegenheit des Dharma zu beweisen oder Menschen vom Schaden abzuhalten.

Geschichte der Erleuchtung

Die Geschichte von Virupas Erleuchtung ist ein eindrucksvolles Beispiel für Beharrlichkeit auf dem spirituellen Weg. Trotz seiner Position als Abt und seiner umfassenden Gelehrsamkeit fühlte er nach vielen Jahren intensiver tantrischer Praxis keine Anzeichen spirituellen Fortschritts. In einer Nacht voller Verzweiflung beschloss er, seine Gebetskette in eine Latrine zu werfen und die tantrische Praxis aufzugeben.

In diesem Moment erschien ihm die Dakini Vajrayogini (oder Vajravarahi) und offenbarte ihm, dass er tatsächlich Fortschritte gemacht hatte, diese jedoch durch subtile konzeptuelle Anhaftungen blockiert wurden. Sie gab ihm direkte Unterweisungen und Einweihungen, die sein Verständnis revolutionierten. In diesem Moment durchbrach Virupa die Schleier der Unwissenheit und erlangte die direkte Erkenntnis der Natur der Wirklichkeit – die Untrennbarkeit von Erscheinung und Leerheit, von Samsara und Nirvana.

Nach dieser tiefgreifenden Verwirklichung änderte sich sein Verhalten dramatisch. Er begann, die monastischen Regeln zu missachten, trank Alkohol im Kloster und verhielt sich auf eine Weise, die seine Mitbrüder schockierte. Diese Handlungen waren jedoch nicht Ausdruck eines moralischen Verfalls, sondern vielmehr Manifestationen seiner Verwirklichung der Nicht-Dualität und der Freiheit von konzeptuellen Einschränkungen.

Als seine Mitbrüder ihn zur Rede stellten, demonstrierte er seine spirituellen Errungenschaften, indem er Wunder vollbrachte. Er stieß seinen Dreizack in einen Felsboden, und als die Mönche ihn nicht herausziehen konnten, zog er ihn mühelos heraus. Durch diese und andere Demonstrationen zeigte er, dass sein unkonventionelles Verhalten nicht aus Verblendung, sondern aus echter Verwirklichung stammte.

Leben und Tod

Nach seiner Erleuchtung verließ Virupa das Kloster und begann ein Leben als wandernder Yogi. Auf seinen Reisen durch Indien vollbrachte er zahlreiche Wunder und unterwies Schüler aller Gesellschaftsschichten. Eine seiner berühmtesten Geschichten handelt von seinem Besuch in einer Stadt, in der er in eine Taverne einkehrte und begann, große Mengen Alkohol zu trinken. Als die Zeit kam, die Rechnung zu begleichen, hatte er kein Geld, bot aber an, die Sonne am Himmel anzuhalten, bis der König seine Schulden begleichen würde. Mit einer einfachen Geste hielt er tatsächlich die Sonne an ihrem Platz fest, was den König der Region so beeindruckte, dass er nicht nur Virupas Schulden beglich, sondern auch zu seinem Schüler wurde.

Eine andere berühmte Episode ereignete sich am Ufer des Flusses Ganges. Als Virupa den Fluss überqueren wollte, war keine Fähre verfügbar. Unbeeindruckt legte er seinen Umhang auf das Wasser, setzte sich darauf und überquerte so den Fluss. Diese und zahlreiche andere Wundergeschichten illustrieren Virupas vollkommene Meisterschaft über die Elemente und die Naturgesetze – eine Folge seiner tiefen Verwirklichung der letztendlichen Natur der Realität.

Auf seinen Reisen unterwies Virupa zahlreiche Schüler, darunter Dombi Heruka, der selbst zu einem bedeutenden Mahasiddha wurde, und Krishnacharya (auch bekannt als Kanha), der die von Virupa empfangenen Lehren weiterentwickelte und an seine eigenen Schüler weitergab.

Über Virupas Tod existieren unterschiedliche Überlieferungen. Einige Traditionen berichten, dass er seinen physischen Körper in einen "Regenbogenkörper" transformierte und so die physische Existenz transzendierte, ohne die gewöhnlichen Prozesse des Todes zu durchlaufen. Andere Quellen berichten, dass er in hohem Alter friedlich starb, nachdem er sein spirituelles Erbe gesichert hatte. Unabhängig von den Details seines physischen Todes wird Virupa in der tibetischen Tradition als ein Wesen betrachtet, das den Kreislauf von Geburt und Tod vollständig transzendiert hat und weiterhin zum Wohle aller Wesen wirkt.

Lehren und Übertragungen

Virupas wichtigster Beitrag zur buddhistischen Tradition liegt in der Übertragung des "Pfad und Frucht" (Lamdre) Systems, das zum Herzstück der Sakya-Schule des tibetischen Buddhismus wurde. Diese Lehren basieren auf dem Hevajra-Tantra und bieten einen umfassenden Weg zur Erleuchtung, der sowohl die Sutra- als auch die Tantra-Lehren integriert.

Das Lamdre-System beinhaltet drei Hauptaspekte:

1. Die Basis: das Verständnis der Buddha-Natur, die in allen Wesen vorhanden ist

2. Der Pfad: die Praxis, die zur Verwirklichung führt

3. Die Frucht: die vollständige Buddhaschaft

Dieses System zeichnet sich durch seine ganzheitliche Herangehensweise aus, die keine Trennung zwischen theoretischem Verständnis und praktischer Anwendung macht. Es betont die Untrennbarkeit von Samsara und Nirvana und lehrt, dass dieselben leidenschaftlichen Energien, die gewöhnliche Wesen im Kreislauf der Wiedergeburten gefangen halten, durch die tantrische Praxis in Werkzeuge der Befreiung transformiert werden können.

Neben dem Lamdre-System übertrug Virupa auch wichtige Initiationen und Lehren zur Praxis der Dakini Vajrayogini/Vajravarahi, die bis heute in verschiedenen tibetischen Traditionen praktiziert werden. Seine direkten Erfahrungen mit dieser Dakini bildeten die Grundlage für eine besonders kraftvolle Übertragungslinie.

Virupa lehrte auch durch sein eigenes Beispiel die Einheit von Weisheit und Methode, von tiefer philosophischer Einsicht und praktischer Anwendung. Seine unkonventionellen Methoden demonstrierten die Freiheit, die aus echter Verwirklichung erwächst, und die Fähigkeit, jenseits von starren Regeln zum Wohle der Wesen zu handeln.

Bedeutung und Nachwirkung

Die Bedeutung Virupas für die buddhistische Tradition, insbesondere für die Sakya-Linie des tibetischen Buddhismus, kann kaum überschätzt werden. Als Übermittler des Lamdre-Systems legte er den Grundstein für eine der wichtigsten Lehrtraditionen Tibets, die auch heute noch lebendig ist und von Meistern wie den Sakya Trizins bewahrt und weitergegeben wird.

Die von Virupa begründete Übertragungslinie verbreitete sich von Indien nach Tibet, als der indische Meister Gayadhara im 11. Jahrhundert die Lehren an den tibetischen Übersetzer Drogmi Shakya Yeshe weitergab. Drogmi wiederum unterrichtete Khön Könchog Gyalpo, den Gründer der Sakya-Tradition. Seitdem ist das Lamdre-System das Herzstück der Sakya-Schule geblieben und hat Generationen von Praktizierenden zur Erleuchtung geführt.

Virupas Einfluss reicht jedoch weit über die Sakya-Tradition hinaus. Seine Lehren über die Dakini Vajrayogini haben auch in der Kagyu- und der Gelug-Tradition Fuß gefasst, wo sie noch heute praktiziert werden. Sein Beispiel als verwirklichter Yogi, der die konventionellen Grenzen transzendierte, hat zahlreiche spätere Meister inspiriert, darunter den berühmten tibetischen Yogi Milarepa und den "verrückten Weisen" Drukpa Künley.

In der zeitgenössischen buddhistischen Praxis dient Virupa als kraftvolles Symbol für die Möglichkeit radikaler spiritueller Transformation und für die Freiheit, die aus echter Verwirklichung erwächst. Seine Geschichte ermutigt Praktizierende, über das bloße Befolgen äußerer Formen hinauszugehen und nach direkter Erfahrung der letzten Wahrheit zu streben.

Darstellung in der Kunst

In der tibetischen religiösen Kunst wird Virupa häufig als tantrischer Meister mit charakteristischen Merkmalen dargestellt. Typischerweise wird er als korpulenter Mann mittleren Alters mit einem leicht grimmigen Gesichtsausdruck gezeigt. Er trägt meist die Kleidung eines indischen Yogis, manchmal mit königlichen Attributen, die seinen Status als "Dharma-König" symbolisieren.

Eine der häufigsten Darstellungen zeigt ihn sitzend, mit erhobenem rechtem Arm, in einer Geste, die das Anhalten der Sonne symbolisiert. In seiner linken Hand hält er oft eine Schädelschale (Kapala), gefüllt mit Wein oder Nektar, was seine tantrische Praxis und die Transformation von gewöhnlichen Substanzen in Nektar der Weisheit symbolisiert.

In thangkas wird Virupa oft als zentrale Figur dargestellt, umgeben von Szenen aus seinem Leben oder von Linienhaltern der Sakya-Tradition. In solchen Darstellungen werden häufig seine berühmtesten Wunder illustriert: das Anhalten der Sonne, das Überqueren des Ganges auf seinem Umhang oder das Einrammen seines Dreizacks in den Felsen.

Eine besonders wichtige Darstellung Virupas findet sich in den sogenannten "Guru-Yoga"-Praktiken der Sakya-Tradition, wo er als Verkörperung aller Zufluchtsobjekte visualisiert wird. In dieser Rolle wird er als untrennbar von der Dakini Vajrayogini betrachtet, was die Einheit von männlicher Methode und weiblicher Weisheit im tantrischen Buddhismus symbolisiert.

In monastischen Tempeln der Sakya-Tradition nehmen Statuen und Wandgemälde von Virupa oft einen Ehrenplatz ein, was seine zentrale Bedeutung für die Identität und die Lehren dieser Tradition unterstreicht. Diese künstlerischen Darstellungen dienen nicht nur der Dekoration, sondern sind wichtige Unterstützungen für die Meditation und die Kontemplation der von Virupa übermittelten Lehren.

Schlussbetrachtung

Die Gestalt des Mahasiddha Virupa verkörpert den Geist des tantrischen Buddhismus in seiner reinsten Form. In seiner Person verbinden sich tiefe philosophische Einsicht, unerschütterliche Hingabe an die Praxis und die furchtlose Freiheit eines vollständig verwirklichten Wesens. Seine Geschichte zeigt den transformativen Weg vom gewissenhaften Mönch zum befreiten Yogi, vom Gefangenen konzeptueller Konstrukte zum Meister der Wirklichkeit.

Virupas Vermächtnis lebt nicht nur in den formalen Strukturen der Sakya-Tradition weiter, sondern auch im Geist aller Praktizierenden, die nach echter spiritueller Freiheit streben. Seine Lehren erinnern uns daran, dass wahre Verwirklichung nicht in der bloßen Befolgung äußerer Formen oder intellektueller Konzepte liegt, sondern in der direkten Erfahrung der Natur des Geistes und der Realität.

In einer Zeit, in der der Buddhismus im Westen oft auf Achtsamkeitsübungen und Stressreduktion reduziert wird, bietet die Geschichte Virupas eine heilsame Erinnerung an die radikale Transformation und die tiefe Weisheit, die im Herzen der buddhistischen Praxis liegt. Sein Beispiel ermutigt uns, über die Grenzen des Gewohnten hinauszugehen und die Möglichkeit vollständiger Befreiung in Betracht zu ziehen.

Die Legenden und Lehren Virupas bleiben eine unerschöpfliche Quelle der Inspiration für Suchende auf dem spirituellen Pfad. Sie erinnern uns daran, dass die höchste Verwirklichung nicht in der Flucht vor der Welt liegt, sondern in der direkten Erkenntnis ihrer wahren Natur – eine Erkenntnis, die uns befähigt, mit vollkommener Freiheit zum Wohle aller Wesen zu handeln.

2.84 Vyalipa - Der Alchemist der Kurtisane

Herkunft

Über die genaue Herkunft Vyalipas sind die historischen Quellen spärlich und teilweise widersprüchlich. Die meisten Überlieferungen verorten seine Geburt im nordöstlichen Indien, vermutlich in der Region des heutigen Bengalen oder Orissa, in einer wohlhabenden Familie des 9. oder 10. Jahrhunderts. Sein ursprünglicher Name und die genauen Umstände seiner Kindheit sind in den Nebel der Geschichte gehüllt, was für viele der Mahasiddhas charakteristisch ist, da in ihren Hagiographien der Fokus weniger auf historischer Genauigkeit als auf der spirituellen Bedeutung ihrer Transformationsgeschichten liegt.

Einige Quellen berichten, dass Vyalipa bereits in jungen Jahren eine außergewöhnliche Begabung für Naturwissenschaften zeigte und besonders von den Geheimnissen der Alchemie fasziniert war. Diese Neigung führte ihn später dazu, sein Elternhaus zu verlassen und sich intensiv dem Studium alchemistischer Praktiken zu widmen. Die Bezeichnung "Vyalipa" selbst ist ein Beiname, der ihm später zugeschrieben wurde und auf Sanskrit mit "Schlangenkönig" oder "Meister der Gifte" übersetzt werden kann – eine Anspielung auf seine Fähigkeit, giftige Substanzen in heilende Medizin zu verwandeln, was sowohl wörtlich als auch metaphorisch verstanden werden kann.

In der tibetischen Tradition wird Vyalipa oft mit der Region Oddiyana in Verbindung gebracht, einem mystischen Ort, der als Ursprungsland vieler tantrischer Lehren gilt und heute meist im Swat-Tal im heutigen Pakistan oder in Teilen Afghanistans verortet wird. Diese Zuordnung unterstreicht die Verbindung Vyalipas zu den tiefgründigen esoterischen Praktiken des Vajrayana-Buddhismus, die in Oddiyana besonders gepflegt wurden.

Besondere Eigenschaften

Vyalipa zeichnete sich durch mehrere bemerkenswerte Eigenschaften aus, die ihn zu einer faszinierenden Gestalt unter den Mahasiddhas machen. Als herausragender Alchemist besaß er ein tiefgreifendes Verständnis der materiellen Welt und ihrer Transformationsmöglichkeiten. Seine außergewöhnlichen Kenntnisse über Metalle, Mineralien und chemische Prozesse wurden in seiner Zeit hoch geschätzt und brachten ihm Ansehen in weltlichen Kreisen ein.

Besonders charakteristisch für Vyalipa war seine unermüdliche Suche nach Wissen und Transformation. Sein Geist war von Natur aus forschend und experimentierfreudig – Eigenschaften, die ihn zunächst auf den Pfad der materiellen Alchemie führten, später jedoch nahtlos in seine spirituelle Praxis übergingen. Diese intellektuelle Neugier, gepaart mit praktischer Experimentierfreude, ermöglichte es ihm, komplexe Zusammenhänge zu erfassen und zwischen scheinbar unverbundenen Wissensbereichen Brücken zu schlagen.

Eine weitere hervorstechende Eigenschaft Vyalipas war seine Fähigkeit zur radikalen Neuorientierung. Als er erkannte, dass die weltliche Alchemie letztendlich nicht zur wahren Befreiung führen konnte, vollzog er einen vollständigen Paradigmenwechsel in seinem Leben und widmete sich mit der gleichen Intensität der spirituellen Praxis. Diese Bereitschaft, alte Überzeugungen aufzugeben und neue Wege zu beschreiten, zeugt von außergewöhnlicher geistiger Flexibilität und Mut.

In den Legenden wird Vyalipa auch eine besondere Gabe der Kommunikation zugeschrieben. Er konnte komplexe spirituelle Konzepte in einfache, verständliche Bilder und Analogien übersetzen, die oft auf alchemistischen Metaphern basierten. Diese Fähigkeit machte ihn zu einem wirksamen Lehrer, der seine Einsichten an Schüler verschiedenster Hintergründe weitergeben konnte.

Nach seiner spirituellen Verwirklichung entwickelte Vyalipa zudem die für Mahasiddhas typischen übernatürlichen Fähigkeiten (Siddhis), darunter die Macht über die Elemente, Hellsichtigkeit und die Fähigkeit, seinen Körper zu transformieren. In einigen Überlieferungen wird berichtet, dass er die Fähigkeit besaß, gift in Nektar zu verwandeln – eine physische Manifestation seiner spirituellen Fähigkeit, negative Emotionen in Weisheit umzuwandeln.

Geschichte der Erleuchtung

Vyalipas Weg zur Erleuchtung beginnt mit seiner leidenschaftlichen Hingabe an die Alchemie. Jahrelang experimentierte er mit verschiedenen Substanzen und Prozessen, getrieben von dem Wunsch, das Elixier der Unsterblichkeit zu entdecken und unedle Metalle in Gold zu verwandeln. Trotz einiger Erfolge in seinen alchemistischen Experimenten blieb ihm die vollkommene Beherrschung dieser Kunst verwehrt, was ihn zunehmend frustrierte.

Der Wendepunkt in Vyalipas Leben kam durch eine schicksalhafte Begegnung mit einer Kurtisane, die in Wirklichkeit eine Dakini (eine weibliche erleuchtete Wesenheit im tantrischen Buddhismus) in menschlicher Gestalt war. Diese

Begegnung wird in verschiedenen Versionen überliefert, doch in der bekanntesten Geschichte traf Vyalipa die Kurtisane, als er verzweifelt nach neuen alchemistischen Formeln suchte.

Die Kurtisane beobachtete seine vergeblichen Bemühungen und lachte. Als Vyalipa sie nach dem Grund ihres Lachens fragte, antwortete sie: "Du suchst Gold im Außen, während das wahre Gold in deinem eigenen Geist verborgen liegt." Diese einfache Bemerkung erschütterte Vyalipas Weltbild. Die Kurtisane erklärte ihm, dass die wahre Alchemie nicht in der Transformation von Metallen, sondern in der Umwandlung des eigenen Geistes bestehe – dass nicht das physische Gold, sondern die Reinheit des Bewusstseins der Schlüssel zur wahren Unsterblichkeit sei.

Tief beeindruckt von dieser Einsicht bat Vyalipa die Kurtisane um Unterweisung. Sie offenbarte sich ihm daraufhin als Dakini und initiierte ihn in die tantrischen Praktiken des Vajrayana. Insbesondere führte sie ihn in die Praxis des inneren Feuers (Tummo) und die Meditation über die subtilen Energiekanäle des Körpers ein – Praktiken, die eine direkte Parallele zu seinen alchemistischen Experimenten darstellten, nun aber auf die innere Transformation ausgerichtet waren.

Vyalipa zog sich für mehrere Jahre in Abgeschiedenheit zurück, um sich intensiv diesen Praktiken zu widmen. In einer Höhle in den Bergen meditierte er unermüdlich, wobei er sein alchemistisches Wissen nutzte, um die tantrischen Visualisierungs- und Energiepraktiken zu vertiefen. Die Überlieferung berichtet, dass er nach sieben Jahren intensiver Meditation einen Zustand erreichte, in dem die Grenzen zwischen seinem Körper und dem umgebenden Raum sich auflösten. In diesem Moment erlangte er die vollständige Verwirklichung – die Erkenntnis der wahren Natur des Geistes und der Realität.

Der entscheidende Durchbruch kam, als Vyalipa erkannte, dass die ultimative alchemistische Transformation die Umwandlung der drei Gifte des Geistes (Unwissenheit, Anhaftung und Abneigung) in die drei Kayas (Körper eines Buddha) ist. Diese Erkenntnis manifestierte sich in einer visionären Erfahrung, in der er sah, wie alle Phänomene gleichzeitig entstehen und vergehen, ohne dass ihre wesenhafte Leerheit davon berührt wird – eine Erfahrung, die der Vollendung der "großen Arbeit" in der alchemistischen Tradition entspricht.

Leben und Tod

Nach seiner Erleuchtung kehrte Vyalipa in die Gesellschaft zurück, jedoch mit einer völlig veränderten Perspektive und Lebensweise. Er verzichtete auf weltlichen Besitz und lebte als wandernder Yogi, der seine Weisheit mit allen teilte, die aufrichtig nach Erkenntnis strebten. Sein tiefgreifendes Verständnis der Alchemie, nun transformiert in spirituelle Weisheit, ermöglichte es ihm, Menschen verschiedenster Hintergründe zu unterrichten – von einfachen Bauern bis zu königlichen Höfen.

Besonders bemerkenswert in dieser Phase seines Lebens war seine Fähigkeit, traditionelle gesellschaftliche Begrenzungen zu überwinden. Er lehrte Menschen unabhängig von Kaste, Geschlecht oder religiösem Hintergrund und betonte stets die inhärente Buddha-Natur aller Wesen. Seine Lehrmethoden waren oft unkonventionell und spiegelten sein früheres Leben als Alchemist wider. Er nutzte häufig Metaphern aus der Alchemie, um spirituelle Prozesse zu erklären und führte seine Schüler durch praktische Demonstrationen zur Erkenntnis.

Vyalipa soll mehrere hundert Jahre gelebt haben, ein Umstand, der sowohl seiner Meisterschaft über die Lebensenergie (Prana) als auch der mythologischen Überhöhung seiner Gestalt zugeschrieben werden kann. Die Legenden berichten, dass er während dieser Zeit durch ganz Indien sowie Teile von Tibet und Nepal reiste und an vielen Orten Zentren für spirituelle Praxis gründete.

Über Vyalipas Tod existieren verschiedene Überlieferungen. Die bekannteste besagt, dass er seinen physischen Tod bewusst wählte, nachdem er seine wichtigsten Lehren an qualifizierte Schüler weitergegeben hatte. Der Legende nach versammelte er seine Anhänger um sich und demonstrierte die ultimative alchemistische Transformation: die Auflösung seines physischen Körpers in reines Licht. Dieses Phänomen, bekannt als "Rainbow Body" oder "Körper des Lichts", gilt im tibetischen Buddhismus als höchste Manifestation spiritueller Verwirklichung, bei der der physische Körper in seine subtilen Energiebestandteile aufgelöst wird.

Andere Überlieferungen berichten, dass Vyalipa nicht starb, sondern als unsterblicher Siddha in verborgenen Bereichen weiterlebt und von dort aus weiterhin zum Wohl aller Wesen wirkt. Diese Vorstellung steht in Einklang mit der tantrischen Auffassung, dass vollständig verwirklichte Meister die Kontrolle über Leben und Tod erlangen und ihre Existenzform nach Belieben wählen können.

Unabhängig von den verschiedenen Überlieferungen wird Vyalipas Transformation – von einem weltlichen Alchemisten zu einem spirituellen Meister – als Beispiel für die Möglichkeit vollständiger spiritueller Verwirklichung innerhalb eines einzigen Lebens angesehen, ein zentrales Versprechen des Vajrayana-Buddhismus.

Lehren und Übertragungen

Vyalipas Lehren bilden eine einzigartige Synthese aus alchemistischem Wissen und tantrischer Weisheit. Im Zentrum seiner Unterweisung stand das Konzept der Transformation – die Idee, dass jeder Aspekt der Erfahrung, selbst die scheinbar negativsten Emotionen und Umstände, in Weisheit umgewandelt werden kann. Diese Sichtweise ist tief in der tantrischen Philosophie verwurzelt, erhielt durch Vyalipas alchemistischen Hintergrund jedoch eine besondere Ausprägung und Methodologie.

Seine wichtigsten Lehren lassen sich in mehrere Kategorien einteilen:

1. Die innere Alchemie: Vyalipa lehrte Praktiken zur Transformation der subtilen Energien im Körper. Er entwickelte spezielle Techniken, die als "Vajra-Alchemie" bekannt wurden und die Umwandlung der körperlichen Energien (Prana) durch Visualisierung, Atemkontrolle und Mantra-Rezitation beinhalteten. Diese Methoden zielten darauf ab, die feinstofflichen Energiekanäle (Nadis) zu reinigen und die inneren Elemente zu harmonisieren.

2. Die Umwandlung der Gifte: Eine zentrale Lehre Vyalipas war die Transformation der drei Gifte (Unwissenheit, Begierde und Hass) in die drei Kayas (Dharmakaya, Sambhogakaya und Nirmanakaya). Er lehrte spezifische Meditationstechniken, bei denen negative Emotionen nicht unterdrückt, sondern bewusst als Brennstoff für die spirituelle Transformation genutzt werden.

3. Der Pfad der direkten Erfahrung: Vyalipa betonte die Bedeutung direkter Erfahrung gegenüber theoretischem Wissen. Ähnlich wie in der experimentellen Alchemie lehrte er seine Schüler, spirituelle Wahrheiten durch eigene Erfahrung zu verifizieren, anstatt sich auf Autoritäten oder Texte zu verlassen.

4. Die Einheit von Samsara und Nirvana: Eine seiner tiefgründigsten Lehren betraf die fundamentale Nicht-Dualität von weltlicher Existenz (Samsara)

und Erleuchtung (Nirvana). Er verdeutlichte dieses Prinzip durch die alchemistische Metapher, dass Gold und Blei auf der fundamentalsten Ebene aus denselben atomaren Bestandteilen bestehen – ebenso wie Verblendung und Erleuchtung letztlich Manifestationen desselben leeren Geistes sind.

Vyalipa etablierte mehrere Übertragungslinien, die seine Lehren und Praktiken bewahrten. Die bedeutendste unter ihnen ist die "Rasayana-Linie" (Linie der Elixier-Praxis), die seine alchemistisch-tantrischen Methoden über Generationen von Meistern weitergab. Diese Linie floss später in verschiedene tibetische Schulen ein, besonders in die Kagyu- und Nyingma-Traditionen, wo seine Techniken zur Energietransformation bis heute praktiziert werden.

Eine weitere wichtige Übertragung ist die "Vyalipa-Cakrasamvara-Tradition", in der Vyalipas spezifische Herangehensweise an die Cakrasamvara-Tantra-Praxis bewahrt wurde. Diese Tradition zeichnet sich durch ihre einzigartige Integration alchemistischer Prinzipien in die tantrische Visualisierungspraxis aus und wurde besonders in der Shangpa-Kagyu-Schule des tibetischen Buddhismus bewahrt.

In Indien selbst wurden Vyalipas Lehren durch seine direkten Schüler weitergegeben, darunter mehrere, die selbst den Status von Mahasiddhas erlangten. Sein berühmtester Schüler war Jalandharipa, der Vyalipas Methoden der inneren Alchemie weiterentwickelte und an eine große Anzahl von Praktizierenden weitergab.

Bedeutung und Nachwirkung

Die Bedeutung Vyalipas reicht weit über sein unmittelbares historisches Wirken hinaus und hat verschiedene Aspekte des Vajrayana-Buddhismus nachhaltig geprägt. Er verkörpert einen der archetypischen Wege zur Erleuchtung – den Pfad der Transformation durch Wissen und Experimentieren. Seine Geschichte dient als kraftvolles Beispiel dafür, wie weltliches Streben und wissenschaftliche Neugier in einen spirituellen Weg integriert werden können.

In der tibetischen Tradition wird Vyalipa besonders für seinen Beitrag zur Entwicklung der Tummo-Praxis (inneres Feuer) verehrt. Seine alchemistisch inspirierten Methoden zur Arbeit mit der inneren Hitze wurden zu einem wesentlichen Bestandteil der Sechs Yogas von Naropa, einem der wichtigsten Praxiszyklen des tibetischen Buddhismus. Diese Techniken werden bis heute in verschiedenen tibetischen Traditionen praktiziert und sind für ihre transformative Kraft bekannt.

Die von Vyalipa begründete Verbindung zwischen Alchemie und spiritueller Praxis hat auch die Entwicklung der tibetischen Medizin beeinflusst. Seine Kenntnisse über die Umwandlung von Substanzen flossen in die medizinischen Traditionen ein und trugen zur Entwicklung von Arzneimitteln bei, die sowohl körperliche als auch geistige Heilung fördern sollten. Besonders in der Herstellung von "Rinchen Rilbu" – kostbaren Pillen, die verschiedene Mineralien, Kräuter und spirituell gesegnete Substanzen enthalten – ist sein Einfluss erkennbar.

Im kulturellen Gedächtnis des Vajrayana-Buddhismus steht Vyalipa für die Integration von weltlichem und spirituellem Wissen. Seine Geschichte wird oft zitiert, um zu verdeutlichen, dass spirituelle Verwirklichung nicht durch Weltflucht, sondern durch die Transformation des Verhältnisses zur Welt erreicht wird. Diese Sichtweise hat den charakteristischen Ansatz des Vajrayana geprägt, negative Emotionen und weltliche Erfahrungen als Pfad zur Erleuchtung zu nutzen, anstatt sie zu unterdrücken oder zu vermeiden.

In der gegenwärtigen Zeit erlebt Vyalipas Erbe eine gewisse Renaissance, da das Interesse an der Verbindung zwischen moderner Wissenschaft und buddhistischer Praxis wächst. Seine Herangehensweise, die experimentelle Methodik mit spiritueller Praxis verband, bietet ein historisches Vorbild für den Dialog zwischen Wissenschaft und Spiritualität. Zeitgenössische buddhistische Lehrer beziehen sich gelegentlich auf Vyalipa, wenn sie die Kompatibilität von wissenschaftlichem Denken und buddhistischer Praxis aufzeigen wollen.

Darüber hinaus dient seine Geschichte als Inspiration für spirituell Suchende, die aus akademischen oder wissenschaftlichen Bereichen kommen. Sie zeigt, dass intellektuelle Neugier und analytisches Denken nicht Hindernisse auf dem spirituellen Weg sein müssen, sondern – richtig gelenkt – zu Werkzeugen der Befreiung werden können.

Darstellung in der Kunst

In der buddhistischen Ikonographie wird Vyalipa auf charakteristische Weise dargestellt, die seine Identität als Alchemist und verwirklichter Meister widerspiegelt. Die frühesten bekannten Darstellungen stammen aus dem 11. Jahrhundert und finden sich in indischen Manuskripten, die später nach Tibet gebracht wurden.

In der klassischen Darstellung erscheint Vyalipa als Mann mittleren Alters mit einem schlanken, aber kräftigen Körper. Er wird meist mit halbnacktem Oberkörper gezeigt, trägt ein weißes oder rotes Tuch um die Hüften und hat langes, oft zu einem Knoten gebundenes Haar. Sein Gesicht zeigt typischerweise einen konzentrierten, aber friedvollen Ausdruck mit leicht geöffneten Augen, die seinen Zustand zwischen Meditation und Aktivität symbolisieren.

Die charakteristischsten Attribute in Vyalipas Darstellungen sind seine alchemistischen Werkzeuge. Er wird häufig mit einem Schmelztiegel oder einer Vase in der Hand abgebildet, die das Elixier der Unsterblichkeit oder die Essenz der spirituellen Transformation enthält. In manchen Darstellungen hält er auch eine Schlange – ein Symbol für die transformative Kraft, die sowohl heilen als auch vergiften kann, ähnlich dem alchemistischen Quecksilber.

Eine besonders ikonische Darstellung zeigt Vyalipa in der sogenannten "Alchemisten-Haltung": sitzend mit gekreuzten Beinen vor einem Feuer, über dem ein Kessel hängt, während er mit einer Hand eine Substanz hinzufügt und mit der anderen eine Mudra (symbolische Handgeste) formt. Diese Darstellung vereint die weltliche Alchemie mit der spirituellen Praxis und symbolisiert die Transformation beider Bereiche.

In der tibetischen Thangka-Malerei wird Vyalipa oft als Teil der Gruppe der 84 Mahasiddhas dargestellt. In diesen Gruppen-Thangkas ist er durch seine alchemistischen Attribute leicht zu identifizieren und wird häufig in der Nähe seiner berühmten Schüler oder der Kurtisane-Dakini platziert, die ihn unterwiesen hat.

Eine bemerkenswerte Variation in der Ikonographie Vyalipas findet sich in den tantrischen Darstellungen, in denen er in der Vereinigung mit einer weiblichen Partnerin (Yab-Yum) gezeigt wird. Diese Darstellungen symbolisieren die Vereinigung von Methode und Weisheit sowie die Transformation sexueller Energie in spirituelle Erleuchtung – ein zentrales Konzept in Vyalipas Lehren zur inneren Alchemie.

In der Skulptur ist Vyalipa weniger häufig dargestellt als in der Malerei, doch existieren einige bemerkenswerte bronzene Figuren aus dem 12. und 13. Jahrhundert, besonders aus der Region Swat (dem historischen Oddiyana) und Ostindien. Diese Skulpturen zeigen ihn typischerweise in entspannter Haltung, mit einem Gefäß oder einer Vase als Attribut.

In zeitgenössischen buddhistischen Kunstwerken wird Vyalipa gelegentlich in modernerer Form dargestellt, wobei seine Verbindung zur Wissenschaft und

Transformation betont wird. Einige moderne Interpretationen zeigen ihn mit Laborgeräten oder inmitten von Lichterscheinungen, die seine Fähigkeit zur Transformation der Materie symbolisieren.

Schlussbetrachtung

Die Gestalt des Mahasiddha Vyalipa verkörpert in vielerlei Hinsicht die Essenz des Vajrayana-Buddhismus – die Transformation des Gewöhnlichen in das Außergewöhnliche, die Integration scheinbarer Gegensätze und die Verwirklichung höchster spiritueller Ziele mitten im weltlichen Leben. Seine Reise vom Alchemisten, der nach physischer Unsterblichkeit strebte, zum verwirklichten Meister, der die wahre Natur des Geistes erkannte, illustriert einen der grundlegenden Paradigmenwechsel, die im spirituellen Leben möglich sind.

Vyalipas besondere Bedeutung liegt in seiner Fähigkeit, Brücken zu schlagen – zwischen materieller und spiritueller Alchemie, zwischen intellektuellem Wissen und direkter Erfahrung, zwischen traditionellen Lehrmethoden und innovativen Ansätzen. Diese integrative Qualität macht ihn zu einer zeitlosen Inspirationsquelle, deren Relevanz über kulturelle und historische Grenzen hinausreicht.

In einer Zeit, in der die Beziehung zwischen Wissenschaft und Spiritualität oft als problematisch empfunden wird, bietet Vyalipas Beispiel eine alternative Perspektive: die Möglichkeit, wissenschaftliche Neugier und spirituelles Streben als komplementäre Aspekte desselben Erkenntnisdranges zu verstehen. Seine Geschichte erinnert daran, dass wahre Transformation nicht in der Verneinung, sondern in der Umwandlung des Bestehenden liegt – ein Prinzip, das sowohl in der Alchemie als auch im tantrischen Buddhismus zentral ist.

Die Lehren Vyalipas laden dazu ein, das eigene Leben als ein alchemistisches Laboratorium zu betrachten, in dem die "Blei" unserer gewöhnlichen Erfahrungen in das "Gold" spiritueller Einsicht transformiert werden kann. Diese Transformation erfordert sowohl methodische Disziplin als auch die Bereitschaft, alte Paradigmen loszulassen, wenn neue Einsichten dies erfordern – genau wie Vyalipa seine Suche nach physischem Gold aufgab, als er erkannte, dass das wahre Gold in seinem eigenen Geist zu finden war.

In einer Welt, die zunehmend von Spezialisierung und Fragmentierung geprägt ist, erinnert uns die ganzheitliche Vision Vyalipas daran, dass die tiefsten Erkenntnisse oft an den Schnittstellen verschiedener Wissensbereiche entstehen.

Seine Integration von Wissenschaft, Kunst und spiritueller Praxis bietet ein inspirierendes Modell für einen umfassenderen Ansatz zum menschlichen Potenzial und zur Erkenntnissuche.

So bleibt Vyalipa, der Alchemist der Kurtisane, nicht nur eine faszinierende historische Figur, sondern ein zeitloses Symbol für die transformative Kraft, die entsteht, wenn Wissen mit Weisheit, Experimentierfreude mit Disziplin und weltliches Streben mit spiritueller Einsicht verbunden wird – eine Inspiration für alle, die den Pfad der inneren Alchemie beschreiten möchten.

3 Glossar

Alchemie – Eine frühe Form der Chemie, die oft mit spirituellen und philosophischen Zielen verbunden war, wie der Transformation von Metallen in Gold oder der spirituellen Transformation des Praktizierenden.

Anatman – Nicht-Selbst oder Nicht-Selbsthaftigkeit; die buddhistische Lehre, dass es kein permanentes, unveränderliches Selbst gibt.

Anitya – Vergänglichkeit; die buddhistische Lehre, dass alle bedingten Phänomene vergänglich sind.

Antinomianismus/Antinomisch – Eine philosophische oder religiöse Haltung, die moralische Gesetze oder Normen ablehnt oder überschreitet; norm- oder gesetzwidrig, konventionelle Regeln durchbrechend.

Askese/Asketisch – Eine Lebensweise, die von strengem Verzicht und Selbstdisziplin geprägt ist, oft mit religiösen oder spirituellen Zielen verbunden; auf sinnliche Genüsse verzichtend, enthaltsam lebend.

Attribut – Charakteristisches Merkmal oder Gegenstand, der einer dargestellten Figur beigegeben wird und ihre Identität oder Funktion kennzeichnet.

Avadhuta/Avadhuti – Ein spiritueller Meister, der gesellschaftliche Konventionen transzendiert hat; oft auch "heiliger Narr" oder "verrückter Weiser" genannt; Prinzip der "verrückten Weisheit" im tantrischen Buddhismus.

Bardo – Zwischenzustand zwischen Tod und Wiedergeburt in der tibetischen Tradition.

Bodhicitta – Der "Erleuchtungsgeist"; die Motivation, Erleuchtung zum Wohle aller fühlenden Wesen zu erlangen.

Bodhisattva – Ein Wesen, das nach Erleuchtung strebt, um allen fühlenden Wesen zu helfen und nicht nur zum eigenen Wohl; im Mahayana-Buddhismus gelobt ein Bodhisattva, nicht ins Nirvana einzugehen, bevor alle anderen Wesen erleuchtet sind.

Brahmane – Angehöriger der höchsten Kaste im traditionellen hinduistischen Kastensystem; traditionell als Priester, Gelehrte und Lehrer tätig.

Buddha – "Der Erwachte"; Titel für jemanden, der die vollständige Erleuchtung erreicht hat. Bezieht sich oft auf den historischen Buddha Shakyamuni (Siddhartha Gautama).

Buddha-Feld/Buddha-Bereiche – Ein reiner Bereich oder eine Dimension, in der ein Buddha lehrt; auch als "Reines Land" bezeichnet.

Buddha-Natur – Das inhärente Potenzial zur Erleuchtung, das allen Wesen innewohnt.

Buddhismus – Eine Weltreligion, die auf den Lehren von Siddhartha Gautama (Buddha) basiert und im 5. Jahrhundert v. Chr. in Indien entstand.

Chakra – Energiezentrum im subtilen Körper; im tantrischen System gibt es hauptsächlich sieben Hauptchakren entlang der Wirbelsäule.

Chakrasamvara – Eine wichtige tantrische Meditationsgottheit.

Chöd – Meditationspraxis, bei der der Praktizierende imaginär seinen Körper als Opfergabe darbietet; eine Technik, bei der das Ego symbolisch "abgeschnitten" wird.

Dakini – Weibliche erleuchtete Wesen oder Energien, die im tantrischen Buddhismus eine wichtige Rolle spielen. Sie repräsentieren transformative Weisheit und spirituelle Kraft.

Damaru – Kleine Handtrommel, die in tantrischen Ritualen verwendet wird.

Devadasi – "Dienerin Gottes"; Tempeltänzerin im hinduistischen Kontext, die einem Tempel geweiht ist.

Dharma – Die Lehren des Buddha; auch allgemein für "spiritueller Weg", "kosmisches Gesetz", "Wahrheit" oder "Wirklichkeit" verwendet.

Doha – Spirituelles Lied oder Gedicht, oft in einer einfachen, direkten Sprache verfasst, um tiefgründige spirituelle Wahrheiten zu vermitteln; spontanes spirituelles Lied eines verwirklichten Meisters.

Dualismus/Dualistisch – Die Vorstellung, dass Realität in zwei grundlegende Kategorien oder Prinzipien unterteilt ist (z.B. Geist und Materie, Gut und Böse); Trennung von Subjekt und Objekt, Geist und Materie.

Dukkha – Oft als "Leiden" übersetzt, bezeichnet es im Buddhismus die grundlegende Unbefriedigtheit und Unvollkommenheit des bedingten Daseins.

Dzogchen – "Große Vollkommenheit"; eine fortgeschrittene Meditationstradition, besonders in der Nyingma-Schule des tibetischen Buddhismus, die auf die direkte Erkenntnis der ursprünglichen Natur des Geistes abzielt und die inhärente Vollkommenheit und Reinheit des Geistes betont.

Erleuchtung/Verwirklichung – Zustand vollständiger spiritueller Erkenntnis; das Erwachen zur wahren Natur der Wirklichkeit.

Esoterik/esoterisch – Lehren oder Praktiken, die nur für Eingeweihte bestimmt sind und geheimes oder verborgenes Wissen beinhalten.

Exegetisch – Die Auslegung und Interpretation von Texten betreffend, besonders von religiösen Schriften.

Gelug – Die jüngste der vier Hauptschulen des tibetischen Buddhismus, gegründet von Tsongkhapa im 14. Jahrhundert.

Guru – Spiritueller Lehrer oder Meister.

Hagiographie – Lebensbeschreibung eines Heiligen oder einer spirituell bedeutenden Person, oft mit legendenhaften Elementen.

Hevajra – Eine wichtige tantrische Meditationsgottheit.

Hinayana – Wörtlich "kleines Fahrzeug"; eine frühe Form des Buddhismus mit Fokus auf individuelle Befreiung (der Begriff wird heute oft als abwertend betrachtet und durch "Theravada" ersetzt).

Ikonographie – Die Lehre von den Bildsymbolen und ihrer Deutung; auch die charakteristische Darstellungsweise religiöser Figuren in der Kunst; Wissenschaft der Identifizierung, Beschreibung und Interpretation von Bildmotiven in der religiösen Kunst.

Initiation/Einweihung – Ritual, durch das ein Schüler in eine spirituelle Praxis eingeführt wird und die Erlaubnis erhält, bestimmte Meditationen durchzuführen; Einweihungsritual, das den Zugang zu bestimmten Lehren, Praktiken oder Gemeinschaften eröffnet.

Kagyu – Eine der vier Hauptschulen des tibetischen Buddhismus, bekannt für ihre Betonung der Meditationspraxis und mündlichen Übertragung.

Kapala – Schädelschale; wird in tantrischen Ritualen als Gefäß verwendet und symbolisiert die Vergänglichkeit.

Karma – Wörtlich "Handlung"; das Gesetz von Ursache und Wirkung im moralischen Bereich; das Prinzip, dass Handlungen Konsequenzen haben, die sich in diesem oder zukünftigen Leben manifestieren.

Kartrika – Gekrümmtes rituelles Messer, das symbolisch Unwissenheit und Anhaftung durchschneidet.

Kaste – Traditionelles soziales Schichtsystem in Indien, das die Gesellschaft in hierarchische Gruppen einteilt.

Khatvanga – Ritueller Stab, oft mit aufgespießten symbolischen Köpfen.

Kontemplation/Kontemplativ – Tiefe, meditative Betrachtung oder Reflexion; tiefes, meditatives Nachdenken oder Betrachten.

Kontemporär – Zeitgenössisch, gegenwärtig.

Konzeptionell – Begrifflich, auf gedanklichen Konstrukten beruhend.

Kurtisane – Gebildete Gesellschafterin und Unterhalterin, oft mit künstlerischen Fähigkeiten; in manchen Kontexten auch eine hochrangige Prostituierte.

Lamdre – "Pfad und Frucht"; ein umfassendes Lehrsystem in der Sakya-Tradition.

Mahayana – Wörtlich "großes Fahrzeug"; eine Form des Buddhismus, die das Ideal des Bodhisattva und universelle Befreiung betont; eine der Hauptrichtungen des Buddhismus, die betont, dass alle Wesen zur Buddhaschaft gelangen können.

Mahasiddha – "Großer Verwirklichter"; Bezeichnung für Meister, die höchste spirituelle Verwirklichung erreicht haben, oft auf unkonventionellen Wegen und unter Beibehaltung eines weltlichen Lebensstils.

Mahamudra – "Großes Siegel"; eine fortgeschrittene Meditationspraxis, besonders in der Kagyu-Tradition, die auf die direkte Erkenntnis der Natur des Geistes abzielt.

Mandala – Symbolische, geometrische Darstellung des Kosmos; wird in der Meditation verwendet, um verschiedene Aspekte des erleuchteten Bewusstseins zu visualisieren; komplexes geometrisches Diagramm, das den Kosmos und verschiedene Bewusstseinsebenen darstellt.

Mantra – Heilige Silben, Wörter oder Verse, die wiederholt rezitiert werden, um Konzentration zu fördern und spirituelle Energie zu aktivieren.

Maya – Illusion oder Täuschung; die Vorstellung, dass die wahrgenommene Welt nicht die ultimative Realität widerspiegelt.

Meditation – Übung zur Schulung von Achtsamkeit, Konzentration und Einsicht; zentrale Praxis im Buddhismus.

Mudra – Symbolische Handgeste, die verschiedene Aspekte der buddhistischen Lehre oder Energien repräsentiert.

Nadi – Subtile Energiekanäle im Körper laut tantrischer Physiologie.

Naga – Schlangenartige Wesen in der indischen Mythologie, oft als Hüter verborgener Schätze und Lehren dargestellt.

Nicht-Dualität – Die Überwindung oder Auflösung der Trennung zwischen Subjekt und Objekt, zwischen Selbst und Anderem; die Erkenntnis, dass scheinbare Gegensätze (wie Subjekt und Objekt, Geist und Materie) letztendlich eine Einheit bilden.

Nihilismus – Eine philosophische Position, die grundlegende Werte, Wahrheiten oder Sinnhaftigkeit verneint.

Nirvana – Wörtlich "Verlöschen"; der Zustand der Befreiung vom Kreislauf von Geburt und Tod und von allem Leiden; das endgültige Ziel des buddhistischen Pfades.

Nyingma – Die älteste der vier Hauptschulen des tibetischen Buddhismus, gegründet während der ersten Verbreitung des Buddhismus in Tibet.

Paradigma/Paradigmenwechsel – Grundlegendes Denkmuster/fundamentale Änderung der Denkweise oder Weltanschauung.

Phowa – Eine Praxis des Bewusstseinstransfers; eine Technik, um den Geist im Moment des Todes bewusst zu lenken.

Phurba – Dreieckiger ritueller Dolch, der symbolisch negative Kräfte durchbohrt und fixiert.

Prajna – Transzendente Weisheit; die Fähigkeit, die wahre Natur der Wirklichkeit zu erkennen.

Prana – Lebensenergie, die durch die Nadis fließt.

Regenbogenkörper – Phänomen in der tibetischen Tradition, bei dem ein hochverwirklichter Praktizierender seinen physischen Körper beim Tod in reines Licht auflöst, ohne physische Überreste zu hinterlassen.

Ritualismus – Überbetonung oder strikte Befolgung von Ritualen, oft ohne tieferes Verständnis ihrer Bedeutung.

Sadhana – Systematische spirituelle Praxis oder Ritual, besonders im tantrischen Buddhismus.

Sakya – Eine der vier Hauptschulen des tibetischen Buddhismus, benannt nach ihrem Hauptkloster.

Samadhi – Zustand tiefer meditativer Versenkung oder Konzentration.

Samsara – Der endlose Kreislauf von Geburt, Tod und Wiedergeburt, getrieben von Unwissenheit und Anhaftung; charakterisiert durch Leiden und Unzufriedenheit.

Shunyata/Sunyata(Leerheit) – Ein zentrales Konzept im Buddhismus, das besagt, dass alle Phänomene leer von inhärenter, unabhängiger Existenz sind.

Siddha – "Verwirklichter"; jemand, der spirituelle Vollkommenheit erlangt hat.

Siddhi – Übernatürliche oder paranormale Fähigkeiten, die durch spirituelle Praxis erlangt werden können.

Synästhetisch – Die Verknüpfung verschiedener Sinneswahrnehmungen, wie das "Sehen" von Tönen oder "Hören" von Farben.

Tantra – Esoterische Lehren und Praktiken, die auf die schnelle Transformation des Bewusstseins abzielen, oft durch die Integration von Aspekten, die in konventionelleren Praktiken vermieden werden; System esoterischer Praktiken im Buddhismus und Hinduismus, die spezielle Übertragungen erfordern.

Terma – "Verborgene Schätze", spirituelle Lehren, die für spätere Generationen versteckt wurden.

Thangka – Tibetisches Rollbild mit religiösen Motiven, oft auf Baumwoll- oder Seidenstoff gemalt; wird für Meditation und Unterweisung verwendet.

Thukdam – Tiefe Meditationsversenkung im Sterbeprozess.

Transformation/transformativ – Grundlegende Umwandlung oder Veränderung, besonders im spirituellen oder psychologischen Kontext.

Transzendenz/transzendieren – Das Überschreiten oder Übersteigen von weltlichen Grenzen und Beschränkungen; über etwas hinausgehen.

Tummo – "Inneres Feuer"; eine yogische Praxis zur Erzeugung innerer Hitze durch Visualisierung und Atemkontrolle.

Übertragungslinie – Ununterbrochene Kette von Meistern und Schülern, durch die spirituelle Lehren weitergegeben werden.

Upaya – "Geschickte Mittel"; die Fähigkeit, die Lehre an die Bedürfnisse und Fähigkeiten der Schüler anzupassen.

Vajra – "Donnerkeil", rituelles Objekt, Symbol der Unzerstörbarkeit; rituelles Zepter, das die Unzerstörbarkeit des erleuchteten Geistes symbolisiert.

Vajrayana – "Diamantenes Fahrzeug"; eine Form des Buddhismus mit tantrischen Praktiken, die auf schnelle Transformation und Erleuchtung im gegenwärtigen Leben abzielen; wird vor allem in Tibet, Nepal und Bhutan praktiziert; oft als dritte große Strömung neben Hinayana und Mahayana betrachtet.

Vajrayogini – Wichtige weibliche tantrische Gottheit.

Vidyadhara – "Wissenshalter", ein Meister, der die tantrischen Lehren vollständig beherrscht und übernatürliche Kräfte besitzt.

Visualisierung – Meditative Technik, bei der man sich Gottheiten, Symbole oder Energien im Detail vorstellt, um bestimmte Geisteszustände zu kultivieren.

Yab-Yum – Darstellung tantrischer Gottheiten in Vereinigung, symbolisiert die Einheit von Weisheit und Mitgefühl.

Yajnopavita – Die heilige Schnur, die von Brahmanen getragen wird und ihre Zugehörigkeit zur höchsten Kaste symbolisiert.

Yidam – Meditationsgottheit im tantrischen Buddhismus; ein Aspekt des erleuchteten Bewusstseins, der zur Transformation genutzt wird; Fokus der Visualisierungspraxis.

Yogi/Yogini – Ein männlicher/weiblicher Praktizierender spiritueller Disziplinen; im weiteren Sinne jemand, der Yoga (im weitesten Sinne spirituelle Disziplinen) ausübt.

Literaturverzeichnis

[1] Abhayadatta. *Les chants des 84 Mahasiddhas. Essence de leur Réalisation Spirituelle*. Éditions Ewam, 1992. Übersetzung und Kommentierung aus dem Tibetischen.

[2] Abhayadatta. *Mahasiddhas. La Vie de 84 sages de l'Inde*. Éditions Padmakara, 2003. Kompakte Darstellung der Hagiographien.

[3] Abhayadatta. *La vie merveilleuse de 84 grands sages de l'Inde ancienne*. Éditions du Seuil, 2005. Lebenswege der 84 Mahasiddhas.

[4] Frédéric Benhamou and Alain Colmerauer, editors. *Constraint Logic programming, Selected Research*. MIT Press, 1993.

[5] Keith Dowman. *Masters of Enchantment: The Lives and Legends of the Mahasiddhas*. Inner Traditions International, 1988. Sammlung von Lebensgeschichten und Legenden der Mahasiddhas.

[6] Keith Dowman. *Masters of Mahamudra: Songs and Histories of the Eighty-four Buddhist Siddhas*. State University of New York Press, 2010. Umfassende Darstellung der tantrischen Lieder und Legenden.

[7] Roger Jackson, editor. *Tantric Treasures: Three Collections of Mystical Verse from Buddhist India*. Oxford University Press, 2004. Mystische Verse aus dem tantrischen Buddhismus.

[8] Rob Linrothe. *Holy Madness: Portraits of Tantric Siddhas*. Serindia Publications, 2006. Fotografische und textliche Darstellung tantrischer Siddhas.

[9] Jr. Lopez, Donald S. *Seeing the Sacred in Samsara: An Illustrated Guide to the Eighty-Four Mahasiddhas*. Shambhala, 2019. Reich bebilderter Führer zu den Legenden und Symbolen.

[10] Traïan Muntean. *Puces très performantes*. Terres du futur, Les Editions UNESCO. Hatier, Paris, 1993.

[11] Khenchen Thrangu Rinpoche. *A Song for the King: Saraha on Mahamudra Meditation*. Wisdom Publications, 2006. Kommentare und Übersetzungen von Sarahas Liedern.

[12] David Gordon White. *The Alchemical Body: Siddha Traditions in Medieval India*. University of Chicago Press, 2003. Untersuchung der siddha-Traditionen im mittelalterlichen Indien.